हिन्दी गद्य लेखन में व्यंग्य और विचार

सुरेश कान्त

राधाकृष्ण प्रकाशन

ISBN : 978-81-7119-879-5

हिन्दी गद्य लेखन में व्यंग्य और विचार

पहला संस्करण : 2004
दूसरा संस्करण : 2013

This book is printed on **Print on Demand** Technology : 2025

मूल्य : ₹1495

प्रकाशक
राधाकृष्ण प्रकाशन प्राइवेट लिमिटेड
जी-17, जगतपुरी, दिल्ली-110 051

शाखाएँ : अशोक राजपथ, साइंस कॉलेज के सामने, पटना-800 006
पहली मंजिल, दरबारी बिल्डिंग, महात्मा गांधी मार्ग, प्रयागराज-211 001
1, अनमोल सोराबजी संतुक लेन, धोबी तलाव, मरीन लाइंस, मुम्बई-400 002
वेबसाइट : www.radhakrishnaprakashan.com
ई-मेल : info@radhakrishnaprakashan.com

HINDI GADYA LEKHAN MEIN VYANGYA AUR VICHAR
by Suresh Kant

श्री राजकुमार कल्याण
और श्रीमती कविता कल्याण
को सादर

प्राक्कथन

मूर्धन्य हिन्दी-व्यंग्यकार स्व. हरिशंकर परसाई ने अपने व्यंग्य-संकलन 'सदाचार का ताबीज' की भूमिका में लिखा है, "आलोचकों की स्थिति कठिनाई की है। गम्भीर कहानियों के विषय में तो वे कह सकते हैं कि संवेदना कैसे पिछलती आ रही है। समस्या कैसी प्रस्तुत की गई है—वगैरह। व्यंग्य के बारे में वह क्या कहे? अवसर वह यह कहता है—हिन्दी में शिष्ट हास्य का अभाव है (हम सब हास्य और व्यंग्य के लेखक लिखते-लिखते मर जाएँगे, तब भी लेखकों के बेटों से इन आलोचकों के बेटे कहेंगे कि हिन्दी में हास्य-व्यंग्य का अभाव है)। हाँ, वे यह और कहते हैं—विद्रूप का उद्घाटन कर दिया, परदाफाश कर दिया है, करारी चोट की है, गहरी मार की है, झकझोर दिया है। आलोचक बेचारा और क्या करे ? जीवन-बोध, व्यंग्यकार की दृष्टि, सामाजिक, राजनीतिक, आर्थिक परिवेश के प्रति उसकी प्रतिक्रिया, विसंगतियों की व्यापकता और उनकी अहमियत, व्यंग्य-संकेतों के प्रकार, उनकी प्रभावशीलता, व्यंग्यकार की आस्था, विश्वास—आदि बातें समझ और मेहनत की माँग करती हैं। किसे पड़ी है?"

परसाई की इस शिकायतभरी टिप्पणी ने मुझे हिन्दी-व्यंग्यकारों की वैचारिक पृष्ठभूमि समझने और समझाने के लिए श्रम करने हेतु प्रेरित, प्रोत्साहित बल्कि विवश कर दिया। इसी का परिणाम है यह कृति, जिसके प्रथम अध्याय में विचार एवं व्यंग्य के विभिन्न पहलुओं पर विचार करते हुए व्यंग्य के मूल में वैचारिकता की स्थिति की अनिवार्यता सिद्ध की गई है, जिसके अभाव में व्यंग्य लिखा ही नहीं जा सकता, हास्य अथवा मजाक भले किया (उड़ाया) जा सकता हो। इस अध्याय में व्यंग्य के संरचनात्मक विवेचन द्वारा व्यंग्य को एक स्वतन्त्र एवं सशक्त विधा के रूप में भी स्थापित किया गया है और इस प्रकार कतिपय समीक्षकों की यह शिकायत दूर करने का प्रयास किया गया है कि व्यंग्य का कोई 'स्ट्रक्चर' नहीं होता जिससे उसके विधा होने में उन्हें सन्देह होता है। आधुनिक व्यंग्य ने निबन्ध की गोद में अठखेलियाँ की हैं और इस प्रकार निबन्ध के साथ-साथ व्यंग्य का उद्भव भी भारतेन्दु-युग से होता है। विवेचन-विश्लेषण की सुविधा के लिए हिन्दी-व्यंग्य का स्वतन्त्रता-पूर्व एवं स्वातन्त्र्योत्तर भागों में अध्ययन किया गया है और परिणाम तथा गुणवत्ता की दृष्टि से स्वातन्त्र्य-पूर्व व्यंग्य को नवजागरणकालीन (भारतेन्दु एवं द्विवेदीयुगीन) तथा नवजागरण-परवर्ती व्यंग्य के रूप में विभाजित किया गया है। तदनुसार दूसरे अध्याय में नवजागरणकालीन और नवजागरण-परवर्ती व्यंग्य के स्वरूप पर दृष्टिपात किया गया है। व्यंग्य का वास्तविक

वैभव स्वातन्त्र्योपरान्त देखने में आता है। स्वतन्त्रता के बाद व्यंग्य के इस तीव्र उभार के पीछे जो परिस्थितियाँ जिम्मेदार रही हैं, तीसरे अध्याय में उन्हें रेखांकित करने का प्रयास किया गया है और चौथे, पाँचवें, छठे, सातवें एवं आठवें अध्याय में हिन्दी के उन व्यंग्यकारों की प्रेरणा, धारणा और प्रभाव; रचना-संसार तथा व्यंग्य-सृष्टि एवं दृष्टि का जायजा लेते हुए उनकी वैचारिक पृष्ठभूमि पर प्रकाश डाला गया है, जो कला एवं शिल्प की दृष्टि से प्रायः समग्र हिन्दी-व्यंग्य-लेखन का प्रतिनिधित्व करने के साथ-साथ व्यंग्यकारों की दो पीढ़ियों का प्रतिनिधित्व भी कर देते हैं। ये व्यंग्यकार हैं सर्वश्री हरिशंकर परसाई, शरद जोशी, रवीन्द्रनाथ त्यागी, श्रीलाल शुक्ल एवं नरेन्द्र कोहली। नौवें अध्याय में अन्य व्यंग्यकारों के व्यंग्य-सृजन का विहगावलोकन है और दसवें एवं अन्तिम अध्याय में सिंहावलोकन करते हुए इस निष्कर्ष पर पहुँचा गया है कि व्यंग्य न केवल विचार से पैदा होता है, बल्कि विचार को पैदा भी करता है और इस प्रकार व्यंग्य एवं व्यंग्यकार की एक अहम सामाजिक भूमिका एवं महत्त्व है।

विचार और व्यंग्य के साहचर्य के इस विशद अध्ययन में डॉ. रामप्रकाश कुलश्रेष्ठ, डॉ. वीरेन्द्र सिंह, डॉ. नरेन्द्र कोहली, डॉ. कृष्णदत्त शर्मा, डॉ. बालकरण पाल, डॉ. देवरिया उन्मेष, डॉ. रमाकान्त शर्मा, श्री राजकुमार कल्याण, श्रीमती कविता कल्याण, श्रीमती माधुरी कुमार, श्री दयाल फोंडेकर आदि अनेक शुभेच्छुओं का प्रयत्क्ष-अप्रत्यक्ष योगदान रहा है, जिसके लिए मैं उनके प्रति हृदय से आभार व्यक्त करता हूँ।

सुरेश कान्त

अनुक्रम

1

विषय-प्रवेश

विचार-तत्त्व

'चर' धातु में 'वि' उपसर्ग तथा 'घञ' प्रत्यय के संयोग से 'विचार' शब्द निष्पन्न हुआ है, जिसका शब्दार्थ चिन्तन, विमर्श, तत्त्वार्थ-चिन्तन होता है। वास्तव में, जो कुछ मन में सोचा जाए अथवा सोचकर किया जाए, वही विचार है। हिन्दी के प्रायः सभी शब्द-कोशों में 'विचार' शब्द का यही अर्थ स्वीकार किया गया है।[1] 'विचार' चिन्तन से सम्बन्धित होने के कारण मूलतः दर्शनशास्त्र का पारिभाषिक शब्द था, परन्तु शनैः-शनैः इसका प्रयोग मनोविज्ञान एवं अन्य शास्त्रों के साथ-साथ साहित्य में भी होने लगा। अतः इस शब्द का प्रयोग विभिन्न शास्त्रों, विज्ञान एवं साहित्य में विभिन्न सन्दर्भों में होने लगा। आंग्ल साहित्य में 'विचार' शब्द के पर्यायवाची रूप में 'थॉट', 'थिंकिंग' और 'आइडिया' का प्रयोग बहुलता से मिलता है, जिनका अर्थ भी चिन्तन ही होता है। तन्त्र-शास्त्र के अनुसार विचार मानवीय चिन्तन के निर्णय से सम्बन्धित है।[2] मनोविज्ञान में इसे मानसिक प्रक्रिया मानते हुए स्वीकार किया गया है कि सामान्य बुद्धि की प्रक्रिया का नाम ही चिन्तन है; जो तथ्य प्रस्तुत हो, उसके सम्बन्ध को हृदयंगम करने के लिए यह मानसिक प्रक्रिया अनिवार्य होती है। ज्ञानार्जन की पूर्ण क्रिया में जो मानसिक प्रक्रियाएँ—पर्यवेक्षण, चिन्तन और उद्योग—घटित होती हैं, उनमें चिन्तन का असन्दिग्ध और आधारभूत महत्त्व है। इन्द्रिय-बोध अथवा भावना से भिन्न भाव या प्रत्यय पर मानसिक केन्द्रीयकरण की परिणति ही विचार है। इन्द्रिय-बोध के अतिरिक्त पदार्थों के समस्त 'अभिज्ञान' को विचार शब्द से अभिहित किया गया है। कभी-कभी इस शब्द को अवधारण-प्रक्रिया के पर्याय-रूप में भी प्रयुक्त किया जाता है। इस दृष्टि से उसकी परिधि में अवधारण, निर्णय, तर्क-प्रक्रिया आती है। इस प्रकार मन में सोची, समझी तथा निश्चित की गई कोई बात विचार कहलाती है। प्रायः सभी मनोवैज्ञानिकों का मत है

---

1. संक्षिप्त हिन्दी शब्दसागर, पृ. 893/नालन्दा शब्दसागर, पृ. 1316
2. डिक्शनरी ऑफ सायकोलोजी, पृ. 331

कि किसी तत्त्व (वस्तु) का कोई भी अंग, जो स्वतन्त्र अस्तित्व रखता है, विचार कहलाता है। विशेषानुभूति के साधारणीकरण की प्रक्रिया को मनोवैज्ञानिकों ने विचार की संज्ञा प्रदान की है। साथ ही, मनोवैज्ञानिकों ने सम्बन्धों की जटिलता को क्रमबद्ध समझने की समस्या के प्रतिबिम्बों अथवा प्रतीकों को विचार माना है। इस प्रकार, विचार एक जटिल मनन (चिन्तन) का ही परिणाम होता है, जो प्रतीकों के प्रयोग की प्रक्रिया अथवा प्रतीकों की जटिलता में गुह्य प्रक्रिया ही है। लालजी शुक्ल के मतानुसार विचार मन की वह प्रक्रिया है, जिसमें हम पुराने (पूर्व) अनुभवों को वर्तमान समस्याएँ हल करने के लिए प्रयोग में लाते हैं।[1] अतः चिन्तन-प्रक्रिया द्वारा उपलब्ध तत्त्व ही विचार कहलाता है। इस प्रकार समस्या, लक्ष्य-प्राप्ति या उद्देश्य-पूर्ति हेतु किया गया चिन्तन ही वस्तुतः विचार है। विचार हेतु पूर्व उपलब्ध अनुभव एवं ज्ञान आवश्यक है। विचार जब तक क्रिया में परिणत नहीं होता, वह एक मानसिक प्रक्रिया मात्र है। डॉ. गणपतिचन्द्र गुप्त चिन्तन-प्रक्रिया द्वारा उपलब्ध तत्त्व को ही विचार मानते हैं।[2]

दर्शन-शास्त्र में चिन्तन अनिवार्यतः प्रयोजनीय है, जिसके लिए विचारों, बिम्बों, प्रतीकों की अपेक्षा की जाती है। दार्शनिक चिन्तन के अनुसार विचार एक व्यवस्थित तथ्य (वस्तु) की सक्रिय प्रक्रिया, विशेषतः मस्तिष्क की ही देन है जो धारणा, अनुभव और सिद्धान्त आदि सांसारिक विषयों का ही प्रतिबिम्ब है।[3] अतः विचार एक सामाजिक प्रक्रिया है, जो मानवीय क्रियाओं से उदित होता है।

विभिन्न समाजशास्त्रियों के अनुसार किसी राष्ट्र, वर्ग, जाति, व्यवसाय, धार्मिक मत एवं राजनीतिक दलों आदि के समूह के लक्षण (गुण) अथवा चिन्तन की धारणा, भाव एवं प्रतिमानों का एक समूह ही विचार कहलाता है।[4] प्लेटो के अनुसार विचार ईश्वरीय चेतना में विद्यमान आदर्श रूप है, जिसके अनुकृति-स्वरूप इस जगत का आविर्भाव हुआ है।[5] अरस्तू ने रूप, और रूप को जन्म देनेवाली धारणा को विचार माना है। उन्होंने अपने काव्य-शास्त्र में विचार शब्द की व्याख्या करते हुए लिखा है कि प्रस्तुत परिस्थिति में जो सम्भव और संगत हो, उसके प्रतिपादन की क्षमता ही विचार है। उन्होंने नाट्यांगों में विचार-तत्त्व को अन्य नाटकीय उपादानों से अधिक महत्त्वपूर्ण माना है, जो धार्मिक, नैतिक, भावनात्मक अथवा मनोवैज्ञानिक किसी भी प्रकार का हो सकता है और हृदय अथवा मस्तिष्क को अनिवार्य रूप से स्पर्श करता है।[6] अरस्तू के विचारों का समर्थन करते हुए आर. पीकॉक ने भी लिखा है कि विचार-तत्त्व जितना महान और अधिक शाश्वत होगा, नाटक उतना ही अधिक स्थायी एवं महान बनने में समर्थ होगा और जिस

---

1. सरल मनोविज्ञान, पृ. 228
2. आधुनिक हिन्दी कवियों का सामाजिक दर्शन, डॉ. प्रेमचन्द्र विजयवर्गीय, पृ. 5-6
3. डिक्शनरी ऑफ फिलॉसफी, पृ. 452
4. डिक्शनरी ऑफ सोशोलोजी एंड रिलेटिड साइंस, पृ. 149
5. आधुनिक हिन्दी कवियों का सामाजिक दर्शन, डॉ. प्रेमचन्द्र विजयवर्गीय, पृ. 4
6. अरस्तू, काव्यशास्त्र, पृ. 22

अनुपात में उसकी उपयोगिता एवं महत्ता सामयिक होगी, उसी अनुपात में उसकी विश्वजनीनता सन्दिग्ध हो जाएगी। विचार-तत्त्व मानव की मूल समस्याओं के जितना निकट होगा, उतना ही अधिक महान होगा; और विचार-तत्त्व जितना अधिक प्रच्छन्न एवं निगूढ़ होगा, उतना ही अधिक प्रभविष्णु एवं स्थायी होगा।[1]

विचार-तत्त्व (उद्देश्य) की यह व्यंजना दो माध्यमों से व्यक्त होती है–(अ) समुच्चय अर्थात् विचार का समग्र प्रभाव, और (आ) विवरण अर्थात् भावों की गहनता से मन पर पड़नेवाले प्रभाव। प्रायः विवरण से व्यंजित होनेवाले प्रभाव मूल प्रभाव के पोषक होते हैं। परन्तु कभी-कभी वे अतिरिक्त प्रभाव भी रखते हैं। तथापि, विवरण और समुच्चय दोनों से एक ही भाव की व्यंजना होने पर भी प्रभावी एवं स्पष्ट व्यंजना होती है। अतः विचार-तत्त्व वह मानसिक प्रक्रिया है, जिसके द्वारा किसी निश्चित धारणा अथवा अवधारणा को मनुष्य मान्यता प्रदान करता है। विचार-तत्त्व में अर्थमूलक व्याप्तियों को तथ्य से संयुक्त करने के चिन्तन का प्रभाव अन्तर्निहित है।

भाव एवं विचार

नाट्य प्रदर्शन हेतु आचार्य भरत ने भाव की व्याख्या बहुत ही व्यापक अर्थ में की है। उनके अनुसार अनुभावों के वाचिक, सात्त्विक, आंगिक तथा आहार्य प्रदर्शन द्वारा नाटकों के अर्थ को व्यंजित किया जाता है। जब विभाव तथा अनुभाव का अर्थ सामाजिक के मन में परिव्याप्त किया जाता है तो उसे भाव कहा जाता है।[2] मानसिक अवधारणाओं का व्यंजक प्रदर्शन ही भाव है और इसी मौलिक शब्द के आधार पर विभाव, अनुभाव और संचारी भाव की स्थापना की गई। रसों के सम्बन्ध में आचार्य भरत ने स्वीकार करते हुए लिखा है कि रसों की उद्भावना भावों के प्रदर्शन से होती है। भावों द्वारा ही रसों की उत्पत्ति सम्भव है...भाव सम्पूर्ण रसों के स्रोत हैं।[3] आचार्य भरत के परवर्ती अन्य नाट्याचार्यों ने आश्रय की सुख-दुख आदि भाव-स्थितियों के ज्ञापन को भाव माना है[4], जिसे भरत के मत से पृथक नहीं कहा जा सकता। आचार्य मम्मट ने रस-ध्वनि और भाव-ध्वनि का अलग-अलग विवेचन किया है। भाव-ध्वनि को स्पष्टतः व्याख्यायित करते हुए उन्होंने उसे देवाधिदेव विषयक रति आदि स्थायी भावों की वर्णना और व्यभिचारी भावों की स्वतन्त्र अभिव्यंजना माना है।[5] आचार्य विश्वनाथ की मौलिक स्थापना है कि संचारियों का वर्णन किसी स्थायी का सहायक न होकर स्वतन्त्र तथा प्रधान होता है, और केवल उद्बुद्ध स्थायी मनोविकार का वर्णन 'भाव' कहलाता है।[6]

1. आर्ट ऑफ ड्रामा, पृ. 158
2. नाट्यशास्त्र, 7/1-2-3
3. वही, 6/38
4. धनंजय, दशरूपक, 4/4
5. काव्यप्रकाश, 4/35
6. साहित्य-दर्पण

रीतिकालीन आचार्य देव ने भाव को भरत के व्यापक अर्थ और धनंजय के आधार पर ग्रहण किया है।[1] भरत, धनंजय, विश्वनाथ आदि संस्कृत-आचार्यों के आधार पर ही आधुनिक हिन्दी-आचार्यों ने विचार किया है। आचार्य रामचन्द्र शुक्ल समस्त मानव-जीवन के प्रवर्तक भाव मनोविकार को स्वीकार करते हुए कहते हैं कि मानव-प्रवृत्तियों की तह में अनेक प्रकार के भाव ही प्रेरक के रूप में पाए जाते हैं। शील या चरित्र का मूल भी भावों के विशेष प्रकार के संगठनों में ही समझना चाहिए।[2] भरत के उपरान्त किसी ने भी भाव पर मौलिक रूप से विचार नहीं किया है। लगभग सभी आचार्यों ने भाव, अनुभाव एवं संचारी भावों के वर्णन के लिए भरत के ही सन्दर्भों को ग्रहण किया है। भाव को विवेचित करते हुए विभिन्न कोशों ने उसे चित्त (मन) में उत्पन्न होनेवाला विकार, मनोविकार अथवा प्रवृत्ति माना है। अतः किसी भी मानव-मन की इच्छा भाव कहलाती है।[3]

आंग्ल साहित्य-शब्दावली के लिए भारतीय विद्वानों ने हिन्दी में समानार्थी शब्द नाना प्रकार से प्रयोग किए हैं। भाव को आंग्ल साहित्य में इमोशन, फीलिंग, सेंसेशन आदि के अर्थ में स्वीकार किया गया है, जबकि भारतीय काव्य-शास्त्र में ये शब्द भाव की अपेक्षा अनुभाव के अधिक निकट प्रतीत होते हैं। पाश्चात्य विद्वान जेम्सलेज के अनुसार शारीरिक विकारों की समस्त अनुभूति ही भाव कहलाती है।[4] कांट ने मानवीय सुख-दुख की अनुभूति को भाव की संज्ञा प्रदान की है।[5] वुंट तथा वाट्सन आदि ने भी कांट के मत का समर्थन किया है।[6]

पाश्चात्य समाजशास्त्रियों के अनुसार भाव व्यक्ति की वह जटिल मनोग्रन्थि है, जिसमें विचार, अनुभव और अधिकांश प्रेरक अभिव्यंजन एवं परिस्थितियों की मान्यताएँ उत्पन्न होती हैं।[7] इस प्रकार, किसी भी तरह के अनुभव की प्रक्रिया को भाव माना गया है। दार्शनिकों के अनुसार मानवीय अनुभव, स्पष्ट दृष्टिकोण और भौतिक जगत्, आत्मीय विश्वास, अनुभव का समय ही भाव कहा जाता है, परन्तु संकीर्ण दृष्टि में हार्दिक अनुभव की क्रियाओं को भाव कहा गया है; और इस प्रकार भाव वास्तविक मनन-चिन्तन की विशेष दशा है, जिसे समाज द्वारा एक आकार प्रदान किया जाता है। लेनिन के अनुसार, भाव मानवीय हित, आवश्यकताओं की प्रकृति, उद्देश्यों की समानता और प्रतिकूलता, क्रियाओं की सफलता और असफलताओं के संकेत मात्र हैं।[8] भाव

1. लाले सुख-दुख को सदा रस निदान कुमार, ताके कारण भाव है तिनको करत विचारभावविलास।
2. चिन्तामणि, भाग 1, पृ. 1-5
3. संस्कृत-हिन्दी कोश, पृ. 737/बृहत् हिन्दी कोश, पृ. 45/हिन्दी साहित्य कोश, पृ. 488/संक्षिप्त हिन्दी शब्दसागर, पृ. 754
4. मानविकी पारिभाषिक कोश, साहित्य खंड, पृ. 112
5. वही, दर्शन खंड, पृ. 89
6. मनोविज्ञान का पारिभाषिक कोश, निर्मला शेरजंग, पृ. 51
7. डिक्शनरी ऑफ सोशोलोजी एंड रिलेटिड साइंस, पृ. 105, 119
8. डिक्शनरी ऑफ फिलॉसफी, पृ. 137-38

मानवीय क्रियाओं को व्यवस्थित करने में आवश्यक और महत्त्वपूर्ण भूमिका अदा करते हैं। भाव बृहत् मस्तिष्क से उत्तेजित होने के परिणामस्वरूप भावात्मक जगत की प्राथमिक मानसिक प्रतिक्रिया है, जिसके लिए ज्ञानेन्द्रियों का होना ही आवश्यक नहीं है, अपितु कल्पना और चिन्तन से भी ये (भाव) उद्भूत हो जाते हैं। भाव आत्मगत होते हैं।

साहित्यिक परिधि में भाव कल्पना और विचार से मिलकर ही साहित्य के बाह्य पक्ष (भाषा एवं अभिव्यक्ति) का अपने अनुरूप निर्माण करते हैं।

हिन्दी-शब्दावली के 'भाव' और 'विचार' शब्दों के लिए आंग्ल शब्दावली के 'आइडिया' शब्द का प्रयोग बहुलता से मिलता है, जिसका शाब्दिक अर्थ हिन्दी-साहित्य में 'प्रत्यय' होता है, जो भाव एवं विचार का समानार्थी ही प्रतीत होता है। इस शब्द का सर्वप्रथम प्रयोग सम्भवतः ग्रीक दार्शनिक प्लेटो ने अपने सिद्धान्तों पर विचार (मनन-चिन्तन) करते हुए किया था और आधुनिक सन्दर्भ में चिन्तन के लिए 17वीं शताब्दी में लॉक द्वारा प्रथम बार प्रयोग किया गया, परन्तु इन्हें भौतिक ज्ञान के अन्वेषण की समस्या के समाधान में अपने इष्टार्थ के प्रचार में सफलता नहीं मिली, जबकि जॉर्ज बर्कले ने इस शब्द का प्रयोग सेंसेशन के अर्थ में सफलता के साथ किया।[1]

मानवीय चेतना और विवेक के अन्तर्विषयों हेतु वस्तुओं के ऐतिहासिक स्रोत और मानवीय व्यवहारों के सम्बन्ध की खोज को सूचित करने के अर्थों में इस शब्द का प्रयोग अनेक दार्शनिकों द्वारा किया गया है।[2] दार्शनिक शब्द (टर्म) 'भाव' (सेंस) चिन्तन के वर्ग से सम्बन्धित है और तत्त्व के अर्थ को प्रकट करता है। जब भाव का प्रयोग मानसिक उत्तेजना के लिए होता है, तब वह संवेदी कल्पना को प्रकट करता है जो मस्तिष्क में उत्पन्न होती है। इसका प्रयोग कल्पना एवं अन्य मूल वस्तु के सार (भाव) को प्रकट करता है, जिसमें लौकिकता का प्राधान्य होता है। अन्य दार्शनिक व्यवस्था में भौतिक सिद्धान्त भी भावों को प्रकट करते हैं।

यथार्थवादी विचारधारा के अनुसार भाव सभी वस्तुओं का सार–वास्तविक उत्तेजना है। हीगल के अनुसार भाव चिन्तन को सही समझने का कारण है। भाव भौतिक एवं वैज्ञानिक होते हैं।[3] इस सन्दर्भ में लॉक के विचार बहुत ही महत्त्वपूर्ण हैं। उनके अनुसार, कोई भी विवेकपूर्ण उद्देश्य–मानसिक सार–भाव कहलाता है, जिसे मनुष्य सोचता है।[4] प्लेटो ने भाव को तात्त्विक एवं आध्यात्मिक (अलौकिक) माना है।[5] स्प्रेंगर भावों को रुचिपूर्ण मानते हैं।[6] स्प्रेंगर, हॉकर आदि चिन्तकों एवं मिल्टन, शेक्सपियर आदि पाश्चात्य साहित्यकारों ने मस्तिष्क की आन्तरिक उत्तेजना को भाव माना है और उनके अनुसार

1. एन्साइक्लोपीडिया ब्रिटेनिका, खंड 11, पृ. 1061
2. एन्साइक्लोपीडिया ऑफ रिलीजन एंड ऐथिक्स, खंड 7, पृ. 18
3. डिक्शनरी ऑफ फिलॉसफी, पृ. 201-02
4. डिक्शनरी ऑफ सोशोलोजी, पृ. 94-95
5. डिक्शनरी ऑफ साइकोलोजी, पृ. 124
6. वही, पृ. 171

किसी भी चिन्तन की धारणा एक आदर्श विचार है, जो मानवीय क्रिया एवं मानसिक चिन्तन (ज्ञान) का परिणाम होता है।[1] परिणामस्वरूप सामान्य अर्थ में वह मानसिक प्रतिकृति ही विचार कहलाती है। पाश्चात्य विचारक भाववादी या विचारवादी विचार को ही मूल सत्य मानते हैं।[2] आधुनिक भारतीय विचारकों ने थॉट, थिकिंग, फीलिंग, इमोशन आदि शब्दों की अपेक्षा भाव एवं विचार-चिन्तन हेतु आइडिया शब्द का ही सर्वाधिक प्रयोग किया है। डॉ. प्रेमचन्द्र विजयवर्गीय के अनुसार, आइडिया (प्रत्यय) का ज्ञान सर्वप्रथम चिन्तन की प्रक्रिया द्वारा होता है, क्योंकि चिन्तन-प्रक्रिया पदार्थों अथवा विषयों की अनुभूति मात्र ही है[3] तथा भाव से विचार विकसित होता है। अर्थात् : चिन्तन→ प्रक्रिया→प्रत्यय→भाव→विचार।

इस प्रकार भाव और विचार समानार्थी शब्द नहीं हैं, अपितु भाव शनैः-शनैः परिपक्व होकर विचार बन जाते हैं। अतः विचारों के लिए भावों का होना अनिवार्य है।

विचार के निर्णायक तत्त्व

मनुष्य एक विवेकशील प्राणी है। विवेकशून्य हो जाने पर उसका इतर प्राणियों से अन्तर नहीं रह जाता। विवेक विचारों की गहनता में ही प्रदर्शित होता है, जिसका प्रादुर्भाव चिन्तन से होता है। विचार के अध्ययन हेतु उसके अधोलिखित तत्त्वों से अभिज्ञ होना अनिवार्य है।

मन

मानवीय चेतना-प्रक्रिया तथा उसे निरूपित करनेवाली प्रवणताओं और प्रवृत्तियों की समष्टि का नाम ही मन है। मन के अन्तर्गत मानवीय चेतना और उसकी क्षमताओं का अन्तर्भाव निहित है। इसमें सभी चेतन व्यापारों का अन्तर्भाव तो हो जाता है, किन्तु मेधा अथवा भावना या संकल्प का चेतनाभिव्यक्त स्वरूप, अपेक्षया अधिक गहन पहलू भी हो सकता है। फ्रायड ने मन के तीन स्तर–चेतन, अवचेतन व अचेतन तथा तीन तन्त्र–इदं, अत्यहं और अहं बताए हैं जो मानवीय व्यवहार एवं व्यक्तित्व को प्रभावित करते हैं।[4] विचारों के सम्बन्ध में अतीत से ही एक गहन रहस्य बना रहा है कि मानव-अन्तःकरण में वह कौन सा सूक्ष्म तत्त्व है, जो प्रत्यक्ष स्मृति, कल्पना आदि क्रियाओं का निर्देश करता है। किसी स्थूल, शारीरिक अवयव में यह क्षमता न पाकर विचारों के एक आन्तरिक कर्ता की कल्पना की गई और उसे मन की संज्ञा से अभिहित

1. रैंडम हाउस डिक्शनरी ऑफ इंग्लिश लैंग्वेज, पृ. 706
2. आधुनिक हिन्दी कवियों का सामाजिक दर्शन, डॉ. प्रेमचन्द्र विजयवर्गीय, पृ. 3
3. वही, पृ. 7
4. मानविकी पारिभाषिक कोश, साहित्य खंड, पृ. 171

किया गया। तन से मन की भिन्नता व्यक्त करने हेतु यही कहा जा सकता है कि शरीर की विशेषता विस्तार है और मन की विशेषता विचार अथवा चिन्तन। मानवीय अन्तराल की त्रुटियों और सीमाओं की ओर ध्यान आकृष्ट होने पर ही एक व्यापक निरपेक्ष मन की कल्पना का उदय हुआ और यह विश्वव्यापी मन वास्तव में ब्रह्म (विश्वनियन्ता) की ही एक संज्ञा बन गया। हीगल जैसे अनेक विचारकों ने मन को बिल्कुल ही अमूर्त रूप में स्वीकार किया। मन उनके लिए चेतन तत्त्व के अतिरिक्त और कुछ नहीं है। निष्कर्षतया मन और चेतना में कोई अन्तर नहीं रह जाता। मनोवैज्ञानिक दृष्टि से मन प्रक्रियाओं का एक संघटित पूर्णाकार है। सामान्य रूप से यह वैयक्तिक दैहिक अवयव से सम्बन्धित है। तात्त्विक दृष्टि से मन एक सत्ता मात्र है अथवा प्रक्रियाओं का आधारभूत है। अनेक विचारकों के दृष्टिकोण में मन का प्रयोग एक तत्त्व के रूप में हुआ है, जो व्यक्तिगत मन का विस्तारण है।[1] मानसिक प्रक्रिया होने के कारण विचार सर्वप्रथम मन में ही उत्पन्न होते हैं। मानव के सम्पूर्ण ज्ञानात्मक अनुभव को विभिन्न वर्गों (शारीरिक स्थितियों के परिणामस्वरूप उत्पन्न, दृष्टि सम्बन्धी, श्रवण सम्बन्धी, घृणा सम्बन्धी अनुभवों) से वर्गीकृत किया गया है। इन सभी अनुभवों का मूल स्थान मन ही होता है और ये सभी मानसिक अनुभव मुख पर अंकित विभिन्न मुद्राओं के रूप में प्रकट होते हैं। किसी भी मानसिक अनुभव अथवा प्रक्रिया का अध्ययन करने हेतु दृष्टि, स्पर्श, श्रवण, घ्राण आदि प्रतीकों का आश्रय लिया जाता है, जिनका निरूपण मन के विभिन्न भावों में होता है; तत्पश्चात् मानवीय मन उन प्रतीकों की वास्तविकता के निश्चय के लिए प्रयोग कर उनकी परख करता है। विचारों का मूल स्थल होने के कारण मन विचारों का सूत्रपात करता है।

तथ्य

विचारों का प्रादुर्भाव मानव-मन में कल्पना द्वारा होता है। विचारों की वास्तविकता अथवा सत्यता की परख हेतु मन में स्पन्दन होता है। यदि उदित भावों में यथार्थता का अभाव होता है तो वे समाप्त हो जाते हैं; उन्हें व्यावहारिक रूप नहीं मिल पाता और वे विचार नहीं बन पाते। यह वस्तु अथवा विचार, जिसकी सत्ता है अथवा जिसे स्वीकार करना पड़े, तथ्य कहलाता है। तथ्य के अस्तित्व के निर्धारण हेतु विभिन्न कसौटियाँ प्रस्तुत की गई हैं :

(क) बुद्धिगम्य प्रत्यक्षता,
(ख) सहजानुभूति प्रत्यक्षता,
(ग) बहिरंग तथ्यानुकूलता,
(घ) उचित प्रयोग; जिसका सत्यापन हो सके, और

1. मानविकी पारिभाषिक कोश, दर्शन खंड, पृ. 119-20

(ङ) निमासमान अनुभव समष्टि प्रयोजनीयता अथवा जीवन-समग्रता के प्रति सूक्ष्म उपकरण।

उपर्युक्त कसौटियों का परस्पर समायोजन हो जाता है, क्योंकि इनमें एक सीमा तक अन्तर्वर्तित्व होता है। वास्तविक तथ्य दो प्रकार का होता है–(अ) सामान्य और (आ) कलात्मक। कलात्मक सत्य (वास्तविक अथवा तथ्य) पर विचार करते समय दो प्रश्न उपस्थित होते हैं–(क) क्या सत्य की सार्थकता कला के लिए है ? और (ख) क्या जीवन के सन्दर्भ में भी सत्य का वही अर्थ है, जो कला के लिए प्रयुक्त है ? कला सत्य और मिथ्या की प्रस्थापनाओं के सन्दर्भ में ही होती है, जबकि प्रस्थापनाओं का कलाकृति से कोई सम्बन्ध नहीं। कलाकृति द्वारा भाव और प्रवणताएँ जागृत करने पर मूल्यों का विचार होना चाहिए, सत्य का नहीं क्योंकि कलात्मक दृष्टि से सौन्दर्य में मिथ्या का उदय सम्भव होता है। सत्य ही मूल्यों का भी मूलाधार है, क्योंकि मूल्यों की परख भी जगत में होती है। कृति में व्यक्त विचारों में अपना विश्वास उत्पन्न करने के लिए भी सत्य का ही आलम्बन होता है। कला के सन्दर्भ में सत्य शब्द का प्रयोग निम्नलिखित अर्थों में किया जाता है :

(क) जीवन की अनुरूपता–में ही सत्य को निहित माना गया है। जीवन की अनुरूपता का अभिप्राय जीवन के स्थूल अनुकरण, प्रकृति के बिम्बगत रूप से है। अनेक विद्वानों ने इसे विशुद्ध रूप से प्रतीकात्मक माना है।

(ख) विश्वास की अनुरूपता–जो बात किसी भी व्यक्ति के विश्वास के अनुरूप हो, वही सत्य है।

(ग) अन्य विचारकों के दृष्टिकोण में सत्य स्वयं एक विधाता है। कलाकृति को वे अभिलेखों का पर्याय नहीं मानते।

कृतिगत मूल्य एक समंजित एवं संगत मानदंड के अनुसार अपना विकास कर लेते हैं। यही सत्य की कसौटी है, क्योंकि कलाकृति में आन्तरिक सामंजस्य होने के कारण उसके अवयवों (अंगों) में सम्बद्धता सम्भव है। वस्तुतः कलाकृतियाँ मानवात्मा की यात्रा की स्मारक होती हैं, जिनसे मानवीय विचारों के परिवर्तनों का ज्ञान हो जाता है। कलाकृतियों द्वारा मानवीय कार्यों की परख हेतु मानदंड स्थिर किया जाता है, जिसमें समय को मानवीय आशाओं, अन्धविश्वास, कर्म एवं शास्त्र की मर्यादाओं में संग्रथित देखते हैं। यदि जीवन का अनुकरण कर लिया जाए तो कला की गरिमा इसी व्याख्यान में निहित हो जाती है। विचारों का उन्मेष होने के कारण तथ्य एक महत्त्वपूर्ण एवं आवश्यक निर्णायक तत्त्व है।

चिन्तन

समस्त प्राणियों की भाँति मनुष्य भी कार्य करने में सोचता है, परन्तु चिन्तनशीलता अधिक होने के कारण मनुष्य चिन्तन के अभाव में कोई भी कार्य नहीं कर पाता। मनुष्य और

इतर प्राणियों में यही अन्तर है। मनुष्य प्रायः कल्पना द्वारा सीखता है, जिसका प्रत्यक्ष सम्बन्ध मन-विवेक से ही होता है। चिन्तन-क्रिया और विवेक का अटूट सम्बन्ध है। समस्याओं के समाधान हेतु चिन्तन अनिवार्य है, क्योंकि उसके अभाव में समस्याओं का समाधान सम्भव नहीं है। समस्या के उत्पन्न होने से समाधान तक चिन्तन-क्रिया चलती रहती है, जिसके लिए अन्तःकरण में नाना विचार उत्पन्न होते रहते हैं तथा उत्पन्न विचारों में संघर्ष भी होता रहता है। यह एक मानसिक प्रक्रिया है। अन्तःकरण में उत्पन्न विचार निरर्थक नहीं होते। समस्या-समाधान हेतु चिन्तनरत मानवीय मुख-मुद्राएँ बनती-बिगड़ती हैं, जिससे ऐसा प्रतीत होता है जैसे मनुष्य मन-ही-मन बोल रहा हो। मनोवैज्ञानिक दृष्टि से चिन्तन के समय आंगिक क्रियाएँ उसी भाँति होती रहती है, जैसे बोलते समय।[1] परिणामस्वरूप सोचते समय मानवीय शरीर के विभिन्न अंगों की मांसपेशियों में क्रियाशीलता (तनाव) उत्पन्न हो जाती है। समस्या जितनी जटिल होगी, उतनी ही अधिक मांसपेशियों में क्रियाशीलता पाई जाएगी। चिन्तन में अन्तःकरण (मन) और शरीर दोनों ही क्रियाशील रहते हैं, जबकि शारीरिक क्रियाशीलता पर मन का आधिपत्य होता है। मन के क्रियाशील होने के उपरान्त ही मानव-अंग गतिशील होते हैं। मन ही चिन्तन का मूल स्थल है। विभिन्न तथ्यों को हृदयंगम करने हेतु पर्यवेक्षण, चिन्तन और प्रयोगगत मानसिक प्रक्रियाएँ अवश्य ही होती हैं, जो ज्ञानार्जन हेतु अनिवार्य हैं।

जब तक मनन और चिन्तन द्वारा अपने अनुभवों को अपने व्यक्तित्व का अभिन्न अंग नहीं बना लिया जाता, तब तक मानवीय अभिव्यंजना में शक्ति नहीं आती। प्रायः चिन्तन दो अर्थों में प्रयुक्त किया जाता है :

(अ) विचारों का संचालन करनेवाली प्रक्रिया अर्थात् मानसिक प्रक्रिया, और

(आ) व्यक्ति अथवा परिस्थितियों की अनुपस्थिति में भी उनका प्रतिनिधित्व करनेवाले प्रतीक अथवा संकेतों के माध्यम से समस्याओं का समाधान करनेवाली क्रिया अर्थात् अव्यक्त प्रक्रिया।

विचार की क्रिया में तथ्यों का सूक्ष्मीकरण, प्रत्ययीकरण और सामान्यीकरण किया जाता है। चिन्तन में वस्तु का सावयव रूप गृहीत है, यद्यपि चिन्तन किसी सीमा तक अनुभूति-सापेक्ष है तथा अनुभूति से निरपेक्ष वस्तु में मूलभूत तत्त्वों पर अधिक बल होता है। विचार मन-मस्तिष्क का धर्म होने के कारण उसकी चरम परिणति ही निर्णय में होती है। चिन्तन विचारों की ही एक प्रक्रिया मात्र है।

निर्धारण

पाश्चात्य विचारक स्पिनोजा के अनुसार परिच्छेद-क्रिया का संकेत अभाव (निषेध) की

1. सिन्हा एवं राय, सामान्य मनोविज्ञान की रूपरेखा, पृ. 345

ओर होता है।[1] हीगल ने स्पिनोजा के इस मत को एकांगी मानते हुए कहा है कि जिस भाँति सीमा-निर्धारण में अभाव की ओर संकेत छिपा होता है, उसी भाँति अभावात्मक वक्तव्य (निर्धारण) भी भावात्मक पक्ष की ओर ले जाता है। जब हम किसी वस्तु के सम्बन्ध में कोई नकारात्मक निर्णय देते हैं, तो उसके आत्मविश्वास की एक विशेष अवस्था की ओर ध्यान आकृष्ट करते हुए यही क्रिया हमें बाध्य करती है कि हम उस वस्तु की दूसरी अवस्था पर भी दृष्टिपात करें, जिसमें उसका निर्धारण होता है। यदि हम यह कहें कि कोई वस्तु है, लेकिन उसके किसी भी गुण अथवा अवस्था की ओर संकेत न करें तो उसका होना केवल औपचारिक ही रहेगा। इसलिए यह कथन कि प्रत्येक निर्धारण-क्रिया में अभाव निहित है, एकपक्षीय है क्योंकि सत्य का एक पक्ष यह भी है कि जिसका निर्धारण बिल्कुल ही न किया जाए, वह नाम मात्र है।[2] किसी विचार की सीमा निर्धारित करना अथवा उसके अनिवार्य गुणों के विषय में कोई सकारात्मक वक्तव्य ही निर्धारण होता है। विचार के स्वरूप का निर्णय ही निश्चय कहलाता है।

धारणा

मूलतः यह शब्द दर्शनशास्त्र का है, किन्तु आधुनिक युग में इसका प्रयोग सभी ज्ञान-विज्ञानों में होने लगा है। किसी भी वर्ग के व्यक्ति अथवा वस्तु के ज्ञान का विश्लेषण करने पर उसके दो तत्त्व लक्षित होते हैं–(अ) किसी एक व्यक्ति अथवा वस्तु के ज्ञान को विशिष्ट ज्ञान कहा जाता है, जैसे मनुष्य, और (आ) उस व्यक्ति अथवा वस्तु का सामान्य रूप, जिसके द्वारा मनुष्य उस वर्ग के व्यक्ति अथवा वस्तु का ज्ञान प्राप्त करता है, जैसे–मनुष्यत्व। यह सामान्य ज्ञान है, विविध विशेषों में प्रतीक होनेवाले इस सामान्य तत्त्व धारणा को ही अवधारणा कहते हैं। विज्ञान द्वारा इसे मन की अमूर्तिकरण-शक्ति से उत्पन्न एक अमूर्त संवेदन माना गया है। जबकि अन्य विद्वान इसे केवल एक संज्ञा मात्र ही मानते हैं तथा कुछ विद्वान इसे एक ऐसे यथार्थ सत्य के रूप में ग्रहण करते हैं, जो प्रत्येक विशेष में सन्निविष्ट होता है।[3] व्यापक अर्थ में कोई भी अमूर्त प्रत्यय ही अवधारणा है। कांट के मतानुसार वह पद, जो किसी सम्बन्ध, वैचारिक रूप, वर्ग अथवा जाति की ओर निर्देश करता हो, अवधारणा है, जबकि प्लेटो ने सामान्यों को अवधारणा कहा है।[4] किसी भी जाति के (अन्तर्गत) अन्तर्निहित विचारों में सामान्य रूप से निहित सम्बन्ध एवं विशेषता को (मनुष्य और मनुष्यत्व आदि प्रत्यय मूर्त विचारों में हो सकते हैं तथा अमूर्त विचारों में भी) अवधारणा कहा जाता है। यथार्थ सत्य के रूप में जो कुछ ग्रहण किया जाता है, उसे अवधारणा कहते हैं।

---

1. मानविकी पारिभाषिक कोश, दर्शन खंड, पृ. 64
2. वही
3. वही, साहित्य खंड, पृ. 53
4. वही, दर्शन खंड, पृ. 47

अनुभूति

प्रत्येक क्षण मानवीय जीवन के किसी-न-किसी विचार से प्रभावित होने के परिणामस्वरूप उसके भाव अनुभूति-प्रधान हो जाते हैं, जिसमें (अनुभूतियों में) परस्पर सम्बन्धित मानसिक क्रियाओं का गहन जाल बिछा हुआ रहता है। उनमें 'सुख-वेदना' के भाव ऐसे मिले हुए रहते हैं कि उन्हें अनुभूतियों से पृथक् करना कठिन ही नहीं, बल्कि असम्भव भी होता है। भावात्मक जीवन को समझने के लिए की गई व्याख्याएँ प्रतिदिन परिवर्तित होती जा रही हैं। फिर भी सामान्य विचारों को अनुभूति के प्रारम्भिक अंग के नाम से पुकारते हैं। सभी मानसिक क्रियाएँ अर्थपूर्ण होती हैं। प्रत्येक चेतन अनुभूति से सम्बन्धित सुख-वेदना के अनुभव को ही भाव की संज्ञा प्रदान की जाती है। संवेदना के अभाव में भाव नहीं हो सकता। संवेदना चेतन अनुभूति का वस्तुगत अंग प्रस्तुत करती है, जबकि भाव आत्मगत होते हैं अर्थात् संवेदना से किसी वस्तु या परिस्थिति का आभास होता है और भाव मानसिक क्रिया का वर्णन करता है। भाव सुख-वेदना दोनों ही प्रकार के होते हैं तथा दृष्टि, स्पर्श, श्रवण, घ्राण, स्वाद, गन्ध आदि संवेदनाएँ होती हैं, जिनका सम्बन्ध ज्ञानेन्द्रियों से होता है। सुख-वेदना का अनुभव सामान्यतः एक साथ नहीं होता, परन्तु भाषा के चंचल और क्षणिक होने के कारण कभी-कभी दोनों की मिश्रित प्रक्रिया भी सम्भव होती है। भारतीय नाट्याचार्यों ने भावना के कारण उत्पन्न आंगिक विकारों को अनुभव की संज्ञा से विभूषित किया है। व्यापक अर्थ में मानवीय चेतन संस्कार, जिसमें बौद्धिक ज्ञान का अंश न हो; और विशिष्ट अर्थ में सुख-वेदना की अनुभूति को मनोवैज्ञानिक कांट भाव मानते हैं जो उत्तेजना के स्वरूप तीव्रता, रुचिकर इन्द्रिय-संवेदना, अभिरुचियों एवं मूल प्रवृत्तियों की परितुष्टि तथा सौन्दर्य-अनुभूति पर निर्भर होते हैं।[1] वुंट ने तनाव-शिथिलता, उत्तेजना-अवसाद और सुख-वेदना को भावनाओं का ही रूपान्तरण स्वीकार किया है।[2] अनुभूति में तथ्यों का संयोजन एवं सम्मिश्रण किया जाता है। अनुभूतिगम्य बनाने हेतु तथ्यों को अमूर्त से मूर्त, भाव से बिम्ब, सामान्य से विशिष्ट रूप में प्रस्तुत किया जाता है। अनुभूति में वस्तु के समग्र का बोध होता है और उसके प्रभाव को महत्त्व दिया जाता है; अनुभूति की दशा में, विशेषतः भावानुभूति की दशा में व्यक्ति की निर्णय शक्ति विचलित एवं कुंठित हो जाती है। अनुभूति अन्तःकरण (मन) का धर्म होने के कारण अनुभूति और विचार परस्पर विरोधी न होकर परस्पर पूरक होते हैं। मानव अनुभूतियों से ही विचारों का निर्माण करता है, जबकि कल्पनाशील व्यक्ति विचारों को ही अनुभूतियों का आधार-तत्त्व बनाते हैं।

1. मानविकी पारिभाषिक कोश, साहित्य खंड, पृ. 122
2. वही, दर्शन खंड, पृ. 89

प्रतीक

किसी भी भाषा के शब्दों को प्रायः दो वर्गों में वर्गीकृत किया गया है–(अ) वाच्यार्थक शब्द जिनका सम्बन्ध केवल अभिधा शक्ति से है, और (आ) प्रतीकात्मक शब्द जिनका सम्बन्ध लक्षणा तथा व्यंजना शक्ति से है। भारतीय दृष्टिकोण से शब्द की अभिधा, लक्षणा और व्यंजना तीन ही शक्तियाँ मानी गई हैं। प्रतीकात्मक प्रयोग में एक ही शब्द अथवा शब्द-चित्रों द्वारा विभिन्न अनुभूतियों अथवा विचारों का सम्भावित रूप उपस्थित होता है। शब्दों का प्रतीकात्मक व्यवहार प्राचीन भारतीय नाट्य साहित्य की ही नहीं अपितु ग्रीक, लैटिन तथा मध्यकालीन यूरोपीय साहित्य की भी विशेषता है।[1] प्रत्यक्ष उपादानों द्वारा अप्रस्तुत, अदृश्य उपादानों का प्रतिनिधित्व ही प्रतीक का मूलाधार है। प्रतीक वास्तव में प्राचीन युग से चले आ रहे परम्परागत संकेत हैं, जिनसे अन्य वस्तु का बोध होता है। वह कृत्रिम चिह्न या संकेत, जो किसी वस्तु, विचार अथवा कल्पना को व्यक्त करे, प्रतीक कहलाता है। सामान्यतया मानवीय जीवन के बौद्धिक और रचनात्मक पक्षों में ही प्रतीकों का प्रयोग स्वीकार किया जाता है। प्रतीक अन्तःकरण (मन) का ही आविष्कार है, लेकिन इसका अभिप्राय यह नहीं कि प्रत्येक प्रतीक पूर्णतया चेतन अवस्था में जान-बूझकर प्रयुक्त किया जाता है। मनोवैज्ञानिक फ्रायड के अनुसार, अनेक प्रतीक अचेतन मन द्वारा प्रयुक्त होते हैं, यथा स्वप्नों के प्रतीक। प्रतीक नितान्त व्यक्तिगत नहीं होते। वे ऐसे चिह्न हैं, जिनका अर्थ सामाजिक तथा सांस्कृतिक परम्पराओं पर किसी-न-किसी सीमा तक निर्भर होता है, यद्यपि यह सम्भव है कि कोई व्यक्ति किसी प्रतीक के अर्थ में प्रभावकारी परिवर्तन कर सके। प्रतीकों के दो कार्य हैं–(अ) किसी जटिल वस्तु अथवा परिस्थिति को संक्षेप में व्यक्त करना, और (आ) किसी ऐसे विचार अथवा मनोवृत्ति को, जो नैतिक दृष्टि से वांछनीय न हो, इस प्रकार व्यक्त करना कि वह निरीह प्रतीत हो। वह वस्तु अथवा विचार, जो किसी अन्य वस्तु अथवा विचार का प्रतिरूप हो अथवा उसका स्थानापन्न बने, प्रतीक है। वह सदैव गूढ़ (गहन), अनिर्वचनीय, अप्राप्य और अज्ञात होता है। प्रतीक और मूल वस्तु अथवा विचार में अटूट सम्बन्ध होता है, जिससे प्रतीक को न 'यथार्थ' कहा जा सकता है और न 'काल्पनिक' ही। मनुष्य की विभिन्न प्रकृत इच्छाओं की व्यंजना प्रतीकों द्वारा होती है। प्रतीक अति प्राचीन और सार्वभौम हैं। मनोविश्लेषण में प्रत्येक प्रतीक मानवीय काम-वासना और उससे सम्बन्धित क्रियाओं का द्योतक माना गया है। प्रायः काम-क्रिया तथा कामांग (काम सम्बन्धी अंग) के ही प्रतीक मिलते हैं। ये प्रकृति में व्यक्तिगत होते हैं। फ्रायड का यह सिद्धान्त विवादास्पद है कि प्रतीक का अर्थ स्थायी और नियत (निश्चित) नहीं होता बल्कि प्रतीक का अभिप्राय मानवीय स्वभाव, स्थिति तथा वातावरण के आधार पर ही लगाया जा सकता है। प्रतीक अव्यक्तिगत भी होते हैं। युगीन शब्दों में अव्यक्तिगत प्रतीक सामूहिक अचेतन मन, मूल प्रारूप के द्योतक होते हैं। उदाहरणार्थ, प्राचीन भारतीय (तैत्तिरीय संहिता) एवं

---

1. मानविकी पारिभाषिक कोश, साहित्य खंड, पृ. 247-48

पाश्चात्य (ओल्ड टेस्टामेंट) साहित्य एवं विचारों ने मानवीय अंग (शरीर) का प्रतीक 'रथ' इस प्रकार माना है–मानवीय अन्तःकरण (मन-चित्त)=अश्व, मानवीय शरीर=रथ, आत्मा=सारथी (सूत)। यदि प्राचीन साहित्य की तुलना आधुनिक साहित्य से की जाए तो ज्ञात होगा कि विज्ञान एवं दर्शन के प्रभाव के कारण आधुनिक साहित्य में वाच्यार्थक प्रयोग बढ़ता जा रहा है और उसके विपरीत प्रतीकात्मक प्रयोग क्षीण हो रहा है। प्राचीन मानव-अनुभूतियाँ और कल्पना-विलास सदा मूर्त प्रतीक की खोज में लीन रहते थे, जबकि आधुनिक युग में मनुष्य अमूर्त परिकल्पनाओं से प्रभावित हो रहा है।

अस्तित्व

अस्तित्व से समस्त सत्ता का बोध होता है। यह दर्शन के एकमात्र, आधारभूत चिन्तन का विषय है, परन्तु सीमित अर्थ में अस्तित्व को एक ओर यथार्थ से भिन्न माना जाता है तो दूसरी ओर मूल्य से। यद्यपि उसके विपरीत विचार यथार्थ है, तथापि उसका अस्तित्व उस यथार्थ अर्थ में स्वीकृत नहीं हुआ है जिस अर्थ में वस्तु का अस्तित्व स्वीकृत है। जहाँ तक मूल्य और अस्तित्व में पार्थक्य का प्रश्न है, यह स्पष्ट ही है कि किसी विचार अथवा वस्तु का 'होना' केवल उसके अस्तित्व का द्योतक है, मूल्य का नहीं और जिसका मूल्य हम स्वीकार करते हैं, उसके अस्तित्व के सन्दर्भ में भ्रम भी हो सकता है, जैसे–ब्रह्म। मूल्य और यथार्थ के अतिरिक्त अस्तित्व की भिन्नता सार से भी प्रकट की जा सकती है। सार अथवा तत्त्व वस्तु की उस विशिष्टता का परिचायक है, जिसके अभाव में उसकी धारणा अग्राह्य है। सार अथवा तत्त्व को चिन्तन द्वारा ग्रहण करना ही सम्भव होता है, लेकिन अस्तित्व चिन्तन की पकड़ से स्वतन्त्र है। इस दृष्टिकोण से अस्तित्व का चिन्तन से स्वतन्त्र होना, ससीम तथा विलक्षण होना उन गुणों की समष्टि से अधिक महत्त्वपूर्ण है, जिन्हें परम्परागत दर्शन में सार-सूचक समझा गया है। विचारकों का विश्वास है कि वरण (धारणा) अस्तित्व का प्रमुख लक्षण है और उसे केवल 'होने' या 'करने' में ही आत्मसात किया जा सकता है, सार अथवा तत्त्व के चिन्तन से नहीं।[1] किसी विचार अथवा वस्तु की निश्चित धारणा ही उसके अस्तित्व को प्रदर्शित करती है।

सिद्धान्त

कोई भी सिद्धान्त विचार अथवा वस्तु को अनुशासित करनेवाला होता है। यह एक ऐसी प्रतिज्ञा है, जिससे समुचित व्यवस्था उद्भूत होती है। इसमें कोई ऐसी धारणा अथवा विश्वास निहित है, जो जीवन और सत्य को नियमित रूप से प्रभावित करता है। इस शब्द द्वारा सन्दर्भानुसार विभिन्न विचारों की अभिव्यक्ति होती है। सत्य-मीमांसा में सत्यात्मक परिकल्पनाओं को सिद्धान्त कहा गया है। तर्कशास्त्र में अनेक स्थानों पर इस

---

1. मानविकी पारिभाषिक कोश, दर्शन खंड, पृ. 82-83

शब्द का प्रयोग 'नियम' के अर्थ में भी हुआ है। मनोविज्ञान के कुछ सन्दर्भों में इस शब्द का अर्थ निर्णायक गुण है। दर्शन में प्रयुक्त यह उन शब्दों में से है, जिन्हें न तो पूर्णतया पारिभाषिक कहा जा सकता है और न बिल्कुल ही अपारिभाषिक।[1] जहाँ तक मनोवैज्ञानिक सिद्धान्तों का औचित्य है, ये प्रारम्भिक और मूलभूत सामान्य अनुमान ही हैं, जो मानवीय पारस्परिक क्रिया-प्रतिक्रिया की व्याख्या में प्रयुक्त होते हैं। यह (सिद्धान्त) प्रकृति की किसी एकरूपता के लिए प्रयुक्त होता है, जो यदि सूत्र-रूप में कहा जाए तो 'नियम'[2] ही कहा जा सकता है। सिद्धान्त और विचार अन्योन्याश्रित हैं, जो कि जीवन के सत्य (आचार-विचार) का नियमन करते हैं तो दूसरी ओर विचारों की परिपक्वता के सिद्धान्त-प्रतिपादन में सहयोगी हैं।

विचार के प्रकार

युगान्तरों से इस नाम से रूपात्मक जगत में संचरण करता हुआ मानवीय मन प्रकृति और लौकिक जीवन सम्बन्धी न जाने कितने प्रभावों एवं संस्कारों को समष्टि रूप में संगठित करता है। यह सृष्टि अपने वैचित्र्य एवं वैविध्य से मानवीय मन को आकर्षित करती रही है और उसके साथ मन का एक रागात्मक सम्बन्ध भी जुड़ जाता है। भौतिक जगत में विभिन्न परिवर्तनों एवं परिस्थितियों के आघात से मन में नाना प्रकार की अनुभूति जागृत होती है, जो भाव-प्रत्यय की शृंखलाओं में होती हुई विभिन्न विचारों का रूप धारण करती है। बाह्य प्रभावों द्वारा मन को उद्वेलित किए जाने के परिणामस्वरूप विचारों का प्रादुर्भाव होता है। प्रत्येक युग में पूर्ववर्ती युग की प्रमुख विचारधाराओं की अवशेष युगीन विचारधाराएँ और भावी युग की उभरती हुई विचारधाराएँ साथ-साथ क्रियाशील होती रहती हैं। पूर्ववर्ती विचारधारा के समाप्त होने से पूर्व ही नई विचारधारा जन्म लेती है तो नई विचारधारा के साथ पूर्ववर्ती विचारधारा भी कुछ समय तक प्रभावी रहती है। राजनीतिक व्यवस्था के प्रभाव के समान ही साहित्य अपनी युगीन सामाजिक रीति-नीति, आर्थिक समृद्धि, धार्मिक मान्यताओं तथा जीवन-दृष्टि के अनुरूप ही विषय-वस्तु तथा कला-रूप ग्रहण करता रहा है। आधुनिक जीवन और साहित्य सम्बन्धी विचार जनवादी चेतना से अनुप्रमाणित हैं।

पाश्चात्य विद्वान स्प्रेंगर ने अपने देश के परिप्रेक्ष्यानुसार विचार को इन मान्यताओं के अन्तर्गत सीमित करने का प्रयास किया : (1) निर्देश (डायरेक्शन), (2) आर्थिक (इकॉनॉमिक), (3) रुचिपूर्ण (एस्थेटिक), (4) राजनीतिक (पोलिटिकल), (5) सैद्धान्तिक (थियोरिटिकल), और (6) सामाजिक-धार्मिक (सोशियो-रिलीजस)।[3] भारतीय विद्वान डॉ. प्रेमचन्द्र विजयवर्गीय ने अपने देश की परिस्थितियों और परिप्रेक्ष्यानुसार विचारों का

1. मानविकी पारिभाषिक कोश, दर्शन खंड, पृ. 163
2. वही, मनोविज्ञान खंड, पृ. 213
3. डिक्शनरी ऑफ साइकोलोजी, पृ. 171

इस प्रकार विभाजन किया है–(1) सामाजिक, (2) पारिवारिक, (3) राजनीतिक, (4) आर्थिक, (5) शैक्षिक, धार्मिक एवं सांस्कृतिक, (6) ऐतिहासिक और (7) साहित्यिक।[1]

उपर्युक्त मान्यताओं और वर्गों के आधार पर विचार (मानवीय) तत्त्व के निम्नलिखित प्रकार हैं :

(1) दार्शनिक एवं मनोवैज्ञानिक विचार,
(2) धार्मिक एवं पौराणिक विचार,
(3) सामाजिक विचार,
(4) राजनीतिक एवं ऐतिहासिक विचार,
(5) आर्थिक विचार, और
(6) साहित्यिक विचार।

दार्शनिक एवं मनोवैज्ञानिक विचार

मनुष्य चिन्तनशील प्राणी होने के कारण अपनी समस्याओं के समाधान हेतु चिन्तन-मनन करता रहता है, जिसके परिणामस्वरूप विभिन्न विज्ञानों एवं शास्त्रों का विकास हुआ। भारतीय मनीषा ने मानवीय जीवन के 'अर्थ', 'काम', 'धर्म' एवं 'मोक्ष' नामक चार पुरुषार्थ स्वीकृत किए हैं। दर्शन का सम्बन्ध 'मोक्ष' पुरुषार्थ से अधिक है। यही विचार दार्शनिक विचारधारा का रूप ग्रहण कर लेता है, क्योंकि दर्शन मोक्ष (अमूर्त ब्रह्म) के चिन्तन का ही परिणाम है।

मानव द्वारा अपनी ही निजी समस्याओं के समाधान हेतु मनोविज्ञान का विकास किया गया। कालान्तर में विद्वानों ने सामाजिक तथ्यों को मनोवैज्ञानिक परिस्थितियों के आधार पर समझने का प्रयास किया। समाज स्वयं एक चेतना है, जो वैयक्तिक चेतना से महत्त्वपूर्ण है। इसके विपरीत कुछ विद्वानों ने सामाजिक चेतना को वैयक्तिक चेतना पर व्याख्यायित किया है। समाज को एक जीवधारी रचना न मानकर मनोवैज्ञानिक विचारधारा के अन्तर्गत सामूहिक वृत्ति या लक्ष्य समझा जाने लगा, जिसके अन्तर्गत यह ज्ञात करने का भी प्रयास किया गया है कि व्यक्ति की मानसिक अवस्था का सामाजिक संस्थाओं, प्रथाओं, आदर्शों एवं विचारधाराओं से क्या सम्बन्ध है ? अतः जब मनुष्य अपनी मानसिक स्थिति के विषय में विचार करता है, तब यह चिन्तन (विचार) मनोवैज्ञानिक विचार का रूप धारण कर लेता है।

धार्मिक एवं पौराणिक विचार

पौर्वात्य और पाश्चात्य विद्वज्जनों द्वारा धर्म को जीवन का महत्त्वपूर्ण पक्ष स्वीकार कर निश्चित मत दिया गया है कि मानवीय व्यवहारों, कर्त्तव्यों आदि की व्यवस्था नियमानुकूल

---

1. आधुनिक हिन्दी कवियों का सामाजिक दर्शन, सूची।

होती है, जिसका क्षेत्र धर्म है। धर्म का सम्बन्ध जीवनोपरान्त पारलौकिक आनन्द से जुड़ा हुआ है। जगत-नियन्ता (ब्रह्म) के प्रति अटूट आस्था और विभिन्न कर्मकांडों के माध्यम से ईश्वरीय प्राप्ति के प्रयास धर्म के अन्तर्गत ही आते हैं। इसमें मानवीय उपासना-पद्धति और अनुष्ठान आदि भी सम्मिलित होते हैं। प्रत्येक मनुष्य किसी-न-किसी वर्ग या समूह का सदस्य होने के कारण किसी-न-किसी धार्मिक व्यवस्था को स्वीकार अवश्य करता है। समाज को संगठित करने हेतु और ईश्वर में आस्था उत्पन्न करने के लिए धार्मिक बन्धनों का पालन करना अनिवार्य होता है। जब मनुष्य अपने ही द्वारा प्रतिपादित नियम, मर्यादा और पद्धति आदि से युक्त धार्मिक व्यवस्था पर आस्तिक रूप में चिन्तन करता है, तो यही विचारधारा धार्मिक रूप ग्रहण कर लेती है। धार्मिक विचार प्राप्त ग्रन्थों–वेद, पुराण, रामायण, गीता, महाभारत, गुरुग्रन्थ, बाइबिल, कुरान आदि के प्रति पूर्ण आस्था में व्यक्त होते हैं। आधुनिक जीवन का निर्माण प्राप्त ग्रन्थों से निःसृत विचार-स्रोतस्विनी से होता है। राजनीतिक व्यवस्था के परिवर्तित होने पर विभिन्न धार्मिक वर्गों, समूहों में अपनी धार्मिक आस्था के कारण विचार-संघर्ष क्षणिक होता है, किन्तु कालान्तर में विजित और विजयी की धार्मिक विचारधाराओं में समन्वय भी परलक्षित होने लगता है और आवश्यकतानुसार प्राचीन धार्मिक एवं पौराणिक विचारों में परिवर्तन, परिवर्धन एवं मूल्यगत पुनर्गठन होता है तथा नवीन धार्मिक विश्वासों का प्रादुर्भाव होता है, जो विचार-तत्त्व का निर्माण करते हैं।

सामाजिक विचार

समस्त प्राणी अपने-अपने समूह के सदस्य होते हैं। केवल मनुष्य ही विवेकशील होने के कारण सामाजिक प्राणी कहलाता है, क्योंकि मानव-समाज सुसंगठित एवं व्यवस्थित होता है। अविकसित अवस्था में उसे प्रकृति से संघर्षरत रहना पड़ता था। उसने इस समस्या का समाधान अनुभव (ज्ञान) द्वारा ही सम्भव बनाया। ज्यों-ज्यों मानवीय बुद्धि (ज्ञान) विकसित होती गई, त्यों-त्यों उसके सामाजिक जीवन की समस्याएँ भी बढ़ीं, जिनके लिए प्रकृति के साथ-साथ वह स्वयं भी उत्तरदायी है। नित्यप्रति घटित समस्याओं के सन्दर्भों में उसे सोचने के लिए बाध्य होना पड़ा। पुरातन मानव को अपने सम्बन्धों अथवा सामाजिक संरचना हेतु जो चिन्तन-मनन करना पड़ा, वह देश-काल में एक पीढ़ी से दूसरी पीढ़ी तक भाषा, साहित्य एवं कला के विभिन्न रूपों में आज भी विद्यमान है। अपने सामाजिक जीवन को सुगम बनाने हेतु मानवीय मन में जिस प्रेरणा का प्रादुर्भाव हुआ, वही सामाजिक चिन्तन (विचार) कहलाई। सामाजिक तत्त्वों द्वारा ही मानवीय विचारों में सामाजिक विचार उत्पन्न होते हैं, जिनके अन्तर्गत व्यक्तिगत स्वभाव, पारस्परिक सम्बन्ध, समूह-परिवार, समुदाय आदि से सम्बन्धित, सामाजिक परिवर्तन एवं स्थिरता से उत्पन्न संघर्षों का समाधान तथा उन्हें सन्तुलित करने के प्रयासों का अध्ययन किया जाता है। साथ ही ऐसे मानवीय सामाजिक जीवन की वर्तमान समस्याओं के

समाधान की क्रियाओं को विचार-तत्त्वों के स्रोतों के कक्षों में रखा जा सकता है, जिनका अस्तित्व हो। अरस्तू तथा मेकाइवर आदि पाश्चात्य विद्वानों के अनुसार मनुष्य एक चेतन एवं सामाजिक प्राणी है, जो समाज में ही उत्पन्न होता है। समाज उसकी अनिवार्य आवश्यकता है। समाजविहीन होने पर वह अपने जीवन का निर्वाह नहीं कर सकता। अतः समाज मानवीय जीवन का अभिन्न अंग है और उसका समाज सम्बन्धी चिन्तन ही सामाजिक विचार कहलाते हैं।

राजनीतिक एवं ऐतिहासिक विचार

अन्य प्राणियों की अपेक्षा श्रेष्ठ होने के कारण मनुष्य अतीत काल से ही प्राप्य को हस्तगत करने तथा अपने अस्तित्व को बनाए रखने के लिए प्राकृतिक परिस्थितियों की चुनौतियों को स्वीकार कर संघर्षशील रहा है। सामाजिक प्राणी होने के कारण समाज को सुव्यवस्थित क्रम से चलाने के लिए सामाजिक संगठन (राज्य) द्वारा नियम प्रतिपादित किए जाते हैं, जिनका पालन करना समाज के प्रत्येक सदस्य के लिए अनिवार्य होता है। नियमों का उल्लंघन करनेवाले सदस्यों को इस संगठन द्वारा दंडित करने का विधान होता है। सामाजिक गठन और संचालन को राजनीति का अनिवार्य अंग माना गया है। चूँकि समाज अथवा समुदाय ही कालान्तर में राज्य बन गया, इसलिए ग्रीक विद्वानों द्वारा राज्य और सामाजिक व्यवस्था में कोई अन्तर स्वीकार नहीं किया गया है। वे मनुष्य को एक राजनीतिक इकाई के रूप में स्वीकार करते हैं। राजनीतिक विचारधारा को सामाजिक विचारों से पृथक नहीं किया जा सकता, क्योंकि राजनीतिक संगठन (शासन-व्यवस्था) भी समाज का ही एक महत्त्वपूर्ण अंग है।[1] जब राजनीतिक पहलुओं के विषय में मनुष्य सोचता है, तो उसका सोचना ही राजनीतिक विचार कहलाते हैं। राजनीति में अन्य (सामाजिक संगठन) के प्रति कृत्य के उचित अथवा अनुचित होने का निश्चय किया जाता है। सामान्यतया शासन-व्यवस्था और उद्देश्यों के विषय में कतिपय मान्यताओं को न्यायोचित ठहराने के प्रयासों ने राजनीतिक विचारों का रूप धारण कर लिया। इन विचारों के अन्तर्गत राज्य, शासन-व्यवस्था एवं पद्धति, राष्ट्रीय समस्या, नीति, आदर्श राज्य और जनता के अधिकार तथा कर्त्तव्य, अन्तर्राष्ट्रीय और अन्तर्राष्ट्रीय सम्बन्ध तथा राजनीतिक अवधारणाएँ आदि आती हैं।

अतीत की राजनीति ही वर्तमान के लिए इतिहास है। इतिहास में निगत राजनीति के सत्यों का अन्वेषण होने के परिणामस्वरूप इतिहास और राजनीति का अटूट सम्बन्ध है। इतिहास में कल्पना के लिए कोई स्थान नहीं होता, क्योंकि वहाँ घटना का सत्यावलोचन होता है; फिर भी इतिहास को कल्पना की चेतना में पुनर्निर्मित किया जाना चाहिए। अतीत को समझने के लिए निहित मन्तव्यों और स्थितियों के सन्दर्भ में इतिहास

1. हेलन एवं राजेश्वर प्रसाद, समाजशास्त्र, पृ. 1-3

का अध्ययन अपेक्षित है। ऐतिहासिक चिन्तन राजनीति से अलग नहीं, अपितु मानवीय विचारों को बनाने का प्रमुख स्रोत बनकर वह विचार-तत्त्व बन जाता है।

आर्थिक विचार

अर्थ जीवन की अनिवार्य आवश्यकता है, क्योंकि इसके अभाव में मानवीय जीवन सुचारु रूप से नहीं चल सकता। प्राचीन भारत में भी मनुष्य के चारों पुरुषार्थों (अर्थ, काम, धर्म, मोक्ष) में अर्थ ही सर्वप्रमुख माना गया है, जिसके अभाव में अन्य सभी पुरुषार्थों को सामान्य व्यक्ति प्राप्त नहीं कर सकता। अर्थ का भौतिक आवश्यकताओं से प्रत्यक्ष सम्बन्ध है। अतः इसकी राजनीतिक-सामाजिक सन्दर्भों में भी आवश्यकता पड़ती है। धर्म-पालन में भी अर्थ अपना विशिष्ट महत्त्व रखता है। धार्मिक अनुष्ठान एवं उपासनाएँ भी इसके अभाव में पूर्ण नहीं हो पातीं। जीवन के अन्य पक्ष भी अर्थाभाव के कारण गतिहीन प्रतीत होते हैं। अर्थशास्त्र में मानवीय जीवन की आर्थिक समस्याओं और उनके समाधान का अध्ययन किया जाता है। कौटिल्य के अनुसार, राजनीति, समाज तथा जीवन के अन्यान्य पहलुओं को अर्थ से पृथक् नहीं किया जा सकता।[1] जीवन के समस्त मूल्य मार्क्स के अनुसार राष्ट्र की अर्थव्यवस्था पर निर्भर करते हैं।[2] सभी साम्यवादी विचारक मार्क्स का अनुकरण करते हुए अर्थ के उचित वितरण पर बल देते हैं। वस्तु के उत्पादन एवं वितरण-व्यवस्था, श्रम-समस्या, औद्योगिक परिवर्तन (क्रान्ति), सहयोग तथा प्रतिद्वन्द्विता एवं सामाजिक संस्तरण आदि का अध्ययन ही आर्थिक चिन्तन (अर्थशास्त्र) कहलाता है और जब मनुष्य द्वारा इन पहलुओं पर चिन्तन किया जाता है, तब इस सम्बन्ध में मानवीय मन में जो भाव उत्पन्न होते हैं, उन्हें आर्थिक विचार कहा जाता है। इस प्रकार आर्थिक पहलू भी विचार-तत्त्व का निर्माण करने में सक्रिय सहयोग देते हैं।

आधुनिक राज्य-व्यवस्था (जनतन्त्र, राज्यतन्त्र अथवा लोकनायकवाद) अर्थ-तन्त्र पर ही स्थिर रह सकती है, क्योंकि अर्थव्यवस्था पर देश का राजनीतिक उत्थान-पतन, सामाजिक जीवन-स्तर और धार्मिक पद्धतियाँ निर्भर करती हैं। अर्थाभाव में राजनीतिक तन्त्र भी चरमरा जाता है। प्रत्यक्ष रूप से राजनीतिक और सामाजिक व्यवस्था के सन्दर्भ में ही साहित्य का निर्माण होता है, किन्तु अप्रत्यक्ष रूप से आर्थिक विचार ही उसकी प्रेरणा के साधन बनते हैं। आर्थिक विचार जहाँ देश और समाज के निर्माण में योग देते हैं, वहीं साहित्य की रचना में भी उनका योग असन्दिग्ध है। इसलिए आधुनिक हिन्दी-साहित्य, विशेषतः कथा-साहित्य आरंगणकला (नाटक) महात्मा गाँधी और कार्ल मार्क्स से बहुत अधिक अनुप्राणित हुए हैं।

---

1. कौटिल्य-अर्थशास्त्र।
2. दास कैपिटल (पूँजी)।

साहित्यिक विचार

ज्ञान-वृद्धि के साथ-साथ मानवीय जीवन की समस्याओं में भी दिन-प्रतिदिन वृद्धि होती जा रही है, जिनका समाधान चिन्तन के अभाव में सम्भव नहीं। समस्या-समाधान हेतु चिन्तन ने शास्त्र को जन्म दिया, जो कालान्तर में साहित्य और कला-रूपों में परिणत हो गया। साहित्य एक ऐसी सृष्टि है, जिसमें कल्पना के सहयोग से उन प्राप्य और काम्य रूपों को साकार किया जाता है, जिन्हें प्राप्त करने की इच्छा मानव में होती है। उपलब्ध साहित्य में वेद, ब्राह्मण-ग्रन्थ, संहिता, स्मृति, पुराण, रामायण, गीता, महाभारत आदि प्राचीन ग्रन्थ हैं। साथ ही भारतीय दर्शन के चारों पुरुषार्थों–अर्थ, काम, धर्म और मोक्ष के आधार पर अर्थशास्त्र, कामशास्त्र, धर्मशास्त्र और दर्शनशास्त्र का निर्माण हुआ है और बार्हस्पत्य अर्थशास्त्र, कौटिल्य-अर्थशास्त्र, शुक्रनीति, मनुस्मृति आदि महत्त्वपूर्ण शास्त्र हैं। साहित्य द्वारा सामाजिक जीवन के प्रत्येक पहलू–आर्थिक, राजनीतिक, सामाजिक, मनोवैज्ञानिक, धार्मिक आदि–का चित्रण किया जाता है। प्राप्त और प्राप्य के मध्य मनुष्य का संघर्ष नवनिर्माण, विभिन्न कलाओं तथा साहित्य को जन्म देता है और इस संघर्ष को ही विचार की संज्ञा से विभूषित किया गया है। साहित्यिक सन्दर्भ में आचार्य नन्द दुलारे वाजपेयी ने लिखा है कि जीवन यदि मनुष्यता की अभिव्यक्ति है तो साहित्य में इस अभिव्यक्ति की आशा, उत्कंठा भी सम्मिलित है। जीवन यदि सम्पूर्णता से रहित है तो साहित्य उससे युक्त है। तभी तो साहित्य जीवन से अधिक रसवान और परिपूर्ण है तथा जीवन का नियामक और मार्गद्रष्टा भी रहता आया है। उन्होंने साहित्य को समाज की श्रेष्ठतम संस्कृति का द्योतक स्वीकार करते हुए उसे मानवता की स्थायी निधि माना है।[1] जीवनानुभूति की पृष्ठभूमि पर जिस साहित्य-सृष्टि का निर्माण होता है, वह जीवन को प्रभावित करती रहती है और जीवन से प्रभावित होकर विशिष्ट साहित्य का सृजन होता है तो साहित्य से प्रभावित जीवन को एक विशिष्ट दिशा मिल जाती है। जीवन और साहित्य अन्योन्याश्रित हैं। साहित्य-सृजन की प्रक्रिया का सम्बन्ध नवनिर्माण-जन्य प्रतिभा, कल्पना-शक्ति से होता है। इस प्रकार मानवीय विचारों का प्रमुख तत्त्व साहित्य भी है, जिसे विचार-तत्त्वों से पृथक नहीं किया जा सकता।

साहित्य विचारों की अभिव्यक्ति है, जो नाना प्रकार की विभिन्न साहित्यिक विधाओं को जन्म देती है। यह अभिव्यक्ति का माध्यम ही महाकाव्य, खंडकाव्य, गीत, कथा-साहित्य (कहानी और उपन्यास), एकांकी तथा नाटक के अन्तर का साधन है। साहित्य-रूपों के तत्त्व एवं लक्षण केवल शास्त्रीय अन्वेषण तथा अनुमानाश्रित तर्कों पर अवलम्बित नहीं होते, बल्कि उनका सम्बन्ध उपजीव्य ग्रन्थों से अनिवार्यतः होता है। परिणामस्वरूप आप्त वाक्यों के प्रति श्रद्धा रखते हुए भी सिद्धान्ततः साहित्यिक निर्माताओं के निरीक्षण, युगीन आवश्यकता (विचारधाराओं) तथा उपलब्ध ग्रन्थों के परिवर्तनशील साहित्यिक प्रतिमानों (अभिव्यक्ति) की उपेक्षा नहीं की जा सकती।

1. आधुनिक साहित्य, पृ. 456

साहित्यशास्त्रियों द्वारा रचित साहित्य की मर्यादाएँ जहाँ रचनाकार को एक निर्दिष्ट श्रेणी में अपनी भावधारा प्रेषित करने के लिए प्रेरित करती हैं, वहीं साहित्यकार की नूतन उद्भावनाएँ आलोचक और शास्त्रकार की मनीषा की दिशा निर्धारित करती हैं और वह सायास उन उद्भावनाओं को अपनी लक्षण-परिधि की स्वरूप-सीमा में समेटने के लिए आतुर हो उठता है। साहित्य के शास्त्रीय स्वरूप का विकास-क्रम इस ऐतिहासिक परिप्रेक्ष्य की उपेक्षा नहीं कर सकता।

वैचारिक पृष्ठभूमि

वैचारिक पृष्ठभूमि का आशय वैचारिकता से है। यह वैचारिकी अथवा विचारधारा से सम्बन्ध रखती है, जिसका शाब्दिक अर्थ है किसी जाति या सम्प्रदाय-विशेष की विचार-शैली; किसी राजनीतिक या आर्थिक सिद्धान्त-परम्परा के मूल में रहनेवाली विचार-सरणि। आंग्ल भाषा में इसके लिए 'आइडियोलॉजी' शब्द है, जिसके अर्थ राजनीतिक, आर्थिक और सामाजिक प्रणालियों का आधार निर्मित करनेवाला विचार-तन्त्र, विचार-विज्ञान आदि मिलते हैं।[1]

सृजन-प्रक्रिया में वैचारिकता अथवा विचारधारा की भूमिका पर विचार करते हुए कहा जा सकता है कि संवेदना रचना का मूल और जीवन-मूल्य उसका परिणाम होता है। संवेदना के जीवन-मूल्यों में बदलने तक की रचनात्मक यात्रा रचनाकार के आन्तरिक जगत में चुपचाप चलनेवाली यात्रा है। सृजन के इन क्षणों में रचनाकार नितान्त अकेला होता है और वह यही सोच रहा होता है कि जो कुछ उसके भीतर पक रहा है, उसे किसी प्रकार अभिव्यक्त कर दे। इन क्षणों में वह केवल रचना को देखता है, किन्तु रचनात्मक क्षणों के इस आवेश में रचनाकार का सम्पूर्ण व्यक्तित्व–अर्थात् उसका दृष्टिकोण, उसका जीवन-अनुभव, उसके विश्वास, उसकी आस्थाएँ आदि–निहित होता है। रचना में संवेदना से जीवन-मूल्य तक पहुँचने का कार्य जीवन की स्थितियों के प्रति रचनाकार की क्षणिक या सतही प्रतिक्रिया न होकर उसकी परिपक्व अनुभूति की कलात्मक अभिव्यक्ति होता है। सृजन-प्रक्रिया का तथ्यपरक विश्लेषण तो कदाचित सम्भव नहीं, क्योंकि उसका सम्बन्ध रचनाकार के अन्तस में होनेवाले अचेतन कार्य-व्यापार से है, जो अपने-आपमें बहुत सूक्ष्म होता है। अलेक्सेई ताल्सतॉय के शब्दों में, "सृजन-क्रिया के रहस्यों को उसी सृजन-क्रिया के साधनों–शब्दों–का प्रयोग करके उद्घाटित करने का प्रयास वैसा ही है, जैसे मक्खन के चाकू से मक्खन को काटना।"[2]

चूँकि रचना-कर्म एक प्रयोजनशील कर्म है, अतः रचना करते समय अथवा उससे पूर्व ही रचनाकार कुछ प्रयोजन तय कर लेता है, यथा–हर स्तर पर मनुष्य को मानवोचित

---

1. ऑक्सफोर्ड एडवांस्ड लर्नर्स डिक्शनरी ऑफ करेंट इंग्लिश, ए. एस. हॉनबी, पृ. 421/थिसॉरस ऑफ इंग्लिश वर्ड्स, सं. एम. ए. मेंसर, पृ. 66
2. लेखन-कला और रचना-कौशल, पृ. 211

जीवन प्राप्त हो अर्थात् मनुष्य उन सभी दुष्चक्रों से मुक्त हो, जो उसकी स्वतन्त्रता तथा सत्ता का अपहरण करते हैं; मनुष्य उस व्यवस्था के जाल से मुक्त हो जिसके मूल में आर्थिक उत्पीड़न और शोषण विद्यमान है, समाज से सामाजिक और आर्थिक गैर-बराबरी मिटे; आदमी खुद इतना सामर्थ्यवान बने कि अपने संगठित प्रयासों द्वारा सभी प्रकार के शोषण और उत्पीड़न को समाप्त कर सके और अपने पिछड़ेपन को दूर कर नए समाज की रचना कर सके। इन प्रयोजनों को तय करने की प्रक्रिया ही विचारधारा है।

यह विचारधारा एक ऐसा प्रत्यय है, जिसे रचनाकार अपने अध्ययन, अनुभव तथा जगत के प्रभावों से ग्रहण करता है। विचारधारा रचनाकार को एक ऐसी जीवन-दृष्टि प्रदान करती है, जिसके माध्यम से वह जीवन-जगत के सम्बन्धों को समझता है तथा इन सम्बन्धों के बीच पनप रहे गलत-सही में भेद करता है। यह विचारधारा ही उसे स्पष्ट करती है कि वे कौन सी शक्तियाँ हैं, जो अनन्त काल से आदमी का शोषण करती चली आ रही हैं तथा इन शक्तियों से उसे किस प्रकार निजात दिलाई जा सकती है।

रचनाकार को मुख्यतः तीन स्तरों पर संघर्ष करना होता है–रचना के प्रतिपाद्य के लिए संघर्ष, प्रतिपाद्य को प्रभावी ढंग से व्यक्त करनेवाले अभिव्यक्ति-माध्यमों से सम्बन्धित संघर्ष तथा एक ऐसी जीवन-दृष्टि विकसित करने का संघर्ष, जो उसके रचनाकार को जीवन की वास्तविकताओं की व्याख्या आदमी को केन्द्र में रखकर करने का सामर्थ्य दे सके। निश्चय ही तीसरे स्तर पर संघर्ष वैचारिकता से ही सम्बन्ध रखता है।

तथापि रचनाकार का पहला संघर्ष रचना के प्रतिपाद्य और उसकी सक्षम अभिव्यक्ति के साधनों के लिए ही होता है, क्योंकि कोई रचना पाठक को तभी प्रभावित कर सकती है, जब वर्ण्य विषय के प्रति रचनाकार का रागात्मक सम्बन्ध हो। जब यह रागात्मकता अभिव्यक्ति के स्तर पर रचना बनती है, तो उसी प्रक्रिया में कहीं विचारधारा भी आ जाती है। किन्तु कुछ लोग हैं जो कोरी विचारधारात्मक अभिव्यक्ति को ही रचनात्मक कर्म मानते हैं। ऐसे में अनेक वैचारिक विकल्प उभरकर सामने आते हैं, यथा–

(1) संवेदना सहित विचारधारा,
(2) संवेदना रहित विचारधारा, और
(3) विचारधारा रहित संवेदना।

इसमें से पहला विकल्प ही स्वीकार्य है, क्योंकि बिना संवेदना के कोरी विचारधारा के बल पर किसी कलात्मक रचना की कल्पना निरर्थक है। जो लोग विचारधारा की अभिव्यक्ति के लिए रचना के कलात्मक मूल्यों का बलिदान करने को तत्पर रहते हैं, वे रचना के बुनियादी स्वरूप का ही विरोध करते हैं क्योंकि रचनाकार जब तक अपनी विचारधारा को कलात्मक रूप प्रदान नहीं करता, तब तक अपनी रचना का अपेक्षित प्रभाव जनता पर डालने की आशा नहीं रख सकता।

कुछ लेखक रचना के कलात्मक मूल्यों को ही कला का अन्तिम लक्ष्य मानते हैं,

तो कुछ लेखक विचारधारात्मक अभिव्यक्ति को। किन्तु जीवन-मूल्यों से रहित कोरी कलात्मकता भी कोई अर्थ नहीं रखती और न कलात्मकता के बिना कोई विचारधारा ही। इसलिए रचनाकार का प्रमुख कर्म रचना की कलात्मकता को गहराई से विचार के ठोस तथा ईमानदार धरातल पर लाना है। आरोपित कथ्य तथा आरोपित कलात्मकता दोनों ही रचना के लिए घातक हैं।

वस्तुतः विचारात्मक और कलात्मक उपक्रमों की सार्थकता जिन्दगी के सवालों के हल खोजने में है। अतः आवश्यक है कि रचनाकार को अपनी सांस्कृतिक विरासत का गहरा ज्ञान हो, वास्तविक जिन्दगी से उसकी जड़ें गहरी जुड़ी हों। इसके अभाव में कोई भी विचारधारा मदद नहीं कर सकती। विचारधारा जब तक रचनाकार की अनुभूति का जरूरी अंग नहीं बनती, तब तक प्रभावशाली और ईमानदार रचनाकार का जन्म नहीं हो सकता।

विचारधारा के साथ-साथ एक और महत्त्वपूर्ण सवाल जुड़ा है राजनीतिक प्रतिबन्धन (प्रतिबद्धता) का। यदि कोई रचनाकार किसी विचारधारा-विशेष से जुड़ता है तो उस विचारधारा से सम्बद्ध दल उससे अपेक्षा करता है कि वह उस दल से जुड़े और उसके कार्यक्रम का अनुमोदन कर उसे रचनात्मक सहयोग प्रदान करे। किन्तु राजनीतिक दलों के अपने अन्तर्विरोध होते हैं। रचनाकार के लिए किसी दल-विशेष से प्रतिबन्धन आवश्यक नहीं। वैसे भी समय साक्षी है कि राजनीतिक दलों से जुड़े लेखकों को किस प्रकार गलत और मानव-विरोधी निर्णयों का साझीदार बनना पड़ता है।

इस प्रकार, कहा जा सकता है कि, रचनाकार के लिए विचारधारा का होना आवश्यक है किन्तु तभी तक, जब तक कि वह उसकी रचनात्मक ऊर्जा को उद्दीप्त करती हुई उसकी रचनाओं को व्यापक सन्दर्भों से जोड़ती है और जीवन-जगत की स्थितियों तथा अपनी सांस्कृतिक विरासत को समझने में उसकी सहायता करती है।

व्यंग्य

'व्यंग्य' संस्कृत भाषा का शब्द है, जिसकी व्युत्पत्ति इस प्रकार है : वि+अंग=व्यंग, जिसका अर्थ है विकृत, विरूप या विकलांग। अर्थात् विकृति या विरूपण व्यंग्य का कारक तत्त्व है। शब्द-कल्पद्रुम में भी व्यंग को इसी रूप में समझाया गया है, 'विकृतानि अंगानि यस्मात्।'[1] इस 'व्यंग' में 'ण्यत्' प्रत्यय लगने से 'व्यंग्य' बनता है। इस प्रकार, जो विकलांगता को उजागर करे, वह व्यंग्य है।

विकलांग मनुष्य ही नहीं होता; समाज भी हो सकता है, व्यवस्था भी हो सकती है और यह विकलांगता, जो समाज और व्यवस्था में आ जाती है, मनुष्य के शरीर में आनेवाली विकलांगता से कहीं अधिक भयंकर होती है, क्योंकि एक बार जब व्यवस्था

1. चतुर्थो भाग, पृ. 530

पंगु हो जाती है तो फिर कोई दवा, कोई चिकित्सा उस पर असर नहीं करती। उसे फिर बदला ही जा सकता है, सुधारा नहीं जा सकता—क्योंकि सुधार की हर सम्भावना को अपने अनुकूल बना लेने का गुण उसमें आ जाता है। धीरे-धीरे यह विकलांगता हमारी जीवन-पद्धति बनने लगती है और फिर एक समय ऐसा आता है कि पूरी-की-पूरी पीढ़ी, पूरी-की-पूरी कौम निष्क्रियता के दलदल में धँस जाती है और इसका एहसास तक उसे नहीं होता और फलतः वह उसमें से निकलने का प्रयास तक नहीं कर पाती। समाज और व्यवस्था में आई इस विकलांगता को व्यंग्य, उसके निराकरण के निहित प्रयोजन से, उसके कटुतम और वास्तविक रूप में सामने रखता है।

व्यंग्य बनाम व्यंग

हिन्दी में 'व्यंग्य' और 'व्यंग' शब्दों को लेकर बहुत अज्ञान देखने को मिलता है। अधिकांश व्यंग्यकार और समीक्षक व्यंग्य-रचनाओं के लिए 'व्यंग्य' शब्द का ही प्रयोग करते हैं, किन्तु कुछ व्यंग्यकार (जैसे शरद जोशी) और समीक्षक (जैसे डॉ. वीरेन्द्र मेंहदीरत्ता, डॉ रामखेलावन पांडे और डॉ. उषा शर्मा) उन्हें 'व्यंग' कहना पसन्द करते हैं। जहाँ तक व्यंग्यकार शरद जोशी का सम्बन्ध है, एक साक्षात्कार में उन्होंने शोधकर्ता को बताया था कि वे केवल आदतन 'व्यंग' कहते हैं, इसके पीछे उनका कोई सैद्धान्तिक आग्रह नहीं है, किन्तु डॉ. मेंहदीरत्ता और डॉ. उषा शर्मा ने अपने शोध-ग्रन्थों (क्रमशः 'आधुनिक हिन्दी साहित्य में व्यंग' और 'स्वातन्त्र्योत्तर हिन्दी निबन्ध साहित्य में व्यंग') में आग्रहपूर्वक 'व्यंग' का प्रयोग किया है। किन्तु जैसा कि उपर्युक्त विवेचन से स्पष्ट है, 'व्यंग' और 'व्यंग्य' की अर्थाभिव्यक्ति में अन्तर है। 'व्यंग' विकृति या दोष है तो 'व्यंग्य' इस विकृति या दोष पर किया गया कठोर आघात। अतः इस सन्दर्भ में 'व्यंग्य' शब्द का प्रयोग ही समीचीन है।

संस्कृत-साहित्य में व्यंग्य-विवेचन

संस्कृत-साहित्य में 'व्यंग्य' शब्द का प्रयोग अवश्य मिलता है, किन्तु वह आधुनिक 'व्यंग्य' के अर्थ में नहीं। उसका प्रयोग समूचे काव्यशास्त्रीय अध्ययन के परिप्रेक्ष्य में 'व्यंग्यार्थ' के रूप में ही प्राप्त होता है। साहित्यदर्पणकार के अनुसार, (पद जिस 'अनन्वित एकार्थ' के बोधक हुआ करते हैं, वह) अर्थ तीन प्रकार का होता है—वाच्यार्थ, लक्ष्यार्थ और व्यंग्यार्थ। इन त्रिविध अर्थों का निरूपण इस प्रकार किया गया है कि वाच्यार्थ वह है जो अभिधा शक्ति द्वारा प्रतिपादित किया जाता है, लक्ष्यार्थ वह जो लक्षणा शक्ति द्वारा बोधित होता है और 'व्यंग्य' अर्थ उसे कहते हैं जो व्यंजना-शक्ति द्वारा अवगत किया जाता है और इस प्रकार शब्द-शक्तियाँ तीन हुआ करती हैं।[1]

1. साहित्यदर्पण, विश्वनाथ, व्या. डॉ. सत्यव्रत सिंह, पृ. 39

साहित्यदर्पणकार ने (आठ प्रकार की) प्रयोजनवती लक्षणाओं के अन्य दो भेद किए हैं—गूढ़ प्रयोजनवती एवं अगूढ़ प्रयोजनवती।[1] प्रयोजन-रूप व्यंग्यार्थ के गूढ़ होने का अभिप्राय उसका एकमात्र ऐसे व्यक्तियों द्वारा वैध होना है, जिनकी बुद्धि काव्यार्थ-तत्त्व के सतत मनन-चिन्तन से परिपक्व हो चुकी है (अर्थात् जहाँ सहृदयों को वक्ता की उदारहृदयता की सूक्ष्म प्रतीति स्वभावतः हुआ करती है)। प्रयोजन-रूप व्यंग्यार्थ के 'अगूढ़' होने का तात्पर्य है, उसकी सभी लोगों द्वारा अत्यन्त स्फुटतया प्रतीति हो जाना। कहना न होगा कि जहाँ तक अर्थ और बोध का प्रश्न है, वह स्तरानुसार साहित्य की समस्त विधाओं पर क्रियाशील देखा जा सकता है—और इस प्रकार आधुनिक व्यंग्य-विधा भी उसी के अन्तर्गत आ जाती है। तात्पर्य यह है कि व्यंग्य भी 'गूढ़' और 'अगूढ़' होता है और उसके अवबोधन के लिए (जहाँ तक शुद्ध व्यंग्य या वक्रोक्ति का प्रश्न है) परिष्कृत बुद्धि-तत्त्व की आवश्यकता होती है जो निश्चित ही अध्ययन, मनन तथा चिन्तन का परिणाम और उसका प्रतिफल होता है। 'अगूढ़ता' के लिए सस्ते किस्म के उपहासात्मक ठट्ठों को उदाहरणस्वरूप प्रस्तुत किया जा सकता है।

साहित्यदर्पणकार ने व्यंजना-शक्ति को स्पष्ट करते हुए कहा है कि व्यंजना-शक्ति शब्द और अर्थ आदि की वह शक्ति है, जो अभिधा आदि शक्तियों के शान्त हो जाने पर (अपने-अपने कार्य कर चुकने के पश्चात क्षीण-सामर्थ्य हो जाने पर) एक ऐसे अर्थ का अवबोधन कराती है जो (वाच्य, लक्ष्यादि रूप अर्थों से) सर्वथा एक विलक्षण प्रकार का अर्थ हुआ करता है।[2] इसके तीन रूप माने गए हैं—अभिधामूलक, लक्षणामूलक और आर्थी व्यंजना। इनमें से अभिधामूलक व्यंजना वह शक्ति है, जिसके द्वारा शब्द का एक अन्य ही अर्थ निकला करता है, उस शब्द की अभिधा किसी न किसी अभिधा-नियामक तत्त्व द्वारा किसी एक अर्थ में नियन्त्रित कर दी गई होती है।[3]

लक्षणामूलक व्यंजना, जो अन्वय की अनुपपत्ति के कारण प्रवृत्त होती है, उतने ही अर्थ को अपना विषय बना सकती है जो अन्वय की अनुपपत्ति दूर करे। काव्यप्रकाशकार के अनुसार ऐसा भला कैसे हो सकता है कि लक्षणा द्वारा वह अर्थ भी प्रतीत हुआ करे, जिसमें अन्वय की कोई उपपादकता नहीं। 'गंगायां घोषा' आदि प्रयोगों में लक्षणा द्वारा 'तट' रूप अर्थ ही प्रतिपादित हो सकता है, क्योंकि इसी अर्थ में अन्वय की स्वभावतः उपपत्ति हो जाती है। शैत्यादि रूप अर्थ का प्रतिपादन लक्षणा द्वारा कैसे हो, इस अर्थ में यहाँ अन्वय की क्या उपपादकता ?[4] साहित्यदर्पणकार ने शब्दों में आर्थी व्यंजना का रूप[5] स्पष्ट करते हुए कहा है कि 'अर्थसम्भवा' अर्थात् आर्थी व्यंजना वह व्यंजना है जो कतिपय कारणों से अन्य ही अर्थ का प्रत्यायन कराती है। ये कारण हैं—वक्तृ-वैशिष्ट्य, बौद्धण्य वैशिष्ट्य,

1. साहित्यदर्पण, विश्वनाथ, व्या. डॉ. सत्यव्रत सिंह, पृ. 68
2. वही, पृ. 75
3. वही
4. वही, पृ. 86
5. वही, पृ. 88

वाक्य-वैशिष्ट्य, अन्यसन्निधि-वैशिष्ट्य, वाच्य-वैशिष्ट्य, प्रस्ताव-वैशिष्ट्य, देश-वैशिष्ट्य, काल-वैशिष्ट्य, काकु-वैशिष्ट्य, चेष्टा-वैशिष्ट्य, अन्यान्य वैशिष्ट्य।

पंडितराज जगन्नाथ ने इसी विषय को अपनी शैली में इस प्रकार व्यक्त किया है–चाहे ध्वनि शब्दमूलक हो या अर्थमूलक, इतना निर्विवाद है कि बिना दोनों के अर्थात् शब्द और अर्थ के अनुसन्धान के ध्वनि का स्वरूप नहीं पहचाना जा सकता। शब्द और अर्थ की परस्पर सहकारिता ही शब्द-व्यंजकता और अर्थ-व्यंजकता का मूलभूत सिद्धान्त है। यह तो शब्द-व्यंजकता के उन्मेष में अर्थ-व्यंजकता का निमेष है और इसी प्रकार अर्थ-व्यंजकता के उन्मेष में शब्द-व्यंजकता का निमेष, जिसके कारण शाब्दी और आर्थी व्यंजनाओं का स्वरूप-भेद किया जाया करता है।'[1]

इसी सन्दर्भ में कुमारिल भट्ट आदि मीमांसक तात्पर्य नामक एक और भी शक्ति स्वीकार करते हैं जो (वाक्यगत) पदों के पृथक-पृथक अर्थों के परस्पर अन्वय अथवा सम्बन्ध का बोध कराती है और जिसके द्वारा उपस्थापित अर्थ (वाक्यार्थ) तात्पर्यार्थ कहा जाता है। यह तात्पर्यार्थ (पृथक-पृथक पदों का अर्थ नहीं, अपितु) वाक्य का अर्थ हुआ करता है।[2]

पंडितराज जगन्नाथ का 'अर्थव्यंजकता का उन्मेष' हो या 'तात्पर्य-वृत्ति का परिवेश' या 'अर्थसम्भवा के अर्थ का प्रत्यायन'–इन सभी की प्राप्ति की आकांक्षा की पूर्ति के लिए सृजक के पास गम्भीर दृष्टिकोण, स्फूर्तिदायी प्रवाह एवं कल्पना-शक्ति की त्वरितता की आवश्यकता होती है, जो पाठक पर उचित प्रतिक्रिया कर सके या अपना प्रभाव डालने में शक्ति-सम्पन्न हो। सूक्ष्मता से विचार किया जाए तो ज्ञात होगा कि, जैसा कि गिल्बर्ट हाइट ने भी लिखा है, व्यंग्यकार को बृहत् शब्दावली और परिहास के स्फूर्तिदायी प्रवाह, जिसमें दृढ़ एवं गम्भीर दृष्टिकोण का समावेश हो, की आवश्यकता होती है। उसकी कल्पना-शक्ति इतनी द्रुत हो कि वह पाठक की कल्पना से अपेक्षाकृत कई छलांग आगे हो, उसकी रुचि पर्याप्त रूप से अच्छी हो जिससे वह झकझोरनेवाली बात कह सके और फिर भी उसके पाठक उसकी बात का तिरस्कार करके मुँह न मोड़ें।[3] गिलबर्ट हाइट के इस कथन में ऐसे अनेक तत्त्व हैं, जो व्यंग्यकार को व्यंजना-शक्ति के अनुरूप परिवेश में प्रस्तुत करने से ज्ञात होते हैं। मात्र स्फूर्तिदायी प्रवाह एवं कल्पना-शक्ति की त्वरितता ऐसे ही तत्त्व हैं, किन्तु इस कथन में ही परिहास की उपस्थिति समस्त वस्तु को एक नवीन एवं अपरिचित परिवेश में उपस्थित कर देती है। 'परिहासपूर्ण स्फूर्तिदायी प्रवाह' ही 'व्यंग्यार्थ' की उस समस्त शक्ति से अलग जाकर खड़ा हो जाता है या दूसरे रूप में यह रसानुभूति की आनन्दजन्य गम्भीरता को हानि पहुँचाने में भी प्रवृत्त देखा जा सकता है–यदि इस तथ्य को (वस्तु को हास्य रस के अन्तर्गत रखकर) ग्रहण भी किया जाए तो भी यह कहा जा सकता है कि क्या शारीरिक क्रियाओं पर विभाजित

1. साहित्यदर्पण, विश्वनाथ, व्या. डॉ. सत्यव्रत सिंह, पृ. 94
2. वही, पृ. 95
3. दि एनाटॉमी ऑफ सटायर, पृ. 242

हास्य-भेदों में (जो अधिकतर विदूषक के अभिनय को लेकर व्यक्त ज्ञात होते हैं) आज के व्यंग्यकार की यथार्थता के तत्त्व से पूरित रचनाओं को वर्गीकृत करने की शक्ति है ? फिर दूसरा कारण, ये रचनाएँ पद्य में न होकर गद्य में हैं, जिसमें रूमानीपन कम एवं यथार्थता की मजबूत पर्त ही अधिक होती है। बल्कि यह पर्त रूमानीपन के विरोध में अस्तित्व पाती है और स्पष्टतः इसका प्रधान कारण यही है कि व्यंग्यकार यथार्थवादी होता है, न कि रोमांसवादी। उसकी दृष्टि उसके आसपास के जीवन में परिलक्षित दोषों और मूर्खतापूर्ण असंगतियों पर केन्द्रित होती है। वह चूँकि हमारी सौन्दर्य-भावना का नहीं, अपितु हमारी उपहास्य-भावना का उद्रेक करता है, इसलिए उसे गद्य ही उपयुक्त माध्यम प्रतीत होता है।[1] स्पष्टतः आधुनिक व्यंग्य की (गद्य) रचनाओं में बहुत कुछ ऐसा है, जिसे पुरातन मान्यताओं पर रखकर परखने की बात तो अलग रही, उनके लिए निर्धारित सिद्धान्त ही नहीं मिल पाते—वे स्थान ही उपलब्ध नहीं हो पाते, जहाँ उनको रखने का सम्पूर्ण निर्धारित यथानुकूल व्यवस्थापन हो। इसलिए पूर्वविवेचित 'व्यंग्यार्थ' में हमें वह स्थान प्राप्त नहीं होता, जहाँ रसानुभूतिजन्य आनन्द को छोड़कर व्यंग्य की प्रहार करनेवाली प्रवृत्ति एवं उससे उत्पन्न प्रतिक्रियाजन्य स्थितियों का पर्याप्त मूल्यांकन सम्भव हो।

संस्कृत के काव्याचार्यों द्वारा प्रतिपादित काव्यशास्त्रीय सिद्धान्तों में हमें बाणभट्ट की कादम्बरी एवं अमरूशतक में 'परिहासपूर्ण सम्भाषण' के अर्थ में 'वक्रोक्ति का प्रयोग' मिलता है, जो परिहास एवं व्यंग्योक्ति के बहुत कुछ समानान्तर की प्रतीति देता है। इसमें हमें यह आभास तो सहज ही हो सकता है कि इन तत्कालीन आचार्यों का व्यंग्य की मूलभूत धारणाओं से यत्किंचित् परिचय अवश्य हुआ होगा, भले ही उन धारणाओं को आगे चलकर किन्हीं कारणों से पर्याप्त विकास के मार्ग न मिल पाए हों।

भोजदेव ने समस्त वाङ्मय को तीन भागों में विभक्त किया है—वक्रोक्ति, रसोक्ति एवं स्वभावोक्ति।[2] विस्तृत रूप से विचार करके इन विभाजनों के प्रसंग में संक्षेप में कहा जा सकता है कि समस्त वाङ्मय को इन तीन भागों में विभाजित करके मूल रूप में तीन अलग-अलग क्षेत्रों को महत्त्व मिल जाता है, जिसमें रसोक्ति के अन्तर्गत सम्पूर्ण सौन्दर्यपरक दृष्टि एवं वक्रोक्ति में समूची व्यंग्यपरकता को व्यक्त करनेवाला दृष्टिकोण प्रस्तुत किया जा सकता है। स्वभावोक्ति के सम्बन्ध में तो कुन्तक ने यहाँ तक कह दिया है कि यदि स्वभावोक्ति अलंकार है तो और क्या रह जाता है ?[3] इसके लिए केशव ने 'रूप और गुण को सजाकर कहने' की बात कही है।[4]

इसके अतिरिक्त, यदि वक्रोक्ति-सम्प्रदाय के अन्तर्गत वक्रोक्ति पर अलग से विचार किया जाए तो काव्य में वक्रोक्ति का अर्थ है—वैदग्ध्य-भंगी-भणिति।[5] भामह ने भी उसका

1. इंग्लिश सटायर, सं. नारमन फरलांग, पृ. 18
2. सरस्वती कंठाभरण
3. हिन्दी साहित्य कोश, सं. डॉ. धीरेन्द्र वर्मा, भाग 1, पृ. 878
4. कविप्रिया, पृ. 98
5. वक्रोक्तिजीवितम्, आचार्य कुन्तक, पृ. 20

प्रयोग इसी अर्थ में करते हुए मत व्यक्त किया है कि वक्रोक्ति सभी अलंकारों की स्थान-पूर्ति कर सकती है।[1] दंडी ने वक्रोक्ति का प्रयोग स्वभावोक्ति के विपरीत अर्थ में किया है और कहा है कि श्लेष वक्रोक्ति की श्रीवृद्धि करता है, अर्थात् वाणी का एक चमत्कारप्रधान रूप जो स्वाभावोक्ति (सहज उक्ति) से भिन्न (टेढ़ी उक्ति से पूर्ण) श्लेष की सत्ता से निज की श्रीवृद्धि करता है, वक्रोक्ति है।[2] भामह की वक्रोक्ति के स्थान पर दंडी ने अतिशयोक्ति को अलंकार का आधार माना है,[3] किन्तु परवर्ती आचार्यों को इन शब्दों में कोई विशेष अर्थभेद प्रतीत नहीं हुआ। अतः उन्होंने दोनों को एक-दूसरे का पर्याय ही माना है। वक्रोक्ति का यह आग्रह, जो 'व्यंग्य' या विडम्बना (आइरनी) की सीमा में पहुँच जाता है, अतिशयोक्ति से एकान्वित ज्ञात होता है और हमारे लक्ष्य की ओर संकेत करने की शक्ति रखता है।

इस प्रकार, समूचे परम्परागत संस्कृत-साहित्य में समाहित काव्य-शक्तियों की त्रयी में से 'व्यंग्यार्थ' तथा वक्रोक्ति के विवेचन में ही व्यंग्य की सत्ता के अस्तित्व की यत्किंचित् स्थिति स्वीकार की जा सकती है। कहना अनावश्यक है कि ये सब आंशिक संकेत मात्र हैं। ये उस व्यापक परिवेश में गृहीत नहीं, जिस पर व्यंग्य का आधुनिक स्वरूप अवस्थित है। आधुनिक व्यंग्य-लेखन इनकी परिधि से बाहर पड़ता है, उसमें संस्कृत की 'व्यंजना' के साथ अंग्रेजी 'सटायर' का अर्थ एवं उद्देश्य समाविष्ट है। आज का व्यंग्य पारम्परिक चुहल अथवा परिहास मात्र न होकर एक गम्भीर एवं साहित्यिक कर्म है। वह एक व्यापक अर्थ-बोध लिये है। समाज के विकृत एवं गलित अंगों पर प्रहार कर उनके प्रति पाठक एवं श्रोता को सचेत करना उसका मूलभूत प्रयोजन है। इसीलिए वह एक प्रहारात्मक त्वरा से युक्त है और एक गहराई लिये है। फलतः वह संस्कृत की 'व्यंजना' से निःसृत होकर भी उसके उतना निकट नहीं, जितना अंग्रेजी के 'सटायर' के निकट है। कारण यह है कि हिन्दी-साहित्य में व्यंग्य-लेखन का सुगठित रूप भारतेन्दु-युग से ही देखने को मिलता है। उससे पूर्व वह बहुत छिटपुट और अनुल्लेखनीय रूप में ही उपलब्ध है। इसलिए उचित होगा कि हिन्दी में व्यंग्य शब्द का प्रयोग संस्कृत से चले आ रहे परम्परागत अर्थ की अभिव्यक्ति के बजाय 'सटायर' शब्द के अर्थ-बोध के लिए किया जाए। मानविकी पारिभाषिक कोश में 'सटायर' का 'व्यंग्य' अर्थ देते हुए कहा गया है, "उसका लक्ष्य मानवीय दुर्बलताओं पर प्रहार करके उन्हें उभारना और सुधारना होता है।"[4] प्रकारान्तर से कहा जा सकता है कि संस्कृत का 'व्यंग्य' ही अपनी व्यापकता में 'सटायर' का पर्याय धारण किए है।

अंग्रेजी का 'सटायर' शब्द लैटिन के 'सैटुरा' शब्द से विकसित हुआ है, जिसका अर्थ 'ऊबड़-खाबड़' या 'गड़बड़झाला' (होच-पोच) होता है। पुरातन-काल में वह

1. काव्यालंकार, 1/36, 5/66, 2/85
2. काव्य-दर्पण, 2/363
3. वही, 2/220
4. साहित्य खंड, पृ. 229-30

'पर-निन्दा' के अर्थ में भी प्रयुक्त होता रहा है।[1] ये दोनों विशेषताएँ बहुत हद तक–अपने परिष्कृत रूप में–आज भी व्यंग्य में मौजूद हैं। वस्तुतः लैटिन के 'सैटुरा' शब्द का मूल भी रोमन के 'सैटुर्ज' में है। सन् 1965 के आसपास रोम में 'सैटुर्ज' शब्द का प्रयोग ऐसे अमर्यादित नाटकों के लिए होता था, जिनकी कोई सीमा नहीं कही जा सकती थी। यही 'सैटुर्ज' आगे चलकर लैटिन में 'सैटुरा' बन गया और अंग्रेजी में 'सैटायर' या 'सटायर' हो गया। हिन्दी में 'व्यंग्य' इसी 'सटायर' का द्योतक है।

पाश्चात्य दृष्टिकोण

पाश्चात्य साहित्य में व्यंग्य पर विस्तार से विचार किया गया है। साहित्य की अन्य विधाओं के समान व्यंग्य की व्याख्या और स्वरूप-विश्लेषण में पश्चिमी विद्वानों ने विभिन्न मत प्रस्तुत किए हैं। प्रमुख मत निम्नानुसार हैं :

ऑक्सफोर्ड इंग्लिश डिक्शनरी के अनुसार व्यंग्य वह रचना है, जिसमें प्रचलित दोषों अथवा मूर्खताओं का, कभी-कभी कुछ अतिरंजना के साथ, मजाक उड़ाया जाता है। उसका अभीष्ट किसी व्यक्ति-विशेष अथवा व्यक्तियों के समूह का उपहास करना होता है और इस प्रकार वह एक व्यक्तिगत आक्षेप-लेख जैसा होता है।[2]

एन्साइक्लोपीडिया ब्रिटेनिका के अनुसार, व्यंग्य की साहित्यिक तथा ग्राह्य परिभाषा हास्यास्पद अथवा निन्दक तथ्यों की मनोरंजक अथवा घृणोत्पादक अभिव्यक्ति के रूप में दी जा सकती है, बशर्ते उस अभिव्यक्ति में हास्य-तत्त्व साहित्यिक रूप में स्पष्टतः परिलक्षित हो। हास्य के अभाव में व्यंग्य गाली का रूप धारण कर लेता है तथा साहित्यिकता के बिना वह विदूषकी ठिठोली मात्र बनकर रह जाता है।[3]

मेरिडिथ के शब्दों में, यदि आप हास्यास्पद का इतना मजाक उड़ाते हैं कि उसमें दयालुता ही समाप्त हो जाए तो आप व्यंग्य की सीमाओं में प्रवेश कर जाते हैं। उन्होंने व्यंग्यकार को नैतिकता का ठेकेदार कहा है, जिसका कार्य समाज में फैली गन्दगी साफ करना है।[4]

ए. निकॉल की मान्यता है कि "व्यंग्य इस सीमा तक कटु हो सकता है कि वह किंचित् भी हास्यजनक न हो। व्यंग्य बहुत तीखा वार करता है। उसमें कोई नैतिक बोध नहीं होता। उसमें दया, विनम्रता और उदारता का भी लेश नहीं होता। वह पूरी निर्दयता से प्रहार करता है। वह युग की समूची परिस्थितियों की धज्जियाँ किसी को भी क्षमा किए बगैर उड़ाता है।"[5]

---

1. एल. जे. पोट्स, कॉमेडी, पृ. 153
2. खंड 9, पृ. 119
3. खंड 20, पृ. 5
4. आइडिया ऑफ कॉमेडी, पृ. 79
5. एन इंट्रोडक्शन टु ड्रामेटिक थीयरी, पृ. 212

हॉरेस का कथन था कि वे हँसते-हँसते सत्य का कथन करते हैं। ऐसा करके वे सामाजिक और नैतिक समस्याओं की विवेचना गम्भीरतापूर्वक किन्तु सरल ढंग से करते थे। इस प्रकार वे व्यंग्योक्ति द्वारा व्यंग्य के उद्देश्य पर आ जाते थे।[1]

पोट्स ने व्यंग्य का जन्म गाली-गलौज के रूप में हुआ माना है। उनके अनुसार व्यंग्य द्वारा लक्ष्य के विकृत रूप का सीधे-सीधे या व्याजोक्ति द्वारा उपहास उड़ाया जाता है।[2]

जेम्स सदरलैंड ने व्यंग्य को एक पवित्र अस्त्र माना है, जिसके द्वारा दुर्गुणों और विकारों को दंडित कर समाज का भला किया जाना चाहिए। व्यंग्य का निहित भाव है व्यंग्यकार को आत्म-तुष्टि देना और सामाजिक बुराइयों का असली रूप दिखाकर मानसिक बोझ से छुटकारा पाना।[3]

व्यंग्य के व्यापक आयाम की ओर इंगित करते हुए जॉन एम. बुलेट लिखते हैं, "व्यंग्य शब्द में मानव तथा उसके आचरण की समस्त त्रुटियों पर किया गया प्रहार निहित है।"[4]

इयान जैक ने व्यंग्य को मनुष्य की उस इच्छा-शक्ति से उद्भूत माना है, जिसके द्वारा वह सामाजिक विद्रूपताओं से अपना बचाव करने के प्रयास करता है। वे लिखते हैं, "बचाव की इच्छा-शक्ति व्यंग्य को जन्म देती है, कलात्मक बचाव ही व्यंग्य है।"[5]

कलात्मक बचाव के इसी उद्देश्य को ड्राइडन दोष-सुधार की संज्ञा देते हुए कहते हैं, "व्यंग्य का वास्तविक उद्देश्य शोधन द्वारा दोष-सुधार है।"[6]

पाश्चात्य लेखकों-समीक्षकों के व्यंग्य-सम्बन्धी इन मन्तव्यों को देखें तो एक बात स्पष्ट रूप से उभरकर सामने आती है कि व्यंग्य का जन्म हमारे चारों ओर व्याप्त विकृतियों से ही होता है, जो निरन्तर व्यक्ति को कचोटती रहती हैं। निश्चय ही इन विकृतियों अथवा अव्यवस्थाओं का विरोध करना व्यंग्य का लक्ष्य है और इसके साथ लेखक की सामाजिक प्रतिबद्धता जुड़ी है। लेकिन विरोध मात्र ही व्यंग्य का लक्ष्य नहीं होता अपितु समूची विकृत स्थितियों की ऐसी अभिव्यक्ति करना उसका उद्देश्य होता है, जो कलात्मक हो। दूसरे शब्दों में, जीवन की समस्त विकृतियों, विरूपताओं और नकारात्मक, निन्दनीय व उपहासास्पद अवस्थाओं का कलात्मक निषेध एवं सोद्देश्य खंडन ही व्यंग्य है। इस प्रकार निषेधात्मक प्रतीत होते हुए भी व्यंग्य का स्वरूप सृजनात्मक होता है। इसके मूल में सड़ी-गली मान्यताओं, रूढ़ियों के सुधार और नवनिर्माण की कामना होती है। अपने इस स्वरूप के कारण व्यंग्य की सबसे बड़ी उपादेयता उसकी सामाजिक परिष्कार की क्षमता है।

1. दि एनाटॉमी ऑफ सटायर, गिल्बर्ट हाइट, पृ. 234
2. एल. जे. पोट्स, कॉमेडी, पृ. 153
3. इंग्लिश सटायर, पृ. 153
4. जोनाथन स्विफ्ट एंड दि एनाटॉमी ऑफ सटायर, पृ. 39
5. आर्थर पोलेंड, सटायर, पृ. 7
6. डॉ. शशि मिश्र, स्वातन्त्र्योत्तर हिन्दी व्यंग्य निबन्ध, पृ. 7

भारतीय अभिमत

हिन्दी और अन्य भारतीय भाषाओं के समीक्षकों-लेखकों ने भी व्यंग्य को परिभाषित करने का प्रयास किया है। आचार्य हजारीप्रसाद द्विवेदी की मान्यता है कि "व्यंग्य वह है, जहाँ कहनेवाला अधरोष्ठ में हँस रहा हो और सुननेवाला तिलमिला उठा हो और फिर भी कहनेवाले को जवाब देना अपने को और भी उपहासास्पद बना लेना हो जाता हो।"[1]

डॉ. वीरेन्द्र मेंहदीरत्ता ने व्यंग्य की परिभाषा इस प्रकार दी है, "शास्त्रीय दृष्टि से व्यंग मानव तथा जगत की मूर्खताओं तथा अनाचारों को प्रकाश में डालकर उनके उपहास्य अथवा घृणोत्पादक रूप पर आलोचनात्मक प्रहार करने में समर्थ एक साहित्यिक अभिव्यक्ति है।"[2]

डॉ. बालेन्दुशेखर तिवारी की दृष्टि में व्यंग्य "एक विशिष्ट समाजधर्मी प्रेक्षण-विधि अथवा एक विशिष्ट मानसिक भंगिमा है, जिसका उद्‌भव अन्तर्विरोधों के कारण होता है और जिसमें व्यक्ति अथवा व्यवस्था-विशेष के दौर्बल्य की आक्षेपात्मक अभिव्यक्ति द्वारा परिवर्तन का अभीष्ट पूर्ण होता है।"[3]

डॉ. शेरजंग गर्ग के शब्दों में, "व्यंग्य एक ऐसी साहित्यिक अभिव्यक्ति या रचना है, जिसमें व्यक्ति तथा समाज की कमजोरियों, दुर्बलताओं, करनी एवं कथनी के अन्तरों की समीक्षा अथवा निन्दा भाषा को टेढ़ी भंगिमा देकर अथवा कभी-कभी पूर्णतः सपाट शब्दों में प्रहार करते हुए की जाती है। वह पूर्णतः अगम्भीर होते हुए भी गम्भीर हो सकती है, निर्दय लगते हुए दयालु हो सकती है, प्रहारात्मक होते हुए तटस्थ लग सकती है, मखौल लगती हुई बौद्धिक हो सकती है, अतिशयोक्ति एवं अतिरंजना का आभास देने के बावजूद पूर्णतः सत्य हो सकती है। व्यंग्य में आक्रमण की उपस्थिति अनिवार्य है।"[4]

व्यंग्य को एक सोद्‌देश्य कर्म मानते हुए हिन्दी-व्यंग्य के पितामह हरिशंकर परसाई लिखते हैं, "व्यंग्य जीवन से साक्षात्कार करता है, जीवन की आलोचना करता है, विसंगतियों-मिथ्याचारों और पाखंडों का पर्दाफाश करता है।"[5]

व्यंग्य को जिन्दादिली मानते हुए प्रसिद्ध व्यंग्यकार शरद जोशी ने लिखा है, "सेंस ऑफ ह्यूमर ही अन्याय, अत्याचार और निराशा के विरुद्ध होने से व्यंग में अभिव्यक्त होता है।"[6] जोशी का यह कथन हॉरेस के 'हँसते हुए सत्य के कथन' की याद दिलाता है।

व्यंग्यकार रवीन्द्रनाथ त्यागी ने व्यंग्य में हास्य के प्रति अपना रुझान प्रकट करते हुए कहा है, "समाज की कुरीतियों का भंडाफोड़ करने का कार्य प्रमुखतः व्यंग्य द्वारा

---

1. कबीर, पृ. 164
2. आधुनिक हिन्दी साहित्य में व्यंग, पृ. 8
3. हिन्दी का स्वातन्त्र्योत्तर हास्य और व्यंग्य, पृ. 53
4. स्वातन्त्र्योत्तर हिन्दी कविता में व्यंग्य, पृ. 28
5. सदाचार का ताबीज, पृ. 10
6. मेरी श्रेष्ठ व्यंग्य रचनाएँ, शरद जोशी, अपनी बात, पृ. 6

ही हो सकता है। यदि उसमें हास्य भी समाविष्ट हो जाए तो रंग और भी तेज हो जाएगा।[1] (फिर भी) हास्य माध्यम है, व्यंग्य लक्ष्य।''[2]

व्यंग्यकार श्रीलाल शुक्ल व्यंग्य को एक प्रहारक अस्त्र के रूप में देखते हैं, ''मैंने व्यंग्य को आधुनिक जीवन और आधुनिक लेखन के एक अभिन्न अस्त्र और एक अनिवार्य शर्त के रूप में पाया है।''[3]

व्यंग्य की इसी प्रहारात्मकता को प्रायः सभी विधाओं के सिद्धहस्त लेखक डॉ. नरेन्द्र कोहली ने इन शब्दों में रेखांकित किया है, ''कुछ अनुचित, अन्यायपूर्ण अथवा गलत होते देखकर जो आक्रोश जगता है–वह यदि काम में परिणत हो सकता तो अपनी असहायता में वक्र होकर जब अपनी तथा दूसरों की पीड़ा पर हँसने लगता है तो वह विकट व्यंग्य होता है, पाठक के मन को चुभलाता-सहलाता नहीं, कोड़े लगाता है। अतः सार्थक और सशक्त व्यंग्य कहलाता है।[4]...क्षोभ का अतिरेक ही कलात्मक संयम के साथ रचना के रूप में ढलने से व्यंग्य बन जाता है।''[5]

प्रसिद्ध उर्दू-कथाकार-व्यंग्यकार कृश्न चन्दर ने व्यंग्य के सम्बन्ध में अपने विचार व्यक्त करते हुए लिखा है, ''व्यंग्य ही वो तेज नश्तर है जिससे लेखक समाज के नासूर के गन्दे फोड़े खोलता है और उसे स्वास्थ्य, शक्ति और प्रगति की ओर बढ़ाने की चेष्टा करता है।''[6]

उर्दू-व्यंग्यकार गुलाम अहमद फुरकत का मत एनसाइक्लोपीडिया ब्रिटेनिका में दी गई गार्नेट की परिभाषा से बहुत साम्य रखता है, ''व्यंग्य का वास्तविक उद्‌देश्य समाज या सोसायटी की बुराइयों, कमजोरियों और त्रुटियों को हँसी उड़ाकर पेश करना है, मगर इसमें तहजीब का दामन मजबूती से पकड़े रहने की जरूरत है, वरना व्यंग्यकार भड़ैती की सीमाओं में प्रवेश कर जाएगा।''[7]

गुजराती के प्रखर व्यंग्यकार विनोद भट्‌ट ने व्यंग्य की विशेषताएँ इस प्रकार गिनाई हैं, ''(व्यंग्य लिखनेवाली) इस कलम की खूबी यह है कि वह गुदगुदाती भी है, चिकोटी भी काटती है और जरूरत पड़ने पर नश्तर भी लगाती है। यह वह कलम है, जिससे व्यंजना टपकती है, सरलता बोलती है, मार्मिकता हँसती है और सूक्ष्मता झलक मारती है।''[8]

मराठी-व्यंग्य के पितामह श्रीपाद कृष्ण कोल्हटकर व्यंग्य का उद्‌देश्य बताते हुए लिखते हैं, ''गलतियों और कमजोरियों को स्वीकार करने का मानसिक धैर्य जिनमें नहीं,

---

1. नई कहानियाँ, फरवरी 1970 में सुदर्शन नारंग को दिया गया साक्षात्कार
2. रवीन्द्रनाथ त्यागी : प्रतिनिधि रचनाएँ, सं. कमल किशोर गोयनका, पृ. 327
3. मेरी श्रेष्ठ व्यंग्य-रचनाएँ, श्रीलाल शुक्ल, परिचय, पृ. 9-10
4. मेरी श्रेष्ठ व्यंग्य-रचनाएँ, नरेन्द्र कोहली, अपनी ओर से, पृ. 8
5. दैनिक भास्कर, 1981, भोपाल
6. सरगम, पृ. 51
7. तंजो-मंजाह, पृ. 17-18
8. सुना-अनसुना, अनुवादक की कलम से, पृ. 6

अपनी हर बुरी-भली रूढ़ि को येनकेन प्रकारेण दूसरों के गले उतारने का जो प्रयत्न करते रहते हैं और देश की वर्तमान दुर्दशा को दैवगति के मत्थे मढ़कर जो निश्चिन्त हो जाना चाहते हैं, उन पाखंडी पोंगापंडितों की खबर लेना और इस बहाने रूढ़ियों की अनिष्टता के प्रति पाठकों को जागरूक करना ही व्यंग्य का उद्देश्य है।...समाज को दुलारकर सुधार के अनुकूल बनाना नहीं, अपितु उसे छेड़कर और चिढ़ाकर स्वदोष-निरीक्षण के लिए प्रेरित करना है।"[1]

कोल्हटकर के व्यंग्य-साहित्य की समीक्षा करते हुए मराठी-समीक्षक रा. प्र. कानिटकर ने व्यंग्य के सम्बन्ध में अपनी धारणा यों व्यक्त की है, "व्यंग्यात्मक साहित्य समाज के हास्यास्पद पहलू को इस प्रकार प्रस्तुत करता है कि पाठकों को उसका तीव्र विरोध करने की इच्छा हो उठे।"[2]

इन समस्त पाश्चात्य एवं पौर्वात्य समीक्षकों और व्यंग्यकारों के मन्तव्यों से जो बात सामने आती है, वह यह कि व्यंग्य समाज की विद्रूपताओं से उत्पन्न वह रचना है जो उनकी आलोचना कर उनका पर्दाफाश करती है। कथनी और करनी के अन्तराल से उत्पन्न यह वह अभिव्यक्ति है, जो यथार्थ की विरूपताओं को उधेड़ती हुई उसके आदर्श पक्ष की स्थापना का आग्रह लिये होती है। इस तरह व्यंग्य सामाजिक शिवत्व की एक साधना है। वह समस्त विरूपताओं के खिलाफ एक दृष्टि है, जो विभिन्न रचनाकारों की रचनात्मक प्रकृतियों के अनुकूल विविध स्वरूप धारण करती है। कहीं तो उसका स्वरूप कट्टर आलोचक के रूप में उभरता है, तो कहीं वह विनोदजन्य उपहास तक सीमित रहता है। कहीं उसकी भूमिका निर्मम चिकित्सक की होती है, तो कहीं गहन-गम्भीर चिन्तक की। किन्तु यह निर्विवाद है कि स्वरूप उसका चाहे जो भी रहे, परिणाम में वह आलोचना है, समीक्षा है। जनहित-विरोधी तथ्यों की प्रताड़ना कर बहुजन हिताय एवं बहुजन सुखाय के आदर्श को प्राप्त करना उसका लक्ष्य है। व्यंग्य की यह सामाजिक प्रतिबद्धता उसे बौद्धिक शब्दजाल तक सीमित नहीं रहने देती और न ही वह भावना का उद्वेलन मात्र होता है। साहित्यिक व्यंग्य वह औजार है, जो लक्ष्य को भेदकर तिलमिला देने की क्षमता रखता है। साथ ही जीवन के शाश्वत मूल्यों की आस्था व्यंग्य को आनन्द और उत्साह के अक्षय स्रोत का दर्जा देती है। स्वातन्त्र्योत्तर परिवेश की विशिष्ट परिस्थितियों, दोगलेपन की संघटनात्मक संस्कृति ने जब ऐसा माहौल निर्मित किया, जिसमें तमाम प्रचलित मान्यताएँ और पूर्व-स्वीकृत धारणाएँ धराशायी होने लगीं, तो साहित्यकार जैसे संवेदनशील व्यक्तियों को एक विशेष अनुभूति हुई। उस विशेष अनुभूति की विशेष अभिव्यक्ति ही साहित्यिक व्यंग्य है। इसीलिए कहा गया है कि "सृजन के स्तर पर अनुभव को जो विभिन्न रूप मिलते हैं, उनमें से एक व्यंग्य भी है।"[3]

पाश्चात्य एवं पौर्वात्य दोनों ही अवधारणाएँ जीवनगत विकृतियों, असंगतियों एवं

---

1. सुदामा के चावल, भूमिका, पृ. 17-18
2. वही, भूमिका, पृ. 15
3. हरिशंकर परसाई, साप्ताहिक हिन्दुस्तान, 2 अप्रैल 1967, पृ. 8

विरूपताओं को व्यंग्य का कारक तत्त्व मानती हैं तथा प्रहारात्मकता को व्यंग्य का प्रयोजन। अर्थात् अपराधी की आत्मा को आहत कर उसे चिन्तन-मनन हेतु प्रेरित करना तथा सुधार की अभिलाषा जगाना व्यंग्य का प्रयोजन होता है। व्यंग्य का यह प्रयोजन अपने विषयानुरूप विविधता लाने हेतु भाषा की व्यंजना-शक्ति का प्रयोग करता है। भारतीय साहित्य की इस व्यंजनात्मक अभिव्यक्ति को ही पाश्चात्य साहित्य में कलात्मक अभिव्यक्ति, प्रहार अथवा विरोध कहा गया है। अर्थात् संस्कृत-साहित्य की व्यंजना-शक्ति ही व्यंग्यार्थ के मूल में कार्य करती है। व्यंजना के अभाव में व्यंग्यार्थ की कल्पना ही नहीं की जा सकती। अंग्रेजी 'सटायर' में भी यह व्यंजना-शक्ति ही काम करती है, जहाँ इससे उपहासात्मक प्रहार अथवा प्रहारात्मक उपहास का कार्य लिया जाता है। संस्कृत में व्यंग्य का क्षेत्र व्यापक था—सौन्दर्य, भाव, तथ्य, चेतना सभी व्यंजना के विषय थे, जबकि आज व्यंग्य मूलतः वैचारिक विकृतियों के उपहास के लिए ही हो रहा है। वह सामाजिक और सीमित है। समस्त असामाजिक तत्त्वों की भर्त्सना ही व्यंग्य का विषय है। इस तरह हिंसात्मक भाषायी चेतना धारण करते हुए भी अपने मूल में वह सृजनात्मकता सँजोए होता है। सामाजिक तथ्यों का वह नैतिक प्रहरी है। नैतिकता का यह आग्रह ही व्यंग्य को साहित्यिक स्वरूप प्रदान करता है। दोगलेपन से आपूर्ण जीवनानुभूतियाँ व्यक्ति के अन्तस को चीथती हैं, खंडित करती हैं। इसका वह प्रतिरोध करता है। अन्तस के खंडन का एक प्रतिरोधात्मक चीत्कार ही व्यंग्य है। अर्थात् यह अन्तस की वह टीस है जो अपने निवारण हेतु चीखती ही नहीं, अपितु प्रत्येक सामाजिक तथ्य को अपने उपचार हेतु झकझोरती है, विवश करती है।

व्यंग्य का स्वरूप

एकता में अनेकता का वैशिष्ट्य सँजोए जिस तरह भारत के विभिन्न धर्म एवं संस्कृतियाँ अपना स्वतन्त्र अस्तित्व रखती हैं तथा समय-समय पर अपनी अस्मिता का स्वर भी बुलन्द करती हैं, ठीक वही स्थिति मानव-मन की विभिन्न प्रवृत्तियों की भी है। हास्य, उपहास, परिहास, वक्रोक्ति एवं व्यंग्य में से अधिकांश वृत्तियों का जन्म सामाजिक एवं नैतिक प्रहरी के रूप में होता है। असंगति, विसंगति, विरूपता, विषमता एवं वस्तु की हीनता का बोध प्रायः इन वृत्तियों का कारक तत्त्व होता है। किन्तु कारक तत्त्व की समानता रखनेवाली ये वृत्तियाँ अपने परिणाम, पहुँच एवं दृष्टिकोण में अपना पृथक अस्तित्व रखती हैं। स्थूल रूप से एक प्रतीत होनेवाली इन प्रवृत्तियों में सूक्ष्म भेद है। स्थूल रूप से ये सभी प्रवृत्तियाँ लेखन-यात्रा में सह-यात्री हैं। अतः प्रत्येक प्रवृत्ति को अलग-अलग समझते हुए व्यंग्य-बोध से उसके पार्थक्य को समझना उचित होगा।

व्यंग्य और उपदेश

हास्य और उपदेश का सामंजस्य ही व्यंग्य है। व्यंग्य एक ओर हास्य से सम्भ्रमित करता है, तो दूसरी ओर उपदेश तथा प्रवचन से। इसका कारण स्पष्ट है : व्यंग्य का उद्‌देश्य दुराचार का सुधार करना होता है, किन्तु हास्य का पुट देते हुए। इसी मत का समर्थन हम्बर्ट वुल्फ भी करते हैं, "व्यंग्यकार का स्थान उपदेशक तथा हाजिर-जवाब के बीच का होता है। उद्‌देश्य दोनों का एक ही है किन्तु उसके प्रस्तुतीकरण का ढंग अलग-अलग है...व्यंग्यकार उपदेशक की भाँति केवल सत्य की प्रतिष्ठा पर ही बल नहीं देता, अपितु वाग्वैदग्ध्य द्वारा पाप का भंडाफोड़ भी करता है।"[1]

अतः गाम्भीर्य और परिहास का मिश्रण व्यंग्य का अवश्यम्भावी रूप है। उपदेश व सुधार सम्बन्धी भाषणों में सीधे-सीधे शब्दों में दुराचार, अत्याचार, अन्याय तथा अनुचित कार्यों की भर्त्सना की जाती है, उन्हें धिक्कारा जाता है। उनकी निन्दा की जाती है। दुष्टों को प्रताड़ित किया जाता है। स्पष्ट रूप से उनके कुकृत्यों का पर्दाफाश किया जाता है। समाज-सुधारक समाज के दोषों पर अपनी दृष्टि केन्द्रित कर उनकी अनैतिकता तथा अमानुषिकता पर आक्षेप कर उन्हें भाषणों द्वारा उच्च स्वर से घृणित प्रमाणित करते हैं। धर्माचार्य कुछ ऐसे भावों को मन में रखकर प्रवचन देते हैं कि व्यक्ति और समाज हीन है, मानव दुर्बलता का पुतला है। उपदेशक श्रोताओं की कठिनाइयों तथा परिस्थितियों का सही चिन्तन कर उन्हें अपने में सुधार लाने के लिए उपदेश देते हैं। व्यंग्यकार उस ढाँचे पर चोट करता है, जिसके बदलने से सुधार स्वयं हो जाता है।

व्यंग्य में फोटोग्राफिक यथातथ्यता होती है, जबकि उपदेश में कथन को व्यापक बनाया जाता है। प्रवचन सविस्तार होते हैं और वे आवेगपूर्ण उद्वेग से बार-बार दोहराए जाते हैं। अतः उनमें वाग्वैदग्ध्य के स्थान पर रोष अधिक झलकता है। उपदेश में यथार्थता और विविधता के स्थान पर आध्यात्मिक प्रवचनकर्ता की खिन्नतापूर्ण तीव्रता होती है। इंग्लैंड में रिफॉरमेशन से पूर्व के पादरी और धर्माचार्य मानव को भ्रष्टाचार आदि के प्रति सचेत कराने में दत्तचित्त थे। सुधार-भावना के प्रति उनमें इतनी तल्लीनता थी कि इस भावना ने उनके उपदेशों को व्यंग्य बनने से बचा लिया। ये प्रवचन अत्यधिक गम्भीर और व्यवस्थित होते हैं। कभी-कभी प्रवचनकार अपने प्रवचनों में नैतिक उपदेश देने के लिए किसी का चरित्र-चित्रण, कोई चुटकुला या किसी मनोरंजक गाथा का पुट भी दे देते थे, जिससे मनोरंजन के साथ-साथ तिरस्कार के भाव की उत्पत्ति होती थी। इस भाँति परोक्ष में यदा-कदा व्यंग्य झलक जाता था। ब्रौमयार्ड के एक कथन में इसका अच्छा उदाहरण मिलता है, "धन ईश्वर से भी सशक्त देवता है। इसकी कृपा से लँगड़ा चल सकता है, बहरा सुन सकता है, गूँगा बोल सकता है और अपराधी कारामुक्त हो सकता है।"[2] भारत में ओशो (रजनीश) के प्रवचन भी इसके अच्छे उदाहरण हैं।

---

1. नोट्स ऑन वर्स सटायर, पृ. 71
2. एन्साइक्लोपीडिया ब्रिटेनिका, खंड 20, पृ. 80

प्रवचन का मुख्य तत्त्व भीति-प्रदर्शन (डिननसिएशन) है, जबकि व्यंग्य के लिए यह आवश्यक नहीं होता। उपदेश में कठोरतापूर्वक भर्त्सना की जाती है, जबकि व्यंग्य में उसी बात को वाग्वैदग्ध्य द्वारा कहा जाता है।

उपदेशक प्रत्यक्ष रूप से, व्याख्यात्मक ढंग से हृदय-परिवर्तन करना चाहता है, जबकि व्यंग्यकार परोक्ष रूप से, संकेतात्मक ढंग से, कहीं गहराई में उतरकर प्रहार करता है और लक्ष्य को अपनी बात मनवाने के लिए विवश कर देता है। अलबत्ता दोनों का ही उद्देश्य व्यक्ति और समाज में सुधार लाने का होता है।

निष्कर्ष रूप में व्यंग्य और उपदेश का अन्तर इस प्रकार है—उपदेश में लक्ष्य को सीधे, सरल एवं सपाट शब्दों में सम्बोधित किया जाता है, जबकि व्यंग्य वक्रोक्ति, वैदग्ध्य एवं आक्षेप द्वारा लक्ष्य पर प्रहार करता है। उपदेश द्वारा लक्ष्य में नैतिक बोध जागृत किया जाता है, किन्तु व्यंग्य में नैतिक बोध जगाकर उसमें सुधार लाना अपेक्षित होता है। व्यंग्य प्रायः हास्य का पुट लेकर अवतरित होता है, उपदेश गुरु-गम्भीर रूप धारण किए रहता है।

व्यंग्य और हास्य

कुछ समय पूर्व तक पश्चिमी आलोचक और उन्हीं से प्रभावित कुछ भारतीय साहित्यकार भी व्यंग्य को हास्य के एक प्रभेद के रूप में लेते रहे हैं। जैसा कि हम पीछे देख आए हैं, आचार्य हजारीप्रसाद द्विवेदी, बेढब बनारसी, गुलाम अहमद फुरकत आदि ने अपनी परिभाषाओं में हास्य को व्यंग्य में अनिवार्य माना है। किन्तु यह धारणा कि व्यंग्य में हास्य या कामदी आवश्यक रूप में होते हैं, या वे व्यंग्य के अभिन्न अंग हैं, सही नहीं है। हॉरेस और ल्यूशियन, जिनका दृष्टिकोण ही यह था कि मानव की विसंगतियों पर हँसकर उन्हें उपहास की धूल में उड़ा दिया जाए, के व्यंग्य के लिए भले ही हास्य आवश्यक हो, किन्तु स्विफ्ट और जुवैनल का व्यंग्य बीभत्स और कभी-कभी बहुत अधिक कटु आलोचनात्मक रहा है, जिसमें समाज की भर्त्सना करते हुए हास्य की आत्मा का नितान्त लोप हो गया है। वे ऐसा आनन्दी गाम्भीर्य धारण किए हुए है, जिसमें से आमोद का भाव गायब हो गया है। त्रासद व्यंग्य में बाह्य रूप में हँसते हुए दाँत चमकते हैं, किन्तु अन्तर में क्रोध की गुर्राहट भरी होती है जिसकी गहराइयों में छेड़खानी की जगह टीस होती है। कामद व्यंग्य में हास्य रहता है, किन्तु त्रासद व्यंग्य घोर सन्तापक के रूप में ही बोला जा सकता है। हास्य झरोखे में बैठे उस दर्शक के समान है जो आने-जानेवालों की बेढंगी करतूतों पर हँसता रहता है, जबकि व्यंग्य उन्हें टोके बिना नहीं रह सकता। अतः व्यंग्य हास्य का प्रभेद नहीं है और न ही सब प्रकार के व्यंग्य के लिए हास्य अनिवार्य है।

हास्य और व्यंग्य दोनों में ही लक्ष्य पर प्रहार किया जाता है, किन्तु व्यंग्य लक्ष्य पर प्रहार कर उसकी चीरफाड़ करने लगता है, जबकि हास्य अटूट हास करता हुआ

निकल जाता है। व्यंग्यकार नैतिकता का पुजारी है। वह विसंगतियों के पीछे हाथ धोकर पड़ा रहता है और उन्हें सुधारना या बदलना ही उसका प्रमुख लक्ष्य होता है...फिर चाहे लक्ष्य कितना ही अधिक पीड़ित क्यों न हो या नष्ट ही क्यों न हो जाए।

हास्य अस्थायी भाव है। यह उस विद्युत-छटा के समान है, जो क्षण-भर में चकाचौंध कर गति पकड़ती है और उत्कर्ष पर आकर दूसरे ही क्षण विलीन हो जाती है। इसके विपरीत व्यंग्य क्षणिक आवेश उत्पन्न नहीं करता, न ही वह ठहाके लगवाता है। वह एक तिक्त मुस्कान देता है, और आनन्दानुभूति के साथ-साथ चुपके से काट भी लेता है। श्रेष्ठ व्यंग्य को पढ़कर चेतना में हलचल मच जाती है और उसमें व्यक्त विचारों पर चिन्तन करने के लिए मन विवश हो जाता है। अतः व्यंग्य हास्य के समान क्षणिक आवेश नहीं होता कि सुना, हँस दिए और भूल गए। वह चेतना पर आघात कर विसंगतियों, असामंजस्य आदि के प्रति क्षोभ और विद्रोह के भाव उत्पन्न करता है। व्यंग्य और हास्य दोनों में ही विसंगतियों की ओर ध्यान आकर्षित किया जाता है, परन्तु विसंगतियों के भी स्तर और प्रकार होते हैं। आदमी कुत्ते की बोली बोले–यह एक विसंगति है और वन-महोत्सव का आयोजन करने के लिए पेड़ काटकर साफ किए जाएँ, जहाँ मन्त्री महोदय गुलाब के 'वृक्ष' की कलम रोपें–यह भी एक विसंगति है। दोनों में भेद है, हालाँकि दोनों में हँसी आती है। यह अन्तर लेखक की दृष्टि के कारण होता है। हास्य में विसंगति-चित्रण का लक्ष्य हास्योद्रेक होता है, तो व्यंग्य में विसंगति-चित्रण द्वारा विकृत स्थिति, विकृत मनोवृत्ति, विकृत स्वीकृति पर प्रहार है। हास्य में विनोदी स्वभाववश विकृति का चित्रण है, तो व्यंग्य में गहरी सूझ-बूझ के परिणामस्वरूप विकृति का प्रदर्शन है।

हास्य आत्मस्थ और परस्थ दोनों प्रकार का हो सकता है, परन्तु व्यंग्य अधिकतर परस्थ ही होता है। यद्यपि व्यंग्यकार को उससे आत्म-तुष्टि मिलती है। कुछ विद्वानों का मत है कि हास्य में लक्ष्य के प्रति सहानुभूति की भावना होती है, जबकि व्यंग्य में लक्ष्य के प्रति सहानुभूति का नितान्त अभाव होता है।[1] किन्तु यह मान्यता पूर्ण रूप से उचित नहीं है। जब एक स्थूलकाय व्यक्ति केले के छिलके से फिसल जाता है तो दर्शकों की प्रतिक्रिया हास्यजनक होती है और वे ठहाके लगाना शुरू कर देते हैं। इस प्रकार उनमें सहानुभूति का भाव कहाँ उत्पन्न हुआ ? सहानुभूति तो तब मानी जाती, जब दौड़कर गिरनेवाले की सहायता की जाती। इसी प्रकार शारीरिक विकृतियों और कुरूपताओं (हकले, कुबड़े, काने, बौने आदि) को देखकर हँसनेवालों में भी करुणा और सहानुभूति का भाव कहाँ होता है ? यह सहानुभूति नहीं, एक निर्दयता है, एक प्रकार की हिंसा है। हॉब्स के अनुसार, "हँसनेवालों में एक प्रकार के दम्भ-भाव की उत्पत्ति होती है कि हम तो

1. मेरिडिथ, आइडिया ऑफ कॉमेडी, पृ. 79 (इफ यू डिटैक्ट रिडिक्यूल एंड योर काइंडलीनेस इज किल्ड बाई इट, यू आर स्लिपिंग इन दि ग्रास्प ऑफ सटायर) और ईसर इवान, जोनाथन स्विफ्ट : दि ह्यूमर ऑफ ह्यूमर, पृ. 203
2. हेरल्ड निकल्सन, दि सेंस ऑफ ह्यूमर एंड अदर एसेज, पृ. 10

ऐसे नहीं हैं और इसीलिए दूसरों पर हँसा जा सकता है।"[2] विदूषकों को देखकर इसी प्रकार के हास्य की उत्पत्ति होती है। संस्कृत नाट्य-साहित्य में विदूषक का रूप है–कुसुम, बसन्तादिक नामधारी; नाटा, मोटा, वामन, कुबड़ा, पेटू, उपहासपूर्ण वेशभूषा से सज्जित व्यक्ति, जो अपनी विचित्र चेष्टाओं, मुद्राओं और मूर्खताओं का प्रदर्शन करता है जिनके द्वारा हँसी की धारा फूट पड़ती है जिसमें लेशमात्र भी सहानुभूति का भाव नहीं होता। जब विदूषक अपने तरबूजी पेट को पीट-पीटकर मोदक माँगता है, तो दर्शक हँसी से लोटपोट हो जाते हैं। उसकी क्षुधा शान्त करने की ओर किसी का ध्यान नहीं जाता।

फ्रायड तो और आगे जाकर हास्य को दुष्टता की ही संज्ञा देता है, "वह ऐसा हर्ष है जो हम सब उस समय प्राप्त करते हैं, जब हमारे अचेतन मन की विपरीतरतिजन्य दुष्टता की सहज प्रवृत्ति उन्मुक्त होती है।"[1]

अतः यह मानना कि हास्य सहानुभूति से युक्त होता ही है और व्यंग्य नहीं, उचित नहीं है। जैसे कोई शल्य-चिकित्सक अपने मरीज के शरीर के उस अंग को, जिसमें किसी कारण से जहर फैल गया हो, काटकर अलग करते समय सहानुभूति से रहित नहीं अपितु उससे युक्त होता है क्योंकि मरीज की जान बचाने के उद्देश्य से ही वह ऐसा करता है, वैसे ही व्यंग्यकार भी लक्ष्य के प्रति सहानुभूति से भरकर, सदाशय से ही उसकी चीर-फाड़ करता है। सहानुभूति के अभाव में वह सुधार या परिवर्तन के उस लक्ष्य के प्रति प्रेरित हो ही नहीं सकता, जो व्यंग्य की मूलभूत विशेषता है। अथवा बच्चों की दुर्वृत्तियों में सुधार लाने के लिए उन्हें डाँटते या दंड देते समय माता-पिता या शिक्षक जैसे सहानुभूति से रहित नहीं होते अपितु उनसे सहानुभूति के कारण ही ऐसा करते हैं, ठीक वैसी ही स्थिति व्यंग्यकार की भी होती है, जो बुनियादी तौर पर एक शिक्षक ही होता है। बल्कि सच तो यह है कि अच्छा व्यंग्य सहानुभूति का सबसे उत्कृष्ट रूप होता है।

मरीज की चीख-पुकार सुनकर उसके गलितांग को काटने का इरादा त्याग उसे मरने के लिए छोड़ देने की सहानुभूति अथवा बच्चों के रोने-धोने से द्रवित हो उन्हें उनके हाल पर छोड़ देने–चाहे इससे उनका भविष्य क्यों न बिगड़ जाए–की ममता अलबत्ता शल्य-चिकित्सक या माता-पिता या शिक्षक में नहीं होती, और न ही व्यंग्यकार में होती है। ऐसे मामलों में वह बिल्कुल निर्मम होता है और समझौता नहीं करता। लेकिन यह निर्ममता भी सहानुभूति के ही कारण और उसी का दूसरा रूप होती है।

इस प्रकार, सोद्देश्यता ही वह तत्त्व है, जो हास्य और व्यंग्य को अलगाता है। यह सोद्देश्यता व्यंग्य की अनिवार्य शर्त है, जबकि हास्य निष्प्रयोजन भी हो सकता है। हास्य मनोरंजन की हल्की मनःस्थिति में भी पैदा हो सकता है, जबकि व्यंग्य-निर्माण हेतु सुनियोजित वैचारिकता का पुट अनिवार्य है। इस तरह, हास्य का सम्बन्ध संवेदनशील मन, भावना से है जबकि व्यंग्य बुद्धि की उपज है, मस्तिष्क की खुराक है। हास्य विकृति की रंजनात्मक अभिव्यक्ति है, जबकि व्यंग्य प्रतिक्रियात्मक प्रहार। हास्य शब्दों के

---

1. हेरल्ड निकल्सन, दि सेंस ऑफ ह्यूमर एंड अदर एसेज, पृ. 10

खिलवाड़ से भी पैदा हो जाता है, जबकि व्यंग्य के लिए गहरी विचारानुभूति आवश्यक है। हास्य मनोरंजनात्मक होता है, जबकि व्यंग्य सृजनात्मक सुधार, नवनिर्माण की सम्भावनाएँ लिये होता है। हास्य अपने पात्र की साझेदारी लिये होता है अर्थात् हास्य में आलम्बन, श्रोता एवं दर्शक सभी समान रूप से आनन्द प्राप्त करते हैं जबकि व्यंग्य दूसरों को तो हँसाता (हँसा सकता) है, किन्तु आलम्बन को बेचैनी, तिलमिलाहट और छटपटाहट ही देता है। बेचैनी की तीव्रता से आहत हो वह अपने शोधन एवं सुधार के लिए तत्पर होता है। इस तरह हास्य संवेदना है, व्यंग्य ज्ञान। संवेदना एवं ज्ञान का स्वस्थ, सन्तुलित समन्वय आधुनिक भाव-बोध की देन रही है। 'संवेदनात्मक ज्ञान' अथवा 'ज्ञानात्मक संवेदना' ही श्रेष्ठ मानी जाती है। यही कारण है कि व्यंग्यात्मक प्रहार के मूल में कलात्मक हास्य का योग रहता है। यह कलात्मक हास्य सामाजिक संघर्ष का अंग होता है। रंजनात्मक हास्य से भिन्न वह ऐसा क्रूर, बेमुरौवत हास्य होता है जो तमाम असामाजिक तथ्यों पर से पर्दा उठाकर उनकी असलियत दिखाने में व्यंग्य की मदद करता है। विद्रूप, गलीज व्यवस्था से उपजा व्यंग्यीय आक्रोश–वैचारिक तनाव अपनी निरन्तरता की उग्र आँच को झिलवाने के लिए एक हल्का-फुल्कापन साथ लिये चलता है। यह हल्कापन 'हल्का' अर्थात् फूहड़ न होकर परिष्कृत कोटि का होता है। सामाजिक, राजनीतिक, आर्थिक, सांस्कृतिक जीवन के विद्रूप से उपजा तनाव अपनी अभिव्यक्ति व्यंग्य के रूप में करता है। इस तनाव-प्रसूत व्यंग्य के गाम्भीर्य को लम्बे समय तक सहन करना दुष्कर होता है। ऐसे में परिष्कृत एवं चिन्तनमूलक हास्य उसका सहयोगी बन उसे सह्य बनाता है।

निष्कर्ष यह कि व्यंग्य हास्य से स्वतन्त्र अस्तित्व रखते हुए भी हास्य के संस्पर्श से सर्वथा मुक्त नहीं हो पाता। असल में, यदि व्यंग्यकार की चित्तवृत्ति से हास की मुद्रा एकदम विलीन हो जाए तो वह व्यंग्य न लिखकर अन्य प्रकार के गम्भीर लेखन में प्रवृत्त हो चलेगा। किन्तु यह हास्य रंजनात्मक हास्य नहीं, रचनात्मक हास्य होता है। सामाजिक रचनात्मकता के अभिप्राय से युक्त होने पर हास्य, व्यंग्य का दर्जा प्राप्त कर लेता है।

व्यंग्य और उपहास

प्रहारक प्रवृत्ति का एक रूप उपहास में लक्षित होता है। उपहासात्मक प्रहार प्रत्यक्ष प्रहार होता है अर्थात् व्यंग्यात्मक सूक्ष्म व्यंजना उसमें नहीं होती। वह प्रायः वैयक्तिक रोषवश उत्पन्न होता है। यह वैयक्तिक रोष सामनेवाले का मजाक, खिल्ली उड़ाने की प्रेरणा देता है। इस तरह उपहास के मूल में उपहासकर्ता के मन में अपनी श्रेष्ठता का भाव होता है। वह आलम्बन की प्रत्यक्ष भर्त्सना कर उसे हीन साबित करने को कटिबद्ध होता है। जबकि व्यंग्य में आलम्बन की हीनता दर्शाने के मूल में सुधार की मंशा होती है। उपहास रुग्ण मानसिकता का प्रतीक है, जबकि व्यंग्य व्यापक सामाजिक मंगल की कामना लिये होता है। उपहास में न तो व्यंग्य की कलात्मकता होती है और न ही सामाजिकता। उसके

मूल में ईर्ष्या, द्वेष तथा श्रेष्ठता का अहं—कुछ भी हो सकता है, किन्तु उद्देश्य एक ही होता है—उपहास्य पात्र का विध्वंस। व्यंग्य में भी विध्वंस की कामना होती है, किन्तु यह विध्वंस असामाजिक तत्त्वों, सड़ी-गली रूढ़ियों अर्थात् सामाजिक सड़ाँध के खिलाफ होता है तथा उसमें नवनिर्माण की स्वस्थ कामना होती है। इस प्रकार व्यंग्य की दृष्टि आस्थापूर्ण होती है, जबकि उपहास में सिर्फ दिमागी खुराफात अथवा मजाक ही हो सकता है।

व्यंग्य और वक्रोक्ति

वक्र+उक्ति=वक्रोक्ति। अर्थात् विपरीत कथन वक्रोक्ति कहलाता है। सम्प्रेष्य अर्थ को गुप्त रखते हुए कौशलपूर्वक विनोदात्मक प्रहार वक्रोक्ति का लक्ष्य होता है। विद्वानों ने इसे 'सूधी बात में टेढ़ो भाव', 'अरथ लगावै' और 'वैदग्ध्यपूर्ण उक्ति' आदि अनेक संज्ञाओं से अभिहित किया है। झूठी प्रशंसा द्वारा निन्दा या झूठी निन्दा द्वारा प्रशंसा वक्रोक्ति कहलाती है। इस प्रकार वक्रोक्ति के मूल में वाग्वैदग्ध्य निहित होता है। चामत्कारिक बुद्धि, शाब्दिक कलाबाजी का कौशल इसकी विशेषता है। अपने इन गुणों द्वारा बौद्धिक चमत्कार अथवा आश्चर्य-कथन इसका अभिप्राय होता है। जैसा कि शाब्दिक स्वरूप से स्पष्ट है, वक्रोक्ति में सीधी बात कही ही नहीं जा सकती। इसकी बौद्धिकता इसे व्यंग्य के निकट ले जाती है, किन्तु व्यंग्य बौद्धिक अठखेली मात्र नहीं है, वह एक पूर्वनियोजित, प्रतिबद्ध प्रहार होता है जिसके मूल में अनर्थक बातों, असामाजिक तथ्यों के विध्वंस द्वारा स्वस्थ निर्माण की कामना निहित होती है। वक्रोक्ति व्यंग्य-प्रतिपादन में कारगर अस्त्र साबित हो सकती है, किन्तु हर वक्र उक्ति व्यंग्य नहीं हो सकती जब तक कि वह सामाजिक प्रतिबद्धता न लिये हो।

व्यंग्य के सन्दर्भ में उपदेश, हास्य, उपहास एवं वक्रोक्ति आदि शब्दों के विश्लेषण एवं सूक्ष्म निरीक्षण से इनके परस्पर साम्य एवं पार्थक्य, दोनों ही तथ्यों पर प्रकाश पड़ता है। स्थूल रूप से ये शब्द आपस में साम्य रखते हुए भी सूक्ष्म भेद सँजोए हुए हैं। उपदेश, हास्य, उपहास एवं वक्रोक्ति यद्यपि कुछेक गुणों से व्यंग्य के निकट प्रतीत होते हैं, पर ये व्यंग्य नहीं। इनमें कुछ तथ्यों का साम्य मात्र है, जो व्यंग्य-सम्प्रेषण के पीछे निहित व्यापक सामाजिक सोद्देश्यता में प्रभावशाली अस्त्र का काम करते हैं। इन साधनों के प्रयोग द्वारा विषय-गम्भीरता के अनुकूल व्यंग्य में निखार लाने का, उसे कलात्मक एवं धारदार बनाने का कार्य लिया जाता है। हास, परिहास, उपहास, वाग्वैदग्ध्य, उपालम्भ, अतिशयोक्ति, व्याजोक्ति, विरोधाभास, असंगत-कथन, भर्त्सना, आक्षेप, छिद्रान्वेषण—इन सभी का प्रयोग व्यंग्य को पैना एवं तीव्र बनाने के लिए अस्त्रों के रूप में किया जाता है। व्यंग्य इनसे नितान्त भिन्नता रखते हुए भी इनमें से किसी के भी समावेश द्वारा उद्दीप्त हो जाता है। अतः ये व्यंग्य के उद्दीपक तत्त्व हैं। जब इनका आंशिक प्रयोग किया जाता है, तो वह मात्र व्यंग्य होता है और जहाँ इनकी उपस्थिति सर्वव्यापी होती

है, वह पूर्णतः व्यंग्य-साहित्य होता है। जुवैनल और चार्ल्स डिकंस आदि व्यंग्यकार वैदग्ध्य के अस्त्र द्वारा व्यंग्य करते थे, तो ल्यूशियन, जेन ऑस्टेन, अनातोले फ्रांस आदि व्यंग्यकार अपने व्यंग्य को प्रखर बनाने के लिए अस्त्रों के रूप में विडम्बना और प्रतीकों का प्रयोग करते थे।

व्यंग्य की परम्परा

मानव के इतिहास में सभ्यता का विकास वह युग है, जो मानव को अन्य प्राणियों से पृथक करता है और मानव की प्रभुसत्ता को स्थापित करता है। इस युग में मानव ने समाज का निर्माण किया। समाज की स्थापना मानव-मानव के बीच संघर्ष को समाप्त करके एक सुखद, सम्पन्न एवं शान्तिपूर्ण जीवन व्यतीत करने के लिए हुई। मानव की माँगों और आवश्यकताओं को ध्यान में रखकर तर्क-वितर्क, औचित्य-अनौचित्य के विवेचन द्वारा मनीषियों ने अनेक मान्यताओं, मानदंडों, नियमों और विधि-विधानों की समाज में स्थापना की। इनका पालन करने के लिए प्रत्येक सामाजिक प्राणी को बाध्य होना पड़ता था। मानव इनको सहज स्वीकार भी करता है।

बहुधा ऐसा होता है कि मानव विकास के नए चरण पर पहुँच जाता है और मान्यताएँ, मानदंड और विधि-विधान पुराने होकर नई व्यवस्था के अनुरूप नहीं रहते। इसका परिणाम होता है–विकास की ओर अग्रसर होते हुए समाज के सम्मुख कई प्रकार की विकृतियों और विसंगतियों का उत्पन्न होना। इनमें सुधार या परिवर्तन लाने का कार्य करते हैं–समाज के प्रगतिशील वर्ग के प्रतिनिधि, राजनीतिज्ञ, साहित्यकार और समाज-सेवी। वे समाज के गलित अंगों के प्रति सचेत करते हैं और समाज में सन्तुलन स्थापित करने का आग्रह करते हैं।

सुधारक प्रवृत्ति का प्रारम्भिक रूप धर्माचार्यों के प्रवचनों व उपदेशों में, सुधारकों के भाषणों में, सर्वसाधारण के गाली-गलौज, प्रताड़ना, भर्त्सना, निन्दा, तानाकशी आदि के रूप में मिलता है। सुधार के इन माध्यमों का प्रयोग समाज में शताब्दियों से होता रहा है। उल्लेखनीय है कि विचारों की अभिव्यक्ति की स्वतन्त्रता आज जितनी पहले कभी नहीं थी। अतः उस युग का मानव समाज की स्थापित मान्यताओं पर सीधा-सीधा प्रहार नहीं कर सकता था। ऐसा प्रहार धर्मोपदेश, प्रवचन और नीति-शिक्षा की ओट में किया जाता था। ज्यों-ज्यों साहित्य का विकास होता गया, त्यों-त्यों सामाजिक विरोधाभास साहित्य में प्रतिबिम्बित होने लगा और साहित्यकार इन विकृतियों और विसंगतियों पर प्रहार करने लगे। यही साहित्यिक प्रहार क्रमशः व्यंग्य का रूप धारण करते गए।

आक्षेपात्मक प्रहार

व्यंग्य का आभास उसी समय से मिलता है, जब आदि-मानव गुफाओं में रहता था।

अपने शत्रु पर आक्रमण कर उसे तहस-नहस करने के लिए वह नगाड़े पर चोट करता था। नगाड़े की टंकार अपनी प्रत्येक थाप के साथ तीव्र से तीव्रतर हो दुश्मन को ललकारती थी और साथ ही लक्ष्य का ध्वंस करने के निश्चय और आकुलता को प्रतिध्वनित करती थी। यही है प्रारम्भिक रूप गाली-गलौज[1] या आक्षेपात्मक प्रहार[2] यानी इन्वैक्टिव का; जो अपने विषाक्त दंश (कटु-आक्षेप) द्वारा डँसकर लक्ष्य को तिलमिला देता है। जब मानव अत्यधिक क्रोध में आता है या उसके मन में तीव्र प्रतिशोध की भावना उत्पन्न होती है, तब वह अपना विवेक त्यागकर कटु से कटु, भद्दी से भद्दी, जली-कटी सुनाने लगता है और अपने कोपभाजन को किसी भी प्रकार से नष्ट कर देना चाहता है। इन्वैक्टिव बर्बरता की अभिव्यक्ति है। इसमें सीधी भर्त्सना एवं गाली-गलौज रहती है। आक्षेपकर्ता इसके द्वारा घातक प्रहार करता है। आक्षेप व्यक्तिगत एवं प्रतिशोध लेने की भावना से किया जाता है, वैमनस्य इसका कारण होता है।

इन्वैक्टिव का परिमार्जित रूप भर्त्सना (डिननसिएशन) है। जब सभ्य मानव दूसरे की भर्त्सना करता है, तो वह शिष्ट गाली-गलौज की भाषा का प्रयोग करता है। भर्त्सना का प्रयोग अधिकतर धर्माचार्यों, उपदेशकों और सुधारकों ने किया है। इन्वैक्टिव का प्रचलन असभ्य मानव और समाज में अधिक था, अतः यह नकारात्मक और ध्वंसात्मक होता था। इसके द्वारा कोई रचनात्मक कार्य नहीं होता था।

वर्तमान युग गाली-गलौज का नहीं, अतः इसकी धार अब उतनी तीक्ष्ण नहीं रही। इन्वैक्टिव शिष्ट समाज और साहित्य-जगत में स्थान न पा सका। राजनीतिज्ञ कभी-कभी इसका प्रयोग करते हैं, किन्तु अब इसका प्रायः लोप हो गया है।

भड़ौवा

इन्वैक्टिव के निकट झाँकता है छोटा सा, देखने में अबोध किन्तु बहुत जहरीला, बहुत कुरूप, विषाक्त डंकोंवाला भड़ौवा या द्वेषपूर्ण आक्षेप यानी लैम्पून। एक परजीवी, जो शिकार को चूसकर ही जी सकता है। लैम्पून एक विषाक्त बाण है, यह गन्दगी की बौछार है, जिसे शत्रु निर्ममता से अपने लक्ष्य पर छोड़ देता है। यह एक कुभाषी और संकोचहीन आक्रान्ता है। इसके मूल में वैमनस्य, खलता, डाह और शरारत का भाव होता है। लैम्पूनकार का उद्देश्य शरारत के लिए चोट पहुँचाना है। प्रायः यह व्यक्तिगत होता है तथा इसमें किसी के प्रति व्यक्तिगत बदला लेने की भावना होती है। वैमनस्य इसका भी कारण होता है। किसी पर घृणा के वशीभूत होकर निन्दा-लेख द्वारा आक्रमण करना लैम्पून कहलाता है। इसका प्रयोजन होता है–जब लक्ष्य पर सीधा-सीधा प्रहार न किया जा सके तो रूपकों और प्रतीकों द्वारा निन्दा कर उसे नीचा दिखाया जाए, घायल या नष्ट किया जाए।

---

1. डॉ. बरसाने लाल चतुर्वेदी, आधुनिक हिन्दी काव्य में व्यंग्य, पृ. 15
2. डॉ. वीरेन्द्र मेंहदीरत्ता, आधुनिक हिन्दी साहित्य में व्यंग, पृ. 21

लैम्पून एक विषाक्त व्यंग्य है, यह गद्य-पद्य दोनों में हो सकता है। इसमें अन्याय और संकोचहीनता के 'गुण' आवश्यक हैं। यह जघन्य प्रहार करता है। अठारहवीं शताब्दी के साथ इसका लोप हो गया।

हिन्दी-साहित्य में अल्पांश रूप में इसका प्रयोग हुआ है। रीति-काल में रचे गए बेनी बन्दीजन के भड़ौवों में इसका स्वरूप मिलता है। वर्तमान काल में लैम्पून का प्रचलन लुप्त हो गया है।

गाली-गलौज की प्रतियोगिता

कभी-कभी ऐसा होता था कि इन्वैक्टिव या लैम्पून द्वारा छोड़े गए विषाक्त बाणों या उछाली गई कीचड़ का उत्तर उसका लक्ष्य उससे भी अधिक प्रखरता से देता था। वह वार-प्रतिवार एक द्वन्द्व का रूप ले लेता था। प्रत्येक योद्धा एक-दूसरे पर तीव्र प्रहार करता था। गाली-गलौज की यह प्रतियोगिता फ्लाइटिंग कहलाती थी। यह किसी-न- किसी रूप में प्रत्येक देश में मिलती है। किन्तु यह उच्च कला और साहित्य के क्षेत्र में कहीं भी स्थान न पा सकी। यह बहुधा लोक-साहित्य में मिलती है। गाली-गलौज की ये प्रतियोगिताएँ जनसाधारण के समक्ष होती हैं, क्योंकि इनसे जनसाधारण विशेष और विचित्र प्रकार की आनन्दानुभूति, सन्तुष्टि तथा मनोरंजन प्राप्त करता है। कुछ व्यक्ति प्रतियोगिता की कला की सराहना करते हैं। कुछ को सबके सामने प्रयुक्त अश्लील शब्द सुनने में विचित्र आत्म-तुष्टि होती है। कुछ को प्रतियोगियों की दुर्बलताओं का कच्चा चिट्ठा खुलने में एक विचित्र प्रकार की तृप्ति मिलती है। कुछ को दूसरों के निर्दयतापूर्ण तिरस्कार पर आनन्दानुभूति होती है। इन प्रतियोगिताओं में प्रायः लय, ताल और संगीत का सामंजस्य भी होता है। ये वैयक्तिक होती हैं और अत्याचारिता से ओतप्रोत।

इन्वैक्टिक, लैम्पून और फ्लाइटिंग न पूर्ण रूप से व्यंग्य कहे जा सकते हैं और न ही कॉमेडी। परन्तु इनका व्यंग्य और कॉमेडी से सम्बन्ध अवश्य है। ये आदि-मानव और समाज में जमी हुई एक ही गहरी जड़ में से प्रस्फुटित हुए हैं। इनके उद्‌गम में मानव-मन में निहित द्वेष, प्रतिहिंसा और द्वन्द्व की सनातन भावना है।

कॉमेडी और प्रहसन

इन्वैक्टिव, लैम्पून और फ्लाइटिंग की तुलना में कॉमेडी और फार्स या प्रहसन[1] अपनी मृदुता के कारण व्यंग्य के मातृ-पक्ष के पूर्वज माने गए हैं। ये विचित्र वेशभूषाधारी; मुखौटे

---

1. वैब्स्टर्स थर्ड न्यू इंटरनेशनल डिक्शनरी, भाग 1, पृ. 823 के अनुसार फार्स "व्यंग्यात्मक और हास्यात्मक पात्रों से युक्त एक हल्की नाट्‌य रचना होती है, जिसमें घटनाओं की सम्भाव्यता और चरित्रों की स्वाभाविकता के मामले में अधिक-से-अधिक उदारता बरती जाती है।" और कॉमेडी एक "गम्भीर

लगाए; अशिष्ट शब्दों का उच्चारण करते हुए; गम्भीरता को तिलांजलि देते हुए; हास्य, चुहल और विनोद का वातावरण रचते हुए; उछलते, कूदते, नाचते पात्र हैं। कॉमेडी व्यंग्य हो सकती है और व्यंग्य में भी प्रहसन के तत्त्व हो सकते हैं। किन्तु इनके बीच मुख्य अन्तर है–प्रस्तुतीकरण का। कॉमेडी और प्रहसन में हास्यास्पद मूढ़ता अवश्य रहती है। ये दर्शकों को गुदगुदाते हैं, कभी-कभी रंग-भरे गुब्बारे मारते हैं, किन्तु चोट नहीं पहुँचाते। यदा-कदा चुहल में चुटकी भर लेते हैं, किन्तु उससे टीसनेवाला दर्द नहीं होता। मूलतः ये अनाक्रामक (इनऑफैन्सिव) होते हैं। कॉमेडी का उद्देश्य हँसाना या मनोविनोद की मुस्कुराहट देना होता है। प्रहसन का मुख्य उद्देश्य येन-केन-प्रकारेण दर्शकों को हँसी से लोट-पोट कराना होता है। आनन्द, हास्य और मनोरंजन की उत्पत्ति मानवीय कार्य-व्यापार, अनेक गहरी भावनाओं, शरीर के कुछ अंगों की हास्यास्पद बनावट आदि से होती है। अतः कॉमेडी और प्रहसन का प्रभाव क्षणिक एवं अस्थायी होता है। कॉमेडी में गम्भीर चरित्र की अपेक्षा हल्की और आश्चर्यजनक तथा विशिष्ट प्रकार की सुखान्तता होती है। भारतीय विद्वानों के मतानुसार, प्रहसन में मनोरंजन के साथ-साथ दुराचरण, दम्भ और पाखंड का प्रदर्शन भी अनिवार्य है।[1] इससे स्पष्ट होता है कि प्रहसन में व्यंग्य परोक्ष में निहित रहता है। इसी प्रकार कॉमेडी तथा व्यंग्य की विषय-वस्तु लगभग एक ही होती है। अन्तर केवल इतना होता है कि कॉमेडी में लक्ष्य को हँसकर टाल दिया जाता है, जबकि व्यंग्य में उसकी छीछालेदर की जाती है।

व्यंग्य के प्रकार

व्यंग्य की अभिव्यक्ति के विभिन्न प्रकार या माध्यम रहे हैं। वर्तमान साहित्य में व्यंग्य की अभिव्यक्ति के मुख्यतः निम्नलिखित प्रकार हैं :

स्वगत-कथन

स्वगत-कथन व्यंग्य का सबसे अधिक प्रचलित और प्रभावकारी माध्यम है। इसका कोई निर्धारित रूप नहीं है। यह सामयिक परिस्थितियों के अनुसार स्वतः प्रतिबिम्बित होता रहा है। इसकी प्रेरणा कोई क्षणिक भावावेश, घटना, संवाद आदि कुछ भी हो सकती है। इसमें स्वर का उतार-चढ़ाव होता रहता है। इसकी विषय-वस्तु बदलती रहती है। यह हास-परिहास, बुद्धि-चातुर्य, ठिठोली, पैरोडी, विरोधाभास, अतिशयता, व्याज-स्तुति,

---

चरित्र की अपेक्षा हल्का, आश्चर्यजनक तथा विशिष्ट प्रकार का सुखान्तता से युक्त नाटक है।'' (वही, पृ. 535)। किन्तु डॉ. शेरजंग गर्ग के अनुसार, ''कुल मिलाकर फार्स और कॉमेडी में कोई विशेष अन्तर नहीं है'' (स्वातन्त्र्योत्तर हिन्दी कविता में व्यंग्य, पृ. 36)। यहाँ प्रहसन का सीमित अर्थ 'फार्स' के रूप में ही लिया गया है।

1. भरत मुनि, नाट्यशास्त्र, खंड 18, पृ. 154-58

विडम्बना आदि द्वारा अनुप्राणित रहता है। प्रायः स्वगत-कथन की विषय-वस्तु सर्वसाधारण की रुचि की होती है, परन्तु स्वगत-कथनकार उसमें व्यक्तिगत चुटकुलों, सामयिक घटनाओं, प्रचलित चर्चाओं, चरित्र-चित्रण, कथा तथा आख्यायिकाओं द्वारा अपने विषय की व्याख्या करता है। स्वगत-कथन की भाषा कभी-कभी बहुत सुगढ़ होती है, किन्तु अधिकांशतः सरल, चालू और शरारत-भरी हाती है। कभी-कभी शालीनता की सीमा का अतिक्रमण भी कर जाती है। स्वगत-कथन की शैली गम्भीर न होकर चंचल, चुटीली, प्रताड़नायुक्त और चेतानेवाली होती है। विषय के प्रतिकूल यह कभी-कभी रोमांचक, बीभत्स और सहमानेवाली भी हो जाती है। स्वगत-कथन न तो भाषण होता है, न उपदेश। स्वगत-कथनकार स्वयं बोलता है, अपने कथन की विषय-वस्तु या समस्या पर अपनी प्रतिक्रिया प्रस्तुत करता है। उन्हें उदाहरण द्वारा प्रकाशित करता है। उन पर आक्षेप और कटाक्ष करता है। कभी-कभी चिकोटी काटता है, लक्ष्य पर गम्भीर प्रहार करता है, किन्तु यह सब वह ग्रहणीय या सहज बनाने के लिए हास्य का पुट देकर करता है, जिसका प्रभाव पाठक या श्रोता के अन्तर तक पहुँच जाता है।

स्वगत-कथन का एक रूप वह है, जिसमें व्यंग्यकार अपने लक्ष्य को सीधा सम्बोधित करके बोलता है तो उसका दूसरा रूप वह होता है, जिसमें व्यंग्यकार स्वयं मौन रहकर अपने लक्ष्य, जिस पर वह प्रहार करना चाहता है, के ही मुख से सब कुछ बुलवा देता है। यह कार्य इतनी दक्षता से किया जाता है कि बाह्य रूप से यह अनर्गल शेखीखोरी लगती है, किन्तु इसकी चोट कहीं गहरे में पैठकर गम्भीर घाव करती है। इसमें व्यंग्यकार उस चरित्र को चुनता है, जिससे वह घृणा करता है। लक्ष्य आत्म-स्तुति द्वारा अपने दुर्गुणों की शेखी बघारता है। अपनी नीचताओं, दुष्टताओं, दुर्बलताओं तथा बेशर्मियों आदि का अतिरंजित गुणगान करता है, मानो वे उसकी बहुत महान उपलब्धियाँ हों। इस प्रकार वह आत्म-प्रशंसा द्वारा अपने असली रूप को उजागर कर देता है। यहीं स्वगत-कथनकार के उद्‍देश्य की सिद्धि होती है। व्यंग्य का यह रूप ग्रीक और रोमन साहित्य में तथा रामायण और महाभारत में भी उपलब्ध होता है। इनियस की एक कविता में एक परजीवी शेखी बघारता हुआ अपनी दुष्टता का ढिंढोरा पीटता है कि अपने पोषक को वह किस प्रकार मूर्ख बनाकर ठाट-बाट का जीवन जी रहा है। इसमें यहाँ लक्ष्य आत्म-स्तुति के साथ-साथ स्वयं की नीचता का प्रदर्शन, दोनों ही कर रहा है। इसमें लक्ष्य कभी अकेला बोलता है और कभी सामूहिक रूप में। इस प्रकार का व्यंग्य-लेखन एक दुःसाध्य अभिव्यक्ति है, जिसे केवल एक दक्ष मनोवैज्ञानिक या कुशलभाषी साहित्यकार ही कर सकता है। जब व्यंग्यकार इस अभिव्यक्ति में सफल हो जाता है, तब वह अमर व्यंग्य का सृजन करता है। हॉरेस और जुवैनल की रचनाओं में इसके सफल उदाहरण मिलते हैं। इरेसमस राटर्डम की रचना 'द प्रेज ऑफ फॉली' में मूर्खता स्वयं को अधिकांश संसार पर राज्य करनेवाली साम्राज्ञी के रूप में अधिष्ठित करती है व अपने गुणों का बखान करती है। रॉबर्ट ब्राउनिंग ने भी इस माध्यम का अच्छा प्रयोग किया है। भारतेन्दु हरिचन्द्र के रूपक 'भारत-दुर्दशा' में आलस्य, रोग तथा अन्धकार आदि अपनी शेखी बघारकर

तत्कालीन भारत की सही स्थिति का व्यंग्यात्मक गुणगान करते हैं।

स्वगत-कथन का एक अन्य रूप विडम्बना[1] (आयरनी) है। इसमें व्यंग्यकार की आवाज मुखौटे के अन्दर से सुनाई देती है। यह मुखौटा है विडम्बना का (आयरनिक मास्क)। विडम्बना में छद्म नाम व वेश धारण किया जाता है और लक्ष्य पर विपरीत रूप में प्रहार किया जाता है। इसमें घोर अतिशयोक्ति का प्रयोग किया जाता है। इसमें झूठ को व्याजोक्ति द्वारा (जिसमें सत्य का परदा डालकर असत्य को बढ़ा-चढ़ाकर कहा जाए) प्रस्तुत किया जाता है। इसमें उलटी बात उसी प्रकार कही जाती है, जैसे सोने के कंगनों पर पीतल का मुलम्मा चढ़ाया जाए। इसमें उस वस्तु में विश्वास प्रकट किया जाता है, जिसमें विश्वास नहीं होता। मुखौटाधारी अपनी बात पूर्ण गाम्भीर्य के साथ कहता है, किन्तु उसे सुनकर समझदार व्यक्ति के मन में स्वतः तर्क-वितर्क पैदा हो जाता है। उसे मानसिक झटका लगता है और वह यह सोचने-समझने के लिए बाध्य हो जाता है कि यह ठीक नहीं है, ऐसा नहीं हो सकता। तब वह व्यंग्यकार के असली आशय को समझ जाता है कि व्यंग्यकार जो कुछ कह रहा है, वास्तव में सच्चाई उससे उलटी है। जो इस यथार्थ को पकड़ने में असमर्थ होते हैं, वे विडम्बनाकार को झूठा, चाटुकार, पथभ्रष्ट करनेवाला आदि न जाने क्या-क्या कहकर लांछित करते हैं। प्रायः विडम्बनाकार को लांछन सहने का संकट उठाना ही पड़ता है। अंग्रेजी-साहित्य के विडम्बनाकार डेनियल डिफो को अपनी रचनाओं के कारण दो बार कारावास का दंड मिला। यह संकट व्यंग्यकार प्राचीन काल से उठाते रहे हैं और वर्तमान में भी उठा रहे हैं। कुछ वर्ष पूर्व हरिशंकर परसाई के साथ भी मारपीट की गई थी।

विडम्बना में लक्ष्य के प्रति घोर खंडन का भाव होता है। इसमें करुणा और सहानुभूति की भावना को उभारा नहीं जाता, बल्कि इस भाव को अपनी विशिष्ट शैली द्वारा पाठक में स्वतः अनुभूत कराया जाता है। विडम्बनाकार अपनी रचना द्वारा नैतिकता का उपदेश नहीं देता। वह एक ऐसी वस्तुस्थिति उत्पन्न कर देता है, जिससे कोई शिक्षा लेना चाहे तो ले ले। यह हेत्वाभास या वाक्छल-पद्धति है। इसका प्रयोग प्रायः दो प्रकार से किया जाता है। साधारण रूप में विडम्बनाकार यह प्रकट कर देता है कि वह विडम्बना का प्रयोग कर रहा है, जबकि संस्कारित विडम्बनाकार (सोफिस्टिकेटेड आयरनिस्ट) अपने विचार अभिव्यक्त कर उन्हें पाठक की समझ पर छोड़ देता है।

---

1. डॉ. बरसाने लाल चतुर्वेदी ने 'हिन्दी साहित्य में हास्य रस' में और डॉ. शेरजंग गर्ग ने 'स्वातन्त्र्योत्तर हिन्दी कविता में व्यंग्य' में 'आयरनी' को 'वक्रोक्ति' कहा है, डॉ. एस. पी. खत्री ने 'हास्य की रूपरेखा' और डॉ. कमल किशोर गोयनका ने 'रवीन्द्रनाथ त्यागी : प्रतिनिधि रचनाएँ' में इसके लिए 'व्याजोक्ति' शब्द का प्रयोग किया है और डॉ. वीरेन्द्र मेंहदीरत्ता ने 'आधुनिक हिन्दी साहित्य में व्यंग' में तथा डॉ. उषा शर्मा ने 'स्वातन्त्र्योत्तर हिन्दी निबन्ध साहित्य में व्यंग' में इसे 'विडम्बना' कहा है। दैनिक जीवन में भी इसी शब्द का उपयोग किया जाता है, जैसे 'हाय री विडम्बना', 'भाग्य की विडम्बना' आदि। इसलिए यही शब्द उपयुक्त प्रतीत होता है।

प्रतीकों का प्रयोग भी स्वगत-कथन का एक रूप है। किन्तु इसमें और विडम्बना में बहुत अन्तर होता है। प्रतीक व्यंग्य का छद्मावरण (कैमाफ्लॉज) है। यह अपने आप में सुरक्षित होता है। वह विडम्बना की भाँति धीरे-धीरे चलकर, छिपकर या विपरीत कथन द्वारा लक्ष्य पर प्रहार नहीं करता बल्कि बड़ी शान के साथ तीव्र प्रकाश में आक्रमण करता है, किसी और बात का बहाना कहते हुए। प्रतीक उस मशीनगन के समान है, जो पेड़ के तने का छद्म रूप धारण किए हो। इसके कुछ अच्छे उदाहरण हैं : ईसप-कथाएँ, और स्विफ्ट-रचित 'गुलीवर्स ट्रैवल्स' जिनमें 'लिलिपुटियन' के आकारों के प्रतीकों द्वारा मानवता के बौनेपन और नीचताओं को दिग्दर्शित किया गया है। इसी प्रकार 'याहूज' उनमें विद्वेष, पाशविकता तथा नैतिक गन्दगी के प्रतीक हैं।

व्यंग्य में विडम्बना के साथ प्रायः कटूक्ति (सर्कास्म) को भी सम्बद्ध किया जाता है। सर्कास्म का अर्थ है क्रूर और काट खानेवाला कथन। प्रहार करने के लिए इसका सीधा प्रयोग किया जाता है, अतः इसे समझने में भ्रान्ति नहीं होती। इसका प्रभाव इतना घातक होता है कि उसे एक फीकी मुस्कान द्वारा नहीं उड़ाया जा सकता। व्यंग्यात्मक कटूक्ति लिखने में जोनाथन स्विफ्ट का नाम सर्वोपरि है। वाल्टेयर भी एक श्रेष्ठ कटूक्तिकार हुए हैं।

वैसे तो विडम्बना का प्रयोग, चाहे वह शालीन हो या कटु, सब प्रकार के व्यंग्य-लेखन में होता है, किन्तु स्वगत-कथन का तो यह बहुत ही प्रभावकारी अस्त्र है। इसके द्वारा व्यंग्यकार यथार्थ को अपकर्षात्मक रूपी झीने बादलों में से चमका देता है।

पैरोडी

अंग्रेजी शब्द 'पैरोडी' के लिए हिन्दी-लेखकों ने भिन्न-भिन्न शब्दों का प्रयोग किया है।[1] पैरोडी व्यंग्य की एक बहुत उल्लासमयी अभिव्यक्ति है। वह व्यंग्य के प्रमुख माध्यमों में से एक है, जो अतिशयोक्ति और विरूपण (डिस्टॉर्शन) का सहारा लेते हुए मनोरंजन के साथ-साथ तिरस्कार का भाव उत्पन्न करता है।

पैरोडी को कोरी नकल के रूप में नहीं लिया जा सकता। नकल में असल को यथावत प्रस्तुत किया जाता है। जैसे कोई व्यक्ति पशु-पक्षियों आदि की बोलियों की ज्यों की त्यों नकल उतार लेता है–उसके इस कौशल से मन-बहलाव होता है; साथ ही श्रोता थोड़ी देर के लिए अभिभूत भी हो जाता है, उसकी प्रशंसा भी करता है कि वाह, क्या खूब नकल उतारी है, किन्तु यह नकल न तो पैरोडी कहलाएगी, न व्यंग्य। इस कृत्य में यथार्थ के प्रति सराहना और चमत्कृत होने की भावना को छोड़ अन्य किसी भाव की उत्पत्ति नहीं होती। व्यंग्यात्मक पैरोडी के लिए आवश्यक है–लक्ष्य की दुर्बलताओं, विसंगतियों,

1. उदाहरणार्थ रामकुमार वर्मा ने 'रिमझिम' की भूमिका में 'परिहास', रामचन्द्र वर्मा ने 'शब्द साधना' में 'विडम्बिका' तथा 'विद्रूपिका' और किशोरीलाल गोस्वामी ने 'हिन्दी का प्रथम ज्ञात हास्याभास काव्य' लेख में 'हास्याभास' शब्द का प्रयोग किया है।

विकृतियों पर नकल द्वारा प्रहार किया जाना। उन्हें इस प्रकार प्रकाशित किया जाना कि उनके खोखलेपन के प्रति वितृष्णा या धिक्कार की भावना उत्पन्न हो। पैरोडी और नकल का अन्तर एक रेखा-चित्र और व्यंग्य-चित्र (कार्टून) के अन्तर के समान है। दोनों की विषय-वस्तु एक होते हुए भी, रेखा-चित्र में मूल के विशिष्ट एवं मनोहारी रूप को प्रस्तुत किया जाता है, जबकि कार्टून में उसकी विकृतियों को उभारा जाता है।

पैरोडी-आत्मक व्यंग्य जब साहित्य की गम्भीर विधाओं–महाकाव्य, नाटक आदि पर आधारित होता है, तब उसके दो मुख्य रूप मिलते हैं :

(1) वीर-रसपूर्ण शैली का व्यंग्यात्मक अनुकरण यानी नकली-वीरगाथा या व्यंग्य-वीरकाव्य (मॉक हीरोइक), और

(2) स्वाँग (बर्लेस्क)।

वास्तव में इनकी विषय-वस्तु एक ही होती है, अर्थात् किसी लक्ष्य को आधार बनाकर उसकी व्यंग्यात्मक नकल उतारना। किन्तु इन दोनों में मूल अन्तर इनके प्रस्तुतीकरण का होता है। नकली-वीरगाथा (मॉक हीरोइक) शिष्टता का आवरण ओढ़े होती है, जबकि स्वाँग सीधा-सादा गँवार होता है।

नकली-वीरगाथाकार गम्भीरता का बहाना करता है। उसकी भाषा शालीन और मँजी हुई होती है। उसकी शैली आडम्बरपूर्ण चुने-चुने शब्दों का चयन होती है, साथ ही वह आभिजात्य चित्रण से भरपूर होती है। जब वह गद्य में बोलता है, तब उसके वाक्य लम्बे-लम्बे, डींगों से भरे हुए, आडम्बरपूर्ण होते हैं। पद्य में वह गरिमायुक्त शब्दों का प्रयोग करता है।

स्वाँग कॉमेडी-कला में हास्य का एक रूप है। यह हँसाने के लिए कला की नकल है। इसमें साधारण को असाधारण और असाधारण को साधारण, मनुष्य को देवता और देवता को मनुष्य बना दिया जाता है। पैरोडी भी नकल है, किन्तु यह अपने मूल पर पूर्ण रूप से आधारित रहती है। स्वाँग व्यापक एवं ग्रामीण विषय-वस्तु पर आधारित होता है। नाटक इसका साहित्यिक क्षेत्र है। होमर द्वारा रचित महाकाव्य 'बैटल बॉफ दि फ्रॉग्स एंड माइस' इसका अच्छा उदाहरण है। फ्रेंच और अंग्रेजी-साहित्य में भी इसका स्वरूप मिलता है।

व्यंग्यकार नकली-वीरगाथा तथा स्वाँग के प्रभेद का पालन पूर्णतया नहीं करते। प्रायः एक ही रचना में नकली-वीरगाथा का प्रयोग करते हुए स्वाँग को भी साथ ले लेते हैं। सर्वेंटीज अपनी रचना 'डॉन क्विकजोट' में एक ओर डॉन क्विकजोट को नकली वीर-नायक के रूप में लेते हैं तो दूसरी ओर सैंको (एक अन्य पात्र) को स्वाँगिया बना देते हैं। 'दि रेप ऑफ बकेट' का लेखक भी प्रायः ऐसा करता है।

इस प्रकार व्यंग्यात्मक पैरोडी व्यंग्य-प्रस्तुतीकरण का एक सशक्त माध्यम है। उसके मुख्य अस्त्र छल, अतिशयोक्ति, नकली-वीरगाथाएँ तथा स्वाँग हैं।

वृत्तान्त

व्यंग्य का तीसरा माध्यम वृत्तान्त है। वर्तमान काल में इसका प्रचलन बहुत है। पाठक इस प्रकार के व्यंग्य को बहुत पसन्द करता है। इस वृत्तान्त में व्यंग्यकार न तो पाठकों को सम्बोधित करता है और न ही लक्ष्य से बुलवाता है। वह अपनी बात कुछ इस ढंग से कहता जाता है कि उसकी उपस्थिति का भान भी नहीं होता। वृत्तान्त निबन्ध, कथा, उपन्यास या नाटक किसी भी रूप में हो सकता है। व्यंग्यकार के लिए उसमें स्वयं की अभिव्यक्ति (अर्थात् वह 'क्या' और 'कैसे' कहे, जिससे लक्ष्य पर प्रहार करते हुए वह पाठकों को लक्ष्य के सही रूप और रंग-ढंग से अवगत करा सके) एक बहुत दुःसाध्य कार्य होता है। इसमें व्यंग्यकार आसानी से बहक भी सकता है, यदि वह अपने विचारों को अभिव्यक्त करने में पूर्ण सफल न हो सके और उसका व्यंग्य-भाव पाठक की पकड़ में न आ सके। इस माध्यम के श्रेष्ठ लेखक भी इसके आकार, क्षेत्र आदि के विषय में एकमत नहीं हैं। जब इस माध्यम की पकड़ दृढ़ होती है, तब एक सफल और अमर कृति का सृजन होता है। उदाहरणार्थ वाल्टेयर की रचना 'कैंडिड' को लिया जा सकता है।

स्विफ्ट की रचना 'गुलीवर्स ट्रेवल्स' भी एक सशक्त व्यंग्य-वृत्तान्त है। इसमें तत्प्रचलित साहसिक यात्राओं और नए-नए देशों की खोज आदि पर लिखे गए वृत्तान्तों की शैली को अपनाया गया है। इसमें व्यंग्यकार परोक्ष रूप से अपने लक्ष्यों (तत्प्रचलित भ्रान्तियों, विषमताओं, विकृतियों और अनाचारों आदि) पर तीव्र प्रहार करने, उनकी खिल्ली उड़ाने और उनकी कलई खोलने में पूर्ण सफल हुआ है। 'गुलीवर्स ट्रेवल्स' मात्र बच्चों का मन-बहलाव ही नहीं है, अपितु प्रतीकात्मक शैली में लिखा गया अमर व्यंग्य-वृत्तान्त है।

व्यंग्यात्मक वृत्तान्त पाठक के मन में उधेड़बुन पैदा कर देता है। वह उसकी चेतना पर प्रहार करता है और उसे चिन्तन के लिए विवश कर देता है। व्यंग्यात्मक वृत्तान्त रोचकता के साथ ही घृणा, भर्त्सना, वितृष्णा, खेद और क्षोभ के मिले-जुले भावों को जन्म देता है, जिनका प्रभाव प्रायः खंडनात्मक और विध्वंसकारी होता है। इसके द्वारा तत्प्रचलित मान्यताओं और आदर्शों आदि को ठेस लगती है और वे चूर-चूर हो जाते हैं। इन भावों को सफलतापूर्वक उकसाने और उनका पोषण करनेवाला वृत्तान्त ही वास्तव में एक सफल व्यंग्यात्मक वृतान्त होता है।

व्यंग्य के प्रेरक तत्त्व

व्यंग्य-लेखन के लिए एक विशेष प्रतिभा, सृजन-शक्ति या चित्तवृत्ति अपेक्षित होती है, जो किसी भी व्यंग्यकार को जन्मजात मिली होती है। व्यंग्यकार बनते नहीं–पैदा होते हैं। लेकिन कुछ ऐसे मनोवैज्ञानिक तत्त्व अवश्य होते हैं, जो लेखक की व्यंग्यात्मक चित्तवृत्ति

को सृजनोन्मुख बना देते हैं।

मनोवैज्ञानिकों की राय है कि 'व्यक्तिगत घृणा' से कई साहित्यकर्मी व्यंग्य-लेखन में प्रवृत्त होते हैं,[1] यद्यपि व्यंग्यकार इसे स्पष्टतया अस्वीकार करते हैं और कहते हैं कि वे जनहित की भावना से लिखते हैं। मनोवैज्ञानिकों के अनुसार, अधिसंख्य व्यंग्यकार व्यक्तिगत हीन भावना, सामाजिक अन्याय से पीड़ित होने के बोध या किसी सुविधाभोगी समूह से दूर रखे जाने की संवेदना आदि व्यक्तिगत कारणों से ही व्यंग्य का सहारा लेने के लिए विवश होते हैं।[2] पश्चिम के कई व्यंग्यकारों के जीवन का विश्लेषण करके विद्वान समीक्षकों ने दृष्टान्तस्वरूप कई व्यंग्यकारों के बारे में व्यक्तिगत कारणों को प्रेरक तत्त्व बताया है। उदाहरण के लिए, वे बताते हैं कि एथेंस के बिआन के पिता एक दास थे, वह स्वयं भी दास के रूप में खरीदा गया था और उसकी माँ वेश्या थी। इस हीनभावना ने उसमें व्यंग्य करने की प्रतिभा का उन्मेष कर दिया। पश्चिम के प्रसिद्ध व्यंग्यकार हॉरेस का पिता भी दास था, उस पर बिआन के व्यंग्यात्मक अन्दाज का गहन प्रभाव पड़ा था। अंग्रेजी-व्यंग्यकार पोप कैथोलिक था, जबकि इंग्लैंड में प्रोटेस्टेंट लोगों की धाक थी। इस प्रकार पोप भी उस समाज में उपेक्षित वर्ग का था और अपनी उपेक्षित स्थिति से नाराज था—दुखी भी। वह कद में छोटा और काफी बदसूरत भी था। इसी प्रकार कई अन्य व्यंग्यकारों की हीन स्थितियों पर विद्वानों ने प्रकाश डाला है और माना है कि उनके व्यंग्य-लेखन के पीछे उनकी व्यक्तिगत स्थितियों का बड़ा हाथ था।[3] इसके विपरीत पश्चिम में काफी ऐसे व्यंग्यकार भी हुए हैं, जिनका जीवन बड़ा सुखमय था और जिनमें काफी जिन्दादिली थी। अपने श्रेष्ठता-बोध की वजह से इन लेखकों में अन्य साधारण व्यक्तियों के प्रति तुच्छता की भावना थी। वे समझते थे कि उनके अतिरिक्त अन्य व्यक्ति गरीब, हास्यास्पद, कठपुतली और अर्धजीवित हैं।[4]

चूँकि व्यंग्यकार भी आदमी ही होता है और इस संसार में ही रहता है, अतः उसे भी उन दुखद स्थितियों का सामना करना पड़ सकता है, जो आदमी भोगता है। लेकिन जैसा अज्ञेय ने कहा है, दुख आदमी को माँजता (भी) है। व्यंग्यकार व्यक्तिगत दुखों के सम्मोहन-जाल में फँसा नहीं रहता, वह उससे प्रयत्नपूर्वक निकल आता है और अपना विस्तार कर लेता है। वह देखता है कि दुखी, पीड़ित और शोषित और भी हैं और वह उनमें से एक है। अतः वह उन सबके कष्टों को वाणी देता है और उनके लिए जिम्मेदार तत्त्वों की पहचान कर उन पर प्रहार करता है। रचना के स्तर पर जब वह रचनात्मक दायित्व के बोध से प्रेरित हो रचना कर रहा होता है, तब उसका व्यक्ति समाज का एक अंग ही होता है। अतः समाज के दुख, कमजोरियाँ और विसंगतियाँ उस व्यक्ति की भी होती हैं। दूसरी ओर उसके सामने आदर्श समाज और व्यवस्था का एक ऐसा

1. हेरल्ड निकल्सन, दि सेंस ऑफ ह्यूमर एंड अदर एसेज, पृ. 11
2. वही, पृ. 12
3. गिल्बर्ट हाइट, दि एनाटॉमी ऑफ सटायर, पृ. 155
4. वही

मॉडल भी होता है, जैसा कि वह मौजूदा समाज और व्यवस्था को बनाना चाहता है। श्रेष्ठता की इस भावना के बिना वह अश्रेष्ठ को गलत ठहरा ही नहीं सकता। यह भावना रचना में इस दृढ़ता और गहराई से व्याप्त हो जाती है कि व्यंग्य-रचना की तह से आनेवाली सम्पूर्ण शक्ति इसी स्रोत से प्रवाहित होती सी ज्ञात होती है। बल्कि वह समूचा आवेग वही है, जिसको थॉमस हॉब्स ने (विशिष्ट प्रकार के) हास्य की तह में देखने का प्रयत्न किया, "यह आवेग हमारे आकस्मिक गौरव से उद्भूत उस श्रेष्ठता की भावना के अतिरिक्त कुछ नहीं, जो अन्य लोगों की या स्वयं की पिछली हीनता से तुलना करते हुए अनुभव की जाती है।"[1] वास्तव में हास्यास्पद पर व्यंग्यात्मक प्रहार भी इसी भावना से संचालित होता है, किन्तु यह भावना इतने गहरे होती है कि पाठक की समझ की वस्तु नहीं रहती, अन्यथा व्यंग्य का अस्तित्व ही न रहे।

कुछ अन्य तत्त्व भी व्यंग्य के लिए उत्प्रेरक का काम करते हैं, जिन पर नीचे विचार किया जा रहा है।

विकृति-सन्त्रास

व्यंग्य-तत्त्वों में यह एक विशेष स्थान रखता है। इसका प्रमुख कारण यही है कि व्यंग्यकार यथार्थवादी होता है, न कि रोमांसवादी और उसकी दृष्टि उसके आसपास के जीवन में परिलक्षित दोषों और मूर्खतापूर्ण असंगतियों पर केन्द्रित होती है। वास्तव में वह अपनी केन्द्रित दृष्टि से इन विकृतियों एवं दोषों के उन गुप्त रहस्यों की जड़ों को जान पाने में समर्थ होता है, जो इनके अन्तर्गत छिपे रहकर इन्हें बल प्रदान करते हैं। व्यंग्य उन रहस्यों की जड़ों का आयोजनापूर्ण उद्घाटन करके उन पर अपने निजी ढंग से प्रहार करता है। विकृतियों का वह सन्त्रास जो साधारण व्यक्ति भोगता है, व्यंग्य का अपना वस्तु-तत्त्व उस समय बनता है जब वह उसकी बखिया उधेड़नेवाले छोरों को ज्ञात कर लेता है। खाली विकृतियों या असंगतियों की प्रदर्शनी कहानीकार या उपन्यासकार की अपनी वस्तु भले ही हो, लेकिन इस प्रदर्शनी के झमेले में पड़ना व्यंग्यकार का काम नहीं—उसका काम तो उस प्रदर्शनी की तह में बैठकर एक-एक ऊँची दुकान के फीके पकवानों का भंडाफोड़ करना होता है—वह भी इस रीति से कि वह लोगों के दिमागों में चिरस्मरणीय रहे तथा दुकानदार की कमर तोड़ने में समर्थ हो। वह सन्त्रास को रोगी बनकर भोगता नहीं रहता, बल्कि वह स्वयं शल्यक्रिया करना प्रारम्भ कर देता है। चूँकि व्यंग्यकार का ध्यान रोग (विकृतियों) पर होता है और उसका कार्य उसका उन्मूलन करना है या उसकी शल्य-चिकित्सा कर देना है, अतः निश्चय ही यह विकृति-सन्त्रास-उन्मूलन का तत्त्व हर एक व्यंग्य-रचना में विद्यमान होता है और समूची व्यंग्य-भावना ही इस तत्त्व से शासित रहती है।

---

1. एन्साइक्लोपीडिया ब्रिटेनिका, खंड 11, पृ. 885

दृष्टि-संचेतना

यह एक ऐसा तत्त्व है जो प्रत्येक साहित्यिक कृति में होता है, लेकिन इसकी सर्वाधिक मात्रा व्यंग्य-रचनाओं में उपलब्ध होती है। इसका प्रमुख कारण व्यंग्य का स्पष्ट सामाजिक अभिप्राय से युक्त होना ही है। रचना का यह तत्त्व विशेषतः हास्यास्पद के लिए उतना आवश्यक नहीं, जितना उसके परिप्रेक्ष्य में विद्यमान अनेक व्यक्तियों के लिए आवश्यक होता है। बुराई के प्रति घृणा या दोषों के प्रति अरुचि उत्पन्न करना इसी तत्त्व का कार्य है। यह हास्यास्पद पर प्रहार करके सामान्यतः पुष्ट धारणाओं को बल देता है और यहीं आकर इस दृष्टि-संचेतना के कारण व्यंग्यकार स्वतः समाज का ऐसा आदरणीय व्यक्ति बन बैठता है, जिसका स्थान समाज-सुधारक से भी ऊँचा और भव्य है। इस दृष्टि-संचेतना के बल पर व्यंग्य-रचना में नवजीवन की सृष्टि के आधार संकेतित होते हैं।

तिक्त परिहास

व्यंग्य के लिए यह एक अनिवार्य तत्त्व है, जिसके बिना समूची व्यंग्य-नियोजना पूर्ण नहीं हो सकती। अतएव व्यंग्य में परिहास की उपस्थिति अनिवार्य होती है। लेकिन परिहास के लिए दयालुता का तत्त्व आवश्यक है, जबकि व्यंग्य की स्थिति इससे सर्वथा भिन्न है। दयालुता का व्यंग्य में कोई महत्त्व नहीं। उसके स्थान पर कठोरता भले ही ग्रहणीय हो सकती है, क्योंकि वह व्यंग्य-धारणा के अनुकूल है। यही कारण है कि व्यंग्य-भावना में तत्त्व के रूप में ग्रहणीय परिहास की विशिष्टता होती है—उसमें दयालुता की अनुपस्थिति एवं उसके स्थान पर तिक्तता की उपस्थिति। यही कारण है कि यह परिहास न कहलाकर तिक्त परिहास कहे जाने योग्य है। परिहास जब अपने तीखे परिवेश में अपनी सम्पूर्ण शक्तियों के साथ व्यंग्य के तत्त्व के रूप में स्थान पाता है, तो उसे अपने पूर्व तत्त्व 'दयालुता' की बलि कर देनी होती है और यह बलि व्यंग्य के अन्य प्रबल तत्त्वों के कारण ही होती है। निश्चय ही दयालुता का स्थान अलग कर दिए जाने पर परिहास एक स्फूर्तिदायी (बल्कि आक्रामक) रूप धारण कर लेता है। गिल्बर्ट हाइट का यह कथन परिहास के इस परिवर्तित सन्दर्भ पर पर्याप्त प्रकाश डाल देता है, "व्यंग्यकार को...परिहास के स्फूर्तिदायी प्रवाह, जिसमें दृढ़ एवं गम्भीर दृष्टिकोण का समावेश हो, की आवश्यकता होती है।"[1] व्यंग्य की यह दृढ़ता ही ऐसी वस्तु है, जो अन्यों को उसका विचार-बिन्दु स्वीकृत करने के लिए बाध्य कर देती है। व्यंग्य में निरूपित विश्वास इतनी दृढ़ता से प्रस्तुत होते हैं कि तीखी मार के बावजूद उन्हें अस्वीकार कर सकने की क्षमता किसी में नहीं होती।

---

1. दि एनाटॉमी ऑफ सटायर, पृ. 242

उद्‌दाम साहस

यदि स्पष्ट रूप से कहा जाए तो इसके ऊपर ही व्यंग्य-भावना की भित्ति स्थापित है। जिस बात के सम्बन्ध में लोगों को सोचने में भी भ्रम हो, व्यंग्य उसके वस्तुतथ्य के विरुद्ध अपनी अभिव्यक्ति करने में नहीं चूकता। आज लोकतन्त्र के इस युग में भले ही हमारे ऊपर उतना भय न रहा हो, लेकिन कवि बिहारी का जयसिंह से कुछ कहना कोई मामूली बात नहीं थी। आज भी शासन में व्याप्त दोषों के प्रति जितने तीखे ढंग से व्यंग्य-रचनाएँ अपनी अभिव्यक्ति कर पाती हैं, वह सहज-साधारण बात नहीं। अपनी निर्भयता एवं साहस के बल पर व्यंग्य अपनी अभिव्यक्ति में धार को अधिक पैना कर पाता है और बेलाग चोट करता है। अतएव यह कहना उचित ही है कि जिस रचना में श्रेष्ठता का गुण जितना अधिक होगा, उसमें साहस एवं निर्भयता की दीप्ति भी उतनी ही आभासित मिलेगी। यह निर्भयता व्यंग्य के प्रभाव और प्रतिक्रिया में भी परिलक्षित होती है। समाज भी व्यंग्य-रचनाओं के पीछे चलकर न केवल उसमें रस लेता है, बल्कि वह प्रत्यक्षतः आलोचना में भाग लेता हुआ मिलता है। उसकी यह स्थिति इतनी निर्भय हो जाती है कि वह आलोचना करने में एक मानसिक आनन्द का अनुभव करता है। और, यही बिन्दु व्यंग्य-रचना की सफलता का उच्चतम बिन्दु होता है, जहाँ से या जिस ऊँचाई से उसकी सफलता की समस्त स्थितियों का अनुभव स्पष्ट रूप से किया जा सकता है।

आलोचना एवं प्रहार

यह प्रवृत्ति या इसका दबाव व्यंग्य में सर्वाधिक मिलेगा। इसका कारण यही है कि व्यंग्य का अभिप्राय ही विकृतियों पर प्रहार करके उनके अन्तर्गत पनपनेवाले मुखौटों को उघाड़कर समाज के सम्मुख यथार्थ स्थिति प्रस्तुत करना है। लेकिन यह आलोचना 'आलोचना' के रूप में पर्याप्त भिन्न होती है। इसमें प्रहार करने की तीव्रता तो अपने प्रबलतम रूप में होती है, लेकिन विशिष्टता यह होती है कि इसके प्रहार कुछ ऐसे आवरणों की ओट में किए जाते हैं कि हास्यास्पद सम्पूर्ण रूप से निरावरण हो लोगों के समक्ष मुख दिखाने काबिल नहीं रहता। नारमन फरलांग ने तो व्यंग्य के तत्त्वों में आलोचना एवं परिहास को स्पष्ट तथा प्रधान तत्त्व निरूपित करते हुए मत व्यक्त किया है कि "साहित्यिक व्यंग्य के दो प्रधान तत्त्व हास्यास्पद या भद्‌देपन की आलोचना करना तथा परिहास हैं। व्यंग्य-लेखक गुण-दोषों की विवेचना करनेवाला है, जिसकी दृष्टि हास्यास्पद पर होती है।"[1] वस्तुतः व्यंग्य में ये दोनों तत्त्व इस प्रकार एकान्वित हो जाते हैं कि इनसे निर्मित एकान्वय से सम्पूर्ण व्यंग्य-भावना का अस्तित्व रूपायित होकर चमक उठता है। इसलिए निस्संकोच कहा जा सकता है कि परिहास और आलोचना करने की प्रवृत्तियों का एकान्वय (फ्यूजन) जिस स्वभाव में होता है, वह व्यंग्यात्मक है। असल

---

1. इंग्लिश सटायर, पृ. 1

में दोनों तत्त्वों को दो स्तम्भ समझना चाहिए जो व्यंग्य-भावना के सम्पूर्ण भवन को अपने ऊपर सँभाले हुए हैं।

बुद्धि-वैचित्र्य बनाम कल्पना-वैचित्र्य

नारमन फरलांग ने कहा है कि व्यंग्यकार की कला कल्पना की अपेक्षा प्रज्ञा की वस्तु है।[1] इसमें सन्देह नहीं है कि व्यंग्य में भावना का वह स्थान नहीं, जो बुद्धि को प्राप्त है और इसलिए इसमें कल्पना की अपेक्षा प्रज्ञा का क्षेत्र अधिक व्यापक है। किन्तु कुछ समीक्षकों ने विरोधी मत भी व्यक्त किए हैं। गिलबर्ट हाइट की राय में ''व्यंग्यकार की कल्पना इतनी द्रुत हो कि पाठक की कल्पना से कई छलांग आगे हो।''[2] प्रश्न उठता है कि यह विरोध क्यों ? वास्तव में यदि हम ध्यानपूर्वक देखें तो व्यंग्य में निश्चय ही कल्पना की अपेक्षा बुद्धि का प्राधान्य है। बुद्धि-तत्त्व का आधार है यथार्थ की भूमि पर खड़े होकर सोचना। लेकिन हम थोड़ा और सोचें तो हमें कल्पना के सम्बन्ध में भी एक समाधान प्राप्त हो जाता है। वस्तुतः कल्पना का तत्त्व इसमें भी क्रियाशील होता है, लेकिन भावना को यहाँ प्रमुखता न मिलने के कारण वह उतनी स्वच्छन्द नहीं हो पाती–गतिशील चाहे जितनी भी हो। कल्पना की स्वच्छन्दता को नियन्त्रित करने के लिए उसके छोर को यथार्थ से बाँधकर बुद्धि के हाथों नियन्त्रित कर दिया जाता है, जिससे बुद्धि उसके समस्त लाभों को व्यंग्य-भावना की अनुकूल स्थितियों के अनुसार ले लेने योग्य बन जाती है और फिर इस सम्मिलित क्रियाशीलता से ऐसे तत्त्वों की प्राप्ति होना सम्भव है, जो व्यंग्य-भावना की अनुकूलतर स्थितियों के लिए लाभदायी होते हैं। जहाँ तक कल्पना की द्रुतता का प्रश्न है, वह इस शोधकर्ता के विचार से सचमुच पाठक की कल्पना से छलांगों आगे रहती है। किन्तु इसका यह तात्पर्य नहीं कि वह पाठक की समझ से परे होती है, बल्कि उसे ऐसे समझना अधिक उपयुक्त होगा कि वह पाठक की समझ के अनुरूप तो है, किन्तु उसकी दौड़ या गति तक पाठक की पूर्णतः पहुँच नहीं। इसलिए पाठक समझता जाता है और अपनी शक्ति के साथ छलांग मारती कल्पना के पीछे भागता है। यदि वह यथार्थ के धरातल पर प्रस्तुत होकर समझ में न आनेवाली वस्तु होती, तो वह उसका पीछा ही क्यों करता और फिर यहाँ-वहाँ भटकने से कैसे बचता। यद्यपि एक स्तर की माँग व्यंग्य-रचनाएँ करती हैं, फिर भी वे अन्य साहित्यिक विधाओं की तुलना में सर्वाधिक, अधिसंख्य रूप से साधारण जनता के निकट की वस्तु होती हैं। वास्तव में स्थिति यह है कि कल्पना एवं प्रज्ञा के सम्मिलित सहयोग से एक ऐसी यथार्थ, पर रचनात्मक (मोहिनी) शक्ति का प्रादुर्भाव होता है जो व्यंग्यात्मक अभिप्राय की प्राप्ति में सहायक होती है और जो चपलता, छल एवं आतुरता से सम्पूर्ण व्यंग्य-भावना को विभेदक रूप से उत्कर्ष की ओर ले जाती है।

---

1. इंग्लिश सटायर, पृ. 1
2. दि एनाटॉमी ऑफ सटायर, पृ. 241

लक्ष्य का ताप

यह एक ऐसा प्रत्यक्ष तत्त्व माना जाना चाहिए जो न केवल व्यंग्य को रूपायित करने में योगदान करता है बल्कि उसे विशिष्ट स्तरों पर वर्गीकृत भी करता है। यह विचारधारा से सघन प्रतिवाद होने के उन्मेष के आवेग से मिलता है। इसकी किंचित् उपस्थिति, गोपनीय कलाप एवं सुदृढ़ तथा प्रत्यक्ष सन्तुलित तनाव व्यंग्य में चेतना का विस्तार करनेवाले क्रियाकलाप हैं। लक्ष्य का आभास, छिपाव एवं स्पष्टीकरण तथा उन सभी में संवहित ताप एक ऐसा सूक्ष्म एवं स्पष्ट गुण है, जो समस्त व्यंग्य-रचना में अनुभव किया जाता है। इस 'ताप' के प्रभाव के कारण ही व्यंग्यकार एक सन्तुलित आक्रोश सँजोए रहता है। वास्तव में लक्ष्यगत ताप ही वह तथ्य है, जो व्यंग्य में आकांक्षित प्रतिफलन हेतु निरन्तर आगे, और आगे बढ़ता जाता है। वह अभिप्राय की सिद्धि हेतु क्रियारत रहता है और अभिप्राय-प्राप्ति के साथ ही उसके अस्तित्व का अन्त हो जाता है। वह आवश्यकता पड़ने पर आक्रोश के रूप में व्यंग्य-भावना में परिहास से मुक्त होकर भी अभिप्राय की प्राप्ति करने से नहीं चूकता। यदि यह कहा जाए तो गलत नहीं होगा कि लक्ष्य के ताप ने ही व्यंग्य के माध्यम को पद्य से गद्य की ओर उन्मुख किया। इसका प्रधान कारण यही है कि गद्य सर्वसाधारण को प्रभावित करता है और वह उस लेखक की उद्‌देश्य-पूर्ति के लिए, जिसका लक्ष्य परिणाम पाना है, उपयुक्त है। अर्थात् परिणाम की आकांक्षा लक्ष्य-ताप की उन स्पष्ट रेखाओं को उभार देती है, जिनके कारण वह व्यंग्य-भावना का ऐसा तत्त्व माना जा सकता है जहाँ उसे सम्पूर्ण व्यंग्य-भावना के हृदय से प्रभावित रक्तचाप का अभिनियन्ता माना जा सकता है और जहाँ उसका चरम सरोकार समाज से जुड़कर उसे आगे ले जाने में होता है।

अतिरंजना

डॉ. वीरेन्द्र मेंहदीरत्ता ने इसे 'अतिशयता' कहा है। उनके अनुसार, "अतिशयता का अंश व्यंग्य में इतना व्यापक है कि इसे व्यंग्य का मूल तत्त्व भी कहा जा सकता है।"[1] किन्तु यदि अतिरंजना या अतिशयता को व्यंग्य का मूल तत्त्व मान लें तो फिर व्यंग्य या तो कल्पना के आधार पर भावुकता के निकट बुद्धि को ढक लेनेवाली वस्तु हो सकता है या पागलों का प्रलाप कहा जा सकता है। ऐसा इसलिए, क्योंकि व्यंग्य के मूल में रहकर अतिशयता इसके अतिरिक्त और कुछ नहीं कर सकती। क्या 'अति सर्वत्र वर्जयेत्' के परिणामों से हम परिचित नहीं ? डॉ. मेंहदीरत्ता आगे लिखते हैं, "अतिशयता का सम्बन्ध व्यंग्य-चेतना के स्पष्टीकरण तथा व्यंग्य-प्रक्रिया के साथ अधिक है।"[2] इस शोधकर्ता के विचार से यहाँ उनका मतलब व्यंग्य-चेतना में व्याप्त उस तीव्रता से है, जो अपनी

---

1. आधुनिक हिन्दी साहित्य में व्यंग, पृ. 30
2. वही

अभिव्यक्ति के लिए अनुकूल माध्यमों की खोज करती है। निश्चय ही व्यंग्य-चेतना का यह उपक्रम लक्ष्य के ताप के सिवा और कुछ नहीं।

लक्ष्य का ताप अपने माध्यमों की अनुकूल खोज में अतिरंजना को भी महत्त्व देता मिलेगा। लेकिन यदि यह अतिरंजना एक सन्तुलित बुद्धि-आयाम से उद्भूत नहीं, तो व्यंग्य एक निरे हँसोड़ की अभिव्यक्ति के सिवा कुछ नहीं हो सकता। हाँ, औचित्य एवं आवश्यकतानुसार व्यंग्य में अतिरंजना या अतिशयता का तत्त्व भी मिल जाएगा, लेकिन वह इतनी प्रधानता नहीं रखता कि उसे व्यंग्य का मूल तत्त्व या भेद मान लिया जाए, जैसा कि डॉ. मेंहदीरत्ता ने पहले उसे साधन और फिर उसी आधार पर उसे व्यंग्य-भेद स्वीकार करके किया है।''[1]

अपकर्ष

अपकर्ष व्यंग्य का ऐसा प्रभावशाली तत्त्व है, जो उसके सभी रूपों में स्थान पाता है। जॉन एम. बुलेट के शब्दों में, ''अपकर्ष निपुणता एवं योजनाबद्ध कलात्मक क्रियाशीलता द्वारा प्रभाव उत्पन्न करता है; जब तीक्ष्ण वैदग्ध्य का प्रयोग आवेश की नग्न तीव्रता को व्यक्त करने के लिए किया जाता है, तब व्यंग्य की पहुँच अपने 'न्यू क्लासिक' तथ्यों तक होती है।''[2] तात्पर्य यह है कि व्यंग्य का एक बलशाली तत्त्व होने के कारण अपकर्ष सभी रूपों में उपस्थित रह सकता है। वस्तुतः अपकर्ष की दौड़ मूलतः समाज में व्यक्ति के लिए लज्जा के घृणित स्तर का निर्माण करना है। अपकर्ष व्यक्ति को सामाजिक लज्जा से दंडित कराने में पूरा हाथ रखता है, क्योंकि न्यायालयों की अपेक्षा समाज द्वारा दिया गया लज्जा का दंड अधिक घातक और गहरे तक असर करनेवाला होता है। सामाजिक लज्जा एवं उपहास के भय से व्यक्ति नैतिक मानदंडों को अनचाहे भी ग्रहण करने को तैयार हो जाता है। अतएव अपकर्ष को हमें व्यंग्य के उन तत्त्वों में स्थान देना चाहिए, जो उसकी शक्ति को पूरी तरह अपनी क्रियात्मकता से अनेक गुनी कर देते हैं। अपकर्ष व्यंग्य का भेद नहीं हो सकता, जैसा कि डॉ. मेंहदीरत्ता ने माना है, क्योंकि अपकर्ष व्यंग्य में प्रवाहित भले ही रह सकता है, किन्तु वह स्वयं अनिवार्य रूप से व्यंग्यात्मक नहीं है, वह तो व्यंग्यकार के लिए एक सम्भव मार्ग का प्रवेश-द्वार ही प्रस्तुत करने की स्थिति से सम्पन्न कहा जा सकता है। अतः अपकर्ष व्यंग्य का भेद या प्रकार न होकर एक तत्त्व ही माने-जाने योग्य है।

विशिष्ट सौन्दर्यानुभूति

प्रायः समस्त साहित्यिक विधाओं में सौन्दर्यानुभूति का विशिष्ट स्थान होता है। व्यंग्य भी

1. आधुनिक हिन्दी साहित्य में व्यंग, पृ. 30
2. जोनाथन स्विफ्ट एंड दि एनाटॉमी ऑफ सटायर, पृ. 48

इसका अपवाद नहीं हो सकता। व्यंग्य के प्रतिमान (साँचे) इतने विविध और निराले होते हैं कि उन्हें अपनी अभिव्यक्तियों में ढालना सहज कार्य नहीं होता। जब व्यंग्यकार ऐसा करने में सफल हो जाता है, तो उसे अति प्रसन्नता होती है एवं सन्तुष्टि मिलती है। व्यंग्य-लेखन में व्यंग्यकार को, अन्य साहित्यकारों के समान ही, सृजनपरक आनन्द की अनुभूति होती है। वह अपनी अभिव्यंजना किए बगैर चैन का अनुभव नहीं कर सकता। साथ ही व्यंग्य के सृजन की प्रक्रिया में उसे रस प्राप्त होता है। कहा जाता है कि इब्सन अपनी मेज पर डिब्बे में एक बिच्छू रखता था और उसमें सेब के कुछ टुकड़े डाल दिया करता था। जब बिच्छू उन टुकड़ों पर डंक मारता था, तो इब्सन को बड़ा आनन्द मिलता था और उसकी लेखनी चलने लगती थी।[1] व्यंग्यात्मक डंक मारने का भी एक 'थ्रिल' होता है, जो लेखक को निरन्तर व्यंग्य-लेखन की कठिन साधना में प्रवृत्त किए रहता है। व्यंग्य-लेखन की कला कठिन साधना इसलिए है कि जरा सी चूक से व्यंग्य का प्रभाव ही खत्म हो जाने की आशंका रहती है। इसलिए व्यंग्य-लेखक को बहुत ज्यादा सतर्क रहना पड़ता है। उसे शब्दों का विशाल भंडार, निरन्तर प्रवहमान हास्यकार, दृढ़ निश्चयी और निष्ठावान तथा दूर-दूर की उड़ान भरनेवाला कल्पनाशील होना पड़ता है। उसे ऐसी कला में भी पारंगत होना पड़ता है, जिससे वह घोर त्रासद, दारुण, भयंकर और जघन्य परिस्थितियों के चित्रण में भी पाठक को वितृष्णा से मुँह न मोड़ने दे, बल्कि पाठक टीस-युक्त सराहना से आह भर उठे, साथ ही चमकृत हो मुसकरा उठे। उसका सौन्दर्यबोध विशिष्ट होता है। जिन वस्तुओं या स्थितियों का वर्णन बीभत्सता के कारण लेखक बचा जाते हैं, व्यंग्यकार को उसमें सौन्दर्य दिखाई पड़ता है और फलस्वरूप वह घोर जुगुप्सित स्थितियों, वस्तुओं और व्यापार का अंकन करता है। मूल रूप में शोधन या परिवर्तन ही व्यंग्य की प्रेरणा होती है। व्यंग्यकार खतरे के सिग्नल की भाँति कार्य करता है। वह प्रताड़ित करता है, तो सावधान करने के लिए। वह रचनात्मक सलाह देता है और लीक बनाता है।

निष्कर्ष रूप में हम कह सकते हैं कि उपर्युक्त विवेचित सम्पूर्ण तत्त्व अपनी समन्वित स्थिति में व्यंग्य-भावना की सृष्टि करते हैं।

व्यंग्य-विधा या शैली?

अपने विविध आयामों में, जिनमें विस्तार और गहराई दोनों का समावेश है, व्यंग्य आज एक विधा के रूप में परिभाषित होने लगा है। किन्तु अनेक समीक्षक और कुछ व्यंग्यकार भी व्यंग्य को मात्र शैली या 'स्पिरिट' कहे जाने के पक्ष में है। व्यंग्य विधा है या शैली, इसे समझने के लिए इस सम्बन्ध में व्यक्त विचारों का एक जायजा लेना आवश्यक है।

शीर्षस्थ व्यंग्यकार हरिशंकर परसाई लिखते हैं, ''व्यंग्य का कोई 'स्ट्रक्चर' नहीं है।

---

1. गिल्बर्ट हाइट, दि एनाटॉमी ऑफ सटायर, पृ. 240

वह निबन्ध, कहानी, नाटक, सब विधाओं में लिखा जाता है। व्यंग्य इस कारण 'स्पिरिट' है। व्यंग्य-लेखक को यह शिकायत नहीं होनी चाहिए कि विश्वविद्यालय व्यंग्य को विधा क्यों नहीं मानते। उन्हें सन्तोष करना चाहिए कि व्यंग्य का दायरा इतना विस्तृत है कि वह सब विधाओं को ओढ़ लेता है।"[1]

अर्थात् परसाई की दृष्टि में व्यंग्य साहित्य की सभी विधाओं का व्यापक लक्षण है। वह किसी विधा का अनुकरण नहीं करता, बल्कि अपने कथ्य के अनुरूप सभी को समाहित करने की क्षमता अपने में सँजोए रहता है। भाव-सम्प्रेषण ही व्यंग्य का इष्ट है, विधा नहीं। उसके इष्ट की पूर्ति अपनी स्पष्टता में चाहे जिस विधा के माध्यम से होती हो, उसे वह अंगीकार करता है; लेकिन जैसे ही विधा-विशेष उसके कथ्य में बाधक बनने लगती है, वह इस मुखौटे को उतार फेंकता है और इसलिए डॉ. श्यामसुन्दर घोष के अनुसार, "वहाँ (व्यंग्य-लेखन में) वस्तु-तत्त्व ही विधाशिल्प के शीर्ष पर स्वर्ण-शिखर की तरह चमकता नजर आता है।...इसलिए व्यंग्य को किसी विधा के अधीन न मानकर विधाओं को व्यंग्य के अधीन मानने की बात कुछ लोग करते हैं। इसके पीछे कुछ औचित्य भी है।"[2]

प्रसिद्ध व्यंग्यकार रवीन्द्रनाथ त्यागी भी यही राय रखते हैं। डॉ. कमल किशोर गोयनका को दिए गए एक साक्षात्कार में उन्होंने कहा है, "मैं व्यंग्य को स्वतन्त्र विधा नहीं मानता, हालाँकि मैंने कई जगह इसे स्वतन्त्र विधा मान लेने पर जोर दिया है। अब मैं सोचता हूँ, विधाएँ तीन ही हैं–गद्य, पद्य और नाटक। वास्तव में हास्य-व्यंग्य एक रस है, जो किसी भी विधा में आ सकता है।"[3]

दूसरी ओर व्यंग्य को विधा माने जाने का आग्रह करते हुए डॉ. बालेन्दुशेखर तिवारी कहते हैं, "जब किसी विशेष शिल्प एवं प्रविधि की रचनाएँ पर्याप्त संख्या में लिखी जाने लगती हैं एवं उस पर किसी विशिष्ट लेखक के स्थान पर परम्परा का आधिपत्य हो जाता है, तब उक्त शिल्प-प्रविधि को विधा के रूप में स्वीकार किया जाता है।"[4]

डॉ. तिवारी यहाँ इस बात पर जोर देते हैं कि साहित्य-परम्परा जब लेखक पर हावी हो जाए तो कोई भी शिल्प-प्रविधि विधा बन सकती है। नाटक, कहानी, निबन्ध, उपन्यास आदि विविध विधाओं के स्थापित होने की इसी प्रक्रिया पर वे बल देते हैं। यानी शैली-विकास-प्रक्रिया में व्यंग्य आज इस स्तर पर पहुँच चुका है कि वह एक सशक्त साहित्य-परम्परा बन चुका है। अतः उसे एक विधा का दर्जा दिया जाना समीचीन है।

डॉ. प्रेम जनमेजय और डॉ. राजेश कुमार को दिए गए एक साक्षात्कार में व्यंग्य को विधा बनानेवाले तत्त्व का उल्लेख करते हुए चर्चित व्यंग्यकार नरेन्द्र कोहली कहते हैं कि "जिस तत्त्व के कारण व्यंग्य विधा बनता है, वो है आक्रोश, जिसे नागार्जुन ने

1. मेरी श्रेष्ठ व्यंग्य-रचनाएँ, लेखक की बात, पृ. 15
2. व्यंग्य क्या, व्यंग्य क्यों ?, पृ. 116
3. रवीन्द्रनाथ त्यागी : प्रतिनिधि रचनाएँ, सं. डॉ. कमल किशोर गोयनका, पृ. 328
4. हिन्दी का स्वातन्त्र्योत्तर हास्य और व्यंग्य, पृ. 197

क्षोभ कहा है। न्यायसंगत आक्रोश को जब कलात्मक रूप में अभिव्यक्त किया जाता है, तो वह व्यंग्य बनता है। (किन्तु) हमारा आलोचक संस्कृत में व्यंग्य के ध्वनि एवं आलंकारिक रूप से आगे जाने को तैयार ही नहीं है।"[1]

इसी प्रकार व्यंग्य को विधा मानते हुए व्यंग्यकार लक्ष्मीकान्त वैष्णव लिखते हैं, "व्यंग्यकार का साध्य होता है प्रहार, जो वह इस विधा के माध्यम से करता है। इसीलिए व्यंग्यकार द्वारा लिखी गई कहानी (या अन्य साहित्य विधा) को लोग कहानी न कहकर 'व्यंग्य' कहते हैं, उपन्यास को उपन्यास न कहकर 'व्यंग्य' कहते हैं, नाटक को नाटक न कहकर 'व्यंग्य' कहते हैं।"[2] अर्थात् व्यंग्य अपने प्रभाव में आज इतना महत्त्वपूर्ण हो गया है कि अन्य विधाओं के माध्यम से भी उसका मूल स्वर अपनी प्रमुखता में उजागर होता है।

उपर्युक्त विवेचन से स्पष्ट है कि व्यंग्य को शैली मानने के पीछे मुख्यतः दो तर्क हैं–एक तो यह कि उसका कोई स्ट्रक्चर नहीं है और दूसरा यह कि वह सभी विधाओं में आ सकता है। जहाँ तक स्ट्रक्चर का सम्बन्ध है, पीछे विभिन्न शीर्षकों के अन्तर्गत जो विस्तृत विवेचन-विश्लेषण किया गया है, उससे यह सिद्ध हो जाता है कि व्यंग्य का अपना एक सुनिश्चित स्ट्रक्चर है, अपना एक अलग रचना-विधान है। अन्य लेखकों-समीक्षकों ने भी अपने-अपने ढंग से व्यंग्य की संरचना और विधान को उजागर किया है, कर रहे हैं और आवश्यकता पड़ने पर भविष्य में भी करेंगे। सुरेश कान्त के शब्दों में, "व्यंग्य की जो उपेक्षा हमारे आलोचकों ने अब तक की है, उसके रहते व्यंग्य का कोई स्ट्रक्चर सामने नहीं आ पाया तो इसका यह मतलब तो नहीं कि व्यंग्य का कोई स्ट्रक्चर है ही नहीं। कमी व्यंग्य के स्ट्रक्चर की नहीं, उसे निर्दिष्ट करनेवाले की है। समीक्षा वैसे भी सृजन से पीछे रहती है। जब कोई विवेकशील आलोचक इस काम को हाथ में लेगा, तो व्यंग्य का स्ट्रक्चर सामने आ जाएगा। वह सामने नहीं आ पाया है, इसका मतलब उसका होना नहीं है।"[3]

दूसरे तर्क का समाधान भी कान्त ने इन शब्दों में किया है, "और हाँ, व्यंग्य आदि निबन्ध, कहानी, नाटक–सब विधाओं में लिखा जाता है, तो यह भी उसके विधा न होने का प्रमाण नहीं है। नाटक एक स्वतन्त्र विधा है, पर वह गद्य में भी लिखा जाता है, पद्य में भी। वह एकांकी भी होता, तीन अंकों का भी होता है, पाँच अंकों का भी होता है। छोटा भी होता है, बड़ा भी होता है। हिन्दी की अनेक ऐसी रचनाएँ हैं, जिन पर आज तक लोग सिर मार रहे हैं कि वे काव्य हैं या नाटक। फिर भी नाटक अलग विधा मानी ही जाती है। कहानी भी एक अलग विधा है, पर वह भी महकाव्य में भी मिलती है, खंडकाव्य में भी मिलती है, उपन्यास में भी मिलती है, नाटक में भी मिलती है। यही स्थिति कविता की है, जो अब गद्य-काव्य तक के रूप में लिखी जाती है। लेकिन

---

1. बात तो चुभेगी, नवम्बर-दिसम्बर 1981, पृ. 10
2. आजकल, सितम्बर, 1981 पृ. 7
3. पड़ोसियों का दर्द, बकलम खुद, पृ. 8

गद्य-काव्य को भी काव्य ही कहा जाता है तो इसलिए कि उसमें कहीं प्राण कविता का है। इसी तरह जिन रचनाओं का प्राण व्यंग्य है, वे किसी भी विधा में लिखी जाएँ, व्यंग्य ही कहलाएँगी। जब अन्य विधाओं में लिखे जाने के बावजूद नाटक, कहानी या कविता आदि को 'स्पिरिट' नहीं माना जाता, तो फिर व्यंग्य को ही क्यों...?"[1] परम्परागत मान्यताओं के आधार पर व्यंग्य को विधा न मानने का विरोध करते हुए वे लिखते हैं, "संस्कृत-काव्यशास्त्र जब लिखा गया था, तब उपन्यास भी नहीं था। तो क्या आज यह कहा जा सकता है कि उपन्यास विधा नहीं हो सकता ? वास्तविकता यह है कि उस समय ऐसी परिस्थितियाँ ही नहीं थीं, जो व्यंग्य के जन्म का कारण बनतीं। यही कारण है कि पूरे संस्कृत-साहित्य में एक तारतम्य के साथ कहीं भी व्यंग्य के दर्शन नहीं होते। यह तो बाद में, विशेषकर स्वतन्त्रता के बाद ऐसी परिस्थितियाँ हुई हैं, जिन्होंने लेखकों को मजबूर कर दिया और आज जब इतनी संख्या में और इतने वैविध्य के साथ व्यंग्य-रचनाएँ सामने आ गई हैं, व्यंग्य का अपना एक ढाँचा विकसित हो गया है, उसका अपना शिल्प और मुहावरा भी तैयार हो गया है, तो कोई कारण नहीं है कि उसे सशक्त विधा का दर्जा न दिया जाए।"[2]

डॉ. नरेन्द्र कोहली ने भी डॉ. प्रेम जनमेजय और डॉ. राजेश कुमार को दिए अपने साक्षात्कार में कहा है, "व्यंग्येतर साहित्य के जो आलोचक हैं, वो व्यंग्य के साथ न्याय नहीं करते। उसका कारण यह है कि उनका तादात्म्य व्यंग्य के साथ नहीं होता। वो लोग व्यंग्य पढ़ते कम है। व्यंग्य के आलोचक अभी बन रहे हैं। वे व्यंग्य की आलोचना के प्रतिमान बनाने में लगे हैं। मेरे सामने सबसे बढ़िया उदाहरण 'राग दरबारी' का है जिसे सभी एक उपलब्धि मानते हैं। लेकिन हमारे जो परम्परागत आलोचक हैं, उन्हें समझ ही नहीं आता कि इसमें ऐसा क्या है। वे उपन्यास के परम्परागत सिद्धान्तों पर कसने का प्रयत्न करते हैं और अन्ततः इस निष्कर्ष पर पहुँचते हैं कि उपन्यास की दृष्टि से यह बहुत घटिया है।"[3]

इस प्रकार हम देखते हैं कि व्यंग्य न केवल एक स्वतन्त्र, बल्कि सशक्त विधा है; उसकी अपनी संरचना, अपना शिल्प है और उसका अन्य विधाओं में भी लिखा जाना भी उसके विधा होने में बाधक नहीं है। जब वह अपनी अभिव्यक्ति के लिए अन्य विधाएँ भी अपनाता है, तो उन विधाओं को वही विधाएँ नहीं रहने देता। उदाहरणार्थ जब वह कहानी का फॉर्म ओढ़ता है तो उसे कहानी नहीं रहने देता। आर्थर पोलैंड के शब्दों में, "व्यंग्य जिस किसी साहित्यिक विधा के माध्यम से व्यक्त होता है, उस पर सुगमतापूर्वक अपना आधिपत्य जमा लेता है...और उसके निजी रूप को बेढंगे रूप (फॉर्म ऑफ नॉनसेंस) में बदल देता है, जिससे उसका अभिप्रेत अर्थ सम्प्रेषित हो उठता है।"[4]

---

1. पड़ोसियों का दर्द, बकलम खुद, पृ. 8-9
2. वही, पृ. 9
3. बात तो चुभेंगी, नवम्बर-दिसम्बर 1981, पृ. 9
4. सटायर, पृ. 7

जैसे कोयल परभूत होती है, कौए के घोंसले में पलकर भी एक दिन उसे छोड़ देती है, व्यंग्य भी अन्य विधाओं में पलकर भी धीरे-धीरे उन विधाओं को छोड़ देता है। कोयल का पहला रूप कौए से मिलता-जुलता होता है, पर अन्तर अवयवों के पूर्ण प्रस्फुटन पर आता है। व्यंग्य भी प्रथमतः जिस विधा को अख्तियार करता है, उसी के समान रहकर अपने को विकसित करता है और पूर्ण विकसित होते ही उसे छोड़ देता है, स्व-रूप पा लेता है। कोयल का अंडा कौए के घोसले में पलता है, उसमें से बच्चा भी वहीं निकलता है, पर इस कारण वह कौआ तो नहीं हो जाता। व्यंग्य भी बहुत अंशों में कोयल-जैसा व्यवहार करता है। और जहाँ तक उसे शैली मानने का सवाल है, तो कुछ समीक्षक तो सारे साहित्य को ही शैली मानते हैं और जैसा कि पं. सीताराम चतुर्वेदी लिखते हैं, साहित्य में शैली ही वह तत्त्व है जो उसे अन्य विषयों से अलग करता है।[1] इस प्रकार, व्यंग्य को विधा न मानने के सम्बन्ध में जो तर्क दिए जाते हैं, वे सशक्त नहीं हैं, किन्तु उसे शैली मानने के पक्ष में दिए जानेवाले तर्क भी इतनी आसानी से खारिज नहीं किए जा सकते, क्योंकि अनेक रचनाओं में वह मौजूद रहते हुए भी प्राण की तरह मौजूद नहीं रहता, जैसे प्रेमचन्द की कहानी 'कफन' या 'पूस की रात' में। प्रेमचन्द ने साहित्यकार के दायित्व का, सामाजिक निष्ठा का, व्यक्ति एवं समाज की बुराइयों को दूर करने का, पूरा-पूरा निर्वाह किया है। आवश्यकतानुसार उन्होंने धार्मिक, राजनीतिक, सांस्कृतिक क्षेत्रों में व्याप्त भ्रष्टाचार, पाखंड एवं शोषण पर भी कड़ा प्रहार किया है। उन्होंने व्याजोक्ति, उपहास, कटाक्ष आदि का सार्थक प्रयोग किया है, विसंगतियों का पर्दाफाश किया है। 'गोदान', 'कफन' आदि में विद्रूपताओं एवं शोषण की कम आलोचना नहीं है। किन्तु 'गोदान' अथवा 'कफन' को व्यंग्य-रचना की संज्ञा नहीं दी जा सकती, और न प्रेमचन्द को व्यंग्यकार ही कहा जा सकता है। वस्तुतः जब किसी साहित्यिक कृति के उद्‌देश्य की पूर्ति प्रधानतः व्यंग्य द्वारा हो, तभी उसे व्यंग्य की संज्ञा दी जा सकती है। इसके विपरीत कोई साहित्यिक कृति भले ही व्यंग्योक्तियों से पूर्ण हो, किन्तु यदि उसके उद्‌देश्य की पूर्ति व्यंग्य द्वारा न होती हो तो उसे व्यंग्य नहीं कहा जा सकता, यद्यपि उन व्यंग्योक्तियों का अलग से मूल्यांकन सम्भव है।

इस सारे विवेचन से यही सिद्ध होता है कि जो व्यंग्य को विधा मानते हैं, वे सही हैं और जो उसे शैली मानते हैं, वे भी सही हैं। इस शोधकर्ता के मत में व्यंग्य वस्तुतः विधा भी है और शैली भी। रचना में व्यंग्य सर्वोपरि हो, रचना का प्राण हो, तो व्यंग्य विधा होता है और जब वह रचना में बीज-रूप में होता है या जुगनू की तरह जहाँ-जहाँ प्रकाश करता है, तब वह 'स्पिरिट' या 'शैली' होता है।

ऊपर हमने यह भी देखा है कि व्यंग्य को सभी विधाओं में व्याप्त बतानेवालों, उदाहरणार्थ परसाई, ने व्यंग्य की व्याप्ति के सम्बन्ध में निबन्ध, कहानी, नाटक, उपन्यास आदि गद्य-विधाओं का तो उल्लेख किया है, पर कविता का प्रायः नहीं। वस्तुतः सूक्ष्म

---

1. डॉ. शशि मिश्र, स्वातन्त्र्योत्तर हिन्दी व्यंग्य निबन्ध, पृ. 19

रूप से विचार करने पर हम इसी निष्कर्ष पर पहुँचते हैं कि व्यंग्य की तीखी सुघड़ता का क्षेत्र पद्य का न होकर गद्य का ही है। पद्य में कोमलता एवं मधुरता के तत्त्वों की प्रमुखता होने के कारण, विषयवस्तु को उसकी पूर्ण यथार्थता में ग्रहण करके व्यंग्य को अभिव्यक्ति देने के लिए गद्य ही एक उचित साधन सिद्ध होता है। इस तथ्य की पुष्टि करते हुए ह्यू वाकर लिखते हैं, ''यथार्थ में थोड़ा सा विचार करने से ही यह स्पष्ट हो जाता है कि व्यंग्यात्मक भावना गद्यात्मक है, पद्यात्मक नहीं।''[1] ध्यान देकर विचार किया जाए तो पता चलेगा कि व्यंग्य का समूचा बनाव ही अपेक्षाकृत गद्य के निकट का है। हालाँकि यह सही है कि व्यंग्य की प्रारम्भिक यात्रा पद्य की रही है और कतिपय कवियों ने भी अपनी कविताओं में अच्छा व्यंग्य किया है और यह भी कि एक अनन्त काल के अन्तराल से गुजरते हुए ही व्यंग्य अपनी विकसित स्थितियों को ग्रहण करके गद्य में स्वीकृत हुआ या उसने गद्य को स्वीकार किया। गद्य को अपने साधन-रूप में स्वीकार करने के पीछे बहुत कुछ व्यंग्यकार का आवश्यक रूप से यथार्थवादी होना ही है। इस दृष्टि से उसे रूमानीपन के एकदम विपरीत भी माना जा सकता है। रूमानीपन आवेग की तन्मयता का पोषक होता है, जो व्यंग्य की भावना के प्रतिकूल है। यदि कभी भूल या अपने अज्ञान से कोई व्यंग्यकार इस क्षेत्र में प्रवेश कर भी जाता है, तो वह लेखक व्यंग्यकार कम, मसखरा ज्यादा बन जाता है। इसलिए नारमन फरलांग ने ठीक ही लिखा है कि ''व्यंग्यकार यथार्थवादी होता है, न कि रोमांसवादी। उसकी दृष्टि उसके आसपास के जीवन में परिलक्षित दोषों एवं मूर्खतापूर्ण असंगतियों पर केन्द्रित होती है। चूँकि वह हमारी सौन्दर्य-भावना का नहीं, बल्कि परिहास-भावना का उद्रेक करता है, उसके लिए उपयुक्त माध्यम गद्य ही है।''[2] इसका एक सहज कारण और भी है और वह यह कि हम अपनी अभिव्यक्ति के लिए पद्य की अपेक्षा गद्य में अधिक स्वतन्त्रता पा लेते हैं (विशेषकर पिछले युग के सन्दर्भ में)–पद्य में छन्द, गति, लय आदि ऐसे बन्धन हैं, जो गद्य में नहीं। फलतः व्यंग्यकार अपनी रचना के लिए निबन्ध, कहानी या उपन्यास के परिवेश को तो ले ही लेता है; रिपोर्ताज, पत्र, डायरी, कॉलम एवं पैम्फलेट तक के परिवेश को ग्रहण कर लेता है–वास्तव में वह गद्य में अपनी व्यंग्य-भावना के रचनागत तनाव की अनुरूपता हेतु इच्छित शैलियों को चुनने के लिए पूर्ण स्वतन्त्र होता है और शायद यही कारण है कि व्यंग्य-निबन्ध समाज, साहित्य, शासन के जीवन में जो उथल-पुथल मचाते हैं; विचारात्मक, तर्कपूर्ण दार्शनिक निबन्ध भी नहीं मचा सकते। फिर भी आवश्यक नहीं कि वह निबन्ध ही लिखे। वस्तुतः व्यंग्यकार की स्वतन्त्रता की कोई सीमा नहीं। वह अपनी रचना में व्यंग्य के एक या एकाधिक गद्य-शैलियों के सम्मिश्रण से बने रूपों को ग्रहण करने के लिए स्वतन्त्र है। यह स्वतन्त्रता भी वस्तुतः व्यंग्यकार को किसी आभार में नहीं दी गई, या दी जाती। यह तो उसकी अपनी रचना-शक्ति ही है, जिसके बल पर वह हठात् जो चाहता है, उसे बरबस लेकर उसका उपयोग करता है। सही एवं सक्षम

1. इंग्लिश सटायर एंड सटायरिस्ट, पृ. 7
2. इंग्लिश सटायर, पृ. 18

व्यंग्यकार व्यंग्यात्मक भावना की ठोस अभिव्यक्ति के साथ किसी भी रूप में उपस्थित होकर उस रूप की अनुरूपता से श्रेष्ठता प्राप्त करते मिलेंगे। वे विभिन्न रूपों की एक नवीन अंशात्मक स्वीकृति को लेकर नए-नए आयामों को आधार दे सकने की क्षमता से संवलित भी मिलेंगे। सहज-से-सहज विषय-वस्तु जो साधारण व्यक्ति की नजरों में महत्त्वहीन है, व्यंग्यकार की दृष्टि में आकर समाज को रास्ता दिखानेवाली या विचार देनेवाली रचना में रूपान्तरित हो जाती है। यही कारण है कि व्यंग्यकार अपने युग का सचेतक एवं मार्गदर्शक कहा जाता है। वह समाज की बौद्धिक चेतना का प्रमुख संवाहक है।

निष्कर्षतः कह सकते हैं कि आधुनिक व्यंग्य एक स्वतन्त्र गद्य-विद्या है, किन्तु वह शैली या स्पिरिट के रूप में अन्य विधाओं में व्याप्त होने का सामर्थ्य भी रखता है। उसके इन दोनों ही रूपों में जीवन-चेतना अपने यथार्थ एवं वैचारिक रूप में अभिव्यक्त होती है। और वैचारिकता आज के जागृत समाज की अनिवार्यतम आवश्यकता है। दिनोंदिन विकृत होते आधुनिक समाज में व्यंग्य की महत्ता और उपयोगिता इसलिए है कि यह एक ताजा लेखन है—सामाजिक घटनाओं-दुर्घटनाओं की त्वरित प्रतिक्रिया है। किन्तु जीवन एवं समाज की ये सामयिक घटनाएँ अपने भीतर शाश्वत जीवन-मूल्य सँजोए होती हैं। अतः यह व्यंग्यीय प्रतिक्रिया तात्कालिक होते हुए भी क्षणिक नहीं होती, प्रत्युत् शाश्वत होती है। जब तक मनुष्य वर्तमान के प्रति ईमानदार नहीं होगा, भला भविष्य की कल्पना ही कैसे की जा सकती है ?

व्यंग्य की उपयोगिता

व्यंग्य स्फूर्तिवान मस्तिष्क की उपज है। वह स्पष्ट, सही और स्थायी प्रभाव डालनेवाला होता है। व्यंग्य में मानव और समाज का विवर्ण (ल्यूरिड) रंगों में खाका खींचा जाता है। व्यंग्य में साहसिक शब्दावली के प्रयोग द्वारा घिसी-पिटी, बासी और मृत परम्पराओं को घसीटा जाता है, जबकि साहित्य की अन्य विधाओं में सुसंस्कृत, औपचारिक एवं सामान्य (रिमोट) भाषा का प्रयोग किया जाता है। व्यंग्य अपने लक्ष्य को ज्यों का त्यों रख देता है, उसके साथ किसी औपचारिकता का व्यवहार नहीं करता। वह तो सत्य का नग्न प्रदर्शन ही उचित समझता है। कॉलियर्स एन्साइक्लोपीडिया के अनुसार व्यंग्य नित्य के जीवन और कला में प्रतिकूल आलोचना का दाँव-पेच होता है। इसका कार्य मानव को पूर्वग्रहों, विसंगतियों, प्रपंचों आदि से सचेत कराना होता है। यह रूढ़िगत कुपरम्पराओं और आदतों की कलई खोलकर लक्ष्य की भलाई के लिए उसे सचेत करता है।[1]

इसके लिए वह ऐसे चुनिन्दा शब्दों, चालू मुहावरेदार उक्तियों, जुगुप्सापूर्ण कल्पनाओं, वर्जित अभिव्यक्तियों और क्रूर एवं असामान्य भाषा का प्रयोग करता है, जो न केवल उपयुक्त हों, बल्कि जिनसे पाठक आश्चर्यान्वित एवं सन्त्रस्त हो जाएँ। अपने विशिष्ट भाषा-चमत्कार से सम्प्रेषणीय भाषा के समानान्तर अभिव्यंजक भाषा को

1. कॉलियर्स एन्साइक्लोपीडिया, पृ. 363

लाकर वह व्यंग्य की भाषा में एक प्रकार की जीवन्तता भर देता है। इस प्रयत्न में वह ध्वनि, पद, वाक्य आदि सभी भाषिक इकाइयों के साथ खिलवाड़ करता है, उन्हें तोड़ता-मरोड़ता है। वह परस्पर विरोधी शब्दों को एक साथ जोड़कर निन्दा करने योग्य व्यक्तियों व स्थितियों की प्रशंसा करके उससे उत्पन्न होनेवाले नए अर्थ की ओर इंगित करता है। आवरण में छिपे हुए पाखंड का पर्दाफाश करने के लिए व्यंग्यकार जब भाषा से जूझता है, तो भाषा की सामान्य संरचना टूट जाती है और उसकी भाषा एक विशेष प्रकार की अर्थशक्त ग्रहण करती है जो पांखड पर चोट करती, उसे चीरती हुई निकलती है। वह सहलाती नहीं, जलाती है। इस लिहाज से व्यंग्य को 'भाषा की लपट' कहें, तो गलत नहीं होगा। डॉ. नामवर सिंह ने इसे ही साहित्य के अन्दर 'परमाणु-युग' और 'भाषा का विस्फोटक प्रभाव' कहा है।[1] भाषिक इकाइयों के साथ किए जानेवाले इस असाधारण खिलवाड़ और तोड़-मरोड़ की प्रवृत्ति को चेक-भाषावैज्ञानिक जॉन मुकारोव्स्की ने पुनःप्रक्षेपण (फोरग्राउंडिंग) नाम दिया है।[2] यह प्रवृत्ति व्यंग्य की भाषा में अनेक रूपों में अभिव्यक्ति होती है, यथा अप्रचलित शब्दों का बार-बार प्रयोग, वाक्य-रचना के प्रचलित रूप में परिवर्तन, विदेशी भाषाओं के शब्दों का प्रयोग आदि। इनके अलावा, सामान्य व्यवहार में जिन शब्दों में सह-स्थिति नहीं होती, उनकी कृत्रिम सह-स्थिति कराते हुए मनोभावों के रागमूलक एवं विरागमूलक धरातलों में टकराव दिखाकर भी व्यंग्य की उत्पत्ति की जाती है। अपने मललब के लिए बेमतलब, आसाधारण एवं अनमेल शब्दों का प्रयोग भी इसी प्रवृत्ति के अन्तर्गत आता है। इसमें वक्रोक्ति, अतिशयोक्ति एवं अतिरंजना का सहारा भी लिया जाता है। इन सबके द्वारा व्यंग्यकार एक ऐसा यातुक (जादुई) माहौल निर्मित करता है, जिससे पाठक एकबारगी भौचक्का, हतप्रभ, सम्मोहित और चमत्कृत हो जाता है। एक जादूगर जैसे अपने कृत्यों से दर्शकों को मुग्ध और वशीभूत कर लेता है, वैसे ही व्यंग्यकार अपनी उक्तियों से पाठकों को अभिभूत कर लेता है। इस प्रकार प्रभाव की दृष्टि से व्यंग्य जादू का-सा कार्य करता है।

व्यंग्यकार उन आँखों को जो देखना नहीं चाहतीं, उन कानों को जो सुनकर अनुसनी कर देते हैं, उन हृदयों को जो अनुभूति-शून्य हो गए हैं और उन मस्तिष्कों को जो समझना नहीं चाहते, अपने व्यंग्य द्वारा राह पर ले आता है। वह छिपाई हुई दुर्बलताओं को उभार देता है। जो असत्य एवं असंगत है, उसी पर आक्रमण करता है। ऐसा करके वह गल-सड़ गई मान्यताओं तथा आचार-व्यवहार में सुधार लाना चाहता है। व्यंग्यकार जब व्यंग्य करता है, तो उस किसान की तरह होता है जो फसल को नुकसान पहुँचानेवाले कौए को मारकर खेत में उलटा टाँग देता है, जिससे दूसरे कौए डरें और फसल का नुकसान न करें। पोप ने जब यह कहा था कि जब तक मैं जीवित हूँ, तब तक कोई सम्पन्न या सफेदपोश बदमाश सम्मान के साथ श्मशान-भूमि नहीं जा सकता,[1]

1. आलोचना, जनवरी-मार्च 1968, पृ. 21
2. स्टैंडर्ड लैंग्वेज एंड पोयटिक लैंग्वेज इन लिंग्विस्टिक एंड लिटरेरी स्टाइल, सं. डोनाल्ड सी. फ्रीमैन, पृ. 43

तो प्रकारान्तर से वे व्यंग्य तथा व्यंग्यकार की उपयोगिता तथा महत्ता का ही प्रतिपादन कर रहे थे। इतिहास गवाह है कि व्यंग्य कभी-कभी धर्म और कानून से भी बढ़कर कार्य कर जाता है। अपने कटु कटाक्षों और विषाक्त आक्षेपों द्वारा वह लक्ष्य का सामाजिक जीवन-यापन दूभर कर देता है। सामन्तशाही-युग में जब आभिजात्यों को (उनके धन या पद आदि के कारण) कानून दंड देने में असमर्थ था, तब व्यंग्य ही उन्हें होश में आने के लिए विवश करता था।

कुछ आलोचकों का कथन है कि व्यंग्यकार बने-बनाए ढाँचे को ढहा देता है और उससे उत्पन्न शून्य को भरना वह आवश्यक नहीं समझता। इससे यह शंका उठती है कि यदि व्यंग्यकार ध्वस्त करने का विशेषज्ञ है, तो उसका योगदान निर्माण की दृष्टि से क्या है ? इसके उत्तर में कहा जा सकता है कि व्यंग्यकार का कार्य तो उस बुलडोजर के समान है, जो ऊबड़-खाबड़ को उखाड़-पछाड़कर समतल बना देता है। ऐसी धरती को सजाने-सँवारने का दायित्व समाज का होता है। अतः व्यंग्यकार तो अपने उद्देश्य में तभी सफल हो जाता है, जब वह अपने लक्ष्य की बौद्धिक और मानसिक गन्दगी की सफाई कर उसे नई दिशा की ओर मोड़ देता है। मुक्तिबोध ने जब यह लिखा था कि "जो कुछ है उससे बेहतर चाहिए, सारी दुनिया साफ करने के लिए एक मेहतर चाहिए"[2], तो वे मानो व्यंग्यकार के महान जीवनोद्देश्य की ही चर्चा कर रहे थे।

साहित्य में कुछ समय पूर्व तक व्यंग्य को कविता, नाटक या उपन्यास आदि की कोटि में नहीं रखा जाता था। साहित्यिक पत्रिकाओं में इसे श्रेष्ठ स्थान भी नहीं दिया जाता था। आज स्थिति यह है कि व्यंग्य के बिना किसी पत्र-पत्रिका की कल्पना तक नहीं की जा सकती। यह स्थिति व्यंग्य की उपादेयता, प्रासंगिकता और महत्त्व की परिचायक है।

आज व्यंग्य अपनी ओर पूर्ण शक्ति से ध्यान आकर्षित कर रहा है। व्यक्ति और समाज उसके महत्त्व और आवश्यकता को स्वीकार रहा है। व्यंग्य के प्रति दृष्टिकोण बदल रहा है। स्वातन्त्र्योत्तरकालीन साहित्याकाश में व्यंग्य सम्मानित और निश्चित आसन ग्रहण करता जा रहा है। व्यंग्य समाज का सही रूप में दर्पण बन रहा है। आज का व्यक्ति और समाज अधिक प्रबुद्ध है। वह औचित्य-अनौचित्य, विवेक-अविवेक का अन्तर समझता है। अतः समाज के हित के लिए व्यंग्य एक पवित्र अस्त्र के समान कार्य कर रहा है, जो केवल भर्त्सना, तिरस्कार या आलोचना ही नहीं करता अपितु नवजागृति, नवक्रान्ति ला रहा है। व्यंग्यकार अपने विचारों को लोगों पर जबरन मढ़ता नहीं, वह तो कायल करके उसे मनवा लेता है। वह उन्हें जागरूक करता है, उन्हें सोचने के लिए विवश कर देता है। यही व्यंग्यकार का उद्देश्य होता है और यही लक्ष्य-सिद्धि।

---

1. इंग्लिश सटायर, पृ. 11
2. चाँद का मुँह टेढ़ा है, मैं तुम लोगों से दूर हूँ, पृ. 93

व्यंग्य की वैचारिक पृष्ठभूमि

यों तो प्रत्येक साहित्यिक रचना किसी-न-किसी रूप में विचार से प्रेरित रहती है, किन्तु व्यंग्य का तो वह प्राण ही है। कारण, एक तो व्यंग्य मुख्यतः एक बौद्धिक कर्म है और दूसरे वह सामाजिक अभिप्राय से युक्त होता है। किसी भी साहित्य में यदि हम सामाजिक चेतना के स्पष्ट दर्शन करना चाहें तो वह हमें उसकी व्यंग्य-रचनाओं में मिलेंगे। उन रचनाओं में समाज की तात्कालिक स्थितियों एवं परिस्थितियों का जैसा स्पष्ट वर्णन मिल सकेगा, वैसा साहित्य की अन्य विधाओं में नहीं। व्यंग्य की चेतना का सम्बन्ध सामाजिक व्यवहार और वस्तु के प्रति रचनाकार की संवेदनशील और विचारपूर्ण प्रतिक्रिया से है। दरअसल विचार रचना के गहन स्तरों पर घटित होता है, किन्तु जरूरी तौर पर विचार अन्ततः रचनाकार के मानवीय पक्ष और संवेदनशील प्रतिबद्धता में बद्ध है। रचनाकार अपनी प्रगतिशील आस्था, विचार और सपनों में यथार्थ और उसके द्वन्द्वों एवं अन्तर्विरोधों को ढालता है और इस तरह सामाजिक यथार्थ को सृजनात्मक आलोक से भर देता है। रचना की यही क्रियात्मक शक्ति भी है। जहाँ तक व्यंग्य का सम्बन्ध है, मृत परम्पराओं और प्राचीन, प्रतिगामी भावबोध को नकारना; नए चरित्रों को संवेदनात्मक धरातल पर खड़ा करना; विसंगतियों, विकृतियों, विद्रूपों का गहरी मानवीय प्रगतिशील संवेदना से चित्रण करना; अपने इतिहास की असफलताओं तथा उसके विभिन्न रूपों के चित्र प्रस्तुत करना; द्वन्द्वात्मक स्थितियों को उभारना; मनुष्य की जिजीविषा एवं संघर्षशीलता का वर्णन—ये सारी बातें व्यंग्य की क्रियात्मक शक्तियाँ हैं। 'विचारपूर्ण प्रतिक्रिया' और उसमें निबद्ध 'सामाजिक आलोचना' व्यंग्य की आन्तरिक रचना-प्रक्रिया को शेष रचना-प्रक्रिया से अलग कर देती है। प्रश्न उठता है कि इस विचारपूर्ण प्रतिक्रिया का वास्तविक वस्तुगत आधार क्या होता है और व्यंग्य में यह सामाजिक आलोचना कैसे सम्भव होती है ? व्यंग्यकार को अपना पहला कदम सामाजिकता की यथार्थवादी चट्टान पर ही रखना होता है। उसके रचनागत अस्तित्व में समाज एक ऐसी इकाई के रूप में अवतरित रहता है, जिसके चारों तरफ रचना का समस्त परिप्रेक्ष्य अपनी सीमाओं का फैलाव या संकुचन करता है। वास्तव में यही एक ऐसी इकाई है, जो व्यंग्यकार को अपने निजी धरातल के रूप में स्वीकृत होती है। वह इस इकाई को केन्द्र मानकर अपने सामर्थ्य, समझ तथा सूक्ष्मता के बल पर अपनी परिधि में सिमट पानेवाली सम्पूर्ण सामाजिक समस्याओं का निराकरण करता है। वह अपनी इस रचनागत चेतना के क्रम में 'निरे सत्य' को स्पष्ट करने का दावा करता है, जिसके बल पर यह कहा जा सकता है कि उसकी रचना का आधार ही सामाजिक सत्यों के निरावरण से अधिक विकास की एक कहानी होता है। तात्पर्य यह है कि व्यंग्य का महत्त्व प्रत्यक्षतः समाज-सापेक्ष है। इसीलिए प्रत्येक प्रतिभावान व्यंग्यकार सर्वाधिक लोकप्रिय एवं देशकाल की सीमाओं के बीच एक योद्धा का स्थान पा सकने में सफल हो सकता है या होता है।

व्यंग्यकार द्वारा अपने समय की समस्त समस्याओं को भोगना एवं उनसे वैचारिक स्तर पर जूझना ही व्यंग्य के इस महत्त्व के मूल में है। वह इन स्थितियों को अपनी

रचना-प्रक्रिया में भोगकर रचनागत ताप की ऐसी संयोजना कर पाता है, जिससे जनसाधारण को वैचारिक मार्गों पर प्रशस्त होने में बल मिलता है, उसके व्यवहार में तदनुकूल परिवर्तन को आधार प्राप्त होता है एवं इन सबसे महत्त्वपूर्ण तथ्य यह है कि वह निर्णय करने की शक्ति से संवलित हो एक विचार-ज्योति से प्रज्वलित हो उठता है। सच्चे एवं सही व्यंग्य की सफलता इसी विचार-स्फुलिंग को उत्पन्न करना ही है। इस चिनगारी को उत्पन्न करने के तरीके स्वयं व्यंग्यकार के अपने रचना-रूपों में विभिन्न हो सकते हैं, लेकिन यह स्पष्ट है कि यदि व्यंग्यकार हास्यास्पद पर प्रहार करता है तो अन्तिम रूप से हास्यास्पद पर जो प्रतिक्रिया होती है, उसको छोड़कर उसका सामाजिक मूल्यांकन किया जाए तो यही ज्ञात होता है कि उसमें वैचारिक स्तरों के अनजाने स्रोत फूट पड़ते हैं, जिसके कारण सामाजिक पुष्टता प्रदान करनेवाली क्रियाशीलता उत्पन्न होती है। नैतिकता का स्थान भी व्यंग्य में अपने निश्चित विशिष्ट अर्थ में महत्त्वपूर्ण होता है। व्यंग्यकार की नैतिकता किन्हीं पूर्वापेक्षित परम्पराबद्ध खोखले आदर्शों से प्रतिबन्धित या पिष्टपोषित नैतिकता नहीं होती, बल्कि नैतिकता के सामान्य अर्थ में तो व्यंग्यकार ही उसकी मुख़ौटापरस्ती का प्रथम एवं प्रधान शत्रु कहा जाएगा। इसलिए उसकी नैतिकता तात्कालिक खोखले मूल्यों पर प्रहार कर यथार्थ दृष्टि प्रदान कर चेतना-विस्तार करनेवाली नैतिकता ही होती है। उसकी इस नैतिकता में निश्चय ही अधिकांश रूप में उन सब रूढ़ियों पर जाने-अनजाने प्रहार होता है, जो तात्कालिक सामाजिक विकृतियों की जनक होती हैं। तात्पर्य यह कि व्यंग्यकार अपनी यथार्थपरकता के अनुरोध पर गृहीत नैतिकता के वशीभूत हो पूर्वनिर्धारित किन्हीं भी विकृतियों का विरोधी हो सकता है—चाहे उसमें परम्पराबद्ध नैतिकता या उसका कोई अंश ही क्यों न सम्मिलित हो। क्योंकि ऐसी नैतिकता की आड़ में अनैतिकता के न केवल हाथ मजबूत होते हैं, बल्कि उसका समूचा समाज-विरोधी अस्तित्व भी पनपता है। शायद इसीलिए कुछ विद्वान व्यंग्यकार को नैतिकता से हीन व्यक्ति कह जाते हैं। लेकिन व्यंग्यकार की नैतिकता किसी कायर या अपंग या मूर्ख व्यक्ति की नैतिकता न होकर दायित्वपूर्ण एवं शक्ति-सम्पन्न पुरुष की नैतिकता है। उसकी नैतिकता किन्हीं नियमों के आगे हाथ जोड़ने या स्वीकृत विडम्बनाओं की परमुखापेक्षी नहीं, बल्कि वह अपनी शक्तिमत्ता से ग्रहण की गई नैतिकता की सुरक्षा के लिए समर्पित एवं कटिबद्ध होने के कारण अपना प्रहार करने में किसी भी प्रकार के ऐसे कायर विचारों की वजह से पीछे नहीं हटता, जो दंडनीय के प्रति दया-भाव उत्पन्न करें। वस्तुतः अपराधी व्यक्ति पर दया करना स्वयं नैतिकता का गला घोंटना है। अतएव यह सही नहीं माना जा सकता है कि व्यंग्यकार में नैतिकता का अभाव होता है।

अपनी सूक्ष्म दृष्टि से उत्पन्न रचनात्मक सूझ से व्यंग्यकार सामाजिक प्रवृत्तियों के जाल का एक छोर पकड़कर सारे परिवेश को झकझोर देने का सामर्थ्य रखता है। यही कारण है कि उसके द्वारा जैसे व्यक्ति-विशेष पर किया गया व्यंग्य, विशिष्ट प्रकार के व्यक्तियों पर किए गए व्यंग्य का अंग बन जाता है; उसी प्रकार सामान्य अनुचित

व्यवहार की आलोचना समाज के एकांग या सर्वांग की आलोचना बन जाती है। उसकी अभिव्यक्ति अपनी घातों में एक तीर से अनेक को धराशायी कर देती है, जिसके कारण व्यंग्यकार का व्यक्तित्व एक अपराजेय व्यक्ति के रूप में मान्यता पाता है। इतिहास साक्षी है कि व्यंग्य ने समाज के ऐसे व्यक्तियों को भी ठीक करने में कोई कसर नहीं छोड़ी, जिसके सम्बन्ध में जनसाधारण का कुछ कह पाना सम्भव नहीं था। स्पेन के सरवेंटीज ने 'डॉन क्विकजोट' की रचना करके यूरोप-भर के खुदाई फौजदारों की हस्ती मिटा दी, इंग्लैंड के शेक्सपियर ने अपने नाटक 'दि मर्चेंट ऑफ वेनिस' द्वारा सूदखोरों का हुलिया बिगाड़ दिया, फ्रांस के मोलियर ने अपने 'पैकिमरफरिए' नामक चरित्रों से तत्त्वज्ञानियों की खिल्ली उड़वाकर अरस्तू से मतभेद व्यक्त करनेवालों को फाँसी के तख्ते पर से उतार लिया। व्यंग्य की शक्तिमत्ता प्रकट करनेवाले इससे बड़े उदाहरण और क्या होंगे ? राजमद या उसके अन्धकार में लिए गए पक्षपातपूर्ण निर्णयों को बदलवाने की शक्ति व्यंग्य के हाथों का खिलवाड़ ही है। सच पूछा जाए तो यह कार्य एक जागरूक व्यंग्यकार का ही है, जो अपने सजग दायित्व के लिए प्रस्तुत होकर इस सुधार-यात्रा में विजय का वरण करता है। एक ओर तो वह अपराधी को दंड देता है और दूसरी ओर अपराध न करने के विचार भी लोगों में मन में जगाता है। वह समाज में पनपती विरूपताओं एवं विकृतियों पर विचारधारा से दृष्टि पाकर अचूक प्रहार करके एक सामाजिक चेतना का निर्माण करता है। व्यंग्यकार की विकसित दृष्टि एक ओर उसे सुधारक का रूप प्रदान करती है तो दूसरी ओर उससे भी ऊपर मूल्यों के द्रष्टा के रूप में स्थान प्रदान करती है। व्यंग्यकार की यही दृष्टि समाज में मूल्यों के पुनर्निरीक्षण, संवीक्षण एवं पुनर्निर्धारण का मार्ग प्रशस्त करती है। वह उसे एक ऐसे चेतना-स्रोत से जोड़ देती है, जो उसे जीवन्त आलोचना कर सकने, सूक्ष्म अन्वेषणगत सत्य-भावों को समझ पाने एवं उनकी मूल्य-गरिमा को स्पर्श कर पाने की स्थितियों से संवलित करता है। इसी दृष्टि-चेतना के केन्द्र से उद्भूत रचनात्मक आधार पर प्राप्त प्रभावों में प्रस्तुत होकर सम्पूर्ण समाज व्यंग्यकार की प्रतिफलित अनुरूपताओं से सम्पृक्त होता हुआ उसका अनुगमन करता है।

व्यंग्यकार के इन समस्त प्रयासों एवं सत्यापेक्षित रचनात्मक अभिव्यक्ति की अन्तिम परिणति का प्रतिफलन जनसामान्य की रुचि के परिष्कार के रूप में होता है। इस रुचि-परिष्कार का अन्तिम बिन्दु या सापेक्ष बिन्दु होता है—सामाजिक-मानसिक विकास। वस्तुः यह सामाजिक-मानसिक विकास ही है, जिसके लिए व्यंग्यकार कटिबद्ध हो कुछ भी उठा नहीं रखता। वह इसके लिए तत्पर होकर समाज-विरोधी शक्तियों से लोहा लेता है, जिसके बदले में उसे स्वार्थी शक्तियों की शत्रुता भी मिलती है। यह स्पष्ट है कि ये समस्त समाज-विरोधी, विघटनकारी शक्तियाँ खुले रूप से उसका सामना करने की शक्ति से वंचित रहती हैं, फिर भी अप्रत्यक्ष रूप से हानि पहुँचाने में कोई कसर उठा नहीं रखतीं। और इसका दूसरा पक्ष यह है कि व्यंग्यकार इन भयानकताओं के बावजूद दोहरे साहस एवं चिन्तन से अपने उपलक्षित मन्तव्य की ओर अग्रसर होता है, दृढ़तापूर्ण

प्रहार करता है और निश्चय ही सफलता का वरण करता है। मूल रूप से यह सफलता व्यंग्यकार की कम (केवल यश तक ही सीमित होती है) एवं समाज की या समाज के अधिकांश व्यक्तियों की अधिक होती है, और विकसित दृष्टि के आधार पर समाज को नए मानदंड प्रदान करने में सहायक होती है। यही कारण है कि व्यंग्य-रचना के प्रणेता–व्यंग्यकार–का महत्त्व सामाजिक प्रहरी एवं दिशा-निर्देशक से भी आगे एक क्रान्तिकारी के रूप में होता है। उसकी शक्ति से दुश्मन हताश, मित्र गौरवान्वित एवं जनसाधारण प्रसन्नता एवं सुख का अनुभव करता है। इसलिए उसकी विजय उसकी न होकर समस्त समाज की होती है।

इस प्रकार यह स्पष्ट है कि व्यंग्य के लिए लेखक की मनुष्य और समाज के प्रति स्पष्ट प्रतिबद्धता जरूरी है; उसके बिना हास्य लिखा जा सकता है, व्यंग्य नहीं। यह प्रतिबद्धता इस बात से तय होती है कि समाज में व्याप्त द्वन्द्व में लेखक पीड़ितों के साथ है या पीड़कों के ? यह दृष्टि लेखक को विचारधारा देती है, किन्तु विचारधारा कोई साँचा नहीं है, जिसमें रचना ढाली जाए। विचारधारा का रचना में योगदान वास्तविक और यथार्थ से टकराकर होता है। विचारधारा विचारों और दृष्टियों का वह पूर्ण योग है, जिसमें लोगों की भौतिक परिस्थितियों, जीवन और सामाजिक चेतना को तर्कपूर्ण आधार मिलता हो। विचारधारा या चेतना का अलग-अलग रूप यह प्रदर्शित करता है कि विचारधारा वर्ग की स्थिति होती है। अगर विचारधारा वर्ग की स्थिति होती है, तो फिर वह सत्य को कैसे अभिव्यक्त करती होगी ? इसका उत्तर हम पूँजीवादी समाज की मानव-इतिहास में प्रगति के परिप्रेक्ष्य में पा सकते हैं। जब तक पूँजीपति-वर्ग सामन्तशाही से लड़ रहा था, तब तक उसकी विचारधारा विश्व को ऐसे ढंग से प्रतिबिम्बित करती रही, जो अपेक्षाकृत सत्य था। पर ज्यों ही पूँजीपति-वर्ग के हाथ में सत्ता आई, त्यों ही उसकी प्रगतिशीलताएँ नष्ट हो गईं और वह सामाजिक विकास के पैरों की बेड़ी बन गया तथा पूँजीवादी विचारधारा यथार्थ को सत्यतापूर्वक प्रतिबिम्बित करने की क्षमता खो बैठी।

प्रत्येक लेखक को जीवन की गहरी संलग्नता के साथ, जीवन के वास्तविक अनुभवों के साथ विचारधारा को अपने लिए अर्जित करना पड़ता है। विचार अत्यन्त आत्मीय रूप में वास्तविक जीवनानुभवों के साथ जब तक हमारी संवेदना का ही जरूरी हिस्सा नहीं बन जाते, तब तक विचारधारा लेखक के लिए पराई चीज रहती है।

विचारधारा मानवीय होती है, मानव-द्रोह और अपराध के विरुद्ध खड़ा करती है। वह फासिस्टवाद के विरुद्ध आचरणवाली होती है और व्यक्ति को सामाजिक मनुष्य में बदलती है। इस प्रकार विचारधारा मानवीय शोषण के विरुद्ध संघर्ष का कारगर हथियार बनती है। लेकिन यहाँ यह भी उल्लेखनीय है कि कोई भी विचारधारा खुद मनुष्य से बड़ी नहीं है, सारे विचार और सिद्धान्त मनुष्य के लिए हैं। इसलिए प्रतिबद्धता रचनात्मक प्रक्रिया का अत्यन्त आवश्यक हिस्सा है–व्यंग्य के मामले में विशेष रूप से। व्यंग्य एक प्रबल प्रतिपक्ष है, उसमें एक निश्चित वैचारिक प्रतिबद्धता के बिना धार पैदा नहीं हो सकती। व्यंग्य में मानवीय और सामाजिक अन्तर्विरोधों, विद्रूपताओं, असंगतियों पर

आक्रमण किया जाता है–अनिवार्यतः व्यंग्य का एक पक्ष होता है, तभी एक प्रतिपक्ष भी बनता है–उसमें 'तटस्थता' जैसी कोई चीज नहीं होती। व्यंग्य की रचना-प्रक्रिया का यह आधारभूत तत्त्व है। इस मानवीय विवेक के बिना लोगों और चीजों का मजाक तो उड़ाया जा सकता है, व्यंग्य नहीं किया जा सकता। सामाजिक आलोचना का लक्ष्य व्यंग्य में तब तक प्राप्त नहीं किया जा सकता, जब तक पक्ष-विपक्ष का आलोचनात्मक विवेक व्यंग्यकार के पास न हो। इसके बिना कोई मार्मिक आलोचना सम्भव ही नहीं होती, केवल गैरजिम्मेदार हास्य और हिंसापूर्ण निर्दय मजाक ही किया जा सकता है। इसके अभाव में व्यंग्य के माध्यम से कोई क्रान्तिकारी अन्तर्वस्तु सम्प्रेषित नहीं हो पाती, उलटे व्यंग्यकार मानव-द्रोही और कटु हो जाता है। व्यंग्यकार की प्रतिबद्धता इसलिए व्यंग्य के सौन्दर्य-शास्त्र का बहुत महत्त्वपूर्ण हिस्सा है।

2

हिन्दी-व्यंग्य की पृष्ठभूमि

यों तो हिन्दी-व्यंग्य की पृष्ठभूमि का विश्लेषण करनेवालों ने इसे प्राकृत और अपभ्रंश तक के साहित्य में ढूँढ़ने का प्रयास किया है,[1] किन्तु जहाँ तक आधुनिक अर्थों में स्वीकृत विधागत व्यंग्य का प्रश्न है, इसकी परम्परा भारतेन्दु-युग से ही आरम्भ होती है। अपने शैशव में व्यंग्य ने निबन्ध की गोद में अठखेलियाँ की हैं, और हिन्दी-निबन्ध का उदय एवं विकास भारतेन्दु-युग से ही हुआ। उससे पहले निबन्ध कही जानेवाली विधा के नाम पर हमें कुछ सार्थक नहीं मिलता। निबन्ध किसी लेखक की अपनी प्रतिक्रिया से ही जन्म लेता है और इस प्रकार की परम्परा का विकास पाश्चात्य साहित्य के प्रभाव और युगीन परिस्थितियों के सन्दर्भ में भारतेन्दु-युग में ही हुआ। भारतेन्दु-युग को हिन्दी-साहित्य में पुनर्जागरण-काल के नाम से जाना जाता है, जबकि देश की सजग मानसिकता गुलामी में जकड़ी हुई अपनी दुर्दशा के प्रति बड़े तिक्त भाव से सोच रही थी। हर क्षेत्र में एक नया जागरण आरम्भ हो चुका था। निबन्ध-साहित्य सीधे-सीधे पाठकों को सम्बोधित होता है, इसलिए भारतेन्दु-युग के निबन्ध-साहित्य में यथार्थ जीवन की अभिव्यक्तियाँ बड़े तीखे व्यंग्यात्मक रूप में आईं। इस तरह हिन्दी-व्यंग्य की परम्परा लगभग एक शती पुरानी ही मानी जाएगी। विवेचन-विश्लेषण की सुविधा हेतु इसका स्वतन्त्रता-पूर्व तथा स्वातन्त्र्योत्तर हिस्सों में अध्ययन करना उचित होगा।

हिन्दी-साहित्य का इतिहास विभिन्न वादों एवं विवादों का इतिहास रहा है। व्यंग्य-साहित्य भी इनसे अछूता न रह सका। पुनर्जागरण-काल अर्थात् भारतेन्दु-युग की जिन सामयिक परिस्थितियों ने व्यंग्य की पैनी धार का निर्माण किया, जागरण-सुधार-काल अर्थात् द्विवेदी-युग के आते-आते वे नैतिक आदर्श ओढ़ लेती हैं। शुक्ल-युग वैचारिक प्रौढ़ता का युग होते हुए भी कविता के क्षेत्र में छायावादी इतिवृत्तात्मकता एवं रूमानी रुझान का युग रहा है। अतः हिन्दी-निबन्धों में व्यंग्य का जो तीव्र रूप भारतेन्दु-युग एवं कुछ हद तक द्विवेदी युग–जिन्हें नवजागरण-काल कहा जा सकता है–में पाया जाता है,

1. डॉ. उषा शर्मा, स्वातन्त्र्योत्तर हिन्दी साहित्य में व्यंग, पृ. 81

वह परवर्ती साहित्य में शिथिल-सा हो गया। किन्तु 1947 में स्वतन्त्रता-प्राप्ति के रूप में राष्ट्र पुनः करवट लेता है। एक बार फिर व्यंग्य-साहित्य हेतु प्रचुर एवं प्रबुद्ध सामग्री एकत्र होती है। राष्ट्र पुनः उन्हीं विसंगतियों एवं विरूपताओं से आबद्ध हो उठता है। ऐतिहासिक परिप्रेक्ष्य एवं सामयिक तथ्यात्मक विश्लेषण की दृष्टि तथा गुणात्मक व्यंग्य-निबन्धों की संख्या को ध्यान में रखते हुए स्वतन्त्रता-पूर्व व्यंग्य-निबन्धों का अध्ययन नवजागरणकालीन व्यंग्य-निबन्ध तथा नवजागरण-काल-परवर्ती व्यंग्य-निबन्ध के रूप में करना उपयुक्त होगा।

नवजागरण-काल में व्यंग्य

भारतेन्दु-युग में व्यंग्य

चूँकि व्यंग्य के कारक-तत्त्व के रूप में युगीन परिवेश में व्याप्त विसंगतियाँ, विरोधाभास आदि होते हैं, इसलिए अगर हम भारतेन्दु-युग की पृष्ठभूमि का एक संक्षिप्त जायजा लें, तो पाते हैं कि इस युग के व्यंग्य-निबन्धों की पकड़ अपने राजनीतिक, सामाजिक आर्थिक और सांस्कृतिक परिवेश पर बड़ी गहरी रही है। राजनीतिक दृष्टि से ब्रिटिश शासन के अन्तर्गत भारत के जन-जीवन को जिस तरह दबाया और शोषित किया जा रहा था, उस पर अच्छा-खासा व्यंग्य हमें इस युग के निबन्धों में मिलता है। यह युग पौर्वात्य एवं पाश्चात्य संस्कृतियों के संघटन का भी युग रहा है। दो विभिन्न संस्कृतियों की टकराहट, विघटन एवं समन्वय की ध्वनियाँ सहज ही इस युग के निबन्धों में व्यंग्यात्मक रूप में निखरती हैं। भारतेन्दु-युग हिन्दी-निबन्ध के साथ-साथ हिन्दी-व्यंग्य का भी शैशव-काल है। जिन परिस्थितियों ने हिन्दी-निबन्धों को जन्म दिया, वही परिस्थितियाँ अपनी व्यापक जटिलता, विसंगतियों एवं विडम्बनाओं की अभिव्यक्ति द्वारा इन निबन्धों को व्यंग्यमय बनाती हैं। इस प्रकार भारतेन्दु-युग से अपनी यात्रा प्रारम्भ कर हिन्दी-व्यंग्य स्वतन्त्रता-प्राप्ति के बाद जीवनगत जटिलताओं के साथ-साथ आगे बढ़ता हमारी सच्चाइयों को उजागर करता दीख पड़ता है।

विभिन्न विद्वान भारतेन्दु-युग को निबन्धों का 'उद्गम-युग'[1] तथा 'बाल्यकाल'[2] मानते हैं। निबन्ध किसी भी साहित्य के गद्य का निकष माना गया है। तात्पर्य यह कि गद्य-परम्परा जब प्रौढ़ एवं पुष्ट होती है, तभी साहित्य-विशेष में निबन्ध का प्रादुर्भाव होता है। व्यंग्य इस साहित्यिक निकष निबन्ध का भी निकष कहा जा सकता है। क्योंकि जब निबन्ध अपनी प्रौढ़ता को प्राप्त करते हैं, अभिव्यंजना-शक्ति का विकास करते हैं, तो व्यंग्य का आविर्भाव होता है। ऐतिहासिक सर्वेक्षण इस तथ्य की पुष्टि कर चुके हैं

1. डॉ. मु. ब. शहा, हिन्दी निबन्धों का शैलीगत अध्ययन, पृ. 1
2. डॉ. गणपतिचन्द्र गुप्त, हिन्दी साहित्य का वैज्ञानिक इतिहास, पृ. 846

कि हिन्दी-साहित्य के आधुनिक परिमार्जित व्यंग्य का मूल भारतेन्दुयुगीन निबन्ध-साहित्य में है। भारतेन्दु-युग हिन्दी-निबन्धों का ही उद्‌गम-युग नहीं, अपितु साहित्यिक व्यंग्यों का भी जनक है। यह एक सांस्कृतिक जागरण एवं चेतना का युग है। यह वह समय था, जब भारतीय जनता विदेशी सत्ता के ढोंग और चरित्रहन्ता प्रवृत्ति के विरुद्ध एकजुट हो क्रान्ति के पथ पर अग्रसर होने के लिए आकुल हो उठी थी। सदियों की सुषप्ति को तोड़ने का श्रेय निस्सन्देह सामाजिक एवं राजनीतिक नेताओं के साथ-साथ तत्कालीन साहित्यकारों को भी है।

आधुनिक हिन्दी-साहित्य के इतिहास में भारतेन्दु-युग विषम परिस्थितियों का काल था। भारतेन्दुयुगीन व्यंग्य इन्हीं परिस्थितियों के प्रतिक्रियास्वरूप जन्मा, पनपा और विकसित हुआ। भारतेन्दु का जन्म उस समय हुआ, जब देश दासता की जंजीरों में जकड़ा हुआ था। भारतीय जनता के मन में दासता और स्वत्वहीनता की भावना कूट-कूट कर भर दी गई थी। जीवन के हर क्षेत्र में नियन्त्रण लगे हुए थे, कोई भी कार्य करने की स्वतन्त्रता नहीं थी। इतना दमन सहते-सहते भारतीयों के मन-मस्तिष्क में एक परिवर्तन हुआ और वह परिवर्तन था बौद्धिक। बौद्धिक परिवर्तन ने राष्ट्रीयता की भावना को जन्म दिया। जनता में देशभक्ति की भावना का उदय तथा क्रान्तिकारी विचारों का जन्म दासता के बन्धन काट कर फेंक देने और स्वतन्त्र जीवन-यापन करने की चाह के लिए हुआ। इस युग का साहित्यकार राष्ट्र व जनता पर हुए दमन के प्रति सचेत हो गया। इसी समय अंग्रेजों को अपने शासन-तन्त्र को चलाने के लिए शिक्षित कलपुर्जों की आवश्यकता पड़ी। अतः उन्होंने भारत में शिक्षा का प्रचार आरम्भ किया। शिक्षा के प्रचार ने एक ओर अंग्रेजों को क्लर्क सप्लाई किए, तो दूसरी ओर देश में नवजागृति का शंख भी फूँका। विदेशी साहित्य के पठन-पाठन द्वारा शिक्षितों के विचारों में भाँति-भाँति के परिवर्तन हुए। वे अपनी यथार्थ स्थिति को समझने में समर्थ हो गए।

भारतेन्दु-युग में राजनीतिक, सामाजिक एवं धार्मिक परिस्थितियों ने अपना विकराल रूप धारण कर लिया था। दमन-चक्र, पुलिस तथा शासन का सर्वत्र फैला आतंक, शस्त्र-एक्ट, वर्नाक्युलर प्रेस-एक्ट, महारानी विक्टोरिया की धार्मिक निष्पक्षता की घोषणा द्वारा रूढ़िवाद और अन्धविश्वासों को प्रोत्साहन मिला। पादरियों द्वारा ईसाइयत का प्रचार, उस समय फैली धर्मसम्मत कुरीतियाँ, कुप्रथाएँ एवं अन्धविश्वास, अंग्रेजों द्वारा फैलाई जानेवाली पाश्चात्य संस्कृति की दासता आदि ऐसे कारण, विषय और लक्ष्य थे, जिन पर प्रहार करके उनमें सुधार या परिवर्तन लाकर उनका ध्वंस करने की परमावश्यकता थी। किन्तु साथ ही विडम्बना यह थी कि भारतीय साहित्यकारों को सीधे-सीधे और स्पष्ट शब्दों में आक्रोश प्रकट करने की स्वतन्त्रता नहीं थी। स्वतन्त्रता तो दूर, इसके लिए उन्हें कठोर से कठोर दंड भी मिल सकता था। अतः ये परिस्थितियाँ व्यंग्य के प्रादुर्भाव के लिए बहुत अनुकूल थीं। भारतेन्दु तथा उनके मंडल के साहित्यकारों ने जनता में जागरूकता लाने के लिए अति कुशलतापूर्वक व्यंग्य को अस्त्र के रूप में अपनाया। भारतेन्दु जनसामान्य में चेतना जगाकर उन्हें देश की दुर्दशा और उनकी

हीनता, पंगुता, अकर्मण्यता से अवगत कराना चाहते थे। वे देशवासियों में उस समय फैली विसंगतियों तथा विकृतियों से टकराने की भावना उत्पन्न करना चाहते थे। वे जनता में देशभक्ति तथा राष्ट्रोद्धार की भावना जगाना चाहते थे। इसके लिए उन्होंने अपनी धारदार, तीक्ष्ण लेखनी का प्रयोग किया। उन्होंने व्यंग्यपूर्ण नाटक, प्रहसन, कविता, निबन्ध आदि और ऐसे विदेशी साहित्य के अनुवाद, जो राजनीतिक तथा सामाजिक विकृतियों पर प्रहार करता था, द्वारा प्रचुर परिमाण में व्यंग्य-साहित्य का सृजन किया।

इसी समय स्वामी दयानन्द सरस्वती का आर्यसमाज-आन्दोलन आरम्भ हुआ। स्वामीजी भारतीय अतीत के गौरव को पुनर्जीवित करना चाहते थे और साथ ही बढ़ती हुई अंग्रेजी सभ्यता का खंडन भी करना चाहते थे। इसके प्रचार के लिए आर्यसमाजी लेखों, कविताओं, भाषणों आदि में गद्यमय व्यंग्य का स्वरूप निहित रहता था। आर्यसमाजी व्याख्यानों द्वारा सामाजिक पुनरुत्थान के साथ-साथ हिन्दी भाषा का प्रचार भी उचित परिमाण में हुआ। तर्क द्वारा भाषा में व्यंग्य तथा कटाक्ष करने की शक्ति का आविर्भाव हुआ। व्यंग्य के लिए एक ओर आर्यसमाज का महत्त्वपूर्ण योगदान रहा, तो दूसरी ओर साहित्यकारों को व्यंग्य की प्रेरणा पाश्चात्य साहित्य से भी मिली।

समाज एवं राजनीति में तो जन-जागरण का कार्य सामाजिक, धार्मिक एवं राजनीतिक नेता कर ही रहे थे, अब साहित्य के क्षेत्र में भी जागृति का शंख फूँका जाने लगा। अंग्रेजी-शिक्षा अपने प्रचार एवं प्रसार द्वारा भारतीयता के समापन को कृतसंकल्प थी। ऐसे में भारतेन्दु ने 'निज-भाषा' के माहात्म्य एवं अनिवार्यता की ओर लोगों का ध्यान खींचा, मातृभाषा के माध्यम से ही मातृभूमि के कल्याण की बात की, और इस प्रकार हिन्दी के माध्यम से जन-जागरण एवं राष्ट्रीय भावना, भावनात्मक एकता के उद्देश्य की प्राप्ति का संकल्प लिया। राष्ट्रीयता की यह भावना पाश्चात्य सम्पर्क की उपलब्धियों में से एक है। इससे पूर्व भारतीय जनता विभिन्न राजाओं के राज्य-प्रेम, राज्य-विस्तार की कामना से तो परिचित थी, किन्तु 'राष्ट्रीयता' की बात उनकी समझ की सीमा के परे ही थी। इस प्रकार अंग्रेजी-शिक्षा का दोहरा प्रभाव भारतीय समाज पर पड़ा। एक ओर ऐसे शिक्षित-वर्ग का निर्माण हो रहा था जो विदेशी शिक्षा के तहत अनन्य सुविधाओं के प्रति आकर्षित हो विदेशियों की अन्धभक्ति को ही जीवन का उद्देश्य मानता था, तो दूसरी ओर वे लोग थे जो परम्परागत मान्यताओं, रूढ़ियों को ही जीवन का श्रेय मानते थे। ऐसे में तत्कालीन देश-प्रेमी, राष्ट्रीयता के भाव से ओतप्रोत साहित्यकार को दोनों ही वर्गों की त्रुटियों एवं ज्यादतियों का पर्दाफाश करने की चुनौती झेलनी थी। इस यथार्थ-बोध ने साहित्यकारों को न सिर्फ गद्यात्मक अभिव्यक्ति की प्रेरणा दी, अपितु विदेशी अत्याचारों और दमन के व्यंग्यात्मक खंडन का मार्ग भी सुझाया। राजनीतिक एवं आर्थिक दासता की व्यथा तो इन साहित्यकारों के समक्ष थी ही, किन्तु इन सबसे प्रबल व्यथा थी भारतीयों की सांस्कृतिक एवं धार्मिक दासता। जन-जागरण अभियान में एक ओर इन्हें आततायी विदेशियों तथा उनके देशी अन्धभक्तों का सामना करना था, तो दूसरी ओर भोली-भाली, अशिक्षित जनता की सांस्कृतिक परम्परागत

मान्यताओं से लड़ना था। ऐसे में व्यंग्य ही एकमात्र रास्ता था, जिस पर चलकर ये साहित्यकार इन दोनों ही स्थितियों का सामना सही ढंग से कर सकते थे। दूसरे, विदेशियों के विरुद्ध जनमत-निर्माण का कार्य भी इन्हें पाठकों से आत्मीय सम्बन्ध बनाकर ही करना था। यही कारण है कि भारतेन्दु-युग हिन्दी-व्यंग्य का वपन-काल बना।

हिन्दी-गद्य-विकास की परम्परा में मुंशी सदासुखलाल, इंशा अल्ला खाँ, लल्लू लाल, सदल मिश्र से होते हुए शिवप्रसाद सितारेहिन्द और लक्ष्मण सिंह जैसे गद्यकारों से प्रेरणा प्राप्त कर भारतेन्दु हरिश्चन्द्र ने हिन्दी-साहित्य में युगान्तर उपस्थित किया। एक ओर हिन्दी-गद्य की शैशवकालीन भाषा के सुश्रूषाजन्य निखार और परिमार्जन का कार्य भारतेन्दु ने किया, उसे प्रौढ़ता प्रदान की, तो दूसरी ओर युगीन जीवन-पद्धतियों के अनुरूप हिन्दी-साहित्य, विशेषकर निबन्ध-साहित्य को नवीन संस्कार एवं प्रवृत्तियाँ प्रदान कीं। भारतेन्दु एवं उनके सहवर्तियों के प्रयास से हिन्दी ने न सिर्फ स्व-प्रकाशन के सशक्त माध्यम की भूमिका प्राप्त की, अपितु वह जन-आन्दोलन एवं जन-जागरण द्वारा जनभाषा के गौरवपूर्ण स्थान पर भी पहुँची। तत्कालीन 'जबरा मारे और रोने न दे' के विवश वातावरण में, जहाँ सुनना-सुनाना भी मुश्किल कार्य था, इन साहित्यकारों ने हिन्दी के माध्यम से खरी-खरी सुनाने का प्रयास किया। विदेशियों के अन्धानुकरण एवं निरर्थक, खोखली ग्रन्थियों का शिकार बनने से होनेवाली सांस्कृतिक, सामाजिक एवं राष्ट्रीय क्षति की ओर लोगों का ध्यान आकृष्ट किया। इस सार्वभौमिक सजगता के परिणामस्वरूप हिन्दी-साहित्य में पौर्वात्य एवं पाश्चात्य संस्कृतियों के संघटनात्मक विस्फोट को स्वर मिला। जनता के समस्त ताप, समस्त महाकष्ट को वाणी मिली। कहा जा सकता है कि इस युग के साहित्य में उल्लास के नाम पर पीड़ा है, वेदना है, कसक है, उथल-पुथल है, और है कुछ कर दिखाने का संकल्प। विसंगत यथार्थ से टकराने का साहस भारतेन्दु-युगीन निबन्ध-साहित्य को व्यंग्यात्मकता प्रदान करता है। दूसरे शब्दों में हम कह सकते हैं कि यथार्थाभिव्यक्ति की ललक भारतेन्दु-युगीन निबन्ध-साहित्य को व्यंग्यमय बनाती है। यथार्थ की यह झलक भारतेन्दु-युगीन साहित्य में यत्र-तत्र देखी जा सकती है।

भारतेन्दु हरिश्चन्द्र की व्यंग्य-दृष्टि : भारतेन्दु हरिश्चन्द्र सही अर्थों में आधुनिक हिन्दी के निर्माता रहे हैं और गद्य के क्षेत्र में नए युग के प्रवर्तक। हिन्दी-गद्य के वे केवल निर्माता मात्र न थे, अपितु गद्य में प्रचलित विधाओं के शुभारम्भकर्ता भी थे। उनकी समस्त गद्य-रचनाओं का संकलन नाटकों को छोड़कर 'भारतेन्दु ग्रन्थावली' के तीसरे भाग में है। उनका जीवन बड़ा व्यापक था। उन्होंने जीवन में उतार-चढ़ाव देखा था तथा लोक का अनुभव किया था। देश और समाज की वर्तमान अवस्था का दर्शन मात्र उन्होंने नहीं किया था, अपितु समाज के एक अंग के रूप में उसके अभ्युदय के वे समर्थक थे। यह समर्थन केवल वाणी का विलास नहीं, अपितु कर्म के कर्त्तव्य से तेज तथा प्रतिभा की प्रभा से प्रदीप्त एक भविष्यद्रष्टा का था, जो समाज को एक निश्चित दिशा

की ओर ले जानेवाला था। निज भाषा की उन्नति को सब उन्नति का मूल माननेवाले इस साहित्यकार ने साहित्य के विविध अंगों को अपने जीवन्त चिन्तन से प्रभावित किया। विषय की जितनी विविधता भारतेन्दु हरिश्चन्द्र में है, उतनी गद्य के क्षेत्र में महत्त्वपूर्ण योगदान करनेवाले हिन्दी के किसी भी गद्य-निर्माता में सम्भवतः नहीं।

भारतेन्दु वस्तुतः एक ऐसे दोराहे पर थे, जहाँ एक ओर पुराने के प्रति मोह था तो दूसरी ओर नई प्रवृत्ति उन्हें अपनी ओर खींच रही थी। प्रारम्भ में भारतेन्दु ने रीतिकालीन काव्य के प्रवाह में बहकर अपनी रचनाओं में भक्ति एवं श्रृंगार रस को अपनाया। उन्होंने तत्कालीन शासन से प्रभावित हो राज्य-भक्तिपूर्ण रचनाएँ भी कीं। परन्तु विदेशी शासन की अनीतियों ने भारतेन्दु के मन को ठेस पहुँचाई और उनका मोह भंग हो गया। इसी असन्तुष्टि ने भारतेन्दु के मन में राष्ट्रीय भावना को जागृत किया और उनकी रचनाओं में व्यंग्य का स्वर प्रमुख हो उठा। जैसा कि पीछे कहा गया, भारतेन्दुयुगीन निबन्धकारों की प्रबलतम समस्या सांस्कृतिक आग्रह को लेकर रही है, शास्त्रों को लेकर रही है। भारतेन्दु उसे 'प्रहसन-पंचक' में स्वर देते हुए कहते हैं, "हिन्दुओं का शास्त्र पनसारी की दुकान है और अक्षर कल्पवृक्ष हैं। इसमें से सब जात की उत्तमता निकल सकती है। पर दक्षिणा आपको बाएँ हाथ से रख देनी पड़ेगी। फिर क्या है, फिर तो 'सबै जात गोपाल की'।"[1]

विदेशियों के क्रूर, आततायी दमन-चक्र के खिलाफ इस युग के प्रत्येक साहित्यकार ने व्यंग्य-बाण छोड़े। 'अंग्रेजी-स्तोत्र' में भारतेन्दु ने लिखा, "तुम बुद्ध हो क्योंकि वेद के विरुद्ध हो, और तुम कल्कि हो क्योंकि शत्रु संहारकारी हो। अतएव हे दश विधि रूप धारिन् ! हम तुमको नमस्कार करते हैं।[2] ...खजाना तुम्हारा पेट है, लालच तुम्हारी क्षुधा है, सेना तुम्हारा चरण है, खिताब तुम्हारा प्रसाद है, अतएव हे विराट रूप अंग्रेज हम तुमको प्रणाम करते हैं।"[3]

शुभंकर, सुभोजक, सर्वद, मिष्टभाषिण आदि विशेषणों द्वारा जहाँ भारतेन्दु अंग्रेजों के छद्म चरित्र का निरावरण करते हैं, वहीं छोटे-छोटे वाक्यों में सारगर्भित प्रताड़ना भी उतनी ही कुशलता से करते हैं "तुम चन्द्र हो–इनकमटैक्स तुम्हारा कलंक है...तुम दिवाकर हो–तुम्हारे प्रकाश से हमारा अज्ञानान्धकार दूर होता है।"[4]

भारतेन्दु की ये उक्तियाँ उनकी व्यंग्य-प्रहार-शक्ति के साथ-साथ उनकी सामाजिक प्रतिबद्धता एवं नवनिर्माण की कामना भी व्यक्त करती हैं। सामाजिक एवं राजनीतिक व्यंग्यों की ही तरह भारतेन्दु हिन्दुओं की धार्मिक दुर्बलता एवं रूढ़ियों की खबर लेते हैं। धर्म के ठकेदारों की तो उन्होंने निर्ममतापूर्वक बखिया उधेड़ी है, "हे गरुड़वंशियो, आज इस सभा के ब्राह्मणों ने तुम्हारे पुनः अपने क्षत्रिय पद के ग्रहण और धारण करने की

1. भारतेन्दु ग्रन्थावली, सं. ब्रजरत्नदास, भाग 3, प्रहसन-पंचक, सबै जात गोपाल की, प्र. 819
2. वही, स्तोत्र-पंचरत्न, पृ. 857
3. वही, पृ. 858
4. वही, पृ. 855

अभिलाभा को पूर्ण किया। अब सब दक्षिणा लाओ हम सब पंडितजन आपस में बाँट लें और तुम्हारे क्षत्री बनने के कागद पर दस्तखत कर दें।"[1]

भारतेन्दु जानते थे कि धर्म-प्रधान समाज एवं देश का उन्नयन उसकी धार्मिक दुर्बलता दूर करके ही किया जा सकता है। 'वैष्णवता और भारतवर्ष' में भी वे सुधारक-परम्परा का विवेचन करते हुए धार्मिक मत-मतान्तरों एवं रूढ़ि-प्रसूत स्वर्ग-भेद का मखौल उड़ाते हैं, तो साथ ही सामाजिक प्रगति, आधुनिक नवोत्थान और नवीन विचारधाराओं का मात्र परम्परा के नाम पर विरोध करनेवालों की बखिया भी उधेड़ते हैं, "विधवा गर्भ गिरावे। पंडितजी या बाबू साहब यह सह लेंगे, वरंच चुपचाप उपाय भी करा देंगे, पाप को नित्य छिपावेंगे, अन्ततोगत्वा निकल ही जाएँ तो सन्तोष करेंगे, पर विधवा का विधिपूर्वक विवाह न हो। फूटी सहेंगे आँजी न सहेंगे।"[2]

शैक्षणिक, राजनीतिक एवं धार्मिक दोगलेपन के अतिरिक्त अंग्रेजों की शोषणपूर्ण आर्थिक नीति की भयंकरता को भी भारतेन्दु ने महसूस किया। पक्षपातपूर्ण एवं अनुचित कर-निर्धारण, रिश्वतखोरी, औद्योगिक शोषण आदि का यथावत् खाका खींचते हुए भारतेन्दु ने देश की जनता को उद्यमशील बनने का उपदेश दिया। देश की दुरवस्था के प्रति क्षोभ व्यक्त करते हुए अंग्रेजों की कपटपूर्ण दोहन-नीति की कटु आलोचना की। विषयों की व्यापकता और विधाओं की विविधता भारतेन्दु में देखते ही बनती है और उनके बहुमुखी व्यक्तित्व तथा युग के विधायक होने का प्रमाण प्रस्तुत करती है।

भारतेन्दु ने कुछ स्तोत्र भी लिखे हैं, जिनमें 'वेश्यास्तव', 'स्त्री सेवा पद्धति', 'मदिरास्तव', 'कंकड़ स्तोत्र', 'अंग्रेज स्तोत्र' आदि प्रमुख हैं। इनमें स्तोत्रों की परम्परागत शैली का निर्वाह है। माहात्म्य और पाठ की विधि भी कहीं-कहीं दे दी गई है। और प्रायः प्रत्येक इष्ट पर सभी गुणों और सभी देवी-देवताओं को आरोपित करनेवाली परिपाटी है। "हे मदिरे, तुम साक्षात भगवती का स्वरूप हो...हे बोतल-वासिनी, देवी ने तुम्हारे बल से शुम्भादि को मारा था...हे ब्रांडी, बौद्ध और जैन धर्म की तुम सारभूत हो,"[3] आदि वाक्यों द्वारा मदिरा-पान की बुरी आदत पर विडम्बनात्मक व्यंग्य किया गया है। इन स्तोत्रों में अलंकारों तथा वैदग्ध्य का कुशल प्रयोग देखने को मिलता है। इनमें से सबसे लोकप्रिय और साहित्यिक दृष्टि से सजीव 'कंकड़-स्तोत्र' तथा 'अंग्रेज-स्तोत्र' हैं।

भारतेन्दु का प्रसिद्ध निबन्ध 'पाँचवाँ (चूसा) पैगम्बर' अंग्रेजी सभ्यता और विलायती रोशनीवाले सुधारकों पर करारा व्यंग्य करता है। 'चूसा पैगम्बर' अंग्रेजी सभ्यता का दत्तक पुत्र है।[4] आपसी फूट पर लिखे गए 'आधुनिक जयचन्द' में अपकर्षात्मक व्यंग्य है।

---

1. भारतेंदु ग्रंथावली, सं. ब्रजरत्नदास, भाग 3, प्रहसन-पंचक, जाति विवेकिनी सभा, पृ. 828
2. वही, कंकड़-स्तोत्र, पृ. 836
3. वही, मदिरास्तव, पृ. 848
4. वही, अंग्रेज-स्तोत्र, पृ. 870

व्यंग्य-प्रधान शैली में लिखे गए भारतेन्दु के प्रायः सभी निबन्ध और 'अन्धेर नगरी' तथा 'वैदिकी हिंसा हिंसा न भवति' जैसे नाटक अपनी गरिमा एवं गुण-धर्म के कारण विशेष गौरव के अधिकारी हैं। इनमें एक ओर जहाँ वे अंग्रेज, अंग्रेजियत और अंग्रेजी शासनगत कुकृत्यों पर भयंकर व्यंग्य-बाण चलाते मिलते हैं, वहीं दूसरी ओर अपने समाज में व्याप्त अनाचार–चाहे वह धार्मिक हो या साम्प्रदायिक या सामाजिक–पर जबर्दस्त प्रहार करते मिलते हैं, तीसरी ओर समाज में होनेवाले आन्दोलनों पर तीक्ष्ण दृष्टि रखते हुए उनके सत्यासत्य का सजग विवेचन करते हुए दीखते हैं, चौथी ओर अपनी पीड़ा का विष पी, लोक और समाज के लिए; साहित्य, संस्कृति और अभ्युदय के लिए; अमृत-दान करते हुए मिलते हैं। वास्तव में राजा राममोहन राय ने ब्रह्मसमाज और स्वामी दयानन्द ने आर्यसमाज द्वारा जो कार्य किया, वही अनुष्ठान भारतेन्दु ने भाषा और साहित्य के माध्यम से किया। भारतेन्दु निश्चय ही हिन्दी के युगप्रवर्तक निबन्धकार और व्यंग्यकार हैं।

बालकृष्ण भट्ट की व्यंग्य-दृष्टि : भारतेन्दुयुगीन व्यंग्य-निबन्धों को समृद्ध बनाने में बालकृष्ण भट्ट का नाम विशेष उल्लेखनीय है। कुछ शोधप्रबन्धकार तो इनसे ही हिन्दी-निबन्ध-लेखन का शुभारम्भ मानते हैं। सन् 1877 में मासिक पत्र 'हिन्दी प्रदीप' का उत्तरदायित्व सँभालने के साथ ही इनकी प्रतिभा इस क्षेत्र में प्रतिष्ठित होने लगी और उसी के माध्यम से इनकी निबन्ध-लेखन-कला को हिन्दी में सम्मान मिला। इन्होंने लगभग एक हजार निबन्ध विभिन्न विषयों पर और विविध शैलियों में लिखे, जिनमें से अधिकांश पत्र-पत्रिकाओं में ही संरक्षित हैं। इतनी विपुल मात्रा में निबन्ध लिखने का श्रेय मात्र भट्टजी को ही प्राप्त है। यद्यपि वे भारतेन्दु से वयोवृद्ध और जीवनवृद्ध थे, तो भी उनकी प्रतिष्ठा उन्नायक एवं प्रवर्तक की न होकर एक महान निबन्ध-स्रष्टा की है। इनका पहला लेख 'कलिराज की सभा' भारतेन्दु द्वारा सम्पादित 'कविवचनसुधा' में प्रकाशित हुआ। तदुपरान्त 'हिन्दी प्रदीप' के अतिरिक्त इनके निबन्ध भारतेन्दुयुगीन 'काशी पत्रिका' और 'बिहार बन्धु' में भी प्रकाशित हुए। इनके निबन्धों का पुस्तकाकार प्रकाशन इनके सुपुत्र धनंजय भट्ट के सम्पादन में 'भट्ट-निबन्धमाला' (दो भाग) नाम से सन् 1948 में नागरीप्रचारिणी सभा, काशी से हुआ, जिनमें से प्रत्येक भाग में 32-32 निबन्ध हैं। 'भट्ट-निबन्धावली' (दो भाग) हिन्दी साहित्य सम्मेलन, प्रयाग से प्रकाशित हुई। गंगा ग्रन्थागार से भी 'साहित्य-सुमन' नाम से इनके लगभग 100 निबन्धों का एक संग्रह प्रकाशित हुआ। उनके अन्य सभी निबन्ध अभी तक प्रायः 'हिन्दी प्रदीप' की फाइलों में ही विद्यमान हैं।

भट्टजी व्यंग्य एवं वक्रता का सहारा लेकर सामाजिक, साहित्यिक, राजनीतिक एवं नैतिक विषयों पर निबन्ध लिखा करते थे। जहाँ भी वे कोई अन्याय एवं अत्याचार देखते थे, अपने पत्र में उसकी तुरन्त तीखी एवं मर्मप्रहारी व्यंग्यात्मक आलोचना कर डालते थे। इस प्रकार अधिक-से-अधिक खतरे में पड़कर भी वे अत्यन्त उग्र एवं क्षोभपूर्ण व्यंग्य-लेख लिखा करते थे।

असाधारण विषय-चयन भट्टजी के व्यंग्य-निबन्धों की खूबी है। 'गदहे में गदहापन क्या है', 'नाक निगोड़ी भी बुरी बला है', 'भकुआ कौन है', 'दिल बहलाव के जुदे-जुदे तरीके', 'इंगलिश पढ़े सो बाबू होय', 'एक इंगलिसाइज्ड नए मित्र से मुलाकात', 'वे', 'हुक्कास्तवन', 'खलवन्दना' जैसे विषयों द्वारा भट्टजी ने सामाजिक, राजनीतिक, धार्मिक एवं आर्थिक विसंगतियों की खिल्ली उड़ाई है। दवाइयों के नुस्खों के रूप में भट्टजी पाश्चात्य अनुकरण के मोह पर आघात करते हुए कहते हैं, ''कोई कैसा भी असभ्य हो, नीचे लिखे अनुसार एक महीना लगातार इसके सेवन से सभ्य हो जाएगा। अंग्रेजी कपड़ा पहिने, हैट और चश्मा लगाए। इंगलिश क्वार्टर में रहे। जहाँ तक बने अंग्रेजी शब्दों का व्यवहार करे। घरवाली को साथ ले साँझ को बाहर हवा खाने जाए। खूब शराब पिए। अपने को हिन्दू कहते शरमाए। हाथ में एक डिब्बी। एक बाइबिल।''[1]

जीवन के सर्वांगीण क्षेत्र में व्याप्त विसंगतियों पर व्यंग्य करते हुए वे कहते हैं, ''पंडितों का मोटो दक्षिणा है, नई फैशन का सिद्धान्त फैशन की गुड़िया बनना है, सरकार का सिद्धान्त हिन्दुस्तान की नस-नस दुहना है।''[2]

सपाटबयानी, व्याजस्तुति, वक्रोक्ति और परिहास द्वारा भट्टजी संयत एवं शिष्ट व्यंग्य करने में अपना सानी नहीं रखते। सामाजिक विसंगतियों पर किए गए भट्टजी के व्यंग्य अत्यन्त शिष्ट होते हुए भी मार्मिक हैं। रूढ़िगत बद्धमूल विचारों को उखाड़ने तथा सामयिक अनुकूल विचारों को जमाने के उद्देश्य से भट्टजी खरी-खरी सुनाने में नहीं झिझकते। उक्तिवैचित्र्य का सहारा लेते हुए वे लिखते हैं, ''भाई हिन्दुओ ! कलिपुराण में तुम्हारी बेहतरी के बहुत-बहुत उत्तम उपाय लिखे हैं। उसे मानोगे तो भलाई हो या न हो पर बहुत जल्द सर्वनाश होने में तो किसी तरह का सन्देह नहीं रहेगा।...आँख में पट्टी बाँधे सोते रहो, उसे खोलना नहीं, कहीं ऐसा न हो कि तुम्हें सूझने लगे और हिये की जो फूटी है सो खुल जाए। जिहालत की गठरी सिर पर से मत उतारो, लो यह कुतर्क-कौमुदी ग्रन्थ तुम्हारे लिए तैयार किया गया है, इसे पढ़ो, क्योंकि काल अब बड़ा कराल आया है, कहीं ऐसा न हो कि तुम्हारी दुर्बुद्धि का शोधन हो जाए, तो फिर दुर्व्यसन, खुदगर्जी, फिजूलखर्ची, बाल्यविवाह, बैर, फूट आदि बेचारे किसके सहारे रहेंगे।''[3]

भट्टजी ने अपने व्यंग्य-निबन्धों द्वारा समाज में फैली हुई विविध कुरीतियों, कुप्रथाओं एवं कुसंस्कारों का विरोध करते हुए समाज में नई क्रान्ति, नई चेतना एवं नई जागृति लाने का प्रयत्न किया। अपने इन निबन्धों में उन्होंने कहीं साधु, वैरागी एवं तपस्वी के वेश में घूमनेवाले पाखंडी धूर्तों द्वारा तीर्थ-स्थानों पर भ्रष्टाचार फैलाने

---

1. हिन्दी प्रदीप, जुलाई 1880, पृ. 23
2. भट्ट-निबन्धमाला, सं. धनंजय भट्ट, भाग 1, पृ. 135-36
3. हिन्दी प्रदीप, मई 1878, पृ. 3-5

का निरूपण किया है[1], तो कहीं समाज में व्याप्त पुराने रीति-रिवाजों का बिना सोचे-समझे अन्धानुकरण करने का विरोध किया है;[2] कहीं बाल-विवाह की दूषित प्रथा का खंडन किया है,[3] तो कहीं विधवा-विवाह का अनुमोदन किया है;[4] कहीं अनमेल विवाह को सामाजिक पापाचार सिद्ध किया है,[5] तो कहीं परदा-प्रथा को सामाजिक अभिशाप बताया है;[6] कहीं समाज में फैले बाह्याडम्बरों की खिल्ली उड़ाई है,[7] तो कहीं छुआछूत फैलाने की प्रबल खिलाफत की है।[8] इन निबन्धों में कहीं तो नौकरशाही की शोषण-वृत्ति का उद्घाटन किया गया है,[9] कहीं अंग्रेजों की कूटनीति और चरित्रहीनता का भंडाफोड़ किया गया है[10] और कहीं उनकी उस पक्षपातपूर्ण नीति की आलोचना की गई है जिसके फलस्वरूप अंग्रेज भले ही कैसा भी अपराध करें किन्तु भारतीय न्यायाधीश उनके मुकदमे नहीं सुन सकता था।[11] इतना ही नहीं, इन निबन्धों में कहीं तत्कालीन शासकों द्वारा लगाए गए अनुचित करों की घोर निन्दा है,[12] कहीं पुलिस की ज्यादतियों, दमन एवं अत्याचारों-अनाचारों का प्रबल विरोध है,[13] कहीं उर्दू के प्रति सरकारी पक्षपात का पर्दाफाश किया गया है,[14] कहीं जमींदारों के दुष्कर्मों से सन्त्रस्त प्रजा की दुर्दशा का निरूपण किया गया है[15] और कहीं तत्कालीन दुर्भिक्षों के कारण हुई प्रजा की दयनीय अवस्था में भी सरकारी अधिकारियों द्वारा गुलछर्रे उड़ाने का मार्मिक चित्रण किया गया है।[16] भट्टजी ने अपने व्यंग्य-निबन्धों में तत्कालीन सरकार की घोर निन्दा करते हुए उसकी अत्यन्त कटु आलोचना की है और अंग्रेजों की बेईमानी, भ्रष्टाचारी मनोवृत्ति एवं प्रवंचनापूर्ण नीति का खुलकर विरोध किया है।[17] साथ ही, उन्होंने सरकारी पिट्ठुओं की भी अत्यधिक भर्त्सना की है और उन्हें देश का कट्टर शत्रु बताया है।[18]

भट्टजी की भाषा में विविधता है, स्वाभाविकता है और विषयानुकूलता है। भट्टजी ने कहीं तो तीक्ष्ण एवं मर्मभेदी आलोचना के लिए तीखी एवं चुटीली भाषा का प्रयोग किया है, कहीं भारतीय समाज की दयनीय स्थिति एवं दुर्दशा का चित्रण करने के लिए भाव-प्रवण भाषा को अपनाया है, कहीं तत्कालीन समाज एवं शासन पर सात्त्विक क्रोध प्रकट करने के लिए तीक्ष्णता-प्रधान गूढ़ भाषा का प्रयोग किया है और कहीं जनसाधारण तक अपनी किसी मान्यता, धारणा अथवा बात को पहुँचाने के लिए अत्यन्त सरल,

---

1. हिन्दी प्रदीप, फरवरी 1880, पृ. 10
2. वही, जून 1880, पृ. 19
3. वही, दिसम्बर 1880, पृ. 1-5
4. वही, मई 1879, पृ. 1-2
5. वही, अगस्त 1889, पृ. 32
6. वही, जुलाई 1882, पृ. 10
7. वही, मई 1881, पृ. 22
8. वही, अगस्त 1881, पृ. 4
9. वही, जून 1880, पृ. 4
10. वही, जुलाई 1880, पृ. 3
11. वही, मई 1883, पृ. 1-2
12. वही, मार्च 1886, पृ. 3
13. वही, जुलाई 1878, पृ. 4-5
14. वही, सितम्बर 1878, पृ. 5-6
15. वही, नवम्बर 1879, पृ. 13
16. वही, अक्तूबर 1884, पृ. 20
17. वही, मार्च 1886, पृ. 7-8
18. वही, सितम्बर 1881, पृ. 22

सुबोध एवं बोलचाल की भाषा को अपनाया है। इतना ही नहीं, भट्टजी ने अपनी भाषा को अधिकाधिक प्रभावशाली बनाने के लिए उसे मुहावरों, कहावतों एवं चुभते हुए वाक्यों से सुसज्जित किया है। उनकी व्यंग्य-शैली में परिस्थितियों की आवश्यकताओं के अनुकूल अदम्य वेग था; और वह जन-जन में व्याप्त असन्तोष, आक्रोश एवं क्षोभ को अभिव्यक्त करने में सक्षम थी।

भट्टजी ने व्यंग्य-निबन्धों में एक विशेष जीवनी-शक्ति है और है युग की हीनावस्था का सजीव चित्रण, अनाचार एवं अत्याचार के विरुद्ध क्षोभ एवं असन्तोष, भारत को पराधीनता से मुक्त कराने की तीव्र आकांक्षा, शासन की पक्षपातपूर्ण नीति के भंडाफोड़ की प्रवृत्ति, कृषकों एवं मजदूरों के प्रति सहानुभूति एवं सहृदयता, शोषकों के प्रति गहरी फटकार और शोषण की मनोवृत्ति को सदा के लिए मिटाने की प्रबल आकांक्षा तथा जन-जन के जीवन में उत्कट भावनाएँ जागृत करने की तीव्र अभिलाषा। कतिपय भाषागत, शैलीगत और ज्ञानगत दुर्बलताओं के रहते हुए भी अपने व्यक्तित्व से उन्होंने अपने व्यंग्य-निबन्धों की मात्र सर्जना नहीं की, अपितु उनमें आत्मा का प्रकाश भरा है। इसलिए उनके व्यंग्य-निबन्ध रूपवान ही नहीं, जीवन्त और जुझारू भी हैं और हिन्दी के निबन्ध-इतिहास को ऐसा ऐतिहासिक मोड़ देते हैं, जहाँ से आगे सम्भावनाएँ सहज ही केवल जानी-पहचानी ही नहीं जा सकतीं अपितु उनके सार्थक, चित्ताकर्षक और मनोहारी रूप का बोध भी सहज ही किया जा सकता है। साहित्य की धारा में निबन्ध की नदी के वे ऐसे बन्ध हैं, जिसमें सतत प्राण के प्रवाह का रसस्नात जल है। वे हिन्दी-साहित्य में निबन्ध के ऋषिकेश है।

प्रतापनारायण मिश्र की व्यंग्य-दृष्टि : हिन्दी व्यंग्य-निबन्धों के उन्नयन में भारतेन्दु की अनुगामी मित्र-मंडली के सदस्य प्रतापनारायण मिश्र का नाम अपना मौलिक महत्त्व रखता है। बालकृष्ण भट्ट और प्रतापनायण मिश्र एक ही सिक्के के दो पहलू हैं। दोनों पत्रकार थे, दोनों निबन्धकार थे और निबन्ध में दोनों ने ही व्यंग्य को एक कारगर अस्त्र के रूप में अपनाया। फिर भी दोनों के व्यंग्य-निबन्ध अलग-अलग महत्ता के अधिकारी हैं। प्रतापनारायण मिश्र की प्रतिभा का प्रकाश इस क्षेत्र में 1883 ई. से फैलना प्रारम्भ हुआ, जबकि उन्होंने 'ब्राह्मण' पत्र निकाला और उसके माध्यम से निबन्ध लिखने शुरू किए। यद्यपि वे एक प्रौढ़ कवि और अच्छे नाटककार भी थे, तथापि निबन्ध में उनकी अलग ही शान है। साहित्य के क्षेत्र में विशेष उद्देश्य से वे अवतरित हुए थे। जैसा कि हम देख चुके हैं, तत्कालीन साहित्य का उद्देश्य देशभक्ति, समाज-सुधार और हिन्दी भाषा की उन्नति तथा उनमें सर्वसाधारण की रुचि उत्पन्न करना तथा इसके लिए मनोरंजनपूर्ण शिक्षा देना था। प्रतापनारायण मिश्र पढ़े-लिखे, विनोदी स्वभाववाले, स्पष्टवादी व्यक्ति थे। उद्देश्य के साथ उन्होंने अपने व्यक्तित्व का तादात्म्य कर लिया था। वे लोक और समाज का मंगल चाहते थे, इसलिए अपने और समाज के बीच आनेवाली किसी बाधा को स्वीकार नहीं करते थे, चाहे वह व्याकरण का नियम हो या भाषा का सिद्धान्त या

फिर विचारों का टकराव। व्यक्तित्व की यह निर्बन्धता उनके निबन्ध-साहित्य में जीवन्त रूप में उपस्थित है। उनका मूल ध्येय था–अपनी बात से पाठकों को अवगत कराएँ और उसे अपने साथ ले चलें। ऐसा करने के लिए आवश्यक होता है कि स्रष्टा सहृदय के धरातल पर उतरे, और मिश्रजी ने इस मान्यता का ध्यान-मान अपने निबन्ध-साहित्य में सर्वत्र रखा है। इसलिए गम्भीर विषयों से लेकर जनसामान्य के साधारण हित तक के विषयों पर उन्होंने अपनी लेखनी उठाई है। उनके सभी प्रकार के 191 निबन्धों का संग्रह 'प्रतापनारायण ग्रन्थावली' में सन् 1958 में नागरीप्रचारिणी सभा से प्रकाशित हुआ, जिसमें उनके व्यंग्य-निबन्ध भी शामिल हैं।

कभी सांकेतिक शैली द्वारा तो कभी सपाटबयानी द्वारा मिश्रजी का व्यंग्यकार जीवन की सर्वांगीण विषमताओं को उजागर करने को कटिबद्ध था। सहज आत्मीयता के भाव ने इस समर्थ, संवेदनशील साहित्यकार को भीतर तक झकझोरा था। उनकी इसी आत्मीयता, सामाजिक प्रतिबद्धता ने जन-साधारण के मोह-जाल को भंग कर उसे चतुर्मुखी विद्रूपताओं का दर्शन कराया। देश के सांस्कृतिक पतन की भर्त्सना करते हुए प्रतापनारायण मिश्र 'देशी कपड़ा' नामक निबन्ध में लिखते हैं, "हम और हमारे सहयोगीगण लिखते-लिखते हार गए कि देशोन्नति करो; पर यहाँ वालों का सिद्धान्त है कि अपना भला हो, देश चाहे चूल्हे में जाए। यद्यपि जब देश चूल्हे में जाएगा तो हम बचे न रहेंगे। पर समझना तो मुश्किल काम है ना।"[1]

भारतीयों के बोदेपन और कुन्द जेहन पर दुःख व्यक्त करते हुए वे आगे कहते हैं, "यदि अब भी न चेतो तो तुमसे ज्यादा भकुआ कौन ? नहीं, नहीं, हम सबसे अधिक जो ऐसों को हितोपदेश करने में व्यर्थ जीवन खोते हैं।"[2]

तिरोहित होते जीवन-मूल्य, इन मूल्यों के अभाव में क्षण-क्षण, पल-पल बौनेपन को प्राप्त होती मानवता की व्यथा प्रत्येक भारतेन्दुयुगीन रचनाकार की व्यथा थी। प्रतापनारायण मिश्र ने ह्रास की इस पीड़ा को व्यंग्यात्मक तेवर तो दिया ही है, उनके निबन्धों में अभिव्यक्ति की बहुलता भी देखी जा सकती है। तत्कालीन जीवन के अवमूल्यन को कभी वे सहज, सरल वाक्यों में व्यक्त मात्र कर जाते हैं तो कभी-कभी तीव्र, मारक व्यंग्य का सहारा लेते हैं। कहीं उन्होंने उपदेश-मात्र दिया है तो कहीं प्रत्यक्ष उद्बोधन एवं धिक्कार ! समाज में प्रचलित रूढ़ियों, अन्धविश्वासों, धर्म के नाम पर होनेवाले कुकर्मों एवं इन तमाम अस्वस्थ प्रवृत्तियों को शह देनेवाले, समाज और धर्म के ठेकेदारों पर किया गया मिश्रजी का व्यंग्य झकझोर कर रख देता है। धार्मिक एव सांस्कृतिक पतन की व्यंग्यात्मक अभिव्यक्ति का उत्कृष्ट एवं मार्मिक रूप उनके 'कलिकोष' में देखा जा सकता है। भोली-भाली जनता के विश्वासों के साथ खेलनेवाले, समाज को दिग्भ्रमित करनेवाले, फिर भी सर्वश्रेष्ठ मार्गदर्शक रक्षक की डींग हाँकनेवाले ब्राह्मणों-पंडितों की व्याख्या देखिए :

---

1. प्रतापनारायण ग्रन्थावली, भाग 1, सं. विजयशंकर मल्ल, पृ. 124
2. वही

''ब्राह्मण–'बाँभन', बाँ इति भनति स बाँभनः अर्थात् बैल अर्थात् विद्या-विहीन पशु।

पंडित–प से पापी, ड से डाकू, त से तस्कर।''[1]

धार्मिक रूढ़ियों से तो देश को क्षति हुई ही है, सर्वाधिक क्षति पाश्चात्य अनुकरण के मोह से उत्पन्न कुंठाओं से हुई। जो कुछ भी अपना है, उसे हीन मानने की कुंठा ने सम्पूर्ण भारतीय संस्कृति की क्षति की है। अतिथि-सत्कार, धर्म, दान, साधुत्व के बल पर टिका देश इन्हीं सन्दर्भों में भ्रष्ट होने लगा। स्वत्व-ह्रास की इस पीड़ा की व्यंग्यात्मक परिभाषा करते हुए प्रतापनारायण मिश्र लिखते हैं :

''अतिथि-सेवा– अंग्रेजों को खाना देना, मुर्ग्यांड और मांस से जनेऊ, चुटिया, तिलक आदि की इज्जत बढ़ाना।

धर्म– दूसरे सम्प्रदाय के पुरुषों को गाली देना।

दान– पीकदान इत्यादि।

साधु– गाँजा, चरस, अफीम इत्यादि का साधन करनेवाला।

तिलक– दुष्कर्म छिपाने की ढाल।

पुजारी– पूजा का अरि।''[2]

धर्म एवं समाज के ठेकेदारों के चारित्रिक पतन ने नैतिक ह्रास को बढ़ावा दिया और समझदारों की मौत हो गई। 'समझदार की मौत है' निबन्ध में मिश्रजी लिखते हैं, ''सच है, 'सब ते भले हैं मूढ़ जिन्हें न व्यापै जगत गति'। मजे से पराई जमा गपक बैठना, रंडिका देवी की चरण-सेवा में तन-मन-धन से लिप्त रहना, खुशामदियों से गप मारा करना, जो कोई तीर्थ त्योहार आ पड़ा तो गंगा में चूतड़ धो आना, वहाँ भी राह पर पराई बहू-बेटियों को ताकना, पर गंगापुत्र को चार पैसे देकर सेंत-मेंत में धरममूरत धरमी औतार का खिताब पाना।''[3]

मिश्रजी ने गौण विषयों पर बहुत लिखा है। ऐसा लगता है कि वे विषय की गौणता को एक चुनौती मानकर लिख रहे थे। उनके निबन्धों के शीर्षक हैं–'द', 'ट', 'दाँत', 'धोखा', 'आप', 'बात', 'पेट', 'क्या लिखें' आदि। वे एक ऐसे समर्थ निबन्धकार हैं, जो जीवन और जगत के सम्बन्ध में अपने चिन्तन, व्यंग्यारोप और व्यक्तित्व की संश्लिष्टता के कारण सतत सम्मान के अधिकारी हैं। उनके कटु व्यंग्य यथार्थ पर आश्रित होने के कारण मंगलमूलक हैं। अपने व्यंग्य-निबन्धों में वे देश, धर्म, जाति और समाज को उन्नति की ओर ले जाने के इच्छुक एवं आतुर नजर आते हैं। वे इनके उद्धार के सदुद्देश्य से ही लेखनी उठाते दिखाई देते हैं। इसके लिए वे कहीं समाज में व्याप्त फूट, कुरीतियों, भ्रष्टाचार, व्यभिचार की भर्त्सना करते हैं, तो कहीं कांग्रेस, भारत धर्म

---

1. प्रतापनारायण ग्रन्थावली, भाग 1, सं. विजयशंकर मल्ल, पृ. 70
2. वही, पृ. 72-73
3. वही, पृ. 68

महामंडल जैसे संगठनों को देश-हित के लिए चेतावनी देते मिलते हैं। समाज व राष्ट्र के सुधार के लिए उनके हृदय में एक आग-सी धधकती दिखाई देती है। अपने कथ्य के प्रति जन-आस्था उत्पन्न कर सकने की उनकी आस्था के परिचायक उनके ये निबन्ध हिन्दी-व्यंग्य की स्थायी सम्पत्ति हैं।

अन्य निबन्धकारों की व्यंग्य-दृष्टि : भारतेन्दु-युग के जिन अन्य निबन्धकारों ने व्यंग्य को समृद्धि प्रदान की है, उनमें राधाचरण गोस्वामी का नाम विशेष उल्लेखनीय है। गोस्वामी एक अच्छे नाटककार, उपन्यासकार तथा निबन्धकार थे। उनमें देशभक्ति और समाज-सुधार की भावना कूट-कूटकर भरी थी। निबन्ध के क्षेत्र में वे भारतेन्दु के अनुयायी थे। उनसे प्रभावित होकर उन्होंने वृन्दावन से 'भारतेन्दु' नामक पत्र निकाला था। उनके अधिकांश निबन्ध इसी पत्र में छपे हैं। कुछ अन्य निबन्ध 'सारसुधानिधि' नामक पत्रिका में भी प्रकाशित हुए। उनके निबन्ध प्रायः विवरणात्मक शैली में लिखे गए हैं। 'रेलवे-स्तोत्र' 'तुम्हें क्या', 'होली', 'यमपुर की यात्रा' आदि उनके प्रमुख व्यंग्य-निबन्ध हैं। 'रेलवे-स्तोत्र' भारतेन्दु के 'कंकड़-स्तोत्र' की शैली में लिखा गया है, जिसमें रेल-कर्मचारियों की अकर्मण्यता की आलोचना की गई है। 'यमपुर की यात्रा' स्वप्न-शैली में लिखा गया एक श्रेष्ठ निबन्ध है। भारतेन्दु के ही 'एक अद्भुत अपूर्व स्वप्न' की परम्परा में यमपुर की यात्रा करते हुए गोस्वामी तत्कालीन धार्मिक रूढ़ियों, अन्धविश्वासों एवं प्रशासनिक भेदभाव का पर्दाफाश कर जाते हैं। अंग्रेजों में कुत्ता-प्रेम, भारतीयों की अंग्रेज-भक्ति, धार्मिक अन्धविश्वास–सभी को अपनी यात्रा की रंगीनी प्रदान करते हुए गोस्वामी कहते हैं, ''साहब प्रथम प्रश्न तो सुन लीजिए, गोदान का कारण क्या ? यदि गौ की पूँछ पकड़कर पार उतर जाते हैं तो क्या बैल से नहीं उतर सकते ? जब बैल से उतर सकते हैं तो कुत्ते ने क्या चोरी की ?''[1]

वैतरणी पार करने के लिए गाय की पूँछ के स्थान पर कुत्ते की पूँछ की मार्मिक कल्पना दुधारी तलवार का काम करती है। एक ओर हिन्दुओं की धर्मान्धता आहत होती है, तो दूसरी ओर मानव-समाज पर पाशविक अत्याचार करनेवाले साहबों का पशु-प्रेम।

गोस्वामीजी की भाषा चुटीली और जनसामान्य के निकट की है। उनके द्वारा लिखी गई सम्पादकीय टिप्पणियों में भी सामयिक समस्याओं के प्रति उनकी जागरूकता और तज्जन्य व्यंग्यात्मकता के दर्शन होते हैं।

जिन निबन्ध-लेखकों ने हिन्दी को मौलिक शैली प्रदान की, उनमें बदरीनारायण चौधरी 'प्रेमघन' विशेष महत्त्व रखते हैं। 'प्रेमघन सर्वस्व' (भाग-2) में उनके निबन्ध संकलित हैं। जहाँ तक व्यंग्य को उनके अवदान का प्रश्न है, उन्होंने 'बडहर की रानी के

---

1. हिन्दी साहित्य का वैज्ञानिक इतिहास, डॉ. गणपतिचन्द्र गुप्त, पृ. 844

कोर्ट ऑफ वाड्र्स से छूटने का समाचार' बहुत रोचक और व्यंग्यात्मक शैली में लिखा है।[1]

व्यंग्यपरकता इस युग के सभी निबन्धकारों की विशेषता रही है। 'भारतखंड की समृद्धि' निबन्ध में लाला श्रीनिवासदास तक ने भारत की दुर्दशा पर चिन्ता व्यक्त करते हुए लिखा है, "हाय, ये वो ही आर्यावर्त है जिसको देखने को सब विलायतवालों को अभिलाषा रहती थी। ये वोही भारतखंड है जिसके वैद्य खलीफा हारूँरशीद की औषधी करते थे। ये वो ही देश है जिसके एक पंडित को सिकन्दरशाह प्रतापी बड़े सम्मान से अपने संग ले गया था। ये वो ही आर्यावर्त है जहाँ से पंचतन्त्र और शतरंज का खेल ले जाकर बुजुर्चि महर ने नौशेरवाँ को भेंट किया था।"[2]

इस प्रकार हम देखते हैं कि व्यंग्य भारतेन्दु-युग के साहित्य का प्रमुख स्वर है, जो बहुत तीखा और प्रहारात्मक है। उसमें कहीं लक्ष्यों की कटु निन्दा और आलोचना है, तो कहीं उनकी भर्त्सना और ताड़ना है। भारतेन्दु और उनके समकालीन साहित्यकारों का मुख्य उद्देश्य सोई हुई जनता को जगाना था, उन्हें उनकी हीन, दलित एवं विपन्नावस्था से अवगत करा उससे मुक्ति पाने के लिए प्रयासरत करना था। भारतीय जनता को दिन-प्रतिदिन जकड़ते दासता-रूपी दानवी शिकंजे से छुड़ाना था। इन स्थितियों का सही निरूपण वाणी या लेखनी द्वारा ही किया जा सकता है। अंग्रेजी शासन में दोनों पर ही प्रतिबन्ध लगा था। आज्ञा का उल्लंघन करनेवाले को कठोर दंड मिलता था। फलतः भारतेन्दु-युग के साहित्यकार ने जागृति का शंख फूँकने के लिए व्यंग्य का सहारा लिया। उसकी वाणी और लेखनी जनता की आँखें खोलने, उसकी उदासीनता तोड़ने और विसंगतियों को उजागर करने के लिए मचल उठी। सामाजिक संकीर्णताओं, धार्मिक अन्धविश्वासों और कूटनीतिज्ञ विदेशियों की दोगली राजनीति—सभी को इस युग के निबन्धकारों ने व्यंग्यीय अभिव्यक्ति प्रदान कर जन-जागरण से युक्त राष्ट्रीयता का निर्माण किया।

कहा जा सकता है कि भारतेन्दु-युग का व्यंग्य तत्कालीन सामाजिक, धार्मिक, सांस्कृतिक, आर्थिक एवं राजनीतिक परिवेश की उपज है। यह तत्कालीन मनःस्थिति की भूमि पर पाश्चात्य ज्ञान के आलोक में उगा वह पौधा है, जो आज तक निरन्तर पल्लवित एवं पुष्पित होता चला आ रहा है; बल्कि अनेक शाखाओं-उपशाखाओं में प्रस्फुटित हो, निरन्तर विकासमान है। हिन्दी-साहित्य का व्यंग्य-निबन्ध पूर्णतः भारतेन्दु-युग की मौलिक उपज है। वस्तुगत स्थितियों ने निबन्धों को जन्म दिया, तो त्रस्त, व्यथित मानसिकता ने व्यंग्य का सूत्रपात किया। इस प्राकर स्वातन्त्र्योत्तर हिन्दी-व्यंग्य के विकास की सम्भावनाएँ हमें भारतेन्दु-युग के व्यंग्य-निबन्धों में स्पष्ट देखने को मिलती हैं। ये निबन्ध अपने बाल्यकाल में ही यौवनावस्था की मस्ती एवं परिपक्वता को प्राप्त दिखते हैं।

1. स्वातन्त्र्योत्तर हिन्दी निबन्ध साहित्य में व्यंग, डॉ. उषा शर्मा, पृ. 93
2. आधुनिक हिन्दी साहित्य : मूल्य और मान्यताएँ, सुधाकर पांडेय, पृ. 49

भारतेन्दु-युग के निबन्धकारों की चेतना जितनी जागृत, उदग्र और मानक है, उतनी परवर्ती निबन्धकारों में अनेक दशकों तक देखने को नहीं मिलती। भारतेन्दु-युगीन निबन्धकारों की व्यंग्य-चेतना का विकास अगर हमें काफी आगे किन्हीं रचनाकारों में देखने को मिलता है, तो वे हैं हरिशंकर परसाई, शरद जोशी आदि। उन्नीसवीं शताब्दी के भारत का यथार्थ अवलोकन भारतेन्दु-युग के व्यंग्य-निबन्धों में देखा जा सकता है। यह सम्पूर्ण युग एक अद्‌भुत, अपूर्व चेतना और उसके प्रसार का युग है। इस युग के व्यंग्य-निबन्ध साहित्यकार की परम पुनीत सामाजिक प्रतिबद्धता, जन-जागरण, देश-प्रेम एवं संस्कार-परिमार्जन के उत्कृष्ट प्रतीक हैं। जन-भावना की अभिव्यक्ति का अभीष्ट अपने में सँजोए ये निबन्ध निश्छल यथार्थ की मनोरम झाँकी प्रस्तुत करते हैं। विषमताओं, विभीषिकाओं के शिकार मानव की रुग्णतम एवं निरन्तर पतनोन्मुख अवस्था की तड़पन एवं तल्खी इस युग के व्यंग्य-निबन्धों में सहज ही देखी जा सकती है। जनता पर निरन्तर थोपे जानेवाले करों, अकाल एवं महामारी का त्रासद रूप इन निबन्धों में है। कुछ मिलाकर व्यंग्य-निबन्धों का यह उद्‌गम-युग मानवीय चेतना का युग रहा है। ऐसी चेतना का, जिसने न सिर्फ यथार्थ को उसके वास्तविक रूप में देखा, समझा और भोगा; बल्कि उसके अनुचित, अन्यायी पक्ष की भर्त्सना की। मानव-जीवन के मौलिक अधिकारों के प्रति जन-मानस तैयार किया एवं मनुष्य के रूप में जीने की प्रेरणा दी। अपने इस प्रयास में यह युग कभी उपदेशक की-सी आध्यात्मिक गरिमा सँजोए शान्त मुद्राधारी रहा, तो कहीं उसे विद्रोही क्रान्तिकारी का चोला धारण करना पड़ा। फिर भी उसमें कृत्रिमता नहीं आ पाई। सहज, स्वाभाविक प्रतिक्रियात्मक अभिव्यक्ति का यह युग स्वातन्त्र्योत्तर परिवेश की विडम्बनात्मक स्थितियों की तीव्र प्रतिक्रिया का सन्देश सँजोए हुए है।

द्विवेदी-युग में व्यंग्य

भारतेन्दु-युग व्यंग्य-निबन्धों की दृष्टि से विकास, फैलाव एवं विषय-वैविध्य, भाषा-विकास तथा परिमार्जन का युग था। वह एक नई चेतना का युग था। साहित्य-प्रचार द्वारा जन-जन में जागरण एवं उत्साह जगाना इस युग का एकमात्र लक्ष्य था। किन्तु सन् 1903 में 'सरस्वती' के सम्पादक के रूप में आचार्य महावीरप्रसाद द्विवेदी का आविर्भाव तमाम पूर्ववर्ती स्वच्छन्दता, अराजकता एवं अनगढ़पन पर नियन्त्रण-सा लगा देता है। द्विवेदीजी के अभिजातवर्गीय स्वभाव एवं संस्कार को साहित्य-जगत की उच्छृंखलता भा नहीं सकी। सामाजिक एवं राष्ट्रीय सन्दर्भों में विश्व-मानवतावाद जैसे व्यापक आदर्शों की स्थापना के समानान्तर साहित्य-जगत में भी वे नैतिक मर्यादाओं के हिमायती थे। अतः उन्होंने साहित्य एवं साहित्यकारों का नियमन करना आरम्भ कर दिया। युग-प्रवर्तक द्विवेदीजी के प्रयासों को देखते हुए व्यंग्य-निबन्धों के इस द्वितीय सोपान को विद्वानों ने परिमार्जन-युग, व्यवस्था-काल, आदर्शपरक नैतिकतावादी युग, उत्थान-युग आदि नामों से अभिहित किया है। इन नामकरणों से स्पष्ट है कि द्विवदी-युग विशेषकर साज-सँवार का

युग रहा है। यह भारतीय संस्कृति के पुनरुत्थान और जागरण-सुधार का युग था। प्रथम उत्थानकालीन जागरण की अलमस्त अँगड़ाई का इस युग में प्रायः अभाव रहा। इसके विपरीत एक निश्चित, निर्धारित परिपाटी के अनुसार दबी-दबी सी अभिव्यक्ति युगीन साहित्य में बराबर देखी जा सकती है। स्पष्ट है कि नियमन और दबाव की यह प्रवृत्ति साहित्यिक ऊँचाइयों को तो पा सकती है, लेकिन व्यंग्यात्मकता के अत्यन्त प्रतिकूल पड़ती है। यही कारण है कि ऐतिहासिक, सांस्कृतिक धरोहर की दृष्टि से उत्तम साहित्य-भंडार के बावजूद इस युग में पूर्ववर्ती व्यंग्याभिव्यक्ति को प्रश्रय नहीं मिला। भारतेन्दु-युग भाषा एवं साहित्य सभी दृष्टियों से प्रयोग का युग था। मस्ती और मनमौजीपन इसकी विशेषता थी। विकास-क्रम की दृष्टि से परवर्ती युग अर्थात् द्विवेदी-युग में इन तत्त्वों का विकास होना चाहिए था। किन्तु परिवर्तित राजनीतिक, सामाजिक एवं आर्थिक परिवेश में ऐसा न हो सका। भारतेन्दु-युगीन निबन्धकार पराजय की सद्यः पीड़ा से व्यथित थे। अंग्रेजों के छद्म रूप ने उनकी आस्था को आहत किया था, अतः एक स्वाभाविक आक्रोश एव्रं प्रहार की प्रवृत्ति उनके निबन्ध में व्यंग्य का स्वरूप प्राप्त करती है। इस युग में निबन्धकार न तो पराजय की पीड़ा के सामयिक भोक्ता थे, न ही अंग्रेजों के छद्म रूप के शिकार। अतः उनकी प्रणयन-प्रक्रिया प्रतिहिंसात्मक आक्रोश से दूर रही। पूर्ववर्ती निबन्धकारों की व्यंग्यात्मकता और विध्वंसकारी प्रहार के स्थान पर उनका सांस्कृतिक आदर्श और मानवीय उत्थान की कामना उन्हें उपदेशक का दर्जा देती है। उनका व्यंग्य-बोध सामाजिक, धार्मिक, सांस्कृतिक विसंगतियों पर तो शर-सन्धान करने को उकसाता है, किन्तु राजनीतिक क्षेत्र में वे रागात्मक अहिंसा के ही पक्षधर हैं। राजनीतिक क्षेत्र में अपेक्षाकृत सुधार की स्थिति उन्हें विशुद्ध साहित्यिक उत्थान की ओर अधिक प्रेरित करती है। भाषा की अराजकता, व्याकरण की अशुद्धता एवं सीमित शब्द-भंडार इनके चिन्तन का विषय बने। भाषा-परिष्कार के मोह ने मानो उनकी अधिकांश प्रतिभा को आत्मसात् कर लिया। परिणामतः यह युग इतिवृत्तात्मक बनकर रह गया। द्विवेदीजी के प्रयासों से हिन्दी ने आभिजात्य रूप धारण किया। वह जन-साधारण की सहजता खोकर मात्र वर्ग-विशेष की भाषा बनकर रह गई। इस तरह भारतेन्दु-युग ने हिन्दी को जिस जन-भाषा का स्वरूप दिया था, वह समाप्त हो गया। तात्पर्य यह कि भारतेन्दु-युग निर्बंध निबन्धों, जिन्दादिली और तीखे-चुभते व्यंग्यों का युग था, तो द्विवेदी-युग भाषा-परिमार्जन, नैतिक उपदेशों, आत्मोत्सर्ग, बलिदान एवं विश्व-मानवतावाद का युग।

आचार्य महावीरप्रसाद द्विवेदी की व्यंग्य-दृष्टि : हिन्दी-निबन्ध के क्षेत्र में आचार्य महावीरप्रसाद द्विवेदी एक नूतन युग के प्रवर्तक थे। 'सरस्वती' मासिक पत्रिका के सम्पादक होते ही आपने निबन्ध-क्षेत्र को अधिकाधिक समृद्ध एवं सम्पन्न बनाने का स्तुत्य प्रयास किया और सतत प्रयत्न एवं प्रोत्साहन द्वारा हिन्दी के अनेक ऐसे श्रेष्ठ निबन्धकारों का निर्माण किया, जिन्होंने अपने विविध विषयक निबन्धों द्वारा

हिन्दी-साहित्य की श्रीवृद्धि की। द्विवेदीजी के आगमन से पूर्व भारतेन्दुयुगीन निबन्धकारों ने जीवन और जगत के विविध क्षेत्रों से समाजोपयोगी विषयों का चयन करके विभिन्न प्रकार के निबन्धों की रचना की थी, जिनमें विषय एवं विचार की एकतानता अवश्य रहती थी, पर वे एक ही निबन्ध में सब कुछ कह डालने का प्रयास भी करते थे। द्विवेदीजी ने निबन्ध को सुव्यवस्थित एवं सुगठित बनाने का प्रयास किया। इसके लिए उन्होंने पं. गंगाप्रसाद अग्निहोत्री से मराठी के सुप्रसिद्ध निबन्धकार चपलूणकर के निबन्धों का हिन्दी-अनुवाद कराया और अंग्रेजी के अत्यन्त प्राचीन निबन्धकार लार्ड बेकन के कतिपय निबन्धों का अनुवाद स्वयं 'बेकन विचार रत्नावली' के नाम से किया। ये दोनों ग्रन्थ इस युग के निबन्धकारों के लिए पथ-प्रदर्शक के रूप में उपस्थित किए गए, जिन्हें पढ़कर तथा जिनका अनुसरण करके हिन्दी के निबन्धकारों ने सही दिशा में कदम बढ़ाने का प्रयत्न किया। उनके निबन्धों की शिथिलता एवं अकुशलता दूर होने लगी तथा उनमें गुरुता एवं गम्भीरता के साथ-साथ विषय-प्रतिपादन की एक सुव्यवस्थित एवं सुगठित प्रणाली का समावेश हुआ। अतः यह निर्विवाद सत्य है कि द्विवेदीजी के ही प्रयास से हिन्दी-निबन्ध को निबन्धता प्राप्त हुई।

द्विवेदीजी ने जहाँ अन्य हिन्दी-लेखकों को सुन्दर एवं सजीव निबन्ध लिखने के लिए प्रेरित एवं प्रोत्साहित किया, वहीं स्वयं भी विविध प्रकार के निबन्ध लिखकर हिन्दी-साहित्य के भंडार को परिपूर्ण करने का प्रयास किया। उनके निबन्धों में प्रायः आलोचना तथा लेख के समन्वित रूप के ही दर्शन होते हैं, क्योंकि जहाँ आकार की दृष्टि से हम उन्हें लेख कह सकते हैं, वहाँ उद्देश्य की दृष्टि से वे आलोचना की कोटि में आते हैं।

द्विवेदीजी साहित्य को ज्ञानराशि का संचित कोश मानते थे। इसीलिए उन्होंने प्रायः गम्भीर विषयों पर ही निबन्ध लिखे। किन्तु आवश्यकतानुसार, उद्देश्य-विशेष की गम्भीरता के अनुरूप कभी-कभार व्यंग्य के छींटे भी कसे हैं। पैसे के बल पर प्रतिष्ठित से प्रतिष्ठित कुर्सी पानेवालों के आचरण से क्षुब्ध होकर वे लिखते हैं, "इस म्युनिसपैलिटी के चेयरमैन (जिसे अब कुछ लोग 'कुर्सीमैन' भी कहने लगे हैं) श्रीमान् बूचाशाह हैं। बाप-दादे की कमाई का लाखों रुपया आपके घर भरा है। पढ़े-लिखे आप राम का नाम ही हैं। चेयरमैन आप सिर्फ इसलिए हुए हैं कि अपनी कारगुजारी गवर्नमेंट को दिखाकर आप रायबहादुर बन जाएँ और खुशामदियों से आठ पहर चौंसठ घड़ी घिरे रहें। म्युनिसपैलिटी का काम चाहे चले न चले, आपकी बला से। इसके एक मेम्बर हैं बाबू बख्शीश राय। आपके साले साहब ने फी रुपए तीन-चार पसेरी का भूसा म्युनिसपैलिटी को देने का ठेका लिया है। आपका पिछला बिल दस हजार रुपए का था। पर कूड़ागाड़ी के बैलों और भैंसों के बदन पर सिवा हड्डी के मांस नजर नहीं आता।"[1]

1. हिन्दी साहित्य का वृहत इतिहास, भाग 13, सं. लक्ष्मीनारायण, पृ. 103

उँगली पकड़कर पहुँचा पकड़ लेने, सेवा के नाम पर शोषण करने की अंग्रेजों की दोगली राजनीति पर व्यंग्य करते हुए 'मुँह में राम बगल में छुरा' निबन्ध में द्विवेदीजी लिखते हैं, "यही लोग एशिया और अफ्रीका के निर्बल देशों से शपथपूर्वक कहते हैं–भैया, तुम अभी नादान और नासमझ बच्चे हो। हम तुम्हें सभ्य, सच्चरित्र और सुशिक्षित बनाने आए हैं। अभी तुम शासन करने योग्य नहीं। हमसे सभ्यता सीखो और सुशिक्षा प्राप्त करो। तुम्हें राजकार्य-पटु करके हम स्वयं ही अपने घर चले जाएँगे। निस्सन्देह ! मेष-मंडली की रक्षा और उन्नति करने का अधिकारी परम कारुणिक श्रीमान् वृकराज-बहादुर से बढ़कर और कोई नहीं।"[1] 'दंडदेव का आत्मनिवेदन' निबन्ध में द्विवेदीजी अंग्रेजों के अत्याचारों का वर्णन भी करते हैं।

अन्धविश्वासों और रूढ़िवादिता पर कटाक्ष करते हुए 'विवाह विषयक विचार-व्यभिचार' निबन्ध में द्विवेदीजी लिखते हैं, "हमारी समझ में तो कुछ ऐसा है कि दुनिया में जितनी घटनाएँ–घटनाएँ ही नहीं, अघटित घटनाएँ भी–होती हैं, किसी-न-किसी अंश में, उनका कारण ये नटखट ग्रह ही होते हैं।"[2]

कहीं-कहीं द्विवेदीजी धर्मान्धता पर चुटकियाँ लेते और उसका मखौल उड़ाते भी नजर आते हैं, "भाइयो, स्वामी दयानन्द सरस्वती अपने शिष्यों से कह गए हैं और लिख भी गए हैं कि हिन्दुओं के वेद ही प्रकृत ईश्वर-वाणी हैं, कुरान और बाइबिल दोनों ही झूठे हैं। यदि यही बात है तो ईश्वर ने किरिस्तानों और मुसलमानों को निज कृत धर्म-ग्रन्थ न देकर उन्हें उनसे वंचित क्यों रखा ? उसके लिए जैसे हिन्दू, वैसे ही किरिस्तान और वैसे ही मुसलमान। हिन्दुओं के विषय में उसका पक्षपात कैसा ? हिन्दुओं ने क्या ईश्वर को घूस दी थी या उसे मालपुवे और मोहनभोग खिलाया था, जो वेद उन्हीं को देकर औरों के साथ उसे अन्याय करना पड़ा ?"[3]

तथापि, व्यंग्य कर सकने की क्षमता से सम्पन्न होते हुए भी द्विवेदीजी खुलकर व्यंग्य-सृजन नहीं करते। उनका आचार्यत्व उनकी व्यंग्य-प्रतिभा को बरबस आच्छादित करता दिखाई देता है। फलतः उनके द्वारा लिखे गए विभिन्न साहित्यिक, पुरातात्त्विक, वैज्ञानिक, जीवनीपरक, आलोचनात्मक, विवेचनात्मक आदि निबन्धों में आपाततः आई व्यंग्योक्तियाँ ही उनकी व्यंग्य-प्रतिभा का दिग्दर्शन कराती हैं। ऐसा भी नहीं था कि वे व्यंग्य की भूमिका या उसके महत्त्व से अपरिचित रहे हों। उन्होंने स्पष्ट मत व्यक्त किया है कि "प्रहसन और हँसी-मजाक के लेखों से मनोरंजन ही नहीं होता है, यदि लेखक विज्ञ और योग्य है तो वह ऐसे लेखों से समाज और साहित्य के दोषों को दूर करने की चेष्टा करता और उनके द्वारा उन्हें लाभ पहुँचा सकता है और दंडनीय व्यक्तियों का शमन भी कर सकता है।"[4] इसके बावजूद उनका

1. विचार-विमर्श, पृ. 546-47
2. साहित्य-सन्दर्भ, पृ. 73
3. वही, पृ. 150-51
4. वाग्विलास, पृ. 33

स्व-निर्धारित युगीन दायित्व-बोध उन्हें स्वतन्त्र व्यंग्य-रचनाओं के सृजन का अवकाश प्रायः नहीं देता।

बालमुकुन्द गुप्त की व्यंग्य-दृष्टि : बालमुकुन्द गुप्त के निबन्ध व्यंग्य से भरपूर हैं। उनके व्यंग्य में गम्भीरता, सार्थकता तथा गहरी चोट करने की क्षमता है। उनके सम्पूर्ण निबन्ध-साहित्य में उनके चिट्ठे या पत्र ही ऐसे हैं, जिन्हें प्रायः निबन्धों के संग्रहों में स्थान मिला करता है। गुप्तजी के चिट्ठों में व्यंग्य का जो साहस है, वह उस युग में भी सरकार की आलोचना करके जेल जानेवालों के साहस के ही अनुकूल है। झोंपड़ी में रहनेवालों या दीन-हीन जनों के प्रति गुप्तजी की सहानुभूति प्रायः प्रत्येक चिट्ठे में मिलती है। लार्ड कर्जन को व्यंग्याहत करने के लिए, उनका अनाचारपूर्ण शोषण उदाहृत करने के लिए इन गरीबों की नजीर वे बार-बार पेश करते हैं। उनकी भाषा उस राख की तरह ऊपर से मुलायम है, जिसके नीचे आग दबी है। वे बड़ी ही बारीकी और भद्रता के साथ अपने लार्ड के लिए आग पर बिस्तर बिछाते हैं। शिवशम्भु के चिट्ठों में लार्ड कर्जन के प्रदर्शन, विलास-प्रियता, अपव्यय और भारत के हितों की उपेक्षा के प्रमाणों को गिना-गिनाकर उनको कहीं व्यंग्य के स्वर में बधाई और कहीं उन्हें कर्त्तव्य-बुद्धि का उपदेश दिया गया है। भारतेन्दु-युगवाली व्याजस्तुति का सिलसिला अब भी जारी है, लेकिन हास्य, उपहास और प्रहसन गढ़ डालनेवाली वह क्षमता नहीं।

ये चिट्ठे विशेष व्यक्तियों के नाम हैं। अंग्रेजी की आलोचना भट्टजी, भारतेन्दु और प्रतापनारायण मिश्र ने भी की थी। गुप्तजी अंग्रेजी-शिक्षा के कुप्रभाव को इन शब्दों में आड़े हाथों लेते हैं, "सुना है कि अबके विद्या का उद्धार श्रीमान जरूर करेंगे। उपकार का बदला देना महत् पुरुषों का काम है। विद्या ने आपको धनी किया है, इससे आप विद्या को भी धनी किया चाहते हैं...अब तक गरीब पढ़ते थे, इससे धनिकों की निन्दा होती थी कि वे पढ़ते नहीं। अब गरीब न पढ़ सकेंगे, इससे धनी पढ़ें या न पढ़ें, उनकी निन्दा न होगी। इस तरह लार्ड कर्जन की कृपा उन्हें बेपढ़े भी शिक्षित कर देगी।"[1]

भारत में कभी प्रजा-जन राजा के घर जाकर होली खेलते थे, पर राज-प्रतिनिधि लार्ड कर्जन तक शिवशम्भु या भारतवासियों की पहुँच न होने पर व्यंग्य करते हुए गुप्तजी लिखते हैं, "कृष्ण हैं, उद्धव हैं, पर ब्रजवासी उनके निकट नहीं फटकने पाते। सूर्य है, धूप नहीं। चन्द्र है, चाँदनी नहीं। माई लार्ड नगर में ही हैं, पर शिवशम्भु उनके द्वार तक नहीं फटक सकता है। उनके घर चल होली खेलना तो विचार ही दूसरा है। माई लार्ड के घर तक बात की हवा तक नहीं पहुँच सकती।...माई लार्ड के मुखचन्द्र के उदय के लिए कोई समय भी नियत नहीं है।"[2]

अंग्रेजों की भेदभावपूर्ण नीति के कारण भारतवासियों की दुर्दशा पर गुप्तजी क्षुब्ध

1. शिवशम्भु के चिट्ठे, दूसरा चिट्ठा, पृ. 14-15
2. वही, पाँचवाँ चिट्ठा, पृ. 35

हो जाते हैं, "आपके स्वदेशी यहाँ बड़ी-बड़ी इमारतों में रहते हैं। जैसी रुचि हो, वैसे पदार्थ भोग सकते हैं, भारत आपके लिए भोग्य भूमि है। किन्तु इस देश के लाखों आदमी इसी देश में पैदा होकर आवारा कुत्तों की भाँति भटक-भटक कर मरते हैं। उनको दो हाथ भूमि बैठने को नहीं, मैले चिथड़े पहनकर, उमरें बिता देते हैं, और एक दिन कहीं पड़कर चुपचाप प्राण दे देते हैं।"[1]

सबसे कटु चिट्ठा है, 'विदाई-सम्भाषण'। बिछड़ने का समय बड़ा करुणोत्पादक होता है, बिछड़ने के समय वैरभाव छूटकर शान्तरस का आविर्भाव हो जाता है, यह सब कहते हुए बताया जाता है कि कर्जन किस तरह अपने ही देश में बेइज्जत हुए, कैसे उन्होंने बंग देश में आरा चलाया, कैसे भारतवासियों को गर्म तवे पर पानी की बूँदों की तरह नचाया, और कैसे उनका गुस्से में दाखिल किया इस्तीफा मंजूर हो गया। पूरी परपीड़नरति (सैडिज्म) के रस से यह पत्र लिखा गया है, जिसमें करुणा और क्रूरता की असंगति के चलते रसाभास की अम्लस्वादुता है।

उनके 'शाइस्ता खाँ के खतों' का जो दौर है, उसमें उर्दू के शब्द कुछ इस तरह भरे गए हैं कि वह हिन्दी-साहित्य की न होकर उर्दू-साहित्य की बानगी जान पड़ता है। उनमें नवाबी जमाने और ब्रिटिश राज्य की विलासिता का साम्य प्रदर्शित करते हुए प्रायः वैसी ही दुर्दशा और ग्लानि की भविष्यवाणी की गई है।

कुल मिलाकर गुप्तजी ने भारतीय समाज की दरिद्रता, लाचारी, गुलामी और अंग्रेजों की शोषण-प्रवृत्ति तथा कर्जनशाही पर तिलमिला देनेवाली भाषा में प्रहार किया है। उनके व्यंग्य-निबन्धों में त्विषि, तीक्ष्णता, तड़पन और खीझ के साथ-साथ कहीं-कहीं अश्लीलता और फूहड़ता भी दृष्टिगोचर होती है।

चन्द्रधर शर्मा गुलेरी की व्यंग्य-दृष्टि : चन्द्रधर शर्मा गुलेरी द्विवेदी युग के अत्यन्त महत्त्वपूर्ण निबन्धकार हैं। अपने 'कछुआ धर्म' ओर 'मारेसि मोहिं कुठाउँ' निबन्धों में उन्होंने सामाजिक विसंगतियों पर तीखा व्यंग्य किया है। गुलेरीजी के इन निबन्धों के शीर्षक प्रसंगगर्भित हैं। भारतीय दर्शन में कछुआ और मकड़ी के व्यवहार और व्यापार को सृष्टि के उद्‌भव और प्रलय का उपमान बनाया गया है। मकड़ी की सारी सृष्टि अन्तःप्रसूत, फिर अन्तःप्रविष्ट होती है। गुलेरीजी उपमान को खींचतान कर अर्थ बिठाते हैं; बात खटकती है, लेकिन खलती नहीं, क्योंकि पूरा निबन्ध पुराने शब्दों और अर्थों पर नया प्रकाश डालने का काम करता है। इसलिए नवीनता के प्रवाह में यह शीर्षक भी चौंकाकर एक प्रकार के वैचारिक विस्मय का रस ही देता है।

निबन्धों की पद्धति पर ही विषय का प्रारम्भ होता है। मनुस्मृति में कहा गया है कि जहाँ गुरु की निन्दा या असत् कथा हो रही हो, वहाँ पर भले आदमी को चाहिए कि कान बन्द कर ले और उठकर कहीं चला जाए। वार्ता अनौपचारिक ढंग से प्रारम्भ

---

1. शिवशम्भु के चिट्ठे, पाँचवाँ चिट्ठा, पृ. 35

होती है–और आरम्भ से ही व्यंग्य भी तीक्ष्ण से तीक्ष्णतर होता चलता है। हिन्दुओं की पलायनप्रियता, प्रतिरोध-शक्ति के अभाव, गतानुगतिक वृत्ति एवं अन्धी रूढ़िवादिता पर व्यंग्य की पैनी धार चलाते हुए वे लिखते हैं, "हिन्दू से कह दीजिए कि विलायती खांड खाने में अधर्म है, इसमें अभक्ष्य चीजें पड़ती हैं–वह खांड छोड़ देगा, बनी-बनाई मिठाई गौओं को डाल देगा या बोरियाँ गंगाजी में बहा देगा। कुछ दिन पीछे कहिए कि देशी खांड के बेचनेवाले भी सफेद बूरा बनाने के लिए वही उपाय करते हैं। मैली खांड खाने लगेगा।...यह हिन्दुओं के या हिन्दुस्तानी सभ्यता के कछुआ-धर्म का आदर्श है।"[1]

पाश्चात्य सभ्यता के जादुई सम्मोहन में अपना सर्वनाश कर रहे, गौएँ देकर सोमरस क्रय करनेवाले आर्यों पर व्यंग्य-बाण छोड़ते हुए वे लिखते हैं, "ये कहते कि गौ की एक कला में सोम बेच दो। वह कहता कि वाह सोम राजा का दाम इससे कहीं बढ़कर है। इधर ये गौ के गुण बखानते...पर काबुली काहे को मानता, उसके पास सोम की मोनोपोली थी...पर सोम क्रय करना, उन्हीं गन्धर्वों के हाथ गौ बेचकर सोम लेना पाप नहीं कहला सका।"[2]

'मारेसि मोहि कुठाउँ' श्रीरामचरितमानस के कैकेयीवाले प्रसंग से लिया गया है और उसे आर्यसमाज पर आरोपित किया गया है। यह इसलिए कि आर्यसमाज ने कुछ शब्दों के अर्थ में हेर-फेर किया है। सम्पूर्ण निबन्ध विद्वत्ता की गरिमा से भरा हुआ है; पत्थर जैसे शिलाजीत का स्राव बन गया हो, कुछ ऐसी इसकी प्रकृति है। कहा जाता है कि "राज के और धन के गँठ-कटे यहाँ कई आए, पर शब्दों की चोरी किसी ने नहीं की। हमने ही उनसे कुछ ले लिया।"[3] ले लेने के व्याज से शब्दवैज्ञानिक सिलसिला शुरू होता है, "असुर को असीरियावालों से लिया। 'असुर' शब्द का अर्थ प्राणवाला, और इन्द्र को भी यही उपाधि दी। फिर फिनीशियन व्यापारियों से 'पण' धातु लिया। एक पणि ऋषि होकर विश्वामित्र के दादा गाधि की कुर्सी पर बैठा। पोता पाणिनि हुआ। 'गुस्तास्प', 'विस्तास्प' से 'श्यावाश्व', 'बृहदाश्व' शब्द निकले।"[4]

दोनों निबन्धों में लेखक का व्यक्तित्व चमक उठता है। भाषा उतनी साफ-सुथरी और परिमार्जित तथा फार्म भी उतना स्वच्छ अवश्य नहीं हो पाया है; यान्त्रिक कसाव, आकर्षक प्रसाधन या शैली का चमकीला परिष्कार भी नहीं है, लेकिन दोनों निबन्धों में प्राण हैं और है पद-पद पर व्यंग्य-प्रहार करने की प्रमाणित और प्रामाणिक क्षमता। डॉ. विजय शंकर भट्ट की इस मान्यता से सहमत होना अलबत्ता कठिन है कि "इनके (गुलेरीजी के) हाथों में पड़कर व्यंग्य भारतेन्दु-युग की अपेक्षा अधिक वीर्यमान और भास्वर

---

1. हिन्दी निबन्धों का शैलीगत अध्ययन, डॉ. मु. ब. शहा, पृ. 257-58/निबन्ध : सिद्धान्त और प्रयोग, डॉ. हरिहरनाथ द्विवेदी, पृ. 106
2. हिन्दी निबन्धों का शैलीगत अध्ययन, डॉ. मु. ब. शहा, पृ. 257
3. निबन्ध : सिद्धान्त और प्रयोग, डॉ. हरिहरनाथ द्विवेदी, पृ. 107
4. वही, पृ. 108

हुआ।"[1] प्रखर व्यंग्य-क्षमता के बावजूद वे ज्यादातर परिहास के परोक्ष आवरण से ही चोट करते नजर आते हैं। भारतेन्दु-युगीन सपाटबयानी और अक्खड़ता उनमें भी देखने को नहीं मिलती। तथापि उन्होंने भारतीय संस्कृति के ह्रास और पाश्चात्य अन्धानुकरण के घातक मोह के प्रति जनता को जगाने का प्रयास तो किया ही। मरणोन्मुख रूढ़ियों, सामाजिक विसंगतियों, चारित्रिक पतन जैसे गम्भीर विषयों पर सन्दर्भगर्भित वक्रता का कुशल प्रयोग कर उन्होंने उन्हें नवीन निर्देशों से संवलित अवश्य किया।

अन्य निबन्धकारों की व्यंग्य-दृष्टि : इस युग के जिन अन्य निबन्धकारों ने अपने निबन्धों में यत्र-तत्र व्यंग्योक्तियों से काम लिया है, उनमें सरदार पूर्णसिंह अध्यापक का नाम उल्लेखनीय है। अध्यापक पूर्णसिंह भावात्मक निबन्धों के प्रमुख प्रवर्तक माने जाते हैं, क्योंकि उनके निबन्धों में भावात्मक पद्धति का चरमोत्कर्ष विद्यमान है। भावात्मक निबन्धों को पूर्ण प्रकर्ष पर पहुँचाने का श्रेय उन्हीं को प्राप्त है। हिन्दी में उन्होंने छह निबन्ध लिखे हैं–'सच्ची वीरता', 'कन्या-दान', पवित्रता', 'आचरण की सभ्यता', 'मजदूरी और प्रेम' और 'अमेरिका का मस्त जोगी वाल्ट ह्विटमैन'। उनके इन निबन्धों को प्रभात शास्त्री द्वारा 'सरदार पूर्णसिंह अध्यापक के निबन्ध' नाम से पुस्तकाकार प्रकाशित कराया गया है। इस प्रकार पूर्णसिंह ने लिखा तो बहुत कम है, किन्तु वे उन प्रतिभाशाली लेखकों में से हैं, जिनकी रचनाएँ परिमाण में कम होते हुए भी अधिक महत्त्वपूर्ण एवं गरिमामयी होती हैं।

अध्यापक पूर्णसिंह के प्रायः सभी निबन्ध भावात्मक संवेदना एवं व्यंग्य-विनोद का पुट सँजोए हुए हैं। बौद्धिकता के मोह में लुप्त होती हार्दिकता और उसके अभाव में छद्म एवं पाखंड को जीवन की सहजता-सरलता का स्थान लेते देख इनका अध्यापकीय व्यक्तित्व इस नैतिक ह्रास के प्रति तिलमिला उठता है। वे लिखते हैं, "पुस्तकों या अखबारों के पढ़ने से या विद्वानों के व्याख्यानों को सुनने से तो बस ड्राइंग हाल के वीर (ड्राइंग हॉल नाइट्स) पैदा होते है।"[2]

पुस्तकीय ज्ञान-मात्र पर इतरानेवालों, शेखी बघारनेवालों तथा विद्वत्ता का दम्भ भरनेवालों पर व्यंग्य करते हुए अध्यापकजी कहते हैं, "पुस्तकों में लिखे नुस्खों से तो और भी बदहजमी हो जाती है।"[3] लाक्षणिक भाषा, चामत्कारिक कथन-भंगिमा एवं भावावेगपूर्ण शैली द्वारा अध्यापकजी समाज में व्याप्त ढकोसलों और छद्म व्यवहार पर तो आघात करते ही हैं, साथ ही सूक्ष्म नैतिक एवं आध्यात्मिक उपदेश भी दे जाते हैं। वे सम्पूर्ण शब्द-शक्ति का उपयोग करते हुए कथन में मार्मिकता ला देते हैं, 'भगवान ! तीसरा नेत्र खोलकर जरा इस देश के गेरुआ रंगे उपदेशकों के अन्दर के अन्धकार को क्यों नहीं देखते ?"[4]

---

1. हिन्दी गद्य की प्रवृत्तियाँ, पृ. 86
2. सरदार पूर्णसिंह अध्यापक के निबन्ध, सच्ची वीरता, पृ. 60
3. वही, मजदूरी और प्रेम, पृ. 142
4. वही, पवित्रता, पृ. 112

यह लाक्षणिकता पूर्णसिंहजी की अध्यापकीय मर्यादा की प्रतीक होने के साथ-साथ कुशल व्यंग्यीय क्षमता की द्योतक भी है। वे जगह-जगह पर अपनी इस क्षमता का प्रदर्शन करते हैं, जैसे "द्रोपदी की साड़ियाँ उतार-उतार अपनी पवित्रता के साधन कर रहे हो ? फूँक क्यों नहीं डालते उन ग्रन्थों या (उनके) उन हिस्सों को, जहाँ तुमको ऐसा वहशी बनाकर पवित्र बनाने के झूठे वचन मिले हैं"[1], "जिस तरह रिश्वत देकर धन एकत्रित होता है, उसी तरह ईश्वर को भी धन देकर स्वर्ग की मंशा हो रही है। ऐसा इकट्ठा करके वैसे दे देना, धर्मशाला बनवा देना, क्षेत्र लगवा देना, ईश्वर की आँखों में नमक डालकर अपने आपको चतुर कहना, भारतवर्ष के आजकल के जीवन के निघंटु में दान के अर्थ यही मिलते हैं"[2], "हृषिकेश में वह अनमूल्य गोली बिकती है...जिस गोली के खाने से सारे जन्म कट जाते हैं, सब पाश टूट जाते हैं और जीवनमुक्त हो सारे संसार को अपनी उँगलियों पर नचा सकोगे।"[3]

विकृत यथार्थ-अनुभूति की क्रमिक प्रतिक्रिया का स्पष्ट रूप हमें अध्यापक पूर्णसिंह के निबन्धों में देखने को मिलता है। चामत्कारिक कथन-भंगिमा और लाक्षणिक एवं सांकेतिक भावावेगपूर्ण शैली का अधिकारी लेखक समाज के यथार्थ को भोगते-भोगते उग्र होने को विवश है। नैतिक एवं चारित्रिक मनोबल का उद्‌बोधक अध्यापक इन्हीं आस्थाओं एवं विश्वास पर आघात करने पर बाध्य है। ऐसी सड़ी-गली व्यवस्था के प्रति आखिर इंसान कब तक आँख मूँदे रहेगा ? ऐसे भ्रष्ट व्यवस्थापकों, पतित भोक्ताओं पर अध्यापक पूर्णसिंह अर्थगर्भित चुटकी लेने में सक्षम हैं। कभी कोमल, मधुर-स्निग्ध शब्दावली के सम्मोहन से, तो कभी उग्र, मारक, तीव्र बेधक व्यंग्यीय क्षमता द्वारा लेखक बराबर मृतप्राय मानव-समाज को गुदगुदाने एवं झकझोरने को प्रयत्नशील है।

हिन्दुओं की धर्मान्धता, रूढ़ सांस्कृतिक दासता पर व्यंग्य करनेवालों में इस युग के निबन्धकार माधवप्रसाद मिश्र का नाम भी उल्लेखनीय है। इनके निबन्धों में व्यंग्य के तीखेपन की अनुभूति की जा सकती है। 'रामलीला' शीर्षक निबन्ध में वे लिखते हैं, "आठ सौ वर्ष हिन्दुओं के सिर कृपाण चलती रही, परन्तु 'रामचन्द्र की जय' तब भी बन्द न हुई। सुनते हैं कि औरंगजेब ने असहिष्णुता के कारण एक बार कहा था कि हिन्दुओ, अब तुम्हारे राजा रामचन्द्र नहीं हैं। इसलिए रामचन्द्र की जय बोलना राजद्रोह करना है। औरंगजेब का कहना किसी ने न सुना, उसने राम-भक्त हिन्दुओं का रक्तपात किया सही, पर रामचन्द्र की जय को बन्द न करा सका। कहाँ है वह अभिमानी ?"[4]

देश की तत्कालीन विषम अवस्था का उल्लेख करते हुए मिश्र जी ने लिखा है, "जिस प्रजा की प्रसन्नता के लिए इस देश के प्राचीन नृपतियों ने अपने पुत्र-कलत्र को निर्वासित कर दिया था, आज उसी प्रजा के लिए इस देश के राजपुरुष अपने सजातियों

1. सरदार पूर्णसिंह अध्यापक के निबन्ध, पवित्रता, पृ. 105
2. वही, पृ. 111
3. वही, पृ. 114
4. हिन्दी साहित्य का प्रवृत्तिगत इतिहास, डॉ. प्रतापनारायण टंडन, पृ. 597-98

को दंड देने में भी कुंठित हैं। निर्धनता का यहाँ तक राज्य है कि लाखों आदमी भरपेट खाने को भी नहीं पाते। चीन, जापानादि के भयानक युद्धों में भी उतने मनुष्य हताहत नहीं हुए, जितने यहाँ प्लेग की भेंट हो चुके और होते जा रहे हैं। विद्वान मर रहे हैं, मूर्ख बढ़ रहे हैं और शिक्षा की जड़ कट रही है।''[1]

इनके अलावा विश्वम्भरनाथ शर्मा कौशिक ने भी विजयानन्द के नाम से तत्कालीन राजनीतिक तथा सामाजिक समस्याओं पर व्यंग्यात्मक प्रहार किया है। उन्होंने 'दुबेजी की चिट्ठियाँ' और 'दुबेजी की डायरी' के माध्यम से व्यंग्य किया है। श्रीधर पाठक की रचना 'हिन्दुस्तान क्या है ? एक कल्पवृक्ष' में भी व्यंग्यात्मक शैली में पौराणिक आधार लेकर भारतीयों द्वारा स्वाधीनता की रक्षा के लिए किए गए अल्प प्रयत्नों पर गहरी और तिलमिला देनेवाली चोटें की गई हैं। सीताराम के निबन्ध 'मनुष्य की आयु' और हरिहरनाथ के निबन्ध 'बाबू द्विवेदीजी की साहबी हिन्दी' में भी व्यंग्य के छींटे मिलते हैं।

इस प्रकार हम देखते हैं कि यह युग व्यंग्य की दृष्टि से बहुत समृद्ध न भी रहा हो, पर तत्कालीन परिस्थितियों का अंकन करनेवाला आक्रोशयुक्त व्यंग्य इस युग में भी मिल जाता है। इस युग के निबन्धकारों को जहाँ भी अवसर मिला है, वे व्यंग्य की चिकोटी काटने से नहीं चूके हैं।

नवजागरण-काल-परवर्ती व्यंग्य

शुक्ल-युग में व्यंग्य

भारतेन्दु एवं आचार्य द्विवेदी के उपरान्त आचार्य शुक्ल हिन्दी-निबन्ध-साहित्य में युगान्तर उपस्थित करते हैं। भारतेन्दु-युगीन अनगढ़ प्रारम्भिक प्रयोगों एवं द्विवेदी-युगीन इतिवृत्तात्मकता से आगे बढ़कर शुक्लजी हिन्दी-साहित्य में वैचारिक एवं वैयक्तिक निबन्ध-शैली का सूत्रपात करते हैं। प्रवृत्तियों के आधार पर हिन्दी-साहित्य का काल-विभाजन करनेवाले साहित्यकार इसे विकास-युग, प्रवाह-युग, उत्कर्ष-काल, छायावाद-युग, शुक्ल-युग तथा प्रसाद-युग नामों से अभिहित करते हैं। नामकरण का यह वैविध्य स्वयं काल-विशेष के प्रवृत्तिगत वैविध्य एवं माहात्म्य का प्रतीक है। हिन्दी-व्यंग्य-निबन्धों का यह तृतीय चरण द्विवेदी-युगीन वैचारिक गाम्भीर्य अपने में सँजोए है, तो प्रथम महायुद्ध की विभीषिका से दग्ध मानव की आकुल पुकार भी। इस प्रकार यह युग मस्तिष्क की उधेड़बुन एवं हृदयगत उथल-पुथल का संकाय रहा है। हार्दिकता, निर्मलता, सहजता इसमें हैं, तो बौद्धिकता एवं गाम्भीर्य भी। इसमें मनोवैज्ञानिक ईर्ष्या, द्वेष, लज्जा, ग्लानि आदि भावों का विश्लेषणात्मक अध्ययन हुआ है तो सार्वजनीन कल्याण-सन्देश भी इस युग की थाती रहा है। कालगत पृष्ठभूमि में यह स्वाभाविक ही था कि एक ओर विभिन्न

---

1. माधवप्रसाद मिश्र निबन्धमाला, भाग 4, पृ. 20

संस्कृतियों की संघटनात्मक टकराहट को स्वर मिले, तो दूसरी ओर स्वत्व-ह्रास की पीड़ा को। एक ओर वैज्ञानिक प्रगति आए-दिन अपने विकास-क्रम में सांसारिक दूरियों को सीमित कर रही थी, दूसरी ओर उसी अनुपात में देश-देशान्तर का साहित्य वैविध्य-सम्पदा का धनी बन रहा था। आचार्य शुक्ल एवं उनके सहवर्तियों का साहित्य जीवन-विकास की इन तमाम ऊँचाइयों को स्पर्श करता हुए अपने उत्कर्ष को प्राप्त करता है। नैबन्धिक निबन्धता का शुभारम्भ होता है और भाषा एवं शैली सभी सीमाओं का अतिक्रमण करती है। बौद्धिक विकास एवं हार्दिक स्फुरण का उत्कृष्ट रूप हमें शुक्लजी एवं उनके सहवर्तियों के निबन्ध-साहित्य में देखने को मिलता है। कथ्य, शैली एवं भाषा के परिमार्जित रूप को देखते हुए विद्वानों ने इसे गद्य-विकास का स्वर्ण-काल कहा है। किन्तु जहाँ तक व्यंग्य-निबन्धों के प्रवाह एवं उत्कर्ष का प्रश्न है, यह युग निराश ही करता है। कविता के क्षेत्र में छायावादी रूमानी रुझान में लिप्त यह युग गद्य की प्रौढ़ता, वैचारिक उत्थान एवं वैयक्तिक निबन्धता की धार तो प्रवाहित करता है, किन्तु जीवनगत विकृतियों की प्रताड़ना उसी प्रखरता से नहीं कर पाता। मनोवैज्ञानिक विश्लेषण के माध्यम से शुक्लजी मानवीय दुर्बलताओं को तो उजागर करते हैं, उन दुर्बलताओं के वश में होनेवाली हानियों की चर्चा भी वे कर जाते हैं, किन्तु उसके कारक तत्त्वों के उन्मूलन हेतु अपेक्षित तेवर का उनमें अभाव ही नजर आता है। वास्तविकता तो यह है कि व्यंग्य-निबन्धों की जो जीवन्त जिन्दादिली उसके उद्‌गम में दिखाई दी, वह स्वतन्त्रता-प्राप्ति के बाद ही पुनः अपनी स्वाभाविक गति प्राप्त करती है। बीच के पड़ाव में हिन्दी-व्यंग्य कहीं सुबक रहा है, तो कहीं सिर उठाने का असफल प्रयास करता नजर आता है। व्यंग्यात्मक तेवर का पूर्ण पल्लवन एवं उत्थान न तो द्विवेदी-युग में हो सका, न प्रवाह-युग ही व्यंग्यात्मक धार को गति दे पाया। इस तरह भारतेन्दु-युगीन व्यंग्यात्मक तेवर यद्यपि परवर्ती निबन्धों में नहीं पाया गया, किन्तु उसका सम्पूर्ण उन्मूलन भी नहीं हुआ था।

आचार्य रामचन्द्र शुक्ल की व्यंग्य-दृष्टि : शुक्लजी ने प्रायः विचारात्मक निबन्ध लिखे हैं और विचारात्मक निबन्धों में शुक्लजी के समय जो कुछ भी अभाव दृष्टिगोचर होते थे, उनकी पूर्ति के लिए उन्होंने भरसक प्रयत्न किए। शुक्लजी से पूर्व विचारात्मक निबन्धों में न तो गम्भीरता थी, न विचारों की गूढ़-गुम्फित परम्परा थी और न वे ऐसी किसी नूतन विचार-पद्धति से ही परिपूर्ण होते थे, जो पाठकों की बुद्धि को उत्तेजित करके उन्हें चिन्तन एवं मनन की ओर अग्रसर कर सके। ऐसी ही बेला में पं. रामचन्द्र शुक्ल ने निबन्ध के क्षेत्र में पदार्पण किया और अपने गम्भीर व्यक्तित्व, प्रखर पांडित्य, गहन चिन्तन, अद्वितीय विचार-पद्धति तथा बुद्धि एवं हृदय के सफल सामंजस्य द्वारा विचारात्मक निबन्ध लिखना आरम्भ किया। भावात्मक निबन्धों को उत्कर्षता प्रदान करने का श्रेय जिस प्रकार सरदार पूर्णसिंह अध्यापक को प्राप्त है, उसी भाँति विचारात्मक निबन्धों को उत्कर्ष पर पहुँचाने का श्रेय रामचन्द्र शुक्ल को है।

शुक्लजी ने 1904 ई. से ही निबन्ध लिखना आरम्भ कर दिया था और उनके

निबन्ध तत्कालीन 'सरस्वती', 'आनन्द-कादम्बिनी' आदि हिन्दी की प्रमुख पत्रिकाओं में प्रकाशित होते थे। 'साहित्य', 'भाषा की शक्ति', 'उपन्यास', 'भारतेन्दु हरिचन्द्र और हिन्दी' आदि उनके आरम्भिक निबन्ध हैं, जिनमें उनकी गहन चिन्तन-मनन की पद्धति तो विद्यमान है, किन्तु वह प्रौढ़ अभिव्यंजना-शक्ति नहीं है जो आगामी निबन्धों में दृष्टिगोचर होती है। आगे चलकर उन्होंने कितने ही प्रौढ़, प्रांजल एवं उच्चकोटि के निबन्ध लिखे, जिन्हें पहले 'विचार-वीथी' के नाम से संकलित करके पुस्तकाकार प्रकाशित किया गया, तदनन्तर 'चिन्तामणि' भाग 1 तथा भाग 2 के नाम से उनके प्रौढ़ एवं उत्कृष्ट निबन्ध पुस्तकाकार प्रकाशित हुए। 'चिन्तामणि' भाग 1 पर उन्हें मंगलाप्रसाद पारितोषिक देकर सम्मानित किया गया और उसे उच्च कक्षाओं में पढ़ाने के लिए पाठ्यक्रमों में भी स्थान दिया गया। शुक्लजी ने चार ऐसे विस्तृत निबन्ध भी लिखे हैं, जो 'तुलसी-ग्रन्थावली', 'जायसी-ग्रंथावली', 'भ्रमरगीत-सार' और 'भारतेन्दु-साहित्य' की भूमिकाओं में विद्यमान हैं और जो अत्यन्त तथ्यपूर्ण एवं सारगर्भित हैं। इनमें से तुलसी, जायसी तथा सूर सम्बन्धी विस्तृत निबन्ध 'त्रिवेणी' नाम से नागरी प्रचारिणी सभा द्वारा अलग से पुस्तकाकार भी प्रकाशित करवाए गए हैं।

शुक्लजी अपनी मान्यताओं के आधार पर ही कृति और कृतिकार को उसके देश और काल के सन्दर्भ में आँकते थे और जो जैसा लगता था, उसको उसी रूप में अपनी गरिमा के अनुरूप प्रकट करते थे। जो नहीं भाया, उसकी चुटकी ली, व्यंग्य किया, पर सब कुछ साहित्य की रसात्मक पद्धति पर। सामयिक विद्रूपताओं पर चोट करने के बजाय शुक्लजी का झुकाव मनोवैज्ञानिक भाव-विश्लेषण की ओर अधिक रहा, किन्तु ऐसा नहीं कि जीवन और जगत की चतुर्दिक विकृतियों के प्रति वे सर्वथा उदासीन रहे हों। खीज-गर्भित व्यंग्य एवं परिहास-प्रेरित प्रताड़ना उनके निबन्धों में यत्र-तत्र देखी जा सकती है। क्षम्य विसंगतियाँ उनके परिहास का विषय बनी हैं, तो अदम्य विसंगतियाँ अमोघ व्यंग्य का। शुक्लजी के व्यंग्य-बाणों से न तो नैतिक एवं सांस्कृतिक उत्थान के प्रहरी पं. महावीरप्रसाद द्विवेदी बच पाए और न ही मित्र-बन्धु पद्मसिंह शर्मा एवं अयोध्या सिंह उपाध्याय जैसे साहित्य-सर्जक। डॉ. गणपतिचन्द्र गुप्त के शब्दों में, उनके निबन्धों में "विचारों की गम्भीर घाटियों के बीच-बीच में उतरी हास्य-व्यंग्य से ओत-प्रोत उक्तियाँ किसी स्वच्छ-शीतल निर्झर के कोमल-मधुर कल-कल स्वर की तरह सुनाई पड़ती हैं।"[1] इस प्रकार आचार्य शुक्ल के निबन्ध वैचारिक गाम्भीर्य के साथ हार्दिक जिन्दादिली, मानसिक चुटकी के हल्के-फुल्केपन से भी आपूर्ण हैं। मानवीय वृत्तियों का विश्लेषण उनमें है, तो इन वृत्तियों के कारक-तत्त्व एवं उनकी उपादेयता भी। मानवीय मूल्यों की उपेक्षा करनेवालों पर वे दुधारी तलवार बनकर बरसते हैं। धन के लोभ की प्रबलता किस हद तक मनुष्य को मार देती है, "लोभियों का दमन योगियों के दमन से किसी प्रकार कम नहीं होता। लोभ के बल से वे काम और क्रोध को जीतते हैं। जिससे वे कुछ पाने की आशा रखते हैं, वह यदि उन्हें दस गालियाँ भी देता है तो उनकी आकृति पर न रोष का चिह्न प्रकट

1. हिन्दी साहित्य का वैज्ञानिक इतिहास, पृ. 852

होता है और न मन में ग्लानि होती है, न उन्हें मक्खी चूसने में घृणा होती है और न रक्त चूसने में दया।...तुच्छ से तुच्छ व्यक्ति के सामने हाथ फैलाने में वे लज्जित नहीं होते।''[1]

चारित्रिक पतन की इस सीमा को दर्शाते हुए शुक्लजी तिलमिलाकर कह उठते हैं, ''लोभियो ! तुम्हारा आक्रोश, तुम्हारा इन्द्रिय-निग्रह, तुम्हारी मानापमान-समता, तुम्हारा तप अनुकरणीय है; तुम्हारी निष्ठुरता, तुम्हारी निर्लज्जता, तुम्हारा अविवेक, तुम्हारा अन्याय विगर्हणीय है। तुम धन्य हो ! तुम्हें धिक्कार है !''[2]

वर्ग-वैषम्य पर प्रहार करते हुए 'देशप्रेम की चर्चा' में शुक्लजी लिखते हैं, ''मोटे आदमियो, तुम जरा दुबले हो जाते, अपने अन्देशे से ही सही, तो न जाने कितनी ठठरियों पर मांस चढ़ जाता।''[3]

कला, साहित्य और संगीत की दुनिया में व्याप्त विसंगतियों पर भी शुक्लजी ने व्यंग्य-प्रहार किए हैं। कला की मौजूदा स्थिति की खिल्ली उड़ाते उन्होंने लिखा है, ''यदि ये कलाएँ मूर्तिमान रूप धारण करके सामने आतीं, तो दिखाई पड़ता कि किसी को जलोदर हुआ है, किसी को फीलपाँव।''[4]

सूत्रात्मक शैली में प्रस्तुत शुक्लजी की अनेक व्यंग्योक्तियाँ मुहावरों और कहावतों का-सा प्रभाव छोड़ती हैं, जैसे ''पक्के लोभी लक्ष्य-भ्रष्ट नहीं होते, कच्चे हो जाते हैं''[5], ''ईर्ष्या अत्यन्त लज्जामयी वृत्ति है, वह अपने धारणकर्ता स्वामी के सामने भी मुँह खोलकर नहीं आती''[6], ''धज के साथ धर्म की ध्वजा लेकर चलनेवाला धोखे में भी क्रोध को पाप का बाप ही कहेगा''[7], ''बैर क्रोध का अचार या मुरब्बा है''[8], ''जिसमें समाज के साधुवाद की सम्भावना होती है तो इनका पेट फूलने लगता है''[9], ''कहीं 'जीवो जीवस्य जीवनम्' का सिद्धान्त चलता दिखाई पड़ता है, कहीं लाठी और भैंस का''[10], ''यदि हम कभी देव-मन्दिर के मार्ग पर भी देखे जाते हैं तो सिर झुका लेते हैं या बगलें झाँकते हैं;''[11], ''इष्ट यही है कि हम दुष्टों का हाथ थामें और धृष्टों का मुँह–उनकी वन्दना करके हम पार नहीं पा सकते, इधर हम हाथ जोड़ेंगे, उधर वे हाथ छोड़ेंगे''[12] आदि। ये

---

1. चिन्तामणि, भाग-1, पृ. 116
2. पही, पृ. 116-17
3. वही, पृ. 105
4. वही, पृ. 34
5. वही, पृ. 117
6. वही, पृ. 167
7. वही, पृ. 186
8. वही, पृ. 189
9. वही, पृ. 40
10. वही, पृ. 51
11. वही, पृ. 84
12. वही, पृ. 88

व्यंग्योक्तियाँ न सिर्फ शुक्लजी की व्यथा को व्यक्त करती हैं, अपितु उनकी व्यंग्यीय क्षमता पर भी प्रकाश डालती हैं।

किन्तु सम्पूर्ण व्यथा, तिलमिलाहट एवं आक्रोश के बावजूद शुक्लजी का व्यंग्य अपनी तीक्ष्णता को प्राप्त नहीं करता। कारण, शुक्ल-युग राष्ट्रीय जागरण की अँगड़ाइयाँ लेता स्वातन्त्र्य-संग्राम के भूमिका-निर्माण का युग रहा है। ऐसा युग, जबकि तमाम वैयक्तिक एवं सामाजिक दुर्गुणों के उन्मूलन से कहीं अधिक ज्वलन्त समस्या विदेशियों के प्रतिकार एवं स्वराज्य-स्थापना की समस्या थी। इस समस्या का निवारण राष्ट्रीय जागरण एवं ऐक्य की माँग कर रहा था। राष्ट्र की इस माँग के समक्ष अन्य सभी माँगें एवं अनिवार्यताएँ उतनी अहमियत नहीं रखतीं। अपनी बुराइयों एवं कमजोरियों को स्वराज्य-शासन में भी निपटाया जा सकता था। अतः स्वराज्य-स्थापना की माँग एवं उत्कट आकांक्षावश अन्य सभी सामाजिक, सांस्कृतिक अवमूल्यन उपेक्षित ही रहे, यद्यपि बिल्कुल अनदेखे नहीं। यदा-कदा राष्ट्रीय समस्याओं से समय निकाल साहित्यकार सामाजिक एवं मानवीय दुर्बलताओं की भी खबर ले लिया करते थे। विदेशी शासन की क्रूरता एवं ज्यादतियों के आतंक के प्रति सुरक्षात्मक कदम उठाते हुए प्रायः प्रत्येक साहित्यकार शब्द की व्यंजना-शक्ति, एक तीर द्वारा द्वय शिकार की लक्ष्य-प्राप्ति में संलग्न था। शुक्लजी ने भी अपनी रचना-पद्धति को रोचक, आकर्षक एवं प्रभावोत्पादक बनाने के लिए अपने निबन्धों में व्यंग्य, आक्षेप और वक्रोक्ति की त्रिवेणी प्रवाहित की है। इससे वे मीठी चुटकियाँ लेते हुए, हास-परिहास में ही, कितनी ही गहरी चोट करते चले गए हैं और समाज की बुराइयों को प्रकट करने में सफल सिद्ध हुए हैं।

बाबू गुलाबराय की व्यंग्य-दृष्टि : बाबू गुलाबराय इस युग के एक श्रेष्ठ निबन्धकार थे। 'ठलुआ क्लब', 'फिर निराशा क्यों', 'मेरी असफलताएँ' आदि संग्रहों में उनके कुछ श्रेष्ठ व्यक्तिगत निबन्ध संकलित हैं। इनमें उन्होंने अपनी गम्भीर आलोचकीय पांडित्यवाली मुद्रा का त्याग कर सर्वथा अनौपचारिक बातचीत की शैली में अपने व्यक्तिगत जीवन तथा आसपास की तुच्छ दीख पड़नेवाली वस्तुओं के सम्बन्ध में भावपूर्ण उद्‌गार और व्यंग्यपूर्ण प्रतिक्रियाएँ व्यक्त की हैं। वकील, डॉक्टर, लेखक, समालोचक आदि प्रबुद्ध वर्ग की विसंगतियों, अधूरेपन, अधकचरेपन की खबर तो गुलाबराय लेते ही हैं, नाई और ठग जैसे साधारण लोग भी इनसे बचे नहीं रह सके। इसी तरह व्यापार-युग में बढ़ती विज्ञापनबाजी, शहरी आकर्षण के तहत उपजी मकान-समस्या, व्यापार एवं रेल-जैसी सामाजिक एवं राष्ट्रीय समस्याओं को भी अपनी व्यंग्य-क्षमता द्वारा गुलाबराय उजागर करते हैं। दूसरे शब्दों में हम कह सकते हैं कि व्यक्तिपरक एवं सामाजिक, सभी क्षेत्रों में लक्षित विकृतियाँ बाबू गुलाबराय के व्यंग्य की विषय रही हैं। जन-सेवा और समाज-सेवा की भावना का मूल सँजोए डॉक्टरी पेशे को मात्र व्यावसायिक बनानेवालों पर व्यंग्य की बौछार करते हुए 'ठलुआ क्लब' में वे कहते हैं, ''आप साधारण जल को बहुमूल्य औषधि बना, उसमें से लक्ष्मीदेवी का प्रादुर्भाव कर समुद्र-मन्थन का काम

नित्य अभिनय करते हैं।...आप विष द्वारा अमृत का काम करते हैं। सुरासुर दोनों को ही सन्तुष्ट रखते हैं..."[1]

लक्ष्मी-मोहपाश में पड़ सुसुरार-साम्य-दृष्टि की घातकता विषाक्त अमृत-घट तैयार करती है। अमरत्व-प्राप्ति की आकांक्षा से घट-पान करनेवालों को विषदंश का भागी होना पड़ता है। यहीं से प्रारम्भ होती है रक्षकों के वेश में भक्षकों की संस्कृति। जिस देश की बौद्धिक चेतना ही पतनोन्मुख निकृष्ट स्वार्थ से आपूर्ण हो, वह देश रसातल को तो प्राप्त होगा ही। तथाकथित प्रबुद्ध समाजसेवी वर्ग की यह अनैतिकता संवेदनशील लेखक के अन्तस को मथती है, वह भीतर से आहत होता है और अपनी इस पीड़ा, व्यथा की व्यंग्याभिव्यक्ति करता है।

'मेरी असफलताएँ' गुलाबराय का प्रसिद्ध संग्रह है, जिसके निबन्धों के विषय बाल्यावस्था, विद्यार्थी-जीवन, स्टेट की नौकरी, वापसी, गृह-निर्माण, व्यवसाय एवं लेखन-वृत्ति आदि हैं। अपने इन निबन्धों में लेखक मौका आने पर स्वयं या अन्य किसी प्राणी या परिस्थिति पर बिना व्यंग्य का छींटा कसे आगे नहीं बढ़ता। सबसे बड़ी बात तो यह है कि इन निबन्धों को पढ़कर एक ऐसे व्यक्तित्व का साक्षात्कार होता है, जिसे न केवल अपनी सीमाओं का बोध है, बल्कि जो उनकी जुगाली करने में आनन्द पाता है।

'स्मृति को कल्पना से अतिरंजित नहीं करूँगा'–निबन्धकार गुलाबराय का ऐसा व्रत है (देखें–बालस्तावत् क्रीड़ासक्तः), जिसका लेखक यथासम्भव पालन भी करता है। अनुपात का अतिशयोक्त वैषम्य उसे प्रिय नहीं। उसकी दृष्टि सर्वत्र स्वस्थ और यथार्थ है। वह मुँह में चाँदी का चम्मच लेकर पैदा नहीं हुआ था, लेकिन इसके कारण वह घृणा या आक्रोश के आग्नेय व्यंग्य-बाण चलाना पसन्द नहीं करता। वह चाट के लिए भी मचला था और अच्छे खाने की कमजोरी, श्रवण-समीप ही नहीं, सारे बाल सफेद हो जाने पर भी बनी हुई है। उसे उँगलियों पर पेंसिल मार-मार पाठ पढ़ाया गया। रूल की मार पड़ी। पेड़ से सहपाठी लटका दिए जाते थे। मुर्गा भी बनाए जाते थे। लेकिन इन सारे तथ्यों को वह इस प्रकार रखता है कि अतीत के प्रति सुखद हास्य और ममता के अतिरिक्त कोई अन्य भाव उत्पन्न नहीं होता। निबन्धकार अपने अनुमान के एक ही वाक्य से सारे वातावरण को सरस और व्यंग्यात्मक बना देता है और वह यह है कि पुलिसवालों ने शिक्षा-विभाग से ही दंड की विधियाँ सीखी होंगी। कुछ ब्योरे तो सचमुच बड़े सरस और अतीत के रूमानी सौरभ से सम्पन्न हैं। जैसे, उसके मौलवी नवाब खाँ अक्सर स्याही में पानी चुक जाने पर अर्क-गुलाब, अर्क-वादियाँ, या अर्क-गाजवाँ डाल दिया करते थे। उसके शिक्षक डब्ल्यू पी. मलीगन साइकिल पर चलते-चलते निद्रामग्न हो जाते थे। वर्णन सर्वत्र स्वाभाविक और शिष्ट हास्य-पुष्ट बने रहते हैं। जैसे "पालक के शाक की क्यारी तो कामधेनु सिद्ध हुई। जितनी काटते उतनी ही बढ़ती। वह वास्तविक अर्थ में पालक थी। गोभी के फूल भी खूब फले। उन्हें

---

1. ठलुआ-क्लब, पृ. 18-19

अधिकार से दबाया भी, क्योंकि श्रीमदभगवद्गीता में फलों का ही निषेध किया गया है, पत्तों और फूलों का नहीं। भगवान ने कहा है–कर्मण्येवाधिकारस्ते मा फलेषु कदाचन।''[1]

लेखक जब अपनी प्रकृत मानवीयता अभिव्यंजित करता है तो निबन्ध निखर उठता है। जैसे, ''झूठ भी (ईद-बकरीद जुलाहा पान खा लेता है) मैं बोल ही लेता हूँ, अर्थ-लाभ के लिए तो नहीं, किन्तु मान-मर्यादा की रक्षा के लिए। कभी बेबस होकर बिना टिकट के रेल से सफर भी कर लेता हूँ। किन्तु उसका पश्चात्ताप नहीं होता। पकड़ा न जाऊँ तो इस बेबसी के दुष्पाप को सहज में भूल जाता हूँ, किन्तु ताँगेवाले को कम पैसे देने में अवश्य दुःख होता है।''[2] लेकिन जब निबन्धकार यह कहने का साहस करता है कि उसने ''कभी-कभी अच्छी पुस्तकें–जिनकी संख्या एक हाथ की अँगुलियों पर की जा सकती है–चुरा ली हैं, वह भी उनके यहाँ से, जहाँ मैंने आतिथ्य स्वीकार किया है''[3], तो लगता है, यह साहस वैयक्तिक बनने के लिए आरोप-मात्र है। लेकिन सारा प्रसंग ही मानवीय चारित्रिक स्पष्टता और सहृदयों पर किए गए व्यंग्य से सहज व्याप्त हो उठता है, जब तत्काल कह दिया जाता है, ''उसमें एक कीथ महोदय का संस्कृत ड्रामा है।...वह भी मुझ-सा सहृदय है, मुझसे माँगकर लौटाना भूल गया है।''[4]

पुनरुक्ति गुलाबराय का सबसे बड़ा दोष है। ऐसा जान पड़ता है, मानो निबन्धकार के पास कुछ उक्तियाँ हैं, जिन्हें दुहराकर वह विचित्र प्रकार की विवशता, अपने सीमित भंडार या अभाव का परिचय देता है। निबन्धों में कहीं-कहीं तो सहृदय के अपमान तक की नौबत आ जाती है–अपनी अपाच्य उपलब्धि के चक्कर में पाठकों की लब्धि के प्रति आस्था खो दी जाती है, कोष्ठकों के भीतर अभिप्रेत संकेत दे दिया जाता है। कभी-कभी जानबूझकर निष्प्राण हास्य-युक्त विषयान्तर आ जाता है। जैसे, ''आगरे का रास्ता घर की मुर्गी की तरह (मैं मुर्गी नहीं पालता हूँ) आकर्षणहीन हो गया है।''[5] इसमें ''मैं मुर्गी नहीं पालता हूँ'' निरर्थक हास्य का संकेत है। गुलाबराय ने फॉर्म का ध्यान नहीं रखा है और उनके निबन्धों में शीघ्रता और स्थान भरने का प्रयास है। व्यंग्य के सन्दर्भ में भी शुक्ल-युगीन राष्ट्रीय चेतना उन्हें लेखकीय मर्यादा का अतिक्रमण नहीं करने देती। सम्पूर्ण जीवन की कुरूपता, यहाँ तक कि प्रबुद्ध-वर्ग का पतन भी उन्हें घातक प्रहार की प्रेरणा नहीं देता। फब्तियों एवं चुटकियों द्वारा पाठक-मानस को उद्वेलित करना मात्र उन्हें सन्तुष्ट रखता है। विषम से विषम स्थितियों में भी वे निर्मम खिल्ली नहीं उड़ा पाते और न व्यंग्य की मृदुता को ही छोड़ पाते हैं। तीव्र उपहास की तो मानो सोच ही नहीं सकते। गुलाबरायजी के अपने शब्दों में, (उनके निबन्धों में) ''साहित्यिक हास्य

1. निबन्ध : सिद्धान्त और प्रयोग, डॉ. हरिहरनाथ द्विवेदी, पृ. 120
2. हिन्दी-साहित्य का वैज्ञानिक इतिहास, डॉ. गणपतिचन्द्र गुप्त, पृ. 852
3. वही, पृ. 853
4. वही
5. हिन्दी-निबन्धकार, जयनाथ नलिन, पृ. 158

का काफी मसाला मिलेगा, पर जो लोग इसमें धौल-धप्पों का और हू-हक का हास्य देखना चाहेंगे, उनको शायद निराश होना पड़ेगा।''[1]

शिवपूजन सहाय की व्यंग्य-दृष्टि : शिवपूजन सहाय 'भाषा के जादूगर' के रूप में ख्यात हैं। उनकी मस्ती और जिन्दादिली उनके व्यक्तिगत निबन्धों में फूट-सी पड़ती है। 'कुछ' शीर्षक अपने निबन्ध-संग्रह में उन्होंने तुच्छ-से-तुच्छ विषय को अपनी रोचक रचना-प्रणाली से मोहक बना दिया है। उनके निबन्ध संख्या में अधिक नहीं हैं, पर जो हैं वे उनकी आत्माभिव्यंजना, शिष्ट हास्य, मार्मिक व्यंग्य और अनौपचारिक किन्तु परिष्कृत-परिमार्जित शैली के कारण हिन्दी-निबन्ध-साहित्य में अपना विशेष स्थान रखते हैं। उनके निबन्धों के दो प्रधान आकर्षण हैं–(1) साहित्यिक शैली का सचेत अध्यवसाय, और (2) विशेष वर्ग के लोगों का उपहास है। शैली के अध्यवसाय में कई बातें देखने को मिलती हैं–मुहावरों और अनुप्रास की अजस्र छटा, देहाती दुनिया के शब्दों का पुटपाक-संस्करण तथा एक ही बात को अनेक प्रकार से कहनेवाला भंगिमा-कौशल। जैसे 'मुरौवत' निबन्ध का एक अंश देखिए, ''मुरौवत महारानी की माया का जादू जिस पर चल गया, उसका बचपन बिगड़ गया, जवानी जहन्नुम में गई, बुढ़ापा बर्बाद हुआ। यह जादू की छड़ी अगर किसी भोले-भाले बालक पर फिर गई तो वह अभागा मनचली दुनिया के लिए अमिया की चटनी बन गया।...उसकी वह बेचारी माँग-भरी होकर भी रँड़ापा खेयेगी। अगर कोई अल्हड़ बालिका या अल्हड़ युवती गर्भवती हुई तो भँवर में नैया पड़ी, रेती में बजरा फँस गया, मँझधार में बेड़ा डूबा...।''[2]

उनके निबन्धों में भंगिमा-कौशल के साथ-साथ विशेषणों की झड़ी भी द्रष्टव्य है, ''हृदयहीन है, बेलौस है, रूखा है, नीरस नीबू है, मक्खीचूस है, शील-संकोच घोलकर पी गया है, आँखों का पानी ढल गया है, लिहाज को बासी मुँह लील गया है, तोताचश्म है, सूरतहराम है, न कहते देर न उलटते देर, गिरगिट की तरह रंग बदलता है, सोनार का सपूत है, चाणक्य का चाचा है''[3] इत्यादि। कभी ऐसे मार्मिक और मानवीय प्रसंग भी आ जाते हैं, जिनसे निबन्ध आपबीती की करुणा और समाज के उपहास से मार्मिक हो जाता है। जैसे 'मुरौवत' में, घर में खाद्यान्न के अभाव के समय अतिथि महाशय का गरियार की तरह आकर बैठ जाना या वसूली के बाप तकाजा तिवारी का चन्दे के लिए आ जाना। सहाय में निःशब्द बहुगुणी व्यंग्य का नमूना भी देखने को मिलता है, जब मुरौवत महारानी की बहुत तारीफ करके कहा जाता है कि ''वकील-मुख्तारों और डाक्टरों-वैद्यों से महारानी झेंपती हैं।''[4] इसी भाँति 'प्रोपेगंडा प्रभु' में साहित्य, धर्म, व्यवसाय, राजनीति एवं प्रचारार्जित दशा पर चौमुखी कतरनी चलती है। 'मीठा-मीठा

1. कुछ उथले कुछ गहरे, पृ. 5
2. वही, पृ. 6-7
3. वही, पृ. 12
4. वही, पृ. 7

गप्प, कड़वा-कड़वा थू' में रूठी रेजगारियों और निबुआ-नोन लगाकर नोट चाटनेवालों की दशा पर एक व्यंग्यपूर्ण हास्य है।

सहायजी सदृश सम्भावनाओं को एकत्र कर अचानक विपरीत दिशा में मुड़ जानेवाले व्यंग्य के सिद्ध अधिकारी हैं। वातावरण-निर्माण कर लेना उन्हें खूब आता है। उनकी शैली का आभिजात्य देखते ही बनता है। कहीं-कहीं राजा राधिकारमणवाली कृत्रिम और अलंकृत शैली की सचेष्टता भी वर्तमान है, "पेट में कदन्न है, चेहरा प्रसन्न है। मुखड़े पर हिमानी का लेप है। होंठों पर पान की लाली है, मगर पेट घी-दूध से खाली है। आँत में सत्तू, दाँत में कलाबत्तू।"[1] तुकान्त गद्य के अनूठे कारीगर जैसे राधिकारमण हैं, वैसे ही सहाय हैं।

कहीं-कहीं अनुप्रास की अति है, लेकिन प्रसंग-निष्ठा बनी रहती है। हज्जाम को दिल्लगी की सूझी है, कुछ कैंची और छुरे की रामकहानी नहीं है, "याद रहे मैं हाथरस का हज्जाम हूँ, मगर रहता हूँ बनारस में। ब्रजबसिया और ब्रजरसिया होने के कारण ही तो रसिया हूँ। सचमुच मेरे हाथों में ही रस है। टटका-टटका दे दूँ तो टकटकी बँध जाय और टटोल-टटोल टीप दूँ तो विरही की हराम नींद भी चुपके से चली आवे।"[2] कहीं-कहीं ध्वनि-सादृश्य का सस्ता लोभ भी है, जैसे–लोखर और लोफरवाला तुक। निबन्धकार के रूपकोक्त उपहास का केन्द्रीय अभिप्राय धीरे-धीरे प्रकट होता है। नापित के व्यवसाय में नेता, सरकारें, निरंकुश लेखक, स्वयम्भू कवि, डॉक्टर, वकील, टिकट-चेकर, दुकानदार, पंडा, समालोचक, सम्पादक, प्रकाशक, अनुवादक, विज्ञापनदाता, कचहरी के अमले और न्यायाधीश भी शामिल कर लिए जाते हैं। एक ही जगह भीड़ है, इसलिए हर एक की रूपरेखा स्पष्ट नहीं हो पाती। हज्जाम को वैयक्तिक दृष्टि और समष्टि में देखा गया है–हज्जाम शुद्ध माध्यम है, आत्मवृत्तात्मक नहीं। ठीक यही बात 'मैं धोबी हूँ' की है। भेद यही है कि इसमें कल्पनाशीलता अधिक है और भाषा इतनी काव्यमयी और समास-बहुल है कि विडम्बना की बन आती है। धोबी इन्द्राणी, रम्भा, उर्वशी आदि के वसन धोता हुआ वसन-व्यसनी हो गया, उसकी मलिन वासना का पता अप्सराओं को चल गया, दंडस्वरूप उसे गधे पर चढ़कर निकाला गया और अभिशप्त व पतित होकर वह भूतल पर आया। पौराणिक कल्पना से धोबी की सत्ता शाश्वत और स्वर्गीय मूल्य से मंडित होकर और भी हास्यकर हो जाती है।

इस तरह आचार्य शिवपूजन सहाय के निबन्धों ने इस विधा को विनोदी और व्यंग्य-कुशल वैयक्तिकता से भर दिया तथा बाजारू और बोलचाल की भाषा को साहित्यिक परिष्कार से सजाया। नागरिक स्तर, शिल्प-सचेष्टता और अनौपचारिकता के साथ-साथ प्रथम-पुरुष-भाषित, मध्यम-भाषित प्रणालियों, बनारसी तथा उर्दू शायरी की तबीयत और भागवत-संस्कार का कुछ ऐसा अपूर्व मिश्रण प्रस्तुत हुआ कि निबन्ध ने

---

1. कुछ उथले कुछ गहरे, मेरी रामकहानी, पृ. 98
2. वही, मैं हज्जाम हूँ, पृ. 53

एक साहित्यिक विधा के रूप में उन्नत-समादृत हो विशिष्ट स्थान प्राप्त किया। गद्य में काव्यात्मक चमत्कार का कौशल आया, जो इसे तेज, तुर्श और सामाजिक मूल्यों का सशक्त माध्यम बनाने लगा।

अन्य निबन्धकारों की व्यंग्य-दृष्टि : शुक्ल-युग में विधि-बोध, रुचि और मूल्यांकन का कुछ ऐसा उलटा हिसाब रहा है कि कुछ आलोचकों का नाम भी निबन्धकारों में लिया जाता है, जबकि इस युग के एक सिद्ध निबन्धकार लक्ष्मीकान्त झा प्रायः उपेक्षित ही रहे हैं। झा ने अपने निबन्धों में व्यंग्य का भी कुशल प्रयोग किया है।

सरलता के साथ-साथ उक्ति-चमत्कार-चेतना, विचारों की अप्रतिबद्धता और हास्य-व्यंग्य की सहज प्रतिभावाले झाजी के निबन्धों के विषय साधारण हैं—खोई वस्तु की खोज, किफायत, सफर, नाक, बंक में, रात का सफर, मैजीशियन, जासूसी आदि। लेकिन कुछ ऐसे शीर्षक भी हैं, जो पाठक को चौंका देते हैं, जैसे 'टेलिफोन पर कालिदास' या 'निन्दा की प्रशंसा'। कुछ अन्य शीर्षकों को अप्रस्तुत कहा जा सकता है, जैसे 'मेरा अभिन्न मित्र' में आशय है कमल से, 'सफर का साथी', मच्छर है और 'मौत की तैयारी' में बीमार की चर्चा है। वाक्य इतने छोटे, इतने साफ-सुथरे कि कहीं भी एक के बदले दो शब्द रखने का अनावश्यक उत्साह नहीं दीखता। रूप-विन्यास गठा हुआ है। झाजी के निबन्धों में एक के बाद दूसरे सुखद व्यंग्य का चमत्कार है। 'सफर' में गोवर्द्धन मिश्र की पत्नी भूल से बटुए का मतलब अपना वैनिटी-बैग समझ लेती है। पंडितजी बिगड़कर लौट आते हैं, क्योंकि टिकट उनके बटुए में रह गया था। भंग छानते हैं और कई घंटों बाद जब फिर प्रस्थान करते हैं तो स्वयं बटुआ साथ में ले लेना भूल जाते हैं। 'खोई वस्तु की खोज' में वे बताते हैं कि कैसे उनकी पेंसिल को उनकी पत्नी ने टीका देने की सूई समझ लिया था और उसका उपयोग भी किया था। लेकिन मजा तो तब आता है, जब वे यह बताते हैं कि खोज के सिलसिले में सारे घर में उथल-पुथल मचाकर वे स्वयं विस्मित हुए थे, जब पता चला कि नई पुस्तक खरीदकर और दाम देकर वे घर आए थे, लेकिन किताब दूकान पर ही छूट गई थी। उनके द्वारा बताए गए 'सौ वर्ष जीने के उपाय' बरते जाएँ तो साल-भर में ही आदमी आत्महत्या कर ले। लेखक की दूसरी अनुभूति यह है कि नई चीज पाने से अधिक आनन्द खोई चीज पाने में है, "जैसे कोई बीसों बार घर के बगल से निकलकर चक्कर काटता हुआ अपने ही घर पहुँचे।"[1]

तत्कालीन शिष्ट, गम्भीर एवं पांडित्यपूर्ण व्यंग्य-परम्परा का निर्वाह माखनलाल चतुर्वेदी बखूबी करते हैं। भाव-प्रधान शैली में गम्भीर से गम्भीर साहित्यिक प्रहार इनके निबन्धों का प्राण है। सर्जनात्मक मौलिक देन से कोसों दूर रहनेवाले साहित्य-प्रेमियों की धज्जियाँ उड़ाते हुए वे कहते हैं, "जिन्हें साहित्य-निर्माण की नहीं, केवल साहित्य

---

1. मैंने कहा, खोई वस्तु की खोज, पृ. 17

परोसने की आदत है, वे महापुरुष हो सकते हैं, किन्तु साहित्यिक नहीं।''[1]

आधुनिक व्यंग्य की यह विशेषता रही है कि वह झूठ, फरेब और धोखे की परम्परा को यथावत् प्रस्तुत करने में सफल हुआ है। आज का व्यंग्य निर्भीक दर्शक ही नहीं, अपितु चिन्तक एवं विरेचक भी है। जीवन में बढ़ती भीरुता, नकलीपन एवं दिखावे की वृत्ति जीवन की जीवन्तता पर प्रहार है, ''...गद्दी-तकियों पर पड़े-पड़े, राम-वनगमन या सीता-हरण की कथा सुनकर रो पड़नेवालों के अकर्मण्य आँसुओं का अर्थ तो मेरी समझ में न आया, न आने का।...जीवन केवल रोटी के लिए मालिक की ओर से सड़क पर भोंकनेवालों ही के पास रह जाएगा।''[2]

जीवन को मात्र रोटी तक सीमित करनेवाली क्षुद्र वृत्ति की व्यथा के साथ-साथ; अपने छद्म व्यवहार, नकली सहानुभूति एवं मगरमच्छी आँसू द्वारा राष्ट्र को गुमराह करनेवालों के प्रति क्षोभ लेखक के संवेदनशील हृदय को मथ रहा है। इसी तरह सम्मोहक अंग्रेजी शासकों के अन्धानुकरण में निजत्व खोनेवालों के प्रति आक्रोशजन्य व्यथा भी द्रष्टव्य है, ''जहर की खैरात पीढ़ियों को बाँटते आनेवाले हम।''[3] तथा ''आखिर पश्चिमी प्रवाह में हमने चश्मोंवाली आँखें पाईं।''[4] स्पष्ट है, विदेशियों की मिलावटी संस्कृति से लेखक न सिर्फ दुखी है, अपितु चिन्तित भी है। उसकी चिन्ता का विषय है–जहर की खैरात द्वारा मानव-पीढ़ी से हो रही मानवता का ह्रास। भावान्वेष्टित शैली में व्यावहारिक वैचारिकता का पुट देते हुए चतुर्वेदीजी जन-सामान्य को सत्य-प्रतीति करवाते हैं। अनुभूति की मार्मिकता उनके कथन के बाँकपन को दुरूह नहीं होने देती।

इस युग के अन्य व्यंग्य-सर्जकों में सियारामशरण गुप्त भी उल्लेखनीय हैं। निर्मल हास्य, सरल विनोद तथा पैने व्यंग्य से गुप्तजी अपने निबन्धों का शृंगार करते हैं। परानुकृति पर प्रहार करते हुए वे कहते हैं, ''डेढ़ सौ वर्ष हम विदेशी सभ्यता की गुलामी करते रहे हैं। परिणाम क्या हुआ ? असल बनने के लिए अभी तो हमारे नकल करने का ही क्रम चल रहा है। नकल-नवीसी में जो जितना आगे बढ़ जाए, हमसे वह उतना ही बड़ा है।''[5]

इस नकल-नवीसी की परिणति पशुता में होनी ही थी, ''यन्त्र का मनुष्यों पर हावी होना और मनुष्य का उसकी राक्षसी शक्ति में योग देना; घोड़े में पशुता की जितनी कमी थी, उसे उसके सवार ने पूरा किया, सवार में पशुता की जितनी कमी थी, उसे उसके घोड़े ने पूरा किया।''[6]

---

1. साहित्य और कविता, चिन्तक की लाचारी, पृ. 23
2. वही, पृ. 63
3. हिन्दी निबन्धकार, जयनाथ नलिन, पृ. 167
4. वही
5. झूठा सच, अन्य भाषा का मोह, पृ. 41
6. वही, घोड़ाशाही, पृ. 136

मनुष्य और पशु एक-दूसरे के पर्याय बन जाएँ, इससे बढ़कर मानवीय पतन और क्या हो सकता है ?

समकालीन सामाजिक गतिविधियों से अपने-आपको जोड़ते हुए शाश्वत सामाजिक समस्याओं का आकलन गुप्तजी की अपनी विशिष्टता है। शाश्वत खतरों की जानकारी एवं अपेक्षित सावधानी से ही मानव-समाज को बचाया जा सकता है। इस सत्य को ध्यान में रखते हुए गुप्तजी शाश्वत समस्याओं पर व्यंग्य करते हैं।

पदुमलाल पन्नालाल बख्शी ने भी इस युग में कुछ व्यंग्यात्मक निबन्ध लिखे हैं, जो 'पंचपात्र' में संगृहीत हैं। इनमें से 'अतीत स्मृति', 'उत्सव', 'रामलाल पंडित', 'श्रद्धांजलि के दो फूल' आदि निबन्धों में लेखक की भावुकता, आत्मीयता तथा व्यंग्यपूर्ण प्रतिक्रिया का सुन्दर समन्वय मिलता है। इनमें हमारी अन्धश्रद्धा, सामाजिक रूढ़ियों, साम्प्रदायिकता, जाति-भेद आदि पर तीव्र प्रहार किए गए हैं।

पांडेय बेचन शर्मा 'उग्र' ने भी 'बुढ़ापा', 'गाली' आदि निबन्धों में सामाजिक और आर्थिक विषमताओं का व्यंग्यात्मक प्रतिपादन किया है। उनके निबन्धों की भाषा अत्यन्त चित्रात्मक, गतिशील और नाटकीय तीव्रता से युक्त है। वे अपने पाठकों से बिना किसी औपचारिकता के बात करते हुए आगे बढ़ते हैं, पर उनके निबन्धों में वह शालीनता, माधुर्य और आभिजात्य नहीं है, जो गुलाबराय, शिवपूजन सहाय आदि के निबन्धों में है।

इस युग में वियोगी हरि के व्यंग्यात्मक निबन्ध भी देखने को मिलते हैं। इसी युग में हरिशंकर शर्मा ने भी 'मन की मौज' और 'पिंजरापोल' संग्रहों में संकलित अपने निबन्धों में तत्कालीन शिक्षा-पद्धति, राजनीतिक-साहित्यिक दूषणों, चोरबाजारी, कालाबाजारी आदि पर कसकर प्रहार किए हैं।

बेढब बनारसी इस युग के एक अन्य हास्य-व्यंग्यकार हुए हैं। अपने 'हुक्का-पानी' संग्रह में उन्होंने साहित्यिक, राजनीतिक, धार्मिक और सामाजिक क्षेत्रों में व्याप्त विसंगतियों पर व्यंग्य किया है। 'बुरे फँसे मीटिंग में' और 'नेताओं का स्कूल' में वे नेताओं की भाषणप्रियता तथा उनके द्वारा विभिन्न प्रकार से अपना उल्लू सीधा करने पर, 'उधार का सौदा' में साहूकारों द्वारा किए जानेवाले शोषण पर और 'बद अच्छा बदनाम बुरा', 'पन्थ', 'पेट', 'जबर्दस्त का ठेंगा सिर पर' आदि में सामाजिक-धार्मिक कुरीतियों पर कटाक्ष करते हैं। 'कविता और कवि-सम्मेलन' में वे तथाकथित कवियों पर प्रहार करते हुए लिखते हैं, "मैंने जो खोज की है, उसके आधार पर यह नियम बन सकता है कि किसी नगर, प्रान्त अथवा देश में वर्ष-भर में जितनी इंच वर्षा होती है, उसकी दूनी सख्ंया में उस स्थान पर कवि होते हैं।[1]...कवि होने से और जगत का लाभ होता हो या नहीं, परन्तु कागज के कारखानों, स्याही की कम्पनियों और डाक-विभाग को तो अवश्य ही लाभ होता है।"[2]

1. हुक्का-पानी, पृ. 32
2. वही, पृ. 36

इस प्रकार वैचारिक गम्भीरता एवं साहित्य-समालोचना के प्राधान्य के इस युग में भी आचार्य रामचन्द्र शुक्ल, बाबू गुलाबराय, शिवपूजन सहाय, लक्ष्मीकान्त झा, माखनलाल चतुर्वेदी, सियारामशरण गुप्त, वियोगी हरि, बेढब बनारसी आदि निबन्धकारों ने व्यंग्यीय जिन्दादिली एवं मांगलिक नव-निर्माण की चेतना का संचार जारी रखा। सामाजिक, राजनीतिक, आर्थिक विसंगतियों की निरर्थकता साबित की, साथ ही साहित्यिक एवं सांस्कृतिक नवोत्थान का शंख भी फूँका। प्रत्येक क्षेत्र में अन्धानुकरण-प्रवृत्ति की भर्त्सना की। भाषाई एवं साहित्यिक नकल द्वारा होनेवाले निजत्व-ह्रास का बोध करा बौद्धिक चेतना झंकृत की। समाज में पनपते असत्य, शोषण, अत्याचार, विकृतियों एवं असंगतियों के दैत्य से डटकर मुकाबला करने का नैतिक साहस इन साहित्यकारों ने प्रदान किया। यही कारण है कि कविता के क्षेत्र में छायावाद नाम से अभिहित यह युग वैचारिक निबन्धों का जनक बना। इन वैचारिक निबन्धों में, अल्पांश में ही सही, प्रसंगानुकूल व्यंग्य-अभिव्यंजना द्वारा लोक-चेतना की झंकार गुणात्मक उत्थान को प्राप्त करती है।

शुक्लोत्तर युग में व्यंग्य

निबन्ध के विकास-क्रम में यह युग सबसे महत्त्वपूर्ण है। विश्वविद्यालयी शिक्षा और आधुनिक चेतना का यह युग ऐसे निबन्धकारों का है, जो पाश्चात्य निबन्धों के आदर्श और शिल्प से परिचित ही नहीं थे, अपितु उच्चस्तरीय तथा प्रामाणिक निबन्धों के सृजन और विकास की दिशा में सचेष्ट रहे। इस युग में प्रारम्भ में निराला और तदनन्तर हजारीप्रसाद द्विवेदी, प्रभाकर माचवे, विद्यानिवास मिश्र, कुबेरनाथ राय आदि अनेक प्रतिभाओं ने बड़े सरस, मार्मिक, सुसंस्कृत और व्यंग्य-वैदग्ध्यपूर्ण निबन्ध लिखे हैं, जिनसे हिन्दी-निबन्ध का स्तर समुन्नत हुआ है। इनकी प्रेरणा में कुछ तो समसामयिक परिस्थितियों और आन्दोलनों से उत्पन्न भावधाराओं और प्रतिक्रियाओं का योग रहा है और कुछ पश्चिम की कृतियों में व्यंजित व्यक्तित्व-वैचित्र्य की अनुकृति का भी। इन निबन्धकारों में कुछ ऐसे हैं, जो एक प्रकार से भारत की खोई हुई आत्मा को जगाने में रमे रहे हैं, जैसे–हजारीप्रसाद द्विवेदी, और उनकी अनुकृति पर भाषा की अधिक और कृत्रिम साज-सज्जा लेकर चलनेवाले विद्यानिवास मिश्र। अंग्रेजी राज्य और पाश्चात्य सभ्यता का आतंक भारत में साम्राज्यवादियों के बने रहने के समय से ही शिक्षित-समुदाय के हृदय से मिटने लगा था। गाँधीजी का जीवन-दर्शन और राजनीति, अरविन्द की एकान्त योग-साधना, रवीन्द्रनाथ के शान्ति-निकेतन–ये ऐसे आदर्श और ऐसी विप्लवकारी घटनाएँ थीं, जिनसे अतीत की ओर मुड़कर खोए सौन्दर्य, माधुर्य और प्रकृति-प्रेम को पाने की लालसा बलवती हो उठी थी। इसी की प्रामाणिक अभिव्यक्ति द्विवेदीजी और मिश्र के निबन्धों में हुई, यों सामाजिक विषयों पर ललित व्यंग्य के उदाहरण भी दोनों के निबन्धों में मिलते हैं। इनमें आंचलिकता से अधिक वह आवेश और प्रतिक्रिया है,

जो विज्ञान-कृत्रिम सभ्यता के विरुद्ध उत्पन्न हुई। राजनीतिक स्वतन्त्रता ही नहीं, किसानों और मजदूरों की समस्याओं, पूँजीवाद और पूँजीवादी सभ्यता की विकृति और विषमताओं, तथाकथित भद्र समाज के मिथ्याचार और मार्क्सवाद की ओर भी लेखकों का ध्यान जाने लगा। प्रगति की अनुभूत, प्रचारित या संक्रमित आवश्यकता ने प्रगतिवाद की रूढ़िवादी धारा और शब्दावली अपनाई। सत्य के मुँह पर से नकाब उठा देने के आवेश और उत्साह को पाश्चात्य मनोविज्ञान के फ्रायड से प्रेरणा मिली थी। शील और गोपन वाणी की परम्परित मर्यादा का स्थान नग्नता वा वाम-संकेतों का प्रतीकात्मक साहस लेने लगा था। प्रभाकर माचवे इस साफगोई के प्रसिद्ध और लोकप्रिय वाणी-विधायक हुए। माचवे समीक्षक भी थे। उनका दृष्टिकोण प्रगतिशील और आधुनिक था। उनके व्यंग्य भी चुभनेवाले हैं, साथ ही उनकी साहित्यिकता भी प्रामाणिक है।

ऐसे तीव्र और तीक्ष्ण, ऐसे सुसंस्कृत और परिष्कृत व्यक्तित्वों से हिन्दी-निबन्ध की, और साथ ही व्यंग्य की भी, अभूतपूर्व श्रीवृद्धि हुई। सामाजिक परिवर्तनों और संशोधनों के लिए भी इस युग में व्यंग्य-निबन्ध एक सशक्त माध्यम बन चुका है–अर्थात, उस प्रचार के लिए, जो रक्त को सूक्ष्मतः प्रभावित करता हुआ हृदय की धड़कन बन जाता है या जो कथ्य को जन-जीवन का अंग बनाकर परिवर्तन की दिशा में ले जाता है।

सूर्यकान्त त्रिपाठी 'निराला' की व्यंग्य-दृष्टि : शुक्लोत्तर युग हिन्दी-साहित्य की सामाजिक चेतना एवं युगक्षेम की चिन्ता का युग रहा है। जीवन के हर स्तर पर व्याप्त पाखंड एवं व्यभिचार, क्षणानुभूति की यथार्थानुभूतिजन्य ललक–सभी मिलकर युगीन साहित्यकारों के हृदय को तिक्त अनुभूतियों से भर देते हैं। ये अनुभूतियाँ अपना प्रकटीकरण मात्र नहीं करतीं, अपितु तमाम छद्म आवरणों से मुक्ति की छटपटाहट भी व्यक्त करती हैं। द्विवेदी-युगीन नैतिक साहस, शुक्ल-युगीन वैचारिक गाम्भीर्य, रचना की बौद्धिक पृष्ठभूमि की अनिवार्यता निराला-जैसे छायावादी कवि के रूमानी स्वर्ण-विहान को भी तोड़ फेंकती है। कविता के क्षेत्र में ऊर्ध्वोन्मुखी चेतना के अमर गायक की पहचान कायम करते हुए भी वे समसामयिक रूक्षता से अछूते नहीं रह पाते। सामयिक दोषों के अनुसन्धान तथा उनका शुद्ध रूप प्रस्तुत करते हुए वे अपने व्यंग्यात्मक तेवर का परिचय देते हैं। 'मतवाला' तथा 'सुधा' पत्रिकाओं के माध्यम से वे उच्चकोटि के व्यंग्य-निबन्धों का प्रणयन करते हैं। व्यंग्य की सूक्ष्मता की पकड़ निराला को भारतेन्दु का समकक्षी बनाती है। मानसिक गुलामी के तहत उपजी सामाजिक विकृतियों पर निराला खुलकर व्यंग्यात्मक प्रहार करते हैं। लेकिन उनके व्यंग्यों में निर्मम प्रहार मात्र नहीं है, मार्मिक वेदना का स्वर भी व्याप्त है। झूठ, फरेब, रूढ़िवादिता, वर्गभेद, धूर्त पंडे-पुजारियों की धार्मिक ठेकेदारी-जैसी धार्मिक एवं सामाजिक विद्रूपताओं एवं विडम्बनाओं की वे प्रहारात्मक भर्त्सना करते हैं। वैयक्तिक अनुभव का तादात्म्य

सामाजिकों से करते हुए जीवन की कठोर संस्पर्शानुभूति की अभिव्यंजना वे बड़े ही प्रभावी रूप में करते हैं। यही कारण है कि हिन्दी-साहित्य में व्यंग्य की भूमिका प्रखर बनानेवालों में भारतेन्दु के पश्चात् सूर्यकान्त त्रिपाठी 'निराला' का नाम लिया जाता है।

'कला के विरह में जोशी-बन्धु', 'साहित्यिक सन्निपात' और 'वर्तमान धर्म' निबन्धों में भी उनकी सूक्ष्म विवेचना-शक्ति का परिचय तो मिलता ही है, साथ ही साहित्यिक आलोचना की व्यक्तित्वप्रधान व्यंग्यात्मक शैली का भी दर्शन होता है। आधुनिक हिन्दी के उस प्रारम्भिक युग में किस प्रकार साहित्यिक मतवाद पनप रहे थे, इसका चुटीला निरूपण इन निबन्धों में हुआ है।

अपनी कतिपय कहानियों, रेखाचित्रों और संस्मरणों में भी निराला ने सामाजिक, आर्थिक, राजनीतिक और प्रशासनिक विसंगतियों पर मार्मिक व्यंग्य किया है। उदाहरण के लिए, उनकी 'न्याय' कहानी में पुलिस पर व्यंग्यात्मक चोट है। कहानी का नायक एक घायल व्यक्ति की रक्षा करता है, किन्तु पुलिस उसे ही उस व्यक्ति को घायल करने के अपराध में गिरफ्तार कर लेती है। 'परिवर्तन' कहानी में जाति-प्रथा पर आघात किया गया है। 'अर्थ' में अर्थ-प्रधान समाज-व्यवस्था पर व्यंग्य है, यद्यपि उसमें तीखेपन और स्पष्टता का अभाव है। 'राजा साहब को ठेंगा दिखाया' कहानी भक्ति के पाखंड पर एक व्यंग्य है।

किन्तु निराला का व्यंग्य-स्रष्टा रूप 'देवी', 'चतुरी चमार', 'बिल्लेसुर बकरिहा' ''कुल्लीभाट' रचनाओं में विशेष रूप से उभरकर सामने आया है।

रचना-क्रम से 'देवी' निराला की पहली यथार्थवादी कृति है। इसमें चित्रित पगली समाज के बीभत्स यथार्थ का एक जीवित रूप है। जिस समाज की वह अंग है, वह धर्म, संस्कृति और राजनीति के छलावे से ग्रस्त है और इतने समीप के यथार्थ के प्रति भी अनजान है। आँखों के सामने फुटपाथ पर पड़े हुए प्रत्यक्ष को न देख धर्म, राजनीति व संस्कृति के अवास्तविक परोक्ष रूपों के सन्धान में जो समाज भटकता है, निराला की यह रचना उसकी आँखों में उँगली डालकर उसे प्रत्यक्ष के प्रति संवेदनशील बनाती है।

'चतुरी चमार' में निराला 'देवी' की अपेक्षा अधिक आशावान, अधिक संघर्षशील और अधिक जीवन्त चरित्र की सृष्टि कर सके हैं। पगली और चतुरी के चरित्रों की तुलना से इस कथन की पुष्टि हो सकती है। पगली यदि अपनी हीन दशा में निष्क्रिय रहकर पाठकों के मन में अपने प्रति करुणा और कारण-रूप सामाजिक व्यवस्था के प्रति अशक्त आक्रोश जगाकर रह जाती है, तो चतुरी अपने शूद्रत्व की लाचारी में बँधा होने पर भी अपनी सीमाओं को तोड़ने के लिए भरसक प्रयत्न करने के कारण शक्ति और विद्रोह के भाव जगाने में सफल होता है। पगली यदि नियति की मार सहते समय का एक विवश क्रन्दन है, तो चतुरी प्रतिरोध के लिए उठनेवाली दृप्त हुंकार है।

निराला के रेखाचित्रों में 'बिल्लेसुर बकरिहा' बिल्कुल भिन्न प्रकार का है–उसकी यह

भिन्नता न केवल उसके सुगुम्फित शिल्प के कारण है, बल्कि अपने प्रतिपाद्य विषय से व्यंजित होनेवाले आशय में भी वह अपेक्षाकृत अधिक सूक्ष्म और अधिक तात्त्विक है। 'बिल्लेसुर बकरिहा' में निराला व्यंग्य-लेखक के रूप में उतने नहीं, जितने हास्य-स्रष्टा के रूप में नजर आते हैं। इतर रेखाचित्रों में यह बात देखने को नहीं मिलती। इस अन्तर का स्पष्ट प्रभाव कथ्य के सम्प्रेषण-व्यापार पर पड़ा है। व्यंग्य में निहितार्थ अधिक चुभता हुआ होने के कारण जल्दी पकड़ में आ जाता है, पर हास्य में स्थिति इससे भिन्न होती है। वहाँ तो कथ्य हँसी की परतों में घुला हुआ रहता है। उसके बिखरे हुए सूत्रों को जोड़कर संश्लिष्ट रूप देने से ही वह पहचाना जा सकता है।

'कुल्लीभाट' में निराला अप्रतिम व्यंग्यकार और उत्कट साहसी लेखक के रूप में नजर आते हैं। उनकी यह रचना अपने मर्मवेधी व्यंग्य के कारण न केवल हिन्दी-साहित्य में, वरन् उनकी अन्य कृतियों में भी सर्वोपरि स्थान रखती है। इसका एक कारण यह है कि इसमें रूढ़ियों का उग्र विरोधी, सत्य पर से नकली कलई उतारनेवाला, भीतर-बाहर से सपाट एक जैसा, खरी बात बिना हिचक के कहनेवाला विद्रोही लेखक निराला स्वयं एक प्रधान पात्र बनकर आया है। यथार्थवादी लेखक के हाथ में व्यंग्य एक दुधारा अस्त्र होता है, जिसके प्रयोग से वह अपना रास्ता साफ करता है ताकि सत्य की निर्बाध प्रतिष्ठा हो सके। निराला ने भी अपने इस अस्त्र के प्रहार से अन्धश्रद्धा की जड़ें हिलाई हैं और सड़ी-गली रूढ़ियों पर प्रबल आक्रमण किए हैं। निराला का वस्तून्मुखी दृष्टिकोण ही उन्हें यथार्थ-चित्रण की शक्ति देता है, जिसके कारण वे अपने पर, अपने चरित्रों पर खरी व्यंग्यात्मक टीका कर सके हैं। सच तो यह है कि उनकी कहानियों, उपन्यासों, निबन्धों, रेखाचित्रों और संस्करणों में वही स्थल पाठक को मोहते हैं, जिनमें व्यंग्य की झलक मिलती है। एक व्यंग्य-स्रष्टा के रूप में निराला निस्सन्देह चिरस्मरणीय रहेंगे।

आचार्य हजारीप्रसाद द्विवेदी की व्यंग्य-दृष्टि : शुक्लोत्तर युग में व्यंग्य का उत्कृष्ट एवं प्रभावकारी प्रयोग करनेवालों में दूसरे निबन्धकार हैं—आचार्य हजारीप्रसाद द्विवेदी। भारतीय साहित्य, संस्कृति एवं परम्परागत ज्ञान-विज्ञान के साथ-साथ आधुनिक युग की परिवेशगत विकृतियों, विरूपताओं, उनसे निर्मित समस्याओं—सभी का वर्णन वे स्मित हास्य एवं तिक्त व्यंग्यमयी शैली में प्रवीणतापूर्वक करते हैं। व्यंग्यों की सहज और सटीक व्यंजना में उनका संवेगशील हृदय आवेशमय हो उठता है। किन्तु इस भावात्मक आवेश में भी वे विकृतियों की भर्त्सना करना नहीं भूलते। एक ओर वे भ्रष्ट, सिद्धान्त-च्युत राजनयिकों के निकृष्ट स्वार्थ पर कशाघात करते हैं, उनके स्वार्थ-संघर्ष के कारण उपजी चतुर्दिक मूल्यहीनता पर क्षोभ व्यक्त करते हैं तो दूसरी ओर सामान्य जनता की कठिनाइयों, अशिक्षा, अन्धविश्वास, धार्मिक आडम्बर एवं मिथ्याचार की भी व्यंजनात्मक अभिव्यक्ति सफलतापूर्वक करते हैं। 'अशोक के फूल', 'कुटज', 'कल्पलता' आदि संग्रहों में (बाद में 'हजारीप्रसाद द्विवेदी ग्रन्थावली' भाग 9 व 10 में) संकलित अपने निबन्धों में वे शुष्क

पुस्तकीय ज्ञान, युगीन स्वार्थप्रेरित उपयोगितावादी मनोवृत्ति, आधुनिक राजनेताओं की पदलिप्सा, नैतिक एवं चारित्रिक पतन, समझौतापरस्त प्रवृत्ति, पाखंडी शास्त्रार्थ-पद्धति, विदेशी भाषा एवं साहित्य के प्रति अन्धमोह, सतही शिक्षा-पद्धति आदि अनेक तथ्यों के परिणामस्वरूप लोगों में पनपते निराशावाद, उदासीनता आदि पर धारदार व्यंग्य करते हैं।

पूर्ववर्ती-युगीन बौद्धिकता का आग्रह साहित्यकारों में यश-प्राप्ति की आकांक्षा को जन्म देता है। फलस्वरूप तथाकथित शिक्षित समुदाय साहित्यकार बनने की कामना से पूरित हो उठता है। बौद्धिक क्षमता, गरिमा और स्वाध्ययन आदि की चिन्ता किए बिना, साहित्यकार बनने से मिलनेवाले सम्मान की इच्छा उसे नकल और कतिपय सन्दर्भों में निरर्थक शब्दजाल बुनने की ओर उन्मुख करती है। ऐसे नकलची, निरर्थक, साहित्यिक योगदान-शून्य साहित्यकारों की संख्या में आए दिन हो रही वृद्धि को देख द्विवेदीजी कह उठते हैं, ''आसमान में निरन्तर मुक्का मारने में कम परिश्रम नहीं और मैं निश्चित जानता हूँ कि रहस्यवादी आलोचना लिखना कुछ हँसी-खेल नहीं है। पुस्तक को छुआ तक नहीं और आलोचना ऐसी लिखी कि त्रैलोक्य विकंपित। यह क्या कम साधना है।''[1]

इसी प्रकार कवि-सम्मेलनी कवियों के खोखलेपन को उजागर करते हुए वे लिखते हैं, ''कवि-सम्मेलन के अखाड़ेबाज कवि ऐसी बहुत सी बातें अब भी कविता के माध्यम से बोलते जा रहे हैं, जिनमें से बहुत सी किसान-सभा या हिन्दू-सभा के मंच पर गद्य में बोली जा सकती थीं, कुछ कांग्रेसवादी अखबारों की सम्पादकीय टिप्पणियों में अधिक सफलतापूर्वक कही जा सकती थीं, कुछ मसखरे अखबारों को अच्छी सामग्री दे सकती थीं...और कुछ का उपयोग निश्चयपूर्वक फेरीवालों की बिक्री बढ़ाने में किया जा सकता था... ।''[2]

द्विवेदीजी की शैली की एक विशेषता है फूलों और वृक्षों को मानवीय सत्ता प्रदान करना। व्यंग्य करते-करते वे उनसे बड़े ही स्वजन स्वर में वार्तालाप करने लगते हैं, ''(शिरीष के) फूल इतने मजबूत होते हैं कि नए फूलों के निकल आने पर भी स्थान नहीं छोड़ते। जब तक नए फूल-पत्ते मिलकर धकियाकर उन्हें बाहर नहीं कर देते, तब तक डटे रहते हैं।...मुझे इनको देखकर उन नेताओं की याद आती है, जो किसी प्रकार जमाने का रुख नहीं पहचानते और जब तक नई पौध के लोग उन्हें धक्का मारकर निकाल नहीं देते, तब तक जमे रहते हैं।...मैं शिरीष के फूलों को देखकर कहता हूँ कि क्यों नहीं फलते ही समझ लेते बाबा कि झड़ना निश्चित है।''[3] इस बन्धुत्व के धरातल को वे शाश्वत और सनातन की लीला-भूमि तक ले जाते हैं–उनमें जीवन के दर्शन करते हैं और जीवन-दर्शन भी पाते हैं।

---

1. हजारीप्रसाद द्विवेदी ग्रन्थावली, भाग 10, आपने मेरी रचना पढ़ी ? पृ. 127
2. वही, कविता का भविष्य, पृ. 153
3. वही, भाग 9, शिरीष के फूल, पृ. 26-27

'एक कुत्ता और एक मैना' निबन्धकार द्विवेदीजी की अविस्मरणीय कृतियों में से एक है। आदमी को यह अभिमान रहता है कि घर में घोंसला बनाने की अनुमति देकर वह पक्षियों पर एहसान करता है। द्विवेदीजी के मैना-दम्पती इसलिए विरल और विशिष्ट हैं कि वे सभ्य मनुष्य को ही अवैध प्रवेशक मानते हैं। उनके विचार सुनिए :

''पत्नी–ये लोग यहाँ कैसे आ गए जी ?

पति–उँह, बेचारे आ गए हैं, तो रह जाने दो। (क्या कर लेंगे ?)

पत्नी–लेकिन फिर भी इनको इतना खयाल होना चाहिए कि यह हमारा प्राइवेट घर है।

पति–आदमी जो हैं, इतनी अकल कहाँ ?''[1]

इसमें 'तो रह जाने दो' में श्रेष्ठता की भावना और दया का दम्भ, 'क्या कर लेंगे ?' में अपने-आपको आश्वासन और मनुष्य को चुनौती, 'हमारा प्राइवेट घर है' में तथ्य का विपरीत-कथन, 'आदमी जो है, इतनी अकल कहाँ ?' में विकास के इतिहास पर नई सापेक्षवादी दृष्टि है–सब कुछ प्रथम कोटि के व्यंग्य-निष्णात साहित्य-स्रष्टा की उपलब्धि है।

'आपने मेरी रचना पढ़ी ?' में दृष्टान्तों के अर्थ उलट-पुलटकर, सभ्यता के सिद्धान्तों से ही सभ्यता की खिल्ली उड़ाकर द्विवेदीजी ने वंचक आलोचकों का ऐसा उपहास किया है, जिसमें प्रियता आद्योपान्त बनी रहती है, मत्सर या कटुता नहीं आने पाती और व्यंग्य अपनी मौलिकता से उत्तेजक बना रहता है।

स्पष्ट है कि द्विवेदीजी ने निबन्ध को न केवल पूरी सहृदयता से अपनाया है, बल्कि इसे शून्योच्छ्वासों या प्रत्ययपरक शुष्क चिन्तन से भी मुक्त रखा है। विचारों की जैसी प्रौढ़ता, भाव का वैसा ही विलास तथा भाषा का वैसा ही शिल्पगत वैभव उनके निबन्धों में देखने में आता है। द्विवेदीजी कालिदास या बाणभट्ट की शैली के ही अनुगामी नहीं हैं, वे अवसरानुकूल अत्यन्त सरल और वार्तालापीय वाक्यों में व्यंजना और मार्मिकता भर देना जानते हैं। उनकी शैली में एक प्रकार की श्लाघ्य साहित्येतरता भी है अर्थात् संगीत, चित्रकारी और स्थापत्य के गुण भी उसमें विद्यमान हैं। उनकी भाषा, उनकी शैली, उनके शोध–सबमें नवीनतम की वह दीप्ति है, जो अम्बारों में पड़ी धनराशि के सिक्कों की चमक और मोहकता में होती है। कहीं-कहीं उनमें कबीर के फक्कड़पन की छिपी वीरपूजा भी आ जाती हैं, जो 'घर जोड़ने की माया' या 'आपने मेरी रचना पढ़ी ?' जैसे उपहासनिष्ठ निबन्धों में दृष्टिगोचर होती है।

प्रभाकर माचवे की व्यंग्य-दृष्टि : मराठी-भाषी माचवेजी ने अपनी अभिव्यक्ति के लिए हिन्दी को माध्यम चुना। उनकी जिज्ञासा और बोध दोनों ही, अपनी विविधता तथा हृदय की आर्द्रता के चलते निबन्ध के अनुकूल पड़ते हैं। माचवेजी दर्शन-ज्ञान के चलते

---

1. हजारीप्रसाद द्विवेदी ग्रन्थावली, भाग-9, पृ. 51

चिन्तनशील तो हैं ही, अपनी तार्किकता और उपमानों से अपने ललित निबन्धों में मनोरंजन की अजस्रता बनाए रखते हैं। उनकी बहुश्रुतता या बहुसूत्रता से इन निबन्धों में कोई भारी-भरकम और गुरुपाक पांडित्य नहीं आ पाता। कारण यह है कि जहाँ तक ज्ञान का क्षेत्र है, उसमें माचवेजी गहन, गम्भीर होने के बदले सतत स्फूर्तिशील यायावार ही दीखते हैं। कई भाषाओं और उनके साहित्य से परिचित होने के अतिरिक्त उन्हें निबन्ध के लिए तकनीकी प्रेरणा अंग्रेजी के आदर्शों से मिली है। माचवेजी अपने निबन्धों को 'ब्रिलिएंट नॉनसेंस' कहते हैं। लेकिन उनके निबन्धों में सेंस अर्थात् सार्थकता की पूँजी कम नहीं रहती और जहाँ तक वाग्वैदग्ध्य की तिक्तता, तेज और कौंध का प्रश्न है, माचवेजी में शायद वैसी मौलिकता नहीं। लेकिन किसी छोटे से विषय पर भी दुनिया के सभी कोनों से वे जो सामग्री एकत्र कर देते हैं, उसमें प्रचुरता ही नहीं, प्रखरता भी रहती है। 'खरगोश के सींग' के नाम से उनका जो निबन्ध-संग्रह प्रकाशित है (कुछ निबन्ध 'बेरंग' और 'तेल की पकोड़ियाँ' नामक संग्रहों में भी हैं), उनमें तीन तत्त्वों का योग है–प्रतीक, व्यंग्य और नाटकीय अयुक्तता। तीनों का मिश्रण हास्य और समीक्षा के काम आ जाता है। किसी विषय को उसकी प्रतीकात्मक अति तक पहुँचा देना, उसकी मुद्रा और अनुपात के साथ कुछ ऐसा विनोद कर बैठना कि वह अपना ही व्यंग्य-चित्र बन जाए तथा अयुक्त और बेतुके-से लगनेवाले शीर्षकों को भी अनेक सन्दर्भों में अर्थगर्भित बना देना उनकी विशेषता है।

व्यंग्य की दृष्टि से 'एक कुत्ते की डायरी' माचवेजी की एक सफल रचना है। कुत्ते पर मुनष्य का आरोप असंगति का आरोप है और इस असंगत साहचर्य में ही तत्त्वतः इस निबन्ध के व्यंग्य का मूल उद्गम है। किसी मारवाड़ी के प्यार पर पालतू कुत्ते की दैनन्दिनी उन विवरणों से भरी है, जो अपने में स्वयं ही व्यंग्य बनते जाते हैं। दानवीर लाला-लोगों का कुत्तों पर पुत्रवत् प्रेम होना ही अपने में कम उपहास्य नहीं। वैभव के संसार में स्नेह का जो विपर्यय देखने में आता है, वही इस निबन्ध की मूल प्रेरणा है। निबन्ध की सफला का प्रधान तत्त्व है इसकी आधुनिकता और इसका परिष्कृत संस्पर्श। कुत्ता कहता है, "घर की महरी बहुत बदमाश हो गई है, अन्धी हो गई है क्या ? किसी दिन काट खाऊँगा, गुर्र-गुर्र।"[1] कुत्ता स्वप्न भी देखता है तो हड्डीदार, यही उसका स्वर्ग-संसार है। कुत्ता सिनेमा देखता है और पाता है कि एक ही हड्डी के लिए लड़नेवाले दो श्वानों के समान इंसान भी लड़ते हैं। यह सब तो ठीक है, लेकिन जब कुत्ता ब्रिटिश नौकरशाही की बात करता है, कलाकार पर टीका-टिप्पणी करता है, पैसे की गुलामी से धर्म की आलोचना करता है, तो व्यास की सशरीर उपस्थिति कुत्ते के माध्यम से व्यक्त हो जाती है।

'नम्बर आठ का जादू' के शीर्षक में ही चकमा है। जो व्यापारी जिस वस्तु से नफरत करते हैं, उसी के विक्रय से लाभ उठाते हैं और साथ ही अपनी आत्मा को

1. निबन्ध : सिद्धान्त और प्रयोग, डॉ. हरिहरनाथ द्विवेदी, पृ. 157

निर्विकल्प समाधिस्थ योगी के समान निर्लिप्त बताते हैं, उन्हीं का उपहास इस निबन्ध का अभीष्ट है।

'ऑटोग्राफ बटोरक' निबन्ध मंचीय प्रहसन-सा लगता है। ऑटोग्राफ देनेवाले हैं हज्जाम महाशय और लिखते हैं, "रक्तविहीन क्रान्ति सम्भव है, परन्तु रक्तविहीन हजामत असम्भव।" पोस्टमैन लिखते हैं, "पत्रों के उत्तर कम दो" और लँगड़ा लिखता है, "लँगड़ा कुछ भी हो पलायनवादी नहीं होता।"[1] उसके बाद खिलौनेवाले, इक्केवाले, होटलवाले, कुली, भिखारी के भी ऑटोग्राफ हैं।

इसी परम्परा में 'पंडित महासंस्कृतानन्द शास्त्री' शीर्षक निबन्ध है। एक उदाहरण देखिए, "अश्वचालित-वर्तुल-छत्राच्छादित-त्रिमूर्ति-वाहक-उच्चयान (इक्का) मेरी रुचि के अनुकूल उपलब्ध न था।"[2] यह है संस्कृतानन्द शास्त्री का देवभाषा-प्रेम। रघुवीरी हिन्दी से भी भिन्न तत्सम के दुराग्रहियों की पद्धति पर अंग्रेजी-शब्दों के अतिसंस्कृत संस्करणों की भीड़ से माचवेजी इस निबन्ध को अट्टहास-कोटिक हास्य का एक आदर्श बना देते हैं। होल्डॉल–सर्वधर हो जाता है, अटैची–चर्मावृत्त लघु मंजूषा, प्लेटफॉर्म–व्यासपीठ तथा कागज–नवतमाल। इस प्रहसन में पंडितजी ट्रेन में बैठे एक आधुनिक युवक से अपनी कन्या का ब्याह ठीक करने लगते हैं। लेकिन वहाँ भी तत्सम का आग्रह नहीं छूटता। भाषा की प्रतिक्रियावादिता पर यह निबन्ध अतिशयोक्ति और तथ्यों की राशि के कारण आद्योपान्त रुचिपुष्ट बना रहता है।

'खरगोश के सींग' निबन्ध का असल व्यंग्यात्मक मर्म वहाँ उद्घाटित होता है, जहाँ निबन्धकार असम्भव से कुछ सम्भव नमूने प्रस्तुत करता है। उसने रिश्वत न लेनेवाला सिपाही, फैशन न करनेवाली कॉलेज की लड़की और प्रान्तीयता से मुक्त पंजाबी, बंगाली, मद्रासी या महाराष्ट्री देखा है, अर्थात् उसने खरगोश के सींग देखे हैं।

इस प्रकार माचवेजी निबन्ध को सामाजिक समीक्षा और विविध वार्ता का एक रोचक माध्यम बनाते हैं। मगर शहरी तबीयत और शिक्षा के बहुक्षेत्रीय पर्यटन के कारण उनके निबन्धों में उतनी स्वाभाविकता या रागात्मकता नहीं आ पाती, जितनी हजारीप्रसाद द्विवेदी या सियारामशरण गुप्त के निबन्धों में। उनके निबन्धों में व्यक्ति से अधिक विद्यार्थी ही दृष्टिगोचर होता है और हृदय से अधिक मस्तिष्क। लेकिन इस मतिष्क में असंगतियों की पकड़ है और युक्तियों पर सहज आधिपत्य। निबन्ध को भारी-भरकम विषयों, स्फीत गवेषणात्मक स्वर और काव्यालंकारिक अथवा सामाजिक बन्ध से मुक्त करनेवालों में माचवे जी का नाम लिया जाएगा।

अन्य निबन्धकारों की व्यंग्य-दृष्टि : महाप्राण निराला, आचार्य हजारीप्रसाद द्विवेदी और डॉ. प्रभाकर माचवे की भाँति इनके समवर्ती, सहवर्ती निबन्धकार भी अपनी व्यंग्य-

---

1. निबन्ध : सिद्धान्त और प्रयोग, डॉ. हरिहरनाथ द्विवेदी, पृ. 160
2. वही

रचनाओं द्वारा जीवन की तमाम विसंगतियों से जूझने का साहस जन-समुदाय को प्रदान करने में प्रयत्नशील रहे हैं। भाव-साम्राज्ञी महादेवी वर्मा जीवन की बहुमुखी विषमताओं को व्यंग्य का आश्रय लेकर उभारती हैं। साहित्य, संस्कृति, धर्म, राजनीति, ज्ञान-विज्ञान आदि सभी पहलुओं पर महादेवी सूक्ष्म चिन्तन करती हैं। किन्तु विशेषकर समाज में नारियों की स्थिति और नारी-समस्या से सम्बन्धित निबन्धों में उनका व्यंग्य अपने पैनेपन को प्राप्त करता है। नारी-शोषण के बल पर रंगरेलियाँ मनानेवाले पुरुष को तो वे निर्ममतापूर्वक आड़े हाथों लेती हैं, "पुरुष की कभी न बुझनेवाली वासनाग्नि में हँसते-हँसते अपने जीवन को तिल-तिल जलानेवाली इन रमणियों को मुनष्य-जाति ने कभी दो बूँद आँसू पीने का अधिकारी भी नहीं समझा।"[1]

पुरुष चाहे कितना हीं विद्वान और बुद्धिजीवी हो, स्त्री के प्रति उसकी भोगवादी दृष्टि में प्रायः अन्तर नहीं आता। रीतिकालीन काव्य के परिप्रेक्ष्य में कवियों के स्त्री के प्रति अनुत्तरदायित्वपूर्ण रवैए पर कुठाराघात करती हुई वे लिखती हैं, "सौन्दर्य के तारों से सत्य की झंकार उत्पन्न करनेवाले कवि उस सामन्त-वर्ग के लिए विलास का खाद्य प्रस्तुत करने लगे, जो अजीर्ण से पीड़ित था, इसी से स्त्री नाम के व्यंजन को अनेक-अनेक रूपों में उपस्थित करना आवश्यक हो उठा।"[2]

आधुनिक भारतीय जीवन की लफ्फाजी, अनछुई देशभक्ति, अनसमझी विदेशी नकल और अनथहाई गहराई के झूठे दम्भ पर सच्चिदानन्द हीरानन्द वात्स्यायन 'अज्ञेय' अत्यन्त महीन चोट करते हैं। बातचीत के ढंग में प्रश्न करते और उत्तरों को समेटते अज्ञेय पाठक को बाँधे रखते हैं। उनके निबन्ध मार्मिक तर्क, बौद्धिक चेतना एवं कल्पनामूलक भावुकता–सभी-कुछ अपने में सँजोए, अपने ही किस्म के व्यंग्य का निर्माण करते हैं। जीवन के हर क्षेत्र में विरोधाभास, असंगतियों, विडम्बनाओं की चर्चा करते हुए वे अपने अतीत की गौरवमयी परम्परा की स्मृति बड़ी कुशलतापूर्वक दिला जाते हैं, "इस विरोधाभासवाली बात को आप भारत का अपमान न समझें, यह वास्तव में संसार के सात अचरजों में आठवाँ है। नहीं तो यह कैसे होता कि जिस देश ने 'वसुधैव कुटुम्बकम्' का आदर्श संसार के सामने रखा, उसी ने जात-पाँत की व्यवस्था भी दी–और ऐसे विकट रूप में कि वह इस्लाम और ईसाइयत पर भी हावी हो जाए ? नए ईसाइयों को छुआछूत बरतते देखकर हमने एक बार आश्चर्य प्रकट किया था तो उन्होंने कहा था, 'ईसाई हो गए तो क्या हुआ, धर्म थोड़े ही छोड़ दिया।' "[3]

पूर्वग्रहों में संस्कार-आबद्धता मनुष्य को कितनी हास्यास्पद बना देती है, इसका विलक्षण प्रमाण अज्ञेयजी दे जाते हैं। 'वसुधैव कुटुम्बकम्' की उन्नत चेतना का धनी इंसान आज अपने ही दुर्गुणों एवं हीन ग्रन्थि का शिकार होता चला जा रहा है। उसकी

1. शृंखला की कड़ियाँ, पृ. 98
2. साहित्यकार की आस्था तथा अन्य निबन्ध, पृ. 150
3. सबरंग, राष्ट्र के प्रतीक, पृ. 11-12

स्थिति इतनी दयनीय है कि वह न तो पुराने को पूरी तरह छोड़ पाता है और न ही नूतन का आलिंगन उत्साह के साथ कर पाता है। इस पसोपेश की स्थिति का परिणाम देखिए, "जिसने कहा 'तत्त्वमसि', 'शिवोहम्', 'अहं ब्रह्मास्मि', उसी ने तैंतीस कोटि देवता भी गिना दिए।"[1]

व्यंग्य-विनोद विद्यानिवास मिश्र के ललित निबन्धों का भी प्राण है। व्यंग्य-निबन्धों के उद्गम-युगीन बालमुकुन्द गुप्त के 'शिवशम्भु के चिट्ठों' की परम्परा में वे 'भ्रमरानन्दी चिट्ठियाँ' लिखते हैं।

अपने 'प्रभुत्व-ज्वर अस्पताल' नामक निबन्ध में प्रभुत्व के मद में चूर आधुनिक शासकों पर व्यंग्य करते हुए मिश्रजी लिखते हैं, "प्रभुत्व का ज्वर बहुत संक्रामक होता है और संक्रमण में वह उत्तरोत्तर बढ़ता ही चला जाता है। मन्त्री से अधिक ज्वर उनके निजी सहायक को, उनके निजी सहायक से अधिक ज्वर उनके चपरासी को, उनके चपरासी से अधिक तीव्र ज्वर उनके फर्राश को। इसी तरह सीढ़ी पर सीढ़ी नीचे उतरते जाइए–पहले साहब को अगर 10 और 11 के बीच में ज्वर चढ़ता है तो बड़े बाबू को 10 से 5.30 तक ज्वर चढ़ा रहता है।"[2]

सभी क्षेत्रों में बढ़ते मसीहेपन या बाबागिरी पर तो वे सीधा प्रहार करते हैं, "बाबागिरी के धन्धे में बड़ा तगड़ा कम्प्टीशन है। अनेक सम्प्रदाय बन गए हैं, गली-गली विहार खुल गए हैं। अब बाबा समूह का नहीं, व्यक्ति का बाना है, इसीलिए अब बाबागिरी साइड-बिजनेस बन गया है। आजकल साहित्यिक बाबागिरी की सबसे अधिक प्रतिष्ठा है, बशर्ते कि यह बाबागिरी हो साइड-बिजनेस ही, नहीं तो पूँजी टूटने का भी डर है।"[3]

इस साहित्यिक बाबागिरी का प्राधान्य, मिश्रजी के अनुसार, "साहित्यकारों में नकलीपन को बढ़ावा दे रहा है...आलोचना के लच्छे यहाँ-वहाँ जोड़ देते हैं और बस, साहित्य के आगे कुसुम, सुमन, सौरभ, पराग, चन्द्रिका, कमल, प्रकाश, आलोक और किरण जैसा कोई एक शब्द जोड़कर साहित्य के विकास में अभिनव श्रीवृद्धि करने का यश कमा लेते हैं।"[4]

पश्चिमोत्तर कोण से आई प्रलय की बाढ़ ने हमारी संस्कृति को तहरा गहरा वार दिया है। यहाँ तक कि अपनी धरती के प्रति महत्त्व, आत्मीय श्रेष्ठजनों के प्रति श्रद्धा–सभी-कुछ इस बाढ़ में बह गए, "जिन्हें अपने बाप का पैर छूने में हिचक होती है, वे अपने अफसर के या मन्त्री के पैर छूने का अवसर पाने में ही अपने को बहुत गौरवान्वित मानते हैं।"[5]

---

1. सबरंग, राष्ट्र के प्रतीक, पृ. 12
2. आँगन का पंछी और बनजारा मन, पृ. 63
3. वसन्त आ गया पर कोई उत्कंठा नहीं, पृ. 109-10
4. चितवन की छाँव, पृ. 38
5. आँगन का पंछी और बनजारा मन, पृ. 57

चरित्र का यह अधकचरापन, व्यक्तित्व का यह खोखलापन आधुनिक युग-परिवेश का अभिशाप रहा है। लगभग प्रत्येक साहित्यकार इन विसंगतियों से त्रस्त एवं व्यथित रहा है। यही कारण है कि हास्य एवं व्यंग्य को उपेक्षित, हीन दृष्टि से देखनेवाली भारतीय साहित्य की तमाम विधाएँ आज व्यंग्यमय हो उठी हैं, मानो व्यंग्य ही साहित्य का प्राण हो। न तो गीत व्यंग्यहीन बन पा रहे हैं और न ही कोई अन्य विधा। राष्ट्र की अनेक चक्राकार समस्याओं की संक्रामक पीड़ा, परत-दर-परत विघटित जीवन-मूल्य साहित्य की प्रत्येक विधा को व्यंग्यमय बनाने की होड़-सी लगाए हुए हैं। इस प्रकार भारतेन्दु-युग से प्रवाहित व्यंग्य-निबन्धों की धार अनेक पड़ावों के बावजूद निरन्तर गतिमान और विकसनशील बनी रही है। युगानुकूल परिवेश-सापेक्षता व्यंग्यीय तेवर को कभी शिथिल, तो कभी उग्र और मारक अवश्य बनाती रही, किन्तु व्यंग्य का सम्पूर्ण ह्रास कभी नहीं हुआ। कहीं वह उपदेशक का चोला धारण किए हुए है, कहीं सर्जन की निर्मम शल्यक्रियाजन्य निष्ठुरता का। किन्तु इन विभिन्न तेवरों में वह सदा ही विकासमान बना रहा। भारतेन्दु-युगीन व्यंग्य राजनीतिक भूमिका निभाता है, द्विवेदी-युगीन व्यंग्य नैतिक, शुक्ल-युगीन साहित्यिक एवं सांस्कृतिक और शुक्लोत्तर व्यंग्य इन तमाम भूमिकाओं का पक्षधर बन अपनी पक्षधरता को प्राप्त करता है।

3
स्वातन्त्र्योत्तर हिन्दी-व्यंग्य की प्रेरक परिस्थितियाँ

स्वाधीन भारत के व्यंग्यकारों की सर्वोत्तम एवं उल्लेखनीय उपलब्धि देश की जनतान्त्रिक प्रणाली रही है। अब वे स्वतन्त्र ही नहीं हुए, बल्कि जनतान्त्रिक प्रणाली के साझीदार भी बने हैं। अपनी बात अपने ढंग से कहने की पूरी आजादी उनके पास है। आज वे कटु से कटु सत्य को उग्रतम शब्दावली एवं आप्त वाक्यों में अभिव्यक्ति देने को आजाद हैं। पूर्ववर्ती व्यंग्यकारों की भाँति प्रतिक्रियात्मक अभिव्यक्ति हेतु न तो उन्हें छद्म योजना के व्यूह से गुजरना होता है और न ही भ्रामक, सूक्ष्म अथवा जटिल प्रतीकों की तलाश की विवशता ही उनके सामने है। सम्प्रेषण की यह आजादी जीवन-जगत की धड़कन को साहित्यिक धरातल पर यथातथ्यात्मक स्पन्दन प्रदान करती है। इससे व्यंग्यकारों को सहज ही उत्साह एवं शक्ति प्राप्त होती है, जिसके कारण व्यंग्य निरन्तर समृद्ध एवं दिन-ब-दिन पुष्ट से पुष्टतर होता दिखाई देता है। स्थिति यह है कि व्यंग्य अब खुदमुख्तार हो गया है, इसलिए अपनी वकालत खुद कर सकता है। उसे किसी दूसरे वकील की जरूरत नहीं है।

व्यंग्यकारों का यह स्वावलम्बन उन्हें पूर्ववर्ती व्यंग्यकारों से अलग करता है। व्यंग्य की कलात्मक अथवा प्रच्छन्न अभिव्यक्ति को सपाटबयानी की आजादी मिलती है तथा वह हास्य, परिहास अथवा पारम्परिक चुहल से आगे बढ़ आक्रामक तेवर प्राप्त करता है। उसकी निर्बन्धता, उन्मुक्तता तथा सर्वव्यापकता उसकी प्रहारकता को तीक्ष्णता प्रदान करती है। व्यंग्यकार सीधे-सीधे प्रहार करते हुए भी जन-समर्थन का अधिकारी बना रहता है। धर्म, राजनीति अथवा समाज में जो स्थान धार्मिक नेताओं अथवा समाजसेवियों का था, साहित्य में वही दर्जा व्यंग्यकारों को मिलता है। यहाँ तक कि संसद और न्यायालय जैसे महत्त्वपूर्ण केन्द्र भी व्यंग्यकारों की उक्तियों के प्रति सजग एवं चौकन्ने रहने लगते हैं। सच तो यह है कि व्यंग्यकारों ने अपनी रचनाओं को हिन्दी-साहित्य के अर्थ में साहित्य होने से बचाया है, ताकि वह अधिक सार्थक, प्रभावकारी और व्यापक हो सके। व्यंग्यकारों को यह कहते शर्म महसूस नहीं होती कि वे एक बड़े पाठक-वर्ग द्वारा पढ़े जा रहे हैं।

स्वातन्त्र्योत्तर व्यंग्यकारों का अलगाव इस धरातल पर भी है कि उनके पूर्ववर्ती

व्यंग्यकारों के आलम्बन विदेशी शासक एवं उनकी क्रूरता थी, जबकि आज के व्यंग्यकारों के आलम्बन उनके अपने ही लोग हैं। वे गुलाम भारत तथा आजाद भारत दोनों ही के प्रत्यक्ष द्रष्टा एवं भोक्ता रहे हैं। राष्ट्र पर मर मिटनेवाले शहीद उनके अपने थे, तो टुच्चे स्वार्थों के लिए सम्पूर्ण राष्ट्र का ही सौदा कर डालने के लिए तत्पर रहनेवाले भी उनके अपने ही हैं। स्थितियों की यह विकरालता अनायास ही उन्हें विराट सांस्कृतिक मानव की गरिमा की याद दिलाती है और वे वर्तमान ह्रास से क्षुब्ध हो उठते हैं। किन्तु इस ह्रास के जनक भी विदेशी नहीं, अपने ही देशवासी हैं। अतः आज का व्यंग्यकार मात्र भर्त्सना अथवा आलोचना से सन्तुष्ट नहीं हो पाता, वह विकृतियों की आलोचना करते हुए उनके शिकार मानव के प्रति करुणार्द्र भाव रखता है तथा सुधार एवं संशोधन की प्रेरणा भी देता है। सामाजिक शिवत्व की कामना उसे आलोचक के साथ-साथ चिन्तक एवं विरेचक भी बनाती है। वह विरूपताओं की तह तक जाकर उनके कारणों का विश्लेषण करता है तथा सही दिशा-निर्देश देता है। पूर्ववर्ती व्यंग्यकारों की मूल प्रेरणा भी यही सदाशयी वृत्ति रही है, किन्तु उनकी आलोचना के पात्र प्रायः विदेशी थे। वे जन-चेतना का निर्माण आयातित बुराइयों से लड़ने के लिए कर रहे थे, जबकि आज व्यंग्यकारों को अपने ही लोगों के भीतर निहित अवगुणों और दुर्बलताओं को जन-जन तक पहुँचाना है। व्यंग्यकारों का सबसे बड़ा कर्त्तव्य इस समय लोक-शिक्षण ही है।

जैसा कि हम पीछे देख आए हैं, व्यंग्य का उद्‌भव विसंगत वातावरण में होता है। परिस्थितियों की विकृतियों और विषमताओं से प्रेरणा ग्रहण करके ही साहित्यकार व्यंग्यशील होता है। जीवन के भिन्न-भिन्न क्षेत्रों अथवा दायरों में व्याप्त विसंगतियाँ रचनाकार की चेतना को झकझोरती हैं, उस पर आघात करती हैं तथा उसे चिन्तन, लेखनी अथवा तूलिका के माध्यमों द्वारा स्वयं को व्यक्त करने के लिए; अपनी वास्तविक तथा यथार्थ प्रतिक्रियाओं को कारगर ढंग से स्पष्ट करने के लिए व्यंग्य-कथनों का इस्तेमाल करने, व्यंग्य द्वारा प्रहार की मुद्रा अपनाने या व्यंग्य-चित्रों के जरिए विसंगतियों को मूर्त रूप देने की दिशा में प्रेरित करती हैं।

स्वातन्त्र्योत्तर हिन्दी-व्यंग्य में आए बदलाव और उसके मूल में निहित, व्यंग्यकारों की वैचारिकता को समझने के लिए उन्हें प्रेरित करनेवाली विभिन्न परिस्थितियों का विहगावलोकन उपयोगी होगा।

राजनीतिक परिस्थितियाँ

स्वातन्त्र्योत्तर हिन्दी-व्यंग्य की आत्मा भारतेन्दु-युगीन व्यंग्य- चेतना से प्रेरित होकर निरन्तर गतिमान रही है। भारतेन्दु-युग के बाद स्वतन्त्रतापूर्व काल तक की स्थितियाँ कुछ ऐसी रही हैं कि वहाँ व्यंग्य हास्य के आवरण में ढका उसका अनुचर एवं दास बना रहने के लिए अभिशप्त रहा है। परन्तु आजादी के बाद हमारे सपनों के महल जिस तरह

से धराशायी हुए, स्थितियों की विद्रूपता में जिस तेजी से बढ़ोतरी हुई, उसके कारण व्यंग्य हृदय के खोल को केवल उतार ही नहीं फेंकता, वरन् निर्बन्ध भाव से अपने को यथातथ्यात्मक अभिव्यक्ति देता हुआ पाठकों की दृष्टि अपनी ओर आकृष्ट करने में पूरी तरह से समर्थ हो उठता है। स्वाधीनता के बाद भारतीय जीवन में चौतरफा बढ़ते असन्तोष, बदलाव की बेचैनी और नव-निर्माण की उत्कट कामना की स्थितियाँ जहाँ सामाजिक जीवन में एक गहरे द्वन्द्व को उभारती हैं, वहीं व्यंग्य को धार भी देती हैं। अपने ही राष्ट्रपिता की अपने ही हाथों निष्ठुर हत्या आजादी के बाद की कितनी बड़ी विडम्बना रही है, इसे बतलाने की जरूरत नहीं। एक तरफ राष्ट्रपिता का सम्मान और दूसरी तरफ उसे अपनी ही निर्मम गोलियों का शिकार बना देना भारतीय चरित्र के विरोधाभास एवं दुर्भाग्यपूर्ण कलंक का प्रमाण नहीं तो और क्या है ? 'करो या मरो' का आह्वान देकर बापू ने जिस जनान्दोलन को बल-शक्ति दी थी, आजादी के साथ-ही-साथ सन सैंतालीस में उसका समापन हो जाता है, मानो विदेशियों को खदेड़ने मात्र के उद्‌देश्य से ही स्वाधीनता-आन्दोलन का सूत्रपात हुआ हो। हम यह भूल ही गए कि हमारे स्वाधीनता के सूत्रधारों का सपना राजनीतिक आजादी ही नहीं वरन् आर्थिक, सामाजिक और सांस्कृतिक आजादी भी रही है। इसी का यह परिणाम हुआ कि आजादी के बाद केवल राष्ट्रपिता का लहू-लुहान शरीर ही हमारे सामने नहीं आया, पूरे देश का क्षत-विक्षत व्यक्तित्व भी हमारी निरीहता और विवश जड़ता को प्रमाणित करता रहा। सामाजिक, आर्थिक और धार्मिक बिन्दुओं पर रक्तपात के जो अनवरत सिलसिले आजाद भारत में दिखाई पड़ते हैं, वे इसी बात की ओर संकेत करते हैं कि हमारे नेतृत्व में कहीं-न-कहीं कोई खोट जरूर रहा है। तभी तो स्वतन्त्रता-संग्राम के दौरान राष्ट्र का जो महासंगम दीख पड़ता है, वह धीरे-धीरे सत्तापरस्त अलगाववादी और घोर स्वार्थी ताकतों के हाथों विखंडित एवं ध्वस्त हो उठता है।

फलतः नए युग की नई प्रतिमा खंडित नजर आती है। इसमें सन्देह नहीं कि स्वतन्त्र भारत में सामाजिक कल्याण और उत्थान, आर्थिक विकास और राजनीतिक प्रगति की अनेक योजनाएँ लागू की गई हैं और उपेक्षित वर्गों को आगे बढ़ने के अवसर प्रदान किए गए हैं। यदि उन्हें कार्यान्वित करने में सच्चाई और ईमानदारी बरती जाती या अब भी बरती जाए और अथक तथा कठोर परिश्रम किया जाए तो सामान्य से सामान्य भारतीय जन को राष्ट्रीय एवं सामाजिक जीवन में अपना महत्त्वपूर्ण योगदान करने का सुअवसर प्राप्त हो सकता है और देश सशक्त होकर अन्तर्राष्ट्रीय क्षेत्र में सक्रिय भूमिका का निर्वाह कर सकता है। इसमें भी सन्देह नहीं कि देश ने कृषि, उद्योग, शिक्षा, स्वास्थ्य, औसत आयु, समाज-सुधार आदि अनेक दिशाओं में प्रगति की है और समय-समय पर आनेवाले संकटों का दृढ़ता, साहस, दूरदर्शिता और आत्मविश्वास के साथ सामना किया है। विविध पंचवर्षीय योजनाओं, संविधान और व्यक्ति-स्वातन्त्र्य ने देश की आर्थिक और सामाजिक एवं सांस्कृतिक जड़ता दूर करने में हाथ बँटाया है और यह कहना उचित और न्यायसंगत न होगा कि स्वतन्त्र भारत की कोई उपलब्धि ही नहीं है। निस्सन्देह जीवन में एक नई उमंग आई है, नया प्रवाह आया है, एक नई गतिशीलता दृष्टिगोचर हो रही है और देश पुरानी पिटी-पिटाई लीक से

बाहर निकलने की चेष्टा कर रहा है। किन्तु देश की इस उन्नति और प्रगति के साथ-साथ उसके जीवन का एक दूसरा पहलू भी है, जिसे देखने से आशा की अपेक्षा निराशा अधिक होने लगती है—यहाँ तक कि स्वतन्त्रता पर ही प्रश्नसूचक चिह्न लगने लगते हैं। कुछ लोग तो यहाँ तक सोचने लगे हैं कि 'स्वतन्त्रता और संस्कृति' एक अल्पसंख्यक वर्ग-विशेष को ही मिली है, सामान्य जन के भाग्य अब भी नहीं फिरे।

वास्तव में स्वतन्त्र भारत की यह उपलब्धि जितनी तीव्र गति से और आशानुकूल होनी चाहिए थी, उतनी नहीं हुई और अनेक योजनाएँ केवल कागजी बनकर रह गई हैं। जितना समय और धन इस दृष्टि से लगाया जा रहा है, उसका प्रतिदान देश को मिल नहीं पा रहा। उसके अनेक बाहरी और भीतरी कारण हैं, किन्तु देश में चारित्रिक एवं नैतिक दृढ़ता का अभाव सबसे बड़ी बाधा है। जब तक मामूली से मामूली नागरिक और सरकारी कर्मचारी का चारित्रिक एवं नैतिक उत्थान नहीं होगा, तब तक देश की दशा आशानुकूल सुधरने की आशा नहीं है। देश में ऐसा कोई लोकनायक भी नहीं रह गया, जो देश के चारित्रिक और नैतिक स्तर को ऊपर उठाने में प्रेरणा प्रदान कर सके। स्वतन्त्र भारत की सबसे बड़ी विडम्बना यह है कि भ्रष्टाचार ऊपर से छनकर नीचे आया है। मूल स्रोत ही जब विषाक्त है, तो प्रवाह कैसे स्वस्थ रह सकता है। परतन्त्र भारत में भ्रष्टता निम्नस्तरीय व्यक्तियों की विशेषता समझी जाती थी। अब निम्नस्तरीय व्यक्ति सोचता है कि जब नेता लोग ही 'ऐश' कर रहे हैं, तो हमारा 'ऐश' करना जायज है। पुराने सामन्त अब भले ही न रह गए हों, किन्तु नेताओं के रूप में नए सामन्त पैदा हो गए हैं, जो जन-सेवा की आड़ में ऐयाशी करते हैं। नारे लगाए जाते हैं जनता की सेवा के, लेकिन सेवा सब अपनी-अपनी कर रहे हैं। सब अपने-अपने घर दीपक जलाना चाहते हैं, मस्जिद में कोई दीपक जलाना नहीं चाहता। यही आत्मरति या स्वरति देश की बड़ी-बड़ी योजनाओं को विफल बना रही है।

गाँधीजी की दुहाई हम आज भी देते हैं, किन्तु उनकी क्रान्ति के मूल सिद्धान्त सत्य और अहिंसा जैसे उच्चादर्शों पर आधारित थे। उनका चरम एवं अन्तिम लक्ष्य मनुष्य था—मनुष्य का भौतिक, सामाजिक और नैतिक कल्याण। उनके साधन और साध्य में कोई अन्तर नहीं था। मानव-जीवन की चौमुखी समृद्धि के लिए सत्य और अहिंसा जैसे पवित्र साधन उनके लिए महत्त्वपूर्ण थे। साथ ही, सबके बिना एक के कल्याण की सम्भावना में भी उन्हें विश्वास नहीं था—वे सर्वोदय चाहते थे, जिसे जन्म देने का गाँधीजी को अवसर प्राप्त न हुआ और बाद में विनोबा भावे को सफलता नहीं मिली। उनकी दृष्टि में व्यक्ति और समाज जितना अधिक सत्य और अहिंसा की ओर बढ़ेगा, उतना ही सुख और आनन्द प्राप्त होगा। व्यक्ति और समाज दोनों का एक-दूसरे के प्रति उत्तरदायित्व है और यह उत्तरदायित्व नैतिकता पर आधारित रहता है। समाज को व्यक्ति का, उसे अपनी असहमति प्रकट करने, यहाँ तक कि सत्याग्रह करने तक का अधिकार देते हुए आदर करना चाहिए। व्यक्ति की गरिमा को कुंठित करना (जैसा कि समूह-प्रधान समाज में होता है) गाँधीजी को असह्य था। उनकी दृष्टि में यह अनैतिक है। व्यक्ति और समाज के संघर्ष का अभी

कोई अन्तिम समाधान तो हमारे सामने नहीं आया, किन्तु जब तक नहीं आता तब तक व्यक्ति और समाज में तादात्म्य स्थापित करना ही शुभ माना जाना चाहिए। गाँधीजी की दृष्टि इसी ओर थी। इसीलिए उन्होंने साधन और साध्य दोनों की पवित्रता पर बल दिया। साथ ही उनके लक्ष्य की पूर्ति समाज, राजनीति, अर्थ आदि के क्षेत्र में पूर्ण विकेन्द्रीकरण द्वारा ही हो सकती है। उत्पादन और वितरण के साधन विकेन्द्रीकरण द्वारा ही कल्याणकारी सिद्ध होंगे। व्यक्ति की महत्ता स्वीकार करते हुए ही उन्होंने सामाजिक परिवर्तन की प्रक्रिया स्वीकार की। गाँधीजी की प्रणाली का अनुसरण न करने के कारण ही स्वतन्त्र भारत की विकास-योजनाओं में उतनी सफलता प्राप्त नहीं हो सकी, जितनी की आशा थी। उनकी ट्रस्टीशिप की भावना और ग्राम-स्वराज्य के अभाव में देश को आर्थिक विफलता ही प्राप्त नहीं हुई, वरन् आर्थिक विफलता के कारण सत्ता और भ्रष्टता अन्योन्याश्रित और पर्यायवाची शब्द हो गए हैं। हम जिस समाजवाद का नारा सुनते रहे हैं, वह कोरा नारा साबित हुआ है। कुछ लोग जब उसे नौकरशाही समाजवाद कहते हैं, तो ठीक ही लगता है। जो लोग सूखी रोटी खाकर और चने चबाकर देश-सेवा के हित प्राणोत्सर्ग करने में संकोच न करते थे, वही लोग आज वैभव और विलास की सारी सामग्री जुटाने में जुटे हैं। सत्ता और शान-शौकत के पीछे वे हाथ धोकर पड़े हैं। जवाहरलाल नेहरू के समय से जो प्रवृत्ति प्रारम्भ हो गई थी, उसका कहीं अन्त होता दिखाई नहीं देता। चारों ओर चारित्रिक और नैतिक पतन दिखाई दे रहा है। किन्तु कांग्रेस में अब आन्तरिक शक्ति नहीं रह गई। अन्य दल भी कांग्रेस की दूसरी-तीसरी कार्बन कॉपी से ज्यादा साबित नहीं हुए हैं। विभिन्न राज्यों के प्रशासन में जनता का उतना हाथ नहीं रहता, जितना केन्द्र का। मुख्यमन्त्रियों और तथाकथित अन्य महत्त्वपूर्ण व्यक्तियों को उठाना-गिराना भी केन्द्र से होता है और इस प्रकार लोकतन्त्रवाद की आड़ में डिक्टेटरशिप को प्रश्रय दिया जाता रहा है, दिया जा रहा है और मजा यह है कि सब चुप हैं। कार्यकुशलता और कार्यक्षमता लोगों में भले ही दिखाई देती हो, लेकिन आज के हिन्दुस्तान की दुनिया में सब कायर हैं, भीतर से टूटे हुए हैं। जिन दुश्चक्रों में हम रह रहे हैं, उन्हें तोड़नेवाला कोई नहीं है। विकास और उन्नति के जो थोड़े-बहुत चिह्न दिखाई देते भी हैं, वे सुरसा की तरह मुँह फैलाए महँगाई, गरीबी, शोषण, असमानता, हिंसा, बेरोजगारी, राजनीतिक भ्रष्टाचार और सिद्धान्तों के दिनदहाड़े हनन के सामने फीके पड़ जाते हैं। इसलिए चारों ओर भग्नाशा, कुंठा, दिशाहीनता दिखाई पड़ती है। ब्रिटिश पद्धतियों पर मुलम्मेसाजों ने मुलम्मा चढ़ाने की कोशिश जरूर की है, लेकिन अभी तक वह बेकार साबित हुई है। भारतीय जीवन के परिष्करण के लिए त्याग और मूल्यों की स्थापना फिर से होने की नितान्त आवश्यकता है।

1949 में स्वतन्त्र भारत ने अपना जो संविधान तैयार किया था, उसमें (1) सामाजिक, आर्थिक और राजनीतिक न्याय; (2) विचार, अभिव्यक्ति, विश्वास और धर्म की स्वतन्त्रता; (3) सबको समान अवसर प्रदान करने और (4) राष्ट्र की एकता एवं व्यक्ति की गरिमा को पुष्ट करनेवाले बन्धुत्व की घोषणा की गई थी। संविधान ने एक स्वर्णिम विहान की आशा बँधाई थी, किन्तु पिछले 50 वर्षों में संविधान में अनेक वांछनीय-अवांछनीय परिवर्तन हो चुके हैं और मौलिक अधिकारों की कोई पवित्रता नहीं

रह गई। संविधान बनने की देर न हुई थी कि राजनीतिक चूहों ने उसे कुतरना शुरू कर दिया। सरदार पटेल और जवाहरलाल नेहरू के समय में ही भीतर-भीतर षड्यन्त्र चल पड़े थे और देश के राजनीतिक प्रासाद में दरारें पड़ने लगी थीं। चीन (1962) और पाकिस्तान (1965, 1971) के आक्रमणों के कारण देश में एकता की भावना दृढ़ होती हुई दिखाई अवश्य दी, किन्तु ताशकन्द में लालबहादुर शास्त्री की मृत्यु (1965) के बाद देश का राजनीतिक जीवन फिर लड़खड़ाने लगा। कांग्रेस-जैसी पुरानी और सुसंगठित राजनीतिक पार्टी भी डगमगा गई। नैतिक बल और चारित्रिक दृढ़ता के स्थान पर अवसरवादिता, पदलोलुपता और धनलोलुपता बढ़ी और कांग्रेस में भ्रष्टाचार घुस गया। गाँधीजी के नाम की दुहाई देते हुए भी राजनीतिक कार्यकर्ताओं की कथनी और करनी में बहुत अन्तर आ गया। कांग्रेसियों का सेवा-भाव लुप्त हो गया और मेवा-भाव के वशीभूत हो वे अपनी जेबें भरने में लग गए। देश-सेवक अब शासक बन बैठा है। अतः जीवन के पुराने मूल्य उसकी दृष्टि से ओझल हो गए हैं। उच्च पदस्थ राजनीतिक कार्यकर्ता और सरकारी कर्मचारी दोनों मिलकर अपने-अपने ढंग से जनता से रुपया ऐंठने में लगे हुए हैं—जैसे उनकी आत्मा मर गई हो। उनके आचरण से राजनीतिक जीवन कलुषित हो गया है। स्वयं राजनीतिज्ञ खरीदे जाने लगे हैं और थैलियाँ राजनीतिक समस्याएँ हल करने लगी हैं। दलबदल सामान्य राजनीतिक धर्म हो गया है। स्वभावतः ऐसे राजनीतिज्ञों में न चरित्र है, न कोई विश्वास और आस्था। राजनीति पेशा बन गई है—इसी से देश को सबसे बड़ा खतरा है। ऐसे ही राजनीतिज्ञों ने देश में पारस्परिक कलह, फूट, प्रान्तीयता, जातिवाद, क्षेत्रवाद, भाषावाद आदि के बीज बोकर चारों तरफ अराजकता फैला दी है। देश की सबसे बड़ी बीमारी ये राजनीतिज्ञ ही हैं। राजनीतिज्ञ ही छात्रों की अनुशासनहीनता के भी प्रमुख कारण हैं। इन्हीं के प्रयासों से मिल-मालिकों और मजदूरों के परस्पर झगड़ों के कारण आए दिन हड़तालें होती रहती हैं, जिससे देश की आर्थिक क्षति होती है। राजनीतिज्ञों के ही कारण न्यायालयों की स्वतन्त्रता और पवित्रता समाप्तप्राय है। निष्कर्ष यह कि देश को जितना खतरा बाहर से है, उतना ही भीतर से भी। कभी-कभी तो ऐसा लगने लगता है कि कहीं 18वीं शताब्दी के इतिहास की पुनरावृत्ति न हो जाए। सच्ची राष्ट्रीयता के स्थान पर जब तक 'पेरोशियलिज्म' बना रहेगा, तब तक यह डर भी बना रहेगा।

स्वातन्त्र्योत्तर भारत में जहाँ एक ओर नूतन आलोकपूर्ण उपलब्धियों का गौरव और द्रुत विकास की स्थितियाँ रही हैं, वहीं दूसरी ओर स्व-टूटन एवं बिखराव की पीड़ा दीख पड़ती है। अन्तरानुभूतियों का यह वैषम्य यहाँ की जनता को एक साथ आह्लाद एवं दग्धानुभूति, दोनों ही देता है। धर्म, दर्शन, अध्यात्म तथा चिन्तन की सूक्ष्मता-प्रधान यह देश उत्तरोत्तर भौतिक स्थूलता को प्राप्त करता है। मानवीय सम्बन्धों की समग्रता ध्वस्त हो उठती है। भौतिकता की अन्धी होड़ एवं पाश्चात्य कल्पना का अन्धानुकरण नैतिक गिरावट, साम्प्रदायिक द्वेष तथा गरीबी और बेरोजगारी जैसी समस्याओं को जन्म देता है। राजनीति, संस्कृति, साहित्य, समाज, नीति—सभी पर एकमात्र अर्थ का वर्चस्व उसके

अपने ही स्वरूप को इस प्रकार बदल देता है कि सम्पूर्ण राष्ट्र एक व्यापक पराएपन की त्रासद अनुभूति से घिर उठता है। पाखंड, बेहयाई, निर्लज्जता एवं दम्भ का महानृत्य सुधी साहित्यकारों के अन्तस को झंकृत करता है। वे अपने-आपको रचनाधर्मी सत्यान्वेषी प्रश्नों से घिरा पाते हैं तथा वस्तुगत विश्लेषण की ओर उन्मुख होते हैं। परिस्थितियों की जटिलता उन्हें वैचारिक दृष्टिकोण देती है। सदियों की धारणा एवं मानदंड प्रश्नों के कटघरे में खड़े कर दिए जाते हैं। विकल उत्तराकांक्षा प्रभावात्मक परिणाम एवं प्रतिक्रिया को जन्म देती है। सदियों की आदर्शवादी भावुकता और आध्यात्मिकता के स्थान पर यथार्थवादी बौद्धिकता प्रश्रय पाती है। तटस्थ चिन्तन स्थिति को विकराल रूप में प्रस्तुत करता है और भावात्मक एकता के बल पर स्वाधीनता प्राप्त करनेवाला मानव राजनीतिक धूर्तता से काँप उठता है। सांस्कृतिक धरोहर एवं धार्मिक भावनाओं की आड़ में राजनीतिक शोषण सुधी संवेदनशील साहित्यकारों की संवेदना को आहत करता है। युगधर्मी साहित्यकारों में इसकी प्रतिक्रिया स्पष्ट लक्षित होती है।

साहित्यकारों की यह प्रतिक्रिया त्रस्त पाठकों के आतंकित एवं दिग्भ्रमित मन के लिए सहारा बनती है। स्थिति इतनी बदल जाती है कि परम्परा से क्रीड़ा-कौतुक मात्र माना जानेवाला व्यंग्य सामाजिक, साहित्यिक स्वीकृति के साथ ही राजनीतिक सम्मान भी प्राप्त करता है। व्यंग्यकार 'फनी राइटर' की संज्ञा से ऊपर उठ, सामाजिक उन्नायक की भूमिका प्राप्त करता है। यहाँ तक कि व्यंग्यकारों की निन्दा अथवा प्रशंसा का प्रभाव राजनेताओं पर भी पड़ने लगता है। विश्वविद्यालयों, शैक्षणिक संस्थाओं एवं सांस्कृतिक सम्मेलनों में व्यंग्यकारों को सम्मानित करने की होड़-सी लग जाती है। तात्पर्य यह कि स्वाधीन भारत का व्यंग्य और व्यंग्यकार नई अर्थवत्ता तथा कारगर सामाजिक महत्त्व प्राप्त करता है। सामाजिक अन्तर्विरोध, विपरीत जीवन-मूल्य–सभी व्यंग्य के विषय बनते हैं। व्यंग्यकार बर्बर असभ्यता पर प्रहार करते हुए तथाकथित प्रचलित एवं पल्लवित सभ्यता पर भी निरन्तर दृष्टि कायम रखता है। अमानवीय तथ्यों की प्रताड़ना करते हुए मानवीय ढोंग-ढकोसलों की खबर लेता रहता है। पाखंड, बेईमानी, धोखा, फरेब, धूर्तता जैसी असामाजिक वृत्तियाँ तो उसके लिए उर्वरकों का काम करती हैं। इन सभी असामाजिक, पतनोन्मुख प्रवृत्तियों से जीवन-शक्ति प्राप्त कर वह ईमानदारी, मानवता, विश्वास एवं सदाचरण का विश्लेषण करता है। कहा जा सकता है कि आजाद भारत देश की जनता का सही शिक्षक, मार्गदर्शक एवं उन्नायक यह व्यंग्य ही रहा है। विद्रूपताओं के इस जंगल में भी आज यदि मानवीय दृष्टि शेष है, विसंगतियों के दम-घोंटू वातावरण में भी आज का मानव यदि जिजीविषापूर्ण है, तो निस्सन्देह इसका श्रेय स्वातन्त्र्योत्तर व्यंग्य-चेतना एवं उसके मारक किन्तु प्रतिबद्ध तेवर को ही है। व्यंग्य की यह सामाजिक प्रतिबद्धता उसे सार्वजनीन दृष्टि देती है। अपनी इस दिव्य दृष्टि से वह शासकों के ढोंग को बेनकाब करता है, साथ ही यन्त्रवत् संचालित जन-समुदाय में प्राण-शक्ति का संचार भी करता है। समाज-जीवन का कोई भी कोना व्यंग्य की दृष्टि से बच नहीं पाता। राजनीति, अर्थतन्त्र, शिक्षा-प्रणाली, संस्कृति, साहित्य–सभी उसे

फलीभूत प्रश्रय देते हैं और अपनी पैनी धार से वह उन्हें चीथता, चीरता चलता है।

आज की विषम मारक व्यवस्था के बीच अपने अस्तित्व को मनचाहा रंग देने के लिए आज का मानव निरन्तर संघर्षरत है। परन्तु बाह्य जगत एवं अन्तर्जगत के बीच सतत विद्यमान द्वन्द्व भी उसके भीतर कम गतिशील नहीं है। कहने के लिए हमने सर्वतोमुखी भौतिक विकास किया है; उद्योग, ज्ञान-विज्ञान की नई ऊँचाइयों को स्पर्श किया है, लेकिन इसके साथ ही मानवीय सम्बन्धों की आत्मीयता में दरार भी बढ़ी है। संस्कृतियों के घर्षण से मनुष्य उपकरणवत् कुचला एवं मरोड़ा गया है। बिखराव की यातना उसकी नियति बनी हुई है। व्यक्तित्व के खंडित-विखंडित टुकड़ों को सहेजते, समेटते उसकी जिन्दगी चुकती जा रही है। इस विषम नियति के तहत मनुष्य-मनुष्य के बीच के अलगाव में वृद्धि हुई है, रिश्तों में शिथिलता और औपचारिकता बढ़ी है। मानवीय उदात्तता का ह्रास हुआ है तथा संकीर्णता, संकुचितता, तंगदिली का बोलबाला बढ़ा है। राजनीति नीतिविहीन होकर उद्दंड शासन-व्यवस्था के निर्माण में रत है। कहना न होगा कि सामाजिक, प्रशासनिक सभी धरातलों पर जीवन उत्तरोत्तर विषाक्त अवस्था को प्राप्त हो रहा है। स्वस्थ, सन्तुलित जीवन की कल्पना स्वप्न-भर बनकर रह गई है। यही संश्लिष्ट जीवन का भोग्य यथार्थ स्वाधीन भारत की व्यंग्य-चेतना के मूल में है। जीवन्त जीवन-मूल्यों का तिरोहण इसकी गम्भीरतम समस्या रही है। राजनीतिक विश्वासघात ने भारतीयों को भीतर तक तोड़कर रख दिया है। भयानक निराशावाद व्याप्त है। यकीन करना मुश्किल है कि सन् सैंतालीस से पहले इसी देश की जनता ने भावात्मक एकता के बल पर देश को अस्मिता प्रदान की थी। आज तो सर्वाधिक घृणित एवं ज्वलन्त समस्या लोगों की कुंठा और तटस्थ मनोवृत्ति ही नजर आती है। गहन से गहन अमानवीय कृत्यों के होते हुए भी वे एक गहरी चुप्पी और उदासी ओढ़े हुए हैं। मानो जो हो रहा है, उससे उनका कोई वास्ता ही न हो। इसी सामूहिक मुर्दनी के विरोध में व्यंग्यकारों को चारों दिशाओं में अपनी व्यंग्य-लुकाठी चलानी पड़ती है। स्वाधीन भारत के राजनयिकों ने भ्रष्टाचार, झूठ, फरेब, टुच्चेपन को ही परमात्मा का दर्जा दिया है। जिसे देखो, वही छल-फरेब का सहारा लेकर अपना स्वार्थ साधने में लगा हुआ है। 'हरि अनन्त, हरि कथा अनन्ता' का स्थान आज 'हम भ्रष्टन के भ्रष्ट हमारे' मूलक उद्दंड राजनीति लिये हुए है। धर्म, संस्कृति, शिक्षा– सभी इसकी चपेट में हैं। अतः इन सभी को मुक्त कराने के प्रयास में व्यंग्य की दिशाएँ अनन्त तथा व्यंग्यीय तेवर अनेकमुखी हो उठा है।

सामाजिक परिस्थितियाँ

समाज में प्रचलित परम्परा, रीति-रिवाज एवं प्रथाएँ जब गतिमान समय के वेग से पिछड़ जाती हैं, तो सर्वसाधारण का जीवन व्यग्र हो उठता है। महत्त्वाकांक्षी, प्रगतिकामी व्यक्ति की होड़ समय की द्रुत गति से होती है, किन्तु सम्पूर्ण समाज उतना गतिमय नहीं हो

पाता। परिणामतः सामाजिक शिकंजे एवं प्रतिमान शिथिल पड़ जाते हैं, मनुष्य उस समाज से कहीं आगे बढ़ चुका होता है। ऐसी स्थिति में व्यक्ति एवं समाज और सामयिकता एवं परम्परा का अन्तराल एक अव्यवस्था को जन्म देता है। इस अव्यवस्था का प्रभाव व्यक्तिगत आचरण, पारिवारिक जीवन तथा सामाजिक व्यवहार–सभी पर पड़ता है। मृतप्राय परम्पराएँ जब नूतन अन्वेषणों के मार्ग में रोड़ा अटकाती हैं तो सुधी, सचेत साहित्यकार इन नग्न कुरीतियों, सड़ी-गली परम्पराओं पर चुन-चुनकर प्रहार करता है। इस प्रहार का उद्देश्य समाज की सड़ी-गली व्यवस्था की निन्दा द्वारा उसकी अनुपयोगिता साबित कर समाज को प्रगति-पथ पर अग्रसर करना होता है।

स्वातन्त्र्योत्तर भारतीय समाज मिथ्या सन्तोष, आशा एवं अपेक्षाओं का समाज रहा है। स्वतन्त्रता-संग्राम के दौरान जिस स्वस्थ सामाजिकता एवं उन्नयन का सपना लोगों ने देखा था, वह मिथ्या एवं भ्रम साबित हुआ है। नीतिविहीन राजनीति और न्यायहीन न्याय-व्यवस्था ने समाज में पाखंड, छल, धूर्तता और अनैतिकता को ही बढ़ावा दिया है। परिणामस्वरूप आजादी के बाद का भारतीय समाज उच्छृंखल खोखलेपन को प्राप्त होता है। निम्न एवं मध्यवर्गीय मनुष्य के लिए सम्मानपूर्ण जीवन-यापन सपना बनकर रह जाता है। यों तो सृष्टि के आरम्भ से ही विद्रूपताओं का बोल-बाला समाज में रहा है, किन्तु स्वातन्त्र्योत्तर भारतीय समाज विद्रूपताओं, दोमुँहेपन एवं दोगलेपन की जिन ऊँचाइयों को प्राप्त करता है, उनके परिणामस्वरूप वह जटिल वैषम्य से भर उठता है। आर्थिक दबावों के तले सदियों की संवेदना सिहर उठती है। मानवीय उदारता का अन्त होता है तथा पारिवारिक एवं सामाजिक जीवन तहस-नहस हो उठता है। सदियों की समग्रता, सम्पूर्णता एवं अखंडता का स्थान टूटन, बिखराव एवं विक्षिप्तता ले लेती है। पश्चिमी सान्निध्य की भौतिकता भारतीय संस्कृति के मूल पर कुठाराघात करती है। मानसिक संघर्षों को झेलता मनुष्य नियति का व्यंग्य बन बैठता है। परस्पर सम्बन्धों की आत्मीयता एवं सहजता का स्थान वर्ग-वैषम्य से उपजी दरारें ले लेती हैं।

सम्पन्न वर्ग की पकड़ धन एवं सत्ता पर दृढ़तर होती जाती है, जबकि साधारण वर्ग निरन्तर बढ़ते वैषम्य की यातना को झेलते-झेलते कुंठाग्रस्त होता जाता है। मानसिक यातना एवं द्वन्द्व के बीच पिसने को वह अभिशप्त हो उठता है। इस प्रकार अमानवीय सम्बन्धों का जंजाल पसरता जाता है। अनास्था, निराशा एवं भाग्यवाद से घिरा वह मानव-जीवन-मूल्यों की रक्षा चाहकर भी नहीं कर पाता। एक ओर सदियों के उदात्त जीवन-मूल्य तिरोहित होने लगते हैं, तो दूसरी ओर धन का बोलबाला एवं धनिकों के हथकंडे खुलकर शोषण करते हैं।

शोषण की यह प्रक्रिया स्वातन्त्र्योत्तर काल-खंड में और भी बारीकी एवं नृशंसता को प्राप्त होती है। राजकीय परिवर्तन की तुलना में धीमी पड़ती सामाजिक प्रक्रिया इस नृशंसता के मूल में है। मानवीय सम्बन्धों से बना एवं टिका यह मानव-समाज उत्तरोत्तर अर्थकेन्द्रित होता जाता है। जाति, धर्म, आयु अथवा पारस्परिक सम्बन्धों का सामाजिक वर्गीकरण अब मात्र आर्थिक वर्गीकरण का रूप धारण कर लेता है। उच्च, मध्य एवं

निम्न वर्गों में विभक्त समाज अपनी समस्याओं के समाधान हेतु जो भी नियम बनाता है, वह वर्ग-विशेष के चंगुल में फँसकर रह जाता है। परिणामस्वरूप वैषम्य का बोलबाला उत्तरोत्तर बढ़ता चला जाता है। शैक्षणिक, वैज्ञानिक एवं तकनीकी विकास के उत्कर्ष को प्राप्त करता यह समाज अशिक्षा, बेरोजगारी जैसी समस्या से त्रस्त भी हो उठता है। राजनीतिक स्वार्थ की आँच सामाजिक वैषम्य को लगातार उग्रतर रूप देने में सलंग्न है। परिणामस्वरूप समस्याओं के निवारण हेतु बनाए गए कानून, नियम एवं व्यवस्था स्वयं ज्वलन्त समस्या बन जाते हैं। आचार्य हजारीप्रसाद द्विवेदी के शब्दों में कहें तो "भारतमाता की ऊपरी बेड़ियाँ कट गई हैं, लेकिन भीतर की जर्जरावस्था ज्यों-की-त्यों बनी हुई है।...रोग, अशिक्षा, कुरीति और अविश्वास से इस देश की कोटि-कोटि जनता आज भी जर्जर और पीड़ित है।"[1]

भीतर और बाहर के इस वैषम्य में सिसकता सर्वसाधारण जानलेवा सन्त्रास झेलने के लिए अभिशप्त है। कहीं सन्तोष एवं समृद्धि का बोलबाला है, तो कहीं असन्तोष एवं अभाव की पीड़ा का आधिक्य। सामाजिक सामंजस्य की आधारशिला चरमरा उठती है। अधिकार-सम्पन्न एवं अधिकार-विहीन लोगों में बँटा यह समाज एकांगी हो उठता है। स्नेह, वात्सल्य एवं ममता का पोषक समाज प्रतिहिंसात्मक ध्वंस को प्रेरित है। वस्तु-स्थिति यह है कि आज का भारतीय न तो परम्परा से कट पा रहा है और न ही आधुनिकता की समग्रता को अपना पाता है। सम्पूर्ण समाज दोलायमान स्थिति को प्राप्त है। वह पश्चिमी विचारधारा से आकर्षित होकर भी उसका नहीं हो पाता और भारतीयता में सराबोर होकर भी 'भारतीय' कहलाना नहीं चाहता। विडम्बना यह कि बाह्य चोला विदेशी होते हुए भी उसकी आत्मा आज भी भारतीय ही है। बाह्य स्वरूप 21वीं सदी का होते हुए भी मानसिकता महाभारतकालीन ही है। परिणाम यह कि मनुष्य नकाबपोश बना हुआ है। उसका निजी आचरण सार्वजनिक आचरण से सर्वथा भिन्न है। किसी के सार्वजनिक आचरण के आधार पर उसके व्यक्तित्व की रूपरेखा खींचना जितना दुष्कर है, उतना ही दुष्कर उसके निजी आचरण का आकलन करना भी है। चरित्र, सेवा, त्याग एवं बलिदान का स्थान हराम की विलासिता ले रही है। सामाजिकता का खंडन एवं नैतिकता का निरन्तर स्खलन आज के मानव एवं समाज की ज्वलन्त समस्या बनी हुई है। अस्तित्व एवं अस्तित्व-संघर्ष की व्यर्थता का बोध जीवन में गहराता चला जा रहा है। असामर्थ्य की पीड़ा आज के मानव की नियति है, तो अकेलेपन का सन्त्रास उसे खाए जा रहा है। समाज की इस अन्तविहीन यातना के मूल में छिपे कारणों एवं स्थितियों का विश्लेषण स्वस्थ समाज-व्यवस्था के लिए जितना जरूरी है, उतनी ही अनिवार्य इन घातक स्थितियों की प्रताड़ना भी है। हमारे आज के व्यंग्यकार ऐसे ही सोद्देश्य साहित्य-सृजन में रत हैं। दैनन्दिन जीवन के कष्टों, आडम्बरों एवं अनीतियों को वे निर्ममता के साथ व्यंग्य में उजागर कर रहे हैं। स्वातन्त्र्योत्तर हिन्दी-व्यंग्य समग्र

1. विचार-प्रवाह, पृ. 274

कुरीतियों एवं दोगलेपन का जीवन्त दस्तावेज प्रस्तुत करता है। सामाजिक हिताहित की चिन्ता न करनेवाले तथाकथित समाज-सुधारकों एवं ठेकेदारों की पोल इनमें खोली गई है, तो मात्र स्वार्थ-सिद्धि में मग्न, भाई-भतीजावाद को जन्म देनेवाले तथाकथित भ्रष्ट अधिकारियों की प्रताड़ना भी हमें इस व्यंग्य-साहित्य में देखने को मिलती है। समाज में संक्रामक रूप से व्याप्त ऊँच-नीच का कोढ़, जातिवाद का भद्दापन, पोंगापन्थी समाज-सेवियों का स्वांग–सभी कुछ इन व्यंग्यों में खुलकर सामने आया है। साथ ही, दारिद्र्य की सीमा-रेखा के नीचे पिसते, सही मौके एवं सुविधा के अभाव में विकास न कर सकनेवालों की पीड़ा को भी ये व्यंग्य स्वर देते हैं। समाज में व्याप्त हर दकियानूसी मान्यता इनका विषय है। व्यंग्यकार अपनी समूची समकालीनता को, उसके यथातथ्यात्मक यथार्थ को अपनी आलोचना एवं करुणा के जल से खँगालते हुए पाठकीय मानस को जागृत एवं परिष्कृत करने की कोशिश करते हैं। आजादी के बाद के भारतीय समाज का समस्त दोगलापन, तथाकथित सामाजिकों द्वारा ओढ़ी गई सामाजिकता, कथनी-करनी के बीच व्याप्त लोकाचार, इन लोकाचारों के तहत टूटते आपसी सम्बन्ध, स्खलित होती मानवता अपनी विवश उग्रता में व्यंग्यात्मक अभिव्यक्ति प्राप्त करती है।

स्वतन्त्रता-समर के दिनों में सामाजिक उन्नयन का आदर्श राष्ट्र के सामने था। वर्गविहीन, शोषण-मुक्त, समृद्धिशाली, सुखी-सम्पन्न और प्रगतिशील समाज की स्थापना का संकल्प राष्ट्र ने किया था। किन्तु आजादी मिलते ही समस्त राष्ट्र और समाज ले-लपक की आपाधापी एवं स्वार्थपरस्ती के दलदल में फँसकर रह गया। सदियों की जड़ता, रूढ़ परम्पराएँ एवं रीति-रिवाज, मृतप्राय धार्मिक आस्थाएँ दृढ़ चरित्र, उन्नत चिन्तन एवं उदात्त त्याग की अपेक्षा रखती थीं, जबकि स्वातन्त्र्योत्तर मानव उत्तरोत्तर क्षुद्रता को ही प्राप्त होता गया। देशी रूढ़ियों से ऊबा मनुष्य विदेशी सभ्यता के जाल में फँसकर ग्रन्थियों का शिकार हुआ जाता है। आज स्थिति यह है कि हम भारतीयता से च्युत होकर रह गए हैं। भारतीयता के इस ह्रास ने सम्पूर्ण भारतीय समाज की स्थिति दोलायमान बनाकर रख दी है। समाज और मानव हताशा की पीड़ा से छटपटा रहा है। मध्ययुगीन रूढ़ियाँ दम्भ में परिवर्तित हो चुकी हैं। चारों ओर मारक अनास्था, संशय, दम्भ एवं घुटन व्याप्त है। स्वतन्त्रता का उल्लास देश-विभाजन की पीड़ा एवं तज्जन्य समस्याओं में परिणत हो उठा है। सही दिशा के अभाव में मानवीय शक्तियाँ रचनात्मक कार्य के बजाय ध्वंसात्मकता में ही लगी हुई हैं। किन्तु नवनिर्माण के अभाव में विध्वंस मार्ग का रोड़ा ही बनता है। महादेवी वर्मा के शब्दों में हालत यह हो गई है कि "जो टूट जाता है, वह हमारी ही आँखों की किरकिरी बनने के लिए वायुमंडल में मँडराने लगता है, और जो हमारे प्रहार से नहीं बिखरता, वह विषम तथा विरूप बनकर हमारे ही पैरों को आहत और गति को कुंठित करता रहता है।"[1]

स्वातन्त्र्योत्तर भारतीय समाज का तथ्यात्मक विश्लेषण अपेक्षित सत्य एवं वर्तमान

1. साहित्यकार की आस्था तथा अन्य निबन्ध, पृ. 45

सत्य की विसंगतियों का पुलिन्दा बनकर प्रत्येक सामाजिक की भाँति व्यंग्यकारों को चीथता एवं चीरता है। इन विसंगतियों के यथार्थ से निकलकर जूझता हुआ व्यंग्य कभी हथियार का रूप धारण करता है, तो कभी करुणा-स्रोत का। सुविधाभोगी एवं वंचितों के मध्य छिड़े युद्ध में वह वंचितों को करुणा का अक्षय स्रोत देता है, चेतना और जागृति देता है; तो सुविधाभोगी, स्वार्थ-लिप्सायुक्त लोगों को वह निर्मम प्रताड़ना ही दे पाता है। आजादी के बाद भारतीय समाज में जिस क्षिप्र गति से विसंगतियों का बोलबाला बढ़ा है, स्वातन्त्र्योत्तर हिन्दी-व्यंग्य उसका ज्वलन्त प्रमाण है।

आर्थिक परिस्थितियाँ

स्वातन्त्र्योत्तर भारत की सर्वाधिक विषम, व्यापक एवं जटिल समस्या आर्थिक समस्या रही है। आजाद देश में नवनिर्माण का कार्य गरीबोद्धार एवं गरीबी-उन्मूलन से शुरू करना था। किन्तु आजादी के पचास वर्ष बाद भी यह वर्ग वहीं है, जहाँ आजादी से पूर्व था। तब से लेकर अब तक निरन्तर यह वर्ग आजाद देश के आजाद-मिजाज लोगों के इस्तेमाल की चीज बना हुआ है। सत्ताधारी शासक-वर्ग से लेकर महत्त्वाकांक्षी विपक्षी नेता तक इसे अपना मोहरा बना, कुर्सियाँ हथियाने में संलग्न हैं। उनकी वोटों की कमाई और निज-लाभ की कामना इस वर्ग को सतत सुर्खियों में बनाए हुए है। गरीबी से बड़ी चुनौती, गरीब पहले भी था, आज भी है। कारण निस्सन्देह गलत नीति, गलत योजनाएँ एवं गलत उपचार रहा है। शरद जोशी के शब्दों में, किया सिर्फ यह गया है कि "अपनी जेबें भरते हुए उन्होंने सवाल उठाया कि गरीबों के लिए कुछ हो क्यों नहीं रहा। स्वयं लाभकारी उद्योग और साधन-सम्पन्न जीवन से जुड़ यह चाहा कि हमारी राष्ट्रीय सुरक्षा मजबूत दीवार की तरह हो।"[1]

इस कथन से पूँजीवाद एवं सामन्तवाद की मिलीभगत स्पष्ट है। प्रजातान्त्रिक प्रणाली के रखवाले हम, भीतर से आज भी सामन्ती वृत्तियों को ही अपनाए हुए हैं। फलतः पूँजीवादी औद्योगिक क्रान्ति को पुश्तैनी शाही वृत्ति की शह मिलती है, जिसका सर्वाधिक घातक परिणाम निम्नतम वर्ग अर्थात् गरीबी की रेखा से नीचे जीवन-यापन करनेवाले लोगों पर पड़ता है। प्रजातान्त्रिक छद्म आर्थिक छद्म से मिल सम्पन्न एवं शक्तिशाली उद्योगपतियों का वर्चस्व कायम करता है। सरकारी खजानों तथा अभावग्रस्त लोगों की झुग्गियों के बीच अनगिनत जेबों, बटुओं एवं भ्रष्ट सिलसिलों का बोलबाला बढ़ता है। प्रजातन्त्रात्मक प्रणाली की श्वसन-प्रक्रिया कालाबाजारी की शोषण-प्रक्रिया का अंग बनकर रह जाती है। एक ओर भारी-भरकम आर्थिक योजनाएँ बनाई जा रही हैं, दूसरी ओर जनसामान्य गरीबी रेखा के नीचे जीने को अभिशप्त है। नवधनाढ्य वर्ग

1. धर्मयुग, स्वाधीनता-विशेषांक, 9 अगस्त 1987, पृ. 16

सम्पन्नता की अतियों एवं विलासिता की नई मंजिलें छू रहा है, नित नए ऐश्वर्य और सुविधाओं का आविष्कार हो रहा है; दूसरी ओर जनता का विशाल वर्ग अस्तित्व-रक्षा के लिए सामर्थ्य जुटाने में लगा हुआ है। अतियों एवं व्याधियों का साम्राज्य लहलहा रहा है। शिक्षित नवयुवक तबका भीषण बेरोजगारी का शिकार हो कुंठाग्रस्त नैराश्य से आपूर्ण है, तो नवधनिकों के पास समय-यापन की नई-नई सुविधाएँ उपलब्ध हैं। विडम्बना यह कि दोनों ही समय काटने की समस्या से घिरे हुए हैं। एक का समय काटे नहीं कटता, दूसरा समय काटने को अभिशप्त है। एक को समय काट रहा है, तो दूसरा समय को ही काट रहा है। पूँजीपति और तथाकथित सामाजिक उन्नयन के ठेकेदार बुद्धिजीवी आम लोगों को विकसनशील सन्दर्भों तक फटकने नहीं देते। आजादी से पहले ये दूसरों के शिकार होते थे, अब अपनों के होते हैं।

आर्थिक विषमता का यह कीट निरन्तर मानव-समाज को कुतर रहा है, खोखला कर रहा है। अर्थ-सम्पन्न लोगों को प्राप्त सामाजिक सम्मान एवं प्रतिष्ठा अभावग्रस्त तबके को उकसाती है, ललचाती है। वह जैसे-तैसे उस स्तर तक पहुँचने के प्रयास में अपने तबके से कटता जाता है, उसे हिकारत-भरी नजर से देखता है, उसकी उपेक्षा करता है; तो दूसरी ओर तथाकथित धनिकों का नमित दास बन आत्महनन करता है। आत्महनन की दाहक पीड़ा उसे भीतर ही भीतर चीथती है, चीरती है और वह कुंठाओं का आगार बन बैठता है। धनिकों की सीमा तक न पहुँच पाने की वेदना उसे नैराश्य के गर्त में धकेलती है, जहाँ से निकल पाना उसके वश में नहीं होता। अपने धरातल से वह पहले ही उखड़ चुका होता है। पेंडुलम की तरह दोलायमान हिचकोले उसकी नियति बनते हैं। अपने धरातल से उखड़ वह अपने ही जीवन से उखड़ चुका होता है। उच्चवर्गीय धरातल उसकी औकात के परे है, तो अपनी भूमि पर लौटने के सारे मार्ग बन्द हो चुके हैं। आजादी के बाद देश में ऐसे त्रिशंकुओं की संख्या में व्यापक पैमाने पर वृद्धि हुई है। संयुक्त परिवार विभक्त हुए हैं, निजी सम्पत्ति का वर्चस्व बढ़ा है। कुल मिलाकर देश आर्थिक वैषम्य की चरम सीमा को प्राप्त है। वैषम्य की जड़ सरकारी प्रतिष्ठानों में है। विषम सरकार के वैषम्यपूर्ण संरक्षण एवं प्रश्रय में देश दिनोंदिन विषमता को प्राप्त हो रहा है। अर्थ-पिशाच का विश्वव्यापी आतंक आज के मानव को दबोचे हुए है। चौतरफा आर्थिक दबावों तले कराहता वह दम तोड़ रहा है। उसकी जीवन-यात्रा तनावों से घिरी हुई है, स्थितियों के खिंचाव से वह टूटने की सीमा तक तना हुआ है। अर्थ-पिशाच का यह तांडव-नृत्य वैयक्तिक धरातल पर हदबन्दियाँ तोड़ चुका है। आत्मीय सम्बन्धों की उष्णता में ही जीवन काट देनेवाले भारतीय की आत्मा तार-तार हो चुकी है। शेष है मात्र पश्चिमी भौतिकता, अर्थ-केन्द्रित आत्मीयता।

आजादी के बाद देश में जो आर्थिक संस्कृति पनपी, उसमें वस्तुओं का सम्मान बनाए रखने के लिए अभाव-संस्कृति पर बल दिया गया। अभाव बना रहे, तो भाव बने रहते हैं। सरकार की कोशिश यही रहती है कि आदमी का कद महँगाई के कद को छूने न पाए। आदमी है कि निरन्तर महँगाई के कद तक पहुँचने को तत्पर है। अब यह

साबित होने में कोई कसर बाकी नहीं रही है कि बैंकों के राष्ट्रीयकरण-जैसी महत्त्वाकांक्षी योजनाएँ भी जनता को विशेष राहत नहीं पहुँचा सकी हैं। उलटे, उनमें या उनकी मदद से हुए विभिन्न घोटालों (जैसे प्रतिभूति घोटाला) ने आम आदमी की कमर ही तोड़ी है। अकर्मण्यता और अनुत्पादन के चलते अन्य सरकारी संस्थान भी उसके लिए सफेद हाथी ही साबित हुए हैं। फलतः कोई चीज ऐसी नहीं रही है, जिसके दाम असाधारण रूप से बढ़ न गए हों और निरन्तर बढ़ते न जा रहे हों; जिसके परिणामस्वरूप मध्यम वर्ग (जिसमें बुद्धिजीवी वर्ग भी शामिल है) और निम्न-मध्य वर्ग पिसते जा रहे हैं। पता नहीं, यह महँगाई कहीं रुकेगी भी या नहीं। उपभोक्ता की मुसीबत आ गई है। भावी पीढ़ी के लिए वर्तमान पीढ़ी के त्याग, बलिदान और कष्ट-सहिष्णुता की बात कही जाती है। कुछ हद तक तो यह आदर्श समझ में आता है, किन्तु उससे आगे वह गले के नीचे उतरता दृष्टिगोचर नहीं होता। आए दिन नौकरीपेशा लोगों की तनख्वाह और भत्ते बढ़ते हैं, तो भी नित्यप्रति हड़तालें, घेराव आदि होते रहते हैं जिसके फलस्वरूप देश की उत्पादन-गति को आघात पहुँचता है और आर्थिक हानि होती है। चोरबाजारी बढ़ती जा रही है और वह समानान्तर आर्थिक व्यवस्था बन गई है। सरकार उसे दूर करने में असमर्थ ही नहीं रही, वह उसे एक प्रकार से स्वीकार करके ही आगे बढ़ती है। देश की अर्थव्यवस्था के लिए यह बड़ा संकट है। इन सबके फलस्वरूप राष्ट्रीय उत्पादन और आय में काफी घाटा होता है और अनेक प्रशासनिक कठिनाइयाँ उपस्थित होती हैं। चीजों के नित्यप्रति, निरन्तर बढ़ते दामों से जनता की खुशहाली को धक्का पहुँचा है। चारों ओर असन्तोष दृष्टिगोचर होता है। गठबन्धन सरकारों के विभिन्न मन्त्रियों ने अपने भाषणों में गैट-करार और आर्थिक उदारीकरण-जैसी नवीनतम आर्थिक नीतियों की पृष्ठभूमि और अनिवार्यता, आयात-निर्यात पर उनका प्रभाव, व्यापार और उद्योग पर उनका असर, मूल्य और उत्पादन का परस्पर सम्बन्ध आदि विभिन्न विषयों पर प्रकाश डालकर जनमत को शिक्षित करने का प्रयास किया और बताया कि इन बातों का निर्णय बहुत गहराई और गम्भीरता के साथ सोच-विचार कर किया गया है और इनसे विकास-कार्यों का स्तर ऊँचा होगा और देश में आत्मविश्वास पैदा होगा। विशेषज्ञों की बौद्धिक और तार्किक कलाबाजी के लिए यह मसाला भले ही बहुत अच्छा हो, किन्तु साधारण व्यक्ति के जीवन में इन्होंने भी नई सीमाएँ पार की हों, नए क्षितिज छुए हों और नए लक्ष्य प्राप्त किए हों, ऐसा कहना साहस का ही काम होगा।

असन्तोषप्रद आर्थिक स्थिति से ही सम्बद्ध बेतहाशा बढ़ती जनसंख्या और उससे सम्बद्ध नगरों और महानगरों की समस्या है। स्वतन्त्रता-प्राप्ति के बाद भारतवर्ष में न केवल नगरों का प्रभाव गाँवों पर बढ़ता गया है, अपितु औद्योगिकीकरण होने पर आजीविका की तलाश में लोग गाँव छोड़कर नगरों में आ बसे हैं, जिसके फलस्वरूप पिछले चालीस वर्षों में नगरों की आबादी बहुत अधिक बढ़ गई है। नगरों की जनसंख्या जिस तेजी से बढ़ रही है, उतनी तेजी से शिक्षा, भोजन, आवास, यातायात, परिवहन, सफाई, प्रशासन आदि की तथा अन्य साधारण सुख-सुविधाएँ नहीं दी जा सकी हैं।

महानगरों की हालत तो और भी शोचनीय है। ऊँचे-ऊँचे आलीशान भवनों में रहनेवालों के साथ-साथ झोंपड़ियों में सड़ा जीवन व्यतीत करनेवालों की संख्या भी वहाँ कम नहीं है। वैसे भी महानगरों के मकान मकान न रहकर कबूतरों के दरबे हो गए हैं, जहाँ न शान्ति है और न प्राइवेसी। नगरों में जमीन के दाम इतने बढ़ गए हैं कि साधारण व्यक्ति अपना मकान नहीं बनवा सकता। नगरों के भीतर उपनगर और उनके बाहर दुनिया-भर की गन्दगी और सड़ान्ध में लिपट मानव-जीवन नारकीय दृश्य उपस्थित करता है। इसीलिए परम्परागत आचार-संहिता बदल रही है, नैतिक मानदंड बदल रहे हैं और लोगों की जीवनचर्या बदल रही है। किन्तु इससे भी अधिक भयंकर समस्या है नगरों के स्वच्छ और निर्मल वातावरण की। पर्यावरणवादियों का कहना है कि औद्योगिक विकास अब निरन्तर रूप में स्वीकार नहीं किया जा सकता। औद्योगिकीकरण के कारण आज समुद्र, नदियाँ, चारों तरफ का वायुमंडल आदि सभी कुछ दूषित है। 'रेडियो-ऐक्टिव' कणों से आज मनुष्य का जीवन संकटापन्न हो गया है। विभिन्न प्रकार के रासायनिक पदार्थों के निर्माण से वातावरण इतना दूषित होता जा रहा है कि नगरों में व्यायाम करना भी उचित नहीं समझा जाता। सड़कों पर इतनी धूल, धुआँ, मक्खियाँ, पेट्रोल की बू, नगरों की भीड़-भाड़ के कारण उत्पन्न गन्दगी और शोर-शराबे से पूरे मानव-समाज के लिए खतरा उत्पन्न हो गया है और होता जा रहा है तथा पर्यावरणवादियों का मत है कि यदि यह सब कुछ न रोका गया तो यह तृतीय महायुद्ध से कम भयंकर परिणामवाला सिद्ध न होगा। यह संकट अन्तर्राष्ट्रीय है। औद्योगिक दृष्टि से विकसित देशों में तो यह समस्या भयंकर रूप धारण कर ही चुकी है, किन्तु अविकसित, अर्द्धविकसित और विकसनशील देशों में भी यह समस्या विकट रूप धारण करती जा रही है (भारत में गंगा-यमुना जैसी पवित्र मानी जानेवाली नदियों का पानी दूषित हो ही चुका है)। वास्तव में मनुष्य की आविष्कारक प्रतिभा ने प्रकृति पर तो विजय प्राप्त की, किन्तु साथ ही अपने विनाश के बीज भी बो लिये। आज के वैज्ञानिक तकनीकी युग में हम एक ऐसे जैवमंडल में रह रहे हैं, जो विस्तृत होते हुए भी सीमित हो गया है। वातावरण के दूषित होने के भयावह परिणाम भारतीय नगरों और महानगरों में दृष्टिगोचर होने लगे हैं, जिससे व्यक्ति और समाज दोनों ही व्यथित हैं। वहाँ की जीवन-पद्धति ने साहित्यकारों को भी निस्सन्देह प्रभावित किया है। नगरों और महानगरों की समस्याओं के समाधान के अभाव में मध्यवर्गीय साहित्यकार, जिसके पास साधन-सुविधाओं का अभाव है, अपने को एक भीड़ में खोया हुआ पाता है—ऐसी भीड़ में, जिसमें सभी दौड़ते चले जा रहे हैं, कोई किसी को साथ लेकर नहीं चल रहा। परिचित होते हुए भी लोग अपरिचित-जैसे लगते हैं। सब अपनी-अपनी अलग-अलग परिधियों में विचरण कर रहे हैं। प्रतिद्वन्द्विता बढ़ती जा रही है। महानगरों में यदि समृद्धि और भीड़-भाड़ एवं यन्त्रवत् जीवन के कारण, तो छोटे-छोटे नगरों में जीवन के अभावों और विषम परिस्थितियों के कारण 'एलियनेशन' और 'बोरडम' की भावना पैदा हो रही है तो कोई आश्चर्य की बात नहीं। आम आदमी आज उपेक्षित है और वर्ग-विशेष इस ऊँचाई तक पहुँच चुका है कि जनसाधारण के लिए जो

स्थिति प्राणघातक, जानलेवा है; इनके लिए वह सूचना-भर है अथवा दिल बहलाने का खयाल-भर। दिल्ली के लिए भूख, गरीबी और पिछड़ापन एक आर्थिक समस्या है; एक बहस का विषय, जिस पर अन्ततः योजना-आयोग को विचार करना है। पर उस व्यक्ति के लिए, जो परिवार को भूखा देख रहा है और कष्ट भोग रहा है, यह जिन्दगी और मौत का मामला है। जनसाधारण जिस महँगाई के प्रकोप से दम तोड़ रहा होता है, अधनंगा एवं भूखा रहने को विवश होता है, वही महँगाई इस वर्ग के लिए मात्र बातचीत का विषय भर रह जाती है। आजादी के बाद एक अद्भुत आर्थिक संसार विकसित हुआ है; दूध का दरिया है, मक्खन के पहाड़ हैं, घी के दलदल हैं, पनीर की घाटियाँ हैं, खबरें हैं, विज्ञापन हैं, ऐश है, मगर गरीबों के बच्चों के लिए गाढ़ा दूध सस्ते में नहीं है।

वर्ग-वैषम्य की पराकाष्ठा यह है कि कुछ को मछली सस्ती लगती है, तो कुछ को दूध महँगा लगता है। कुछ के बच्चों के पास देश-विदेश के पर्यटन की सुविधाएँ हैं, तो कुछ के बच्चे प्रारम्भिक शिक्षा तक नहीं पाते। स्कूल जाने की सहूलियत ही नहीं उनके पास। पिछले चालीस सालों से लगातार योजनाएँ बन रही हैं, कल्याणकारी बजट बन रहे हैं, जिनसे जनसामान्य का कल्याण हो या न हो, योजनाएँ एवं बजट बनानेवालों का कल्याण अवश्य होता रहता है। आजादी की सर्वप्रमुख आर्थिक उपलब्धि यह रही है कि कालाबाजारी और भ्रष्टाचार हमारे जीवन का अंग, हमारी जीवन-पद्धति बन गया है। परिणामतः एक ओर वैभव की अट्टालिका है, तो दूसरी ओर दारिद्र्य की गर्त। गरीब आदमी आज भी वहीं है, जहाँ वह आजादी से पूर्व था।

अर्थतन्त्र का यह ढाँचा ब्रिटिश साम्राज्यवादियों की देन है। उस साम्राज्य-व्यवस्था एवं जीवन-पद्धति की देन है, जो अंग्रेजों के राज में इस भूमि पर बोई गई। आजादी के बाद हमारे शाही प्रजातन्त्र ने इसे सींचा है, प्रस्फुटित किया है। सामान्य जनता का शोषण, बड़ी मछली द्वारा छोटी मछली का भक्षण तो मानवीय समाज-व्यवस्था में आदिम काल से रहा है, किन्तु ब्रिटिश सत्ताधारियों ने इसे राजनीतिक आँच और तेजी दी। धन का प्रकोप ऐसा बढ़ा कि सामान्य जनता त्राहि-त्राहि कर उठी। उसकी यह पीड़ा और कराह स्वातन्त्र्योत्तर व्यंग्य में सहज ही देखी-सुनी जा सकती है। देश की आर्थिक विषमता का दर्द उसमें बहुत प्रखरता से मुखरित हुआ है।

धार्मिक परिस्थितियाँ

धार्मिक आडम्बर एवं विसंगतियाँ इस देश की सनातन समस्याओं में से एक है। ईश्वर एवं धर्म के नाम पर यहाँ सृष्टि के आरम्भ से ही कुकृत्य एवं अनाचार का बोलबाला रहा है। वैदिक कर्मकांड आधुनिक भारत में भी प्रचलित हैं। ज्ञान-विज्ञान के प्रचार-प्रसार के बावजूद धर्मान्धता की जड़ें यहाँ गहरे जमी हैं। मन्दिर-मस्जिद-गुरुद्वारे-गिरजाघर यहाँ इंसानों को जोड़ने के बजाय उनमें फूट पैदा करते हैं। मूल में एक होते हुए भी अनेक

रूपधारी ईश्वर आज इंसानों को बाँटने का, उनमें वैमनस्य का कारण बन गया है। जन्म से मृत्यु तक समान इंसानी क्रिया-कलाप करनेवाले, एक-दूसरे के सुख-दुख के सहभागी इंसान भी मन्दिर-मस्जिद के द्वार पर पहुँच अलग हो जाते हैं। सृष्टि के प्रारम्भ से ही धार्मिक ठेकेदार, पंडे, पुजारी, महन्त, मठाधीश पूजा-स्थलों का प्रयोग अपनी कदर्थताओं के लिए करते रहे हैं। धर्मग्रस्त जनता को निहित स्वार्थियों ने धर्म की अफीम खिला-खिलाकर भटकाया है, बहलाया है, फुसलाया है। धार्मिक भावना के शोषण द्वारा नेता बनना आज के राजनेताओं का चरित्र है; तो जनता लोभ और भय की दुहरी रस्सी से कसी हुई है, त्रस्त है। सम्पूर्ण लोकतन्त्र कर्मकांड का पर्याय बना हुआ है। राजनीतिक लाभ के लिए गौ-भक्त ब्राह्मण गौ-माता का ही मांस मन्दिर में डाल हिन्दू-मुस्लिम दंगे करवा देते हैं। सुबह नियम से चिड़िया चुगाते हैं, रात को मांस-भक्षण द्वारा आत्म-तृप्ति प्राप्त करते हैं। जनता की श्रद्धा-भक्ति को अपने स्वार्थ के लिए भुनाते हैं। पाखंड का अध्यात्म इस कदर पनपा है इस देश में कि हर पवित्र चीज झगड़े की जड़ है। समाजवाद एवं धर्मनिरपेक्षता की डोर साम्प्रदायिक लोगों के हाथ में है। राजनीतिक झूठ का बोलबाला धर्म के क्षेत्र में भी खूब पनप रहा है। भीतर भक्ति, ईमान, श्रद्धा हो न हो; बाहर जुलूस, नारे एवं धरने होते रहते हैं। धार्मिक ढोंग एवं पाखंड में भारत विश्व का गुरु रहा है। इस भूमि की महिमा ही कुछ ऐसी है कि यहाँ बिनु पग चलै सुनै बिनु काना की अलौकिकता आज भी कायम है। श्रद्धा-माता आज भी मार्केट में बिक रही है। साधु-संन्यासियों का मार्केट देर तक चलता रहता है। इस मार्केट की पवित्रताएँ बदल गई हैं। भ्रष्टाचार वह सर्वव्यापी 'पवित्रता' है, जिसको लेकर लड़ाइयाँ होती हैं, दंगे-फसाद होते हैं। भ्रष्टाचार को होकर होनेवाली लड़ाई 'प्रभु' के 'चरणामृत' को लेकर होनेवाली लड़ाई है। कलियुगी हनुमान का हाल यह है कि सीता का पता लगाने भेजो तो रावण से ही मिलकर उपद्रव फैलाने लगते हैं। पौराणिक कथाओं का अर्थान्तर ही नहीं हुआ है, रूपान्तर भी हुआ है। निराकार ब्रह्म से लेकर प्रेत तक को पूजने की परम्परा रूपान्तरित ही हुई, समाप्त नहीं हो पाई। धर्म पर लगातार हमले हुए, हो रहे हैं। लेकिन धर्म का दरिया अभी भी अक्षुण्ण है, प्रवहमान है। विदेशी हमलों ने धरा को वीर-विहीन भले किया हो, धर्म-विहीन नहीं कर पाए। भक्तों की भीड़, भजन-कीर्तन अपनी पराकाष्ठा पर है, दर्शनार्थी भी उसी तुलना में उमड़ रहे हैं। सन्तों की भीड़ ऐसी जमी है कि हवन-सामग्री की ही मात्रा में अफीम, गाँजे की धूनी रमाई जा रही है। एक ओर हवन होता है, दूसरी ओर रम और ठर्रे की बोतलें खुलती हैं। सोमरस का चरणानन्द पृथ्वी पर स्वर्ग उतार लाता है—मुक्त मैथुन की देव-लीला भक्तों को मोहती है। भभूत लपेटनेवाला सोना जोड़ता है, रमणियों का भोग लगाता है। विनय-पत्रिका की परम्परा नित नए अन्दाज में समृद्ध हो रही है। तुलसी को सिर्फ एक राम को रिझाना था, जबकि आज के भक्तों के समक्ष अनेक देवता हैं, जिनके दरवाजे पर माथा टेके बिना भक्तों का कल्याण सम्भव नहीं होता। ये प्रभु दिन-रात इस प्रयास में रहते हैं कि जनता जाग्रत न हो सके, वह वैज्ञानिक न होने पाए, न ही स्वावलम्बी अथवा आत्मविश्वासी। उसे

अन्धविश्वासी और दकियानूस बनाये रखना ही इन प्रभुओं का कार्य है। इनके प्रभाव के कारण इक्कीसवीं सदी की आत्मनिर्भरता के बावजूद देश पर भाग्यवाद की पकड़ उतनी ही दृढ़ है। आज भी लोग अयथार्थ के आगे माथा टेकते हैं। यह एक देशव्यापी षड्यन्त्र है, जिसे जनता भी समझ नहीं पाती, चाहकर भी उससे उबर नहीं पाती। पुरातनपन्थियों का भ्रामक जाल सारी वैज्ञानिकता को ताक पर रखवा देता है। बुद्धि, विवेक, तर्क, ज्ञान–सभी इनके हवाले होम हो रहे हैं। समाजवाद की प्रगतिशीलता को पूँजीवादी कर्मकांड मात दे जाते हैं। समाज का यह अन्तर्विरोध सदियों से चला आ रहा है। मध्ययुगीन कर्मकांड सन्तों एवं साधुओं को धर्मोपदेश देने का बीड़ा सौंपते हैं, जबकि आधुनिकयुगीन छल, कपट एवं आध्यात्मिक पाखंड सन्तों, साधुओं को शंका का पात्र बनाते हैं। ऐसे में व्यंग्यकार पाखंडी साधुओं, ढोंगी सन्तों की कलई खोलते हैं। जन-जागरण का कार्य करते हैं। कानून, गीता, गंगाजल अथवा जनता की निगाहों से बची विकृतियों को आहत करते हैं।

इतिहास इस बात का साक्षी है कि धर्म की भूमिका वैचारिक कठमुल्लापन कायम करने, शोषकों को पनाह देने की रही है। विश्व-भर में जितने कुकर्म हुए हैं, धर्म के नाम पर ही हुए हैं। धर्म के नाम पर जनता गुमराह की जाती है, धर्म के नाम पर ही उसका शोषण भी किया जाता है। धार्मिक आग्रह मनुष्य के सोच को कुंठित करते हैं, तर्क एवं विवेक को कुन्द बनाते हैं। आधुनिक युग में धर्म का यह 'ठग' अर्थ एवं राजनीति में घुस सम्भवतः सफलता की पराकाष्ठा पर है। धर्म और शोषण की अन्तःसलिला सर्वव्यापी बनी हुई है। आर्थिक छल करना है तो धर्म, राजनीतिक स्वार्थ साधना हो तो धर्म और धर्म के नाम पर तो 'धर्म' है ही। यहाँ साधु-संन्यासी बनना खर्चीला कार्य है, यहाँ के वैष्णव करोड़पति बने धन पर केंचुली मारे बैठे हैं। कीमती भोग लगाए बिना न वैष्णव खुश होते हैं, न वैष्णव के द्वारपाल। भक्तों के पास कुटिया तक नहीं; सन्त महलों में विराजते हैं, धूनी रमाते हैं। सन्त सीकरी में बड़े व्यस्त हैं, सन्तन को बस सीकरी सों काम। सीकरी में प्रवेश पाने और फिर वहाँ बने रहने अर्थात् अपनी सन्तई (जो अब गुंडई का पर्याय है) कायम रखने के लिए उन्हें क्या-क्या नहीं करना पड़ता। सन्तों के रूप में दुनिया-भर का पाजीपन और मक्कारी ही मानो पवित्रता का लबादा ओढ़े रहती है। इधर हरिजन को मन्दिर में प्रवेश करवाते हैं, मानव-समता एवं एकात्म-यज्ञ करवाते हैं, उधर उसकी झोंपड़ी में आग लगवा देते हैं। पश्चिम की राजनीति इस देश को इतनी रास आई कि उसे सभी जगह प्रतिष्ठित कर दिया, बदले में यहाँ का अध्यात्म, दर्शन, धर्म, आदर्श, चिन्तन–सभी कुछ हमने उन्हें दान में दे दिया है।

पूजाघर भी आज राजनीति के उपकरण और अड्डे बन गए हैं। साम्प्रदायिकता से सींचकर वहाँ राजनीतिक गाँजे उगाए जाते हैं। दार्शनिक स्तर की गिरावट पर चिन्ता व्यक्त की जाती है, जबकि जीवन की नश्वरता, क्षणिकता की बात करनेवाले हूट कर दिए जाते हैं। धर्म के जयजयकार पर सबसे अधिक दुख जयजयकार करनेवाला ही प्रकट करता है। धर्म के ठेकेदारों की स्वार्थ-सिद्धि सर्वोपरि एवं प्रबलतम है। आत्मज्ञान,

अध्यात्म के हवाले आज मिथ्याडम्बर ही अधिक है। साधु, महात्मा अध्यात्म और ज्ञान का बखान आत्मिक उत्थान के बजाय भय और आतंक उत्पन्न करने के लिए करते हैं। भगवान के जितने एजेंट इस देश में हैं, शायद ही कहीं हों। हाँ, इनका निर्यात विदेशों में भी होने जरूर लगा है। देश की गरीबी संन्यास की सुविधाएँ नहीं दे पाती, तो भगवान विदेश रवाना होते हैं, समृद्ध होते हैं, जगह-जगह आश्रम एवं देवालय बनाते हैं, धर्म-प्रचार करते हैं। चेलों से ज्यादा चेलियाँ बनाते हैं और देश-देशान्तर का रसास्वादन करते हैं। बड़े-बड़े सन्त-महात्मा, साधु-संन्यासी अपने प्रचार के लिए एजेंट पालते हैं और स्वयं राजनेताओं के एजेंट की भूमिका निभाते हैं। राम की बहुरिया बन देशाटन करते हैं, अर्थ-साधना करते हैं। आज देश में सर्वाधिक प्रदूषण इन बहुरियों से ही है। धर्म की आड़ में विकार, व्यभिचार और अनाचार अपनी पराकाष्ठा पर है। इसी का प्रताप है कि अन्याय का, शोषण का शिकार भी विद्रोह, विरोध का स्वर नहीं अपना पाता, उलटे वर्गहीन, शोषणहीन व्यवस्था का ही विरोध करता है। धार्मिक दासता से मुक्ति जैसे उसे स्वीकार ही नहीं। विडम्बना यह कि वैज्ञानिकता भी पारम्परिक संस्कार एवं रूढ़ियों के आगे नतमस्तक है। अज्ञानी, अनपढ़ जनता तो इसकी शिकार है ही, शिक्षित विद्वत्-समाज भी अपने-आपको बचा नहीं पाता। स्वातन्त्र्योत्तर व्यंग्यकार समाज की इस विडम्बना और व्यथा को परखते हैं और उस पर प्रहार करते हैं। प्रगतिशील आचरण की बेड़ी बननेवाले दुराग्रहों की प्रताड़ना करते हैं। लोगों को यथार्थ का दिग्दर्शन कराते हैं और उसका सामना करने का साहस उनमें पैदा करते हैं। मन्दिर, मस्जिद, गिरजाघर में आबद्ध धर्म को विश्वव्यापी मानवीय धरातल प्रदान करते हैं। समाज में पनप रही धूर्तता और छद्‌म के ध्वंस की विद्रोहात्मक भूमिका तैयार करते हैं। वर्तमान सन्दर्भों के आलोक में धर्माडम्बरों की निस्सारता प्रतिपादित करते हैं।

स्वातन्त्र्योत्तर भारत में स्वार्थाचार के पक्षधर, ईश्वरीय चोले में जगह-जगह उदित हुए हैं। उन्होंने पुण्य की छवि तो धूमिल की ही है, पाप को भी दूषित किया है। पवित्रता की भाँति पाप के आयाम भी बदल गए हैं। भगवान के सहयोग के बिना पहले जहाँ पवित्र कार्य नहीं होते थे, वहीं अब पापाचार भी नहीं हो पाता। ईश्वर अन्तर्यामी है, भक्तों की अन्तरात्मा पहचानता है। भक्त व्यावसायिक, दो-नम्बरी और घूसखोर हो गए हैं, उनकी अन्तरात्मा घूस चाहती है तो 'ईश्वर' सुख-सम्पत्तिदाता बन भक्तों को आनन्द पहुँचाता है। सुख-सम्पत्ति-ऐश्वर्य प्राप्त कर भक्त सन्तों की 'सेवा' की ओर उन्मुख होता है, उसमें परमार्थ की कामना जागती है। इस झूठी आस्था एवं ढोंग ने धर्म को घिनौना बना दिया है, उसका अपकर्ष कर दिया है। शब्दों का अर्थ तक भरभराकर ढह गया है। सन्त, धर्म एवं भक्त की यह मिलीभगत, उनका यह गठबन्धन इस शस्य-श्यामल भूमि में निरन्तर अमानवीयता और अनाचार के बीज बो रहा है और स्वार्थों की फसल काट रहा है।

स्वाधीनता-पूर्व से ही व्यंग्यकार निरन्तर धर्म के इस ढोंग पर प्रहार करते रहे हैं। मध्य युग तक यह धर्म मात्र धार्मिक कुत्सितताओं का शिकार था, किन्तु आधुनिक युग तक आते-आते इसे राजनीति ने भी लील लिया। अतः पहले के व्यंग्यकार जहाँ मात्र

भोली-भाली जनता की अज्ञानता और धार्मिक गुरुओं के ढोंग पर ही आघात करते थे, स्वातन्त्र्योत्तर व्यंग्यकारों को धर्म के भीतर की राजनीति पर भी प्रहार करना पड़ा। धार्मिक विकृतियों ने अनेकानेक स्वाँग रचे, जिससे व्यंग्यकार भी उसी के अनुरूप बहुआयामी पैनापन अपनाने को विवश हुआ है। देश की इस प्राचीनतम किन्तु प्रबलतम विकृति पर आरम्भ से ही धारदार प्रहार होता रहा है। स्वाधीनता के उपरान्त का धार्मिक व्यंग्य भी उसी की अगली कड़ी है। ये धार्मिक विकृतियाँ ही हैं, जो मनुष्य की संस्कृति, आचार-विचार को दूषित करते हुए उसे निरन्तर बौना बनाती जा रही हैं। मानवीय मूल्यों से गहरा सरोकार रखनेवाला व्यंग्यकार मनुष्य के इस धार्मिक टुच्चेपन को दूर करने हेतु सम्पूर्ण ईमानदारी से कटिबद्ध है। जन-चेतना का निर्माण करते हुए धार्मिक शोषण की परख कराने में आज वह सर्वाधिक सफल भी हुआ है। धार्मिक व्यंग्य-प्रहार का ही प्रभाव है कि सामूहिक जड़ता तार-तार हुई तथा जन-मुंडन की प्रक्रिया शिथिल। धार्मिक गुरुओं के लिए अब शोषण आसान नहीं रह गया, बल्कि उनका अस्तित्व ही खतरे में आ गया है। स्वातन्त्र्योत्तर धार्मिक व्यंग्यों की यही खूबी है तथा उपलब्धि भी।

सांस्कृतिक परिस्थितियाँ

वैज्ञानिक और औद्योगिक क्षेत्र में नई ऊँचाइयाँ छूनेवाला आधुनिक भारतीय जीवन सामाजिक एवं सांस्कृतिक क्षेत्र में उत्तरोत्तर जटिल हुआ है। पाश्चात्य सभ्यता के चकाचौंधपूर्ण वायवी जाल ने भारतीय आत्मा एवं आध्यात्मिक संस्कृति को बुरी तरह आच्छादित किया है। भूत एवं भौतिकता का व्यामोह आज के व्यक्ति को संस्कृति-विकृत कर रहा है। पश्चिमी सभ्यता के प्रति अन्धानुराग भारतीय जन-जीवन को विषम बना रहा है। तात्पर्य यह कि व्यापार एवं वाणिज्य-वृद्धि के लक्ष्य से ही भारत आनेवाले विदेशियों ने भारतीय आत्मा पर भीषण कुठाराघात किया है। व्यापार-वाणिज्य की समृद्धि, सामाजिक स्तर के उन्नयन की कामना ने आज भारतीयों को 'आनन्द-भोगी मुर्दों' में रूपान्तरित कर दिया है। धर्म और संस्कृति के क्षेत्र में विश्व-गुरु माना जानेवाला यह देश आज अन्तर्राष्ट्रीय बाजार में भिक्षुक का 'गौरव' प्राप्त किए है। कारण स्पष्ट है, सर्वांगीण अनुकरण की भाँति हम भारतीयों ने पश्चिमी सभ्यता का भी अन्धानुकरण ही किया है। अंग्रेजों के जाने के बाद हमारी आत्मा अंग्रेज बनने को विवश हुई है—हालाँकि अंग्रेजी संस्कृति हमारी संस्कृति के बिल्कुल विपरीत रही है, हमारा जीवन-धर्म उनके जीवन-धर्म से अलग रहा है, जीवन-संघर्ष की आधार-भूमि अलग रही है। आज स्थिति यह है कि भौतिकता की चुम्बकीय शक्ति के समक्ष समस्त आत्मा लोहवत् समर्पित है। आज के महत्त्वाकांक्षी व्यक्ति की स्थिति यहाँ भी दयनीय है। वह कहाँ जाए, किसे स्वीकार करे ? सदियों की जड़ संस्कृति को, अथवा विद्युत-गति से प्रचारित-प्रसारित आधुनिकता को ? वह हतप्रभ और दिग्भ्रान्त है और फलतः असन्तुष्ट भी। देखा जाए तो आज का युग ही असन्तोष और अस्वीकार

का है, और ये दोनों बातें आज के नवयुवकों में सर्वाधिक दृष्टिगोचर होती हैं। आज का नवयुवक असन्तोष और अस्वीकार का साक्षात् प्रतीक बन गया है। परतन्त्र भारत में जनता के सामने का एक आदर्श था, लक्ष्य था, अनुशासन था, और एकता के सूत्र में बँधे रहने की प्रबल आकांक्षा थी। किन्तु स्वतन्त्रता की प्राप्ति के तुरन्त बाद ही पुरानी पीढ़ी का आदर्श छिन्न-भिन्न हो गया, जीवन में कोई अनुशासन न रह गया और देश के व्यापक हित के स्थान पर स्वार्थ एवं स्वरति का प्रधान्य हो गया। नवयुवक पीढ़ी ने स्वतन्त्र भारत में जन्म लिया और जब उन्होंने होश सँभाला तो देश में भ्रष्टाचार का साम्राज्य स्थापित हो चुका था। अतः नई पीढ़ी के सामने न तो कोई आदर्श था, न कोई उच्च जीवन-मूल्य ही। पुराने जीवन-मूल्य खंडित हो चुके थे और उनके स्थान पर नए पुष्ट जीवन-मूल्यों की स्थापना हुई नहीं थी। जीवन के ऐसे वातावरण में नई पीढ़ी का दिग्भ्रमित हो जाना कोई आश्चर्य की बात नहीं। देश में बढ़ती हुई हिंसा, चारित्रिक एवं नैतिक दृढ़ता का अभाव, अनुशासनहीनता, घूसखोरी, भ्रष्टाचार, चोरबाजारी, साम्प्रदायिकता, भाषावाद, जातिवाद, प्रान्तीयता, भाई-भतीजावाद, आर्थिक असन्तुलन, अभाव, बेरोजगारी, बेकारी, महँगाई आदि ने पुराने नेताओं, पुरानी आस्थाओं, विश्वासों और आदर्शों, पुराने जीवन-मूल्यों, पुरानी समाज-व्यवस्था, जीर्ण-शीर्ण धार्मिक-साहित्यिक-सांस्कृतिक परम्पराओं के प्रति; संक्षेप में हर प्रकार की अथॉरिटी, अंकुश के प्रति, आस्था की जड़ हिला दी है। आज का नवयुवक इतिहास का सबसे बड़ा 'मूर्ति-भंजक' है। पश्चिम की विचारधारा और वैज्ञानिक-तकनीकी प्रगति ने उसकी भावनाओं को प्रश्रय दिया है। वह विद्रोह और विप्लव में–न कि परम्परागत क्रान्ति में–विश्वास करने लगा है। मूलतः वह आदर्शवादी है और जीवन में आदर्श परिस्थितियों के अभाव में वह तिलमिला उठता है। समझदारी, संयम आदि न होने के कारण आज का नवयुवक उग्र रूप धारण कर लेता है। स्वतन्त्रता-संग्राम के सेनानी अव्वल तो रह नहीं गए, जो बचे भी हैं वे एक तो उच्चकोटि के नहीं हैं, दूसरे वे श्लथ और शिथिल हो गए हैं। उनमें ऊपर उठने-उठाने की शक्ति नहीं रह गई।

द्वितीय महायुद्ध के बाद संसार के लगभग सभी देशों के नवयुवकों में विद्रोह की भावना दृष्टिगोचर हुई है। अमरीका में वहाँ की समृद्धि ही अभिशाप बनकर सामने आई, तो इग्लेंड जैसे देश की परिवर्तित राजनीतिक और सामाजिक व्यवस्था के कारण नवयुवकों में विद्रोह की भावना उत्पन्न हुई। जिस साम्राज्य में कभी सूर्यास्त न होता था, जिस देश के लोग घरों और क्लबों में बैठकर संसार के सुदूरवर्ती स्थानों को 'सुसभ्य' बनाने और उन्हें 'अपने उपनिवेशों में परिवर्तित करने' का स्वप्न देखा करते थे, वे द्वितीय महायुद्ध के बाद विजयी हो जाने पर भी बुरी तरह चोट खा गए और संसार के महत्त्वपूर्ण निर्णय लन्दन में न लिए जाकर मास्को या वाशिंगटन में (और बाद में केवल वाशिंगटन में) लिए जाने लगे। इसका परिणाम यह हुआ कि इंग्लैंड की नई पीढ़ी के नवशिक्षित नवयुवकों ने अपने देश के राजनीतिक और सामाजिक जीवन को समझा और उसे बदल डालने की क्षमता का अनुभव किया। राजवंश, पार्लियामेंट, चर्च,

राजनीतिक दलों, प्रेस आदि को उन्होंने अपने व्यंग्य-बाणों का लक्ष्य बनाया। यह कार्य डेविड पैरेडीन और मिक जैगर के नेतृत्व में बड़ी तेजी से अग्रसर हुआ। अल्पवयस्क युवकों के मन में इससे भी अधिक तीव्र प्रतिक्रिया हुई। यह अल्पवयस्क समुदाय तत्कालीन भ्रष्ट राजनीतिक एवं सामाजिक व्यवस्था से अपना कोई सम्बन्ध नहीं समझता था और एक ऐसे जीवन-क्रम की बात सोचने लगा था जो प्रतिबन्धहीन, उन्मुक्त और स्वच्छन्द हो। पलायन-पथ की पथिक बनी अल्पवयस्क युवकों की यह पीढ़ी समाजशास्त्रियों और शिक्षाविदों के लिए सिरदर्द बनी। बीटनिक्स और हिप्पी इसी पीढ़ी के नवयुवक और नवयुवतियाँ थे। वे अपने को 'नॉन-कन्फॉर्मिस्ट्स' कहते थे और युद्ध के स्थान पर प्रेम में विश्वास करते थे।

जैसा कि ऊपर कहा जा चुका है, इस प्रकार के आन्दोलन किसी एक देश तक सीमित नहीं हैं। हम जिस संसार में रह रहे हैं, वह गलत है और युवा पीढ़ी उसका अपने ढंग से विरोध कर रही है। यह पीढ़ी पुरानी विचारधाराओं को अपर्याप्त ही नहीं, समाप्तप्राय समझती है। वह 'क्रान्ति' चाहती है। किन्तु उसकी दृष्टि में क्रान्ति का प्रचलित अर्थ भी फीका पड़ चुका है। पश्चिम में तीन महान् राजनीतिक क्रान्तियाँ हुईं–फ्रांस, अमरीका और रूस में–और वहाँ अनेक बड़े-बड़े विचारक हुए। किन्तु सबने मनुष्य की गरिमा खंडित की, मनुष्यता का गम्भीर अर्थ नष्ट किया और मनुष्य की आकांक्षाओं को उचित दिशा में विकसित होने का अवसर प्रदान नहीं किया। भारतवर्ष में तो इस प्रकार की कोई राजनीतिक क्रान्ति भी नहीं हुई। युवा पीढ़ी में क्रान्ति की भावना नहीं, 'विद्रोह' और 'विरोध', 'डीऑथॉराइजेशन' की भावना है। परम्परागत मूल्यों और जीवन-पद्धति पर से उसकी आस्था उठ गई है। यह 'विद्रोह' या 'विरोध' उनके अपने समग्र व्यक्तित्व की तलाश के रूप में है। समाज की खोखली बुनियाद को उधेड़कर ही वे ऐसा कर सकते हैं। उनका यह 'विद्रोह' समस्त जीवन-पद्धतियों और समाज-व्यवस्थाओं, चाहे वह पूँजीवादी हो या समाजवादी, के लिए चुनौती है। युवा पीढ़ी के सामने वर्तमान समाज मुलजिम के रूप में है। उसने उसकी दी हुई व्यवस्थाओं, पद्धतियों, रीति-रिवाजों, सुख-सुविधाओं, अवकाश के क्षणों और समृद्धि को कठघरे में लाकर खड़ा कर दिया है। वह परम्परागत जीवन-पद्धति की परीक्षा ले रही है और सभ्यता के उत्स में जहाँ गलती हुई है, उसे पहचानने की कोशिश कर रही है। 'क्रान्तियों' को विफल हुआ देख अब वह 'परिवर्तन' (त्वरित गति से) चाहती है और अस्तित्व के नए प्रतिमान खोज रही है।

यह एक भीषण संक्रामक स्थिति है, जहाँ न तो लोगों की चिन्तनधारा निश्चित हो पा रही है, न ही जीवन-शैली। सर्वत्र मिलावट एवं मिश्रण का बोलबाला है। मनुष्य न 'अन्तर' को बदल पा रहा है, न बाह्य परिवेश को स्वीकार करने का सामर्थ्य उसमें है। परिणामतः आन्तरिक घुटन, दमतोड़ सन्त्रास आज के प्रत्येक संवेदनशील प्रगतिकामी व्यक्ति की नियति बना हुआ है। सदियों की गरिमामय संस्कृति एक ओर है, पारिवारिक परिवेश की आशाएँ-अपेक्षाएँ उसे झकझोरती हैं; तो दूसरी ओर सामाजिक प्रतिष्ठा का सम्मोहन कहीं अधिक प्रबलतर है। दोनों ही परिस्थितियों में अपने को 'फिट' साबित

करने में आज लोगों के आचरण का भी बँटवारा हो चुका है। प्रत्येक सार्वजनिक आचरण कुछ और होता है, तो निजी आचरण कुछ और। यह सांस्कृतिक संकट है। इस सांस्कृतिक संकट के कारण विद्रूपताओं का बाजार गर्म है, अमानवीयकरण की गति क्षिप्र है। पाशविक प्रवृत्तियों की समाप्ति के लिए प्रतिष्ठापित संस्कृति, मानवीय उदात्तता एवं औदार्य के लिए कायम संस्कृति आज संकीर्णताओं के गर्त में धँसी है। पर-हित एवं परोपकार में गर्वित होनेवाली संस्कृति आज 'निज-सेवा' में निरत है। सिद्धान्त, नैतिकता, ईमान जैसे जीवन-मूल्य तिरोहित हो रहे हैं, सबके स्थान पर जो एकमात्र सशक्त, प्रबलतम शक्ति कार्य कर रही है, वह है–बेईमानी और स्वार्थ। सही या गलत तरीके से बिना श्रम के अधिकाधिक धन-संचय जीवन का चरम उद्देश्य बना हुआ है। पूरे देश में वानर-वृत्ति फैली हुई है। संस्कृति के क्षेत्र में विदेशी रहन-सहन, खान-पान तथा शिक्षा-दीक्षा का प्रभाव पड़ा है। पिछले सौ वर्षों से हमारा लक्ष्य उस ब्रिटिश व्यवस्था के बराबर पहुँचना है, जो हमारे अफसरों का चिर आदर्श रही है।

हमारी सदियों की महान संस्कृति, समन्वयवादी संस्कृति आज मात्र आर्थिक संस्कृति रह गई है अथवा राजनीतिक। संस्कृति में घुसी राजनीतिक लॉबी ने 'समन्वय' की परिभाषा बदल दी है। आज समन्वय का अर्थ हो गया है–लाभ के लिए मिलावट। बच्चों को छोटी उम्र से मिलावटपूर्ण लाभ का सांस्कृतिक विकार दिया जा रहा है। इस तरह 'हिन्दी हैं हम वतन है हिन्दोस्ताँ हमारा' का गर्वपूर्ण उद्घोष अब 'इंगलिश हैं हम वतन हैं ब्रिटेन-अमेरिका हमारे' में परिवर्तित हो चुका है। स्वतन्त्रता के बाद भी देश की जनसंख्या का महत्त्वपूर्ण हिस्सा भारतीय होने के अभिशाप के प्रति पश्चात्ताप एवं प्रायश्चित करने में ही निमग्न है। तबीयत, वेशभूषा, विचारों और आस्थाओं से आज भी अधिकांश भारतीय अंग्रेज ही हैं। अपनी अंग्रेजी मानसिकता से ये अपने ही देशवासियों, परिजनों के दोहन में भी संकोच नहीं करते। यह सांस्कृतिक विघटन है, शोषण है। मनुष्य को गुलाम बनाए रखने का सांस्कृतिक प्रपंच है। इस प्रपंच ने मनुष्य को काइयाँ बनाया है, जीवन-तत्त्वों को कुचला है। फलतः विसंगतियाँ, दोमुँहापन, दोगलापन गौरवान्वित हुए हैं। जो जितना बड़ा छल-फरेब करने में सफल हो जाता है, वह अपने आपको उतना ही महान मानने लगता है। सामाजिक, आर्थिक न्याय के अभाव में एक चरण पर निर्वासन और अमानवीकरण आता ही है। पश्चिम का प्रभाव न आता, तो भी कुछ हद तक देशी 'अमानवीकरण' होता ही। पूँजीवादी पश्चिम से एक 'रेडीमेड' अमानवीकरण का नमूना हमें मिल गया। अमानवीकरण यानी मानवीय सम्बन्धों को नकारना और पशु-स्तर पर जीना। हमारे नवधनिक-वर्ग ने जहाँ पश्चिमी जीवन-पद्धति अपना ली है, वहीं स्वाभाविक परम्परागत मानवीय सम्बन्धों को भी त्याग दिया है। इस वर्ग की जीवन के प्रति पशु-जैसी दृष्टि हो गई है। चीता अपने लिए जीता है–अपने लिए जानवर मारता और अकेला उसे खाकर सो जाता है। चीते की कोई संस्कृति नहीं होती।

विदेशी हमले एवं सांस्कृतिक विघटन भारतीय इतिहास का सतत सत्य रहा है। एक के बाद एक विदेशी आक्रमणों ने भारतीय संस्कृति को क्षति पहुँचाई, किन्तु ब्रिटिश राज

ने तो इसका कायाकल्प ही कर डाला। भारतीयों पर गोरी-जाति ने राज किया और भारतीय गोरी-जाति को आदर्श मान उसकी नकल करने लगे। रहन-सहन, लिबास, कमोड और छुरी-काँटे की नकल। इसके साथ ही गलत अंग्रेजी, बर्थडे-केक, 'हैप्पी दिवाली टु यू'। यह उपनिवेशवाद की हीनता की भावना है–जो नस्ल से ही अपने को हीन माने, उसके लिए संस्कृति का कोई मतलब नहीं।

हीनभावना से उपजी संस्कृति की अर्थहीनता ने सांस्कृतिक मानदंड बदल दिए हैं। गौरवमय इतिहास का अधिकारी यह देश आज ग्रन्थियों में सिमटकर रह गया है। कहीं हीनता की ग्रन्थि है, तो कहीं श्रेष्ठता का अहंकार। परिणामस्वरूप संस्कृति के आन्तरिक तत्त्व लुप्त हो रहे हैं। परस्पर मैत्री, भाईचारा, सुख-दुख-समभाव, सहिष्णुता–सभी कुछ स्वार्थान्धता में परिणत है। आज की संस्कृति स्वार्थान्धों, हृदयहीनों की संस्कृति मात्र रह गई है। सांस्कृतिक संरक्षण के ठेकेदार स्वयं समाज को संस्कृति-भ्रष्ट करने पर उतारू हैं। संस्कृति मानवीय आत्मा को औदार्य प्रदान करती है, उदात्त बनाती है। किन्तु भारतीय संस्कृति के तथाकथित प्रचारक उसे बेड़ी साबित करने पर तुले हुए हैं। संस्कृति, जो मानवीय आचरण एवं व्यवहार से उपजी सामाजिक संचालन की शक्ति है, आज निरीह एवं क्षुद्र बनी हुई है। इस प्रकार आज के एटमी व्यापार के युग में संस्कृति पर आन्तरिक एवं बाह्य दोनों खतरे हैं।

ये विसंगत परिस्थितियाँ संवेदनशील, सजग व्यक्ति की चेतना को आघात पहुँचाती हैं। यह असंगति व्यक्ति के मानस को द्वन्द्वमय बनाती है, उसे मथती है। आत्म-मन्थन से उपजा क्रोध, करुणा, शोक, हास्य-भाव उसकी चेतना को व्यंग्यात्मक स्वरूप प्रदान करते हैं। उदात्त जीवन-दृष्टि, अक्षय करुणा एवं क्षमा के भंडार के बावजूद वह व्यंग्य करने को विवश होता है। विवेक एवं बुद्धि का सहारा लेकर वह इन स्थितियों पर प्रहार करता है, उनके प्रति जनसाधारण की प्रतिक्रिया जगाता है। इस प्रकार, जड़ संस्कृति तरंगित होती है, उद्वेलित होती है और विषम, मारक, दमतोड़ परिस्थितियों में भी जीवन्तता को प्राप्त होती है। यह जीवन्तता ही व्यंग्य की पूँजी है, उसकी सार्थकता है। स्वातन्त्र्योत्तर व्यंग्यकारों की सांस्कृतिक पतन सम्बन्धी चिन्ता एवं उससे मुक्ति के उपाय समसामयिक परिवेश में व्यंग्यकारों की साहित्यिक प्रतिष्ठा एवं अनिवार्यता को स्पष्ट करते हैं। किसी भी युग-काल एवं देश के लिए सबसे घातक तत्त्व उसकी सांस्कृतिक विकृति ही होती है। अन्य विकृतियों का परिष्कार संस्कृति अपने प्रयासों से कर लेती है। किन्तु यदि संस्कृति ही विकृत हो, तो अन्य सभी विकृतियाँ उसी के अनुरूप बढ़ती रहती हैं। अतः आजादी के बाद देश में बढ़ती संस्कृतिहीनता पर एक ओर से सभी व्यंग्यकार कलमी औजार चलाते जा रहे हैं, क्योंकि संस्कृति ही है जो मनुष्य की इच्छा, आकांक्षा, सपनों को रूप देती है तथा विचार-प्रक्रिया को संचालित करती है। सांस्कृतिक गरिमा के अभाव में निकृष्ट वृत्तियाँ समाज में साम्राज्य स्थापित कर लेती हैं और समाज से होता हुआ सम्पूर्ण देश इन्हीं निकृष्ट वृत्तियों से भर उठता है। स्वाधीन देश के मानवीय टुच्चेपन के मूल में यह 'संस्कृति-विकृति' ही है। इस टुच्चेपन से उपजी क्षुद्रता आज न केवल

विश्व-मानस को कुतर रही है, अपितु सम्पूर्ण विश्व के समक्ष अपूर्व मानवीय संकट उत्पन्न किए हुए है। विश्व के सामने मानवीय संस्कृति का संकट इतने विकराल रूप में पहले कभी नहीं रहा। मानव-समाज की यह विडम्बना व्यंग्यकारों की चेतना को कुरेदती है तथा वे अपनी लेखनी द्वारा सांस्कृतिक गरिमा की अनिवार्यता को प्रतिपादित करते हैं। संस्कृति की जड़ में लगे घुन के उपचार की दिशा देते हैं। स्वातन्त्र्योत्तर हिन्दी-व्यंग्य की यह उत्कृष्टतम उपलब्धि है। यह व्यंग्य-साहित्य विश्व-संस्कृति के पुनरुत्थान में अनवरत-रूपेण संघर्षरत है। आज जबकि सम्पूर्ण विश्व-बाजार ही विकृतियों की मंडी में परिवर्तित हो चुका है, ये व्यंग्य-रचनाएँ मानवीय सम्भावनाओं को सम्बल प्रदान करती हैं। इनका सम्बल प्राप्त कर मृतप्राय मानवता प्राणवान हो उठती है तथा मानव आशावान। निराशाओं के इस जंगल में व्यंग्य का अस्तित्व आशा के उस दीपक के समान है, जो अच्छे 'मुसाफिरों' को मार्ग दिखाता है।

साहित्यिक परिस्थितियाँ

आजादी के बाद के वर्षों में अन्य क्षेत्रों की भाँति शिक्षा और साहित्य का क्षेत्र भी दूषित हुआ है। शिक्षा-संस्थान गुटबाजी और भाई-भतीजेवाद के अड्डे बने हैं, तो ऐसे साहित्य और साहित्यकारों की संख्या भी कम नहीं, जो साहित्य में या तो आत्मरुग्णता का संक्रामक रोग फैला रहे हैं अथवा 'परपीड़न' की कला के प्रसार में ही अपनी बौद्धिक क्षमता खपाए जा रहे हैं। किसी भी देश का साहित्य वहाँ की राजनीति, समाज एवं सांस्कृतिक आचरण का दस्तावेज होता है। वह अपने समय की सांस्कृतिक, सामाजिक, राजनीतिक घटनाओं, घात-प्रतिघात का ज्वलन्त प्रमाण होता है। युगीन प्रवृत्तियाँ उसे रूप एवं आकार ही नहीं देतीं, अपितु संयमन एवं नियमन का विवेकपूर्ण हथियार भी बनाती हैं। ऐसे में स्पष्ट ही सामाजिक, सांस्कृतिक अथवा राजनीतिक विसंगतियाँ साहित्य को प्रभावित करती हैं। स्वतन्त्रताकालीन भारतीय समाज की स्थिति विचित्र नजर आती है। एक ओर तो स्वतन्त्रता की उपलब्धि के फलस्वरूप राष्ट्रीय जीवन के विविध पक्षों के सम्बन्ध में बड़े-बड़े सपने थे और हैं, दिन-रात दिखाए जा रहे हैं; दूसरी ओर जीवन में कुछ भी नहीं है। प्रजातन्त्र की दुहाई देते हुए भी उसका दुरुपयोग; राजनेताओं, बुद्धिजीवियों और साहित्यकारों के बीच अलगाव तथा सही-सही परिप्रेक्ष्य के अभाव ने जीवन को एक विचित्र-सा अर्थ प्रदान कर दिया है। कोई भी अपनी भूमिका ठीक से अदा नहीं कर पा रहा। फलतः ऐतिहसिक सन्दर्भों और सामयिक समस्याओं का दबाव जितना आज है, उतना कभी नहीं था। वैज्ञानिक और तकनीकी प्रगति ने उस दबाव में और तेजी ला दी। आज के भारतवासी के जीवन के चारों ओर जो उलझनपूर्ण परिस्थितियाँ हैं, उनके बीच आज के लेखक और कवि का रचना-संचार, उसका चिन्तन और बोध, उसकी सृजनात्मकता आदि सभी कुछ तेजी के साथ प्रभावित-परिवर्तित हुआ है और हो रहा

है। वह समाज को बदलने, राजनीति को नया रूप देने और आर्थिक दृष्टि से समृद्धि लाने का, संक्षेपतः मानवी क्रान्ति का आह्वान करता है, किन्तु सामयिक सामाजिक-राजनीतिक परिवेश में जब वह कुछ कर सकने में अपने को असमर्थ पाता है, तो एक परस्पर-विरोधी और जटिल स्थिति उत्पन्न हो जाती है, जिसका परिणाम वही होता है जिसे आज हम घुटन, कुंठा, सन्त्रास, विडम्बना आदि नामों से अभिहित करते हैं। क्रान्ति लाने या जीवन को नया मोड़ देने के उत्साह में उसके सामने जीवन की असंगतियाँ और विसंगतियाँ ही अधिक आती हैं। कथनी और करनी का अन्तर उसके सामने स्पष्ट हो जाता है। वह जीता है, किन्तु यह महसूस करता हुआ कि वह एक छद्म ओढ़े हुए है।

नई पीढ़ी का साहित्यकार एक ऐसे माहौल में पलकर बड़ा हुआ है, जहाँ हर तरफ उसे भ्रष्टाचार, बेईमानी, धाँधली, सत्ता का मोह आदि बातें दिखाई देती हैं, जहाँ ईमानदारी और आदर्श-जैसे शब्द उसे खोखले और बेमानी लगते हैं। उसकी आस्था खंड-खंड हो चुकी है। वह अन्धकार से जूझ रहा है। टूटना जैसे उसका स्वभाव और नियति बन गई है। चीनी और पाकिस्तानी आक्रमणों, बोफोर्स-कांड, प्रतिभूति-घोटालों आदि के फलस्वरूप सर्वत्र अनिश्चय, अनास्था, मूल्य-ह्रास और वेदना का ही जन्म हुआ। बाहर-भीतर से चरमराकर गिरते हुए युग का सन्त्रास पिछले पैंतालीस वर्षों के हिन्दी-साहित्य में पूरी गहराई के साथ चित्रित हुआ है।

भारतीय समाज अपनी विकास-यात्रा में निरन्तर ऊर्ध्वमुखी प्रवृत्तियों से लाभान्वित होने के साथ ही पतनोन्मुख प्रवृत्तियों का शिकार भी रहा है। इस देश की यह विडम्बना रही है कि लगभग प्रत्येक क्षेत्र में विरोधी शक्तियाँ प्रतिद्वन्द्वी रही हैं। एक ओर युग-युगान्तर तक अक्षुण्णता कायम रखनेवाली संस्कृति, धर्म एवं दर्शन इसकी पूँजी है, तो दूसरी ओर आत्मघाती रूढ़ियाँ, पूर्वग्रह और कतिपय अपितु अधिकांश सन्दर्भों में दुराग्रह। इन विपरीत परिस्थितियों में जीनेवाले साहित्यकार के पसोपेश का अन्दाजा लगाना दुष्कर नहीं। एक ओर निरन्तर गतिशील वैज्ञानिक चेतना उसकी प्रेरक शक्ति के रूप में मौजूद है, तो दूसरी ओर समय की तेज धार के समक्ष क्षीण होता मृतप्राय पारम्परिक विलाप भी उतना ही सक्रिय है। इन सबके ऊपर जो मारक शक्ति है, वह है राजनीतिक हस्तक्षेप। जीवन के अन्य क्षेत्रों की भाँति आज साहित्य भी राजनयिकों द्वारा संचालित एवं नियन्त्रित होने लगा है। संवेदनशील, प्रतिभाशाली साहित्यकारों का पुश्तैनी दारिद्र्य सर्वविदित है। हमारे सत्तासीन राजनयिक एवं नवधनिक-वर्ग अपने न्यस्त स्वार्थों से प्रेरित हो सत्ता एवं शक्ति का प्रयोग साहित्यकारों की खरीद-फरोख्त में करते हैं। सत्ता द्वारा प्रतिभा का क्रय प्रारम्भ होता है। साहित्यकार कभी पेट की विवशता से, तो कभी 'फैट' की कामना से राजनीति की गोद में जाने को मजबूर होते हैं। फिर तो वे उसका स्तनपान करके उसकी समस्त कूटनीति, अवसरवादिता, छल और प्रपंच सीख लेते हैं और उनके सत्य का स्वर उठ नहीं पाता। कुछ सम्पन्न होते हुए भी, ऊँचे पद और सम्मान और धन के लोभ में अपने को 'होलसेल' बेच देते हैं।

बिका हुआ व्यक्तित्व अपनी भावनाओं, संवेदनाओं के प्रति ईमानदार हो ही नहीं

सकता। अर्थतन्त्र, राजनीति एवं समाजतन्त्र की भाँति साहित्यिक क्षेत्र में भी मोह-भंग एवं भ्रम-भंग की ही स्थिति इस देश में बरकरार है। बड़े से बड़ा दिग्गज, अग्निधर्मी साहित्यकार भी आज कौड़ियों के मोल बिक रहा है। जन-समाज में पैठकर मानवीय संवेदना को स्वर देनेवाले आज बिरले ही रह गए हैं। 'घर-फूँक तमाशा' देखनेवालों का स्थान आज 'रेवड़ी-बाँट' जीवन-दर्शन के कारण व्यक्तिवादियों ने ले रखा है। सामाजिक प्रतिष्ठा, राजनीतिक सम्मान को ही जीवन माननेवाले साहित्यकारों की सारी की सारी शक्ति अपनी 'जगह' बनाने अथवा उसे बचाए रखने में चुक जाती है। इस तरह जनसामान्य में व्याप्त पदलोलुपता, अनियन्त्रित धन-लिप्सा की कामना ने साहित्यकारों का चरित्र-हनन किया है। पूरे समाज एवं समय के खालीपन, बासीपन को अपनी प्रतिक्रियात्मक चेतना द्वारा पाटनेवाला, यथास्थितिवाद पर विष-वमन करनेवाला साहित्यकार आज समझौता-परस्त बना हुआ है। हम कह सकते हैं कि हिन्दी के साहित्यकार 'धुरीहीन' हो चुके हैं। वे आराम एवं ऐश्वर्य का लोभ संवरण नहीं कर पाए।

साहित्य हमारे यहाँ व्यापार कभी नहीं रहा, वह एक धर्म रहा है, एक 'मिशन' रहा है, साधना एवं तपस्या रहा है; किन्तु ऐसे पवित्र क्षेत्र में भी आज गुटबाजी पैठ चुकी है। विदेशी शासकों के लिए संकट बननेवाले साहित्यकार अपने ही शासकों की कठपुतली बने हुए हैं। राजनीतिक नेताओं की तरह बड़े-बड़े साहित्यकार जगह-जगह अपने 'कम्पू' गाड़े बैठे हैं और जब इन्हें 'चांस' मिलता है तो बहुमतवाली पार्टी के मन्त्रिमंडल बनाने-जैसा व्यवहार करते हैं—अपनी पार्टी के लोग मन्त्रिमंडल में, शेष निष्कासित। इस गुटबाजी के चलते उद्‍भट साहित्यकार अजनबीपन के कोने में पड़े-पड़े घुटते रहते हैं, जबकि बिकाऊ साहित्यकारों को नाम-धाम के साथ-साथ अन्य राजनीतिक सुविधाएँ मिलती हैं, संरक्षण मिलता है। इस राजनयिक-संरक्षण एवं सुविधाओं के आकर्षण ने साहित्यकारों की आत्मा घोटी है, वे आत्मघाती समझौते के शिकार हुए हैं। जनसामान्य की वास्तविकताओं को स्वर न दे उन्होंने राजनेताओं की वकालत की है, कर रहे हैं। इन दम्भियों के चलते साहित्य एवं शिक्षा-जगत में भी मिथ्या आचरण एवं बगुला-संस्कृति पनपी है।

साहित्यकारों के इस नैतिक पतन के लिए आज की भ्रष्ट परिस्थितियाँ जिम्मेदार हैं। आजादी के इतने वर्षों के बाद भी, लेखन की समस्त क्रान्तिकारी सम्भावनाओं की स्वीकृति के बाद भी आज तक मात्र लेखन द्वारा सम्माननीय जीवन-यापन करने की सुविधाएँ लेखकों को उपलब्ध नहीं हो पाई हैं। उसमें भी हिन्दी-साधकों एवं साहित्यकारों की गरीबी सर्वविदित है। अभावग्रस्त परिस्थितियों ने साहित्यकारों की चिन्तन-क्षमता, लेखनावधि को प्रभावित किया है। पारिवारिक अभावों की पूर्ति के लिए बड़े-से-बड़े क्रान्तिधर्मी साहित्यकार को भी खाक छाननी पड़ती है। सामाजिक यथार्थ की अभिव्यक्ति के लिए अधिकाधिक सामाजिक प्रतिबद्धता की आवश्यकता पड़ती है, जबकि साहित्यकार निजी अभावों के दायरे में सिसकने को विवश है। परिणामतः सम्पूर्ण नहीं तो अधिकांश साहित्य-भंडार दिमागी फितूर के अलावा और कुछ नहीं बन पाता।

साहित्यकार जीवन से दूर होकर जीवनगत यथार्थ से दूर होने को अभिशप्त है।

बहरहाल, जब साहित्यकार स्वयं कुंठित वासनाओं के दूत बन जाते हैं, तो उनका सारा कृत्य व्यापक जन-समाज को दिया जानेवाला धोखा-भर बनकर रह जाता है। आजादी के बाद के तथाकथित प्रचारित, प्रसारित साहित्य में साहित्यकारों की यह धोखेबाजी, उनका यह चारित्रिक पतन स्पष्ट देखा जा सकता है। जीवन-तत्त्व एवं मानवीय संवेदन के परे वे बौद्धिक क्रीड़ा-कौतुक मात्र बनकर रह जाते हैं। चन्द सम्पन्न एवं बौद्धिक, शैक्षणिक सुविधाभोगी लोगों द्वारा प्रचारित सामाजिक धोखेबाजी के उन्मूलन के बजाय साहित्यकार भी उसी धारा से संलग्न हो उठते हैं। 'बहुजन हिताय बहुजन सुखाय' के बजाय 'कछुजन हिताय कछुजन सुखाय' के साहित्य को वे जन-जीवन के धरातल से उठाकर मानसिक विलासिता का रूप दे देते हैं। वैयक्तिक विचारधारा एवं जीवन-दृष्टि से आपूर्ण संघर्ष का दुष्कर मार्ग त्याग साहित्यकार प्रायः सुलभ ख्याति-प्राप्ति का मार्ग अपनाते हैं। स्व-चिन्तन एवं मार्गदर्शन के बजाय स्थापित एवं प्रतिष्ठित गुटों के कन्धों पर चढ़ उसी स्थापना एवं प्रतिष्ठा की प्राप्ति के प्रयास में या तो प्रतिष्ठित साहित्यकारों के इशारों एवं निर्देशों का पालन करते हैं अथवा पूर्णतः अपने नाम को बेचने में भी किसी तरह की कोई ग्लानि अनुभव नहीं करते। जो समर्पण नहीं करते, वे दुखी हैं। जीवन उनके लिए काँटों का जाल है। लेकिन वे ही धन्य हैं। उन्हीं की वाणी युग की वाणी है। उन्हीं की वाणी से समाज का नव-निर्माण होता है।

आत्म-विकास, आत्म-सम्मान एवं आत्म-विश्वास के उद्देश्य से बनाए गए विश्वविद्यालय एवं आकदमियाँ अपने उद्देश्य से भटक गए हैं। इन वैचारिक भवनों के तथाकथित संरक्षकगण ही इनकी नींव खोदने में रत हैं। यही कारण है कि चौतरफा विसंगतियाँ बुद्धिजीवियों के चरित्र का हिस्सा बनी हुई हैं। अपितु आजादी के बाद इस देश की सबसे बड़ी विडम्बना यहाँ के बुद्धिजीवियों का दोगला आचरण ही रहा है। सदियों से अज्ञानता, अशिक्षा के अन्धकार में घुटती जनता जैसे ही बुद्धिजीवियों को अपना मार्गदर्शक मानने लगती है, तथाकथित बुद्धिजीवी समस्त आडम्बर एवं शोषण-तन्त्र का मालिक बन बैठता है। इस देश की अनपढ़ एवं भोली-भाली भाव-साम्राज्ञी, समर्पित जनता का सर्वाधिक शोषण इन ज्ञानियों ने जितना किया, उतना शायद ही किसी और ने किया हो। युग और राजनीति के घात-प्रतिघात के समक्ष चट्टानवत् खड़ा रहनेवाला साहित्यकार राजनीतिक स्थिरिता मिलते ही या तो समझौतापरस्त हो जाता है या फिर कोरी मानसिक विलासिता का शिकार। लेखकों की यह वृत्ति उन्हें पलायनवादी बनाती है। सामाजिक जागरूकता उन्हें सजग प्रहरी बने रहने को विवश करती है, तो आत्मा भीतर-ही-भीतर सुविधाभोगी बनने को उकसाती है। बाह्य एवं भीतर, समाज एवं निज के बीच द्वन्द्वरत साहित्यकार अन्ततः आत्मा की पुकार सुन 'आत्म-सम्मान' की रक्षा करता है, तो बाह्य परिस्थितियों के समक्ष घुटने टेक, बाह्य परिवेश को उचित सम्मान देने में भी पीछे नहीं रहता। इस तरह अन्दर-बाहर को एक बनाए रखने, 'आत्म-सम्मान' के साथ-साथ 'पर-सम्मान' का पूरा-पूरा ध्यान रखने में

साहित्यकार कागजी नपुंसकी कोरस को ही जन्म देता है। यही कारण है कि आजादी से पूर्व हथियार माना जानेवाला साहित्य स्वातन्त्र्योत्तर अवधि में या तो मातम-पुरसी का माध्यम बना हुआ है अथवा वैज्ञानिक-व्यावसायिक उपलब्धियों का विज्ञापन-भर।

लेखकीय आचरण का यह गलीजपन निस्सन्देह जन-जीवन में व्याप्त गलीजपन है। अपने चारों ओर के वातावरण में व्याप्त गलीजपन को जब वह फलते-फूलते देखता है, तो लोभ का संवरण नहीं कर पाता और उसी जीवन में सम्मिलित हो जाता है। वह भूल जाता है कि उसका दायित्व यथातथ्यात्मक लेखन ही नहीं, अपितु समाज का परिष्करण एवं उन्नयन भी है। उसे जीवन के गलीज का सहयोगी एवं सहभागी नहीं, अपितु आलोचक बनना है, समीक्षक बनना है। उसे लेखन को वह पैनी धार देनी है कि वह जीवन के चौतरफा मैले को रेत सके, चीर सके। लेकिन जब वह देखता है कि आजादी के बाद विघटन एवं पतन का जो दौर चला, वह अभी बन्द नहीं हुआ, अपितु निरन्तर जारी ही है और लोग या तो अति सहनशील हैं अथवा समझौतापरस्त, तो विद्रोहात्मक- विरोधात्मक साहित्य की कल्पना उसे स्वयं की क्षति का एहसास करवाती है। वह जानता है कि व्यापक नक्कारखाने में तूती की आवाज उठाना खतरे से खाली नहीं। उसके स्वयं के बहिष्करण की समस्या उत्पन्न हो सकती है, रोटी पर आफत आ सकती है, अतः वह भी बहती गंगा में हाथ धोने को ही एकमात्र विकल्प मान उसी गलीज का अंग बन जाता है। स्वतन्त्र चिन्तन-अध्ययन शेखी बघारना-भर बनकर रह जाता है। वह स्वीकार कर लेता है कि जो स्थितियाँ हैं, हैं और रहेंगी ही। तब परम्परा और आदर्श की दुहाई दे ''न ब्रुयात सत्यमप्रियम्' को मान लेना ही श्रेयस्कर है। ठकुरसुहाती-परम्परा का पोषक बन वह सत्ता और सत्ता के साथ-साथ अपनी भी जय करवा लेता है। यह ठकुरसुहाती-साहित्य या तो मानसिक विलासिता की तुष्टि करता है अथवा लेखकीय दम्भ की। जन-जीवन का उन्नायक वह नहीं बन पाता, उलटे भ्रामक पतन की ही वृद्धि करता है। लेखन के माध्यम से भी अमानवीकरण की प्रक्रिया चलती है। मनुष्य की संवेदनाएँ नष्ट की जाती हैं, उसके विवेक को भोंथरा किया जाता है, रुचियों को गलत जगह मोड़ा जाता है और मनुष्य-मनुष्य के प्राकृतिक सम्बन्धों को विकृत किया जाता है। यह अमानवीकरण की, डी-ह्यूमेनाइजेशन की प्रक्रिया लगातार चालू है। इस तरह के साहित्य को प्रचारित किया जाता है, उस पर परिचर्चाएँ आयोजित की जाती हैं, कृत्रिम विवाद खड़े किए जाते हैं—यह अमानवीकरण है, जो विद्रोह और क्रान्तिकारिता के नाम से चलाया जाता है।

व्यंग्यकार साहित्य के इस छद्म, इस झूठे प्रचार को प्रताड़ित करता है। वह जानता है कि अवाम को सबसे बड़ा खतरा इन छद्म क्रान्तिकारियों एवं समझौतावादी, आवश्यकता से अधिक विनम्र साहित्यकारों से ही है, जो व्यापक पैमाने पर साहित्यिक प्रदूषण फैलाते हैं, सामाजिकों की रुचि विकृत एवं साहित्यकारों का चरित्र-हनन करते हैं। जन-क्रान्ति को गलत दिशा देते हैं। ऐसे में व्यंग्यकार का अस्तित्व इन सभी छद्म, भ्रष्ट साहित्यकारों के लिए खतरा बन उन्हें ललकारता है, तो अवाम के लिए वह सबसे

बड़ा शरणस्थल बनता है। वह जनता के मौन आक्रोश, विकल व्यवस्था को गति एवं तीक्ष्णता प्रदान करता है। क्योंकि वह जानता है कि जन-क्रान्ति अगर आएगी तो जनता की विचारधारा से आएगी, नपुंसक साहित्यकारों के भ्रामक साहित्य से नहीं। सारा देश जब विकल्प की छटपटाहट लिये भीतर-ही-भीतर कुढ़ रहा होता है, तो ऐसे में व्यंग्यकार उनके लिए उपचारक, सर्जक की भूमिका निभाता है। वह जोर-शोर से प्रचारित भ्रामक साहित्य का भ्रम निरावृत करता है और जन-सामान्य को संबल प्रदान करता है। झूठे संघर्ष द्वारा निर्मित झूठे साहित्य को बेनकाब करता है। साहित्यकारों में प्रचलित ढोलमपोल नीतियों को ध्वस्त कर सुदृढ़ नीति एवं जीवन-दृष्टि प्रदान करता है। व्यंग्यकार की सबसे बड़ी उपलब्धि एवं सार्थकता वहाँ प्रतीत होती है, जब वह युगों से प्रसारित जड़, पुरातनवादी तत्त्वों की निस्सारता उघाड़कर रख देता है। सांस्कृतिक आख्यानों, धार्मिक किंवदन्तियों एवं मिथकों को आधुनिक परिवेश में विश्लेषित कर वह धर्मग्रस्त जड़ मानसिकता को जीवन्त गतिशीलता प्रदान करता है, साहित्यिक 'स्टंट' को बेअसर करता है और इस प्रकार प्रबुद्धों के प्रति जन-आस्था का नवनिर्माण करता है। कोरी भावुकता को परिष्कृत करता है। कुंठित हो रही चेतना एवं संवेदनशीलता को झटके देता है, झंकृत करता है। विगत कल पर रोनेवालों को भविष्य की आशाएँ देता है, परिवर्तनशील समय एवं समाज के साथ-साथ मान्यताओं एवं मूल्यों के परिवर्तन का साहस देता है। दुराग्रहों से मुक्त करता है, तो उच्छृंखलता से भी बचाता है। वह एक सन्तुलित, स्वस्थ दृष्टि का दान देता है। राजनीतिक दाँव-पेंच को साहित्य में घुसानेवालों से स्पष्ट कहता है कि साहित्य और कला के क्षेत्र में समझौता आत्मघात का लक्षण है, अतः साहित्यकारों को अपने तेज-तर्रार, बखिया-उधेड़ तेवर को बनाए रखना चाहिए। समाज-सत्य को सामाजिक सन्दर्भ में ही अभिव्यक्त करना चाहिए। 'फाइन-लिटरेचर' के मोहपाश से मुक्त करते हुए जीवनालोचन का उद्‌बोधन देते हुए व्यंग्यकार लेखकों का संस्कार, उनका परिमार्जन करता है। वह लेखकों को ज्ञान देता है कि 'ऊबड़-खाबड़' को व्यक्त करना असांस्कृतिक नहीं, कटु सामाजिक वास्तविकता और उसके कारणों को उनके सही घृणित रूप में प्रकट करना ओछापन नहीं, और रंगीन पेंटवाले डेकोरेटेड ड्राइंग-रूम में बैठकर कल्पित, ग्लैमरयुक्त साहित्य रचने के बजाय विकृत, विरूप हो रही जीवनाकृति खींचना ही वास्तविक साहित्य-रचना है, सार्थक लेखन है। जन-समाज में घुल-मिलकर उससे शक्ति, प्रेरणा और संवेदना ग्रहण करना ही सच्ची साहित्यिक साधना है। लगभग सभी व्यंग्यकार आजादी के बाद उपजी शोषक प्रवृत्तियों की धज्जियाँ उड़ाते हैं और साहित्यकार को निष्पक्ष जनान्दोलन की प्रेरणा देते हैं। सरकार एवं सरकारी शक्तियों द्वारा फैलाए गए छल-प्रपंच के जाल से बचे रहने का आह्वान करते हैं। व्यंग्यकारों की ही यह भूमिका है कि आजादी के बाद जबकि सम्पूर्ण देश अर्थोपार्जन एवं अर्थ-संचय को ही एकमात्र जीवनादर्श बनाए हुए है, वे साहित्यकारों को उनकी क्रान्तिकारी भूमिका का स्मरण कराते हैं।

वैयक्तिक परिस्थितियाँ

स्वातन्त्रयोत्तर समाज में उभरी समष्टिगत विकृतियों के केन्द्र में व्यक्ति की भूमिका प्रमुख रही है। मूल्यों के अवमूल्यन की जो आपाधापी मची हुई है, वास्तव में वह व्यक्ति-चरित्र का अवमूल्यन ही है। व्यक्ति ही है, जो धार्मिक, सामाजिक, आर्थिक, राजनीतिक, साहित्यिक अथवा सनातनी सांस्कृतिक मूल्यों को नए अर्थ, नई परिभाषा देने पर तुला हुआ है। संसार के सभी कारोबार उसी में केन्द्रित हैं। शोषक भी वही है और शोषित भी वही। औद्योगिक उन्नति के साथ समाज में असमान वितरण और उसके कारण निर्मित वर्ग-भेद का जिम्मेदार भी व्यक्ति ही है। इतिहास की लम्बी यात्रा में छल और छलावे का उत्स-केन्द्र व्यक्ति रहा है; तो संघर्ष की, जद्दोजहद की भूमिका भी उसी की रही है। त्रास भी वह है और त्रासक भी वही। प्रत्येक विपदा को दैवी प्रकोप मानने को विवश इंसान यहाँ हैं, तो उनकी विवशता को भुनानेवाले निहित स्वार्थी मनोवृत्ति के लोग भी यहाँ मिल जाते हैं। तात्पर्य यह कि समष्टि की प्रत्येक प्रवृत्ति के मूल में व्यक्ति है। आज चौतरफा विसंगतियों की मार का जो क्रन्दन व्याप्त है, उसका जनक भी स्वयं व्यक्ति ही है। मानव-सुधार और समाज-उन्नयन की आस्थावाले व्यंग्यकारों के लिए यह आवश्यक हो गया कि वे निहित स्वार्थयुक्त ऐसे व्यक्ति-चरित्रों को खोलें, जो वसुधा-सुन्दरी को चहबच्चा बनाने पर आमादा हैं। अपने इस प्रयास में स्वातन्त्र्योत्तर हिन्दी-व्यंग्यकारों ने विकृत मनोवृत्ति-युक्त राजनेताओं के छद्म को उघाड़ा है, तो उनके पिछलग्गुओं की भी खबर ली है। उनकी व्यंग्य-रचनाओं में हमें पूँजीवादी व्यवस्था की प्रतिध्वनि मिलती है, तो उसके बदलाव का तीव्र आग्रह भी मिलता है। साथ ही उनमें शोषित व्यक्ति की मुक्ति-कामना को भी सहज ही परिलक्षित किया जा सकता है। भ्रष्ट समाज-व्यवस्था और शोषण की यन्त्रणा के बीच इन व्यंग्यकारों ने शोषित और शोषकों के चरित्रों का गहराई से आकलन प्रस्तुत किया है। सामान्य स्थिति से ऊपर उठकर व्यक्ति किस प्रकार अन्ततः स्वयं को शोषक-वर्ग में शामिल कर अमानवीय बन जाता है—इसका विस्तृत विवरण हमें इन व्यंग्य-रचनाओं में मिल जाता है। शोषण के व्यामोह ने साहित्यकारों की साहित्यिक उदात्तता को भी नहीं बख़्शा। मानवीय मूल्यों का नियन्ता और निर्माता साहित्यिक व्यक्तित्व भी आज निहित स्वार्थों की बलि चढ़ा हुआ है। यहाँ धर्मात्माओं की आत्मा में अधर्म के कीड़े कुलबुला रहे हैं, तो समाज-उद्धार के ठेकेदार स्वयं असामाजिक गतिविधियों के प्रश्रय-स्थल बने हुए हैं। इन तमाम व्यक्ति-चरित्रों को व्यंग्यकारों ने अपनी पारदर्शी दृष्टि से देखा, परखा और विश्लेषित किया है। अपनी मानवीय संवेदना उन्हें दी है। उनके व्यक्तिगत आक्षेपों का उद्देश्य व्यक्ति-विशेष की खिल्ली उड़ाना नहीं, बल्कि उनके भीतर की बुराइयों, विकृतियों की धज्जी उड़ाना है, ताकि एक बुरे आदमी को व्यंग्य का शिकार बनते देख दूसरे बुराई करनेवाले सावधान हो सकें।

स्वातन्त्र्योत्तर समाज की बहुविध विसंगतियों की धारा राजनीतिक चहबच्चों से निःसृत धारा है। राजनेताओं का भ्रष्ट नेतृत्व लोगों को हतोत्साहित और विखंडित ही

नहीं करता, अपितु उनके भ्रष्ट अनुकरण की बाध्यता का निर्माण भी करता है। भीतर से टूटता हुआ व्यक्ति शनैः-शनैः बाह्य उपलब्धियों की मादकता में डूबता चला जाता है और एक सीमा के बाद तो ये बाह्य उपलब्धियाँ ही उसके जीवन का लक्ष्य बन जाती हैं। अपने अनुभवों का यह संसार अपनी आगामी पीढ़ी, अपने वंशजों को देते हुए उसे शर्म नहीं बल्कि गर्व की अनुभूति होती है। इसी का परिणाम है कि "राम के वंशज भी राजनीतिक बन्दर हो गए हैं।"[1] राम भारत के राजनेता का ही प्रतिनिधित्व नहीं करते, वे सांस्कृतिक विरासत और मर्यादा पुरुषोत्तम भी हैं। इससे भी बढ़कर, जन-मानस के लिए राम का अस्तित्व धार्मिक अस्तित्व रहा है और धर्म इस देश की कमजोरी रहा है। लोगों की इस कमजोरी को राजनयिकों के प्रचार-प्रसार के वैज्ञानिक प्रलोभनों ने भी भुनाया है। राम की मर्यादाओं को जन-जीवन में बनाए रखना था। किन्तु दूरदर्शन की दूरदर्शिता लोगों को स्वार्थ-लाभ की प्रेरणा देती है। स्वलाभ प्राप्त कर यशस्वी, धर्मनिष्ठ होने का ढिंढोरा पीटने के लिए लोग पुराण-कथाओं की भौतिकता नष्ट करने में भी संकोच नहीं करते। राजनीति ने धर्म की जो निर्मम हत्या की है, उसके परिणामस्वरूप "राम राजनीति से सिर टकरा ऐसे बेहोश हुए कि न अब सुषेण वैद्य कुछ कर सकता है, न हनुमान जड़ी ला सकता है। राम के साथ ऐसी ट्रेजडी त्रेतायुग में तो घट नहीं सकती थी, इस कलियुग में ही घट सकती थी।"[2]

धन और नवधनाढ्यों की राजनीति ने भारत के अध्यात्म और दर्शन की सर्वथा नवीन परिभाषाएँ प्रस्तुत की हैं। इन परिभाषाओं ने स्थापित आदर्शों को मूर्खतापूर्ण घोषित किया है और घटिया प्रवृत्तियाँ, धोखा-फरेब और जालसाजी-जैसे तत्त्व नूतन आदर्श स्थापित कर रहे हैं। आज के इस परिवेश में भीष्म होना मूर्खता का प्रतीक माना जाने लगा है और शिखंडी लोग बुद्धिमान हो गए हैं। "भीष्म की जाति के चरित्रवान, सिद्धान्तजीवी लोग जगह-जगह चौकीदार और चपरासी के रूप में दिखाई पड़ते हैं और शिखंडी सभी जगह शीर्षस्थ।"[3]

स्वातन्त्र्योत्तर परिवेश ने राजनयिकों एवं जन-सामान्य को ही भ्रष्ट और मूल्य-विहीन नहीं बनाया है। सृष्टि के सभी क्षेत्रों में चोरों, लम्पटों, धूर्तों, दोगले चरित्र के लोगों की समृद्धि, उनका वर्चस्व साहित्यकारों को भी कुंठित करता है। दूसरों के ईमान के रखवालों की सार्वभौतिक समृद्धि साहित्यकारों की साहित्यिक उदात्तता को भी अपना शिकार बनाती है और साहित्य-सम्मेलनों में 'लुच्चन की भीर' बढ़ती चली जाती है। कबीरी अक्खड़ता को साहित्यिक सड़ाँध के निवारण के लिए अनिवार्य माननेवाले व्यंग्यकार ऐसे छद्मवेशधारी साहित्यकारों की प्रताड़ना करते हैं।

समस्त मानव-जाति के सन्दर्भ में देखने से ज्ञात होता है कि स्वातन्त्र्योत्तर भारत वैज्ञानिक और तकनीकी विकास, सुपरसोनिक जेटों, कम्प्यूटरों और चन्द्रलोक की यात्रा के युग में

---

1. हरिशंकर परसाई, तुलसीदास चन्दन घिसैं, रामायण मेला, पृ. 22
2. शरद जोशी, नवभारत टाइम्स, 2-8-1988, प्रतिदिन, कोई रामायण पढ़ेगा
3. नरेन्द्र कोहली, आधुनिक लड़की की पीड़ा, सन्तों की बिल्लियाँ और चूजे, पृ. 15

रह रहा है, जिसके फलस्वरूप न्यूक्लियर अस्त्र-शस्त्रों, रासायनिक युद्ध-प्रणाली और औद्योगिक विकास के क्षेत्रों में नित नई चीजें सामने आ रही हैं और जीवन यन्त्रवत् और सामूहिकता से आक्रान्त होता जा रहा है। नया पूरी तौर से नया नहीं हो पाता कि पुराना पड़ जाता है। इतिहास बड़ी तेजी से करवटें बदल रहा है। जीवन में भीड़-भाड़ और निर्वैयक्तिकता का प्राधान्य होता जा रहा है। व्यक्ति की नगण्य स्थिति और एक अप्रत्यक्ष तानाशाही (तकनीकी तानाशाही) का आतंक व्यक्ति को भयभीत किए हुए है। व्यक्ति का व्यक्ति के रूप में अस्तित्व खोता जा रहा है। आधुनिक तकनीकी विकास ने साधारण व्यक्ति तक को सुख-सुविधाएँ प्रदान की हैं, यह ठीक है। किन्तु साथ ही इससे उसकी चेतना पर अफीम का-सा नशा छा गया है। स्वतन्त्रता की वृद्धि के साथ-साथ उसके जीवन की सार्थकता पर प्रश्नचिह्न लग गया है। श्रमिक और पूँजीपति दोनों तकनीकी विकास के दास होते जा रहे हैं और व्यक्ति की आत्मनिर्भरता और स्वतन्त्रता छिनती जा रही है। आज के व्यक्ति का व्यक्तित्व, इसलिए विभाजित हो गया है। व्यक्ति और धर्म (ईश्वर) में अलगाव पाया जाने लगा है, जिसके फलस्वरूप वह अपना व्यक्तित्व पहचानने में असमर्थ हो रहा है। उद्योग-धन्धों से भी मनुष्य का आत्मीय या व्यक्तिगत सम्बन्ध नहीं रह गया। दैनिक जीवन की 'बोरियत' (ऊब) उसे अलग व्यक्तित्वहीन बनाने में सहायक सिद्ध हो रही है। यहाँ तक कि व्यक्ति की स्वतन्त्रता का अतिरिक्त दमन करने की चेष्टा की जा रही है और आश्चर्य तो इस बात का है कि मनुष्य भयभीत होने के साथ-साथ अपने अचेतन मन में नियन्त्रण स्वीकार भी करता जा रहा है। विचित्र रूप में वह लाचार और परवश है। ऐसा प्रतीत होता है कि द्वितीय महायुद्ध के बाद की मानवी सभ्यता व्यक्ति के जीवन के विविध पक्षों को अनावृत और विकसित होने का अवसर प्राप्त नहीं होने देती। फलतः वर्तमान व्यवस्था निराशा और दमन को जन्म देनेवाली हो गई है, वह निरर्थक और निष्प्रयोजन समझी जाने लगी है और मानवता विविध प्रकार की 'दासताओं' से मुक्ति पाने के लिए छटपटाने लगी है, जिसका कहीं अन्त होता दिखाई नहीं देता—साम्राज्यवाद से उपनिवेशों की मुक्ति, मालिकों से काम करनेवालों की मुक्ति, अध्यापकों से विद्यार्थियों की मुक्ति, माता-पिता तथा अभिभावकों से बच्चों की मुक्ति और पुरुषों से स्त्रियों की मुक्ति। अब यह विश्वास दृढ़ होता जा रहा है कि मानव-जीवन की स्वतन्त्रता के नए आयामों की खोज होनी चाहिए। आध्यात्मिक मूल्य-क्रान्ति अब बेकार-सी हो गई है और परम्परागत हिंसात्मक विप्लव किसी काम का नहीं है। इसलिए व्यंग्यकार के सामने आज मूल प्रश्न जीवन के अस्तित्वबोध और सार्थकता का है, व्यक्ति की सत्ता और गरिमा फिर से स्थापित करने का है। भ्रष्ट समाज-व्यवस्था और शोषण की यन्त्रणा के बीच समाप्त होती मानवीयता के सन्दर्भ में व्यंग्यकार इसके लिए जिम्मेदार सभी व्यक्ति-चरित्रों का खाका प्रस्तुत करते हैं। इस प्रस्तुतीकरण का प्रयोजन व्यक्तिपरक होकर भी वैयक्तिक नहीं होता, बल्कि मानवीय और सामाजिक ही होता है। वे मानव-समाज की विराटता पर हावी उन सभी तत्त्वों और उनके जनकों की धज्जी उड़ाते हैं, जो मानवीयता के लिए ग्रहण हैं। फिर चाहे इस भूमिका में राजनीतिज्ञों का दोगलापन, धार्मिक ठेकेदारों के अधार्मिक कृत्य, सामाजिक उन्नायकों

का दोमुँहापन अथवा साहित्यकारों की असाहित्यिक गतिविधियाँ—जो भी उनकी लेखनी की धार चढ़े। सम्पूर्ण मनुष्य-जाति का विविध रूप अपनी वैविध्यपूर्ण विसंगतियों के साथ इन व्यंग्य-रचनाओं में उभरा है। व्यक्तिपरक व्यंग्य ही हैं, जो विषमता, उपेक्षा, निरर्थकता और खोखले विद्रोह की प्रताड़ना झेलते जनसामान्य को राजनेताओं की पैतरेबाजी, धार्मिक-सांस्कृतिक मूल्यहीनता और अनैतिक कदाचार के लिए जिम्मेदार व्यक्ति-पाखंड की भर्त्सना करते हुए पक्षधरता का सम्बल प्रदान करते हैं।

निष्कर्ष रूप में कहा जा सकता है कि यद्यपि स्वतन्त्रता प्राप्त कर लेने पर प्रत्येक भारतवासी आत्मसम्मान और गर्व का अनुभव करता है जो उचित भी है, और जैसा कि कहा जा चुका है, पिछले पचास वर्षों में देश ने जीवन के विविध क्षेत्रों में उन्नति की है—देश की औसत आय बढ़ गई है, चिकित्सा-सम्बन्धी सुविधाओं के कारण लोगों की आयु बढ़ गई है, खाद्यान्न का उत्पादन अधिक होने लगा है, अनेक नए-नए कल-कारखाने खुल गए हैं, छात्र-छात्राओं की संख्या में कई गुना अधिक वृद्धि हुई है, विज्ञान के क्षेत्र में भी हम पिछड़े नहीं रहे हैं और अन्तरिक्ष-विज्ञान के क्षेत्र में भी उल्लेखनीय प्रगति कर चुके हैं। लेकिन तब भी स्वतन्त्र भारत में जितनी उन्नति होनी चाहिए थी, उतनी नहीं हो पाई। आज पचास वर्ष बाद भी लाखों प्राणी भूखे और अधनंगे सड़कों पर लेटे दिखाई देते हैं—महानगरों में तो यह दृश्य आम है। चेहरों पर ताजगी नहीं है। उनके आवास का कोई प्रबन्ध नहीं है। निर्धनता, जीवन-निर्वाह के लिए आवश्यक वस्तुओं के अभाव और जनसंख्या-वृद्धि के कारण देश की स्थिति सुधरने नहीं पाती।

वास्तव में हमारे देश में सभ्यता और संस्कृति के विकास की सभी कोटियाँ दृष्टिगोचर होती हैं। इसलिए परस्पर विरोधी बातें भी बराबर मिलती हैं। यहाँ आधुनिकतम वैज्ञानिक दृष्टिकोण के साथ-साथ अन्धविश्वासों और अन्धपरम्पराओं का अस्तित्व है, इस स्पेस-युग में भी यहाँ देवी-देवताओं को तुष्ट करने के लिए नर-बलि दिए जाने अथवा पति के मरने पर स्त्रियों के सती होने (किए जाने) के समाचार प्राप्त हो जाते हैं, यहाँ झोंपड़ियों में या बड़े-बड़े पाइपों में पशुवत् जीवन व्यतीत करनेवालों और कूड़े के ढेरों में से खाना बटोरकर उदर-पूर्ति करनेवालों के साथ-साथ समस्त सुख-सुविधाओं से पूर्ण आधुनिक 'महलों' में रहनेवाले भी हैं, यहाँ व्यक्तिगत जीवन की सफाई के साथ-साथ सार्वजनिक रूप में गन्दगी भी मिलती है, यहाँ पूँजीपतियों के साथ-साथ निर्धनता की यातना सहन करनेवाले भी हैं, यहाँ लाखों शिक्षण-संस्थाओं के साथ-साथ अज्ञानान्धकार भी है, यहाँ माता-पिता की आज्ञा का पालन करने के साथ ही प्रशासनिक अधिकारियों की अवज्ञा करने की प्रवृत्ति भी है, यहाँ परिवार-नियोजन के साथ-साथ जनसंख्या में निरन्तर वृद्धि भी है और यहाँ बाँधों के निर्माण के साथ-साथ जमीन रेतीली और बंजर भी होती जा रही है। स्वतन्त्र भारत में गरीबी और आवास की समस्याओं ने नए आयाम ग्रहण कर लिए हैं। यहाँ प्रत्येक व्यक्ति अपने में लीन रहते हुए, कर्मफल में विश्वास करते हुए, सन्तोषपूर्ण जीवन व्यतीत करने का अभ्यस्त हो गया है। जो जिस हालत में है, उसे ही अपनी नियति समझ चुपचाप सब कुछ सहन करने का उसका स्वभाव हो गया है।

यह उसे अपने सांस्कृतिक एवं दार्शनिक जीवन के उत्तराधिकार के रूप में मिला है। भारतीय परम्परा ने व्यक्ति की आत्मोपलब्धि पर हमेशा से बल दिया है। यहाँ व्यक्ति, व्यक्ति पहले है, बाद में कुछ और। इससे वह आत्म-गरिमा और व्यक्तिगत स्वातन्त्र्य का अनुभव तो करता है, उसमें आत्मविश्वास और क्षमता का जन्म तो अवश्य होता है, वह अपने व्यक्तित्व द्वारा अपने चारों ओर के वातावरण को प्रभावित करने में आस्था तो रखता है; तो भी उसका यह बोध मूलतः व्यक्तिमूलक है। समष्टि की ओर उसका ध्यान या तो जाता नहीं, या जाता है तो बहुत कम; जो समष्टि द्वारा व्यक्ति-स्वातन्त्र्य के हनन से कम गलत नहीं है। इससे देश में अनुशासनहीनता फैल रही है। 'स्व' का विकास नहीं हो पा रहा है। 'स्व' जब तक विकसित होकर समाज-कल्याण और देशहित की भावना में लीन नहीं होगा, तब तक न तो सच्ची राष्ट्रीयता का जन्म होगा, न समाज का सामुदायिक उत्थान होगा और न समाज अपने विकास-पथ पर उस रूप में अग्रसर होगा, जिस रूप में महात्मा गाँधी ने उसके अग्रसर होने की कल्पना की थी। अतः 'स्व' का 'पर' के साथ तादात्म्य होना अत्यन्तावश्यक है। स्वामी विवेकानन्द और योगी अरविन्द भी ऐसी व्यक्तिगत मुक्ति को निरर्थक समझते थे, जिससे संसार अस्पृश्य रह जाए। पुरा काल में व्यक्तिगत मुक्ति के लिए बड़ी-बड़ी साधनाएँ की गईं और उसमें साधकों को सफलताएँ भी प्राप्त हुईं। किन्तु फिर वे लोक-जीवन की ओर लौटकर न आए। इसलिए आवश्यकता ऐसे साधकों की है, जो अपनी व्यक्तिगत साधना के साथ लोक-साधना का तादात्मय स्थापित कर सकें, विश्वामित्र की भाँति एक नई सृष्टि की रचना कर संसार को बदल डालने की क्षमता रख सकें। योगी अरविन्द के शब्दों में, 'सुप्रामेंटल कांशसनेस' को फिर इसी भूतल पर उतारना होगा। 'प्रसाद' जी की 'कामायनी' के अनुसार भक्ति, ज्ञान और कर्म का समन्वय उपस्थित करना होगा।

ऐसे में व्यंग्यकार का यह प्रधान कर्तव्य हो जाता है कि वह समस्त प्रलोभनों और दबावों को अस्वीकार कर अपना स्वतन्त्र अस्तित्व बरकरार रखे और मानव-मात्र की गरिमा सुरक्षित रखने के लिए प्रयत्नशील रहे। उसे 'ह्यूमन कांशसनेस' की रक्षा करनी है, ताकि एक के बाद दूसरा व्यंग्यकार उस 'कांशसनेस' को लेकर आगे बढ़े और इस प्रकार वह 'कांशसनेस' निरन्तर विकसित और विस्तृत होती जाए, मानव और अधिक मानवीय संवेदनाओं से ओतप्रोत हो जाए और जीवन अधिक पूर्ण और अधिक जीने योग्य हो जाए। समस्याओं से जूझने का संकल्प हो, तो यह कार्य दुष्कर नहीं है। और, जूझना उसे चाहिए ही, क्योंकि मौजूदा संसार हमारी नियति नहीं है, यह हमारे लिए चुनौती है और उस चुनौती को हमारा उत्तर ही यह तय करेगा कि यह मानव-जीवन का अन्तकाल है अथवा उसके जीवन में एक नए अध्याय का आरम्भ। इसके लिए उसे बौद्ध धर्म का अर्हत बनना होगा, अपना दीपक आप बनना होगा, दीपक की भाँति सत्य को पकड़े रहना होगा।

स्वातन्त्र्योत्तर हिन्दी-व्यंग्यकार ने ऐसा ही किया भी है। दीपक बनकर उसने आम आदमी के जीवन में व्याप्त अँधेरे को छिन्न-भिन्न किया है। वह तमाम विसंगतियों एवं

विरूपताओं के खिलाफ विद्रोह का स्वर बुलन्द करता रहा है। इस अर्थ में उसका दायित्व एक क्रान्तिकारी सैनिक का दायित्व रहा है, जो समस्त अन्याय, अत्याचार, अनाचार एवं दुराचार के विध्वंस द्वारा नवनिर्माण की स्थापना का आग्रह करता है। जैसा कि हम ऊपर देख आए हैं, हमें सन् 1947 में प्राप्त राजनीतिक आजादी मात्र सत्ता-हस्तान्तरण की आजादी साबित हुई, अतः राष्ट्रीय जीवन की अनेकानेक दिशाएँ उत्तरोत्तर भ्रष्ट एवं दूषित होती गईं। व्यंग्यकार चूँकि समस्त दूषण एवं विकृतियों के खिलाफ प्रहरी बनकर सामाजिक प्रतीति प्राप्त करता है, अतः स्वातन्त्र्योत्तर हिन्दी-व्यंग्य इन तमाम राजनीतिक, सामाजिक, आर्थिक, धार्मिक, साहित्यिक, सांस्कृतिक और वैयक्तिक विकृतियों एवं त्रुटियों का दस्तावेजी साक्ष्य है। विकृतियों के इस विषम और व्यापक साम्राज्य ने हिन्दी-व्यंग्य को एक नई दिशा एवं नया तेवर प्रदान किया है।

स्वतन्त्रता-प्राप्ति से लेकर अब तक हिन्दी-व्यंग्य ने एक लम्बी यात्रा तय की है। हिन्दी-व्यंग्य की इस शोभा-यात्रा में सम्मिलित व्यंग्यकारों की भी एक लम्बी कतार है, जिन्होंने अपने-अपने ढंग से हिन्दी-व्यंग्य को समृद्ध किया है। हरिशंकर परसाई, शरद जोशी, रवीन्द्रनाथ त्यागी, श्रीलाल शुक्ल और नरेन्द्र कोहली इनमें प्रमुख हैं। इनके अलावा राधाकृष्ण, केशवचन्द्र वर्मा, के.पी. सक्सेना, लतीफ घोंघी, बरसानेलाल चतुर्वेदी, संसारचन्द्र, शंकर पुणताम्बेकर, सुदर्शन मजीठिया, लक्ष्मी कान्त वैष्णव, अशोक शुक्ल, यशवन्त कोठारी, सन्तोष खरे, प्रेम जनमेजय, सुरेश कान्त, शिव शर्मा, यज्ञ शर्मा, ज्ञान चतुर्वेदी, गोपाल चतुर्वेदी, हरीश नवल, राजेश कुमार, कृष्ण चराटे, शिवानन्द कामड़े, पूरन सरमा, ओम शर्मा, बालेन्दु शेखर तिवारी आदि अनेक व्यंग्यकार स्वाधीन राष्ट्र की अनेक चक्राकार समस्याओं को व्यंग्यात्मक अभिव्यक्ति प्रदान कर रहे हैं। स्वातन्त्र्योत्तर हिन्दी-व्यंग्य की प्रेरक परिस्थितियों का अध्ययन करते हुए हमने देखा कि हर मुकाबिल परिस्थिति से हिन्दी-व्यंग्य प्रेरित और निःसृत हुआ है, और इस प्रकार जीवन-जगत का कोई भी कोना उसकी सीमा से परे नहीं है। ऐसे में रचनाधर्मी व्यंग्यकारों के रचनात्मक प्रतिफलन को उनकी वैचारिकता के सदर्न्भ में समझना आवश्यक हो जाता है। क्योंकि, जैसा कि हमने पीछे देखा, व्यंग्य और विचार का घनिष्ठ सम्बन्ध है। व्यंग्य विचार से उत्पन्न भी होता है और विचार को उत्पन्न भी करता है। अतः व्यंग्य मूलतः विचारात्मक है और उस विचारात्मकता को जाने-समझे बिना व्यंग्य को भली-भाँति हृदयंगम करना सम्भव नहीं है। व्यंग्य के प्रहार की क्षमता और उसकी व्यंजना की गहराई का अनुमान तभी लगाया जा सकता है, जब उसके पीछे उत्प्रेरक के रूप में कार्यरत वैचारिकता का परिचय पा लिया जाए। हरिशंकर परसाई, शरद जोशी, रवीन्द्रनाथ त्यागी, श्रीलाल शुक्ल और नरेन्द्र कोहली न केवल स्वातन्त्र्योत्तर हिन्दी-व्यंग्यकारों की दो पीढ़ियों का, अपितु कथ्य, शिल्प, प्रवृत्ति, प्रयोगधर्मिता आदि प्रायः सभी दृष्टियों से समग्र स्वातन्त्र्योत्तर हिन्दी-व्यंग्य-लेखन का प्रतिनिधित्व कर देते हैं। अतः आगे उनके व्यंग्य-लेखन के परिप्रेक्ष्य में उनकी वैचारिकता और उनकी वैचारिकता के परिप्रेक्ष्य में उनके व्यंग्य-लेखन का जायजा लिया जा रहा है।

4

व्यंग्यकार हरिशंकर परसाई की व्यंग्य-दृष्टि

प्रेरणा, प्रभाव और धारणा

स्व. हरिशंकर परसाई आधुनिक हिन्दी-व्यंग्य-साहित्याकाश के एक उज्ज्वल नक्षत्र हैं। स्वातन्त्र्योत्तर युग में शिल्प और कथ्य की दृष्टि से हिन्दी-व्यंग्य को एक सशक्त और सुगठित स्वरूप प्रदान करने में उनका महत्त्वपूर्ण योगदान है। अपनी ऊर्ध्व सामाजिक चेतना का श्रेय वे अपने विसंगत यथार्थ, आर्थिक अभाव, परिवेशगत चारित्रिक वैषम्य तथा व्यापक जिम्मेदारियों को देते हैं। 22 अगस्त 1924 को मध्य प्रदेश के होशंगाबाद जिले के जमानी कस्बे में जन्मे परसाई एक श्रमजीवी आदमी की सन्तान थे। उनके पिता झूमकलाल परसाई जंगल में कोयला बनाने और बेचने के काम में लगे हुए श्रमिक थे। यह काम चूँकि एक ही जगह नहीं चलता, अतः जिस जगह काम की सम्भावनाएँ समाप्त हो जातीं, उसे छोड़ आगे बढ़ जाते। जैसे जमानी, रहटगाँव आदि छोड़ते हुए टिमरनी में जा बसे–बसे क्या, वहाँ भी किराए के मकान में रहे। पिता तो दिन-भर जंगल में रहते, माता की देख-रेख में ही इनका लालन-पालन हुआ। दुर्भाग्य यह कि तेरह-चौदह वर्ष की आयु में ही माँ प्लेग की बीमारी में ही इन्हें छोड़कर चल बसी।

पाँच बच्चों का भार तो पिता के सिर पर पहले से ही था, लेकिन अब तक वे इसलिए निश्चिन्त थे कि उनकी पत्नी बहुत कम पैसों में भी अच्छी तरह गृहस्थी चलाना जानती थी। जब वे नहीं रहीं, तो पिताजी भीतर से टूट गए और परसाई उन्हें टूटता देखते रहे, "प्लेग की वे रातें मेरे मन में गहरे उतरी हैं। जिस आतंक, अनिश्चय, निराशा और भय के बीच हम जी रहे थे, उसके सही अंकन के लिए बहुत पन्ने चाहिए। यह भी कि पिता के सिवा हम कोई टूटे नहीं थे। वह टूट गए थे। वह इसके बाद भी 5-6 साल जिए, लेकिन लगातार बीमार, हताश, निष्क्रिय और अपने से ही डरते हुए। धन्धा ठप। जमा-पूँजी खाने लगे। मेरे मैट्रिक पास होने की राह देखी जानी लगी। समझने लगा था कि पिताजी भी अब जाते ही हैं। बीमारी की हालत में उन्होंने एक बहन की शादी कर ही दी थी–बहुत मनहूस उत्सव था वह। मैं बराबर समझ रहा था कि मेरा

बोझ कम किया जा रहा है। पर अभी दो छोटी बहनें और एक भाई थे।''[1]

गर्दिश के उन दिनों में परसाई की एक बुआ थी, जो उन्हें ममता देती रही, ''मेरी एक बुआ थी। गरीब, जिन्दगी गर्दिश-भरी, पर अपार जीवन-शक्ति थी उसमें। खाना बनने लगता तो उनकी बहू कहती–बाई, न दाल ही है न तरकारी। बुआ कहती–चल, चिन्ता नहीं। राह-मोहल्ले में निकलती और जहाँ से उसे छप्पर पर सब्जी दिख जाती, वहीं अपनी हम-उम्र मालकिन से कहती–ऐ कौशल्या, तेरी तोरई अच्छी आ गई है। जरा दो मुझे तोड़ के दे। और खुद तोड़ लेती। बहू से कहती–ले बना डाल, जरा पानी ज्यादा डाल देना। मैं यहाँ-वहाँ से मारा हुआ उसके पास जाता तो वह कहती–चल, कोई चिन्ता नहीं, कुछ खा ले। उसका यह वाक्य मेरे लिए ताकत बना–चल, कोई चिन्ता नहीं।''[2]

भाई-बहनों में बड़े होने के कारण जिन्दगी का साक्षात्कार परसाई को ही करना पड़ा। हाईस्कूल पास करने के बाद उन्होंने जंगल-विभाग में नौकरी की। परसाई के ही शब्दों में, ''मैट्रिक हुआ, जंगल-विभाग में नौकरी मिली। जंगल में सरकारी टपरे में रहता। ईंटें रखकर, उन पर पटिए जमाकर बिस्तर लगाया, नीचे जमीन चूहों ने पोली कर दी थी। रात-भर चूहे धमा-चौकड़ी करते रहते और मैं सोता रहता। कभी चूहे ऊपर आ जाते तो नींद टूट जाती, पर मैं फिर सो जाता। छह महीने धमा-चौकड़ी करते चूहों पर मैं सोया।...और चूहों ने बड़ा उपकार किया। ऐसी आदत डाली कि आगे की जिन्दगी में तरह-तरह के चूहे मेरे नीचे ऊधम करते रहे हैं, साँप तक सर्राते रहे हैं, मगर मैं पटिए बिछाकर पटिए पर सोता रहा हूँ। चूहों ने ही नहीं, मनुष्यनुमा बिच्छुओं और साँपों ने भी मुझे बहुत काटा है–पर 'जहरमोहरा' मुझे शुरू में ही मिल गया। इसलिए 'बेचारा परसाई' का मौका ही नहीं आने दिया। इसी उम्र से दिखाऊ सहानुभूति से मुझे बेहद नफरत है। अभी भी दिखाऊ सहानुभूतिवाले को चाँटा मार देने की इच्छा होती है। जब्त कर जाता हूँ, वरना कई शुभचिन्तक पिट जाते।''[3]

फिर अध्यापकी की और छोड़ी भी। शायद इसलिए कि जो आदमी जितनी जल्दी जिन्दगी का साक्षात्कार कर लेता है, वह उतनी ही जल्दी आजाद मनुष्य हो जाता है। परसाई को उनके माता-पिता तथा परिवेश ने एक आजाद नागरिक की तरह तैयार किया था। साफ-साफ देखना और कहना, सबके साथ भाईचारा निभाना, श्रम की शक्ति से बड़ी शक्ति किसी को न समझना, किसी को न बड़ा समझना न छोटा, और भविष्य की चिन्ता में घुट-घुट कर न मरना।

आजादी का अपहरण करनेवाली चाहे सरकार हो या कोई संस्था, परसाई के आजाद मनुष्य ने उसे अपने ऊपर अधिकार नहीं जमाने दिया, इसलिए वे नौकरी के दायरे में आ-आकर छूट जाते रहे। समाज के भीतर पाई जानेवाली दुरंगी चालें उनसे नहीं सही गईं। वे लगातार उन चालों की तहों को देखते गए और उनकी समझ में आया

---

1. तिरछी रेखाएँ, गर्दिश के दिन, पृ. 14-15
2. वही, पृ. 16
3. वही, पृ. 15

कि बदमाशी और धूर्तता के बीज बोनेवाला एक खास तरह का वर्ग होता है। अनुभव ने ही उन्हें इस वर्ग को समझने में सहायता पहुँचाई। परसाई के जीवन का धरातल यथार्थ से सीधे जुड़ा रहा है। जीवन की किसी भी विडम्बना से उन्होंने कभी कोई समझौता नहीं किया। वे किसी कारण अथवा घटना से कभी विचलित नहीं हुए। वे पूरे साहस के साथ परिस्थितियों से साक्षात्कार करते रहे और बड़े होने के नाते परिवार की जिम्मेदारी का निर्वाह पूरी तरह किया। परसाई ने अपने विशिष्ट व्यक्तित्व की रक्षा के लिए एक लक्ष्य बनाया, "मैंने तय किया—परसाई, डरो किसी से मत। डरे कि मरे। सीने को ऊपर-ऊपर कड़ा कर लो। भीतर तुम जो भी हो, जिम्मेदारी को गैर-जिम्मेदारी के साथ निभाओ। जिम्मेदारी को अगर जिम्मेदारी के साथ निभाओगे तो नष्ट हो जाओगे।"[1]

इसी निर्भीक प्रवृत्ति के कारण वे किसी नौकरी में स्थायी रूप से न रह सके। उन्हें जीवन में बड़ी त्रासदी और गम्भीर कठिनाइयों का सामना करना पड़ा। वैयक्तिक धरातल पर विषम अनुभूतियाँ मनुष्य को आत्मकेन्द्रित बनाती हैं। परसाई के साथ भी यही हुआ। अभावग्रस्त आर्थिक स्थिति एवं नैतिक दायित्व के बीच के अन्तराल ने परसाई की संवेदनशीलता को इस हद तक झंकृत किया कि हठात् आत्मसम्मोहन की स्थिति भंग हो गई तथा उन्होंने व्यापक सामाजिक दृष्टि प्राप्त कर ली। अपने गर्दिश के दिनों को याद करते हुए वे स्वीकार करते हैं, "पहले अपने दुःखों के प्रति सम्मोहन था। अपने को दुःखी मानकर और मनवाकर आदमी राहत भी पा लेता है। बहुत लोग अपने लिए बेचारा सुनकर सन्तोष का अनुभव करते हैं। मुझे भी पहले ऐसा लगा पर मैंने देखा, इतने ज्यादा बेचारों में मैं क्या बेचारा। इतने विकट संघर्षों में मेरा क्या संघर्ष।"[2]

दुःख जहाँ सामान्य जनों को तोड़ता है, वहीं विशेष चेतना-सम्पन्न लोगों का परिमार्जन करता है। परसाई के दुःखों ने व्यापक धरातल पर संवेदना एवं सह-अनुभूति का प्रसार किया। सामाजिक दृष्टि निर्मित हुई तथा रुदन-धर्मी संकीर्ण आत्म से बाहर निकल उन्होंने व्यापक सामाजिक भावबोध से अपने को जोड़ा। व्यक्तित्व-विकास हेतु सामाजिक संलग्नता की अनिवार्यता महसूस करते हुए उन्होंने स्वानुभूति का विस्तार किया, "दुःखी और भी हैं। अन्याय-पीड़ित और भी हैं। अनगिनत शोषित हैं। मैं उनमें से एक हूँ। पर मेरे हाथ में कलम है और मैं चेतना-सम्पन्न हूँ।"[3] वैसे भी वे अपने दुःखों को बहुत महत्त्व देने, उन्हें महिमा-मंडित करने और "बड़े लेखक होने के लिए जो 'मार्कशीट' तैयार होती है, उसमें दुःख के विषय में अधिक नम्बर जुड़वाने"[4] के पक्षधर नहीं रहे, "किसी को बड़ा लेखक इसलिए नहीं माना जा सकता कि उसने बहुत दुःख भोगे हैं। सिर्फ हाय-हाय की कूँची से कला में रंग नहीं भरे जाते।"[5]

---

1. तिरछी रेखाएँ, गर्दिश के दिन, पृ. 18
2. वही, पृ. 18-19
3. वही, पृ. 19
4. हम इक उम्र से वाकिफ हैं, क्या कहूँ आज जो..., पृ. 37
5. वही

परसाई के इस सोच में उनकी वैज्ञानिक दृष्टि ही है। वे न तो किवदन्तियों को आँख मूँदकर स्वीकार करते थे और न ही निरुद्देश्य तोड़-फोड़ उनका लक्ष्य था। बनी-बनाई लीक को आँख मूँदकर स्वीकार करने की अपेक्षा उसकी परिवर्तनशीलता तथा प्रगतिशीलता में परसाई का दृढ़ विश्वास था। वे जानते थे कि घटना-विशेष से मानसिकता प्रभावित हो सकती है, किन्तु उसका स्थायी रूप तो लगातार मिलनेवाले अनुभवों तथा अर्थों से बनता है। यही कारण है कि परसाई की चेतना निरन्तर सजग एवं सचेत रहते हुए वस्तु-यथार्थ का विश्लेषण करती रही। वैयक्तिक संघर्ष, पीड़ा तथा अभाव को झेलते हुए भी उनकी व्यंग्य-चेतना विकृत आक्रोश की शिकार नहीं हुई, अपितु सामाजिक सह-अस्तित्व की उदारता प्राप्त करती गई। कबीर की व्यंग्य-चेतना से प्रेरित होकर भी वे एकमात्र कबीरी अन्दाज तक सीमित नहीं। सामाजिक न्याय के लिए 'समझो और लड़ो' का शंखनाद फूँकनेवाले परसाई कबीर को भी पीछे छोड़ जाते हैं। कबीर का व्यंग्य धार्मिक एवं नैतिक दुराग्रहों के खंडन का व्यंग्य है, गुलामी के प्रतिकार का व्यंग्य है; तो परसाई धर्म एवं नीति के साथ-साथ राजनीतिक, आर्थिक विसंगतियों की तह में जाते हैं, स्वाधीन देश के आजाद-मिजाज लोगों का षड्यन्त्र खोलते हैं, "यह अजीब बात है बल्कि षड्यन्त्र है कि जब शोषित लोग लड़ने लगते हैं, तब ही यह शोर हो जाता है कि हिंसा हो रही है। शोषक वर्ग की हिंसा सिर्फ 'लॉ एंड आर्डर प्राब्लम' कहलाती है। शासन की हिंसा संवैधानिक बन जाती है।"[1]

इतिहास साक्षी है कि जब भी प्रशासकगण पथभ्रष्ट हुए हैं, जब भी अधिकारियों ने अपने कर्तव्य की अवहेलना की है, अवाम ने जागृत होकर उनका मार्गदर्शन किया है, उन्हें चुनौतियाँ दी हैं तथा परिवर्तित होने को मजबूर किया है। परसाई इस यथार्थ से, इस जन-शक्ति से परिचित थे। अतः वे व्यक्तित्व-रक्षा एवं चेतना की रक्षा हेतु प्राप्त अनुभवों का विस्तार करते हैं, जन-सामान्य की अस्तित्व-रक्षा एवं चेतना की कठिनाइयों की कल्पना करते हैं तथा उनके संघर्ष के साथ हो लेते हैं, "असंख्य लोग हैं—मजदूर है, किसान हैं, गरीब लोग हैं, जो परिवर्तन के लिए लड़ रहे हैं। यही सफल होंगे, मैं इनके साथ कलम लेकर पैदल चलनेवाला हूँ।"[2]

अपने इस वक्तव्य में परसाई कलम को लड़ाई के हथियार के रूप में स्वीकार करते हैं। दुनिया से लड़ने के लिए ही वे व्यंग्य-लेखन को अपनाते हैं। व्यंग्य लिखते हुए आत्म-चेतना की सन्तुष्टि महसूस करते हैं, साथ ही व्यक्तित्व-रक्षा एवं अस्तित्व की सार्थकता भी। यही सन्तोष, सुरक्षा का भाव उन्हें कोरे आवेश से बचाता है और वे करुणा-संवलित होते हैं। लाखों, करोड़ों साधारण जनों की अस्तित्व-रक्षा की चिन्ता उन्हें चेखव के करुण व्यंग्यों की याद दिलाती है। वर्तमान राजनीति के चलते प्रजातान्त्रिक ढाँचे में आई विसंगतियों, छल और पाखंड ने जीवन-मूल्यों को रौंदा है। अतः "ऐसे पेशेवर राजनीति वाले। ये मुझे खास पसन्द हैं। इनसे मैं प्राणवायु ग्रहण करता हूँ। यह

1. आँखन देखी, सं. कमला प्रसाद, साक्षात्कार, पृ. 36
2. वही, पृ. 37

मेरी निजी ग्रहण-शक्ति है। वरना दूसरों के लिए वे कार्बन-डाईआक्साइड छोड़ते हैं।"[1]

दूसरों के लिए प्राणघातक वायु छोड़नेवाले, परसाई-जैसे सचेत लोगों की प्रेरणा बनते हैं। अर्थात् जो भी जीवन-जगत का शत्रु है, वह व्यंग्यकारों की शक्ति बनता है। इन शत्रुओं से वे प्राण-वायु प्राप्त करते हैं और जनता के पक्षधर हो जनता की शक्ति बनते हैं। सद्‌मार्ग पर चलनेवालों का संबल बनते हैं, उनकी नैतिकता और ईमानदारी का समर्थन करते हैं। जीवन के अभावग्रस्त संघर्ष का सामान्यीकरण करते हुए परसाई कहते हैं, "अपने से बाहर निकलकर सबमें मिल जाने से व्यक्तित्व और विशिष्टता की हानि नहीं होती, लाभ ही होता है। अपने से बाहर निकलो। देखो, समझो और हँसो।"[2]

निजी अनुभूतियों के व्यापक प्रभाव की चर्चा करते हुए वे सहज ही वर्तमान जीवन की आत्मकेन्द्रित वृत्ति पर प्रहार करते हैं। जीवन-जगत से प्राप्त अनुभवों की अभिव्यक्ति समाज में बाँटने की वस्तु है, परिस्थिति-विशेष से मिले अनुभव का ज्ञान यदि हम अपने तक ही सीमित रखें तो पशु और हम में अन्तर ही क्या रह जाएगा ? अपने को विस्तार देकर ही हम मानव-जीवन को सार्थक बना सकते हैं। परसाई ने भी अपने को विस्तार दिया और इसी से उनके व्यंग्य-लेखक का जन्म हुआ।[3]

अभिव्यक्ति की विशेष प्रतिभा ने उनके व्यक्तित्व को एक असाधारण लेखक का रूप दिया। उन्होंने सायास अपने लेखक को एक प्रतिबद्ध सामाजिक लेखक के रूप में प्रतिष्ठित किया। बाहर संसार से उनका कठिन संघर्ष उनकी सामाजिक आर्थिक परिस्थिति के कारण था। किन्तु उनका आत्मसंघर्ष अभिव्यक्ति का विकट आत्मसंघर्ष था। इसके बावजूद उन्होंने अपने-आपको समाज से अलग-थलग व्यक्ति के रूप में विशिष्ट नहीं बनाया, बल्कि इसके विपरीत अपनी प्रतिभा के समूचे वैशिष्ट्य का साधारणीकरण करते हुए अपने को एक सामाजिक मनुष्य के रूप में ही सामने रखा। समाज के संघर्ष ने उन्हें अनुभव दिया और अनुभव के विश्लेषण ने उन्हें दृष्टि दी। आत्मसंघर्ष ने उन्हें लेखक बनाया और उन्होंने अपनी इस असाधारण उपलब्धि को समाज को वापस लौटा दिया, लेखन के रूप में। यह समाज के सच्चे लेखक की जीवन-भूमिका का दस्तावेज है।

परसाई का रचनाधर्मी व्यक्तित्व 'वसुधा' के प्रकाशन से सामने आया। 'वसुधा' ने परसाई की पहचान न केवल अच्छे सम्पादक के रूप में कराई, वरन् उन्हें अच्छे रचनाकार के रूप में भी स्थापित किया।

रचनाकार के रूप में परसाई के दो गहरे साथी थे—कबीर और मुक्तिबोध। कबीर की अक्खड़ता को उन्होंने उसी तरह आत्मसात् किया, जैसे निराला ने तुलसीदास को किया था। कबीर उनके व्यक्तित्व में लीन थे। बार-बार वह हाजिर होते थे। कई बार इस शोधकर्ता ने परसाई को तनाव के क्षणों में कबीर की पंक्तियाँ—हम न मरिहै, मरिहै

1. तुलसीदास चन्दन घिसैं, पृ. 21
2. तिरछी रेखाएँ, गर्दिश के दिन, पृ. 18
3. वही, पृ. 19

संसारा', 'जो घर जारै आपना, सो चलै हमारे साथ' अथवा 'सब कहते कागद की लेखी, मैं कहता आँखिन देखी' दुहराते हुए पाया। इन पंक्तियों को दुहराते हुए उनका चेहरा लाल होता था–शरीर में तेज और अकड़। कोई भी महसूस कर सकता था कि भीतर समाज के सबसे बड़े दुश्मन से संघर्ष जारी है। परसाई ने 'सुनो भाई साधो', 'कबिरा खड़ा बाजार में', 'माटी कहे कुम्हार से' जैसे कॉलमों में कबीर की विरासत को ही तो आगे बढ़ाया था।

परसाई की वर्ग-शत्रुता की पहचान बेहद बारीक थी। वे हमेशा सजग रहते थे। मुक्तिबोध की तरह वे निरन्तर अपने चारों ओर दुश्मन का जाल देखते। हर समय दुश्मन उनकी आँखों के सामने नाचता रहता। किन्तु विशेषता यह कि मुक्तिबोध और परसाई दोनों ने ही असुरक्षा की इस ग्रन्थि को निजता से उबारकर उसका रचनात्मक रूपान्तरण किया। रचनात्मक रूपान्तरण न होता, तो वर्ग-दृष्टि ही क्यों प्रामाणिक होती ? तब उनकी असुरक्षा की भावना निजी स्वार्थ से प्रेरित होती। दोनों लेखकों का वर्ग-चरित्र और जिन्दगी के संघर्ष के आयाम लगभग मिलते-जुलते रहे, इसलिए दोनों अटूट दोस्त थे।

परसाई में जो मस्ती साहित्य और राजनीति में दिखाई देती थी, उसका बहुत बड़ा हिस्सा पंडित भवानी प्रसाद तिवारी की देन था। उन्हें समाजवादी विचारधारा के निकट लाने का श्रेय भी पंडित तिवारी को था। तन और मन के उजले पंडित तिवारी के साथ रहकर परसाई ने अपने भीतर की कुंठा के हर काले धब्बे को धो दिया और स्निग्ध चाँदनी की शीतलता को मन से लेकर अपनी बौद्धिकता के प्रखर सूर्य की रोशनी के साथ सामाजिक यथार्थ की तंग और विस्तृत गलियों में बेखटके फेरे लगाने लगे। वे तिलमिलाने की सीमा तक आघात करने को तत्पर रहते थे पर मर्मान्तक प्रहार वे नहीं कर सकते थे, क्योंकि सामाजिक यथार्थ से परिचित थे। द्वन्द्वात्मक समाज-विकास के ज्ञान ने परसाई को घृणा, आक्रोश और क्रोध से दूर कर दिया और इनके स्थान पर उनके हृदय में परिस्थितियों की विवशता के बीच कराहती मानवता के प्रति ऐसी सहानुभूति उभर आई, जिसमें संघर्ष और निर्माण की शक्ति थी। उन्होंने स्विफ्ट के व्यंग्य की कटुता को तिलांजलि देकर डिकंस की भावात्मक व्यंग्य-शैली अपनाई। वे अपने पात्रों की दुर्बलता को उभारने से कहीं नहीं चूकते, पर उन्हें उपहास अथवा घृणा का पात्र नहीं बनने देते। उनमें वे एक समूचे वर्ग की दुर्बलता अथवा खोट को सामने लाकर रख देते। उनके व्यंग्यों में अंकित अधिकांश पात्र उनके आसपास के ही हैं। वे व्यक्ति या घटना को पकड़कर एक ऐसा सर्वमान्य ताना-बाना बुनते कि उससे समूचे समाज और सभ्यता का खोखलापन बाहर आ जाता।

परसाई समाज की रचना और उसके विकास-क्रम को कार्ल मार्क्स की वैज्ञानिक दृष्टि से देखते थे। पंडित भवानी प्रसाद तिवारी के सम्पर्क में वे समाजवाद के पक्षधर बने, पर भारतीय समाजवादियों की नीति-रीति से उनका विरोध 1952 के प्रथम आम चुनाव के बाद ही शुरू हो गया और तब उनका सम्पर्क स्थानीय साम्यवादी नेताओं से हुआ, जिनमें सृष्टिधर मुकर्जी और पी. के. ठाकुर विशेष रूप से उल्लेखनीय हैं, जिन्होंने

परसाई को कम्युनिस्ट विचारधारा के मध्य में लाकर खड़ा कर दिया। उसी काल में प्रगतिशील लेखक संघ के लेखकों और आलोचकों ने भी परसाई को विशेष प्रभावित किया। हिन्दी के डॉ. रामविलास शर्मा, शिवदान सिंह चौहान, अमृतराय तथा मुक्तिबोध के अलावा रूसी एवं अन्य पाश्चात्य लेखकों ने भी परसाई की साम्यवादी विचारधारा को पुख्ता बनाया।

साहित्य और राजनीति में परसाई विचारों से बँध गए, पर पार्टी से नहीं। न राजनेताओं की पार्टी से और न साहित्यकारों की पार्टी से। एक तरफ जहाँ उनका विश्वास था, "समाज में मानवीय सम्बन्धों का न्यायपूर्ण हल मार्क्सवाद ने ही दिया है,"[1] तो दूसरी ओर वे यह भी स्वीकार करते थे कि "कोई चिन्तन अन्तिम चिन्तन नहीं होता। ऐसा हो जाए तो मनुष्य और गधे में कोई अन्तर नहीं रहेगा।"[2] अतः वे अनुभव को सर्वोपरि मानते थे और दर्शन की अनुभव से सम्बद्धता अनिवार्य समझते थे, "दर्शन को अनुभव से जोड़ना जरूरी है। अनुभव ही लेखक का ईश्वर होता है।"[3] रचना के लिए अनुभव के महत्त्व को रेखांकित करते हुए वे लिखते हैं, "रचना के सत्य को समय और इतिहास के सत्य से जोड़कर जो कीमती अनुभव परिपक्व होता है, वह अनुभव एक स्थिति में पहुँचकर एक जीवन्त और प्रामाणिक इतिहास बन जाता है। रचना का सत्य जीवन में अर्थ की खोज है।"[4] अपने दृष्टिकोण को और स्पष्ट करते हुए वे लिखते हैं, "मैं मार्क्सवादी हूँ, पर बेवकूफ मार्क्सवादी नहीं हूँ।...मैं मार्क्स की इतिहास की व्याख्या मानता हूँ। पर यह भी मानता हूँ कि मानव-नियति आगे बढ़ेगी। निश्चित रूप से मैं वैज्ञानिक समाजवादी हूँ।"[5]

परसाई की दृष्टि में विचार के बिना कर्म के प्रति सच्ची निष्ठा सम्भव नहीं है। जीवन की व्याख्या के लिए एक विचारधारा की अनिवार्यता बताते हुए वे लिखते हैं, "एक ही बात की व्याख्या भिन्न-भिन्न लोगों के लिए भिन्न-भिन्न होती है। इसलिए एक विचारधारा जरूरी है, जिससे जीवन का ठीक विश्लेषण हो सके और ठीक निष्कर्षों पर पहुँचा जा सके। इसके बिना लेखक गलत निष्कर्षों का शिकार हो जाता है। मेरा विश्वास मार्क्सवाद में है। इस बौद्धिक विश्लेषण, बौद्धिक विश्वास के साथ ही मेरी संवेदना भी तय हो जाती है। यहीं से प्रतिबद्ध लेखन का विवादास्पद प्रश्न खड़ा हो जाता है। प्रतिबद्ध लेखन को जो पार्टी-लेखन मानते हैं, वे अनजाने या जान-बूझकर भूल करते हैं। प्रतिबद्धता एक गहरी चीज है, जो इस बात से तय होती है कि समाज में जो द्वन्द्व है, उसमें लेखक किस तरफ खड़ा है—पीड़ितों के साथ या पीड़कों के साथ। कोई यह स्वीकार नहीं करेगा कि वह पीड़कों के साथ है। पर यदि वह अपने को किनारे की

1. आँखन देखी, सं. कमला प्रसाद, एक अन्तरंग बातचीत, पृ. 44
2. वही
3. मेरी श्रेष्ठ व्यंग्य-रचनाएँ, लेखक की बात, पृ. 6
4. माटी कहे कुम्हार से, पृ. 77
5. आँखन देखी, सं. कमला प्रसाद, एक अन्तरंग बातचीत, पृ. 43

या बीच की स्थिति में रख लेता है, तो निश्चित रूप से पीड़कों का साथ देता है। अपने पक्ष के निर्वाचन से कोई बचाव नहीं, सिवा छल के।''[1] और व्यंग्य-लेखक के लिए तो यह पक्षधरता नितान्त अनिवार्य है, जिसे रेखांकित करते हुए परसाई लिखते हैं, ''जो जीवन से तटस्थ है, वह व्यंग्य-लेखक नहीं, 'जोकर' है। कोई भी सच्चा व्यंग्य-लेखक सामाजिक संघर्षों के सन्दर्भ से कटकर नहीं रह सकता। आखिर व्यंग्य किस पर किया जाएगा, उन्हीं पर न जो समाज में झूठ, पाखंड, अन्याय, असंगति पैदा करते हैं। फिर व्यंग्य-लेखक तटस्थ कैसे रहेगा ? उसे संपृक्त होना ही पड़ेगा। बिना सामाजिक संघर्ष में शामिल हुए व्यंग्य नहीं लिखा जा सकता—गैरजिम्मेदारी का मसखरापन (ही) किया जा सकता है।''[2]

जिम्मेदारी का यह एहसास और पीड़ितों-शोषितों के साथ सहानुभूति ही व्यंग्य को एक गम्भीर कर्म का दर्जा देती है। इनके अभाव में निरुद्देश्य और हल्के मनोरंजन से भरपूर हास्य ही लिखा जा सकता है।

सुचिन्तित वैचारिकता के अभाव में लेखक दलित दमित-पीड़ित-शोषित पर ही प्रहार करने लगता है, जैसे—स्त्री, नौकर आदि। परसाई लिखते हैं, ''स्त्री से मजाक एक बात है और स्त्री का उपहास दूसरी बात। हमारे समाज में कुचले हुए का उपहास किया जाता है। स्त्री आर्थिक रूप से गुलाम रही, उसका कोई व्यक्तित्व नहीं बनने दिया गया, वह अशिक्षित रही, ऐसी रही—तब उसकी हीनता का मजाक करना 'सेफ' हो गया। पत्नी के पक्ष के सब लोग हीन और उपहास के पात्र हो गए—खासकर साला, गो हर आदमी किसी-न-किसी का साला होता है। इसी तरह घर का नौकर सामन्ती परिवारों में मनोरंजन का माध्यम होता है। उत्तर भारत के सामन्ती परिवारों की परदानशीन दमित रईसजादियों का मनोरंजन घर के नौकर का उपहास करके होता है। जो जितना मूर्ख, सनकी और पौरुषहीन हो, वह नौकर उतना ही दिलचस्प होता है। इसलिए सिकन्दर मियाँ चाहे काफी बुद्धिमान हों, मगर जानबूझकर बेवकूफ बन जाते हैं क्योंकि उनका ऐसा होना नौकरी को सुरक्षित रखता है। सलमा सिद्दीकी ने 'सिकन्दरनामा' में ऐसे ही पारिवारिक नौकर की कहानी लिखी है। मैं सोचता हूँ, सिकन्दर मियाँ अपनी नजर से उस परिवार की कहानी कहें तो और अच्छा हो।''[3]

यही कारण है कि इस समय एक ओर जहाँ सार्थक और सोद्देश्य व्यंग्य-रचनाएँ सामने आई हैं, वहीं व्यंग्य के नाम पर घटिया, फूहड़, विचारहीन लेखन भी खूब हुआ है। इसका विश्लेषण करते हुए परसाई कहते हैं, ''यह सही है कि बहुत कुछ जो व्यंग्य और विनोद के नाम पर लिखा जा रहा है, तीव्र सामाजिक चेतना से हीन है। इसमें गुदगुदाने और हँसाने की प्रवृत्ति ही देखी जाती है। कुछ लेखक अर्थसत्ता और राज्यसत्ता की मुँहदेखी भी करते हैं। कुछ लेखक बहुत अच्छे हैं, मगर ऊँची सरकारी नौकरी पर

1. आँखन देखी, सं. कमला प्रसाद, आत्मकथ्य, पृ. 31
2. वही, एक अन्तरंग बातचीत, पृ. 44
3. सदाचार का ताबीज, कैफियत, पृ. 7

हैं। वे तो मेरी तरह नौकरी खोने का खतरा नहीं ले सकते। कुछ लेखक निश्चित रूप से और जान-बूझकर शोषक वर्ग के समर्थन में लिखते हैं। ये भी व्यंग्य लिखते हैं, पर इनकी चोट जनवादी शक्तियों पर होती है, ये धन और सुरक्षा के लिए ऐसा करते हैं। कुछ लेखक हैं जो लोकप्रिय भी हैं, जिनकी भाषा सधी हुई हैं, खूब पढ़े भी जाते हैं, लेकिन सामाजिक-राजनैतिक रूप से मूर्ख हैं। परन्तु नई पीढ़ी के लेखकों में मैंने देखा है कि तीव्र सामाजिक चेतना आ रही है, वे लेखन को केवल मनोरंजन नहीं मानते। उनमें वर्ग-चेतना भी है।''[1]

हास्य-विनोद और सामाजिक चेतना से युक्त व्यंग्य का फर्क बताते हुए परसाई लिखते हैं, ''हास्य-विनोद अच्छी चीजें हैं। हँसना स्वास्थ्य का लक्षण है, पर हर बात पर हँसना गैर-जिम्मेदारी और मूर्खता है। जीवन में हर बात पर हँसी नहीं आती। किसी बात पर करुणा पैदा होती है, किसी से घृणा होती है, किसी से क्रोध होता है। इसलिए केवल विनोद और हास्य का लहजा गैर-जिम्मेदारी का काम है। कोई हास्य-लेखक पीटनेवाले पर भी हँसे कि कैसे मजे में पीट रहा है और पिटनेवाले पर भी हँसे कि कैसे मजे से पिट रहा है, तो ऐसे लेखक को आप क्या कहेंगे ?...यह समझ चाहिए कि क्या हँसने लायक है, क्या रोने लायक है अर्थात् सहानुभूति तय होनी चाहिए, इसके लिए लेखक को ठिठोली और छिछोरापन छोड़ करके सामाजिक जीवन में अपने को शामिल करना होता है, उसकी सम्बद्धता होनी चाहिए, यहीं से मात्र हास्य-विनोद और सामाजिक चेतना-सम्पन्न व्यंग्य अलग हो जाता है।''[2]

एक व्यापक परिप्रेक्ष्य में व्यंग्य की व्याख्या करते हुए परसाई लिखते हैं, ''आज सारी दुनिया में व्यंग्य साहित्य का मूल स्वर है। बुर्जुआ समाज में बेहद विसंगतियाँ हैं– परिवार से लेकर राष्ट्र के मंत्रिमंडल तक। भ्रष्टाचार, अन्याय, शोषण, मिथ्याचार, पाखंड है। व्यंग्य इन सबके अन्वेषण और उद्‌घाटन का माध्यम है।''[3]

पारिवारिक जीवन से लेकर सामाजिक एवं राष्ट्रीय जीवन की विसंगतियाँ परसाई की चेतना को झंकृत करती हैं, उसमें खलबलाहट पैदा करती हैं। भीतर की इस खलबलाहट, इस बवंडर को वे व्यापक धरातल पर अभिव्यक्ति देते हैं और यह अभिव्यक्ति व्यंग्य का स्वरूप धारण कर लेती है, ''सही व्यंग्य व्यापक जीवन-परिवेश को समझने से आता है। व्यापक सामाजिक, आर्थिक, राजनीतिक परिवेश की विसंगति, मिथ्याचार, असामंजस्य, अन्याय आदि की तह में जाना, कारणों का विश्लेषण करना, उन्हें सही परिप्रेक्ष्य में देखना–इससे सही व्यंग्य बनता है। जरूरी नहीं है कि व्यंग्य में हँसी आए। यदि व्यंग्य चेतना को झकझोर देता है, विद्रूप को सामने खड़ा कर देता है, आत्म-साक्षात्कार कराता है, सोचने को बाध्य करता है, व्यवस्था की सड़ाँध को इंगित

1. आँखन देखी, सं. कमला प्रसाद, साक्षात्कार, पृ. 38
2. वही, पृ. 34
3. मेरी श्रेष्ठ व्यंग्य-रचनाएँ, लेखक की बात, पृ. 13

करता है और परिवर्तन की ओर प्रेरित करता है तो वह सफल व्यंग्य है। जितना व्यापक परिवेश होगा, जितनी गहरी विसंगति होगी और जितनी तिलमिलाहट देनेवाली अभिव्यक्ति होगी, व्यंग्य उतना ही सार्थक होगा।''[1]

किन्तु परसाई के व्यंग्य की यह तिलमिलाहट अमानवीय आचरण के प्रति होती है, मानवीय आस्थाओं एवं विश्वास के प्रति तो उनके भीतर अजस्र करुणा की धारा है, ''कुछ लोग कहते हैं कि व्यंग्य में कटुता होती है। कुछ तो यहाँ तक कहते हैं कि व्यंग्य अमानवीय होता है। सही व्यंग्य-लेखक में कटुता आ जाए, यह अलग बात है। एक सचेत लेखक यदि गलत और घातक व्यवस्था के प्रति कटु है तो यह कटुता पवित्र है। पर व्यंग्य-लेखक किसी व्यक्ति से नाराज होकर उसे कलम से नहीं पीटता।...जहाँ तक मानवीयता का प्रश्न है, यदि व्यंग्य-लेखक को मानव-जीवन से गहरा सरोकार न हो तो वह क्यों रोए कि मेरे भाई, तुममें यह बुराई है। तुम अच्छे हो जाओ।[2]...अच्छा व्यंग्य सहानुभूति का सबसे उत्कृष्ट रूप होता है।''[3]

तात्पर्य यह कि परसाई का यह आक्रामक व्यंग्य उनके भीतर का क्रन्दन ही है, जो व्यवस्था की सड़ाँध से क्षुब्ध है। आज का जीवन व्यापक धरातल पर विसंगतियों, ओछेपन, कमीनेपन और पाखंड से पूर्ण है। इनकी यथातथ्यात्मक अभिव्यक्ति स्वतः ही कटुता अपने साथ ले आती है, क्योंकि जो हो रहा है, गलत हो रहा है। जब भी सचेत लेखक समाज और जीवन की आँखों में उँगली डालकर उन्हें उनकी विसंगतियाँ दर्शाने लगता है, तो उसमें एक स्वाभाविक कटुता आ ही जाती है। यह कटुता यदि अप्रिय है, तो निस्सन्देह आज का जीवन कटुतर है। सचेत लेखक की गलत के प्रति कटुता पवित्र इसलिए होती है क्योंकि वह पवित्र आस्थाओं के पुनः स्थापन का आग्रह लिये होती है। अपनी रचनाओं का विश्लेषण करते हुए परसाई कहते हैं, ''मेरी रचनाएँ पढ़कर हँसी आ जाना प्रासंगिक है—मेरा यथेष्ट नहीं। और चीजों की तरह मैं व्यंग्य को उपहास, मखौल न मानकर, एक गम्भीर 'चीज' मानता हूँ। साहित्य के मूल्य जीवन-मूल्यों से बनते हैं। वे रचनाकार के एकदम अन्तर से पैदा नहीं होते।...तो जीवन जैसा है, उससे बेहतर होना चाहिए। तो फिर जो जीवन लेखक देखता है, उसमें कहाँ-कहाँ खोट है, कहाँ-कहाँ एकदम परिवर्तन चाहिए। कौन से मूल्य गलत हैं, और उन्हें नष्ट होना चाहिए। किन परम्पराओं को हम कैंसर की तरह पाले हैं, कहाँ विसंगति, अन्याय, मिथ्याचार, शोषण, पाखंड, दोमुँहापन आदि है। मैं कोशिश करता हूँ कि इन्हें देखूँ, गहरे जाकर इनका अन्वेषण करूँ, उन्हें अर्थ दूँ, कारण खोजूँ और फिर ऐसे अनुभव को विश्लेषित करके रचनात्मक चेतना का अंग बनाकर कुछ इस तरह से कह दूँ कि एक तथ्य ताकत के साथ उद्घाटित हो जाए। मैं जीवन-समीक्षा और अपने से साक्षात्कार के उद्देश्य से यह करता हूँ।''[4]

---

1. मेरी श्रेष्ठ व्यंग्य रचनाएँ, लेखक की बात, पृ. 10-11
2 आँखन देखी, सं. कमला प्रसाद, आत्मकथ्य, पृ. 31
3. सदाचार का ताबीज, कैफियत, पृ. 9
4. आँखन देखी, सं. कमला प्रसाद, आत्मकथ्य, पृ. 30

परसाई के इस वक्तव्य से स्पष्ट है कि उनकी रचनाओं में वर्णित विसंगतियाँ काल्पनिक विसंगतियाँ नहीं, अपितु जीवन की समीक्षात्मक विसंगतियाँ हैं। अपने चारों ओर के जीवन में जहाँ कहीं उन्हें छल, कपट, पाखंड, दोमुँहापन नजर आया, वे उसकी तह में गए, उसके कारणों की पड़ताल की, और फिर अपने इस विश्लेषण को रचनात्मक चेतना का अंग बनाकर प्रभावी रूप से व्यक्त किया। प्रभावी इसलिए कि विषम कारणों को जानने के बाद भी पाठक यथावत् न बना रहे बल्कि उसकी चेतना में कोई हलचल हो, कोई बौखलाहटपूर्ण प्रतिक्रिया हो और कम-से-कम उस क्षण के लिए उसके मन में परिवर्तन की कामना जरूर जागे। परिवर्तन की कामना जगाना ही परसाई के व्यंग्य का प्रयोजन है क्योंकि वे जानते हैं, कोई लेखक अपनी रचना मात्र से सामाजिक संरचना को बदल नहीं सकता, बदलाव की उत्कंठा-भर पैदा कर सकता है, ताकि सामाजिकों की आन्तरिक बेचैनी बनी रहे। लेखक की बेचैनी की सीमा सामाजिकों की आन्तरिक बेचैनी तक है, जबकि सामाजिकों की बेचैनी सम्पूर्ण व्यवस्था, तन्त्र के लिए चुनौती बन सकती है। अतः परसाई स्वीकार करते हैं कि वे सुधारवादी नहीं, बल्कि परिवर्तनकामी हैं, "हम लेखक कुल इतना कर सकते हैं कि इस व्यवस्था की सड़ाँध को उजागर करें और परिवर्तन की चेतना का निर्माण करें।"[1] वे आगे कहते हैं, "परिवर्तन के लिए एक व्यापक आन्दोलन की आवश्यकता है। यह आन्दोलन उन असंख्य मजदूर, किसान एवं गरीबों की ओर से होगा जो परिवर्तन के लिए लड़ रहे हैं। मैं तो इन सबके साथ कलम लेकर पैदल चलने-भर की भूमिका निभा सकता हूँ।"[2] जीवन से चुने हुए पात्रों का वे गहन अध्ययन करते हैं, जो वस्तुगत विश्लेषण में व्यंग्य-चरित्रों का रूप धारण कर लेते हैं।[3] इसलिए व्यंग्य परसाई के लिए मन-बहलाव का सस्ता साधन मात्र नहीं, अपितु एक रचनात्मक कार्य है, "व्यंग्य एक पॉजिटिव 'चीज' है, उसे नकारात्मक नहीं मानना चाहिए। व्यंग्य-लेखक यही तो बताता है कि समाज में यह बुरा है, यह असंगत है, यह अकल्याणकारी है। वह ऐसा इसलिए करता है क्योंकि वह दुखी है कि इतना बुरा क्यों हुआ ? वह एक बेहतर समाज-व्यवस्था के प्रति आस्था रखता है, इसलिए जो बुराई आज उसे दिखती है, उन्हें इंगित करता है।"[4]

परसाई कथ्य की आत्मा को महत्त्व देते हुए विराट अनुभूति की सहज अभिव्यक्ति पर बल देते हैं। इसलिए वे व्यंग्य को विधा के रूप में नहीं, अपितु विधाओं की आत्मा के रूप में देखते हैं, "व्यंग्य कोई विधा नहीं है। इसका अपना कोई 'स्ट्रक्चर' नहीं है। यह एक 'स्पिरिट' है, जो हर विधा में आ सकती है।"[5]

परसाई की यह धारणा गलत नहीं है। व्यंग्य में यह शक्ति है कि वह एक 'स्पिरिट'

---

1. आँखन देखी, सं. कमला प्रसाद, साक्षात्कार, पृ. 36
2. वही, पृ. 37-38
3. वही, एक अन्तरंग बातचीत, पृ. 45-46
4. वही, साक्षात्कार, पृ. 34
5. वही

के रूप में, शैली के रूप में सभी विधाओं में आ सकता है। किन्तु इसके साथ-साथ व्यंग्य विधा भी है, यह हम पीछे देख आए हैं।[1] वैसे प्रकारान्तर से परसाई स्वयं भी इसे स्वीकार कर लेते हैं, जब वे कहते हैं कि ''कहानी के साथ ही मैं शुरू से निबन्ध भी लिखता रहा हूँ और यह विधा अपनी प्रकृतिगत स्वच्छन्दता और व्यापकता के कारण मुझे बहुत अनुकूल भी प्रतीत हुई...निबन्ध लिखते हुए मुझे सार्थकता और सन्तोष का अनुभव हुआ है। मुख्य रूप से मैंने कहानियाँ लिखी हैं–गो इसमें भी मतभेद है कि वे शास्त्रीय मान से कहानियाँ हैं भी या नहीं। बहुत बारीक समझ के लोगों ने कहा भी है कि वे 'चीजें' मन पर असर तो डालती हैं, याद भी रहती हैं, गूँजती भी हैं...मगर उनके कहानी में शक होता है। होता होगा। अपने पैर में जो जूता फिट न बैठे, उसे कोई जूता ही नहीं मानता। वे भूल जाते हैं कि कुछ जूते सिर के नाप के भी बनाए जाते हैं।''[2]

स्पष्ट हो जाता है कि व्यंग्य की 'स्पिरिट' से लिखा गया निबन्ध शास्त्रीय पैमाने पर निबन्ध नहीं रहता, न कहानी ही कहानी रह जाती है, उनमें मौलिक संरचनात्मक परिवर्तन हो जाता है। जो जूता, जूता होते हुए भी पैर में न बैठे, सिर पे बैठे (पड़े), उसे जूता नहीं कहा जा सकता। वह व्यंग्य हो जाता है।

इस प्रकार परसाई की नजर में व्यंग्य जीवन की व्यापक समझ से उपजा वह वैज्ञानिक दृष्टिकोण है, जो हंसवत् सत्-असत् का निर्णय करता है। वह असत् के परिवर्तन की प्रेरणा देता है, तो सत् को अपनाने का जोरदार आग्रह भी करता है। वह वैयक्तिक अनुभूतियों को ईमानदारी के साथ सामाजिक अनुभूतियों से सम्बद्ध करने की प्रेरणा देता है, क्योंकि लोकतन्त्र का सबसे बड़ा नागरिक कर्त्तव्य सह-अस्तित्व एवं सह-अनुभूति को बनाए रखना है। इस प्रकार व्यंग्य की यह सम्बद्धता या प्रतिबद्धता किसी दुराग्रह की शिकार नहीं, अपितु विशुद्ध मानवीय प्रतिबद्धता है। किसी भी घटना या चरित्र के प्रति व्यंग्य-लेखक भावुक नहीं होता, बल्कि निरपेक्ष रूप से उसे रचनात्मक स्पर्श प्रदान करता है। इस प्रकार, परसाई की दृष्टि में व्यंग्य मानवीय करुणा एवं शुभचिन्ता का उच्च शिखर है।

10 अगस्त 1995 को परसाई हमारे बीच नहीं रहे। किन्तु उनका अद्वितीय व्यंग्य-लेखन उन्हें सदैव अमर रखेगा और दुःखित-पीड़ित मानवता का सम्बल बन उनकी मौत को झुठलाता रहेगा।

रचना-संसार

परसाई की अधिकांश कृतियाँ उनकी रचनावली (1985) के विभिन्न खंडों में संगृहीत

1. अध्याय 1, व्यंग्यविधा या शैली ? पृ. 66-72
2. बेईमानी की परत, ये निबन्ध

हैं। रचनावली के प्रकाशन से पूर्व और पश्चात् व्यंग्य-विधा में अब तक उनका 1 व्यंग्य-उपन्यास, 27 व्यंग्य-संकलन और 2 प्रतिनिधि व्यंग्य-रचनाओं के संकलन प्रकाशित हुए, जो इस प्रकार हैं :

1. हँसते हैं रोते हैं (व्यंग्य-संकलन, 1951)
2. तब की बात और थी (वही, 1956)
3. भूत के पाँव पीछे (वही, 1961)
4. जैसे उनके दिन फिरे (वही, 1964)
5. सुनो भाई साधो (वही, 1965)
6. बेईमानी परत (वही, 1965)
7. पगडंडियों का जमाना (वही, 1966)
8. सदाचार का ताबीज (वही, 1967)
9. निठल्ले की डायरी (वही, 1968)
10. उल्टी-सीधी (वही, 1968)
11. और अन्त में (वही, 1968)
12. रानी नागफनी की कहानी (व्यंग्य-उपन्यास, 1969)
13. बोलती रेखाएँ (व्यंग्य-संकलन, 1969)
14. शिकायत मुझे भी है (वही, 1970)
15. ठिठुरता हुआ गणतन्त्र (वही, 1970)
16. तिरछी रेखाएँ (वही, 1972)
17. अपनी-अपनी बीमारी (वही, 1973)
18. एक लड़की, पाँच दीवाने (वही, 1973)
19. मेरी श्रेष्ठ व्यंग्य-रचनाएँ (प्रतिनिधि व्यंग्य-रचनाओं का संकलन, 1976)
20. वैष्णव की फिसलन (व्यंग्य-संकलन, 1976)
21. माटी कहे कुम्हार से (वही, 1979)
22. विकलांग श्रद्धा का दौर (वही, 1980)
23. पाखंड का अध्यात्म (वही, 1982)
24. दो नाकवाले लोग (वही, 1983)
25. काग भगोड़ा (वही, 1983)
26. प्रतिनिधि व्यंग्य (प्रतिनिधि व्यंग्य-रचनाओं का संकलन, 1983)
27. तुलसीदास चन्दन घिसैं (व्यंग्य-संकलन, 1986)
28. कहत कबीर (वही, 1987)
29. ऐसा भी सोचा जाता है (वही, 1993)
30. हम इक उम्र से वाकिफ हैं (वही, 1994)

इसके अलावा, उनके एक आरम्भिक उपन्यास 'तट की खोज' में भी उनकी व्यंग्य-प्रतिभा झलक मारती है।

प्रतिफलन और परीक्षण

व्यंग्य-रचनाओं के सन्दर्भ में अभिव्यक्त परसाई की व्यंग्य-विषयक धारणा एवं आधार-भूमि को उनकी व्यंग्य-कृतियों में प्रतिफलित हुआ देखा जा सकता है। परसाई स्वाधीन भारत के एक ऐसे अग्निधर्मा सचेत व्यंग्यकार हैं, जिन्होंने जन-जन की आशा, आकांक्षा, जीवन-संघर्ष एवं सम्भावनाओं को नजदीक से देखा-परखा एवं अभिव्यक्त किया है। परसाई के व्यंग्य को पढ़ते हुए सहज ही महसूस किया जा सकता है कि उसमें आदमी की जिन्दगी, उसका अभाव एवं संघर्ष ईमानदारी के साथ व्यक्त हुआ है। वैयक्तिक दुःख के सम्मोहन-जाल से निकल परसाई लोक-जीवन से तादात्म्य स्थापित करते हैं। वे राजनीतिक और सांस्कृतिक जीवन के अन्तर्विरोध को उसकी सम्पूर्ण इयत्ता में परखते हैं तथा उसके भीतर निहित यथार्थ को पूर्ण निर्ममता के साथ बिना किसी लाग-लपेट के बेनकाब करते हैं। परसाई की सबसे बड़ी विशेषता यह है कि वे विश्व की सम्पूर्ण मानवीय चेतना के साथ एकाकार हो जाते हैं। वे अपने लेखन की शुरुआत ही मानवीय संवेदनाओं को परखने एवं तराशने का उद्देश्य सामने रखकर करते हैं। आजादी के बाद से मानवीय संवेदनाओं और एहसास का स्वरूप परिवर्तित ही नहीं हुआ है, अपितु विखंडित एवं विक्षत भी हुआ है। समाज की जिन्दादिली, साहस एवं फटकार का स्थान निरन्तर मृतप्राय मान्यताओं, कायरता एवं समझौतापरस्ती ने लेना शुरू कर दिया। धीरे-धीरे स्थिति ऐसी आई कि प्रकृति का नियामक एवं संचालक मनुष्य इन्हीं परिस्थितियों का नमित दास बनकर रह गया। विशेषकर आम आदमी से 'खास' या 'बड़ा' बनने की इच्छा मध्यवर्गीय आदमी की आदमीयत पर निर्मम प्रहार करती है। इसके कारण वह चरित्रहीन, अवसरवादी मात्र बनकर रह जाता है। परसाई इस विसंगति एवं विडम्बना का बहुआयामी अध्ययन एवं विश्लेषण करते हैं। आजादी के तुरन्त बाद से घटित घातक स्थितियों के भीतर निहित यथार्थ को व्यापकता और गहराई के साथ बेनकाब करते हैं। सत्ता के हस्तान्तरण के रूप में भारत को राजनीतिक आजादी तो मिली, किन्तु विदेशियों द्वारा प्रसारित एवं प्रचारित पूँजीवादी आर्थिक और सामाजिक व्यवस्था का शोषक एवं दमनकारी तन्त्र बरकरार रहा। फर्क सिर्फ सत्ताधारियों के स्वरूप का है। स्वतन्त्रता-पूर्व भारतीय जनता विदेशियों के शोषण-तन्त्र से त्रस्त थी, तो स्वतन्त्रता-प्राप्ति के बाद यह तन्त्र अपने ही सत्ताधारियों एवं नेताओं के हाथ में आ गया। परिणामतः सम्पूर्ण आजादी 'ट्रांसफर ऑफ डिश' के अतिरिक्त और कुछ नहीं रह जाती। 1947 के पूर्व का भारत रूपी 'डिश' अंग्रेजों का स्वादिष्ट भोजन था, तो 1947 के बाद वह भारतीय सत्ताधारियों की खुराक बना। यही कारण है कि आजादी के पचास वर्षों बाद भी भारत की आम जनता मुक्ति-संघर्ष में जूझ रही है। गरीबी, भुखमरी, विदेशी ऋणों और घोटालों की शिकार यह जनता समय-समय पर हड़तालों और आन्दोलनों द्वारा अपना क्षोभ प्रकट करती रहती है। किन्तु उसके ये सारे प्रतिकार पूँजीवादी तन्त्र के रहनुमाओं की भेंट चढ़कर रह जाते

हैं। स्वाधीन भारत के इस विषम जाल में जनता का एक वह वर्ग है, जिसने विदेशियों से लड़ते हुए अपना सब कुछ होम कर दिया था। उसका अपना नैतिक आदर्श, सिद्धान्त एवं स्वर्णिम भविष्य का सपना था। किन्तु आजादी प्राप्त होते ही सारा का सारा माहौल एक व्यापक स्वप्न-भंग, मोह-भंग एवं ले-लपक की विभीषिका में परिवर्तित होकर रह जाता है। स्वप्न एवं यथार्थ का यह अन्तराल समाज में पस्तहिम्मती, खीज, छटपटाहट और उदासीनता के साथ ही क्रोध, आक्रोश एवं आवेश को जन्म देता है। सम्पूर्ण रुग्ण वृत्तियों की प्रतिक्रियात्मक अभिव्यक्ति परसाई के व्यंग्य का अभीष्ट प्रतीत होती है। किन्तु यह वितृष्णा भी अपने भीतर एक प्रच्छन्न मोह एवं लगाव सँजोए हुए है। इस तरह परसाई का व्यंग्य प्रतिवाद एवं प्रतिरोध का वाहक होते हुए भी सर्जक की भूमिका लिये हुए है।

रचनात्मक धरातल पर परसाई के व्यंग्य में वैचारिकता एवं लालित्य, दोनों का भरपूर समावेश है। मानवीय संरचना के अनुरूप ये दोनों प्रवृत्तियाँ परसाई के इस रचनांश में द्रष्टव्य हैं, "ध्रुव प्रदेश का निवासी जो दस फीट बर्फ खोदकर एक मछली निकाल कर खाता है, वह भी गाता है कि धन्य है मेरा देश। यह पृथ्वी का स्वर्ग है। और रेगिस्तान का आदमी, जो ऊँट का पेट चीरकर पानी निकालकर पीता है, वह भी गाता है कि बलिहारी है इस देश की। जब आदमी ऐसे गीत गाकर मग्न हो जाता है तब नेताओं का काम आसान हो जाता है। वे उसे सिखाते हैं–अब कहो कि मैं इस स्वर्गोपम मातृभूमि के लिए शीश कटा दूँगा। बस, इसके बाद लोकगीत गाते हुए भूखों भी मर लेंगे और युद्ध छेड़ दो तो सिर कटाने भी पहुँच जाएँगे।"[1]

भोली-भाली भारतीय जनता की सहज श्रद्धा, पवित्र भावुकता के बल पर अपनी स्वार्थ-सिद्धि करनेवाले नेताओं की पोल परसाई कितनी सहज, सरल, फिर भी धारदार वाक्यों में खोलते हैं। स्वातन्त्र्योत्तर भारत का यह भीषण सत्य है। एक ओर सदियों के संस्कार से आबद्ध सामाजिक हितों पर वैयक्तिक कुर्बानियाँ देनेवाली जनता यहाँ है, तो दूसरी ओर इस बहुसंख्य निरीह जनता की भावनाओं से खेलनेवाला वह शासक-वर्ग है, जो अपने टुच्चे राजनीतिक स्वार्थों की पूर्ति इनके बलिदानों द्वारा ही करता है। इस तरह सत्ता के हस्तान्तरण का एकमात्र परिवर्तित रूप है–गोरी नौकरशाही की जगह काली नौकरशाही, और कुछ नहीं। जनता का स्वरूप तो राह में पड़े ठीकरों का ही रहा, जिसे कभी गोरी सरकार ने ठुकराया तो कभी काली ने। विदेशियों की दुत्कार एक मजबूरी थी, लेकिन अपने ही नेताओं का स्वांग तो सम्पूर्ण सांस्कृतिक एवं नैतिक मानदंडों तक को कँपा कर रख देता है, जिसके तहत "दानशीलता, सीधापन, भोलापन असल में एक तरह का इनवेस्टमेंट है"[2] तथा "पाप के हाथ में हमेशा पुण्य की पताका लहराती है।"[3] यहाँ तक कि "...हर सत्य के हाथ में झूठ का प्रमाण-पत्र है। ईमान के पास बेईमानी

1. बेईमानी की परत, सुजलां सुफलां, पृ. 130
2. हरिशंकर परसाई की दुनिया, डॉ. मनोहर देवलिया, पृ. 50
3. वही

की सिफारिशी चिट्ठी न हो, तो कोई दो कौड़ी को न पूछे।''[1]

वास्तविकता यह है कि स्वातन्त्र्योत्तर भारत में राजकरण कभी जनता के लिए हुआ ही नहीं, फिर भी यह विश्व का 'सफलतम' जनतन्त्र है, लोकतन्त्र है। सत्ता बनाए रखने अथवा उसे प्राप्त करने की कोशिश में कूटनीति, छल-प्रपंच के सभी नए-पुराने हथकंडे अपनाए जा रहे हैं। राजनीति के नाम पर, लोकतन्त्र की दुहाई-तले इस देश में गुंडागर्दी एवं आवारापन की नई लहर उठी है। यह लहर अपने ज्वार पर है। इसकी उठान इतनी ऊँची, शक्तिशाली एवं पुरअसर है कि उसके सामने विशुद्ध मानव बौना बना बैठा है। यह गोडसे-लहर है; नर-संहार, राष्ट्र-संहार इसकी उफान है। यह उफान लाज-शर्म सभी कुछ अपने साथ बहा ले जाती है। इस राजनीति में दूसरों के कृत्य पर शर्मिन्दा हुआ जाता है, अपने कृत्य पर नहीं। क्रान्तिकारी विचारधाराओं का यह परिणाम है कि सन् 1947 के बाद कुछ वर्षों तक तो भ्रष्टाचार की चर्चा लोगों को पीड़ा पहुँचाती थी, लेकिन बाद में वही आनन्द का स्रोत बन गई। भ्रष्टाचार की बात मानो पौराणिक-धार्मिक कथाएँ हों। 'अन्त्योदय' तथा 'सर्वोदय' प्रौढ़ता पा 'आत्मोदय' बन गए। अपने बेटों, पोतों, पड़पोतों का उत्थान करना इसकी मूल चिन्ता है। इस तरह स्वातन्त्र्य-समर के दौरान निर्मित राष्ट्रीय गौरव स्वातन्त्र्योत्तर अवधि में राष्ट्रीय शर्म का दर्जा प्राप्त करता है। सत्तासीन पार्टी भ्रष्ट है, तो विरोधी पार्टी उससे दस कदम आगे। परसाई के अनुसार, ''हुआ यह कि लोकतन्त्र के रास्ते पर आम आदमी तो आगे बढ़ गया क्योंकि उसका ध्यान चलने पर ही है, मगर नेता पीछे रह गए। वे एक-दूसरे को लत्ती मारकर गिराते हैं, फिर उठते हैं, हाथ-पाँव की चोट सहलाते हैं, एक-दूसरे पर थूकते हैं, फिर लात मार गिरते-गिराते हैं, धूल चाटते हैं–गोया वहीं लड़ते-झगड़ते भाड़ झोंक रहे हैं और जनता आगे निकल गई है।''[2]

भाग्य-विधाताओं की इस दुलत्ती ने सम्पूर्ण राष्ट्र को असुरक्षित बियाबान का रूप दे दिया है। अतः देश का राजनीतिक वातावरण जंगल-जैसा बना हुआ है। जिन्हें चुनाव में चुन लिया गया, वे अपने को इस जंगल-रूपी राष्ट्र का शेर मान बैठे। परिणामस्वरूप शेरनुमा पूँजीपति राजनीति को कठपुतली बनाए हुए हैं। पूरी व्यवस्था अमीरों, पूँजीपतियों के साथ है। अपराधी एवं अपराध को पकड़ने की जिम्मेदारी जिसे सौंपी जाती है, वही अपराध कराने लगता है। और किसी क्षेत्र में सहकारिता पनपी हो या न पनपी हो, लेकिन राजनीतिक धाँधलियाँ तो सहकारिता के सिद्धान्त पर ही फल-फूल रही हैं। स्वतन्त्रता-प्राप्ति से पहले कांग्रेस की जेब में मात्र कष्ट, संघर्ष और त्याग था। अतः उस समय सबल, सक्षम, शक्तिशाली पूँजीपतियों का वर्ग उससे उदासीन ही था। किन्तु जैसे ही देश स्वतन्त्र हुआ और कांग्रेस सत्तारूढ़ हुई; भ्रष्ट, निकम्मे और दुश्चरित्र राजनीतिज्ञ इसमें घुस बैठे, जिन्होंने चरित्रहीनता को उज्ज्वल छवि का निर्धारक बनाया। उनकी बदौलत राजनीति कुतिया बनने पर विवश हुई और शक्तिशाली, सम्मोहक सत्ताधारियों के समक्ष दुम हिलाने लगी। सम्प्रति राजनीति मात्र हिंसा, छल-प्रपंच एवं

1. पगडंडियों का जमाना, इसी नाम की रचना, पृ. 76
2. परसाई रचनावली, भाग 4, कहाँ है भारत भाग्यविधाता, पृ. 240

षड्यन्त्रों की लीला-भूमि बनी हुई है। परसाई कहते हैं, 'भारतीय राजनीति में ऐसे-ऐसे नेताओं के दल हैं, जो सिर्फ कार्टून बनानेवालों के काम के रह गए हैं।...ये 'कार्टूनिस्ट' के आदर्श हैं। भारत के विकास में इनका योगदान इतिहास में नहीं जाएगा। ये कार्टूनों से अमर होंगे।''[1]

कर्त्तव्य के नाम पर ये कार्टून, ढपोरशंख की तरह, सिर्फ आश्वासन देते हैं, ''जरा धीरज रखिए। हम कोशिश में लगे हैं कि सूरज बाहर आए। पर इतने बड़े सूर्य को बाहर निकालना आसान नहीं है। वक्त लगेगा। हमें सत्ता के कम-से-कम सौ वर्ष तो दीजिए।''[2] व्यंग्यकार का मन इस झूठ पर आक्रोश से भर उठता है और वह कहता है, ''सौ वर्ष दिए, मगर हर साल उस (सूर्य) का कोई छोटा कोना निकलता तो दिखना चाहिए।''[3]

किन्तु सत्तालोलुप नेता स्वार्थ के दलदल में आकंठ निमग्न हैं और जनता इन आश्वासनों के झुनझुने हाथों में थामे हतप्रभ खड़ी है। ये झुनझुने नेताओं को चुनाव लड़ने, जीतने, कुर्सी हासिल करने और उस पर बने रहने में मदद करते हैं। हर सफल नेता इन झुनझुनों का सफल सौदागर होता है। परसाई ने इस विकृति पर खुलकर व्यंग्य किया है। नेताओं की चुनाव-लालसा पर चोट करते हुए वे कहते हैं, ''लोग चुनाव में खड़े होने के बहाने ढूँढ़ते हैं। कोई कहता है, मित्रों के आग्रह से खड़ा होना पड़ा। किसी को जनता मजबूर करती है। यह अक्सर झूठ होता है।...प्रेम की तरह चुनाव लड़ने की भावना हृदय में अपने-आप पैदा होती है। फिर जैसे प्रेमी को समझाना असम्भव है, वैसे ही उम्मीदवार को। दोनों कफन का पेशगी इन्तजाम कर लेते हैं।''[4]

चुनाव के लिए उम्मीदवार में गुणों एवं सद्विचारों की कतई आवश्यकता नहीं, बल्कि ये इस क्षेत्र में दुर्गुण ही साबित होते हैं। हाँ, आडम्बर और टीमटाम जरूरी है। व्यंग्यकार स्वयं को लक्ष्य बनाकर इस कु-मनोवृत्ति को उभारता है, ''बड़ी उलझन में पड़ गया हूँ।...आखिर यह बात उठी कैसे कि मैं चुनाव लड़ूँगा। शायद लोग कहते होंगे–यह आदमी नौकरी नहीं करता, राजनीतिवालों के साथ देखा जाता है, भाषण ज्यादा देता है, लोगों में ज्यादा मिलता-जुलता है, कुर्ता, पाजामा, जाकिट, शेरवानी पहनता है–आखिर यह चुनाव क्यों नहीं लड़ता। अरे, या तो नौकरी कर या चुनाव लड़ !''[5]

कुछ लोग चुनाव में इसलिए भी खड़े होते हैं, ताकि 'बैठ' सकें। ऐसे चुनावियों की नजर में चुनाव का टिकट ऐसा ट्रंप-कार्ड होता है, जिसे भुनाकर मालामाल हुआ जा सकता है। इस विसंगतिपूर्ण स्थिति का चित्रण करते हुए परसाई लिखते हैं, 'साधो, ज्यों-ज्यों चुनाव नजदीक आ रहा है, त्यों-त्यों अजीब नज्जारे नजर आ रहे हैं।...चुनाव में दो तरह के आदमी खड़े होते हैं, उम्मीदवार और नाउम्मीदवार।...कोई नहीं जानता

1. परसाई रचनावली, भाग 4, विचार-मंच, पृ. 212
2. ठिठुरता हुआ गणतन्त्र, इसी नाम की रचना, पृ. 1
3. वही
4. शिकायत मुझे भी है, चुनाव और सुशील लेखक, पृ. 83
5. वही, पृ. 84-85

कि गोबर गणेश जी क्यों खड़े हैं। पर गोबर गणेश जी जानते हैं कि वे इसलिए खड़े हैं कि किसी उम्मीदवार से कुछ मिल जाए तो बैठ जाएँ।''[1]

चुनाव में कभी दीन बनकर तो कभी हेकड़ी से जनता के वोट हथियाए जाते हैं और फिर सत्ता में आकर उसी को लतियाया, दुत्कारा जाता है। परसाई के शब्दों में, ''जनता कच्चा माल है। इससे पक्का माल विधायक, मन्त्री आदि बनाते हैं। पक्का माल बनाने के लिए कच्चे माल को मिटना ही पड़ता है।''[2]

व्यंग्यकार ने जनता को कच्चे माल और विधायक, मन्त्री, सत्ताधारी आदि को धन्धेबाज की उपमा देकर स्वातन्त्र्योत्तर प्रजातन्त्र की भ्रष्टता पर कशाघात किया है। स्वतन्त्रता-प्राप्ति से पूर्व भारत का राजनीतिक क्षेत्र अत्यन्त पावन और साधना की गरिमा को आलोकित करनेवाला था। स्वतन्त्रता-पूर्व राजनेता प्रेरणा के स्रोत होते थे, किन्तु आज वे ही स्वार्थ, कुत्सित राजकरण और पद-लिप्सा से परिपूर्ण हैं। सफेदपोशी लूट-खसोट की कला में डाकू और मुनाफाखोर व्यापारी तक राजनीतिज्ञों के आगे पानी भरते हैं। आजादी के बाद सत्ता की होड़ में विजयी यह वर्ग प्रत्येक रचनाधर्मी, प्रतिबद्ध व्यंग्यकार के व्यंग्य का विषय बना है, परसाई का खास तौर से। अपने व्यंग्य 'एक दीक्षान्त भाषण' में एक नेता से स्वगत-कथन द्वारा आत्म-स्तुति करवाते हुए वे लिखते हैं, ''मैंने समझ लिया कि मेरे जीवन का सत्य मन्त्री बनना है, इस सत्य को मैंने कभी नहीं छोड़ा। इस सत्य के लिए मैंने ईमान, धर्म सबका परित्याग किया। सत्य के लिए बड़े-से-बड़ा त्याग करना पड़ता है।''[3]

राजनीति और राजनीतिज्ञों के इस पतन को देख परसाई का आक्रोश चरम सीमा पर पहुँच जाता है और वे प्रत्यक्ष प्रहार करते हुए लिखते हैं कि इन्हीं राजनीतिज्ञों ने ''प्रजातन्त्र का यह हाल किया कि एक बोतल शराब रात को पिलाकर सबेरे अपनी पेटी में मत-पत्र गिरवा लिया। न्याय की संस्थाओं को खरीदकर जेब में रख लिया। भ्रष्टाचार पकड़नेवाले सरकारी कर्मचारी को बर्खास्त कर दिया। लुटेरों की रक्षा के लिए पुलिस तैनात कर दी और लुटनेवालों को अध्यात्म सिखाने लगे। लायक को नौकरी नहीं दी और नालायक को ऊँचा पद दिया।''[4]

इन अन्धे नेताओं ने जब भी रेवड़ी बाँटी, फिर-फिर अपनों को ही दी। इसी विकृति पर परसाई ने 'हम बिहार में चुनाव लड़ रहे हैं' व्यंग्य में एक नेता का खाका खींचा है, जो चुनाव जीतकर सरकार बनाने का दावा करते हुए कहता है, ''हमारे भाई-भतीजे, मामा, मौसा, फूफा, साले, बहनोई, जो जहाँ भी हों बिहार में आकर बस जाएँ और रिश्तेदारी के सबूत सहित जीवन सुधारने की दरख्वास्त अभी से दे दें।''[5]

---

1. सुनो भाई साधो, चुनाव के नज्जारे, पृ. 38
2. ठिठुरता हुआ गणतन्त्र, हम बिहार में चुनाव लड़ रहे हैं, पृ. 38
3. शिकायत मुझे भी है, पृ. 92
4. और अन्त में, पृ. 108
5. ठिठुरता हुआ गणतन्त्र, पृ. 40

बिना चुनाव जीते यह स्थिति है, तो विजयी होने के पश्चात् तो न जाने क्या-क्या गुल खिलाएँगे। ऊपर से ठिठोली करते हुए परसाई ने भीतर कटु कटाक्ष द्वारा लेखनी को विष की स्याही में डुबो दिया है।

भाई-भतीजावाद का यह फोड़ा ही फूटकर जातिवाद के नासूर में बदल जाता है। जातिवाद पर भी परसाई ने बहुत विस्फोटक व्यंग्य किए हैं। उपर्युक्त व्यंग्य में भगवान कृष्ण के चुनाव लड़ने की कल्पना करते हुए उन्हें दिखाया है कि क्या नेता, क्या प्रोफेसर, यहाँ तक कि मन्दिर के पुजारी भी भगवान कृष्ण के बजाय जातवाले उम्मीवार को ही वोट देते हैं।[1] 'दस दिन का अनशन' व्यंग्य में भी परसाई ने जातिवाद के इस कोढ़ पर मतिवैदग्ध्य द्वारा व्यंग्य-बाणों की बौछार की है, "बाबा अद्‌भुत आदमी हैं। कहते हैं–अब आन्दोलन में जातिवाद का पुट देने का मौका आ गया है। बन्नू ब्राह्मण हैं और राधिकाप्रसाद कायस्थ। उधर ब्राह्मणों को भड़काओ और इधर कायस्थों को। ब्राह्मण-सभा का मन्त्री आगामी चुनाव में खड़ा होगा। उससे कहो, यही मौका है ब्राह्मणों के वोट इकट्‌ठे ले लेने का...हमने चार गुंडों को कायस्थों के घरों पर पत्थर फेंकने के लिए तय कर लिया है। इससे निपटकर वही लोग ब्राह्मणों के घर पर पत्थर फेंकेंगे।"[2]

नेताओं के इन ढोंग-ढकोसलों से परसाई दुःखी ही नहीं, चिन्तित भी हैं। इनके बढ़ते दुष्प्रभाव को देख वे तिलमिला उठते हैं, "परिवार-नियोजन की तरह इन नेताओं को कुछ ढोंग-नियोजन भी तो करना चाहिए।"[3] क्योंकि इनके कृत्य देख "हमें–जनता को–समझ में नहीं आता कि हम मनुष्यों को चुन रहे हैं या केंचुओं को जिनके हड्‌डी ही नहीं है।"[4]

सत्ता-हस्तान्तरण के उपरान्त देशी शासकों द्वारा की जानेवाली लूट-खसोट को व्यंग्यात्मक संयोजना द्वारा व्यक्त करते हुए वे कहते हैं, "अंग्रेजी भाषा का कमाल देखिए।...जो भी खूबसूरत दिखा, उसे खा गए।...कहा–इंडिया इज ए ब्यूटिफुल कंट्री। और छुरी-काँटे से इंडिया को खाने लगे। जब आधा खा चुके, तब देशी खानेवालों ने कहा–अगर इंडिया इतना खूबसूरत है तो बाकी हमें खा लेने दो। तुमने 'इंडिया' खा लिया। बाकी बचा 'भारत' हमें खाने दो। अंग्रेज ने कहा–अच्छा, हमें दस्त लगने लगे हैं। हम तो जाते हैं। तुम खाते रहना।...वे देश को पश्चिमी सभ्यता के सलाद के साथ खाते थे, ये जनतन्त्र के अचार के साथ खाते हैं।"[5]

वास्तव में इस पूरी व्यवस्था में नेताओं और नौकरशाही की मिलीभगत है और इस मिलीभगत की बदौलत जनता के शोषण की प्रक्रिया पूरे जोरों पर चल रही है। ताज्जुब तो यह है कि शोषण का यह षड्‌यन्त्र जनता की सेवा के नाम पर हो रहा है।

---

1. ठिठुरता हुआ गणतन्त्र, हम बिहार में चुनाव लड़ रहे हैं, पृ. 32-34
2. उलटी-सीधी, पृ. 32-33
3. पाखंड का अध्यात्म, जहरीली शराब, पृ. 21
4. वही, दौड़ प्रधानमन्त्री पद की, पृ. 24
5. ठिठुरता हुआ गणतन्त्र, वह जो आदमी है न !, पृ. 14

किन्तु सेवा के ऊपरी लिबास के नीचे चलनेवाली भयानक राजनीति को परसाई निरावृत करते हैं। जनता की जो हैसियत राजनीति और प्रशासन की नजर में रह गई है, उसे जनता के मुँह से वे इन शब्दों में कहलवाते हैं, "राजनीतिज्ञों के लिए हम नारे और वोट हैं। बाकी के लिए हम गरीबी, भूख, बीमारी और बेकारी हैं। मुख्यमन्त्रियों के लिए हम सिरदर्द हैं और उनकी पुलिस के लिए हम गोली दागने के निशान हैं।"[1]

राजनीति पर परसाई का व्यंग्य बड़ा तीव्रतर प्रहार करता है। आज के युग में राजनीतिज्ञ किस तरह से अपनी चाल बदलकर अपने-आपको बड़ा बना लेता है, प्रतीक-योजना द्वारा इसे स्पष्ट करते हुए परसाई ने लिखा है, "(बूढ़े) सियार ने भेड़िए का हाथ चूमकर कहा–बड़े भोले हैं आप, सरकार।...रूप-रंग बदल देने से तो, सुना है आदमी तक बदल जाते हैं। फिर ये तो सियार हैं। भेड़िए ने पूछा–लेकिन ये रँगे सियार क्या करेंगे ? ये किस काम आएँगे ? बूढ़ा सियार बोला–ये बड़े काम के हैं। आपका सारा प्रचार तो ये ही करेंगे। इन्हीं के बल पर आप चुनाव लड़ेंगे।...और तब बूढ़े सियार ने भेड़िए का भी रूप बदला। मस्तक पर तिलक लगाया, गले में कंठी पहनाई और मुँह में घास के तिनके खोंस दिए।...और भेड़ों को विश्वास हो गया कि भेड़िए से बड़ा उनका कोई हित-चिन्तक और हित-रक्षक नहीं है। और जब पंचायत का चुनाव हुआ तो भेड़ों ने अपनी हित-रक्षा के लिए भेड़ियों को चुना।...और पंचायत में भेड़ियों ने भेड़ों की भलाई के लिए पहला कानून यह बनाया–हर भेड़िए को सवेरे नाश्ते के लिए भेड़ का एक मुलायम बच्चा दिया जाए, दोपहर के भोजन में एक पूरी भेड़ तथा शाम को स्वास्थ्य के ख्याल से कम खाना चाहिए, इसलिए आधी भेड़ दी जाए।"[2]

रही-सही कसर भ्रष्ट नौकरशाही ने पूरी कर दी है। दौरे, भत्ते, झूठे-सच्चे बिल, कमीशन, भेंट-पूजा, भव्य स्वागत-सत्कार–आजादी के बाद सरकारी नौकरशाहों का यही आलम रहा है। खेत की रक्षा के लिए लगाई गई यह बाड़ ही खेत को खा रही है, इसे लक्ष्य कर अपने 'सुदामा के चावल' व्यंग्य में परसाई लिखते हैं, "दीनबन्धु दीन के चावल भी खा गए"[3] तथा "ब्राह्मणी जानती थी कि राजपुरुष उधारी या चोरी के माल से बहुत प्रसन्न होते हैं।"[4] इसी रचना में कृष्ण के दरबारी गरीब सुदामा से कहते हैं कि महाराज से मिलने जाते हो पर जब तक हम लोगों को कुछ रिश्वत नहीं दोगे, तब तक वहाँ नहीं जाने पाओगे। बड़े साहब से मिलने के लिए खुरचन रूपी घूस जरूरी है, "अरे, कुछ खुरचन का सिलसिला भी है या यों ही मिलने चला आया ?"[5] दफ्तरों में दरख्वास्तों को 'उड़ने' से बचाने के लिए उन पर वजन रखना जरूरी है, "साहब नारद से बोले–आप हैं वैरागी। दफ्तरों के रीति-रिवाज नहीं जानते। असल में भोलाराम ने

1. माटी कहे कुम्हार से, पृ. 61
2. जैसे उनके दिन फिरे, भेड़ें और भेड़िए, पृ. 21-22
3. वही, पृ. 32
4. वही
5. वही, पृ. 35

गलती की। भई, यह (दफ्तर) भी एक मन्दिर है। यहाँ भी दान-पुण्य करना पड़ता है। आप भोलाराम के आत्मीय मालूम पड़ते हैं। भोलाराम की दरख्वास्तें उड़ रही हैं, उन पर वजन रखिए।"[1] व्यंग्य तब और गहरा जाता है, जब नारद दरख्वास्त पर अपनी वीणा रख देते हैं। तात्पर्य यह कि आज के युग में पैसा ही बोलता है। वजन पाते ही भोलाराम की दरख्वास्त इधर-उधर उड़ना-भटकना बन्द कर देती है और उसकी फाइलें एक मेज से दूसरी मेज तक दौड़ने लगती हैं। यह देख सजग, संघर्षशील साहित्यकार के विचार-तन्तु झनझना उठते हैं, मुट्ठियाँ भिंच जाती हैं। पर वह लड़े किससे ? उसका मोह-भंग होता है, एहसास होता है कि घूसखोर हो या तस्कर या कालाबाजारिया, उन्हें हथकड़ी नहीं पहनाई जा सकती, क्योंकि उन सबकी पहुँच, 'ऊपर' तक है। परसाई के शब्दों में, "भरत ने कहा–स्मगलिंग यों अनैतिक है, पर स्मगल किए हुए सामान से अपना या अपने भाई-भतीजों का फायदा होता हो, तो यह काम नैतिक हो जाता है।"[2]

इसी मिलीभगत का परिणाम है कि देश की प्रगति और विकास के लिए नित्यप्रति बनाई जानेवाली योजनाएँ कागजों पर ही रह जाती हैं। बड़ी-बड़ी बैठकें होती हैं, बहसें की जाती हैं, आश्वासन दिए जाते हैं। किन्तु नतीजा सिवा लफ्फाजी और कागजी कार्रवाई के कुछ नहीं निकलता। स्थिति की विषमता को देखकर व्यंग्यकार का स्वर क्षोभ और आक्रोश से विद्रूपात्मक हो उठता है और वह समस्त परिवेश को मटियामेट कर देना चाहता है। 'अकाल-उत्सव' व्यंग्य में परसाई ने इसी बोध पर पाठक की चेतना में हलचल मचा देनेवाला विस्फोटक व्यंग्य किया है।[3] सच तो यह है कि देश में आज हर जगह सत्ता में नीच प्रवृत्तिवाले, सत्ता-लोलुप, स्वार्थान्ध और निकम्मे लोग काबिज हैं जो जनता के सुख-दुख, उसकी समस्याओं के प्रति जरा भी संवेदनशील नहीं हैं। इनके पर कतरे जाने जरूरी हैं। 'निमिया की डारी पै कोयल बोले' व्यंग्य में परसाई ने कौए (सत्ताधारी) और कोयल (जनता) की प्रतीक-योजना द्वारा अपने अदमनीय स्वर और उत्तेजक शैली में व्यंग्य-योजना की है। व्यंग्यकार की कटारी लक्ष्य की विरूपता को चीरती चली जाती है, "कौए ने इस कोयल को आम से निष्कासित कर दिया है और रसभरे आमों पर बैठा काँव-काँव कर रहा है...हर क्षेत्र में कौए कब्जा जमाए हैं, उनसे चोंच कौन लड़ाए ? हम कौए तो हैं नहीं। हाँ, हम चोंच से काट जरूर सकते हैं।"[4] पर व्यंग्यकार इतना अन्याय, अत्याचार देख-सहकर भी निराश नहीं होता। उसके अवचेतन में कहीं आशा की किरण चमक रही है, "पर हे नीमवाली कोयल, निराश मत हो। हमें कौए और गिद्ध कितनी ही चोंच मारें, कितना ही हमारा खून बहाएँ, हम अमराई पर कब्जा करके ही रहेंगे। खून निकलने से आदमी मरता ही नहीं, जीता भी है।"[5]

1. सदाचार का तावीज, भोलाराम का जीव, पृ. 58
2. अपनी-अपनी बीमारी, रामकथा-क्षेपक, पृ. 29
3. मेरी श्रेष्ठ व्यंग्य-रचनाएँ, पृ. 68
4. धर्मयुग, 18 अगस्त 1974
5. वही

व्यंग्यकार विकृतिपूर्ण ढाँचे को ढहाकर नवक्रान्ति का आह्वान करता है।

सार्वजनिक सेवाओं का गठन जनता की सहायता और हित के लिए किया गया है। किन्तु उनमें भी भ्रष्टाचार, अन्धेरगर्दी और धाँधली अपनी चरम सीमा तक व्याप्त है। कर्मचारी-वर्ग न केवल अकर्मण्य और गैरजिम्मेदार है, बल्कि प्रत्यक्ष या परोक्ष रूप से जनता के शोषण में भी लिप्त है। पुलिस को ही लें। पुलिस का अर्थ वह सेवा है, जो जनता के जान-माल की सुरक्षा करे और निश्चिन्त जीवन-यापन में उसकी सहायता करे। किन्तु भारत में पुलिस अंग्रेजी शासन-काल से ही रिश्वतखोरी, भ्रष्टाचार, आतंक और शोषण का पर्याय रही है। जनता पुलिस से डरती है, उससे घृणा करती है, उससे दूर रहना चाहती है। उसकी काली करतूतों का तो बखान भी मुश्किल है। रक्षक और भक्षक के बीच कोई बाड़ बनाना भी चाहे तो नहीं बना सकता। दोनों प्रवृत्तियाँ एक ही प्लेटफार्म पर खड़ी हैं, यही कारण है कि इस देश की पुलिस-व्यवस्था अपने-आप में एक मिसाल है। ऐसा न होता तो चाँद के निवासी भारत सरकार से एक पुलिस-प्रशिक्षक की माँग क्यों करते ? 'इंस्पेक्टर मातादीन चाँद पर' के इंस्पेक्टर मातादीन भारतीय पुलिस की तमाम सच्चाइयों का प्रतिनिधित्व करते हैं। चाँद पर एक पुलिस-केस की उलझन को सुलझाने का वह नायाब तरीका बताते हैं कि चाँदवासी तौबा कर लेते हैं, "देखो, आदमी मारा गया है तो यह पक्का है कि किसी ने उसे जरूर मारा। कोई कातिल है। किसी को सजा होनी है। सवाल है...किसको सजा होनी है? पुलिस के लिए यह सवाल इतना महत्त्व नहीं रखता जितना यह सवाल कि जुर्म किस पर साबित हो सकता है या किस पर साबित होना चाहिए। कत्ल हुआ है, तो किसी मनुष्य को सजा होगी ही। मारनेवाले को होती है या बेकसूर को, यह अपने सोचने की बात नहीं है। मनुष्य-मनुष्य सब बराबर हैं। सबमें उसी परमात्मा का अंश है। हम भेदभाव नहीं करते। यह पुलिस का मानवतावाद है।"[1]

पुलिस का यह मानवतावाद चाँद पर खलबली मचा देता है और अन्ततः चाँद के प्रधानमन्त्री भारत के प्रधानमन्त्री को पत्र लिखकर इंस्पेक्टर मातादीन को फौरन वापस बुलाए जाने का आग्रह करने के लिए विवश हो जाते हैं। परसाई के अनुसार, पत्र में वे लिखते हैं, "इंस्पेक्टर मातादीन की सेवाएँ हमें प्रदान करने के लिए अनेक धन्यवाद। पर अब आप उन्हें फौरन वापस बुला लें। हम भारत को मित्र देश समझते थे, पर आपने हमारे साथ शत्रुवत् व्यवहार किया है। हम भोले लोगों से आपने विश्वासघात किया है। आपके मातादीनजी ने हमारी पुलिस को जैसा कर दिया है, उसके नतीजे ये हुए...कोई आदमी किसी मरते हुए आदमी के पास नहीं आता, इस डर से कि वह कत्ल के मामले में फँसा दिया जाएगा। बेटा बीमार बाप की सेवा नहीं करता। वह डरता है, बाप मर गया तो उस पर कहीं हत्या का आरोप नहीं लगा दिया जाए। घर जलते रहते हैं और कोई बुझाने नहीं जाता–डरता है कि कहीं उस पर आग लगाने का जुर्म कायम न कर दिया जाए। बच्चे नदी में डूबते रहते हैं और कोई उन्हें नहीं बचाता। इस डर

1. ठिठुरता हुआ गणतन्त्र, पृ. 51

से कि उस पर बच्चे को डुबाने का आरोप न लग जाए। सारे मानवीय सम्बन्ध समाप्त हो रहे हैं। मातादीनजी ने हमारी आधी संस्कृति नष्ट कर दी है। अगर वे यहाँ रहे तो पूरी संस्कृति नष्ट कर देंगे। उन्हें फौरन रामराज में बुला लिया जाए।"[1]

पुलिस के दुराचरण, अशिष्ट व्यवहार तथा जनता के प्रति संवेदनहीन व असहानुभूतिपूर्ण रवैए का चित्रण करते हुए परसाई लिखते हैं, "चौराहे पर आए तो देखा कि पुलिस बहुत है और सवारियों को नियमित कर रही है। हम चौराहा पार करने लगे तो एक पुलिस-इंस्पेक्टर चिल्लाया...'ए, श्रीमानजी, अन्धे हो क्या? दिखता नहीं है, रास्ता बन्द है ?' हम रुक गए। मैंने मास्टर से पूछा...'आज ये लोग 'श्रीमानजी' क्यों बोल रहे हैं? सुनो, सबसे 'श्रीमानजी' कह रहे हैं।' मास्टर ने कहा...'पुलिस का 'शिष्टाचार-सप्ताह' चल रहा है। इस सप्ताह वे नागरिकों से बड़ा नम्र व्यवहार करते हैं। उन्हें सिखाया गया है कि आदमी को 'श्रीमानजी' कहना चाहिए।' एक राहगीर को पुलिस ने रोका और कहा...'क्यों बे श्रीमानजी के बच्चे, देखता नहीं है तेरे बाप यहाँ खड़े हैं ?' एक आदमी सड़क के बीच से चलने लगा। पुलिसवाला चिल्लाया...'जरा किनारे से चल, साले श्रीमानजी ! पूरी सड़क श्रीमानजी के बाप की नहीं है।' "[2]

रेल-सेवा, चिकित्सा-विभाग आदि सभी की यही स्थिति है। 'हनुमान की रेलयात्रा' में परसाई मिथक के माध्यम से रेल-सेवा की विकृत स्थिति को उजागर करते हैं।[3] इसी प्रकार 'रामभरोसे का इलाज' में उन्होंने अस्पतालों की विषम स्थिति पर चेतना में हलचल मचा देनेवाला व्यंग्य किया है।[4]

न्याय और न्यायाधीशों को भी हमारे यहाँ बहुत पावन स्थान दिया जाता रहा है। न्याय कहीं पक्षपात न कर बैठे, इसलिए उसकी आँखों पर पट्टी बाँधी गई है। न्याय की इस महान प्रतिमा को आज कितना भ्रष्ट एवं दूषित कर दिया गया है, इसे लक्ष्य बनाकर परसाई ने 'न्याय का दरवाजा' में मतिवैदग्ध्य द्वारा तीव्र कटाक्ष किया है, "कुछ गरीब आदमियों पर झूठा फौजदारी मुकदमा चला दिया गया था। हमने उनकी तरफ से न्याय का दरवाजा खटखटाया। खयाल था, न्याय दरवाजे के पास ड्यूटी पर बैठा रहता होगा। खटखटाया कि बाहर आया। बड़ी देर तक खटखटाने के बाद भी जब दरवाजा नहीं खुला तो चिन्ता हुई। क्या बात है ? कहीं न्याय 'सिक लीव' (बीमारी की छुट्टी) पर तो नहीं चला गया ? बूढ़ा हो गया है और अक्सर बीमार हो जाता है। आखिर हम दरवाजा तोड़कर भीतर घुस गए। सुनसान था। बाथरूम का दरवाजा ठेला, तो एक नंगा नहाते दिखा। हमने कहा...तुम न्याय हो न। जल्दी कपड़े पहनो। बात करनी है। उसने कहा–मैं न्याय नहीं, अन्याय हूँ। नंगा ही रहता हूँ। अन्याय को क्या शर्म। न्याय और मैं जुड़वाँ भाई हैं। एक-सी शक्ल है। लोग उसके धोखे में मुझसे मिल लेते हैं।

---

1. ठिठुरता हुआ गणतन्त्र, पृ. 56
2. निठल्ले की डायरी, राष्ट्र का नया बोध, पृ. 39-40
3. सदाचार का ताबीज, पृ. 76-79
4. निठल्ले की डायरी, पृ. 24-25

हमने पूछा—दोनों में कुछ तो फर्क होगा। उसने कहा—हाँ, है। देखो न, मैं ऐंचकताना हूँ। तुम समझते हो, किसी और को देख रहा हूँ, पर देख तुम्हीं को रहा हूँ। मेरा भाई न्याय काना है। एक ही तरफ देखता है। अब वह बहरा भी हो गया है।''[1] व्यंग्यकार की राय में ''महज दरवाजा खटखटाने से जो मिलता है, वह अक्सर अन्याय होता है। दरवाजा तोड़े बिना न्याय नहीं मिलता।''[2]

प्रशासन में धाँधली और अँधेरगर्दी का बोलबाला है। आज किसी भी पद के लिए योग्यता, प्रतिभा को नहीं देखा जाता, बल्कि भाई-भतीजावाद, रिश्तेदारी और जाति-बिरादरी आदि ही आज एकमात्र योग्यता बन गई है। इसी अनीति को लक्ष्य बनाकर हरिशंकर परसाई ने 'सुदामा के चावल' रचना में पौराणिक साक्ष्य देकर व्याजोक्ति द्वारा प्रच्छन्न वैपरीत्य का चित्रण किया है, ''लोगों की टीका-टिप्पणी से मैं तंग आ गया हूँ। लोग मुझे चैन क्यों नहीं लेने देते। कहते हैं कि कृष्ण ने प्रजा के कोष का धन उठाकर मुझे दे दिया। कृष्ण ने ऐसा क्या अनुचित किया, जो मुझे थोड़ा धन दे दिया। राज-पद पाकर कौन अपने भाई-भतीजों और मित्रों का भला नहीं करता?''[3]

राजनीतिक दोगलेपन और आर्थिक वैषम्य ने समाज को पतन की राह दिखाई है। सम्पूर्ण सामाजिक संरचना एक गलत, अस्वस्थ प्रतियोगिता से प्रेरित एवं संचालित है। मान्यताएँ बदल गई हैं और देश की दुर्दशा पर तालियाँ बजाना सम्भ्रांतता का प्रतीक बन गया है, ''जब-जब दुर्दशा ज्यादा मार्मिक हो जाती, वे लोग तालियाँ बजाते। उनका कार्यक्रम सफल हो रहा था। देश की दुर्दशा अगर जरा कम होती, तो कार्यक्रम इतना सफल न होता। मैंने सोचा—मेरे देश, तू कितना विचित्र और महान है। कुछ लोगों के कार्यक्रमों की सफलता के लिए तू अपनी कितनी दुर्दशा करवा रहा है।''[4]

परसाई के व्यंग्य-निबन्ध कुत्सित यथार्थ की मार्मिक तस्वीर पेश करते हैं तथा मूलगत गहराई तक आन्दोलित करने की सक्षम भूमिका निभाते हैं। व्यंग्य-बोध, उसके संगठन एवं उद्देश्य की चर्चा करते हुए परसाई चेतना को झकझोर देने को व्यंग्य की सार्थकता की पहली शर्त मानते हैं।[5] कहना न होगा कि इस सार्थक व्यंग्य-लेखन के परसाई सफलतम लेखक हैं। परसाई की कलम ने हिन्दी-साहित्य-जगत को व्यंग्य की वह आधुनिक चेतना और धार दी, जिसके तहत आज का प्रत्येक साहित्यकार व्यंग्य के साए में ही अपनी सफलता की कल्पना करता है। यहाँ तक कि भाव-साम्राज्ञी काव्य-सुन्दरी भी आज व्यंग्य की धार पाकर ही अपनी शृंगारिकता को प्राप्त करती है। मुक्तिबोध के शब्दों में, ''परसाईजी का सबसे बड़ा सामर्थ्य संवेदनात्मक रूप से यथार्थ का आकलन है, चाहे वह राजनीतिक प्रश्न हो या चरित्रगत। हमारे यहाँ की साहित्यिक संस्कृति ने सच्चाई के प्रकटीकरण पर जो हदबन्दी करके रखी है, उसे देखते हुए भी परसाई की

1. शिकायत मुझे भी है, पृ. 24-25
2. वही, पृ. 25
3. जैसे उनके दिन फिरे, पृ. 31
4. काग भगोड़ा, साहब महत्त्वाकांक्षी, पृ. 30-31
5. मेरी श्रेष्ठ व्यंग्य-रचनाएँ, लेखक की बात, पृ. 11

कला सहज ही वामपक्षी हो जाती है।...शेर को बकरी बनाकर उससे घास चरवाने का उद्देश्य इस अभिरुचि की विशेषता है।...असलियत को छिपाने के लिए उसे बिगाड़ देने की कला उनके पास नहीं है।"[1]

इस प्रकार परसाई का व्यंग्य सामाजिक एवं राजनीतिक जीवन के खरेपन का व्यंग्य है। मौजूदा यथार्थ के खरेपन का खुरदरापन परसाई की निजी विशेषता एवं साहित्यिक उपलब्धि है। वह पाठक को चुभता ही नहीं वरन् सम्पूर्ण मानवीय करुणा की धार भी प्रवाहित करता है। इस करुणा से ओतप्रोत पाठक सर्जनात्मक चिन्तन की ओर उन्मुख होता है। नूतन दिशाकाश की तलाश की ललक उसमें जागती है। यह नूतन ललक, इस तलाश-दृष्टि का निर्माण परसाई के व्यंग्य की खूबी है, पहचान है। परसाई के व्यंग्य विद्रूप यथार्थ के चित्रण मात्र नहीं, बल्कि शोधन एवं सुधार से प्रेरित हैं। अर्थ-वैषम्य पर टिकी व्यवस्था की सड़ाँध की दुर्गन्ध उनमें है, तो सत्ताधारियों का ढोंग भी उनका विषय है। आम जनता की व्यावहारिक त्रुटियाँ, दोमुँहापन, कथनी-करनी का भेदगत चरित्र, दिखावा, छल, कपट, सांस्कृतिक विस्मृति—सभी कुछ मिलकर परसाई को हिन्दी-जगत का तेजस्वी व्यंग्यकार बनाते हैं। उनके व्यंग्य का खरापन आज के इस तथाकथित सभ्य, भद्र समाज में उनके व्यक्तित्व को अक्खड़ता की आभा एवं कान्ति से सुसज्जित करता है। मानवीय सरोकार से आपूर्ण उनके व्यंग्य समाज को निरन्तर तराशने एवं सँवारने का काम कर रहे हैं। परसाई हिन्दी-साहित्याकाश के पहले नक्षत्र हैं, जिन्होंने एक साथ राजनीतिज्ञों, समाज-सुधारकों, साहित्यकारों, धर्म-गुरुओं एवं अर्थ-विशेषज्ञों में सर्जनात्मक चेतना का आलोक फैलाने का स्तुत्य प्रयास किया है। उन्होंने जनसाधारण की जड़ तन्द्रा को राजनीतिक एवं सामाजिक समझ के झटके दिए हैं। उनके व्यंग्यों में जनता के सुख-दुःख, उसकी जय-पराजय और अन्तस की चेतना को प्रभावशाली अभिव्यक्ति मिली है। झूठे संस्कारों को तीखे, तल्ख प्रश्नों से तोड़ने, सामाजिक धरातल से जोड़ने तथा नई स्थापनाओं को संकल्प का रूप देने के उद्देश्य से परसाई के व्यंग्य चोट पर चोट करते चलते हैं। व्यक्ति के स्वार्थ किस तरह मनुष्य को नारकीय पतन की ओर ले जाते हैं, इसका विस्तृत ब्योरा परसाई के लेखन में देखने को मिलता है, "मैंने ऐसे आदमी देखे हैं जिनमें किसी ने अपनी आत्मा कुत्ते में रख दी है, किसी ने सूअर में। अब तो जानवरों ने भी यह विद्या सीख ली है और कुछ कुत्ते और सूअर अपनी आत्मा किसी-किसी आदमी में रख देते हैं।"[2]

यह है कबीर का-सा बेलौसपन, जो निस्सन्देह मानवीय व्यथा की उपज है। परसाई बेबाक कलम के धनी हैं। घर-फूँक तमाशा देखने की जिन्दादिली उन्हें साहित्याकाश की ऊँचाइयों पर ले जाती है। स्वातन्त्र्योत्तर भारत के यथातथ्यात्मक विवरण और वैयक्तिक, सामाजिक उत्थान की क्रान्तिकामी प्रेरणा हेतु वे व्यंग्य को प्रक्षेपास्त्र के रूप में इस्तेमाल करते हैं। उनका व्यंग्यकार अपने युग के प्रति अत्यधिक सचेत है। उसने देखा है, वर्तमान जीवन की अनेकानेक तहों में पनपनेवाले अनाचार, असामंजस्य, दम्भ, मिथ्याचार, आडम्बर,

1. आँखन देखी, सं. कमला प्रसाद, मध्य प्रदेश का जाज्वल्यमान कथाकार, पृ. 80
2. पगडंडियों का जमाना, इसी नाम की रचना, पृ. 75

झूठ, पाखंड, अविचार और विकृति को। अन्तर्विरोधों में पलनेवाले इस युग की नस परसाई ने पकड़ ली। इतना तीव्र सामाजिक बोध और उसकी ऐसी प्रखर अभिव्यक्ति अन्य व्यंग्यकारों में यदा-कदा ही देखने को मिलती है। परसाई का व्यंग्य वही है जो कबीर का था–सीधा, बेलौस, बखिया-उधेड़, चर्बी-उतार, मस्ती और फक्कड़पन से भरा।

एक जागरूक प्रहरी की तरह परसाई न सिर्फ अन्धकार की शक्ति से जूझते हैं, बल्कि लोगों को अँधेरे में लुट जाने से सावधान भी करते हैं। उनके व्यंग्य संघर्षशील लोगों की प्रेरणा-शक्ति हैं, तो सुविधाभोगी मठाधीशों, मानव-विरोधी शक्तियों के लिए तेज-तर्रार खौफ। आम लोगों की आम बातें करते हुए वे किसी-न-किसी गम्भीर समस्या की ओर पाठक का ध्यान आकर्षित करते हैं। ये समस्याएँ हमारे चित्त को आकर्षित मात्र नहीं करतीं, बल्कि झकझोरती भी हैं। पढ़ते-पढ़ते हम स्मित हास्य का आनन्द तो लेते हैं, किन्तु तत्काल उतना ही कठोर सत्य हमारे मस्तिष्क के तन्तुओं को कुलबुला जाता है और हम सोचने को मजबूर हो उठते हैं। कुलबुलाहट के उपरान्त होनेवाला चिन्तन एक सदाशयी नवनिर्माण एवं परिवर्तनकामी चेतना को जन्म देता है। यही परसाई के व्यंग्यों की विशेषता है, उनका निजीपन है तथा उनकी साहित्यिक उपलब्धि है। अपनी चिन्तन-क्षमता, रचनात्मक दृष्टि का प्रयोग तथाकथित सुरुचि-सम्पन्न भद्र लोगों के क्रियाकलापों तक सीमित न रख परसाई का व्यंग्यकार व्यापक जन-समूह की व्यापक समस्याओं के निदान की ओर उन्मुख हो कुशल समाजसेवी, दक्ष सर्जक एवं रचनाधर्मी साहित्यकार की भूमिका एक साथ निभाता है। परसाई के भीतर बैठा पत्रकार अपनी चुस्त पैनी परीक्षण-दृष्टि से प्रत्येक घटित विसंगति का विश्लेषणात्मक परीक्षण करता है, उनके कारणों से अवगत कराता है तथा परिणाम खोलकर रख देता है ताकि संलग्न पात्र स्वयं ही अपने कुकृत्य से घृणा करने को विवश हों। परसाई स्वयं अपने व्यंग्य की चर्चा करते हुए कहते हैं, "तात्कालिक सन्दर्भ से उठे ये व्यंग्य अपने पूर्ण रूप में साहित्य, धर्म, संस्कृति, परम्परा, दर्शन आदि की विसंगतियों पर तार्किक और वैज्ञानिक टिप्पणियाँ हैं।"[1]

परसाई के व्यंग्य-लेखन में भाषा का जो स्वरूप व्यवहृत हुआ है, वह ध्वनि, रूप और शब्द के धरातल पर बोली की ताकत और ताजगीवाला रूप है। परसाई देख-परखकर लिखते हैं, सोच-समझकर लिखते हैं। वे शब्द-चयन में बेचैनी पैदा कर देनेवाला भाव पैदा कर देते हैं और इस तरह शब्द में जो भाव उपजता है, वह एक बिरली ध्वनि का बोध कराता है, इसी से उनके व्यंग्य को निरक्षर भी बैठकर दुहरा लेता है। बिना लिहाज किए प्रहार करने की जब-जब जरूरत होती है, तब-तब ध्वनि, भाव और शब्द सीधे बोली से ही उठाने पड़ते हैं। बोली सीधे-सीधे जन से जुड़ी है। बोली, जो जनसामान्य से आमूँ-सामू बतिया लेती है, परसाई के व्यंग्य-लेखन में अहम् भूमिका निभाती है। परसाई की भाषा बड़ी सादी और उसका लहजा भी सादा होता है, लेकिन लक्ष्य हमेशा अचूक रहता है।

पुनरुत्थानवादी और पूँजीवादी व्यवस्था के आन्तरिक संघर्ष से उत्पन्न नए मुहावरे,

1. पाखंड का अध्यात्म, कैफियत

उक्तियाँ और कहावतें अभिव्यंजना-संस्कृति के गूढ़ार्थ को व्यंजित करनेवाले सूत्र-कथन हुआ करते हैं। वे परिवर्तनशील होते हैं। वे युग और इतिहास के जीवन की नाटकीय छवियों के प्रतीक होते हैं। हर मुहावरे, हर उक्ति और कहावत की रचना सामाजिक अभिव्यंजना की आवश्यकता के अनुरूप होती है। इसके साथ ही इस सच्चाई से भी इनकार नहीं किया जा सकता कि मुहावरे अभिव्यक्ति की क्षमता को निरन्तर बढ़ाते हैं, इसीलिए उनकी अपनी एक विशिष्ट महत्ता भी होती है। परसाई की रचनाओं में ये स्थान-स्थान पर प्रयोग में आए हैं। उनकी प्रायः हर रचना में नए-नए मुहावरों को देखा जा सकता है। कहा भी गया है कि श्रेष्ठ और कलात्मक व्यंग्य एक मुहावरे के रूप में होता है। कुछ उदाहरण द्रष्टव्य हैं :

"पाप के हाथ में हमेशा पुण्य की पताका लहराती है।"[1]

"जिसकी जितनी मुश्किल से शादी होती है, वह बेचारी उतनी ही बड़ी माँग भरती है।"[2]

"लगता है, गणतन्त्र ठिठुरते हुए हाथों की तालियों पर टिका है।"[3]

"अपनी अर्थव्यस्था को डेंगू हो चुका है। लेटती है तो उठा नहीं जाता। बिठा दो, लुढ़क जाती है।"[4]

परसाई ने नए मुहावरों की तरह नवयुगीन सूक्तियाँ और कहावतें भी गढ़ी हैं। उनके व्यंग्य-लेखन में स्थान-स्थान पर ये सूक्तियाँ व्यवहृत हुई हैं। कुछ सूक्तियाँ इस प्रकार हैं :

"हारा हुआ राजा रनिवास में जाता है और हारा हुआ नेता अध्यात्म में।"[5]

"आजकल किसी के घर भोजन करने में वही सुख मिलता है, जो अनाज की स्मगलिंग से।"[6]

"नियम है कि जो माँ बेटे को जितना प्यार करती है, बहू को उतना ही दुख देती है।"[7]

"हम हिन्दू धर्म के नाम पर अपनी बहन, बेटी और बहू को शताब्दियों से जलाकर उत्सव मनाते रहे हैं।"[8]

"यह धर्मप्राण देश है। यहाँ साँप को दूध पिलाया जाता है। यहाँ अपराधी को दंड कैसे मिल सकता है।"[9]

---

1. तट की खोज, पृ. 27
2. तिरछी रेखाएँ, पृ. 75
3. ठिठुरता हुआ गणतन्त्र, पृ. 3
4. पगडंडियों का जमाना; डेंगू, अध्यात्म और लेखक, पृ. 120
5. सदाचार का ताबीज, पृ. 36
6. उलटी-सीधी, वो जरा वाइफ है न, पृ. 92
7. सदाचार का ताबीज, हनुमान की रेलयात्रा, पृ. 75
8. परसाई रचनावली, खंड 5, पृ. 129
9. वही, पृ. 51

"राजनीति में शर्म केवल मूर्खों को आती है।"[1]

"जनेऊ तीन काम में आते हैं, याने झूठी कसम खाने के लिए, चाबी बाँधने के लिए और पेशाब करने के लिए।"[2]

यथार्थ से टकरा-जूझकर जो अनुभव हमें प्राप्त होता है, फेंटेसी उसका सृजन है। वह अनुभव को एक नया रूप देती है और शब्द में पहुँचकर एक नए प्राण को प्राप्त कर लेती है। फेंटेसी के विकट अनुशासन में अनुभवों की बेतरतीब अराजकता को एक अद्भुत लय मिल जाती है और सारा अनुभव इस लय में असाधारण रचना-सौन्दर्य प्राप्त कर लेता है। यह लय ही शब्द में अभिव्यक्ति होती है और आश्चर्यजक रूप से सारे यथार्थ को हमारे सामने खोलकर रख देती है। हम जानते हैं कि फेंटेसी वास्तविकता नहीं है, किन्तु वह यथार्थ से अधिक वास्तविक लगती है। वास्तविकता के बगैर फैंटेसी का अस्तित्व सम्भव नहीं है, इसीलिए फेंटेसी यथार्थ और माया के बीच स्वतन्त्र आवाजाही करती है। वह कभी भ्रम पैदा करती है कि वह यथार्थ है और कभी अपने ही पैदा किए भ्रम को तोड़ती हुई यह घोषणा करती है कि वह 'माया' है। लेकिन दोनों ही स्थितियों में वह हमें वास्तविकता का कुछ ऐसा बोध कराती है, जो वास्तविकता में रहते हुए सम्भव नहीं होता।

महान व्यंग्यकार सर्वेंटीज ने मध्यकालीन सामन्ती समाज की आलोचना एक लम्बी फेंटेसी 'डॉन क्विकजोट' में की है। यह असम्भव है कि व्यंग्य के सन्दर्भ में फेंटेसी की चर्चा हो और 'डॉन क्विकजोट' की याद न आए। परसाई ने भी एक साक्षात्कार में यह स्वीकार किया है कि "फेंटेसी मुझसे सधती है। मेरा बहुत कुछ सोचना फेंटेसी में होता है। मैं अब कोशिश कर रहा हूँ कि कोई लम्बी फेंटेसी लिखूँ जैसी 'डॉन क्विकजोट' है।"[3]

बहरहाल, परसाई की फेंटेसीज अपेक्षाकृत छोटी हैं। लेकिन वे इतने सृजनशील व्यक्ति थे कि उनका सारा लेखन एक तरह से फेंटेसी में हुआ है। कभी-कभी तो वे छोटे-छोटे वाक्यों में एक पूरी फेंटेसी रचते हैं। बहुत कम अध्येता और आलोचक ऐसे हैं, जिन्होंने इस पर ध्यान दिया है, लेकिन जब भी उनके रचना-कौशल का सम्पूर्णता में अध्ययन किया जाएगा, इस तथ्य को नजरअन्दाज कर पाना असम्भव होगा। दरअसल फेंटेसी, परसाई के रचना-कौशल की असाधारण सिद्धि है, जिसने उनके व्यंग्यार्थ को अनेक दिशाओं में अर्थ-व्याप्ति दे दी है। 'अकाल उत्सव' फेंटेसी में रचनाकार को अनेक दुःस्वप्न आते हैं। ऐसे एक दुःस्वप्न में भूखी जनता विधानसभा और संसद की इमारतों के पत्थर और ईंटें काट-काटकर खाती हुई दिखाई देती है। 'निठल्ले की डायरी' में एक अपेक्षाकृत लम्बी फेंटेसी को छोटे-छोटे छह खंडों में विभक्त कर दिया गया है। 'निठल्ले की डायरी' लेखक का एक नया अद्भुत प्रयोग है। इस

1. परसाई रचनावली, खंड 5, पृ. 63
2. वही, खंड 6, पृ. 106
3. आँखन देखी, सं. कमला प्रसाद, एक अन्तरंग बातचीत, पृ. 40

कृति में 'निठल्लेपन का दर्शन', 'शिवशंकर का केस', 'रामभरोसे का इलाज', 'युग की पीड़ा', 'राष्ट्र का नया बोध' और 'प्रेमी के साथ सफर' में फेंटेसी के दर्शन होते हैं। 'निठल्लेपन का दर्शन' में फेंटेसी इस तरह से व्यक्त होती है, "गीता न कृष्ण ने कही, न व्यास ने लिखी। गीता को फेडरेशन ऑफ इंडियन चेम्बर ऑफ कॉमर्स एंड इंडस्ट्रीज के अध्यक्ष ने लिखा है या पैसा देकर लिखवाया है। प्रमाण मुझे मिल गया है। गीता में लिखा है–कर्मण्येवाधिकारस्ते मा फलेषु कदाचन–अर्थात् तुम्हारे अधिकार में सिर्फ काम करना है; तुम फल की इच्छा मत करो। हे मजदूरो, भगवान का आदेश है कि काम करते जाओ, तनख्वाह मत माँगो। सिद्ध हुआ कि गीता या तो फेडरेशन ऑफ कॉमर्स एंड इंडस्ट्रीज के अध्यक्ष ने लिखी है या लिखवाई है।"[1]

परसाई के लेखन में फेंटेसी के मूर्त चरित्र को समझते हुए व्यंग्य की करवट के साथ लक्ष्य तक जाना सम्भव है। 'रानी नागफनी की कहानी' उनकी एक अन्य महत्त्वपूर्ण फेंटेसी है। मुंशी इंशा अल्ला खाँ ने 'रानी केतकी की कहानी' को जिस शिल्प में बाँधा था, परसाई ने उसी के तर्ज पर एक सामन्ती फेंटेसी को आधुनिक ढाँचे में पकड़ने की कोशिश की है। ऊपर-ऊपर से लग सकता है, जैसे यह किन्हीं मध्यकालीन सामन्ती पात्रों की कहानी हो–इसमें पात्र, वातावरण, संवाद और माहौल सामन्ती परिवेश से लिए गए हैं, किन्तु जो यथार्थ इस व्यंग्य-उपन्यास ने प्रस्तुत करना चाहा है, वह हमारा समकालीन सामाजिक यथार्थ है। इस यथार्थ के अपने अन्तर्विरोधों और विद्रूपताओं को कुँवर अस्तभान, रानी नागफनी, मुफतलाल, करेलामुखी, राजा निर्बलसिंह, जोगी प्रपंचगिरि, मुख्य आमात्य, गोवरधनदास, भयभीत सिंह और राखड़ सिंह आदि पात्रों के माध्यम से व्यक्त किया गया है, और जैसा कि लेखक का खुद का कहना है, "यह आज की वास्तविकता के कुछ पहलू सामने रख उनकी आलोचना करता है।"[2] इस वास्तविकता में लेखक ने एक ही साथ हमारे देश की शिक्षा-व्यवस्था, अर्थ-प्रणाली, सामाजिक जीवन-मूल्य, राजनीतिक कदाचरण और पूरी व्यवस्था में जहर की भाँति फैले भ्रष्टाचार पर तीखा व्यंग्य किया है।

'रिटायर्ड भगवान की कथा' परसाई की एक और फेंटेसी है, जो उनके देहावसान के कारण अधूरी रह गई। इसकी कुछ किस्तें 'कथा-यात्रा' में प्रकाशित हुई थीं। इस फेंटेसी का विषय-क्षेत्र पूँजीवाद का अन्तर्राष्ट्रीय दुश्चक्र है, जो सभी देशों की सभ्यता, संस्कृति, अर्थव्यवस्था एवं धार्मिक आस्था आदि सभी को अपनी-अपनी गिरफ्त में समेट लेता है। परसाई की इस फेंटेसी में ईश्वर रिटायर्ड हैं, जो सम्पूर्ण विषय-क्षेत्रों में घटित घटना-क्रम को देखते हैं। स्वयं अपनी दुर्गत देखते हैं और आश्चर्यचकित होते हैं। यह विश्वव्यापी पूँजीवादी यथार्थ जो इस फेंटेसीपरक रचना के माध्यम से हमारे सामने प्रस्तुत हुआ है, अपने-आप में रचनाकार परसाई की व्यापक समझ एवं अपरिमेय रचनात्मक

---

1. निठल्लेपन की डायरी, पृ. 10
2. रानी नागफनी की कहानी, लेखक की बात

शक्ति का उदाहरण है, एक नमूना देखिए, ''भगवान को हवालात में डाल दिया गया। मैं बाहर से चिल्लाया–प्रभु, कुछ करो। अपने प्रताप से थाने को उड़ा दो। हवालात के फाटक तोड़कर बाहर निकल आओ। कंस के कारावास को आपने तोड़ा था, याद करो। भगवान ने वहीं से जवाब दिया–नहीं, मैं मर्यादा से बँधा हूँ, पुलिस की मर्यादा को भंग नहीं कर सकता।''[1]

परसाई अपनी कुछ रचनाओं में राजनीतिक विसंगतियों को प्रतीकों के माध्यम से उजागर करते हैं और 'महान' व्यक्तियों के प्रभामंडल एवं छद्मों, भ्रमों, मूर्खताओं, सनकों तथा मिथ्या मोहों पर वार करते हैं। उदाहरण के लिए 'जैसे उनके दिन फिरे' रचना में 'उनके'-जैसे दिन फिरने की लीला को परसाई एक ऐसे परिवेश में प्रयुक्त करना चाहते हैं, जो यथार्थ है। सत्ता और प्रतिष्ठा के उत्तराधिकार में सब पीछे रह गए–केवल वह साधारण वेश-भूषावाला 'चरित्रवान' जो बीस लाख स्वर्ण-मुद्राओं का चन्दा लाकर उत्तराधिकार ले लेता है, आगे आ गया।[2] कथा प्रतीकात्मक है और आजादी के बाद सत्ता की होड़ में विजयी उस वर्ग पर प्रहार करती है जो बेहद काइयाँ और ढोंगी है, लेकिन जिनकी शक्लों पर अच्छे नीति-सिद्धान्त और शरीर पर सादे लिबास चिपके हैं। 'वैष्णव की फिसलन' व्यंग्य भी प्रतीकात्मक शैली में लिखा गया है। वैसे अन्तिम वर्षों में परसाई की रचनाओं में प्रतीकों के स्थान पर बिम्बों का प्रयोग ही अधिक हुआ। उन्होंने एक अन्तरंग बातचीत में यह स्वीकार भी किया है, ''मैं सचमुच 'प्रतीक' से 'बिम्ब' की तरफ जा रहा हूँ क्योंकि मुझे बिम्ब इस समय अभिव्यक्ति का ठीक माध्यम लगता है तथा मेरे अनुभव शायद बिम्ब से ज्यादा सफलता से प्रकट हो सकें। पर यह एक प्रयोग है, सफल न होऊँगा तो किस्सा-गोई करने लगूँगा। सामाजिक विकृतियों की अभिव्यक्ति मैं बिम्बों में प्रकट करता हूँ। यह सही है कि मैं आजकल बिम्बों में सोचता हूँ, कवि की तरह।''[3]

बिम्ब-विधान काल का क्रियाशील पक्ष है, जो कल्पना से उत्पन्न होता है। कल्पना में बिम्ब का आविर्भाव होता है और बिम्बों से प्रतीक का। जब-जब कल्पना मूर्त रूप धारण करती है, तब-तब बिम्बों की सृष्टि होती है। परसाई हमारे जातीय जीवन के अन्तर्विरोधों को, जो सतह पर दिखाई पड़ते हैं, बिम्बों के माध्यम से उजागर करते हैं और गहरी सूझ-बूझ के साथ उसे हमारी धार्मिक-पौराणिक मनोरचना से जोड़ते हैं। उनकी एक रचना 'लंका-विजय के बाद' में बिम्ब इस तरह से प्रकट होता है, ''हे भरद्वाज, इस समय वानरों ने बड़े-बड़े विचित्र चरित्र किए। एक वानर अपने घर में तलवार से स्वयं ही शरीर पर घाव बना रहा था। उसकी स्त्री घबराकर बोली–नाथ, यह क्या कर रहे हो ? वानर ने हँसकर कहा–प्रिये, शरीर में घाव बना रहा हूँ। आजकल घाव गिनकर पद दिए जा रहे हैं। मैं राम-रावण संग्राम के समय तो भागकर वन में छिप गया था।

---

1. कथा-यात्रा, सं. कमलेश्वर, अंक 5, जून 1980, पृ. 47
2. जैसे उनके दिन फिरे, पृ. 13
3. आँखन देखी, सं. कमला प्रसाद, एक अन्तरंग बातचीत, पृ. 46

फिर जब राम की विजयी सेना लौटी, तो मैं उसमें शामिल हो गया। मेरी तरह अनेक वानर वन से निकलकर उस विजयी सेना में मिल गए। हमारे तन पर एक भी घाव नहीं था, इसलिए हमें सामान्य परिचारक का पद भी नहीं मिलता। अब हम स्वयं घाव बना रहे हैं। स्त्री ने शंका की–परन्तु प्राणनाथ, क्या कार्यालयवाले यह नहीं समझेंगे कि ये घाव राम-रावण संग्राम के नहीं हैं ? वानर हँस के बोला–प्रिय, तुम बहुत भोली हो। वहाँ भी धाँधली चलती है। स्त्री ने पूछा–प्रियतम, तुम कौन सा पद लोगे ? वानर ने कहा–प्रिये, मैं कुलपति बनूँगा। मुझे बचपन से ही विद्या से बड़ा प्रेम है। मैं ऋषियों के आश्रम के आसपास ही मँडराया करता था। मैं विद्यार्थियों की चोटी खींचकर भागता था, हव्य सामग्री झपट लेता था। एक बार ऋषि का कमंडल ही ले भागा था। इसी से तुम मेरे विद्या-प्रेम का अनुमान कर सकती हो। मैं तो कुलपति ही बनूँगा।"[1] सत्ता के चरित्र को भीतर से जाननेवाली यह भाषा बिना राजनीतिक दृष्टिकोण के सम्भव नहीं थी–इस बिम्ब में परसाई आजादी के बाद सत्ता में आए लोगों के आचरण की पोल खोलते हैं।

परसाई ने पौराणिक कथाओं का नवीन प्रयोग भी किया है। वे भारतीय जीवन की परम्परागत जातीय स्मृति का निर्माण करनेवाले इतिहास और पुराणों से अनेक पात्रों और घटनाओं को सघन मिथकीय आच्छादन से बाहर लाते हैं और उन्हें अद्भुत रचनात्मक सहयोग देकर उनसे महत्त्वपूर्ण समकालीन अर्थ व्यंजित करते हैं। परसाई की अद्भुत विशेषताओं में से एक यह है कि वे प्राचीन मिथकों को अपने समय-सन्दर्भ में इतनी बारीकी के साथ प्रासंगिक बनाते हैं कि उनमें वर्तमान सत्ता का चरित्र निरावृत हो जाता है। 'सुदामा के चावल' व्यंग्य में परसाई बताते हैं कि श्रीकृष्ण की ओर से सुदामा को जो श्री-समृद्धि मिलती है, वह केवल पुरानी मित्रता के कारण नहीं अपितु राज के उच्चपदस्थ से निम्नतम पदाधिकारियों तक की घूसखोरी का रहस्य जान लेने पर उनका मुँह बन्द करने के लिए दी जाती है।[2] पुराण-कथाओं एवं उनके चरित्रों में परसाई ने नए अर्थ भरे हैं और समकालीन सन्दर्भों से उन्हें स्पन्दित किया है। 'न्याय का दरवाजा' रचना में वे लिखते हैं, "ईसा अपना सलीब खुद ढो रहा है या सूली पर टँगा है। ईसा को अपने पाँवों पर अपने हाथों से कील ठोकने को मजबूर किया जा रहा है और वह कह रहा है–पिता, इन्हें हरगिज माफ मत करना, क्योंकि ये साले जानते हैं, ये क्या कर रहे हैं।"[3] 'लंका-विजय के बाद' में वानर सीता के परित्याग के बाद 'सीता-सहायता कोष' खोलकर अयोध्या की उदार और श्रद्धालु जनता से चन्दा लेकर खा जाते हैं।[4] इसी प्रकार, 'मेनका का तपोभंग' में महान तपोव्रती और समाजसेवी भैया साब का तपोभंग मेनका क्या करेगी, वे तो तपोभंग

1. जैसे उनके दिन फिरे, पृ. 52-53
2. वही, पृ. 37-38
3. शिकायत मुझे भी है, पृ. 29
4. जैसे उनके दिन फिरे, पृ. 51

के लिए स्वयं उद्योगरत हैं।[1] परसाई की 'बैताल-कथाएँ'[2] मुख्य रूप से गाँधीवादी हृदय-परिवर्तन के सिद्धान्त पर तीखा प्रहार करती हैं। परसाई पौराणिक प्रसंगों को समकालीन यथार्थ पर व्यंग्य करने के लिए जितनी सफलता से प्रयोग में लाते हैं, वैसा दूसरे व्यंग्यकारों में नहीं मिलता। 'पहला पुल', 'कन्धे श्रवणकुमार के', 'एकलव्य ने अँगूठा दिखाया' आदि रचनाओं में भी उन्होंने इसी शैली का प्रयोग किया है।

परसाई विचाराभिव्यक्ति की पूर्णता के लिए एकदम नई उपमाओं का प्रयोग करते हैं। इन उपमानों से उनके व्यंग्य में अति तीक्ष्णता और शक्ति समाहित होती है। ये उपमान प्रायः जीवन से सम्बन्धित होते हैं। 'आई बरखा बहार' नामक निबन्ध की निम्नलिखित पंक्तियाँ द्रष्टव्य हैं, "हे हनुमान, ये बादल कैसे उमड़ रहे हैं, जैसे बीस गाने, पच्चीस नाच, दो हत्या और एक आत्महत्यावाली बॉक्स-ऑफिसवाली फिल्म के पहले शो की भीड़ उमड़ रही हो।"[3]

परसाई की शैली में एक निजता है। यह निजता रचनाकार की पहचान कराती है। परसाई के कुछ महत्त्वपूर्ण कॉलम–'सुनो भाई साधो', 'कबिरा खड़ा बाजार में', 'और अन्त में', 'पाँचवाँ कॉलम', 'उलझी-उलझी', 'कहत कबीर', 'माटी कहे कुम्हार से', 'तुलसीदास चन्दन घिसैं' आदि बड़े लोकप्रिय सिद्ध हुए। इसका श्रेय उनकी सामाजिक यथार्थ की गहरी समझ और आम आदमी की पक्षधरता से निर्मित वैचारिक दृष्टि को जाता है। दरअसल, जैसा पहले कहा जा चुका है, सार्थक व्यंग्य के लिए लेखक की स्पष्ट प्रतिबद्धता जरूरी है। प्रतिबद्धता को नकारकर हास्य लिखा जा सकता है, व्यंग्य नहीं, और यह तब तक सम्भव नहीं हो सकता, जब तक लेखक में अत्यधिक नैतिक साहस न हो। व्यंग्य-लेखन बहुत ही गम्भीर और दायित्वपूर्ण कर्म है। इसके लिए नैतिक साहस की ताकत लगती है, उसमें स्थितियों से सीधी मुठभेड़-जैसी होती है, और चेहरे नंगे करने पड़ते हैं। हमारे समय में ये दोनों ही दुर्लभ चीजें हैं लेखकों के लिए, इसीलिए हमारे यहाँ बहुत सारा 'व्यंग्य' लिखे जाने के बावजूद 'व्यंग्य' बहुत कम है। व्यंग्य-लेखन के नाम पर धड़ल्ले से गैरजिम्मेदार हास्य-रचनाएँ लिखी जा रही हैं। कहने की आवश्यकता नहीं कि यह गम्भीर रचनात्मक तनाव से हीन सपाट हास्य की दुनिया है, जहाँ प्रश्नों और दायित्वों से बचने के लिए एक शरणस्थली ढूँढ़ी जाती है। वहाँ आसानी है, सुरक्षा है। जिम्मेदार लेखन के लिए जिस जागरूकता और प्रश्नाकुल बेचैनी की जरूरत है, वहाँ वह सिरे से गायब है। परसाई से पूर्व भी जबकि हमें मार्क ट्वेन, दाशेक और चेखव के जैसा व्यंग्य चाहिए था, हमारे रचनाकार समय की विद्रूपता को नकारकर, जरूरी सवालों को टालकर बेशर्मी और फूहड़ता के साथ साली-जीजा, पत्नी और भाभी जैसे रिश्तों को केन्द्र में रख उद्देश्यहीन हास्य लिख रहे थे। परसाई ने अपनी ईमानदारी, प्रतिबद्धता

---

1. जैसे उनके दिन फिरे, पृ. 59
2. वही, बैताल की छब्बीसवीं कथा, पृ. 66; बैताल की सत्ताईसवीं कथा, पृ. 71; बैताल की अट्ठाईसवीं कथा, पृ. 74
3. बेईमानी की परत, पृ. 67

और दृष्टि तथा सोच के बिल्कुल साफ और बेलाग होने के कारण इस परम्परा को बिल्कुल सिरे से उलट दिया। उन्होंने अकेले दम से व्यंग्य को साहित्य में प्रतिष्ठित किया और एक नया ही चरित्र हिन्दी-व्यंग्य को प्रदान किया। परसाई का रचना-फलक बहुत व्यापक है, वे समकालीन समाज के महत्त्वपूर्ण आलोचक हैं और अपने युग के प्रति ईमानदार हैं। उन्होंने जीवन से साक्षात्कार करते हुए विसंगतियों, मिथ्याचारों और पाखण्डों को बेनकाब किया है। उन्होंने जहाँ एक ओर मामूली आदमी के दर्द को अपनी सहानुभूति दी, वहीं दोगलेपन से भरे उस मध्यवर्गीय पाखंड का पर्दाफाश किया, जिसे अन्य रचनाकार ठीक ऐसे ही समय में महिमामंडित कर रहे थे। उन्होंने अपने व्यंग्यों से यह साबित किया कि दैनन्दिन जीवन और परिवेश के प्रति एक निर्मम व्यंग्य-दृष्टि कितनी बड़ी सम्भावनाएँ पैदा कर देती है। परसाई की पक्षधरता का सवाल यहीं सबसे वजनदार और प्रासंगिक है, क्योंकि वे 'मैं' की नहीं 'हम' की भाषा में बोलने पर विश्वास करते हैं। आज परसाई का लेखन समीक्षकों के लिए चुनौती है; उनका रचना-फलक जितना बड़ा है, उतना ही वैविध्य उनकी शैली में है। नित नए सिर उठाने वाली समस्याओं का आकलन और निरूपण उन्होंने नित नई अभिव्यंजना द्वारा किया है। वे स्वयं स्वीकार करते हैं, "मुझे किसी विधा का अत्यन्त शिथिल रूप ही अनुकूल बैठता है। निबन्ध की विधा मेरे लिए सबसे काम की है, क्योंकि मैं उससे मनचाहा सलूक कर सकता हूँ।"[1]

परसाई का यह मनचाहा सलूक, निबन्ध को भी निबन्ध नहीं रहने देता, उसे भी एक नया ही रूप दे देता है। यह नया रूप ही व्यंग्य है, जो सामाजिक कामना से ओतप्रोत सशक्ततम विधा की शक्ल अख्तियार कर चुका है। परसाई में सामाजिक जटिलताओं के बीच से आदमी और आदमीयत के रिश्तों को पहचानने तथा उभर रही इंसानी जिन्दगी के ताने-बानों के साथ उन्हें गूँथ देने की जो क्षमता है, वह उनके व्यंग्य-लेखन को वह ऊँचाई देती है जिस तक उनके पूर्ववर्ती उसे पहुँचाना चाहते थे, और यही वह बिन्दु भी है जहाँ परसाई का व्यंग्य-लेखन उनके समकालीन अनेक नामी-गिरामी व्यंग्य-लेखकों से भिन्न हो जाता है।

निष्कर्ष-स्वरूप कहा जा सकता है कि परसाई का व्यंग्य ऊपर से जितना कठोर, आघातकारी, यहाँ तक कि लट्ठमार लगता है; भीतर से वह उतना ही करुण, संवेदनशील और मानवीय प्रतिष्ठा की चिन्ता से सराबोर है। निस्सन्देह जब व्यक्ति व्यापक मनुष्यता एवं सामाजिकता के हित से उद्वेलित एवं पीड़ित होता है, तब वह या तो कबीर के फक्कड़ाना अन्दाज में बोलने के लिए विवश होता है अथवा परसाई की बेलौस और तीखी जबान में अपनी बात कहने के लिए बाध्य होता है। परसाई की चिन्ता के केन्द्र में मनुष्य है, उसका समाज है, समाज की स्वस्थ सम्भावनाएँ हैं। इसलिए उन्हें आच्छादित करनेवाली दुर्बलताओं की कुहेलिका को साफ करने के लिए परसाई के व्यंग्यकार को अपने व्यंग्यों के माध्यम से आग-सी तीखी वाणी का इस्तेमाल करना पड़ा

---

1. आँखन देखी, सं. कमला प्रसाद, पृ. 98

है। लेकिन परसाई सब कुछ विनष्ट करनेवाले अराजक लेखक नहीं। वे तो केवल उन्हीं स्थितियों, प्रवृत्तियों, परिस्थितियों और पशुता की हद तक बढ़े घोर लोलुप एवं स्वार्थी शक्ति-केन्द्रों को अपने व्यंग्य का विषय बनाकर नेस्तनाबूद करने का प्रयत्न करते हैं, जो एक ओर सामाजिक स्वास्थ्य के लिए सर्वोपरि शत्रु हैं, तो दूसरी ओर सामान्य मनुष्यता के लिए विघातक। ऐसे में परसाई के व्यंग्य की केन्द्रीय दृष्टि, उनकी वैचारिक पृष्ठभूमि को समझना कठिन नहीं होना चाहिए। परसाई के सम्पूर्ण लेखन में मनुष्य, संस्कृति और मूल्य के निमित्त उनकी विचारधारा हिस्सेदारी करती दिखाई देती है। परसाई मार्क्सवादी विचारधारा से प्रतिबद्ध थे, पर जैसा कि हम पीछे देख आए हैं, प्रतिबद्ध लेखन को पार्टी-लेखन माने जाने का विरोध करते थे।[1] प्रतिबद्धता को वे कहीं गहरी चीज समझते थे, जो सामाजिक द्वन्द्व में शोषितों की ओर खड़े होने, उनकी ओर से लड़ने, उनकी पीड़ा को स्वर देने से ताल्लुक रखती है।[2] छद्म प्रतिबद्धता का उन्होंने निरन्तर विरोध किया, "इस देश में जो जिसके लिए प्रतिबद्ध है, वही उसे नष्ट कर रहा है। लेखकीय स्वतन्त्रता के लिए प्रतिबद्ध लोग ही लेखक की स्वतन्त्रता छीन रहे हैं। सहकारिता के लिए प्रतिबद्ध इस आन्दोलन के लोग ही सहकारिता को नष्ट कर रहे हैं। सहकारिता तो एक स्पिरिट है। सब मिलकर सहकारितापूर्वक खाने लगते हैं और आन्दोलन को नष्ट कर देते हैं। समाजवाद को समाजवादी ही रोके हुए हैं।"[3] परसाई ने पूँजीवादी समाज और संस्कृति के विघटनकारी तत्त्वों का विश्लेषण किया है और समाजवादी जीवन-मूल्यों की पक्षधरता को स्पष्ट किया है। उन्होंने भारत के जीवन-दर्शन की मार्क्सवादी मीमांसा की है। राजनीति परसाई के व्यंग्य-लेखन का केन्द्रीय तत्त्व है। राजनीति जीवन की निर्णायक शक्ति है, वही आधुनिक युग में मनुष्य और समाज की नियति को निर्धारित करती है, इसलिए उससे बचा नहीं जा सकता। परसाई के ही शब्दों में, "राजनीति को नकारना भी एक राजनीति है।"[4] परसाई के व्यंग्य राजनीतिक विचारधारा से प्रेरित हैं, उनकी दृष्टि राजनीतिक छल-छद्म को उघाड़कर रख देती है। परसाई के लेखन में प्रेमचन्द की तरह विविधता और विस्तार है, किन्तु अन्तर यह है कि प्रेमचन्द ने शोषण के दुष्परिणामों से भावात्मक हल निकाले हैं। परसाई की वर्ग-दृष्टि परिपक्व है, अतः उन्होंने शोषण की व्यवस्था और उसके परिणामों का चित्रण आलोचनात्मक ढंग से किया है, जो अधिक यथार्थवादी है। प्रेमचन्द ने सामन्तवादी सामाजिक सम्बन्धों की जटिलता को अपनी रचना का विषय बनाया था, जबकि परसाई ने मुख्य रूप से पूँजीवादी सामाजिक सम्बन्धों की जटिलता को अपने व्यंग्यों में उतारा। इस तरह परसाई का लेखन प्रेमचन्द-युग के लेखन से आगे की कड़ी है। प्रेमचन्द को पुनरुत्थानवादी-नवजागरणवादी परिवेश मिला था, परसाई को पूँजीवादी उत्थान और ह्रास

1. आँखन देखी, आत्मकथ्य, पृ. 31
2. वही
3. ठिठुरता हुआ गणतन्त्र, इसी नाम की रचना, पृ. 5
4. सदाचार का ताबीज, कैफियत, पृ. 10

का परिवेश मिला। इसीलिए, स्पष्ट दिखाई देता है कि प्रेमचन्द की रचना में शोषण की, परिपीड़न की राजनीतिक दृष्टि मुखर नहीं है। सामाजिक, आर्थिक दृष्टियों के स्पष्टीकरण में प्रेमचन्द ने नैतिक, धार्मिक परम्परावादी, रूढ़िवादी मान्यताओं का ही आधार लिया है (यद्यपि 'गोदान' के रचना-काल तक और 'कफन' कहानी तथा 'महाजनी सभ्यता' निबन्ध लिखने के समय तक वे पुनरुत्थानवाद से बाहर आ गए थे), जबकि परसाई ने पूँजीवादी व्यवस्था पर व्यंग्य करते हुए राज-सत्ता के चरित्र को प्राथमिकता दी है, उसमें निहित राजनीति को पकड़ा है।

परसाई आजादी के बाद के रूमान से मुक्त हैं। वे कतिपय अन्य लेखकों की तरह आजादी की उमंगों से गाफिल नहीं हुए, बल्कि सर्वहारा-बोध के तथा श्रम की संस्कृति के सजग द्रष्टा बन गए। फिर भी परसाई के लेखन में नगर-बोध और मध्यवर्गीय जीवन की अभिव्यक्ति मुख्य रूप से होती है। 'दूसरी आजादी का एक साल' और 'तीसरी आजादी का जाँच-कमीशन' रचनाओं में परसाई ने सर्वग्राही समाजवादी-आदर्शवादी विचारों में निहित प्रतिक्रियावाद और फासीवाद के खतरों को स्पष्ट किया है। जब तक स्वतःस्फूर्त और विचारधारा के अन्तर को नहीं समझा जाएगा; तब तक मतभेद, विरोध, विद्रोह, आन्दोलन और क्रान्तिकारी चेतना के यथार्थवाद तक नहीं पहुँचा जा सकता। परसाई ने अपने व्यंग्यों में स्वतःस्फूर्त और विचारधारा के भेद को धार्मिक, नैतिक, सामाजिक, आर्थिक, राजनीतिक भूमिका में प्रस्तुत किया है। यही कारण है कि उनका व्यंग्य पाठक को स्थितियों का साक्षात्कार ही नहीं कराता, वरन् उनके लिए जिम्मेदार शक्तियों के सम्बन्ध में सोचने के लिए प्रेरित भी करता है। इस प्रकार उनके व्यंग्य के माध्यम से पाठकीय चेतना में अशान्ति और क्षोभ का जो गुबार पैदा होता है, वह स्वभावतः उनकी केन्द्रीय करुणा-संवलित मानवीय चेतना के अनुरूप ही नहीं है, बल्कि उसको प्रतिष्ठा प्रदान करनेवाली शक्ति के रूप में भी अपनी जगह बनाता दीख पड़ता है।

कुल मिलाकर परसाई का व्यंग्य सचेत दृष्टि का प्रतिफलन और मानवीय प्रतिष्ठा की व्यापक चिन्ता से विकसित होनेवाला वह प्रभावशाली आस्थादायी सम्बल है, जिसके होते देश की बेसहारा, विवश जनता अपने को एकदम निरीह नहीं मान पाती। उसे पता है कि ये व्यंग्य जहाँ प्रतिक्रियावादी गढ़ों पर अपने ढंग से प्रहार करेंगे, वहीं उसकी अपनी कमजोरियों को दूर करने में भी सहायता एवं सम्बल प्रदान करेंगे ताकि आगे की लड़ाई में वह कहीं ज्यादा सामर्थ्य के साथ सफलता के लिए कूच कर सके। किसी भी परिवर्तन-कामी व्यंग्य-लेखक के लिए यह स्थिति कम सन्तोषप्रद नहीं है। वर्षों से परसाई ने अपने व्यंग्यों के माध्यम से जिस चेतना को उभारने का प्रयास किया, वह निस्सन्देह आज के माहौल में जागरूक जनता के बहुत बड़े वर्ग में देखने को सरलता से मिल जाती है। परसाई का सबसे बड़ा सामर्थ्य संवेदनात्मक रूप से यथार्थ का आकलन है। वे जानते थे कि वे जनता के कष्ट एवं त्रासदियों को स्वर दे रहे हैं, अतः जनता उनकी सराहना करेगी ही। इसी आत्मविश्वास एवं संवेदन-ऐक्य के सहारे परसाई

जन-जन की चेतना को कुरेदने में लगे रहे। उनकी सफलता इसी में है कि जहाँ वे जन-जन के प्रिय लेखक हैं, वहीं समवर्ती साहित्यकारों के प्रेरक भी। उनके व्यंग्य का आधार बौद्धिक अटकलें नहीं, अपितु सामाजिक यथार्थ का धरातल है। गरीबों की गरीबी का इलाज वे जानते थे और यह जानकारी ही उनकी सफलता का राज है, ''देखो भाई, गरीब आदमी न तो एलोपेथी से अच्छा होता, न होमियोपेथी से, उसे तो 'सिम्पेथी' (सहानुभूति) चाहिए। मैं 'सिम्पेथी' की सहस्रपुटी मात्रा देता हूँ, रोगी अच्छा होता जाता है।''[1]

जन-जन में जागृत और निरन्तर बढ़ती-चेतना तथा व्यंग्य-प्रियता के मूल में परसाई की भूमिका को नकारा नहीं जा सकता। विकृतियों के बियाबान में आत्मरक्षा की प्रेरणा से उद्भूत परसाई का प्रतिकार असंख्य निरीह एवं विवश लोगों का प्रतिकार है।

परसाई के व्यंग्यों में निबन्ध, कहानी, रेखाचित्र, संस्मरण आदि के अंश एक-दूसरे से गुँथे हुए हैं। प्रतिगामी शक्तियों के नग्न रूप को जन-जन तक पहुँचाने के प्रयास में वे अपने व्यंग्यों में कभी लघु कहानी का सहारा लेते हैं, तो कभी लम्बी कहानी, उपन्यास, पत्र या साक्षात्कार की सृजना करते हुए सीधे सम्बोधन-शैली पर उतर आना उनकी अपनी विशिष्टता है। वे जटिल भारतीय जीवन के विषम प्रश्नों से टकराते हुए भारतीय मानसिकता का उसकी अपनी ही भाषा एवं शैली में प्रतिपादन करने में सिद्धहस्त हैं। एक ही जगह विभिन्न विधाओं का यह गुँथाव उसे व्यंग्य-विधा का रूप दे देता है। इसी बात को परसाई[2] के साथ-साथ समीक्षकों ने भी अलग-अलग ढंग से रेखांकित किया है। उदाहरण के लिए डॉ. धनंजय वर्मा की यह टिप्पणी गौर-तलब है, ''अब तक जो निबन्ध आत्म की अभिव्यक्ति का एक निजी किस्म का लेखन रहा है, उसे व्यक्तिगत घेरे से निकालकर सारे सामाजिक, राजनीतिक, आर्थिक और ऐतिहासिक परिदृश्य में आम आदमी की जद्दोजहद और मुक्ति के लिए हथियार बनाने का माद्दा सिर्फ परसाई में है।''[3]

सच्चाई तो यह है कि परसाई के व्यंग्य पारम्परिक विधाओं की सीमारेखा तक सीमित नहीं हैं। विभिन्न विधागत तत्त्वों का अनुकरण उन्होंने तभी तक किया है, जब तक कि वे आजाद अभिव्यक्ति के लिए जकड़न का एहसास न होने दें। जैसे ही विधा अभिव्यक्ति के मार्ग में आड़े आने लगी, परसाई ने उसे झटक दिया है । इस तरह जो नई चीज सामने आती है, वही व्यंग्य-विधा है। यही वजह है कि डॉ. धनंजय वर्मा के शब्दों में, ''उनके भीतर अर्थों और अनुगूँजों के स्तर पर स्तर और आयाम के भीतर आयाम है।...वो आपको उपदेश देनेवाले या नैतिकता के मसीहा भी लग सकते हैं। वो उदाहरण पर उदाहरण और दृष्टान्त पर दृष्टान्त इसलिए भी देते हैं कि बात के

1. बोलती रेखाएँ, मनीषीजी, पृ. 3
2. बेईमानी की परत, ये निबन्ध, ''कुछ जूते सिर के नाप के भी बनाए जाते हैं।''
3. हरिशंकर परसाई की दुनिया, सं. डॉ. मनोहर देवलिया, पृ. 22-23

अर्थ-स्तरों और सन्दर्भ-आयामों को खोल सकें।"[1]

समाज के विभिन्न क्षेत्रों में पल रहे ढोंग, ढकोसलों तथा आडम्बर पर परसाई अत्यन्त ही सरस किन्तु धारदार वाक्यों में निर्मम प्रहार करते हैं। छोटे-छोटे सरस वाक्यों के भीतर अर्थ-गाम्भीर्य उनकी निरीक्षण-शक्ति तथा उच्च प्रतिभा की मिसाल प्रस्तुत करते हैं। अत्यन्त ही सहज ढंग से वे जन-जन की आन्तरिक पीड़ा को स्वर देते हैं। यही कारण है कि हिन्दी साहित्यकारों में परसाई की पहचान जनता के हमदम के रूप में हुई है। अपने आसपास के वातावरण से ही शब्दों, घटनाओं तथा अभिव्यक्ति-कौशल को प्राप्त करते हुए परसाई ने जो दूसरा महत्त्वपूर्ण कार्य किया, वह है—साहित्यकारों, बुद्धिजीवियों को वायवी आडम्बर और पौराणिक आदर्श की अव्यावहारिकता के बजाय यथार्थ के धरातल पर स्वच्छन्द श्वसन की प्रेरणा। साहित्यिक क्षेत्र में स्वान्तत्र्योत्तर भारत का सीधा साक्षात्कार सर्वप्रथम परसाई ही करवाते हैं। परसाई के व्यंग्य हमें बताते हैं कि हमारा समाज, हमारे रिश्ते, हमारे आदर्श, हमारी व्यवस्था, हमारा राजनीतिक चिन्तन किस हद तक पतनशील और अर्थहीन है। हमारी धार्मिक चेतना अपनी संस्कृति की मूल-चूल से परे हट किस तरह पूँजीपतियों और सत्ताधारियों के लिए शोषण का स्रोत बन चुकी है। अतीत के गौरव को ही वर्तमान का गौरव बनानेवालों के समक्ष उन्होंने अतीत का रेशा-रेशा उघाड़कर रख दिया है। इस तरह अपने संघर्षों एवं प्रयासों से उन्होंने समाज में तार्किक चेतना का निर्माण कर आम आदमी को तमाम बन्धन तोड़ फेंकने के लिए उठ खड़े होने की प्रेरणा और साहस दिया है। यशपाल ने उनके बारे में सच ही कहा है कि "तुम्हारी लेखनी महान है, जिसे पढ़कर लोग तिलमिला जाते हैं और लाठी उठा लेते हैं।"[2]

1. हरिशंकर परसाई की दुनिया, सं. डॉ. मनोहर देवलिया, पृ. 25
2. आँखन देखी, सं. कमला प्रसाद, कागज में लिखे जाने का अर्थ, पृ. 20

5
व्यंग्यकार शरद जोशी की व्यंग्य-दृष्टि

प्रेरणा, प्रभाव और धारणा

आधुनिक हिन्दी-व्यंग्य को सार्थक विस्तार, विशिष्ट आयाम और व्यापक लोकप्रियता प्रदान करने में स्व. शरद जोशी का विशेष योगदान है। जोशी ने अपनी लौह-लेखनी के माध्यम से समाज में व्याप्त भ्रष्टाचार, अनाचार, कुनबापरस्ती, ढुलमुल राजनीति और टुच्चे स्वार्थों पर कड़ा प्रहार किया है। 21 मई 1931 को मध्य प्रदेश के उज्जैन नगर में जन्मे शरद जोशी ने अपने लेखकीय जीवन की शुरुआत पत्रकारिता से की, परन्तु उन्होंने इस माध्यम का उपयोग एक सीमा तक अपने जीवन-निर्वाह और एक अन्य कोण से व्यंग्य-लेखन के क्षेत्र में अपनी पहचान बनाने में किया। दस वर्ष की उम्र में ही 'साहित्य के फेंटे में टाँग फँसा देने'[1] के बाद 1953 से इन्दौर के प्रसिद्ध दैनिक 'नई दुनिया' में 'परिक्रमा' नामक स्तम्भ के अन्तर्गत जोशी के व्यंग्यकार ने जो प्रभावशाली शुरुआत की, उसके बाद उन्होंने पीछे मुड़कर नहीं देखा। 5 सितम्बर 1991 को उनके दुःखद देहावसान के दिन भी 'नवभारत टाइम्स' के 'प्रतिदिन' व्यंग्य-कॉलम में उनका व्यंग्य छपा था।

1980 में मुम्बई में साप्ताहिक 'हिन्दी एक्सप्रेस' के सम्पादन के समय और बाद में भी समय-समय पर हुई अनेक मुलाकातों में जोशीजी ने शोधकर्ता से हुई चर्चा में व्यंग्य के सम्बन्ध में जो विचार व्यक्त किए, उनके अनुसार व्यंग्यकार अपनी 'ऑब्जेक्टिविटी' के कारण व्यंग्यकार बनता है। यह 'ऑब्जेक्टिविटी' प्रत्येक स्थिति में 'कंट्राडिक्शंस' को समझने में सहायक होती है। उदाहरण के लिए आलसीपन एवं ऐश्वर्य-प्रदर्शन दोनों ही जीवन की विसंगत स्थितियाँ हैं। अतः लेखक जहाँ एक ओर आलसीपन को गौरवान्वित करते हुए व्यंग्य का सृजन करता है, वहीं ऐश्वर्य-प्रदर्शन को महिमा-मंडित करते हुए भी कुशल व्यंग्य की रचना कर लेता है।

व्यंग्य के सम्बन्ध में जोशी का दृष्टिकोण सर्वथा पृथक धरातल पर परिलक्षित होता

1. यथासम्भव, कुछ शब्द, पृ. 11

है। हरिशंकर परसाई,[1] रवीन्द्रनाथ त्यागी[2] और नरेन्द्र कोहली[3] अपने व्यंग्य के मूल में दुःखानुभूति की प्रबलता को स्वीकार करते हैं। साहित्यकार की गरीबी को अनावश्यक गरिमा प्रदान करने के खिलाफ होते हुए भी, श्रीलाल शुक्ल भी जीवन के पूर्वार्द्ध में परिचित 'गरीबी के खेमे' का उल्लेख करते हैं।[4] किन्तु लेखन के आरम्भिक दौर में यशपाल, गोर्की तथा बाल्जाक की रचना-क्षमता से प्रभावित एवं प्रेरित शरद जोशी आत्म-चेतना एवं उदात्तता को ही प्रमुख मानते हैं। वे लेखकीय 'इंटेंसिटी' और सम्पादन-क्षमता को वरीयता देते हैं। अपने दुखों का बढ़-चढ़कर बखान वे निरर्थक मानते हैं, "बढ़-चढ़कर संघर्षमय रहा, लेखक होने के कारण जिसे मैंने दुखी-सुखी जीया, फिजूल है।"[5] ज्ञान के मूल में बुद्ध के दुःख का हवाला देने, दुःख की व्यापक प्रभाव-क्षमता एवं सम्भावनाएँ स्वीकार करते हुए वे कहते हैं कि केवल पीड़ा किसी भी रूप में 'टर्न' कर सकती है। जब व्यंग्यकार उससे गुजरता है, तो उसकी 'ऑब्जेक्टिविटी' उसे लिखने की इच्छा और विषय देती है। वह अपने ही दुःख को 'ऑब्जेक्टिवली जज' करता है। लेकिन ठीक यही बात सुख अथवा सुखानुभूति पर भी लागू होती है। अतः व्यंग्य का जनक हमेशा दुःख ही नहीं होता और न अभावग्रस्तता ही उसके मूल में अनिवार्य होती है। व्यंग्य सुखद और थ्रिलिंग अवस्था में भी लिखा जाता है। लेखक आन्तरिक इंटेंसिटी के आधार पर अपने लेखन की जमीन तैयार करता है। जोशी व्यंग्य के मूल में हास्य-बोध, मस्ती और जिन्दादिली मानते हैं और इन्हें विसंगत से विसंगत यथार्थ के बीच जीवन-धारा को सुचारु रूप से संचालित करने हेतु 'डे-टु-डे डीलिंग' का सामर्थ्य प्रदान करनेवाले तथ्य स्वीकार करते हैं। उनके अनुसार, "जिस देश के लोग हजारों वर्षों से आक्रमण, अत्याचार, अन्याय, भूख, गरीबी, बीमारी, निराशा सहन करते हुए अपने कतिपय मूल्यों, विश्वासों और आस्थाओं से जुड़े रहे हैं, उनमें जिन्दा रहने के लिए कोई 'सेंस ऑफ ह्यूमर', कोई मस्ती जरूर रही होगी। है। स्तर जो भी हो, पर उसके बिना इन बरसों तक जिन्दगी का यह संघर्ष सम्भव ही नहीं था। अब यदि उन ही मूल्यों, विश्वासों और आस्थाओं से जुड़ा साहित्य सामान्य जिन्दगी से भी जुड़ा है तो वह 'सेंस ऑफ ह्यूमर' साहित्य में भी आएगा ही जो अन्याय, अत्याचार और निराशा के विरुद्ध होने से व्यंग्य में अभिव्यक्त होगा। इस तरह व्यंग्य पहचान है कि साहित्य कष्ट सहती सामान्य जिन्दगी के करीब है या (उससे) जुड़ा हुआ है।"[6]

अपनी इस मान्यता की पुष्टि जोशी शोधकर्ता से हुई एक मुलाकात में भी करते

---

1. तिरछी रेखाएँ, गर्दिश के दिन, पृ. 14
2. रवीन्द्रनाथ त्यागी : प्रतिनिधि रचनाएँ, सं. डॉ. कमलकिशोर गोयनका, सुदर्शन नारंग को दिया गया साक्षात्कार, पृ. 319
3. मेरी श्रेष्ठ व्यंग्य-रचनाएँ, अपनी ओर से, पृ. 7-8
4. यह घर मेरा नहीं, अपने बारे में, पृ. 124-25
5. जादू की सरकार, दो शब्द, पृ. 5
6. मेरी श्रेष्ठ व्यंग्य-रचनाएँ, अपनी बात, पृ. 9

हैं–व्यंग्य लिखना नार्मेलसी से जुड़ना है। विशिष्ट तो काव्य है। काव्य से हटकर जो जीवन है, वह काफी व्यापक है। अतः व्यापक जीवन-परिवेश की अभिव्यक्ति हेतु वे प्रत्येक उपलब्ध 'एक्सप्रेशन' को उदारतापूर्वक स्वीकार करना आवश्यक मानते हैं–व्यंग्यकार अपने युग की स्थितियों से जूझना चाहता है, उन्हें रजिस्टर करना चाहता है। उसके लिए मजबूरी है कि भाषा के लेखन की उदार दृष्टि अपनाए। इस उदारता के फलस्वरूप व्यंग्य स्वतः लोक-जीवनगत ह्यूमर से जुड़ जाता है...जब भी खरेपन की बात होगी, उसमें ह्यूमर आएगा ही। जब भी आप जनता से जुड़ेंगे, तो हास्य नेचुरली आने लगेगा। मूलधारा मनुष्य को पकड़ने की है। मनुष्य का सरल, सहज, हास्यमय और खरा-खरा होना बहुत स्वाभाविक है। जीवन का यह सहज और सरल हास्य, व्यंग्य के लिए एक उपयुक्त शस्त्र का काम करता है। व्यंग्य के लिए हास्य की उपयोगिता के सन्दर्भ में जोशी की मान्यता है कि हास्य के माध्यम से कुछ बातें बहुत कम शब्दों में और बड़ी सरलता से कह देने में सफलता मिलती है। सामान्य पाठक बड़ी जल्दी विषय-प्रवेश कर जाता है और उसको जब इस बात का एहसास होता है कि इन सीधी-सादी बातों के पीछे गहरा तथ्य है, जो आखिर में कहा गया है; तो उसका 'शॉक' उसकी चेतना को झकझोरता है, बौद्धिक रूप से उसे उत्तेजित करता है। अतः हास्य औजार हुआ, लक्ष्य नहीं। लोक-जीवन में यह 'सेंस ऑफ ह्यूमर' संघर्ष में जिन्दा रहने में मदद करता है। जनसामान्य को स्वस्थ और चैतन्य रखता है। वह 'डे-टु-डे डीलिंग' की ऊर्जा हासिल करता है। साहित्य इस लोक-जीवन से जुड़ने पर स्वतः व्यंग्यमय हो उठता है, क्योंकि कई बार केवल सत्य कह देना ही व्यंग्य बन जाता है।

जोशी व्यंग्यकार के लिए आत्म-मन्थन, आत्म-निरीक्षण एवं स्व-मूल्यांकन करते रहना आवश्यक मानते हैं। जुमलों और फतवों के बजाय वे आम आदमी के प्रति सच्ची, कर्मगत निष्ठा पर जोर देते हैं, क्योंकि उन्हीं के शब्दों में, "हमारा लेखन हमारे ही पैदा किए जुमलों और फतवों के मकड़जाल में फँसकर रह जाता है। हवा ऐसी बँधती है कि जाँचने-परखने का न मौका मिलता है, न जरूरत महसूस होती है। ऐसे ही लिपटे-बँधे एक दिन घूरे पर फेंक दिए जाते हैं। तब तक जिद इस हद तक बढ़ चुकी होती है कि मूर्खताओं को भी हम प्रतिबद्धता कहने लगते हैं। कुछ समझ नहीं आता। इसलिए निरन्तर अपनी जाँच करते रहना लेखक की मजबूरी है।"[1]

यह आत्म-विश्लेषण अथवा अपनी जाँच ही लेखन के विकास में सहायक होती है, इसके अलावा कोई चीज काम नहीं आती, "रचनाकार के नाते हमारा न कोई अतीत होता है और न अनुभव-पुंज। सब मन बहलाने की बातें हैं। हर रचना पहली रचना लिखने की कोशिश, भय और उत्साह से लिखनी पड़ती है। फिर वह जैसी बने।...यदि पिछले अनुभवों का लाभ मिलता तो साहित्य में प्रत्येक लेखक श्रेष्ठ से श्रेष्ठतर और श्रेष्ठतम रचनाएँ लिखता। यह नहीं होता। हर कृति की शख्सियत अलग होती है। वह कितनी ऊँचाई तक जाती है, कितने दिनों तक जिन्दा रहती है, यह उसकी आन्तरिक

1. मेरी श्रेष्ठ व्यंग्य-रचनाएँ, अपनी बात, पृ. 7-8

शक्ति, गठन और सौन्दर्य पर निर्भर करता है, जो हम (उसे) देते हैं या देने में अपने को समर्थ पाते हैं।''[1]

जोशी का अनुभव है कि व्यंग्य को गम्भीरता से नहीं लिया जाता। समीक्षक उससे बचने, छिटकने, कतराने, नाक-भौं सिकोड़ने की कोशिश करते हैं, जिसे वे उनका कॉम्प्लेक्स मानते हैं, ''जब प्रयोगवाद और नई कविता के शीर्षक के अन्तर्गत कविता अपनी रूढ़ अभिव्यंजना, शब्द और दृश्य के परम्परागत दायरों को तोड़ने की कोशिश करती है, तब (तो) समीक्षकों को समझ आ जाता है कि क्या हो रहा है। पर जब वे ऐसी ही मगर जीवन व समाज से ज्यादा गहरे अर्थ में जुड़ी सार्थक और सहज कोशिश गद्य में देखते हैं, तो उसी समीक्षक को लगने लगता है कि वह छिछला है, हास्य है, सस्ती लोकप्रियता है क्योंकि उनके आदरणीय बाप ने मरते वक्त कहा था कि बेटा, गरिमा बनाए रखनी है तो हास्य-व्यंग्य से दूर रहना। अफसोस यह है कि कतिपय कांप्लेक्सेज से ग्रस्त हिन्दी-साहित्य ने अपना मिजाज तय कर लिया और चन्द संकीर्णताओं को सम्मान की मुद्रा बना लिया। यह अन्दाज एकदम टूटना मुश्किल है। जिसे कायम रखने में अनेक लोग, विश्वविद्यालय, संस्थान जुटे हों, उसे मुट्ठी पर व्यंग्यकार क्या तोड़ पाएँगे ?''[2]

समीक्षकों के इस रवैये का कारण नरेन्द्र कोहली व्यंग्य को समझ पाने में उनकी अक्षमता मानते हैं[3] तो जोशी उनका भय । वे लिखते हैं, ''मुझे तो लगता है, एक भय व्याप्त है। एक शख्स जो कविता के किसी मूड में तोता होता, तो तो तो तो, ता ता ता ता करके थिरकने लगे और उसकी यह क्रिया देख समीक्षकों को गम्भीरता से महसूस हो कि छायावाद में छेद हो रहा है, वही शख्स उसके फौरन बाद पुराने नकली खोल में घुसने लगे तो जाहिर है कि एक भय व्याप्त है। सबको डर लगता है कि लिखने का मिजाज सहज-सरल हो गया तो हमारी प्रतिष्ठा, अमरता, श्रेष्ठता वगैरह का क्या होगा ? कबीर ने ऐसे ही लोगों के लिए कहा था कि जो अपना घर फूँक सकता हो, वही हमारे साथ चल सकता है। यह घर भी बरसों से बना है, पुराना है। गण्यमान्य समीक्षकों ने इसका नक्शा बनाया, छायावादियों ने नए अँधेरे कमरों का विकास किया। बाद में कई क्रेक आए, आने थे, मगर हवेली की प्रतिष्ठा जस की तस है। जनसंख्या बढ़ गई है। मगर पुराना कबूतरखाना छोड़ने को कोई राजी नहीं। हर उदीयमान इसी के ऑगन में खेलता है और इसी में घुसने की कोशिश में रहता है। उसकी लाश यहीं से उठ अमरता के श्मशान में जो फुँकनी है। व्यंग्य के इशारे और सीटियों को समझकर भी घर फूँकना तो दूर, वे कुछ देर को भी घर छोड़ने को तैयार नहीं। भय व्याप्त है। यह जगह छोड़ देंगे तो क्या होगा ? ऐसी-तैसी तुम्हारी। हम तो चले।''[4]

1. मेरी श्रेष्ठ व्यंग्य-रचनाएँ अपनी बात, पृ. 8
2. वही, पृ. 10
3. बात तो चुभेगी, नवम्बर-दिसम्बर 1981, पृ. 9, डॉ. प्रेम जनमेजय और डॉ. राजेश कुमार को दिया गया साक्षात्कार
4. मेरी श्रेष्ठ व्यंग्य-रचनाएं, अपनी बात, पृ. 10-11

जोशीजी का आक्रोश बताता है कि वे व्यंग्य को विधा के रूप में स्वीकारे जाने के पक्ष में हैं। 'दायरों को तोड़ने की कोशिश', 'पुराने घर में क्रेक' आदि के द्वारा वे इसी ओर संकेत करते हैं। पर वे व्यंग्य-विधा के जनक का श्रेय नहीं लेना चाहते, ''व्यंग्य को विधा माने जाने से तो हमें फायदा ही है क्योंकि उस हालत में हम उसके जनक मान लिए जाएँगे, जो कि सच नहीं है। क्रेडिट लेने के लिए, केवल श्रेय लेने के लिए हम कहीं बात को गलत तो नहीं कह रहे—यह सुनिश्चित करने के लिए इसका जजमेंट व्यंग्यकारों से नहीं कराना चाहिए। इसका एक विशुद्ध वैज्ञानिक जजमेंट होना चाहिए कि सचमुच में (व्यंग्य) विधा है या नहीं।''[1]

परसाई की भाँति जोशी भी अपने लेखन के बारे में कोई अहं नहीं पालते। इसका कारण बताते हुए वे लिखते हैं, ''धीरे-धीरे समूची व्यवस्था अपने पर किए जानेवाले व्यंग्य से एडजस्ट करने लगी है या लगती है। 'जियो और जीने दो' के सिद्धान्त के अन्तर्गत यह निश्चित हो जाता है कि हम (तुम पर) राज करते रहें, तुम हम पर व्यंग्य करते रहो।''[2]

लेकिन इस वजह से अपनी कोशिशें, अपना लेखन छोड़ा तो नहीं जा सकता। इस तथ्य से अवगत होने के बावजूद उन्होंने भरपूर व्यंग्य लिखे हैं। और ऐसा भी नहीं है कि व्यंग्य ने मनुष्य, समाज और व्यवस्था पर कोई प्रभाव छोड़ा ही न हो। व्यंग्य और व्यंग्यकारों की उत्कट जिजीविषा को रेखांकित करते हुए उन्होंने लिखा है, ''पिछले वर्षों में व्यंग्य ने अपनी सार्थक भूमिका निभाई है। जब आम पाठक को गुलशननन्दाओं के भरोसे छोड़, हिन्दी का साहित्यकार अपना खूबसूरत चेहरा छोटी पत्रिकाओं से ढाँके था, तब यह बदशकल कमजोर व्यंग्य सफलता-असफलता, सार्थकता-निरर्थकता, यश-अपयश की सारी जोखिम में खेलता, जूझता, गिरता, उठता खुद को और अपनी दुनिया को समझने की कोशिश में अपने को दुरुस्त और बेहतर करने में लगा था। अभी भी (लगा) है। क्षणभंगुर रचनाओं का अम्बार खड़ा करने का विचित्र साहस है व्यंग्यकारों में। अमरता का लोभ इन्हें डिगा नहीं पाता। साहित्य और जिन्दगी की हमारी परिभाषाएँ अलग हैं। आपकी आपको मुबारक। हमारा ज्यादा नाता जिन्दगी से है।''[3]

आजादी के बाद विरूपताएँ बदली हैं, पाखंड बदला है। अतः इन्हें पहचानने की दृष्टि भी नई होनी चाहिए—यह तर्क देते हुए जोशी हिन्दी-व्यंग्यकारों से नई टेक्नॉलॉजी एवं व्यापक दृष्टि अपनाने का आग्रह करते हैं। नई पीढ़ी के व्यंग्यकारों की सम्भावनाओं के सन्दर्भ में पूछे जाने पर वे कहते हैं, ''बीसेक साल में हम लोगों ने जो व्यंग्य लिखा है, उससे मुक्त होने की कोशिश होनी चाहिए, तब तो वे नई समस्या को 'टेकल' कर पाएँगे। बड़ी-बड़ी छायाओं से मुक्त होना पड़ेगा। हमने इतना लिख दिया है कि पुनरावृत्ति करने पर भी जीवन सुख से कटेगा। व्यंग्यकार जरूर बन जाएगा, व्यंग्य आगे

1. शोधकर्ता के साथ एक मुलाकात में
2. धर्मयुग, 28 जनवरी 1973, पृ. 27
3. मेरी श्रेष्ठ व्यंग्य-रचनाएँ, अपनी बात, पृ. 11

नहीं बढ़ेगा और व्यंग्य तथा व्यंग्यकार दोनों अलग हैं।''[1]

अपना मन्तव्य स्पष्ट करते हुए वे आगे कहते हैं, ''नया परिवेश, नए अन्तर्विरोध नई दृष्टि की माँग करते हैं। नई टेक्नॉलॉजी, नए विचार, नए अन्तर्राष्ट्रीय षड्यन्त्र, राजनीति में बदलती प्रवृत्तियाँ, शासन का कुछ निश्चित हाथों में केन्द्रित होना, विरोधी दलों को नए सिरे से समझना, वैचारिक अन्तर्धारा को समझना, नई पीढ़ी में जो भाषा की समझ आ गई है, उसे समझकर लिखना ताकि ज्यादा-से-ज्यादा कम्युनिकेट करना सम्भव हो सके। एक किस्म की 'कॉन्शसनेस' पैदा हो। व्यंग्यकार की भूमिका समाज के मन के असन्तोष को महूसस कर पाखंड और अन्याय को उजागर करना होती है।''[2]

प्रसंगवश, जोशी व्यंग्य को 'व्यंग' कहते थे। लेकिन, जैसा कि एक मुलाकात में उन्होंने बताया था, इसके पीछे उनका कोई सैद्धान्तिक आग्रह नहीं था। 'मेरी श्रेष्ठ व्यंग्य-रचनाएँ' की भूमिका में भी उन्होंने कुछ ऐसा ही लिखा है, ''माफ करें, मैं 'व्यंग' लिखता (कहता) हूँ, 'व्यंग्य' नहीं। 'व्यंग्य' बोलने में मुझे कठिन लगता है।''[3]

रचना-संसार

शरद जोशी की निम्नलिखित व्यंग्य-कृतियाँ प्रकाशित हुई हैं–

1. परिक्रमा (व्यंग्य-संकलन, 1958)
2. जीप पर सवार इल्लियाँ (वही, 1971)
3. किसी बहाने (वही, 1971)
4. रहा किनारे बैठ (वही, 1972)
5. तिलस्म (वही, 1973)
6. दूसरी सतह (वही, 1975)
7. पिछले दिनों (वही, 1979)
8. दो व्यंग्य-नाटक (व्यंग्य-नाटक, 1979)
9. मेरी श्रेष्ठ व्यंग्य-रचनाएँ (प्रतिनिधि व्यंग्य-रचनाओं का संकलन, 1980)
10. यथासम्भव (वही, 1985)
11. हम भ्रष्टन के भ्रष्ट हमारे (व्यंग्य-संकलन, 1987)
12. मुद्रिका-रहस्य (वही, 1992)
13. जादू की सरकार (वही, 1993)
14. मैं, मैं और केवल मैं (व्यंग्य-उपन्यास, 1993)
15. झरता नीम शाश्वत थीम (व्यंग्य-संकलन, 1994)

---

1. शोधकर्ता के साथ एक मुलाकात में
2. वही
3. अपनी बात, पृ. 7

16. प्रतिदिन (भाग-1) (व्यंग्य-संकलन, 1994)
17. नावक के तीर (वही, 1996)

किन्तु 'नवभारत टाइम्स' में वर्षों तक प्रतिदिन लिखे गए व्यंग्य-कॉलम 'प्रतिदिन' में प्रकाशित उनकी और बहुत सी व्यंग्य-रचनाएँ पुस्तकाकार छपनी अभी बाकी हैं।

प्रतिफलन और परीक्षण

उपर्युक्त मान्यताओं के प्रकाश में जोशी के व्यंग्य-साहित्य का अध्ययन करने पर पता चलता है कि राजनीतिक व्यामोह से लेकर सांस्कृतिक अवमूल्यन, सामाजिक पतन, आर्थिक विघटन, सभी कुछ उसमें अपने यथार्थ एवं सहज रूप में मौजूद है। जीवन की चौतरफा विसंगतियों से जोशी का संवेदनशील मन-मस्तिष्क झंकृत होता है। वे इन विरूपताओं के प्रति 'ऑब्जेक्टिव' दृष्टि का निर्माण करते हुए जन-सामान्य की अनुभूति एवं अभिव्यक्ति के धरातल को स्पर्श करते हैं। वे हल्की-फुल्की विकृतियों से लेकर गहन-गम्भीर विद्रूप की विकरालता को सहज ढंग से निरावृत करते हैं। आज मानव की खाल एवं ढाँचे में विविध जंगली जानवरों का साक्षात्कार हो जाना एक आम बात है। मनुष्य की इस पाशविकता पर प्रायः सभी व्यंग्यकार क्षुब्ध एवं पीड़ित हैं। शरद जोशी की मानवता भी स्थितियों की विकरालता से प्रभावित होती है किन्तु उनका साहित्यकार उन्हें दुःखानुभूति के भावावेग में बहाकर नहीं ले जाता, बल्कि एक तटस्थ निरीक्षण एवं परीक्षण की शक्ति प्रदान करता है। बाह्य स्वरूप तथा आभ्यन्तरिक विडम्बनाओं का वस्तुगत विश्लेषण करते हुए वे प्राप्त निष्कर्ष को व्यंग्याभिव्यक्ति के धरातल पर ले आते हैं। आम जनता के साथ सह-अनुभूति के आदान-प्रदान का यह कार्य वे मात्र साहित्यिक विधाओं के घेरे में ही नहीं करते, बल्कि अखबारी कॉलम, जन-सभाओं एवं गोष्ठियों के मंच से भी आम आदमी से जुड़े रहने का उनका प्रयास रहता था। दैनिक जीवन की आशा-निराशा की सह-अनुभूति व्यक्त करते हुए वे जन-मानस को सम्बल प्रदान करते रहे हैं। आम जनता जोशी की रचनाओं, भाषणों तथा गोष्ठियों से आत्मविश्वास प्राप्त करती रही है, तो न्यस्त स्वार्थ से प्रेरित वर्ग सावधान भी होता है। अनुभूतियों के साधारणीकरण, स्पष्टीकरण का मौका आज की तेज-रफ्तार जिन्दगी नहीं देती। अतः जोशी सामान्य से सामान्य व्यक्ति की प्रतिक्रिया की कल्पना करते हैं। आज हम न ब्राह्मण हैं, न क्षत्रिय, न वैश्य और न ही मात्र शूद्र। अपितु सर्व-वर्ण का सम्मिश्रण हमारे व्यक्तित्व का हिस्सा है। हम एक साथ ब्राह्मण, क्षत्रिय, वैश्य एवं शूद्र के संस्कारों से आबद्ध हैं। संस्कारों का यह सम्मिश्रण हमारे व्यक्तित्व को बहुरूपिया बनाता है। कभी भी कुछ भी हो जाने का कौशल आदमी की आदमीयत पर हावी है। वह बहुत कुछ बनने के चक्कर में शून्य हो चुका है, 'कुछ भी नहीं' की स्थिति को प्राप्त है। मनुष्य की इस चरित्रहीनता को मात्र साहित्यिक विधाओं तक सीमित नहीं रखा जा सकता।

सम्पूर्ण मानव-समाज को आन्दोलित करने हेतु उतने ही व्यापक प्रसार-प्रचार की आवश्यकता है। साथ ही, हताश-निराश पाठकों की जिजीविषा कायम रखने के लिए उनसे निरन्तर सम्पर्क बनाए रखने की भी उतनी ही तीव्र अनिवार्यता है। यह सामाजिक प्रतिबद्धता जोशी को अखबारी 'कॉलमों' तक ले आती है। 'प्रतिदिन' वे मृतप्राय मानव-समाज के उपचार में लगे रहे हैं। सांस्कृतिक, धार्मिक सूत्र-वाक्य, आदर्श आज समस्त दुराचरणों के ढक्कन-भर बनकर रह गए हैं। राजनीति अपराध का सफेदपोश बाना बनी हुई है। 'सत्यमेव जयते' जैसे सिद्धान्त आज शृंगार, शोभा, नारा, डिजाइन अथवा बेलबूटों का हिस्सा-भर है। वास्तविकता यह है कि सत्यभाषी सुकरात के जमाने से गरीब दुःखी और परेशान है। झूठ और तात्कालिक विजय का जोरदार हंगामा सत्य की धीमी विजय पर हावी है। झूठ के बोलबाले को देखते हुए सत्य छलावा-भर प्रतीत होने लगता है। लोगों का विश्वास सत्याचरण के बजाय, सत्यनारायण की कथा में कहीं अधिक है। कारण स्पष्ट है, ''यह देश सत्यमेव की सील बना सत्य के प्रति लापरवाह है। सत्य की रक्षा करनेवाले न्यायालयों के प्रति लापरवाह है। न्यायाधीशों की आर्थिक हालत उन पंडा-पुजारियों की तरह खस्ता होती है, जो प्रदूषणग्रस्त नदी के घाट पर या उपेक्षित मन्दिरों में बैठे रहते हैं। उनकी हालत तभी सुधर सकती है, जब वे असत्य से निरन्तर तालमेल जमाते रहें।''[1]

'असत्य से तालमेल' का यह सत्य आज प्रत्येक व्यक्ति का जीवन-सत्य है, जिसके चलते 'सत्यमेव जयते' आज एक सील, एक ठप्पा-भर बनकर रह गया है। मूल्यों के इस अर्थान्तरण के मूल में हमारी आज की व्यवस्था है–राजनीतिक, सामाजिक तथा आर्थिक व्यवस्था। सम्पूर्ण मामला व्यवस्था का है। ऊपर से नीचे तक की व्यवस्था मानवता- विरोधी है। आम मनुष्य क़ा जीवन समझौते और मजबूरियों का जीवन है। व्यवस्था ऐसी है कि अक्सर जो दुनिया बदलने निकलते हैं, दुनिया उन्हें बदलकर रख देती है। यहाँ सच बोलना ईसा मसीह बनने की मुसीबत मोल लेना है। अतः लोग बगुला-भगत बनते फिरते हैं। शरद जोशी आम आदमी की इस व्यथा से परिचित हैं, साथ ही उसकी मजबूर विवशता भी उन्हें कोंचती है। जिस व्यवस्था के सत्तासीन कर्णधार चरित्रहीन हों, क़ुर्सीधारी अफसर भ्रष्ट हों, वहाँ आम आदमी आठ-आठ आँसू-भर बहाकर रह जाता है। जोशी ऐसे ही सुबकते-सिसकते मानव की व्यथा को स्वर देते हैं, अपनी लेखनी का सम्बल देते हैं। आम तौर पर तुच्छ, मामूली अथवा उपेक्षणीय प्रतीत होनेवाले मसलों की गम्भीरता को भाँपते हैं। यही कारण है कि उनकी लेखनी न-कुछ प्रतीत होनेवाली दुर्घटनाओं से लेकर राष्ट्रीय-अन्तर्राष्ट्रीय विसंगतियों पर एक साथ प्रहार करती है। वे नकाबपोश अफसरों को बेनकाब करते हैं, बुद्धिजीवियों के टुच्चेपन की खबर लेते हैं और नमित दास बने, कुत्ता-संस्कृति विकसित करनेवालों की धज्जियाँ उड़ाते हैं। मनुष्य में पनपनेवाली अवसरवादिता का मखौल उड़ाते हुए उसकी भर्त्सना करते हैं। प्रजातन्त्र के शीशमहल के इर्द-गिर्द फैले आर्थिक नन्दन-कानन की भ्रष्टाचारी क्यारियाँ,

1. नवभारत टाइम्स, 27 मई 1985, प्रतिदिन, नोटों पर लिखा है

राजनीति की कुत्ता-घसीटी, अभावगत परिवेश में गिरता मनोबल–सभी-कुछ जोशी की व्यथा, वेदना के मूल में है। उनका व्यंग्य अन्याय, अत्याचार, निराशा जैसे समस्त नकारात्मक तथ्यों के खिलाफ 'सेंस ऑफ ह्यूमर' अर्थात् जिन्दादिली है। घोर परिस्थितियों से जूझने का मनोबल एवं हथियार है। अपने मूल्यों, विश्वासों और आस्थाओं से जुड़े रहने का माध्यम है। मूल्यों पर हावी होती विसंगतियों का संघर्षशील मुकाबला है। शाश्वत समस्याओं एवं प्रश्नों का शाश्वत समाधान एवं निदान है। इन व्यंग्य-औषधियों से समस्याएँ समाप्त भले न होती हों, क्षीण तो होती ही हैं। अतः सन् इकतालीस अर्थात् स्वातन्त्र्य-समर के समय से ही जोशी लगातार व्यंग्य लिखने में रत रहे, ''सन् इकतालीस से मैं साहित्य के फेंटे में अपनी टाँग फँसाए हूँ। फेंटा तब से फटा ही है और मेरी टाँग वहीं है।''[1]

पचास से भी ज्यादा वर्षों से फेंटे का फटा ही रहना समाज-जीवन के स्थैर्य तथा यथास्थितिवाद के पक्षधरों के बोलबाले को व्यक्त करता है। सन् 1947 तक देखे गए सपने आज भी जन-सामान्य के लिए सपने ही बने हुए हैं। परवशता का दंश सहते हुए उन्हें नेताओं से जो आश्वासन उस समय मिले थे, वे आश्वासन आज भी कायम हैं। विदेशियों को खदेड़ने में जनसामान्य की भूमिका भले प्रबल रही हो, नेतागण का आधार-स्तम्भ रही हो; किन्तु जो आजादी आई, वह नेतागण के बँगलों या फिर संविधान में ही कैद होकर रह गई है। जनता की आशाएँ खोखली हैं, नेताओं का आश्वासन खोखला है। अनगिनत लोगों की कुर्बानी से प्राप्त आजादी आज मुट्ठी-भर लोगों की आजादी है। जनसंघर्ष से प्राप्त जनतन्त्र तन्त्र-भर बनकर रह गया है। मोहभंग की इस स्थिति को चित्रित करते हुए जोशी लिखते हैं, ''पहला वर्ष बीता था तब कुछ हुआ था, दूसरा वर्ष बीता तब भी कुछ हुआ। ऐसा चार-पाँच वर्षों तक लगा कि कुछ हो रहा है और होता रहेगा। पर फिर कुछ न होने का क्रम आरम्भ हुआ। सोचा सो न हुआ, कहा सो न हुआ। कारण कई मिले, कार्य एक न मिला।''[2]

सन् 1960 तक आते-आते आजादी के सम्बन्ध में सँजोए गए हमारे सपने पूर्णतया भंग हो गए। अवसरवादी राजनीति के सबब उपजी मूल्य-मूढ़ता ने जनता को निराश कर दिया। आजादी की वास्तविकता समझते जनता को अधिक देर न लगी। सन् सैंतालीस की राजनीतिक आजादी सिवा सत्ताधारियों की सुविधा के और कुछ न बन पाई। समाजवाद सरकारी तन्त्र के विस्तार और अधिकारवाद की मजबूत पकड़ के रूप में सामने आया। सर्वसाधारण की स्थिति पूर्ववत् ही रही, बल्कि बदतर होती गई। विदेशियों का शोषण एवं अत्याचार तो समझ में आता था, लेकिन अपने ही राजनेताओं के स्वाँग से तो वह ठगा-सा रह गया। ठगी की इस प्रक्रिया ने सामूहिक जड़ता का निर्माण किया। स्वतन्त्रता-संग्राम के दौरान निर्मित विश्वास, लगन एवं निष्ठा, सभी की परिणति घोर निराशा में हुई है। अब स्वराज्य का पर्याय या तो कूटनीति हो गया है

1. यथासम्भव, कुछ शब्द, पृ. 11
2. धर्मयुग, स्वाधीनता-विशेषांक, 9 अगस्त 1987, पृ. 16

या छद्म अथवा धूर्तता। त्याग, बलिदान एवं अहिंसा की प्रेरक स्रोत–कांग्रेस–में भी स्वार्थी तथा घोर अवसरवादी तत्त्व समाविष्ट होने लगे तथा कांग्रेस पद-लिप्सा से आपूर्ण हो उठी। नेतागण कुर्सी-संस्कृति के शिकार बन जनता की आस्थाओं एवं विश्वास को लुभाने लगे। त्याग, सहयोग एवं मार्गदर्शन का उत्कृष्ट आदर्श स्वार्थ एवं निजी लाभ की भावना में परिवर्तित होकर रह गया। परिवर्तन का यह अधोमुखी भ्रष्ट प्रवाह प्रशासनिक अधिकारियों, समाज-सेवियों, पंडों एवं सत्ताधारियों के चरित्र से छनता हुआ जनसामान्य के व्यक्तित्व तक को सराबोर किए हुए है। उसका भी नजरिया यह हो गया कि "अपनी नौकरी लगते ही देश की बेकारी की समस्या आधी समाप्त हो जाती है। शेष बचती है आधी, छोटे भाई की नौकरी लगते ही वह भी खत्म।...हमारा फ्लैट बनते ही मकान की समस्या देश में तीन-चौथाई हल हो जाती है। शेष बची पाव, तो फ्लैट की ऊपरी मंजिल उठने पर वह भी समाप्त।"[1]

पाखंड की सीमा इतनी बढ़ी है देश में कि आजादी के उपरान्त जिन बिन्दुओं पर देश को नया स्वरूप लेना था, वहाँ ढुलमुल, निष्ठाहीन औपचारिक एवं भ्रष्ट नीतियाँ ही सामने आईं। हर कोई अपनी सुविधा तथा परिस्थितियों के अनुरूप भ्रष्टाचार की शरण लेने लगा। 'हम भ्रष्टन के भ्रष्ट हमारे' हो गए। चारित्रिक वैषम्य तो अपनी पराकाष्ठा पर जा पहुँचा। जोशी के शब्दों में, "जातीयता, क्षेत्रीयता पर अपनी सोच विकसित कर हम राष्ट्रीय एकता की जरूरत अनुभव करने लगे। पैसा खाकर वोट देने के बाद हमने एक ईमानदार और जोरदार गवर्नमेंट की कामना की। संकीर्णता को निजी पहचान बना हमने चाहा कि सामाजिक न्याय का पथ प्रशस्त और उज्ज्वल हो। अपनी जेबें भरते हुए हमने सवाल उठाया कि गरीबों के लिए कुछ हो क्यों नहीं रहा। स्वतन्त्र लाभकारी उद्योग और साधन-सम्पन्न जीवन से जुड़, यह चाहा कि हमारी राष्ट्रीय सुरक्षा मजबूत दीवार की तरह हो।"[2]

एक ओर नव-निर्माण की कामना से प्रेरित हो नए आदर्श, दूरदर्शी नीतियाँ बनाई गईं, प्राचीन आदर्शों एवं सांस्कृतिक गरिमा के अनुरूप संकल्प लिए गए, दारिद्र्य-उन्मूलन के प्रयास की लम्बी-चौड़ी घोषणाएँ की गईं, संकीर्ण एवं स्वार्थलोलुप नीतियों के भयावह परिणामों से जनता को आगाह किया गया। दूसरी ओर ये ही तत्त्व सिर उठाने लगे। चारित्रिक वैषम्य के इस अन्तर्विरोध का ही परिणाम है कि स्वाधीन भारत अनेक राष्ट्रीय, सामाजिक एवं आर्थिक समस्याओं का आगार बन बैठा। प्रशासकीय वर्ग हठ एवं आत्मसमर्पण जैसे विरोधी भावों द्वारा ढुलमुल नैतिकता एवं अक्षम कार्यकुशलता का परिचय देने लगा। फलतः राष्ट्र में आशा और आकांक्षाओं ने तो जन्म लिया, किन्तु उनसे कहीं अधिक मात्रा में निराशा और हताशा की भावना बढ़ी। सम्पन्न वर्ग धन-लिप्सा के मोहपाश में जकड़ता गया, तो अभावों को झेलता एवं भोगता मध्यवर्ग दिनोंदिन चारित्रिक पतन को विवश हुआ। समाज का यह वर्ग-वैषम्य समय-समय पर

1. जादू की सरकार, अपने-अपने भ्रष्टद्वीप, पृ. 31
2. धर्मयुग, स्वाधीनता-विशेषांक, 9 अगस्त 1987, पृ. 16

तोड़-फोड़, लूट-खसोट के रूप में अपना आक्रोश एवं प्रतिक्रिया व्यक्त करता रहा है।

हिन्दी साहित्य के मध्ययुग तक समस्त विद्रूपताएँ धर्म में डेरा डाले हुए थीं। धर्मनिष्ठ, भोले-भाले लोगों का शोषण एवं दोहन धार्मिक कर्मकांड ही करते रहे। आजादी के बाद हमारे वीर राजनेताओं ने धर्म के इस प्रभाव, इस शक्ति को परखा और धार्मिक क्षेत्र में घुस आए। आज स्थिति यह है कि राजनीति सम्पूर्ण राष्ट्र-जीवन की अथ एवं इति बनी हुई है। सारी नीतियाँ इसी गन्दी राजनीति के नाले में समाहित हैं। आज तो सारा तन्त्र ही पॉलिटिक्स-संचालित तन्त्र है, "विचारों और विषयों की नदियाँ, तालाब, झील, झरने और चहबच्चे इतने गँदले हो चुके, राजनीति द्वारा इतने प्रदूषित कि अन्दर पानी कम और पॉलिटिक्स ज्यादा मिलती है।"[1]

स्पष्ट है, स्वाधीन भारत राजनीति से नहीं, 'पॉलिटिक्स' से चलता है। 'पॉलिटिक्स'–जो इस 'शस्य-श्यामला' भूमि एवं 'सोने की चिड़िया' देश को कंगाल बनाने, चूसने के उद्देश्य से ही इस देश में आई। भारतीय राजनीति एवं विदेशी 'पॉलिटिक्स' का बद्धमूल अन्तर सर्वविदित है। 'पॉलिटिक्स' के मूल में टुच्चे स्वार्थ एवं संकीर्ण मान्यताएँ ही हैं। पिछले पचास वर्षों से हम इसी टुच्ची 'पॉलिटिक्स' को प्रश्रय देते हुए टुच्चेपन को अपनी पहचान बनाए हुए हैं। 'नई पहचान' कायम करने के प्रयास में हमने अपनी विराटता को मिटाया है, मौलिकता का ह्रास किया है और आज राष्ट्र क्षेत्रीयता, सम्प्रदायवाद-जैसी समस्याओं में सुलग रहा है। अन्तर्राष्ट्रीय स्तर पर व्यापक मुहिम छेड़नेवाली कांग्रेस आज विवादों के कटघरे में आबद्ध है। सम्पूर्ण राष्ट्र के लिए चेतना का मन्त्र फूँकनेवाली यह कांग्रेस आज विरोधी राजनीतिज्ञों की ही नहीं, सुधी व्यंग्यकारों की भर्त्सना की भी शिकार है। विघटनकारी तत्त्व स्वयं उसके भीतर मौजूद हैं, जिनका हिमालय ऊँचे सिद्धान्तों में जमता है, निजी स्वार्थों में पिघलता है, जिससे उतरने का सुख चढ़ने से अधिक है, अक्सर सभी उतरते नजर आते हैं।[2]

निरन्तर उतरते रहने की प्रक्रिया इतनी व्यापक एवं गतिशील है कि सिद्धान्त, नैतिकता, मूल्य, ईमान सब इस राजनीति से गायब हो चुके हैं। राजनीतिक मूल्य सड़ चुके हैं। किसी छोटे से लेकर बड़े नेता तक को आज ईमानदार और सिद्धान्तवादी कहने में खतरा महसूस होता है। सुननेवाला गुस्से से चाँटा मार सकता है। हमारे राजनेताओं में यदि कोई नैतिकता, ईमानदारी, लगन एवं समर्पण बचा है, तो वह है बेईमानी और काले धन्धे की नैतिकता और ईमानदारी। जिस राजनीति को गांधीजी ने सेवा, धर्म एवं त्याग से जोड़ा था, वह गांधीजी की चिता के साथ ही जलकर भस्म हो गई। मानो गांधी द्वारा निर्मित राजनीति मात्र राजनीतिक उद्देश्य-प्राप्ति का साधन थी, जिसकी उपयोगिता 15 अगस्त 1947 के साथ ही समाप्त हो गई। आज तो यह काले धन्धे और लाभ की राजनीति है। लाभ, जो कोई नीति नहीं देखता। अतः आज राजनीति की 'नीति' गायब है और उसके 'राज' का स्वरूप शुद्ध व्यावसायिक हो गया है। स्वभावतः नेता

1. नवभारत टाइम्स, 15 अक्तूबर 1985, प्रतिदिन, उथली गहराई
2. वही, 13 मई 1985, वही, कांग्रेस क्या नहीं है?

का भी 'ता' (यानी ताकत) खो गई है, जिसे उसने जूता के 'ता' से बदल लिया है। शरद जोशी ने अपने उत्कृष्ट व्यंग्य 'नेतृत्व की ताकत' में इस स्थिति का विवेचन-विश्लेषण करते हुए लिखा है, ''नेता शब्द दो अक्षरों से बना है। 'ने' और 'ता'। इनमें एक भी अक्षर कम हो तो कोई नेता नहीं बन सकता। मगर हमारे शहर के एक नेता के साथ एक अजीब ट्रेजडी हुई।...उनका 'ता' खो गया। सिर्फ 'ने' रह गया। इतने बड़े नेता और 'ता' गायब। शुरू में तो उन्हें पता ही नहीं चला। बाद में सेक्रेटरी ने बताया कि सर, आपका 'ता' नहीं मिल रहा । आप सिर्फ 'ने' से काम चला रहे हैं। नेता बड़े परेशान। नेता का मतलब होता है, नेतृत्व करने की ताकत। ताकत चली गई, सिर्फ नेतृत्व रह गया। 'ता' के साथ ताकत गई। तालियाँ खतम हो गईं, जो 'ता' के कारण बजती थीं। ताजगी नहीं रही।...नेता ने एक सेठजी से कहा–यार, हमारा 'ता' गायब है। तुम्हारे 'ताले' में से 'ता' दे दो। सेठ कुछ देर सोचता रहा। फिर बोला–यह सच है कि 'ले' की मुझे जरूरत रहती है, क्योंकि 'दे' का काम ही नहीं पड़ता, मगर ताले का 'ता' चला जाएगा, तो 'ले' को रखेंगे कहाँ ? सब इनकमटैक्सवाले ले जाएँगे। तू नेता रहे कि ना रहे, मैं ताले का 'ता' तो तुझे नहीं दूँगा। 'ता' मेरे लिए बहुत जरूरी है। कभी तालाबन्दी करनी पड़ी तो ? ऐसे वक्त तू मजदूरों का साथ देगा। मुझे 'ता' थोड़े देगा ! सेठजी को नेता ने बहुत समझाया–जब तक नेता रहूँगा, मेरा 'ता' आपके ताले का समर्थन और रक्षा करेगा। आप 'ता' मुझे दे दें और फिर 'ले' आपका। लेते रहिए, मैं कुछ नहीं कहूँगा। सेठजी नहीं माने।...नेता दुखी था, पर उसमें इतनी हिम्मत नहीं कि वह जनता में जाए और कुबूल करे कि उसमें 'ता' नहीं है। यदि वह ऐसा करता, तो जनता शायद अपना 'ता' उसे दे देती। पर उसे डर था कि जनता के सामने उसकी पोल खुल गई तो क्या होगा ? एक दिन उसने अजीब काम किया। कमरा बन्द कर जूता में से 'ता' निकाला और 'ने' से चिपकाकर फिर नेता बन गया। यद्यपि उसके व्यक्तित्व से दुर्गन्ध आ रही थी, मगर वह खुश था कि चलो नेता तो हूँ।''[1]

रिरियाकर, बहकाकर जन-समर्थन हासिल कर लेनेवाले और फिर अपने कुकृत्यों से उसे खो देने पर जूते की ताकत से, गुंडागर्दी से, हेकड़ी से उसे हासिल किए रहने की कोशिशें करनेवाले नेताओं पर जोशी ने व्यंग्य का जबर्दस्त जूता मारा है। जूते के बल पर राज करने के लिए प्रयत्नरत नेता का इलाज जूता ही है, इसे रेखांकित करते हुए जोशी रचना के अन्त में लिखते हैं, ''लेकिन मेरा विश्वास है मित्रो, कि जब भी संकट आएगा, नेता का 'ता' नहीं रहेगा, लोग निश्चित ही जूता हाथ में ले आगे बढ़ेंगे और प्रजातन्त्र की प्रगति में अपना योगदान देंगे।''[2]

'दो जूतों की कहानी' में भी जोशी यही सन्देश देते हैं। उन्हीं के शब्दों में, ''वह शख्स जो इन जूतों को पहने था, राजनीतिक सभा में पहुँचा और किसी नेता का भाषण सुनने लगा। तभी उसे जाने क्या सूझा, उसने हाथ झुकाया, दाहिने पैर से जूता निकाला

1. जादू की सरकार, पृ. 22-23
2. वही, पृ. 23

और उसे हवा में सन्ना दिया। जूता हवा में उठा, एक तीर की तरह चला और नेता की नाक पर लगा। भगदड़ मच गई, डंडे चलने लगे। लोग इधर-उधर भागने लगे और वह शख्स जिसके ये जूते थे, दूसरे जूते को भी वहीं छोड़ भाग गया। कुछ देर बाद सन्नाटा था। न मंच पर कोई था और न ही श्रोताओं में। एक जूता मंच पर था, दूसरा जूता ऑडियंस में पड़ा था। मंच पर पड़े जूते ने चिल्लाकर कहा, 'मित्र, मेरा तो जनम सार्थक हो गया। मैं पोलटिक्स में आ गया। मैं हवा में उठा और एक नेता की नाक पर पड़ा। अब मैं शेष जीवन भी राजनीति में बिताना चाहता हूँ।' ऑडियंस में पड़े जूते ने अफसोस के साथ कहा, 'हाय, मुझे किसी ने नहीं उठाया ! तुम तो नाक पर पड़े हो, मुझे उठाते तो मैं उस नेता के सिर पर पड़ता।' एक रद्दी चीजें बटोरनेवाले ने उन जूतों को उठाया और एक कबाड़ी के यहाँ बेच दिया। आजकल वे दोनों जूते उस कबाड़ी के यहाँ हैं और इस बात का इन्तजार कर रहे हैं कि कोई आए, उन्हें उठाकर इन ढोंगी, भ्रष्ट, पाखंडी नेताओं पर मारे।...तो मित्रो, आपकी जब इच्छा हो, जब आपके हाथों में दम हो, जुम्बिश हो, उन जूतों का इस्तेमाल कर सकते हैं। जब सचमुच इच्छा होगी तो उनका क्या, आप किसी भी जूते का उपयोग करें। देश के सारे जूते राजनीतिक परिवर्तन के लिए आपकी सेवा में हाजिर हैं।''[1]

आजादी के आन्दोलन में जेल जानेवाले, चरखे के कतैया, गाँधीजी के चेले, बयालीस के जुलूस-वीर, मुल्क का झंडा अपने हाथ से ऊपर चढ़ानेवाले, जनता के अपने, भारत-माँ के लाल, काल अंग्रेजन के अब अपने ही देशवासियों के दोहन और शोषण की समाज-सेवा कर रहे हैं। इन्हीं के तो ठाठ हुए हैं आजादी के बाद। आजादी के नाम पर त्याग, कुर्बानी की जो पीड़ा झेली, वसूल रहे हैं ब्याज-दर-ब्याज। परिणामस्वरूप जिस कांग्रेस को बोधि-वृक्ष बनना चाहिए था, वह आज वटवृक्ष बनी हुई है। ऐसा वटवृक्ष, जिसके ''फलों में जल्दी कीड़े लगते हैं। इसके पत्ते पीले होने के बाद भी जल्दी नहीं गिरते। इसकी जड़ों में इसके सदस्य ही मठा डालें, इसका कुछ नहीं बिगड़ता। सदाबहार है, सब डरते हैं। पूजते हैं। इसकी खोल में जहरीले साँप अपनी जगह बना सकते हैं...रात को इसी वृक्ष के अन्धकार में गाँव के चोर अपनी कमाई का बँटवारा करते हैं। पंचायतें इसी की छाँह में लगती हैं...राहगीरों के काफिले इसी के नीचे रुकते हैं। गाँव के कुत्ते दोपहर को इसी के नीचे सोते हैं। गँजेड़ी साधु इसी के नीचे अड्डा जमाते हैं। जमींदार का लड़का इसी के नीचे हरिजन लड़की का हाथ पकड़ता है।...कांग्रेस इन अर्थों में वटवृक्ष है कि सारे कर्मों और कुकर्मों का यही आश्रय-स्थल है। पाप-कर्मों से लेकर पुण्य-कर्मों तक का पोषण करनेवाली।''[2]

कहा जा सकता है कि स्वातन्त्र्योत्तर कांग्रेस सारे कुकर्मों को धोनेवाली वह पवित्र गंगा बनकर रह गई, जिसमें गन्दे से गन्दा आदमी स्नान करता है, मुक्ति की कामना करता है और उज्ज्वल बनकर निखरता है। यह सारे दुष्कर्मों की सेवक एवं पोषक बनी

1. जादू की सरकार, पृ. 131
2. नवभारत टाइम्स, 14 जून 1985, प्रतिदिन, वटवृक्ष

हुई है। देश के छँटे लुच्चों, गुंडों ने मिलकर न सिर्फ राजतन्त्र को बदला, अपितु पूरा का पूरा जीवन-दर्शन बदलकर रख दिया। इन स्वयम्भू नेताओं के स्वार्थ ने राजनीति को षड्यन्त्रों और हिंसा की लीला-भूमि बना दिया है। हालत यह हो गई है कि वे सरे-आम बिना किसी हिचक या अपराध-बोध के स्वीकारते हैं कि—यह राजनीति है स्वामीजी। कोई भगवत् भजन नहीं है। तमाम गुंडों, बदमाशों, तस्करों, टैक्सचोरों, दो नम्बरियों को पटाकर रखना पड़ता है।

लोकतन्त्र कोठातन्त्र में तब्दील हो चुका है। धीरे-धीरे राजनीतिक ईमान इस कदर गिरा है, शर्म इस तेजी से गायब हुई है कि लोकतन्त्र की रंडियाँ अब बाकायदा कोठे पर पहुँच गई हैं। बारजे पर खड़ी होकर ग्राहक बुलाती हैं और जब वह कोठे पर पहुँचता है तो उसे रेट बता देती हैं। बिना झिझक के। जैसे-जैसे लोकतन्त्र के बाजार का विकास होता गया है, उपभोक्ता-वस्तु विधायक के दाम बढ़ते गए हैं। ऊँचे ओहदों की कामना ने इन नेताओं को भीतर से कितना खोखला कर दिया है। प्रतिष्ठित पदों पर पहुँचकर हमारे नेता कितना निकृष्ट कर्म करते हैं। जो पद, जो कुर्सियाँ जनता-जनार्दन के रक्षार्थ बनाई जाती हैं, उन पर खूँखार से खूँखार—फिर भी सत्ताधारी होने के कारण सम्माननीय—कुत्ते विराजमान हैं, जो नारे तो समाजोत्थान, देशोत्थान एवं सर्वतोमुखी प्रगति के देते हैं, किन्तु जिनके प्रयास रहते हैं मात्र निजी स्वार्थ-पूर्ति के। बकौल शरद जोशी, ‘‘यह बात तो नेता भी कहता है—मैं समाज का हूँ, मैं देश का हूँ। मगर सवाल एक और है। तुम कब समाज और देश के हो, और कब महज अपने ? तुम भौंकते और भाषण देते हो देश के लिए, जनता के लिए, मगर जब तुम खाते हो तब तुम सिर्फ अपने लिए खाते हो। कुत्ते महोदय, तब तुम दूसरों को, देश को भूल जाते हो। इससे बेहतर है तुम भौंको महज अपने लिए, मगर खाते वक्त सबका खयाल रखो, देश का, समाज का।’’[1]

किन्तु इस नसीहत का असर तो तब हो, जब ये हड़काए और फाड़ खाने को तत्पर कुत्तेनुमा नेतागण कुत्ते की वफादारी भी याद रखते। पर वे तो जनता को हड्डी समझ उसे चबाने-चूसने की रेलमपेल में सब-कुछ भुलाए बैठे हैं। जनता के पालतू कुत्ते, उसके नौकर की हैसियत से उसकी सेवा के लिए चुने जानेवाले ये नेता जनता की गफलत से मौका पाते ही सत्ता के मद में चूर हो खुद को मालिक बल्कि खुदा ही समझ बैठते हैं और उसके साथ मनमाना खिलवाड़ करने लगते हैं। ऐसे में शरद जोशी उन्हें झिंझोड़कर, दुरदुराकर, दुत्कारकर यह चेतावनी देना नहीं भूलते कि, ‘‘राधा रूपी जनता को बिलखता छोड़, सत्ता-रूपी रुक्मिणी में खोए हुए ओ रमणीय, तू चमचों से घिरा रहने पर कहीं यह न भूल जाना कि मैं सदा तेरी ही मूरत ध्यान में रख कलम उठाता हूँ।’’[2]

जोशीजी का यह तेवर ‘कलमी औजार’ की स्मृति दिलाता है। यह वह औजार है, जिसके द्वारा व्यंग्यकार जीवन-जगत के छलियों, पाखंडियों का शिकार करता है। शिकार कमल-रूपी तीर से बिंधने की पीड़ा से छटपटाता है, तो दर्शकों की चेतना में भी हलचल

1. जीप पर सवार इल्लियाँ; वर्माजी, चुनाव और टू-टू, पृ. 154-55
2. वही, चुनाव-गीतिका : सरलार्थ, पृ. 175

पैदा होती है। इस तरह व्यंग्य-रूपी बाण से लेखक समस्त धूर्त, पाखंडी एवं ढोंगी सत्ताधारियों, समाज-राजनीति के सूत्रधारों को बींधता एवं चीरता है। लोकतन्त्र के कर्मकांड को बढ़ावा दे लोगों की निर्मम हत्या करनेवाली राजनीति का विरोध कर सही राजनीति से लोगों का परिचय कराता है। व्यंग्यीय मार द्वारा वह राजनीतिज्ञों को राजनीति के लोक-कल्याण पक्ष की स्मृति दिलवाता है, तो जनता के मन में सही राजनीति के प्रति श्रद्धा, आस्था एवं विश्वास का निर्माण भी करता है। दिमागी गुलामी से लेकर भीड़तन्त्री लोकशाही का सारा लँगड़ापन जोशी के इन राजनीतिक दस्तावेजों में द्रष्टव्य है। आम जनता को बदचलन औरत से लेकर भेड़-बकरी तक समझनेवाले राजनीतिज्ञों की वे डटकर कलई खोलते हैं। आज का राजनेता राजनीति में आता ही सिर्फ इसलिए है कि उसे अपनी 'पुश्तैनी' मजबूत करनी है। खानदान को शस्य-श्यामल बनाना है। अपनों को लहलहाते देखने की महत्त्वाकांक्षा पूरी करनी है। ऐसे 'घरेलू' किस्म के राजनेता तहसीलदारों-कलक्टरों को सेवा का मौका दे कृतार्थ करते हैं। बाढ़ग्रस्त इलाकों का दौरा कर अपने लंच और डिनर की व्यवस्था करवाते हैं। उत्तम व्यवस्था करवानेवाले तहसीलदारों, कलक्टरों की तारीफ अखबार में छपवाते हैं। उनकी संवेदनशीलता की प्रशंसा करते हैं। उनके मानवीय सरोकार की सराहना करते हैं। ऐसे ही राजनेताओं की अनुकम्पा का पात्र बनने और बने रहने के लिए ये अधिकारी बाढ़ में बहते लोगों, मवेशियों की चिन्ता के बजाय मुर्गे-मुर्गियों की चिन्ता करते हैं। दो सौ मवेशी अथवा एक सौ साठ लोगों के मर जाने का उन्हें कोई शोक नहीं, दुःख नहीं, वे तो खुश होते हैं मुर्गे-मुर्गियों को बचाकर। ऐसे ही भ्रष्ट, पतित अधिकारियों और नेताओं की पोल खोलते हुए शरद जोशी कहते हैं, "बाढ़ और अकाल से मुर्गा बच जाए, मगर वह मन्त्रियों से सुरक्षित नहीं रह सकता। बाहर भयंकर बाढ़ और अन्दर लंच चलता है।"[1]

जो अफसर भयंकर बाढ़ के बावजूद मन्त्रियों-नेताओं के खाने-पीने की व्यवस्था करवाता रहता है, वह अपनी कुर्सी पर बैठा रहे या सो जाए, कोई फर्क नहीं पड़ता, कोई आँच उस पर नहीं आती। इसलिए वह प्रायः सोता ही रहता है। और जब अफसर को नींद आती है, तो फाइलें उसके तकियों का काम देती हैं। अफसर सोता है, तो उसके साथ सारा प्रशासन सोता रहता है। इस दौरान सारी समस्याएँ विचाराधीन रहती हैं। आग लग रही है और बुझाने का प्रश्न विचाराधीन है। मर रहे हैं और डॉक्टर को बुलाने का प्रश्न विचाराधीन है। इस 'विचाराधीन' शब्द की व्याख्या करते हुए जोशी लिखते हैं, "विचाराधीन शब्द बड़ा रोचक है। यह 'नहीं' का सरकारी पर्यायवाची है। सोते हुए शासन की अक्षमता की गम्भीर अभिव्यक्ति है। विचाराधीन की कोई काल-सीमा निर्धारित नहीं। कोई भी प्रश्न कितने भी लम्बे समय तक विचाराधीन हो सकता है। इसमें समस्या विचारों के अधीन हो जाती है, सेवक या दासी हो जाती है। समस्या पर विचार राज करते हैं, उसे रौंदते हैं, उठने नहीं देते।...फाइलों की कड़ी पीठ पर डोरियों, लाल फीतों के नागपाश में बँधा कागज फड़फड़ाता है। यही कैद

1. दूसरी सतह, बाढ़ में लंच, पृ. 5

'विचाराधीन' की स्थिति है। विचार मानो एक अंकुश है, जिसके नीचे वास्तविकता का हाथी दबा रहता है। सोता हुआ प्रशासन वर्तमान को भविष्य और भविष्य को अति भविष्य में फेंककर नींद लेता है और जनता को जानकारी दे दी जाती है कि प्रश्न शासन के विचाराधीन है।"[1]

नींद कभी खुल भी जाती है प्रशासन की और समस्या 'विचाराधीन' की स्थिति से उबर भी आती है, तो भी फर्क तो कुछ पड़ता नहीं सिवा इसके कि समस्या इधर से उधर भटकने लगती है। उदाहरण के लिए बेकारी की समस्या को लें। जोशी के शब्दों में, "हमारे देश में बेकारी लगातार हटती रहती है। यहाँ से हटती है, वहाँ चली जाती है; वहाँ से हटती है, और कहीं चली जाती है। हटती बराबर है। सरकार ठोस कदम उठाती है। अब कदम ठोस होते हैं, इस कारण उठ नहीं पाते। पोले होते, हल्के होते, तो उठ जाते। मैंने एक नेता से कहा—आप ये ठोस कदम क्यों उठाते हैं ? भारी पड़ते हैं। पोले कदम उठाया कीजिए। उठ तो जाएँगे। वे आँख मारकर बोले—पोले ही हैं। मैंने कहा—तो उठाते क्यों नहीं ? कहने लगे—नहीं उठने से ही तो ठोस लगते हैं।"[2]

राजनीति और नौकरशाही की मिलीभगत देश में भ्रष्टाचार को बढ़ावा देती है। नेतागण निजी और राष्ट्रीय हितों में भेद नहीं कर पाते। निज-हित की सोचते हुए राष्ट्र की सेवा और श्रीवृद्धि करते हैं। निज-हित में राष्ट्र-हित देखते हैं। आखिर व्यक्तियों का समूह समाज और समाजों का समूह ही तो राष्ट्र बनता है। ऐसे नेताओं की छत्र-छाया में पनप रहे अफसरों की योजनाएँ पब्लिक को मूर्ख बनाने के अधुनातन तरीके ढूँढ़ते बीतती हैं। करोड़ों के देश में करोड़ों की योजनाएँ बनाए बिना देश का उद्धार नहीं हो पाता। अतः और कुछ हो या न हो, योजनाएँ मुस्तैदी के साथ बनती रहती हैं। अपना जीवन-स्तर उठाए बिना राष्ट्र के जीवन-स्तर को उठाने में असमर्थ अधिकारी स्पष्ट घोषणा करते हैं, "जब तक हमारा जीवन-स्तर नहीं उठेगा, हम दूसरों को उठने नहीं देंगे।"[3]

भ्रष्ट राजनीतिज्ञों के रहते देश की जनता की स्थिति में कोई परिवर्तन आनेवाला नहीं है। और राजनीतिज्ञ हैं कि भ्रष्टाचार के पौधे को पालते-पोसते, खाद-पानी देते-देते उसे एक विराट वृक्ष का रूप दे चुके हैं। सभी राजनीतिक दल भ्रष्टाचार के इस आर्थिक विष-वृक्ष की रक्षा कर रहे हैं और उससे शक्ति पा रहे हैं। हमारा वोट पाया शख्स किसी जमाखोर या स्मगलर का नमक खाता है, उसकी हलाली करता है, उसकी बजाता है। परिणाम यह हुआ कि सत्य, अहिंसा, ईमानदारी एवं निर्लोभ के लिए विख्यात यह भारत-भूमि काले कदमों का केन्द्र बनी हुई है। इसकी शस्य-श्यामल सम्पदा काले धन की नदियों का मार्ग प्रशस्त कर रही है। जो कभी अंग्रेजों के काल थे, काल के प्रवाह में पड़ स्वयं अंग्रेज बन बैठे। जोशी लोगों की इस संस्कृतिविहीनता से क्षुब्ध हैं। 'हम

1. जादू की सरकार, कितना महान है यह देश !, पृ. 37-38
2. वही, होता रहता है वही जो हुआ करता है, पृ. 98
3. वही; वे बैठे, वे खड़े हुए, पृ. 49

भ्रष्टन के भ्रष्ट हमारे' रचना में वे अर्थ एवं राजनीति में व्याप्त प्रदूषण पर व्यंग्य करते हैं, 'अपढ़ माँ के अंग्रेजी छाँटते पूतों, दवाई न मिलने पर मर गए बाप के लखपति बेटों'[1] की खबर लेते हैं। "पालने में दूध-पीता बच्चा सोचता है, आगे चलकर विधायक बनूँ या सिविल इंजीनियर, माल कहाँ ज्यादा कटेगा ?"[2] जैसे वाक्य मनुष्य के इस सांस्कृतिक पतन पर उनके क्षोभ की अभिव्यक्ति हैं। ऐसे ही सीधे-सरस वाक्यों द्वारा जोशी पाठकों की अन्तरात्मा में सुप्त मानवीय संवेदना को झकझोरते हैं। मानवात्मा तड़प कर रह जाती है, सिहर उठती है। आजादी के बाद देश में अंकुरित भ्रष्टाचार के कल्पतरु का विस्तृत ब्योरा यह व्यंग्य है, "रुपया बँटता है ऊपर से नीचे, आजू-बाजू। मनुष्य मनुष्य के काम आ रहा है, खा रहे हैं तो काम भी तो बना रहे हैं। कैसा नियमित मिलन है, बिलैती खुलती है, कलेजी की प्लेट मँगवाई जाती है। साला कौन कहता है राष्ट्र में एकता नहीं, सभी जुटे हैं, खा रहे हैं कुतर-कुतर पंचवर्षीय योजना, विदेश से उधार लाया रुपया।"[3]

इसी तरह जीवन-जगत में व्याप्त चौतरफा विसंगतियों का जादुई उल्लेख जोशी 'सरकार का जादू' में करते हैं। व्यंग्य का यह जादूगर अपने जादुई अन्दाज में कितना बड़ा सत्य बतला जाता है, "भ्रष्टाचार कभी खतम नई होएँगा साहेब, थैली कभी खाली नई होएँगा। थैली पर नजर रखिए साहबान।"[4]

साहबान की जिन्दगी बस थैली पर नजर रखते बीत रही है। थैली पर ही लगी ये नजरें निजी थैलियाँ समृद्ध करने में लगी हैं। तभी तो पब्लिक सेक्टर में अंडा मिलने की कौन कहे, मुर्गी भी साफ हो जाती है जबकि निजी क्षेत्र में अंडे चूजों में परिवर्तित हो रहे हैं, पनप रहे हैं, विकसनशील देश के विकास में 'सहयोग' दे रहे हैं। पब्लिक-सेक्टरों से गायब अंडे जादूगर, मिनिस्टर साहब, आई. ए. एस. अधिकारी, ट्रेड-यूनियन-नेता, इंजीनियर एवं बाबू की जेब से निकालते हैं। जादुई अन्दाज में ही व्यंग्यकार कितनी पैनी बात कह जाता है, "हम नहीं पकड़ता तो साब उसका आमलेट बनाकर खा जाता।"[5]

उच्च पदों पर आसीन बड़ी-बड़ी हस्तियाँ किस चतुराई से भ्रष्टाचार को प्रश्रय देती हैं, जोशी ने इसका कच्चा चिट्ठा 'कड़ी चेतावनी' रचना में खोला है। खाद्य-मन्त्री के यहाँ नगर के सब व्यापारी एकत्र हैं। बहुत सारी इधर-उधर की बातों के पश्चात् मन्त्रीजी कहते हैं कि उन्हें ऊपर से आदेश आया है कि व्यापारियों को चेतावनी दी जाए कि इस राज्य से वे माल दूसरे राज्य में स्मगल न करें। वे उस आदेश से बाध्य हैं। फिर विरोधी दल भी सरकार की आलोचना कर रहे हैं, उनका भी मुँह बन्द करना है। अन्त में मन्त्रीजी सुझाव देते हैं कि व्यापारी लोग नाके पर पाँच ट्रक पकड़वा दें, जिसका समाचार दे दिया

---

1. पिछले दिनों, हम भ्रष्टन के भ्रष्ट हमारे, पृ. 9
2. वही, पृ. 8
3. वही
4. यथासम्भव, सरकार का जादू, पृ. 38
5. वही, पृ. 39

जाएगा। पब्लिक भी सन्तुष्ट और विरोधी दल की भी बोलती बन्द हो जाएगी। इतना त्याग व्यापारी-वर्ग को करना होगा। व्यापारी-वर्ग सहर्ष यह त्याग कर लेते हैं कि फी सौ ट्रकों में से एक ट्रक पकड़वा दिया जाएगा। व्यापारी-वर्ग मन्त्रीजी को कौन सा ट्रक, नम्बर, टाइम आदि सबकी डिटेल दे देंगे। सौदा तय हो जाता है। दूसरे दिन समाचार-पत्रों में छपता है, "खाद्य-मन्त्री की अनाज-व्यापारियों को कड़ी चेतावनी : शासन जरूरी कदम उठाने में पीछे नहीं रहेगा।" साथ में छपता है खाद्य-मन्त्री का चित्र। और सप्ताह बाद एक समाचार छपता है—पुलिस के सतर्क प्रयत्नों के परिणामस्वरूप अन्तर्राज्यीय सीमा पर गेहूँ ले जाते हुए एक ट्रक पकड़ा गया।"...यह पहला ट्रक था।[1]

बगुला-भगति, ढोंग और कपट द्वारा जनता को कैसे झाँसा दिया जाता है ! जब रक्षक ही भक्षक बन जाए, बाड़ ही खेत को खाने लगे, तो फिर बकरे की अम्मा कब तक खैर मनाएगी ? मन्त्रीजी किस कौशल से अपना उल्लू भी सीधा कर लेते हैं और वाहवाही भी लूट लेते हैं। लक्ष्य के इस छद्म वेश को चीरकर उसका कलुषित मुखौटा उतारकर व्यंग्यकार ने उस पर ध्वंसात्मक प्रहार किया है।

'सरकार' के इस जादू की बदौलत गरीब की कोई सुनवाई नहीं है, तो अमीर निरन्तर फल-फूल बल्कि केवल फूल रहे हैं। शरद जोशी लिखते हैं, "मैंने पैसेवालों को फूलते देखा है, इस हद तक कि जिसे फूलते देखा, उसे पैसेवाला समझा। यह फलने-फूलने सी आनन्ददायक स्थिति नहीं, बल्कि गम्भीर मामला है।"[2]

स्वार्थ-सिद्धि में निमग्न समाज ने समाज को समाज नहीं रहने दिया। उसे वर्गों में विभक्त कर दिया गया है। वर्ग-विभक्त समाज की ही यह विडम्बना होती है कि मनुष्य निज को प्राथमिकता दे सामाजिक प्रतिबद्धताओं से टूट जाता है। मानो वह प्रज्ञाविहीन, प्रतिज्ञाविहीन, आनन्दभोगी मुर्दा-भर हो। वैसे वह दूसरों की निजताओं में झाँकने, उनमें टाँग अड़ाने से बाज नहीं आता। बड़े-बड़े व्याख्यान झाड़ता है, उपदेश देता है, प्रवचन करता है। नैतिकता और आदर्शों का ठेकेदार बना रहता है। कहने की आवश्यकता नहीं कि दूसरों के ईमान और चरित्र के रखवाले अक्सर स्वयं बेईमानी, चरित्रहीनता और लम्पटता के दलदल में गहरे तक धँसे रहते हैं। जोशी की व्यंग्य-रचना 'अतृप्त आत्माओं की रेल-यात्रा' में विधवा स्त्री से शारीरिक सम्बन्ध को पाप बतानेवाले, संयम और काम-वासनाओं के दमन का उपदेश देनेवाले साधु का बेटा सबके सामने कहता है, "मैं इन साधुजी का बच्चा हूँ।...इसने एक विधवा स्त्री को चेली बनाकर रखा था। मेरा जन्म उसी से हुआ है।"[3]

ऐसी दोगली मनोवृत्ति के साधुओं से रक्षित धर्म भी अब आन्तरिक शुद्धता एवं आत्मोन्नयन के बजाय पिछड़ेपन की वकालत करता है। वह आगे ले जाने के बजाय पीछे घसीटता है, रक्षा करने के बजाय असुरक्षा पैदा करता है। जनता को पिछड़ा हुआ

1. दूसरी सतह, पृ. 20
2. यथासम्भव, अर्थब्रह्म, पृ. 164
3. मेरी श्रेष्ठ व्यंग्य-रचनाएँ, पृ. 57

रखना, उसे अन्धविश्वासी और दकियानूस बनाए रखना तथा निरर्थक मुद्दों पर परस्पर लड़ाते-भिड़ाते रहना ही धर्म का उद्देश्य रह गया है, ताकि धर्म के ठेकेदारों की पूछ, वर्चस्व, सम्पन्नता और समृद्धि बनी रहे। शरद जोशी का व्यंग्यकार इस दुरभिसंधि को पहचानता है, और भ्रमित एवं निराश जनता की आँखें खोलता है। साधु-सन्तों के अनैतिक आचरण की पोल खोलता है, उसकी भर्त्सना करता है। साथ ही झूठे, मूढ़ और अवसरवादी भक्तों की भी वह धज्जियाँ उड़ाता है। 'बुद्ध के दाँत' में ऐसी अवसरवादी युवा पीढ़ी के दुराचरण, ढोंग का पर्दापाश करते हुए वह कहता है, ''एक धार्मिक पुस्तक खरीदने पर किसी स्त्री का सुन्दर उत्तेजक चित्र मुफ्त भेंट किया जाता था; इससे कुछ धार्मिक पुस्तकें बिक जातीं । लड़के खरीदते, चित्र अपने कमरे में टाँग लेते और पुस्तक बाप को भेंट कर देते।''[1]

इसी झूठी आस्था एवं ढोंग ने धर्म को घिनौना स्वरूप प्रदान किया है। धर्म के नाम पर व्यभिचार बढ़ा है। नाना प्रकार के आयोजन, यज्ञ, व्रत, उपवास आज लोगों के मन में शंका पैदा करने लगे हैं। धार्मिक विकृतियों ने मनुष्य की दुर्गति की है और सांस्कृतिक पतन को बढ़ावा दिया है। फलतः संस्कृति के नाम पर हम डिब्बाबन्द अचार की तरह हो गए हैं, जिसे समझाते हुए जोशी लिखते हैं, '' भारतीय संस्कृति को गहराई से समझना चाहते हो तो अचार खाओ और उसका आदर करो। जो अचार में खूबी है, वही खूबी हम भारतवासियों में है। हम बरसों मर्तबान में बन्द रह सकते हैं, दुनिया से कटे हुए और जब बाहर आते हैं तब सभी विशेषताएँ आत्मसात् किए ताजे लगते हैं। हम अपने अतीत के तेल में पड़े अचार हैं मगर तेज, तीखे और असरकारक।''[2] 'वसुधैव-कुटुम्बकम्' की प्राचीन सूक्ति का शरद जोशीय आधुनिक विश्लेषण देखिए, ''वसुधा को शायद हमने जीमने-खाने की सुविधा के लिए कुटुम्ब माना है।''[3]

यह विश्लेषण आजादी के बाद का विश्लेषण है, जिसकी भूमिका आजादी की लड़ाई के दिनों में ही निर्मित हो गई थी। श्रद्धास्पद जन हास्यास्पद कार्य करने को विवश हैं तो हास्यास्पद पात्रों को श्रद्धा की गद्दी सौंपी जा रही है। ये विसंगत परिस्थितियाँ सजग व्यक्ति की चेतना पर चोट करती हैं, जिससे व्यंग्य उपजता है। मूल्यों के इस बदलाव के कारण संस्कृति में व्याप्त घुटन पर जोशी सूक्ष्म किन्तु मारक व्यंग्य करते हैं।

गले तक आए इस ढोंग, इस आडंबर से बचाव का एक बड़ा माध्यम शिक्षा हो सकती थी, किन्तु वह तो खुद राजनीति की चपेटों से ध्वस्त है। शिक्षा की बिगड़ी खड़ी गाड़ी का वर्णन करते हुए जोशी कहते हैं, ''शिक्षा एक ऐसी बिगड़ी मोटर है, जिसके उन हिस्सों को भी सुधारना या बदलना है जो नए लगे हैं और न सिर्फ मोटर में बल्कि ड्राइवर का भी सुधार करना है बल्कि हो सके तो ड्राइवर को भी बदलना है।''[4]

---

1. तिलस्म, पृ. 62-63
2. दूसरी सतह, एक ऐतिहासिक सन्धि में मेरा योगदान, पृ. 58-59
3. यथासम्भव, दूतावासों के चक्कर, पृ. 73
4. नवभारत टाइम्स, 14 दिसम्बर 1985, प्रतिदिन, शिक्षा की गाड़ी

बिगड़ी मोटरों का गैराज, जिसे विश्वविद्यालय के नाम से भी पुकारते हैं, राजनीति का अड्डा और बिगड़ैल चरित्रधारियों की लीलाभूमि बना हुआ है। एक विश्वविद्यालय कान्यकुब्जों को फर्स्ट क्लास देता है, तो दूसरा राजपूतों को। तीसरा सिर्फ अल्पसंख्यकों पर मेहरबान है। यह धर्मनिरपेक्ष, विश्व-मानव-निर्माण-स्थली का हाल है। यहाँ फेल होने वाले छात्रों को पास किया जाता है, किसी तरह पास हो जानेवालों को सेकंड क्लास से नवाज दिया जाता है। प्रतिभाशाली अर्थात् रिश्तेदार, जातिवाले, नेताओं-अफसरों के बच्चे यहाँ फर्स्ट क्लास पाते हैं और जो बिल्कुल अपना, कंठस्थ, प्राणस्थ होता है, पूरे विश्वविद्यालय को मात दे 'टॉप' करता है। शरद जोशी बताते हैं, "हमारे राज्य में तो प्रोफेसर खुद बँगलों पर जाकर मन्त्रियों के बच्चों के रोल-नम्बर पूछते हैं। फिर कापियाँ जाँचने बैठते हैं। मार्क्स बढ़ाने के बाद बँगले में बताने जाते हैं, इतने कर दिए आपके।"[1]

आज हर चीज का इस्तेमाल शस्त्र की तरह हो रहा है—कभी आक्रमण के लिए, तो कभी बचाव के लिए। साहित्यकार भी इससे अछूते नहीं, वे भी अपना इस्तेमाल होने देते हैं तो दूसरों का करते हैं। साहित्य-सेवा के क्षेत्र में मचे घमासान का चित्रण करते हुए जोशी ने लिखा है, "साहित्य-सेवा का शुद्ध अर्थ हाथ में खांडा लेकर चलना और दूसरों की गर्दन उड़ाना है। परम लक्ष्य है मैदान में अकेले बचे रहना और मुर्दों पर हँसना। जो छोटा है, वह बड़ों के लिए घातक है। जो बड़ा है, वह छोटों के लिए। दूसरों को काटना, काटते रहना ही साहित्य में जीवन की सार्थकता है।"[2]

इस घमासान में जो बच जाता है, वह साहित्य का महाबली फिर जो चाहे करने में समर्थ होता है। वह एक बहुत बड़े 'सोर्स' में तब्दील हो जाता है। एक ऐसे ही साहित्यिक महाबली की शान में कसीदा पढ़ते हुए जोशी ने लिखा है, "वह जहाँ से गुजरता है, समस्याएँ सुलझ जाती हैं, दुष्प्रवृत्तियां ठंडी हो जाती हैं, सरकारें ठीक चलने लगती हैं। विश्वविद्यालय फिर पनपने लगते हैं और साहित्य पटरी पर आ जाता है। वह हिन्दी-साहित्य का महाबली है। टारजन की तरह जोखिम-भरी वैचारिक नदियों में कूदकर समस्याओं के घड़ियालों के पेट चीर देता है। मैंड्रेक के अन्दाज में ऐसे सैद्धान्तिक सम्मोहन करता है कि हम दंग रह जाते हैं, छोटे-बड़े साहित्यिक कबीलों में उसकी गहरी धाक है।"[3]

जोशी की पैनी नजर जिन्दगी के हर क्षेत्र, हर कोने में गई है। मनुष्य और समाज की कोई विकृति-विसंगति उनकी नजर से छिपी नहीं रह सकी है। उन्होंने आदमी-आदमी के बीच की खाई को शिद्दत से महसूसा है। आज आदमी, आदमी नहीं रहा—वह या तो मजदूर है, गरीब है, नौकर है या मालिक, अमीर, सेठ-साहूकार। वह अगड़ा है या पिछड़ा, सवर्ण है या अवर्ण, शोषक है या शोषित। लोगों में आई जागरूकता, शिक्षा के प्रसाद और वैज्ञानिक चेतना के बावजूद यह विषमता कम नहीं हुई है, समाप्त होने की

1. नवभारत टाइम्स, 15 दिसम्बर 1985, प्रतिदिन, विश्वविद्यालय हैं किसलिए ?
2. यथासम्भव, शस्त्र-पूजा, पृ. 197
3. धर्मयुग, 16 सितम्बर 1973, साहित्य का महाबली, पृ. 23

तो बात ही अलग है। क्या यह अन्तर कभी खत्म होगा ? मनुष्य द्वारा मनुष्य पर ही शासन, मनुष्य द्वारा मनुष्य के ही शोषण की यह स्थिति कभी दूर होगी ? कोई उपचार, कोई निदान है इसका? मानवीय संवेदनाओं के धरातल पर मूल रूप से सभी मानव मानव हैं, इंसान हैं–समान अधिकारों और सुविधाओं के हकदार। किन्तु ये संवेदनाएँ आज पिछड़ेपन की प्रतीक बन चुकी हैं, खोखली और निरर्थक हो चुकी हैं। ऐसे में यह मानव-समाज कभी मानवीय उदात्तता को प्राप्त कर पाएगा ? ये सवाल जोशी के संवेदनशील व्यंग्यकार की मूलभूत समस्या हैं। भौतिक स्वार्थ की आँधी में मनुष्य कितना विक्षिप्त हो चुका है, उसकी संवदेनाएँ कितनी सतही एवं पक्षपातपूर्ण हैं। समस्त मानव-समाज की उदात्तता एवं कल्याण-कामना की तड़प व्यंग्यकार के आक्रोश को उभारती है। वे ऐसे ही प्रगतिशील मानव-समाज से प्रश्न पूछते हैं, "क्या भारतीय सन्दर्भ में प्रगति और दिशा-भ्रम समानार्थक शब्द हैं ?"[1]

जोशी का यह अन्दाज सोद्देश्य, सार्थक और बहुआयामी है। जन-जीवन में व्याप्त विसंगतियों को वे जन की ही बोली में उद्घाटित करते हैं, जिससे उनमें और जन-जन में एक गहरी आत्मीयता स्थापित हो जाती है। उन्होंने अपने व्यंग्य-सृजन के लिए एक अलग तरह की भाषा गढ़ी है, जो नगीनों-सी जड़ी नजर आती है। वह जीवन्त और रवानी से भरी है। सही शब्द-चयन, नई उपमाएँ, रूपक और प्रतीक उसे धारदार, मारक और प्रहारक बनाते हैं। छोटे, सीधे वाक्य दिलो-दिमाग में चाकू-से उतर जाते हैं। नए-नए मुहावरों, कहावतों और सूक्तियों का प्रयोग उनके व्यंग्य को प्रभावी और ग्राह्य बनाता है। कतिपय उदाहरण द्रष्टव्य हैं–

"पेड़ कड़ी धूप में शरण देता है। उसके घने पत्ते अतीत की कई शर्मिन्दगियों को ढकते हैं। झुरमुट अनेक घोटालों के केन्द्र रहे हैं।"[2]

"लगता है कि सूर्य उगे जमाना गुजर गया।"[3]

"हमारा यह देश पिताओं का जंगल है। पिता ही पिता हैं इस देश में और हर पिता अपने ढंग का अलग है। यद्यपि कुछ मामलों में वे सब एक जैसे हैं।"[4]

"पिताओं के जंगल में कन्याएँ लताओं की तरह हैं।"[5]

"देश को स्वस्थ युवकों की आवश्यकता है पर प्रेमिका का भाई स्वस्थ हो, यह बात किसी देशवासी को पसन्द नहीं।"[6]

"बजाने के लिए उसने सितार को यों सीने से चिपका रखा था जैसे वह वाद्य नहीं कोई बॉय-फ्रेंड हो।"[7]

1. यथासम्भव, शान्तता चिन्तन चालू आहे, पृ. 58
2. रहा किनारे बैठ, झरता नीम : शाश्वत थीम, पृ. 4
3. वही, एक ठिठुरते हुए दिन की डायरी, पृ. 7
4. वही, उपमाओं की उपयोगिता, पृ. 127
5. वही
6. वही, पृ. 126-27
7. वही, सितार सुनने की पोशाक, पृ. 16

"मुझे 'थ्री-टायर' तरस आया।"[1]

"कैबिनेट बड़ी चीज है। फरिश्तों का सुविधामय कम्पार्टमेंट, छिछली ऐयाशियों का कल्पवृक्ष, हराम का डनलपिलो, आराम की सैद्धान्तिक उष्मा और क्रांति के स्वप्नदोषों की गांरटी देनेवाला बिस्तर।"[2]

"हमारे देश की गद्दीवादी राजनीति का एक महत्त्वपूर्ण सूत्र यह है कि जब भी मुसीबत आए, उसका त्यागपत्र से सामना करें।"[3]

"देश बाढ़ में डूबता है और नेता चिन्ता में डूबते हैं।"[4]

"देश की प्रतिभाएँ दो हिस्सों में बँट गई हैं। कुछ कार में घुस गईं, बाकी सरकार में घुस गईं।"[5]

"सारे पद्म रातोंरात कुम्हला गए। मान्यवरों ने सुबह उठकर देखा कि वे न पद्मभूषण रहे, न पद्मश्री।"[6]

"देश के आर्थिक नन्दन-कानन में कैसी क्यारियाँ पनपी-सँवरी हैं भ्रष्टाचार की, दिन-दूनी रात चौगुनी।"[7]

"सब जगह अपनी-अपनी किस्मत के टेंडर खुलते हैं, रुपया बँटता है ऊपर से नीचे, आजू-बाजू।"[8]

"हम भ्रष्टन के भष्ट हमारे।"[9]

"अयोध्या में एक दिल्ली छुपी है। दिल्ली में पद हैं। वे सब परम पद हैं।"[10]

"लात एक राजनीतिक अभिव्यक्ति है और टाँगों में दम हो तो यह अभिव्यक्ति सफल भी होती है।"[11]

"मैं फिर एक छोटी सी यात्रा कर आया और मैंने स्वयं को अपनी जगह से डिगा लिया। कब तक कोई डमडम रहे। कभी तो उसे डिगाडिगा होना ही पड़ता है।"[12]

"अब तो 'हम एक नहीं हैं' यही कहने में भारत एक है।"[13]

"वित्तमन्त्री लक्ष्मी का सरकारी वाहन है।"[14]

1. रहा किनारे बैठ, सितार सुनने की पोशाक, पृ. 16
2. पिछले दिनों, कैबिनेटगाह, पृ. 81
3. वही, त्यागपत्र त्यागिए त्यागीजी, पृ. 78
4. वही, बाढ़ की चिन्ता : चिन्ता की बाढ़, पृ. 72
5. वही, कार-साक्षात्कार, पृ. 52
6. वही, अलविदा पद्मश्री, पृ. 45
7. वही, हम भ्रष्टन के भ्रष्ट हमारे, पृ. 7
8. वही
9. वही
10. नवभारत टाइम्स, 1 अक्तूबर 1990, प्रतिदिन, अपने-अपने राष्ट्रधर्म
11. वही, 10 अक्तूबर 1990, वही, गौर किया आपने
12. वही, 9 अक्तूबर 1990, वही, बेबात की बात
13. वही, 16 अक्तूबर 1990, वही, राम जाने
14. वही, 18 अक्तूबर 1990, वही, परपीड़ा में सुख

''इन्कम-टैक्स की पत्ती राष्ट्रीय स्तर पर झड़ जानी चाहिए।''[1]

''चुनाव : एक मुर्गाबीती' नामक व्यंग्य में जोशी ने रूपक द्वारा व्यंग्य-संयोजना की है। जनता रूपी मुर्गा जब स्वयं को उम्मीदवार के चुनाव-चिह्न के रूप में देखता है, तो भयभीत हो जाता है। प्रसन्न मुर्गी को सचेत करता हुआ वह कहता है, ''और (खतरा) नहीं तो क्या होगा यह। तुम समझती हो, मनुष्य कभी मुर्गे को समझ सकेगा, उसका सम्मान कर पाएगा। उसे तुम्हारे अंडों से मतलब है, मेरी गर्दन पर वह किसी भी क्षण छुरी फेर सकता है।''[2]

'वर्माजी, चुनाव और टू-टू' में भी जोशी कुत्ते का रूपक बाँधकर अपकर्षात्मक शैली में व्यंग्य-योजना करते हुए नेताओं के दोगलेपन पर चोट कर उनका यथार्थ रूप उजागर करते हैं। गुंडा (सभ्य शब्दों में कार्यकर्ता) रूपी पालतू कुत्ता मध्यावधि चुनाव के नतीजों के बारे में सलाह माँगे जाने पर अपने नेता वर्माजी से कहता है, ''आप भी वर्माजी, गजब करते हैं, हम कुत्तों से सलाह ले रहे हैं। हमारा कोई मत होता है ? हम तो हुकुम के बन्दे ठहरे। आप जिस पर कहेंगे भौंक देंगे, जिसके सामने कहेंगे दुम हिला देंगे।''[3]

वर्माजी के यह कहने पर कि ''देखा टू-टू, मैं हमेशा से मानता रहा हूँ कि कुत्तों में अच्छे और बुरे आदमी की पहचान रहती है।''[4] टू-टू जवाब देता है, ''गुजर गए वे दिन, अब वैसे कुत्ते नहीं रहे। तब शरीफों के दरवाजे बँधते थे और बदमाशों पर भौंकते थे। आज उलटी स्थिति है। चोरों के दरवाजे बँधे हैं, ईमानदारों पर भौंक रहे हैं।''[5]

नेता और कार्यकर्ता के बीच का फर्क स्पष्ट करते हुए वर्माजी अपने कुत्ते-रूपी कार्यकर्ता से कहते हैं, ''देखो टू-टू, तुम कुत्ते हो इसलिए शर्मिन्दा हो लेते हो, मगर आज राजनीति में शर्मिन्दा होने का रिवाज नहीं रहा। आजकल राजनीति में कोई शर्मिन्दा होता भी है तो दूसरों के कृत्यों के लिए। खुद के कृत्य पर कभी शर्मिन्दा नहीं होता।''[6]

रूपक-योजना द्वारा व्यंग्य की सशक्त संयोजना का एक अन्य उत्कृष्ट उदाहरण जोशी की 'सरकार का जादू' रचना है, जिसमें उन्होंने नाटकीयता द्वारा सरकारी नीतियों, सिद्धान्तों, भ्रष्ट आचरण और विचित्र व्यवहार पर चुन-चुनकर प्रहार किए हैं। व्यंग्यकार जादूगर का भेष धारण करता है। इसके लिए वह आडम्बर रचता है और अति कौशल तथा बुद्धि-चातुर्य का प्रयोग करते हुए लक्ष्य की परतें छीलता जाता है, उसका नग्न यथार्थ दर्शाते हुए उसकी धज्जियाँ उड़ाता जाता है। 'सरकार का जादू' एक व्यंग्य ही नहीं, बल्कि अभिरोपण है। रूपक-योजना द्वारा शरद जोशी ने भ्रष्टाचार तथा उसके निमित्त अंगों, रिश्वतखोरी, लूटखसोट, शान्ति के नाम पर भीख का कटोरा लेकर घूमना, पब्लिक-सेक्टर

---

1. नवभारत टाइम्स, 19 अक्तूबर 1990, प्रतिदिन, अनैतिकता का त्रिकोण
2. जीप पर सवार इल्लियाँ, पृ. 148-49
3. वही, पृ. 156
4. वही
5. वही, पृ. 156-57
6. वही, पृ. 155

की काहिली तथा प्राइवेट सेक्टर की दो नम्बर की कमाई, बढ़ती तस्करी को प्रश्रय, भ्रष्ट पुलिस, नेताओं द्वारा निहित स्वार्थों की पूर्ति हेतु अनैतिक-असैद्धान्तिक दलबदल, भाई-भतीजावाद और गरीब जनता के शोषण के नाना तरीकों का पर्दाफाश किया है।

विसंगतियाँ और विरूपताओं के अनुरूप जोशी ने प्रतीक भी निर्मित किए हैं। 'अन्धों का हाथी' व्यंग्य-नाटक में तो उन्होंने सारे पात्रों को प्रतीक बना दिया है। 'मुर्गाबोध की एक शाम' व्यंग्य में भी जोशी ने प्रतीक के माध्यम से सांस्कृतिक आडम्बरों को बेनकाब किया है।

जोशी ने अपने व्यंग्य-लेखन में अनेकानेक प्रयोग किए हैं। उनका शैली एवं शिल्प-वैविध्य अनुपम है। पत्र-शैली, साक्षात्कर-शैली, वृत्तान्त, पैरोडी आदि विभिन्न शैलियों और रूपों का प्रयोग उनके व्यंग्य में देखने को मिलता है। उदाहरण के लिए 'सेवकराम निर्भय के तीन पत्र' नामक व्यंग्य पत्र-शैली में एक उत्कृष्ट व्यंग्य-वृत्तान्त है। चुनाव-अभियान में उम्मीदवार द्वारा किस प्रकार अनैतिक कृत्य किए जाते हैं, इसका कच्चा चिट्ठा जोशी ने इस रचना में खोला है। चुनाव-अभियान चमचों तथा कार्यकर्ताओं की जेबें भरने का भी स्वर्ण अवसर होता है–इस पर भी व्यंग्यकार ने खिल्ली उड़ाते हुए सबल व्यंग्य किया है। जातिवाद, बिरादरीवाद के सहारे जीतनेवाले नेता जाति-बिरादरी को और भाई-भतीजावाद को बढ़ावा नहीं देंगे, तो क्या करेंगे ? साक्षात्कार-शैली में लिखे गए व्यंग्य 'एक भूतपूर्व मन्त्री से मुलाकात' में जोशी ने इस विकृति पर सीधी-सपाट चोट की है।

कभी-कभी व्यंग्य में कार्टून और कोलाज का खूबसूरत मिश्रण भी देखने में आता है, जो अपेक्षाकृत मूर्त होने के कारण अधिक लोकग्राह्य बन पड़ता है। जोशी का 'अमूर्त कला और सुस्वागतम्' व्यंग्य इसका उत्तम उदाहरण है।

जोशी की रचना 'चुनाव गीतिका : सरलार्थ' एक बेहतरीन पैरोडी है, जिसमें उन्होंने चुनाव के दौरान उम्मीदवारों द्वारा झूठी दीनता के प्रदर्शन, उनकी धूर्तता और झूठे वादों व आश्वासनों के भ्रम-जाल तथा चुनाव जीतने के बाद सत्ता-सुन्दरी के आगोश में समा सब कुछ भुला देने की स्थिति का यथार्थ चित्रण किया है। सम्पूर्ण रचना में व्यंग्यकार ने राजनीतिक धूर्तता को बेनकाब किया है। प्रजातन्त्र और चुनावों के झूठ-फरेब, राजनीतिज्ञों के झाँसे और झूठे वायदों-आश्वासनों-प्रतिज्ञाओं की कपटताओं पर उसने कटाक्ष और आक्षेप किए हैं।

जोशी के व्यंग्य-साहित्य में मिथकों का भी सुन्दर प्रयोग हुआ है। पुराकथाओं को नया स्वरूप प्रदान कर, उनमें नए अर्थ भर उन्होंने समसामयिक विकृतियाँ-विरूपताएँ उजागर की हैं और उन पर व्यंग्य के भीषण प्रहार किए हैं। 'स्वप्न और सत्य', 'रिश्तों की स्मृति', 'टूटते परिवार', 'जीवन की इच्छा', 'बदलते मूल्य', 'कर्तव्यबोध', 'परम्परा की रक्षा', 'प्रगति के चरण', 'अपने में अजनबी', 'एक अस्वीकृति' आदि उनकी ऐसी ही रचनाएँ हैं। महँगाई की विकरालता व्यक्त करने के लिए उन्होंने अपनी 'महँगाई' नाम की रचना में तो एक साथ कई मिथकों का उपयोग किया है।

जोशी में विधागत वैविध्य भी बेमिसाल है। उन्होंने 'परिक्रमा', 'नावक के तीर', 'प्रतिदिन' जैसे व्यंग्य-कॉलम लिखे, तो निबन्ध, कहानी, रेखाचित्र-जैसी विधाओं को भी व्यंग्य करने का माध्यम बनाया। नाटक के क्षेत्र में भी उनका प्रयोग बहुत चर्चित और प्रशंसनीय रहा है। पहले 'धर्मयुग' में और फिर पुस्तकाकार प्रकाशित उनके 'दो व्यंग्य-नाटक'–'एक था गधा उर्फ अलादाद खाँ' और 'अन्धों का हाथी' बहुत पढ़े, खेले और सराहे गए हैं। वर्तमान राजनीति में किस प्रकार येन-केन-प्रकारेण अपनी कुर्सी बचाए रखना तथा अपनी तस्वीर बनाए रखना ही मुख्य काम हो गया है–'एक था गधा उर्फ अलादाद खाँ' में इस पर तीखा व्यंग्य किया है। इस नाटक का नवाब, जो नेता का प्रतीक है, अपनी सभा के चिन्तकों से कहता है, "हजारों लोगों की यह भीड़ एक आईना है, यह भीड़ जिसमें अपना अक्स बनाए रखना और कोशिश उसे बनाए रखने की राजनीति है। जिसके लिए अगर जरूरी हो, तो एक लाश नहीं, लाशों के अम्बार भी खड़े करने पड़ें तो गलत नहीं है, अगर बनाए रखना है राजनीति यानी अक्स कायम रहना चाहिए। सबसे जरूरी है तस्वीर और उसका कायम रहना। आदमी बेमानी है, तुम या कोतवाल, या अलादाद खाँ या जो भी हो सब गधे हैं जिनका फर्ज है तस्वीर को, हमारे अक्स को ढोना...और हमारा काम है गधों को तस्वीर ढोने के लिए मजबूर और जोश में रखना।"[1]

यह नेता प्रजातन्त्र का चोगा पहना हुआ तानाशाह है। वह और उसके गुरगे चाहते हैं कि "खाते वक्त, सिर मुड़ाते वक्त, नहाते वक्त जनता अपनी गर्दन झुकाए रखे।"[2] उसका मकसद और उसूल यह है कि 'आम आदमी को बेवकूफ बनाए रखो।'[3] वह स्वीकारोक्ति करता है, "(मुझे चाहिए) एक मुर्दा, सिर्फ एक मुर्दा जिसे मैं कन्धा दूँगा, मैं नवाब इस मुल्क का। सब देखेंगे, कहेंगे, जब देखेंगे तो कहेंगे ही कि नवाब आम आदमी, एक साधारण गरीब आदमी की लाश को कन्धा दे रहे हैं। मतलब इज्जत है उसके दिल में ईमानदारी, मेहनत और कुर्बानी की। कोई बताए, मुझे बताए कि मैं क्यों गया था उस अनजान सिपाही की समाधि पर फूल चढ़ाने जो मर गया जंग में सरकारी जूते पहन, स्टोर से इशू कराई वर्दी की रक्षा करता हुआ ? मैं क्यों गया था ? सिपाही के लिए नहीं। उस तस्वीर के लिए जिसे बचाना और चमकाना मेरा मकसद था जिसके लिए भेजा था मैंने उस सिपाही को जंग में। जब बाढ़ आती है या सूखा तब गाँववालों में कम्बल बाँटने या फल देने मरीजों को अस्पताल में या इनाम-इकराम बच्चों को स्कूल में आखिर क्यों ? किसके लिए ? तुम्हारे लिए या अलादाद के लिए या इतिहास, साहित्य या दर्शन के लिए, थू है उल्लू के पट्ठो, हालाँकि तुम भी अपनी जगह ठीक हो क्योंकि तुम लोगों की वजह से भाषा का एक अन्दाज कायम रहता है जो आखिर काम आता है तस्वीर के।"[4]

1. दो व्यंग्य-नाटक, पृ. 73
2. वही, पृ. 43
3. वही, पृ. 50
4. वही, पृ. 73-74

अपनी इस तस्वीर, इस छवि, इस 'इमेज' की रक्षा के लिए नेता कहीं तक भी जा सकता है, कितना भी गिर सकता है। व्यंग्यकार नवाब को जगह-जगह नाटक खेलनेवाले सूत्रधार का उपयोग करते हुए दिखाता है, जिसे वह फेलोशिप देकर चाहता है कि सूत्रधार जनता में नवाब की अच्छाई का प्रचार करे। नाटककार नवाब को एक 'इमेज' बनाने के लिए चिन्तित नेता के रूप में ही नहीं दिखाता, अपितु इसके लिए मौके की ताक में रहते और एक मौके का घातक उपयोग करते हुए भी दिखाता है। मौका है अलादाद खाँ नामक आम आदमी की मृत्यु। नवाब उसके जनाजे में जाने को तत्पर होता है। किन्तु तभी उसे पता चलता है कि वास्तव में अलादाद खाँ नामक एक गधे की मृत्यु हुई है। लेकिन नवाब को तो जनाजे में जाने का नाटक करना है। छवि बनाने-बचाने का सवाल है। फलतः वह अलादाद खाँ नामक अबोध नागरिक को पकड़वाकर उसकी हत्या करवाता है और तब उसका जनाजा बड़ी धूमधाम से निकलवाया जाता है।[1] नाटक की वस्तु नेता द्वारा अपनी स्वार्थ-सिद्धि के लिए आम आदमी की क्रूर हत्या तक से पीछे न रहने की चरम सीमा तक विकसित होती है। व्यंग्यकार उसके द्वारा नेताओं के काले कारनामों का मात्र उद्घाटन ही नहीं करता, बल्कि उनके प्रति दहशत और रोष भी उत्पन्न करता है। नवाब के माध्यम से वह आम आदमी को उसकी नियति से अवगत कराता है, ''कल तुम एक खबर बनोगे–खबर, तुम्हारा स्मारक खड़ा होगा। तुम्हारे नाम पर सड़क, बाग, यूनिवर्सिटी–साले आम आदमी। इससे ज्यादा तुझे चाहिए क्या, मैं भाषण दूँगा तुझ पर और तेरी बेवा को पेंशन मिलेगी।''[2]

'अन्धों का हाथी' में जोशी मिथक के सहारे राजनीति और नौकरशाही को निशाना बनाते हैं, जो असल में एक ही थैली की चट्टी-बट्टी हैं और इस कदर भ्रष्ट व स्वार्थान्ध हैं कि जनता और उसकी समस्याओं का सही आकलन नहीं कर पातीं। बड़ी चतुराई के साथ सूक्ष्म, प्रतीकात्मक रूप में जोशी राजनीति और प्रशासन में व्याप्त अन्धेरगर्दी को उद्घाटित करते हैं। नाटक उस जानी-मानी लोक-कथा पर आधारित है, जिसमें अन्धों ने हाथी को देखा नहीं है, उसे सिर्फ हाथों से अलग-अलग रूपों में अनुभव किया है, और वे सभी अपने-अपने अनुभव को ही सही मानते हैं। नाटक में पाँच अन्धे हैं, बल्कि चार अन्धे और एक अन्धी। ये वे अन्धे हैं, जिन्हें हम सभी राजधानियों में या अन्यत्र भी यत्र-तत्र अक्सर ही देखते हैं। इन अन्धों को बताया गया है कि उनके सामने हाथी है जिसे वे देखें और वश में करें, क्योंकि वह लोगों को त्रस्त किए हुए है। इस हाथी से भी हम सभी परिचित हैं–समस्याओं का हाथी। नाटक का सूत्रधार इन अन्धों का परिचय देते हुए कहता है, ''अरे, राष्ट्र के अन्धो, उठो। तुम जो भी हो, मन्त्री, सचिव, संचालक, बाबू या चपरासी, जो भी हो, नेता, पुलिस, पत्रकार, प्रोफेसर या पानवाले...उठो और बहुत देर से चल रहे इस नाटक को खत्म करो। इसके पहले कि यह हाथी तुम्हें कुचलने लगे, तुम इसे अपने वश में करो।''[1] किन्तु ये अन्धे इतने

1. दो व्यंग्य-नाटक, पृ. 73-74
2. वही, पृ. 22

निष्क्रिय हैं कि हाथी को वश में करने की घोषणाएँ मात्र करते हैं। जोशी इसका कारण बताते हुए लिखते हैं, "करें कैसे वश में जब स्वयं अन्धे हों, अपने-अपने स्वार्थों में अन्धे। सारी की सारी व्यवस्था अन्धी बनी हुई है। अन्धों के चाकर अन्धे, उनके अफसर अन्धे।"[2]

इन अन्धों के कारण देश के सामने आज हाथी से भी बड़ी समस्या स्वयं ये अन्धे हैं। नेता-रूपी इन अन्धों से कुछ कहने-पूछने पर सुनने को मिलता है, "यह ठीक है कि तुम हमें मंच पर लाए, पर (इतने मात्र से) तुम हमारे बाप तो नहीं हो गए।"[3] विकराल समस्या-रूपी हाथी के बारे में कुछ सोचना, पूछताछ करना, यहाँ तक कि उससे पीड़ित और परेशान होना भी उनकी दृष्टि में भावुकता है, "शान्त-शान्त, ज्यादा भावुक होने की आवश्यकता नहीं।"[4] चुनाव आने पर वे ऐसी जोरदार नारेबाजी करते हैं कि लगता है, अब हाथी हटा ही समझो। बयान पर बयान दिए जाते हैं–हमने समस्या पर विचार किया, हम वह सब कुछ करने को तैयार हैं जिससे समस्या समस्या न रहे।.. .हाथी-वर्ष घोषित किया जाता है, हाथी पर टिकट छापा जाता है, रेडियो-टेलीविजन हाथी पर धुआँधार कार्यक्रम पेश करते हैं, साहित्यकारों को हाथी पर लिखने को कहा जाता है, हाथी का वृत्त-चित्र तैयार किया जाता है।[5] यह सवाल उठने पर कि इस भयानक समस्या के कारण यदि लोग मरते हैं तो क्या होगा, उत्तर दिया जाता है कि मरने दो, जब राष्ट्रीय समस्या खड़ी होती है तो कुछ की बलि तो लेती ही है वह।[6]

नाटक की प्रतीकाधारित व्यंग्य-योजना आद्यन्त प्रभावित करती है। व्यवस्था के विभिन्न अंगों की जनता के प्रति गहरी उदासीनता, उनकी अपने स्वार्थों के प्रति कुटिल सतर्कता, जनता को मूर्ख बनाने की तत्पर कार्यशीलता–जो आज के परिवेश का क्रूर यथार्थ है, पूरे नंगेपन के साथ पाठकों-दर्शकों के सामने आता है।

प्रभाव की दृष्टि से दोनों ही नाटक अत्यन्त सफल हैं। स्टेज-इफेक्ट्स, पात्रों की मंचानुरूप भाषा, चुटीले व्यंग्यात्मक संवाद, सामान्य-से लगनेवाले प्रसंगों की गहराई, प्रतीकों की सहजता, एक के बाद एक विडम्बनात्मक स्थितियों का सहज चित्रण इन नाटकों की विशेषताएँ हैं। दोनों नाटक इस बात को प्रतिबिम्बित करते हैं कि जो-कुछ है, वह सत्ता है, सत्ताधारी हैं या फिर सत्तान्वेषी, और है उनकी इमेज जो सत्ता कायम रखने या दिलाने में सहायक होती है। उनकी इस इमेज और सत्ताकांक्षा के लिए जनता को बलि भी चढ़ना पड़े, तो चढ़ जाना चाहिए। इन नाटकों को पढ़ते या देखते हुए पाठक या दर्शक इनके पात्रों में स्वयं को कहीं पाने लगता है और एक अपराध-बोध

1. दो व्यंग्य-नाटक, पृ. 105-06
2. वही, पृ. 97
3. वही, पृ. 109
4. वही, पृ. 108
5. वही, पृ. 126
6. वही, पृ. 125

उसमें जागने लगता है। अपने छोटे कलेवरों में भी ये दोनों नाटक देश की उन सभी विरूपताओं को शब्दों में कैद किए हैं, जिनमें हम खुद कैद हैं।

जोशी ने 'प्रेयसी होना', 'बैंगन की नाव', 'हम कहाँ थे', 'अन्धायुग क्रिकेट का' आदि कुछ एकांकियों द्वारा भी व्यंग्य की नाटकीय क्षमता को अधिकाधिक सम्भावनापूर्ण बनाया। व्यंग्य-लेखन की अपनी बेजोड़ आभा का विस्फार उन्होंने इन रचनाओं में किया है। बानगी के तौर पर 'अन्धायुग क्रिकेट का' का यह विदुर-धृतराष्ट्र-संवाद द्रष्टव्य है–

"विदुर : यद्यपि परिवार-नियोजन की/आपने उपेक्षा की/अपने अज्ञानवश/पर फास्ट-बॉलर का नितान्त अभाव है/देश में/आपने इस पर कभी क्यों नहीं विचार किया/गान्धारीजी एक फास्ट-बॉलर अगर देतीं/क्रिकेट-कंट्रोल-बोर्ड/उनका कितना आभारी होता।

धृतराष्ट्र : जब कभी हारता है भारत क्रिकेट में/गान्धारी को यह अपनी हार लगती/जानते हो उसके सारे पुत्र/क्रिकेट के खिलाड़ी रहे जन्म से/इसी कारण फेल होते रहे इम्तहानों में।

विदुर : गान्धारी-पुत्र क्रिकेट-खिलाड़ी बनें/मैं बता सकता हूँ/क्या होगा भविष्य महाभारत का।

धृतराष्ट्र : पर वे अच्छे खिलाड़ी भी न बन सके/कार, ट्रक और ऑटो-रिक्शा के विकास ने/मुहल्ले के क्रिकेट को बड़ी क्षति पहुँचाई है/प्रतिभाएँ कुंठित हो रही हैं/निराशा, घुटन, सन्त्रास वगैरह इधर भी है/वे समान्तर क्रिकेट की सोचने लगे हैं।"[1]

जोशी में नाट्य-प्रतिभा बहुत उत्कृष्ट थी। कॉलमीय व्यस्तता के कारण वे नाटक अथवा एकांकी भले ही बहुत ज्यादा न लिख पाए हों, किन्तु उनके अनेक व्यंग्यों में प्रभावी संवाद-योजना उनकी इस प्रतिभा की प्रमाण है। उदाहरण के लिए 'आम आदमी की पहचान' एक ऐसा ही व्यंग्य है, जो कथोपकथन के सहारे आगे बढ़ता है और जिसमें संवाद ही प्रधान हैं। यह नाटकीयता जोशी के व्यंग्य को प्रखर बनाती है। इसकी सहायता से वे विसंगति को एक स्पष्ट उभार दे देते हैं, जिससे वह ज्यादा 'विजिबल' हो जाती है, उसका चाक्षुष प्रभाव बढ़ जाता है।

शरद जोशी की मृत्यु के उपरान्त प्रकाशित उनका लघु उपन्यास 'मैं, मैं और केवल मैं' अपने शैली-शिल्प और अद्भुत किस्सागोई के करण अद्वितीय बन पड़ा है। इसमें जोशी ने साहित्य-जगत में व्याप्त विकृतियों को व्यंग्य का लक्ष्य बनाया है। प्रतिभाहीन किन्तु महत्त्वाकांक्षी लेखक, उनकी छपास और उसके लिए उनके द्वारा की जानेवाली तिकड़में, आत्म-प्रचार के लिए रचे जानेवाले प्रपंच आदि साहित्यिक विकार उनके व्यंग्य की जद में आए हैं। इसके लिए उन्होंने एक 'कमलमुख बी.ए.' नामक लेखक-पात्र गढ़ा है, जो सम्पादकों- प्रकाशकों-समीक्षकों आदि से निराश होकर अपने ऊपर स्वयं एक शोध-ग्रन्थ लिखता है, जिसका नाम है "मैं, मैं और केवल मैं (एक शोध-प्रबन्ध) ले. कमलमुख बी. ए.।"

1. धर्मयुग, 6 फरवरी 1977, पृ. 12

साहित्यिक क्षेत्र में पलती और पनपती ऐसी कोई विसंगति प्रायः नहीं, जिसे इस उपन्यास में जोशी ने अपनी लेखनी की नुकीली पैनी धार से कुरेदा, उघाड़ा, उधेड़ा न हो। कमलमुख बी. ए. नामक लेखक-पात्र के माध्यम से उन्होंने आज के आडम्बरपूर्ण साहित्यिक परिवेश और उसमें आत्मस्तुति एवं आत्म-प्रचार से लबालब तथा राज्याश्रय के लिए लालायित साहित्यकारों की दूषित मनोवृत्ति एवं स्वार्थपूर्ण उद्‌देश्य पर जमकर प्रहार किया है। साहित्य में आज गैरजिम्मेदारी और दायित्वहीनता का बोलबाला है। साहित्यकार समाज के प्रति अपने उत्तरदायित्व को भूल आत्मकेन्द्रित हो गया है। उसकी स्वयं की पीड़ा ही पीड़ा है। वह घनी पीड़ा है, वही युग-पीड़ा है। वह स्वयं को ही सर्वोपरि समझता है, मानव और समाज उसके लिए कुछ भी नहीं रहे। फलतः अधिकांश साहित्य आज सस्ती, उथली रचनाओं का जमावड़ा भर रह गया है। साहित्यकार पर सम्पादकीय प्रतिबन्ध और प्रकाशकीय दबाव वैसे बढ़ गए हैं। सम्पादक कुछ गिने-चुने जान-पहचान के अथवा चरणागत-शरणागत लेखकों को ही पत्र-पत्रिकाओं में स्थान देते हैं, आलोचक अपने गुट के लोगों को बढ़ावा और विरोधियों को पटकनी देते हैं, तो प्रकाशक लेखकों पर अपनी शर्तें लादते हैं और फिर भी बेईमानी और शोषण से बाज नहीं आते। उन्हें अपनी थैली भरने से मतलब है, चाहे इससे साहित्यकार की प्रतिभा का गला ही क्यों न घुट जाए। इन दबावों के चलते साहित्यकार टूट रहे हैं, समझौतावादी होते जा रहे हैं, और घटिया तौर-तरीके अपनाने के लिए बाध्य हो रहे हैं। बढ़ते दबावों और गला-काट प्रतिद्वन्द्विता का मुकाबला करने के लिए वे निम्न स्तर पर उतर आए हैं। सस्ते और छिछोरे हो गए हैं। स्वयं को विज्ञापित कैसे करें—इसी चिन्ता में घुले जाते हैं। वे आत्म-प्रशस्ति एवं प्रचार के इतने भूखे हो गए हैं कि स्वयं ही अपने जन्मदिन-समारोह, अभिनन्दन एवं साक्षात्कारों का आयोजन करवाते हैं। यहाँ तक कि स्वयं पर शोध-प्रबन्ध भी खुद ही लिखकर छपवा डालते हैं। 'मैं, मैं और केवल मैं' ऐसा ही शोध-प्रबन्ध है, जिसमें साहित्य की बदलती हुई प्रवृत्तियों एवं साहित्य के विविध पक्षों में व्याप्त विकृतियों, विसंगतियों, विषमताओं तथा भ्रष्टाचार पर वृत्तान्त, स्वगत-कथन, पैरोडी आदि के माध्यम अपनाते हुए वैदग्ध्य, विडम्बना, वक्रोक्ति, आक्षेप, कटाक्ष, कटूक्ति, अतिशयोक्ति तथा अपकर्ष आदि साधनों द्वारा व्यंग्य-प्रहार किए गए हैं। व्यंग्यकार की अभिव्यक्ति की पकड़ इतनी सशक्त है कि वह पाठक में अपेक्षित अनुभूति जगाने में सक्षम रहा है। उसने साहित्यिक विकृतियों के छद्मवेशी मुखौटे को बरबस नोच डाला है और कथित साहित्य एवं साहित्यकारों का वास्तविक रूप उजागर कर दिया है। उपन्यास के फ्लैप पर दी गई टिप्पणी में सच ही कहा गया है कि 'मैं, मैं और केवल मैं' न केवल हिन्दी बल्कि समग्र भारतीय भाषाओं के सर्जनात्मक साहित्य में निर्विवाद रूप से एक बेजोड़ व्यंग्य-उपन्यास कहा-माना जाएगा।

इस प्रकार हम देखते हैं कि व्यंग्य की नई जमीन और अभिव्यक्ति के नए लहजे की खोज करनेवालों में शरद जोशी की पहचान अन्यतम है। व्यंग्य को प्रतिष्ठित करने में जो भूमिका हरिशंकर परसाई की रही है, वैसी ही भूमिका जोशी ने व्यंग्य को शैलीय विस्तार और पाठकीय प्रसार देने में निभाई है। हिन्दी-व्यंग्य में सम्प्रेषण की जितनी

विविधताएँ उपलब्ध हैं, भाषा का जितना अनूठापन विद्यमान है, शिल्प की जितनी भंगिमाएँ मौजूद हैं–उन सबका समन्वित श्रेय सबसे अधिक शरद जोशी को ही जाता है। उनकी व्यंग्य-रचनाओं से गुजरना केवल विसंगतियों और स्खलनों की घुमावदार गलियों में भटकना ही नहीं है, अपितु भाषा एवं शिल्प की एक चमत्कारी प्रदर्शनी की यात्रा भी है। इस प्रदर्शनी में कहीं परिवेश के अन्तर्विरोध नजर आते हैं, कहीं मुहावरेदार भाषा का मनोहारी शब्द-संयोजन दिखाई पड़ता है। कहीं इस प्रदर्शनी से गुजरनेवाला भारतवासी अपनी ही सच्चाइयों को चुपचाप ताकता-झाँकता शर्मिन्दा होता है और कहीं घिसी-पिटी अभिव्यक्तियों के बाँध तोड़कर पसरती हुई नव्य व्यंग्य-भाषा की जलधारा प्रभावात्मकता के नए किनारों का स्पर्श करती हुई प्रवाहित होती है। किन्तु उनकी इस भाषा-शिल्पगत सावधानता का यह अर्थ नहीं है कि उन्होंने कथ्य की उपेक्षा की है। कथ्य की रक्षा करते हुए ही जोशी ने व्यंग्य-विधा को शिल्प की सर्वाधिक कलात्मकता प्रदान की है। उनकी लेखनी ने अभिव्यंजना के क्षेत्र में ही नहीं, कथ्य के क्षेत्र में भी नए गवाक्ष खोले हैं। वस्तुतः व्यंग्य में भाषा और शिल्प-प्रयोग का बड़ा महत्त्व है, क्योंकि यदि प्रयोग में पैनापन नहीं होगा अथवा रचना शाब्दिक कलाबाजी मात्र होगी, तो व्यंग्य अपना ठीक-ठाक असर नहीं छोड़ सकेगा। अतः श्रेष्ठ व्यंग्यकार भाषा-प्रयोग को चुनौती के स्तर पर स्वीकारता हुआ अपनी सशक्त तथा व्यंजनापूर्ण चित्रण-योग्यता का परिचय देता चलता है। इस दृष्टि से यदि शरद जोशी के व्यंग्य का परीक्षण करें, तो सिद्ध होगा कि उसमें भी भाषा-प्रयोग को चुनौती के स्तर पर ही स्वीकार किया गया है तथा उसकी व्यंजना और सम्प्रेषण-क्षमता का पूरा और पक्का ध्यान रखा गया है। यद्यपि शरद जोशी कहते हैं कि वे भाषा की अधिक चिन्ता नहीं करते[1] और युग की स्थितियों से जूझने, उन्हें दर्ज करने के लिए उदार भाषा-दृष्टि अपनाए जाने की वकालत करते हैं,[2] किन्तु यह बात उनके भाषा सम्बन्धी सहज प्रयोग के स्तर को ही प्रमाणित करती है। उनकी भाषा सहज होते हुए भी नए तेवर से युक्त और नुकीली है। भाषा की व्यंजना-क्षमता को बढ़ाने के लिए शरद जोशी ने कहावतों-मुहावरों का खुलकर प्रयोग किया है। 'सरकार का जादू' जैसी व्यंग्य-रचनाओं की भाषा में एक विशेष बाँकपन स्पष्ट नजर आता है। स्थिति-प्रभाव के अनुरूप शरद जोशी ने अधिकतर छोटे वाक्यों की रचना की है, ताकि बात साफ हो सके। शब्द-प्रयोग में भी स्पष्टता, सहजता तथा स्वाभाविकता के साथ ही अत्यन्त उदार किन्तु उपयुक्त दृष्टि का समावेश है। जनसामान्य तक सरलता से बात पहुँचाने के लिए लिखी गई रचनाओं की भाषा जनप्रयोग के धरातल से सम्बद्ध है, किन्तु व्यापक अर्थ-व्यंजना को लिये हुए। जब शरद जोशी लिखते हैं, "चिन्तन चालू है, उसे करनेवाले भी कम नहीं, वे भी चालू हैं"[3] अथवा 'थैली पर नजर रखिए साहबान"[4],

---

1. धर्मयुग, 28 अगस्त 1978, पृ. 4
2. मेरी श्रेष्ठ व्यंग्य-रचनाएँ, अपनी बात, पृ. 8
3. यथासम्भव, शान्तता चिन्तन चालू आहे, पृ. 58
4. वही, सरकार का जादू, पृ. 38

तब 'चालू' एवं 'थैली' शब्द अनेकस्तरीय अर्थ की व्यंजना करते हुए प्रभावी ढंग से व्यंग्य का सम्प्रेषण करते हैं।

शरद जोशी का मोह किसी विशेष भाषा-स्तर से बँधा नहीं है, बल्कि जहाँ सहजता से जो उचित लगा, अर्थ सम्प्रेषित करने की दिशा में जो-कुछ भी ध्यान में अनायास आ गया, उन्होंने उसी का प्रयोग कर डाला। वस्तुतः शरद जोशी सटीक दिखाई देनेवाले शब्द नहीं तलाशते, बल्कि उनके द्वारा सहज रूप से प्रयुक्त शब्द स्वतः ही सटीक सिद्ध होते रहे हैं। यह बात भाषा पर शरद जोशी के असाधारण अधिकार तथा उसके प्रयोग के अपूर्व सामर्थ्य की परिचायक है। इसी शक्ति के माध्यम से उनके लेखन में ऐसी अनेक पंक्तियाँ उपलब्ध होती हैं, जो सूक्तियों के रूप में अत्यन्त लोकप्रिय हुई हैं। छोटे-छोटे वाक्यों से अलंकृत शरद जोशी की भाषा का अपना अलग ही तेवर है। जहाँ तक शिल्प-विधान का प्रश्न है, शरद जोशी की रचनाओं में इसके प्रयोग-स्तर में भी विविधता तथा नवीनता दृष्टिगोचर होती है। चित्रात्मक, समीक्षापरक एवं विवरणात्मक शैली में रचनाओं का गठन विविधरूपात्मक है। कहीं वे निबन्धात्मक स्वरूप ग्रहण कर लेती हैं, तो कहीं कथात्मक, कहीं उनका विधान नाटकीय है तो कहीं काव्यात्मक। वस्तुतः शरद जोशी की रचनाओं में विषय-वस्तु एवं प्रभाव-स्थिति के अनुसार अभिव्यक्ति-कौशल के अनेक अनूठे आयाम उपलब्ध होते हैं। वैसे भाषा और शैली का विविधरूपात्मक प्रयोग आडम्बरहीन है, फिर भी शरद जोशी ने कहीं-कहीं जान-बूझकर उन्हें आडम्बरों से संयुक्त किया है, ताकि व्यंग्य और अधिक नाटकीय प्रभाव के साथ सम्प्रेषित हो सके तथा भाषा की मारक क्षमता का सम्पूर्णतः उपयोग किया जा सके।

शरद जोशी के न रहने के कारण हिन्दी-व्यंग्य की एक वाचिक परम्परा बनते-बनते रह गई। शरद जोशी व्यंग्यकार तो थे ही, वे व्यंग्य को हमारी आज की जरूरत से भी जोड़ रहे थे—मनोवैज्ञानिक दृष्टि से भी और सामाजिक दृष्टि से भी। इसलिए वे व्यंग्य को लेकर जब-तब प्रयोग भी कर रहे थे। व्यंग्य-लेखों को हिन्दी-काव्य-मंच पर प्रतिष्ठित करने का श्रेय शरद जोशी को ही जाता है। जैसा कि हास्य-कवि सुरेन्द्र शर्मा ने लिखा है, मंचों पर कविता पढ़ना ही दुष्कर कार्य है और देखकर कविता पढ़ने में तो मंच के अच्छे-अच्छे दिग्गज कवियों की घिग्घी बँध जाती है, क्योंकि कागज देखने लगे तो प्रस्तुतीकरण बिगड़ जाता है और प्रस्तुतीकरण की तरफ ध्यान दें तो कविता की पंक्तियाँ इधर-उधर हो जाती हैं। जहाँ कविता का यह आलम हो, वहाँ शरदजी चार-पाँच पन्नों के लेख ऐसे पढ़ जाते थे कि न तो प्रस्तुतीकरण ही बिगड़ता था और न ही एकाग्रता नष्ट होती थी। कुछ अन्य व्यंग्य-लेखकों ने भी इसकी कोशिश की, पर शुरुआत में ही उनका हश्र ऐसा होता रहा जैसे व्यंग्य-गद्यपाठ का मंच पर प्रारम्भ नहीं समापन करने आए हों।[1] रवीन्द्रनाथ त्यागी तक ने इसे स्वीकार किया है।[2] और जैसा कि के. पी.

1. जादू की सरकार, शरद जोशी के बारे में, पृ. 6
2. रवीन्द्रनाथ त्यागी : प्रतिनिधि रचनाएँ, सं. डॉ. कमलकिशोर गोयनका, सुदर्शन नारंग को दिया गया साक्षात्कार, पृ. 323 तथा चम्पाकली, साहित्यकारों का सम्मान, पृ. 129

सक्सेना ने इस शोधकर्ता को एक बार कानपुर में बताया था, श्रीलाल शुक्ल को भी यही नजारा देखना पड़ा।[1] ऐसे में शरद जोशी का मंच पर कितना दबदबा था, यह सुरेन्द्र शर्मा के इस कथन से ज्ञात हो जाता है, "एक मौके पर एक वरिष्ठ कवि ने मुझसे कहा–शरद जोशीजी को तुम काव्य-मंचों पर क्यों बुलाते हो ? कविता नहीं जम पाती।"[2]

हिन्दी-व्यंग्य को लेकर शरद जोशी ने जितने प्रयोग किए, उतने प्रयोग शायद कम व्यंग्यकारों ने किए हैं–हिन्दी के सबसे बड़े व्यंग्यकार परसाई भी नहीं कर सके। परसाई की प्रतिबद्धता कभी-कभी उनके पाँवों की जंजीर बन जाती है, जबकि शरद जोशी निरन्तर अपना मुक्त विकास कर सके हैं। शरद जोशी आगे चलकर व्यावसायिक भी होते हैं–पत्रों में कॉलम लिखते हैं, फिल्मों के लिए पटकथाएँ और संवाद लिखते हैं, दूरदर्शन के लिए सीरियल लिखते हैं, पर ताज्जुब तब होता है जब हम पाते हैं कि व्यावसायिकता उनका कुछ ज्यादा नहीं बिगाड़ पाती, व्यावसायिकता की इस दौड़ में शामिल होकर भी वे अपना स्तर नहीं खोते, बल्कि यह उनके लेखन को एक विविधता और घात देती है। ऐसा कम ही हो पाता है।

शरद जोशी जिस रफ्तार से लिख रहे थे, वह 'जेट-रफ्तार' भले ही न हो, लेकिन खासी तेज रफ्तार थी। इसमें चूकने और फिसलने का डर रहता है। लेकिन जोशी ने चूकना तो जैसे जाना ही नहीं था। वे 'प्रतिदिन' कॉलम लिखते हुए भी जिस तरह फॉर्म बनाए रख सकते थे, बनाए रख सके, वह सबके बूते की बात नहीं है। उन्होंने भाषा को लेकर, शैली को लेकर, एक-एक शब्द को लेकर जैसे प्रयोग किए, जैसे मुहावरे गढ़े, जैसी चोटें कीं, जैसी चुहल की, जितना हँसाया, जितना कोंचा, गुदगुदाया, सोचने-तड़पने पर मजबूर किया, वह आम तौर पर एक कॉलमिस्ट नहीं कर पाता। कॉलम तो कभी-कभी खानापूरी भी होकर रह जाते हैं, पर जोशी ने कॉलम को बराबर जिन्दा रखा। उसे हरदिल-अजीज बनाया, उसमें नई-नई चाशनियाँ डालीं, गागर में सागर भरने की कोशिश की। 'प्रतिदिन' नवभारत टाइम्स में बहुत छोटा सा कॉलम हुआ करता था। लेकिन पाठक उसे जरूर पढ़ते थे–केवल शरद जोशी के कारण। शरद जोशी में बुनावट की वह नफासत थी कि वे रूमाल या चिट-पुर्जे पर भी व्यंग्य लिख सकते थे। उन्होंने व्यंग्य को टुकड़ों में भी लिखा और उसे खूब सजाया। शरद जोशी व्यंग्य के सुन्दर कोलाज तैयार करने में निपुण थे।

यह सच है कि परसाई की तरह, जोशी की प्रारम्भ से ही कोई स्पष्ट विचारधारा नहीं थी। शुरू में इसके कारण जहाँ उनमें एक बिखराव और भटकाव है, वहीं एक खुलापन और बहाव भी है। लेकिन बाद में तो वे अपना स्पष्ट जीवन-दर्शन भी प्राप्त कर लेते हैं–हर सामाजिक और मानवीय विसंगति से टकराना, हर गलत बात का विरोध, हर बेढंगी-बेडौल स्थिति से मुठभेड़, किसी भी स्थिति और घटना से मुँह न चुराना, उसके

1. 20 सितम्बर 1994 को भारतीय रिज़र्व बैंक, कानपुर में आयोजित हिन्दी-समारोह के बाद एक अनौपचारिक बातचीत में
2. जादू की सरकार, शरद जोशी के बारे में, पृ. 7

बारे में अपनी स्पष्ट राय कायम करना और उसे जीवन्त शैली में जाहिर करना, लोगों तक पहुँचाना–बिना इस बात की परवाह किए कि उसके परिणाम क्या होते हैं। इस रूप में शरद जोशी व्यंग्यकार से अधिक कभी-कभी सामाजिक टिप्पणीकार के रूप में सामने आते हैं। यों उनमें निरन्तर वैचारिकता का विकास होता चलता है। पर यह वैचारिकता किसी विचारधारा की कोख से जन्म नहीं लेती, वरन् अनुभव के कारण प्राप्त होती है। इसलिए उनमें एक तरह की सरलता, सहजता और निजता है, जिसकी बदौलत वे अपने व्यंग्य को हिन्दी-साहित्य के अर्थ में साहित्य होने से बचाकर उसे अधिक सार्थक, प्रभावकारी और व्यापक बनाते हैं।[1] लिखना उनके लिए एक किस्म की दौड़-धूप रही है[2], और इस दौड़-धूप की बदौलत ही वे उसे कष्ट सहती जिन्दगी से जोड़ पाए। अपने सम्पूर्ण लेखन में वे मानवीय संवेदना से युक्त और पीड़ित तथा व्यथित के पक्ष में खड़े नजर आते हैं। अनुभूति के धरातल पर विसंगतियों की चुटकी उन्हें जनोन्मुख करती है। अपने संघर्ष, अपनी व्यथा, अपनी पीड़ा का विस्तार वे जन-जन में देखते हैं। उन्हीं के अनुसार जीवन होता ही संघर्षमय है। किसका नहीं होता ? लिखनेवालों का होता है तो क्या अजब होता है ![3] अपने कठिन जीवन-संघर्षों की बदौलत बनाई एक स्वतन्त्र लेखक की हैसियत से उन्होंने हमारी आज की जिन्दगी के अमानवीय और नैतिकता-विहीन चेहरे को देखा था। देखा था उन्होंने आज की सत्ताकामी राजनीति और उसके झंडाबरदारों की स्वेच्छाचारिता, हिंसापरकता, आपाधापी, झूठ, दोमुँहेपन और खोखलेपन को। उनके रचना-संसार में जो तिक्त स्वर उभरता है, जो व्यंग्योक्तियाँ तेज मार करती हैं, जो एहसास तीव्र ढंग से हमारे अन्दर उत्पन्न होता है, वह इस बात का प्रमाण है कि उन्होंने अपनी पीड़ा को, अपने दंश को, अपने कड़वे अनुभवों की टीस को सामाजिक त्रासदी के सामूहिक एहसास से जोड़ा था। उनका समस्त लेखन इस बात का प्रमाण है कि शरद जोशी अपने पाठकों-दर्शकों-श्रोताओं से सीधा संवाद स्थापित करते हैं। वे उस नब्ज को पकड़ते हैं, जो आज के राजनीतिक-सामाजिक-सांस्कृतिक-आर्थिक क्षेत्रों में व्याप्त बेईमानी, भ्रष्टाचार, झूठ और अमानवीयता की पोल खोलती है। वे आम आदमी के विडम्बनापूर्ण और विशृंखलित जीवन, उसकी टूटन, तनाव और बेचारगी की स्थितियों पर मजबूती से अपनी उँगली रखते हैं। वे तेजी से परिवर्तित होते मनुष्य-सम्बन्धों, गिरते मानव-मूल्यों, सामाजिक-राजनीतिक व्यवस्था की विसंगतियों-विरोधाभासों; प्रसिद्धि, बड़प्पन और महानता की आड़ व मुखौटे में छुपे रुस्तमों को अपनी पैनी कलम का निशाना बनाते हैं। यहाँ तक कि साहित्य-क्षेत्र के मठाधीशों, दुकानदारों, कृत्रिम आधुनिकतावादियों; दलों और गुटों की संकीर्ण, जड़ मनोवृत्तियों की आड़ लेकर अपने निजी वैयक्तिक स्वार्थों को पोषित करते हुए नाम-नामा कमाने में जुटे प्रच्छन्न साहित्य-सेवियों को भी उन्होंने कभी नहीं बख्शा। उनका लक्ष्य साफ, स्पष्ट और सीधा

1. मेरी श्रेष्ठ व्यंग्य-रचनाएँ, अपनी बात, पृ. 10
2. वही, पृ. 8
3. जादू की सरकार, दो शब्द, पृ. 5

है। गलत के विरोध की उनकी अनुभव-जन्य वैचारिकता; अपने अन्तर्हित लगाव, जागरूकता और चौकन्नेपन से विकसित उनकी जीवन-दृष्टि पाठकों को भी जागरूक बनाती है, चीजों व स्थितियों को और स्पष्टता तथा गहराई से देखने के लिए प्रेरित करती है; अपने-आप पर, अपने आग्रहों-दुराग्रहों पर, अपनी विवशताओं-मूर्खताओं पर हँसने तथा उनसे बाहर निकल आने, मुक्त होने के लिए प्रेरित करती हुई वह घने अन्धकार के विरुद्ध सचेत करने के साथ-साथ जीने का सम्बल भी देती है, ढाढ़स बँधाती है। उनकी रचनाओं की शक्ति, उनकी आश्वस्तकारी स्मृति के माध्यम से पाठक आनेवाले वर्षों में अपने जीवन की तमाम विद्रूपताओं और विडम्बनाओं के घने अन्धकार के बीच भी अपने को देख सकेंगे, अपने सोच और अनुभवों का विवेचन-विश्लेषण भी कर सकेंगे। अपनी इन्हीं विशेषताओं के बल पर शरद जोशी एक ऐसे व्यंग्यकार के रूप में पहचाने गए हैं और जाएँगे, जिनकी रचनाएँ व्यंग्य की मानवीय पक्षधरता और रचनात्मक शक्ति को रेखांकित करती हैं।

6

व्यंग्यकार रवीन्द्रनाथ त्यागी की व्यंग्य-दृष्टि

प्रेरणा, प्रभाव और धारणा

स्वातन्त्र्योत्तर हिन्दी-व्यंग्यकार-त्रयी में रवीन्द्रनाथ त्यागी का नाम हरिशंकर परसाई और शरद जोशी के साथ तीसरे स्थान पर प्रतिष्ठित किया गया है। 1 सितम्बर 1931 को उत्तर प्रदेश के बिजनौर जिले में स्थित नहटौर नामक कस्बे में जन्मे त्यागी की प्रतिनिधि रचनाओं का सम्पादन करते हुए डॉ. कमलकिशोर गोयनका लिखते हैं, "हिन्दी-व्यंग्य में यह त्रयी छायावाद के प्रसाद-पन्त-निराला तथा नई कहानी के कमलेश्वर, मोहन राकेश और राजेन्द्र यादव के समान प्रसिद्ध हुई, और इन्होंने हिन्दी-व्यंग्य को न केवल विस्तार और घनत्व प्रदान किया, बल्कि कलात्मक दृष्टि से नए शिखरों तक पहुँचाया।"[1]

इसे सृष्टि का व्यंग्य ही समझना चाहिए कि निजी परिवेश की उदासी रचनाकार में क्रिया-प्रतिक्रिया को जन्म देती है। उदासी का लम्बा इतिहास रचनात्मक शक्ति बनकर त्यागी को सृजनशील बनाता है। भयानक गरीबी, पिता का उपेक्षापूर्ण और गैरजिम्मेदार आचरण, इलाज के अभाव में भाई-बहन की मृत्यु, प्रोफेसर न बन पाने का दर्द तथा मानसिक रोग के कारण डिप्रेशन से भरा जीवन आदि कुछ ऐसे कारण रहे हैं, जिन्होंने त्यागी के व्यंग्य को दूर तक प्रभावित किया है, "सिर्फ सूरज निकलने से ही दिन नहीं बनता—यह बात मुझे बचपन में ही मालूम हो गई थी। बाद में यह भी पता चला कि कभी-कभी दिन का अँधेरा रात से भी कहीं ज्यादा घना, ठोस और भयावह होता है।"[2]

त्यागी की यह उक्ति उनके जीवन में बढ़ते वैषम्य एवं विडम्बना को व्यक्त करती है। वे स्पष्ट कहते हैं, "मुझे तो ऐसे-ऐसे अँधेरे से टकराना पड़ा है जो किले की दीवार की भाँति मजबूत थे।"[3]

---

1. रवीन्द्रनाथ त्यागी : प्रतिनिधि रचनाएँ, सं. डॉ. कमलकिशोर गोयनका, भूमिका, पृ. 11
2. वही, गर्दिश के दिन, पृ. 233
3. वही

अपने बचपन का ब्योरा देते हुए त्यागी लिखते हैं, "मेरे पिता वैसे कतई आलसी नहीं थे। कुल मिलाकर उन्होंने चौदह-पन्द्रह बच्चों को जन्म दिया था, जिनमें से अन्त में चलकर हम तीन शेष रहे। अब तो दो ही शेष हैं—एक छोटी बहन जिसने मेरी माँ के साथ रात-रात भर सूत कातकर मेरी फीस के पैसे जुटाए थे, वह अब नहीं रही। उसके मरने के साथ मेरा भी कुछ हिस्सा हमेशा के लिए मर गया।...जब मैं बहुत छोटा था, तभी शीतला माता की कृपा से मेरे दो भाई-बहन देवी को प्यारे हो गए। चेचक मुझे भी निकली थी, पर मैं जिन्दा रहने के लिए छोड़ दिया गया। मेरे पिताजी का मानसिक सन्तुलन अलबत्ता जरूर खराब हो गया और वे बाद में भी पूरी तरह ठीक नहीं हो पाए।...इसके बाद का इतिहास पानीपत की चौथी लड़ाई है। वह गरीबी और बेसहारे (पन) का एक दस्तावेज है जो अलिखित है। बाद में पिताजी ने कभी कोई काम नहीं किया—सिवाय गुस्सा करने के, हुक्का पीने के, सोने के और बच्चे पैदा करने के। पहले जेवर बिके और फिर बर्तन। कर्ज के सिलसिले में एक बार वे गिरफ्तार भी हो गए। धीरे-धीरे दो जून खाना मिलना भी दूभर हो गया। बहनें बड़ी होती जा रही थीं पर उनकी शादी तो क्या, उन्हें तन ढकने को पूरे कपड़े भी नहीं मिलते थे। घर ऐसा था कि हर बारिश के साथ-साथ थोड़ा-बहुत गिरता जाता था। इतना पावस-प्रेमी कवि-हृदय मकान मैंने फिर कभी नहीं देखा। एक तरफ यह सब होता था और दूसरी तरफ निकम्मा बाप चादर तानकर सोता था। उससे मुझे इतनी नफरत थी कि कह नहीं सकता मगर जब वही इंसान घर छोड़कर भागने की धमकी देता था तो मैं रोने लगता था।"[1]

इस लाचारगी में उनकी एक बहन की शादी और फिर दुःखद मृत्यु ने उनका अकेलापन और बढ़ा दिया। इसका जिक्र करते हुए उन्होंने लिखा है, "अन्त में चलकर मेरी बड़ी बहन के पति की कृपा से मेरी दूसरी बहन की शादी एक अमीर व्यक्ति से हो गई, जिसकी दो अदद पत्नियाँ पहले ही पंचत्व को प्राप्त कर चुकी थीं। बड़ी दर्दनाक शादी थी। देने को कुछ था ही नहीं। बहन की डोली निकली तो लगता था कि किसी की अरथी जा रही है। मुर्दों को देखने की आदत मुझे बचपन से ही पड़ गई थी क्योंकि हर साल कोई भाई या बहन मरता ही रहता था, जिसके लिए कफन भी मुश्किल से ही मिलता था। खैर, बहन अपने अमीर पति के घर गई, ननदों के ताने सुने पर पति का प्रेम पाकर वह खुश थी। जब वह ससुराल से आई तो एकदम बदली हुई थी। कीमती गहनों और कपड़ों से सजी। कहाँ हमारी फटी धोतीवाली बहन और कहाँ यह अमीर सुन्दर युवती। उसने हमें गले लगाया, घर की टूटती दीवारें देखीं, मिट्टी के खाली बर्तन देखे और इस सबका सामूहिक परिणाम यह रहा कि वह फूट-फूटकर रोने लगी। हमें तो अब वह पराई लगती थी—एक दूसरे वर्ग की नागरिक। इसके बाद जब वह दुबारा हमारे यहाँ आई तो बीमार पड़ गई—टाइफाइड से। उसके पति ने जो रुपया उसकी चिकित्सा वगैरह के लिए भेजा, वह पिताजी की परम अकर्मण्यता के कारण हमें दो जून

1. रवीन्द्रनाथ त्यागी : प्रतिनिधि रचनाएँ, सं. डॉ. कमलकिशोर गोयनका, गर्दिश के दिन, पृ. 234-35

की रोटी देने पर खर्च होता रहा। अन्त में वह मृत्यु के पाश में फँस गई। पति के यहाँ जाने के कुछ ही दिनों बाद मर गई थी। मैं और अकेला हो गया।''[1]

जहाँ रोटी के लाले पड़े हों, वहाँ शिक्षा-दीक्षा का सवाल ही कहाँ था ? किन्तु त्यागी की जिजीविषा प्रबल थी, ''मेरी शिक्षा का कोई प्रबन्ध नहीं था। पिताजी को इसकी कोई चिन्ता कभी नहीं हुई। सारा दिन सोते रहते थे या हुक्का पीते रहते थे। घूमने-फिरने के शौकीन थे और प्रायः घर छोड़कर भाग जाने की धमकी देते रहते थे। खेद, मेरे भाग्य में शिक्षित होना लिखा था और शिक्षा मुझे काफी मिकदार में मिली भी। पहले एक पाठशाला में संस्कृत पढ़ी और काफी जमकर पढ़ी। अष्टाध्यायी के आठों अध्याय पढ़े। कालिदास और जयदेव ने मुझे अभिभूत कर दिया और उनका जादू अभी तक कायम है। शिल्प की पूर्णता क्या चीज होती है–यह मैंने संस्कृत से ही सीखा। इसके बाद एक परम दयालु हेडमास्टर की कृपा से मैं फिर स्कूल में भरती हो गया। इसके बाद मैं पढ़ता गया और पढ़ता गया। माँ और छोटी बहन ने रात-रात भर सूत काता जिसे मैंने पोखर के किनारे जमीन पर बैठकर बेचा। हफ्ते में शायद एक रुपया बचता था। वजीफे मिले, पाँच-पाँच रुपयों की नौकरी की, एक-एक रुपए की दर पर ट्यूशन किए, भूखा और फटेहाल रहा पर पढ़ना नहीं छोड़ा। सुन्दरलाल गुप्त की गर्म बास्कट पहनकर जाड़े गुजारे, पर ट्यूशन करना और प्रूफ पढ़ना जारी रहा। अन्त में चलकर मैंने प्रयाग विश्वविद्यालय से एम. एस. में सर्वोच्च स्थान प्राप्त किया।''[2]

प्रयाग में बिताए दिनों और वहाँ मिली प्रेरणा तथा प्रोत्साहन का उल्लेख करते हुए त्यागीजी ने लिखा है, ''न जाने कितने दुःख, भय और दर्द लेकर मैं प्रयाग गया था। भाग्य ने साथ दिया। निराला, पन्त, पदुमलाल पुन्नालाल बख्शी, महादेवी, अश्क, धर्मवीर भारती, फिराक, बच्चन और जगदीश गुप्त देखे और जी भरकर देखे। दुष्यन्त कुमार, कमलेश्वर, रामावतार चेतन और रमेश कुन्तल मेघ मेरे सहपाठी रहे। पहली कविता दुष्यन्त ने ही कहीं छपवाई। भारतीजी ने मुझे 'परिमल' में शामिल करवाया। अज्ञेय, इलाचन्द्र जोशी, लक्ष्मीकान्त वर्मा जैसी विभूतियों के दर्शन वहीं हुए। अजितकुमार और ओंकारनाथ श्रीवास्तव मुझसे शायद एक साल सीनियर थे। रामनाथ अवस्थी और नागार्जुन भी वहीं मिले। इतनी बुरी संगति के कारण मेरे अन्दर जो दुखों का पिघला हुआ लावा था, वह कलम के रास्ते बाहर निकलने लगा। बाद में चलकर जो कुछ भी मैंने लिखा, उसका सारा श्रेय वाचस्पति पाठक, प्रकाशचन्द्र गुप्त, अमृत राय व सुरेन्द्र पाल जैसे विशालहृदय व्यक्तियों को जाता है जिन्होंने इतना प्रोत्साहन दिया कि मैं गधे से घोड़े की स्थिति में आ गया।''[3]

कालान्तर में त्यागी अखिल भारतीय सिविल सेवाओं की परीक्षाओं की प्रतियोगिता

---

1. रवीन्द्रनाथ त्यागी : प्रतिनिधि रचनाएँ, सं. डॉ. कमलकिशोर गोयनका, गर्दिश के दिन, पृ. 235-36
2. वही, पृ. 236
3. वही, पृ. 237

में बैठे और भारतीय रक्षा लेखा सेवा के लिए चुन लिए गए। अन्त तक उसी सेवा में विभिन्न पदों पर सेवारत रहते हुए वे उससे सेवानिवृत्त होने के बाद इन दिनों देहरादून में रह रहे हैं, जहाँ उन्होंने अपने 'नीड़ का निर्माण' किया है।

त्यागी ने अपना लेखन कविता से शुरू किया। व्यंग्य के क्षेत्र में वे कैसे आ गए, और उनकी दुखद पृष्ठभूमि का इसमें क्या योगदान रहा, इसे बताते हुए वे कहते हैं, ''मूलतः मैं कवि ही रहा। आषाढ़ के मेघ, भाद्रपद की साँझ, शरद की पूर्णिमा, पलाश के दहकते हुए फूल और कम उम्र लड़कियों के ओठ मुझे भयानक परेशानियों में भी हमेशा अपनी ओर आकृष्ट करते रहे। धूप के धानों का मैं पुराना मरीज निकला। व्यंग्य और हास्य का लिखना तो सिर्फ एक इत्तफाक ही रहा, जिसका सारा श्रेय सम्पादकों को जाता है जिन्होंने कविताएँ नहीं छापीं। उनको दुआएँ दो, हमें कातिल बना दिया। लिखते-लिखते पता लगा कि मैं हास्य लिख सकता हूँ और कभी-कभी खासे अच्छे स्तर का भी लिख सकता हूँ मगर सयाने पाठक उदासी की रेखा उसमें भी देखते होंगे। लक्ष्मीनारायण लाल ने एक बार पूछा भी था कि तुम्हारे हास्य में इतना रोना क्यों ? काश, उन्हें मेरे दुःखों का पता होता।''[1]

निजी जीवन के दुर्भेद्य अँधेरों से लड़ते हुए त्यागी का साक्षात्कार सृष्टि के भ्रमात्मक लुत्फ से होता है, ''आदमी न जाने कितनी जिन्दगियाँ एक साथ जीता है और जाहिर है कि इतनी कुंठाओं, विसंगतियों और विरोधाभासों का एक साथ जीना ही व्यक्ति के व्यक्तित्व को सम्पूर्णता देता है।''[2]

सृष्टि की उदासीन चिरन्तनता से त्यागी प्रेरणा प्राप्त करते हैं तथा अपने व्यक्तित्व में अनेकानेक इंसानी तत्त्वों का समावेश करते हैं। आत्मलेख लिखते हुए वे कहते हैं, ''इस आदमी की खाल के भीतर भी कई इंसान एक साथ छिपे हैं और कुल मिलाकर जो हालत है, वह काफी दिलचस्प, दयनीय और पेचीदा है।''[3]

आज का व्यक्ति एक साथ कई स्तरों पर जीने को विवश है। त्यागी भी इसके अपवाद नहीं बन पाए—यह स्वीकारोक्ति उनकी इंसानियत, सज्जनता और ईमानदारी की द्योतक है। अपनी सम्पूर्ण संवेदनशीलता एवं अन्तर्मुखी प्रवृत्ति के बावजूद उनके कवि को हास्य-व्यंग्यकार बनना पड़ा। निजी दुःख एवं संघर्ष को झेलते हुए उन्होंने हास्य की महत्ता एवं अनिवार्यता को महसूस किया है। उनका लेखन यद्यपि वैयक्तिक जीवन के बिखराव एवं अभाव का प्रतिक्रियात्मक लेखन है, किन्तु यह प्रतिक्रिया निष्क्रिय उदासीनता को बढ़ावा नहीं देती, अपितु जीवन्तता का, जिन्दादिली का संचार करती है। ''अगर हँसना है तो परेशानियों में ही हँसना है। सब कुछ सहज होने पर तो जीवन सामान्य ही रह जाएगा''[4] की अनुभूति करनेवाले त्यागी अनायास ही हास्य-व्यंग्य को

1. रवीन्द्रनाथ त्यागी : प्रतिनिधि रचनाएँ, सं. डॉ. कमलकिशोर गोयनका, गर्दिश के दिन, पृ. 237
2. वही, आत्मलेख, पृ. 256
3. वही, पृ. 255
4. वही, सुदर्शन नारंग द्वारा लिया गया साक्षात्कार, पृ. 319

अपनी लेखनी का आधार बनाते हैं, "खुद नहीं हँस सका तो दूसरों को जरूर हँसाया।"[1] संक्रमणकालीन विषम संघर्षों के मध्य इस मानवीय उदात्तता को बनाए रखना कितना दुष्कर है, इसे हम सभी जानते हैं। सच्चाई तो यह है कि विद्रूप को भोगता इंसान आज स्वयं एक विद्रूप बनकर रह गया है। आज के विषम परिवेश में या तो समझौतापरस्ती शेष रह गई है अथवा पलायन। त्यागी स्वीकर करते हैं कि उनका लेखन उनके आरम्भिक जीवन की दुःखानुभूति से 'एस्केप' है। किन्तु दुःखों से यह एस्केप त्यागी के वैयक्तिक धरातल से आगे नहीं बढ़ पाता, "शोक मेरी निजी सम्पत्ति है और वह यदि अचल सम्पत्ति ही रहे तो उचित है।"[2] वास्तविकता तो यह है कि गरीबी और बेसहारेपन के दर्द के बीच रात-रात भर सूत कातकर फीस के पैसे जुटानेवाली उनकी बहन एवं माँ ने त्यागी के व्यक्तित्व में अनजाने ही जिजीविषा का संचार किया है। घर की दयनीय स्थिति के बावजूद पिता का दायित्वहीन आचरण त्यागी को आन्तरिक संरचना की जटिलता से अवगत कराता है, "पहली बार मुझे पता लगा कि आप एक ही इंसान से प्यार और नफरत एक साथ कर सकते हैं और काफी मात्रा में कर सकते हैं।"[3]

व्यक्तिगत जटिलताओं को निरन्तर महसूस करनेवाले त्यागी के व्यक्तित्व को परिवेशगत विषमताएँ आश्चर्यचकित नहीं करतीं। व्यक्ति के अनेकानेक स्वरूपों, व्यक्ति- वैविध्य तथा विडम्बनाओं को वे सहज प्रक्रिया मानते हुए उनके प्रति सहिष्णु प्रवृत्ति अपनाते हैं। विसंगत यथार्थ में भी जीवित रहना है, तो क्यों न जिन्दादिली के साथ जिया जाए ! यह एक रचनाकार की स्वस्थ एवं उदात्त प्रतिक्रिया है, जो जन-मन में जीवनी-शक्ति का संचार करती है, त्रासदियों के वातावरण में खुशमिजाज बने रहने की प्रेरणा देती है। विसंगतियों एवं विरूपताओं का विश्लेषण त्यागी जिस विशिष्ट ढंग से करते हैं, उससे उनके व्यंग्यकार के रूप पर प्रश्नचिह्न भी लगते रहे हैं। प्रायः त्यागी के मनोरंजक विश्लेषण को भौंड़े हास्य अथवा छिछले परिहास की संज्ञा दे दी जाती है। किन्तु तथ्य यह है कि त्यागी की रचनाओं में पाया जानेवाला यत्किंचित् भौंड़ापन और बेतुकापन उनके परिवेश का भौंड़ापन एवं बेतुकापन है, जिसे वे जन-जन तक पहुँचाना चाहते हैं। उनके अधिकांश व्यंग्य ऊपर से हल्के प्रतीत होते हुए भी अपने भीतर गहन आशय लिये हुए होते हैं। यह अवश्य है कि उनके व्यंग्य हास्यात्मक होते हैं, जिन्हें वे स्वयं भी 'हास्य-व्यंग्य' नाम देते हैं, "स्थिति यह है कि जब खुश होता हूँ तो हास्य-व्यंग्य लिखता हूँ, उदास होता हूँ तो हास्य-व्यंग्य लिखता हूँ और जब नॉर्मल होता हूँ तब भी हास्य-व्यंग्य ही लिखता हूँ।"[4]

शायद यही कारण है कि जहाँ हरिशंकर परसाई, शरद जोशी और परवर्ती पीढ़ी के नरेन्द्र कोहली आदि की पहचान व्यंग्यकार के रूप में है, रवीन्द्रनाथ त्यागी 'हास्य-व्यंग्यकार' के रूप में पहचाने जाते हैं। तीक्ष्ण से तीक्ष्ण व्यंग्य को हास्य के आवरण में

---

1. रवीन्द्रनाथ त्यागी : प्रतिनिधि रचनाएँ, सं. डॉ. कमलकिशोर गोयनका, गर्दिश के दिन, पृ. 237
2. वही, पृ. 235
3. वही
4. इस देश के लोग, मेरा रचना-संसार, पृ. 106-07

व्यक्त करनेवाले त्यागी हास्य और व्यंग्य के प्रति अपनी संकल्पना व्यक्त करते हुए कहते हैं, ''हास्य और व्यंग्य अलग-अलग चीजें हैं और दोनों में शुद्ध रूप से पृथकता रखते हुए भी कलाकार प्रथम श्रेणी की रचनाएँ दे सकता है।...मेरे लिए ज्यादातर हास्य मात्र माध्यम है, व्यंग्य लक्ष्य। आपको आपकी परिस्थितियों के प्रति तिलमिला डालने के लिए अगर हास्य का सहारा ले लिया जाए तो प्रभाव ज्यादा रहेगा।''[1]

व्यंग्य की गहनतर सम्भावनाओं से परिचित त्यागी उसे हास्य के माध्यम से ही प्रस्तुत करने के पक्षधर हैं तो सिर्फ इसलिए कि आज के शुष्क एवं मारक वातावरण में पाठक कम-से-कम मानसिक स्तर पर हास्य की सम्भावनाओं के प्रति आस्थावान बने रहें। हास्य-व्यंग्य देशी रहन-सहन का अविभाज्य अंग रहा है। अपनी इस विशिष्टता के कारण ही हजारों वर्षों तक निरन्तर विद्रूपताओं को भोगते हुए भी भारतीयता शेष नहीं हुई। बौद्धिकता के दुराग्रह से प्रेरित लोगों को त्यागी यथार्थ के ठोस धरातल से अवगत कराते हैं, ''सच्ची बौद्धिकता का हास्य से कोई मतभेद नहीं।...जहाँ तक ओढ़ी हुई बौद्धिकता का प्रश्न है, वह न हास्य में खपेगी और न किसी अन्य विधा में।''[2]

हास्य-व्यंग्य के स्थायी प्रतिमानों तथा हास्य के स्थायी मूल्यों की चर्चा करते हुए त्यागी कहते हैं, ''हास्य को लेखन में महत्त्व न भी देने पर जीवन में तो आदमी हँसना चाहता ही रहेगा।...सबसे दुःखी आदमी ही हास्यकार बनता है। संस्कृत-साहित्य में हास्य के अभाव के कारण हिन्दी-साहित्य में भी हास्य नहीं आया और इस विधा का विकास नहीं हो पाया। आजादी के बाद जैसे-जैसे झूठ, दम्भ तथा भ्रष्टाचार देश में फैलता चला गया, उसका पर्दाफाश करने के लिए हास्य-व्यंग्य आवश्यक होता गया। समाज की कुरीतियों का भंडाफोड़ करने का कार्य प्रमुखतः व्यंग्य द्वारा ही हो सकता है। यदि उसमें हास्य भी समाविष्ट हो जाए तो रंग और भी तेज हो जाएगा।''[3]

त्यागी का हास्य परिवेश से उद्भूत घटिया हास्य नहीं, अपितु, सरल, शिष्ट और प्रहारक हास्य है जो स्वातन्त्र्योत्तर परिवेश की सड़ाँध को अधिक नग्नता के साथ उजागर करता है। संक्रमणकालीन भीषण संघर्षों के मध्य आज का आदमी निरन्तर संकीर्णताओं की ओर बढ़ने को विवश है। मानव-समाज को इस अभिशाप से मुक्त करने हेतु त्यागी उन्मुक्त हास्य एवं लालित्य की प्रतिस्थापना करते हैं। उत्कृष्ट व्यंग्य की सर्जना के लिए हास्य की अनिवार्यता को न मानते हुए भी त्यागी हास्य के पक्षधर हैं, ''श्रेष्ठ कृति वही मानी जाएगी जिसमें हास्य और व्यंग्य दोनों का समावेश हो, परन्तु मैं यह नहीं मानता कि दोनों का सम्पृक्त होना अनिवार्य है।''[4]

1. रवीन्द्रनाथ त्यागी : प्रतिनिधि रचनाएँ, सं. डॉ. कमलकिशोर गोयनका, डॉ. रणवीर रांग्रा द्वारा लिया गया साक्षात्कार, पृ. 315-16
2. वही, सुदर्शन नारंग द्वारा लिया गया साक्षात्कार, पृ. 319
3. वही, पृ. 318
4. वही

व्यंग्य के सम्बन्ध में सर्वाधिक विवाद उसके साहित्यिक स्वरूप को लेकर रहा है। आजादी के उपरान्त देश की अराजक वृत्तियों एवं विकृतियों के प्रतिक्रियास्वरूप साहित्य की तमाम विधाएँ व्यंग्यमय होने लगीं। व्यंग्य की यह प्रचुरता साहित्यकारों तथा आलोचकों का ध्यान उसकी शैली, रूप अथवा विधागत तथ्यों की ओर आकृष्ट करती है। त्यागी व्यंग्य का अस्तित्व एक रस के रूप में स्वीकार करते हैं, जो साहित्य की प्रत्येक विधा में आ सकता है, "मैं व्यंग्य को स्वतन्त्र विधा नहीं मानता, हालाँकि मैंने कई जगह इसे स्वतन्त्र विधा मान लेने पर जोर दिया है। अब मैं सोचता हूँ विधाएँ तीन ही हैं—गद्य, पद्य और नाटक। वास्तव में हास्य-व्यंग्य एक रस की तरह है जो किसी भी विधा में आ सकता है।"[1]

त्यागी का पहले व्यंग्य को स्वतन्त्र विधा मानने पर जोर देना और बाद में इससे इनकार करना उस सम्भ्रम को उजागर करता है जो समीक्षकों में ही नहीं, स्वयं व्यंग्यकारों में भी व्याप्त है। किन्तु जैसाकि पहले अध्याय में विस्तार से स्पष्ट किया जा चुका है, व्यंग्य विधा भी है और शैली, स्पिरिट या रस भी। वह एक स्वतन्त्र विधा भी है और अन्य विधाओं में भी आ सकता है। वैसे भी, त्यागी के कथन पर गौर करें तो नाटक का विधा होना भी खारिज किया जा सकता है क्योंकि नाटक भी या तो पद्य में होता है या गद्य में। और जबकि गद्य और पद्य की दूरियाँ भी मिटती जा रही हैं, त्यागीजी के तर्क पर चलते हुए तो गद्य और पद्य को भी विधाएँ मानने से इनकार करते हुए साहित्य को ही एकमात्र विधा मानने पर जोर दिया जा सकता है।

बहरहाल, व्यंग्य को रस के रूप में स्वीकार करनेवाले त्यागी व्यंग्य का प्रयोग रसात्मक रूप में ही करते हैं। प्रायः सभी विद्वानों ने उनकी रचनाओं में लालित्य के प्राधान्य को स्वीकार किया है। परसाई एवं जोशी से अपनी तुलना करते हुए त्यागी स्वयं भी स्वीकार करते हैं कि "परसाई राजनीतिक-सामाजिक सुधारक हैं, जोशी और श्रीलाल शुक्ल बड़े शिल्पकार हैं और मेरी प्रवृत्ति साहित्य और लालित्य की ओर है, यद्यपि राजनीतिक-सामाजिक व्यंग्य मैंने भी लिखे हैं।"[2]

हास्य एवं जिन्दादिली के धनी त्यागी की रचनाओं में राजनीतिक एवं सामाजिक व्यंग्यों की कमी का कारण उनका प्रशासक-रूप रहा है, जिसे वे स्वयं भी जानते हैं, "व्यंग्य के क्षेत्र में ऐसी बहुत सी बातें नहीं ला पाया जो प्रशासक होने के नाते ज्यादा गहराई से जानता था। कारण साफ है। बहरहाल जब हालत काबिले-बर्दाश्त नहीं रहती तो कुछ-न-कुछ प्रशासन पर भी चोट करनी पड़ती है, मगर कम।...हाँ, अलबत्ता अगर इस प्रशासन के धन्धे से छुट्टी मिल जाए या कोई ऐसा पद मिल जाए जहाँ साहित्यिक काम हो तो स्थिति और भी बेहतर हो सकती है।"[3]

त्यागी का यह कथन काफी हद तक सच है, किन्तु साथ ही यह जिज्ञासा भी पैदा

---

1. रवीन्द्रनाथ त्यागी : प्रतिनिधि रचनाएँ, सं. डॉ. कमलकिशोर गोयनका द्वारा लिया गया साक्षात्कार, पृ. 328
2. वही, पृ. 329
3. वही, डॉ. रणवीर रांग्रा द्वारा लिया गया साक्षात्कार, पृ. 317

करता है कि श्रीलाल शुक्ल भी उच्च प्रशासनिक अधिकारी रहे हैं, फिर वे कैसे 'राग दरबारी' जैसी, प्रशासन और राजनीति पर सीधे चोट करनेवाली उत्कृष्ट एवं बृहत् व्यंग्य-रचना दे सके ? सच तो यह है कि यह लेखक के व्यक्तित्व की बुनावट तय करती है कि वह क्या और कैसा लिखेगा या लिख सकता है। बहुत से व्यंग्य-लेखक, विशेषकर युवा-पीढ़ी में, लेक्चरर, सम्पादक या ऐसे ही अन्य पदों पर हैं जहाँ प्रशासनिक दबाव या प्रतिबन्ध नहीं हैं या उतने नहीं है, किन्तु फिर भी वे इतना अच्छा, तीखा व्यंग्य नहीं लिख पा रहे हैं। त्यागी के सन्दर्भ में हम देखते हैं कि अभावग्रस्त शैशव एवं संघर्षमय छात्र-जीवन के अनुभवों ने भी उन्हें वह आक्रामकता नहीं दी है, जो ऐसे ही अनुभवों ने परसाई को दी है। उलटे इन अनुभवों ने उन्हें 'पैसिव' और 'सबमिसिव' बनाया दिखता है, सहनशीलता और विनम्रता दी लगती है। शायद उनके लम्बे मनोरोग–उनके डिप्रेशन या अवसाद के पीछे भी यही कारण हो। यथार्थ की विसंगतियों पर परसाई सीधे-सीधे प्रहार के पक्षधर थे, जोशी इसी प्रहार के लिए नित नए तौर-तरीके ढूँढ़ने, अभिव्यंजना के नित नए प्रयोग करने में लगे रहे तो त्यागी का व्यक्तित्व उन्हें, इन सबसे अलग, उन विसंगतियों पर खुलकर हँसने एवं निश्छल प्रहार करने के लिए प्रेरित करता रहा। अपने भीतर अश्रु-रूपी समुद्र का खारापन सँजोए वे समाज को मात्र तरल शीतलता का अक्षुण्ण दान देने में रत हैं, "मैं इसलिए नहीं हँसता हूँ, कि मैं रो नहीं सकता। मैं बखूबी रो सकता हूँ और इतनी मात्रा में रो सकता हूँ कि शायद पूर्वी उत्तर प्रदेश का सूखा भी किसी हद तक समाप्त हो जाए। मगर बात सिर्फ इतनी है कि मैं आपके सामने रोना चाहता नहीं।"[1] भगवान शंकर की तरह उन्होंने कष्टों-विसंगतियों का गरल स्वयं ही पी लिया है, जो लोगों को सिर्फ उनके नीले कंठ से दिखाई मात्र देता है। यह लोगों पर निर्भर है कि वे उससे प्रेरित होकर सही रास्ते पर आते हैं या नहीं, "मैंने जो-कुछ लिखा है, वह आत्मतुष्टि के लिए ही लिखा है। मेरी इस आत्मतुष्टि के साथ-साथ यदि कुछ और लोगों को भी आनन्द की प्राप्ति हुई हो तो मेरे हमवतनो, उसमें मेरा कोई कसूर नहीं।"[2]

रचना-संसार

रवीन्द्रनाथ त्यागी के अब तक 21 व्यंग्य-संग्रह प्रकाशित हो चुके हैं, जो इस प्रकार हैं–

1. खुली धूप में नाव पर (1963)
2. भित्ति-चित्र (1966)
3. मल्लिनाथ की परम्परा (1969)
4. कृष्णवाहन की कथा (1971)
5. देवदार के पेड़ (1973)

---

1. रवीन्द्रनाथ त्यागी : प्रतिनिधि रचनाएँ, सं. डॉ. कमलकिशोर गोयनका, गर्दिश के दिन, पृ. 238
2. वही, आत्मलेख, पृ. 260

6. शोक-सभा (1974)
7. अतिथि-कक्ष (1978)
8. सुन्दरकली (1978)
9. फूलोंवाले कैक्टस (1978)
10. ऋतु-वर्णन (1979)
11. भद्र पुरुष (1980)
12. इस देश के लोग (1982)
13. पदयात्रा (1985)
14. पराजित पीढ़ी के नाम (1986)
15. आत्मलेख (1988)
16. प्रसंगवश (1988)
17. विषकन्या (1990)
18. गणतन्त्र दिवस की शोभायात्रा (1991)
19. चम्पाकली (1992)
20. इतिहास का शव (1993)
21. देश-विदेश की कथा (1994)

इनके अलावा, 'मेरी श्रेष्ठ व्यंग्य-रचनाएँ' (1977) में उनकी प्रतिनिधि व्यंग्य-रचनाएँ और 'शुक्ल-पक्ष' में कुछ चुनिन्दा साहित्यिक व्यंग्य संकलित हैं। डॉ. कमलकिशोर गोयनका ने भी उनकी प्रतिनिधि रचनाओं का एक संकलन 'रवीन्द्रनाथ त्यागी : प्रतिनिधि रचनाएँ' (1987) नाम से संपादित किया है। उर्दू-हिन्दी की प्रतिनिधि हास्य-व्यंग्य रचनाओं का एक संकलन 'उर्दू-हिन्दी हास्य-व्यंग्य' (1978) उन्होंने खुद भी सम्पादित किया है।

प्रतिफलन और परीक्षण

रवीन्द्रनाथ त्यागी का रचना-क्षेत्र काफी व्यापक है। उनकी उड़ान घर-परिवार, यार-दोस्त, प्रेमी-प्रेमिका, नौकर-चौकर और रोजमर्रा की जिन्दगी के आम पात्रों और स्थितियों से लेकर व्यापक सामाजिक अकर्मण्यता, पारम्परिक रूढ़ियों की मोहाविष्टता, अफसरशाही, सार्वजनिक विघटन, महँगाई, घूस, भ्रष्टाचार, बेकारी, राजनीति में घुसी राजनीति, विधानसभाओं की जूतमपैजार, अखबारों की अनैतिकता, छात्र-आन्दोलन की दिशाहीनता, अध्यापकों की संकीर्णता और शोध-कार्यों की निस्सारता आदि प्रायः सभी विषयों तक गई है। इनसे भी अधिक उनका प्रिय क्षेत्र है साहित्य। सम्पादकों, प्रकाशकों और साहित्यकारों की अवसरवादिता, साहित्य की राजनीति और साहित्यिक आन्दोलनों की अराजकता, आलोचकों और व्याख्याकारों की स्वेच्छाचारिता; लेखकों की छपास, प्रचारप्रियता, स्वैराचार और चौर्य-वृत्ति; साहित्यिक दुनिया की उठापटक, छीन-झपट,

ले-लपक, फतवेबाजी, गुटबाजी और फिरकापरस्ती पर उनकी पैनी नजर ज्यादा गड़ी है।

जीवन का घटियापन त्यागी के व्यंग्य-कैनवस को व्यापकता प्रदान करता है। हरि अनन्त, हरि-कथा अनन्ता की तरह आज भ्रष्टाचार और उसकी कथा भी अनन्त है। त्यागी अनुभव करते हैं कि आजादी के बाद चाहे हम कुछ भी बने हों, पर हमारी अस्मिता समाप्त हो गई है, "हम कुछ भी हों पर भारतीय नहीं हैं।"[1]

भारतीयता के इस ह्रास का कारण लोगों की सांस्कृतिक विकृति और विदेशी सभ्यता का भ्रामक मोहजाल है। सारे देश में विदेशी मुखौटा व्याप्त है, विदेशी रंग-ढंग एवं हाव-भाव ही व्यक्ति का सांस्कृतिक स्तर कायम करते हैं। देशवासियों का यह विदेशीकरण व्यक्तित्व को बहुरूपिया बनाता है। वर्षों तक विदेशी रौब की लाचारी ढोनेवाले, देशी शासन के हाथ आते ही उसी रौब की अतृप्त कामना पूरी करने लगे। कहने को वे जनता के प्रतिनिधि कहलाए, जो जनता द्वारा चुने गए, जनता की सेवा एवं उन्नति के लिए सत्तासीन हुए। किन्तु वास्तव में सत्ता के मोह ने उन्हें उत्तरोत्तर बौना ही बनाया। जनहित एवं जनोद्धार के बजाय वे अवसरवादिता को महत्त्व देने लगे। त्यागी का व्यंग्यकार कहता है, "मार्च में बुलबुल हूँ और जुलाई में परवाना हूँ, जैसा मौसम हो मुताबिक उसके मैं दीवाना हूँ।"[2]

आजादी पाने के लिए किए गए अपने त्याग को आजादी पाने के बाद कोरे चेक की तरह भुनाने की टुच्ची होड़ ने नेताओं की प्रतिष्ठा को रसातल में पहुँचा दिया। गाँधी-टोपी जैसे नेताई प्रतीकों का हश्र हमारे सामने है। जिन्होंने कुछ त्याग किया, उनकी तो फिर भी गनीमत रही; किन्तु इस होड़ में ऐसे भी बहुत से लोग लाभ उठा ले गए, जो स्वतन्त्रता-आन्दोलन के दौरान छोटे-मोटे अपराधों के कारण जेल की शोभा बढ़ा चुके थे। आजादी के बाद उसी के सहारे वे त्यागी, सत्याग्रही और स्वतन्त्रता-सेनानी बन बैठे, सत्ता में उच्च पदों पर आसीन हो गए। ऐसे ही एक स्वतन्त्रता-सेनानी का ब्योरा देते हुए त्यागी लिखते हैं, "जेल जाना जरूरी है, धारा चाहे तीन सौ दो ही क्यों न हो। मेरे एक परिचित हैं जो कि एक कन्या को भगाने के आरोप में सन् बयालीस में जेल गए थे। इन दिनों वे स्वतन्त्रता-सेनानी की पेंशन पाते हैं और ठाठ से रहते हैं।"[3]

आजादी के बाद देश में ऐसे अवसरवादी ढोंगी नेताओं की संख्या बढ़ी है। ये नेता राजनीतिक ही नहीं अपितु सामाजिक, औद्योगिक, प्रशासनिक सभी क्षेत्रों में अपनी सत्ता का दुरुपयोग करते हुए जनता पर हावी हैं। जनता अपने ही अधिकारियों, प्रतिनिधियों से त्रस्त है। आजादी के पूर्व के दुःख-दर्द विदेशियों के अत्याचार के कारण थे, जबकि आजादी के बाद हमारे अपने ही कर्णधार हमारी पीठ में चाकू भोंकने लगे। मुँह में आश्वासन, आचरण में शोषण ही की नीति अपनाते हुए उन्होंने अपनी भोली-भाली समर्पित जनता का निर्मम दोहन किया है। प्रजातन्त्र से जिस प्रगति एवं उत्कर्ष की

1. इस देश के लोग, इसी नाम की रचना, पृ. 15
2. वही, छड़ी लेकर आने पर, पृ. 25
3. गणतन्त्र-दिवस की शोभायात्रा, आजादी के चालीस वर्ष बाद, पृ. 30

उम्मीद थी, उस पर प्रश्नचिह्न लग गया है, "कहने को तो प्रजातन्त्र है, पर वास्तविकता यह है कि तन्त्र जो है, वह प्रजा से अब भी शक्तिशाली है।"[1]

तन्त्र की यह शक्ति शासन के मुट्ठी-भर लोगों के हाथ में है, बाकी जनता आज भी उतनी ही दयनीय एवं पराश्रयी है जितनी वह आजादी के पूर्व थी। आजादी के बाद एवं आजादी के पूर्व की उसकी स्थिति में यदि कोई बुनियादी अन्तर आया है, तो सिर्फ यह कि देशी गद्दीनशीनों के अत्याचारों से वह और भी त्रस्त, दुःखी एवं क्षुब्ध है। नेताओं, विधायकों, सांसदों के दोगलेपन पर व्यंग्य-प्रहार करते हुए निष्कर्ष रूप में वे अवाम को भी उसी लाठी से ठोक जाते हैं, "अगर हम ही बौने हैं तो वे कहाँ से लम्बे होंगे ?"[2]

यह छोटा-सा वाक्य पाठक के चिन्तन-तन्त्र को झकझोर कर रख देता है।

नेताओं की चरित्र-भ्रष्टता, अनैतिकता एवं स्वार्थसिद्धि की कुप्रवृत्ति पर त्यागी चंचल एवं चुटीली शैली में, चुटकियाँ भरते हुए अतिशयोक्ति द्वारा व्यंग्य करते हैं, "एक स्थानीय नेता भाषण कर रहे थे। बड़े प्रेमी पुरुष थे। इस लड़की को देखा तो इससे भी प्रेम हो गया। चरित्रवान व्यक्ति थे, विधिवत् शादी करके उसे घर ले गए। यह उनकी सातवीं धर्मपत्नी थी। बाकी छह पत्नियाँ अलग-अलग हवेलियों में रहती थीं और उनमें से प्रत्येक अलग-अलग राजनीतिक दल से सम्बन्धित थी। स्थिति यह थी कि जैसे ही कोई नया राजनीतिक दल उस क्षेत्र में जन्म लेता था, वैसे ही नेता जी एक विवाह और रचा लेते थे। वे सच्चे जनसेवक थे, पद से उन्हें कोई मोह नहीं था। चुनाव में वे हमेशा खड़े होते थे और वह भी सरकारी उम्मीदवार के खिलाफ, पर आत्मत्याग की भावना इतनी स्वस्थ थी कि चुनाव के एक-दो दिन पहले वे हमेशा अपना नाम वापस ले लेते थे। वैसा करने के लिए उन्हें या तो शराब का ठेका दिया जाता था या जंगल काटने की इजाजत।"[3]

चुनावों में काले धन की भूमिका और उसके दुष्परिणामों को दर्शाते हुए त्यागी ने लिखा है, "चुनावों में गोपियों को प्रसन्न करने के लिए 'कृष्ण-धन' का उपयोग किया गया और चुनाव के बाद विधायक-लोग सट्टाबाजार में लाखों की कीमत पर बिकने लगे। बात भी ठीक है, जो विधायक लाखों नागरिकों द्वारा निर्वाचित किया जाता है, वह क्या कुछ हजार रुपयों में बिकेगा ?"[4]

इस टुच्ची राजनीति ने, भ्रष्ट नेताओं और उनके चमचों ने जीवन के किसी क्षेत्र को साफ-सुथरा नहीं रहने दिया है। प्रशासन को तो इन्होंने इतना भ्रष्ट किया है कि उसे वेश्या बनाकर रख छोड़ा है। बड़े-बड़े अफसर छोटे-छोटे नेताओं, विधायकों तक के हाथों की कठपुतली बनकर रह गए हैं। उन्हें इनकी मनमानी करनी पड़ती है और हस्तक्षेप मानना पड़ता है। इनकी अनुकम्पा का वरद-हस्त अफसर की सुख-शान्ति के

1. शोक-सभा, अपना देश : चिन्तन के कुछ क्षण, पृ. 50
2. इस देश के लोग, छड़ी लेकर आने पर, पृ. 26
3. देवदार के पेड़, पाँच लड़कियों की कहानी, पृ. 16-17
4. गणतन्त्र दिवस की शोभायात्रा, आजादी के चालीस वर्ष बाद, पृ. 29

लिए आवश्यक है। त्यागी इस विकृति को लक्ष्य बनाकर तिरस्कार के स्वर में अपकर्षात्मक प्रहार करते हुए कहते हैं, "आजादी के बाद तख्ता पलट गया। अफसरों की तादाद बेतहाशा बढ़ गई, जिससे उनकी कीमत कम हो गई। जहाँ पहले जिले का मालिक कलक्टर और गाँव का पटवारी होता था, वहाँ अब स्थानीय नेता और ग्राम-सरंपच ने शासन अपने हाथ में ले लिया। आसपास के सजायाफ्ता लोगों ने भी शासन में मदद दी और परिणाम यह रहा कि स्थानीय नेता और बदमाशों में जो थोड़ा-बहुत अन्तर था, वह भी मिट गया।"[1]

राजनीति द्वारा प्रशासन को 'गोद' ले लेने और अपने हित में उसका इस्तेमाल करने का परिणाम यह हुआ कि वह नौकरशाही में बदल गया और त्यागीजी के शब्दों में, देश की जनता को इस तरह खाने लगा, जैसे इराक-युद्ध में ब्रिटिश सेना के सामान को अरब के रेगिस्तानी चूहे खाते रहे।[2] बाबुओं की जमात में वृद्धि हुई, जो अपने अफसर की पत्नी को 'माता' और उसके बच्चों को 'पिता' कहकर पुकारने लगे तो कुत्तों को 'भाई साहब'। अफसर का रुतबा उसके द्वारा पाले गए इन मुर्गों से ही आँका जाने लगा, "हर अफसर का एक न एक मुर्गा होता है। वह अफसर की तरफ से बाँग देता है, अफसर को अंडे और मुर्गी लाकर देता है और वक्त-जरूरत अफसर की तरफ से बाकी लोगों को चोंचें भी मारता है।"[3] बदले में इन मुर्गों ने दाना पाया, तो उनके चलते अफसर की भी पदोन्नति हुई। वह धर्म का खम्भा माना जाने लगा, जिस पर आकाश टिका है। धर्म के ये खम्भे मुल्क से कहीं ज्यादा अपने प्रमोशन और डेपुटेशन की चिन्ता करने लगे, नेताओं से मिल अपनी जड़ें मजबूत करने लगे, क्योंकि "अगर अपनी जड़ें ही मजबूत नहीं होंगी तो देश की कैसे होंगी?"[4] देशी समस्याओं का हल विदेशों में ढूँढ़ा जाने लगा और आये-दिन ये अफसर विदेशों के दौरे करने लगे। इनकी बदौलत भारत का सरलीकरण 'इंडिया' और भारतीयों की ख्याति 'इंडियन' के रूप में ऐसी हुई कि गाँव में रहनेवाला किसान गाँव का गाँव में ही रह गया। अलबत्ता जिन बैलों के सहारे वह खेती करता है, त्यागी के शब्दों में, "आजादी के बाद बैलों की इसी जोड़ी के सहारे लोग पता नहीं कहाँ से कहाँ पहुँच गए मगर किसान है कि वहीं गाँव में है और उसी तरह बाढ़ और सूखे को झेलता है जैसे कि वह आजादी के पहले किया करता था।...वह अब भी दरोगाजी को माई-बाप कहता है, भाग्य में विश्वास रखता है और महाजन से सूद पर रुपया लेता है। पहले का किसान कर्जे में पैदा होता था और कर्जे में मरता था, मगर आज का किसान है कि वह कर्जे में पैदा होता या मरता ही नहीं, बल्कि जीता भी उसी में है।"[5]

राजनीति और नौकरशाही के स्वार्थप्रेरित गठजोड़ का परिणाम यह हुआ है कि

1. देवदार के पेड़, अफरशाही और उसके बाद, पृ. 43
2. चम्पाकली, देश की पुलिस सुधर रही है..., पृ. 37
3. मेरी श्रेष्ठ व्यंग्य रचनाएँ, बात में से बात में से बात, पृ. 3
4. इस देश के लोग, इसी नाम की रचना, पृ. 11
5. वही, पृ. 10

सरकारी विभाग जनसेवा के केन्द्र नहीं रह गए हैं, बल्कि धन और समय के अपव्यय के अड्डे बन गए हैं। वहाँ जन-सेवा और जन-कल्याण के नाम पर सेवा जनता से कराई जाती है और जनता की जेब काटकर कल्याण अपना किया जाता है। सरकारी विभागों में जिस कदर धाँधलेबाजी और अँधेरगर्दी मची हुई है, उसका कोई पुरसाँहाल नहीं है। त्यागी ने इस विकृत स्थिति का जीवन्त खाका खींचा है, "काम गन्दे करते हैं, खुशामद करते हैं, एक-दूसरे की जड़ें काटते हैं और बजाय तकिए के फाइल के सहारे नींद निकालते हैं। इसी उद्‌देश्य को ध्यान में रखते हुए कुछ फाइलों को खास तौर पर मोटा रखा जाता है। नींद आने को तो यों घर पर भी आती है, पर जो मजे दफ्तर की नींद के होते हैं, वे घरेलू नींद में कहाँ ? कुम्भकर्ण जो बराबर छह महीने सोता था, जाहिर है जरूर किसी चुंगी के दफ्तर में काम करता था।...लोग घर के कामकाज दफ्तर में भी उसी खूबसूरती से सम्पन्न कर लेते हैं। वे दफ्तर में खाना खाते हैं, गाना गाते हैं, तबला बजाते हैं, बागबानी करते हैं, कुश्ती लड़ते हैं, नॉवेल पढ़ते हैं और कभी-कभी पढ़ना क्या, नॉवेल लिखते तक हैं।"[1]

व्यंग्यकार के उपचेतन का क्षोभ कटु आक्षेप का रूप धारण कर विष-बुझे तीक्ष्ण बाणों की बौछार करता है, "दफ्तर का बाबू जो है, सरकारी फीते को लाल रखता है और कभी-कभी उसे इतना उलझाता है कि वह फीता, फीता न रहकर फन्दा बन जाता है। सम्भवतः जनता के रक्त से ही फीता लाल बना रहता है।"[2]

सरकारी कार्यालयों, उपक्रमों, उद्यमों आदि में अक्सर और अकारण अथवा नावाजिब कारणों से होती रहनेवाली हड़ताल देश की आर्थिक स्थिति को और खराब करती है। स्टाफ-यूनियनों के दखल के कारण कार्यालयों में काम का माहौल ही नहीं रह गया है। इससे उत्पादकता घटी और घाटा बढ़ा है। यूनियनों के कार्यकलापों पर व्यंग्य करते हुए त्यागी हड़तालों के अनौचित्य को इन शब्दों में निरूपित करते हैं, "स्टाफ की जो यूनियन होती है, वह भी आपकी तबीयत को खुश रखती है और आम तौर पर नौटंकी का मजा देती है। यूनियनवाले अफसरों को खलनायक समझते हैं, जो ज्यादातर ठीक ही होता है। वे लोग हड़ताल की धमकी सबसे पहले देते हैं, जो उनका आखिरी हथियार होता है।...चौकीदारों व चपरासियों को जिस वर्ष भूरा जूता दिया जाता है, उस वर्ष इस मुद्‌दे को लेकर प्रदर्शन किया जाता है कि उन्हें काला जूता क्यों नहीं दिया गया और जिस वर्ष उन्हें काला जूता दिया जाता है, उस वर्ष इस मुद्‌दे को लेकर हड़ताल की धमकी दी जाती है कि उन्हें भूरा जूता क्यों नहीं दिया गया। सच्ची बात वैसे यह है कि ये दोनों जूते उन जूतों से कहीं बेहतर होते हैं जो कि ईमानदार अफसर खुद खरीदकर पहनते आए।"[3]

भारतीय शिक्षा-पद्धति अलग बदहाल है। अभी भी वह केवल क्लर्क और सरकारी

1. देवदार के पेड़, घर से चलकर दफ्तर तक, पृ. 57-58
2. वही, अफसरशाही और उसके बाद, पृ. 45
3. देश-विदेश की कथा, कुछ टिप्पणियाँ और एक संस्मरण, पृ. 102

कर्मचारी ही पैदा कर सकती है। देश में बी. ए., एम. ए. की डिग्रियाँ नौकरी का पासपोर्ट मानी जाती रही हैं। अतः प्रत्येक छात्र डिग्री हासिल करना चाहता है, उसके साथ शिक्षा भी हासिल होती है या नहीं...इसकी उसे विशेष परवाह नहीं है। किन्तु विभिन्न कारणों से आज हालत यह हो गई है कि जितनी डिग्रियाँ (डिग्रीधारी) हैं, उतनी नौकरियाँ नहीं रही हैं। अतः डिग्री आज रोजगार नहीं, बेरोजगारी का पासपोर्ट बन गई है। फलतः छात्र आज हताश और दिशाहीन है। एक ओर वह छात्र-राजनीति (जो राष्ट्रीय राजनीति की ही दत्तक पुत्री है) में बँटा है, तो दूसरी ओर बेकारी और अनिश्चित, अज्ञात, अन्धकारमय भविष्य की चिन्ता में फँसा है। इसने उसकी कुंठा, संत्रास और असंतोष बढ़ाया है। पढ़ाई में उसकी रुचि नहीं रही है। त्यागी के शब्दों में, "विद्यार्थी शब्द का अर्थ धीरे-धीरे होता ही यह जा रहा है कि वह विद्या की अर्थी निकाले।"[1] वे कटु निन्दात्मक आक्षेप करते हुए कहते हैं "कभी द्रोणाचार्य ने एकलव्य का अँगूठा कटवाया था और आज एकलव्य जो है वह द्रोणाचार्य की गर्दन काटता है। कलम हो या न हो, परीक्षा-भवन में चाकू जरूर ले जाया जाता है। चाकू दिखाया और सारा ज्ञान आपके पास। सर्वधर्मान् परित्यज्य मामेकं शरणं व्रज।"[2]

वे छात्रों को बधाई देने के व्याज से लांछित करते हैं, "आप लोगों के सामूहिक प्रयत्नों के फलस्वरूप इस संस्थान का फर्नीचर, रसायनशाला, पुस्तकालय व दफ्तर पूरी तरह से जला दिए गए, जिसके लिए आप बधाई के पात्र हैं।"[3] विश्वविद्यालय आज काँजी-हाउस की छटा देते हैं।[4] वहाँ प्रायः छात्र कम और पुलिस-बटैलियन ज्यादा रहते हैं।[5] त्यागी शिक्षा-जगत के पतन पर उक्ति-वैचित्र्य द्वारा कटु कटाक्ष करते हैं। वे आज के धृष्ट एवं उच्छृंखल विद्यार्थी-आचरण पर प्रच्छन्न वैपरीत्य द्वारा विषाक्त बाण छोड़ते हुए कहते हैं कि विद्यार्थियों के लिए निर्माणात्मक एवं रचनात्मक कार्य करने के लिए विस्तृत क्षेत्र है। रेल की पटरियाँ उखाड़ना, सरकारी बसें जलाना, डाकखाने लूटना और पुलिस के साथ हाथापाई करना—इन क्षेत्रों में इतना अधिक स्कोप है कि विद्यार्थियों के बेकार रहने का प्रश्न ही नहीं उठता।[6] त्यागी का स्वर यह देख क्रोध और आक्रोश से भर उठता है कि जो बड़ी हस्ती दीक्षान्त समारोह की अध्यक्षता के लिए पधारी है, वही देशी शराब की दुकान के उद्घाटन के लिए जाने वाली है।[7] क्या मूल्य, क्या सम्मान रह गया है शिक्षा का ?

आज भारत का सामाजिक परिवेश बहुत दूषित हो गया है। पुरानी मान्यताएँ टूट

---

1. शोक-सभा, गिरने का सन्दर्भ, पृ. 44
2. गणतन्त्र-दिवस की शोभायात्रा, आजादी के चालीस वर्ष बाद, पृ. 32
3. शोक-सभा, एक दीक्षान्त भाषण, पृ. 67
4. गणतन्त्र-दिवस की शोभायात्रा, आजादी के चालीस वर्ष बाद, पृ. 32
5. शोक-सभा, एक दीक्षान्त भाषण, पृ. 67
6. वही, पृ. 69
7. वही, पृ. 71

रही हैं और नई बन नहीं पा रही हैं। पुरातन और नूतन के मध्य टकराव है, संघर्ष है। आर्थिक दुरवस्था इस टूटन को और बढ़ावा दे रही है। नैतिकता को झुठला दिया गया है और चरित्रहीनता तथा व्यभिचार बढ़ रहा है। रिश्वत, सोर्स, पुल और एप्रोच का बोलबाला है। नैतिकता की आड़ में आदर्शों की दुहाई देकर घोर अनैतिक और निकृष्ट कार्य किए जा रहे हैं। ईमानदारी और सच्चरित्रता आज निरर्थक शब्द हो गए हैं।

जन-जीवन में चारों ओर मिलावट व्याप्त हो गई है। नैतिक मूल्यों में मिलावट है, भौतिक पदार्थों में मिलावट है। त्यागी इस मिलावट पर प्रच्छन्न वैपरीत्य द्वारा प्रहार करते हैं, ''ठेकेदार साहब सीमेंट में नब्बे प्रतिशत गंगा की रेत मिला रहे हैं मगर इंजीनियर है कि उसकी निगाह उसका साथ नहीं दे रही है। शायद वह सोचता है कि गंगाजी की बालू से बनी इमारत स्थायी भले ही न हो, मगर पवित्र जरूर होगी।''[1] अन्यत्र वे इस 'वास्तु-कला' के विकास की जानकारी देते हुए कहते हैं, ''वास्तुकला के विकास का तो कहना ही क्या...पहले सीमेंट में रेत मिलाया जाता था, परन्तु अब सिर्फ रेत के बल पर ही शानदार भवन बनते हैं। ठेकेदार को 'पद्मश्री' मिलता है, तो इंजीनियर को 'पद्म-भूषण'।''[2] दुकानदार भी पीछे नहीं है, ''वह दाल में पत्थर मिला देता है और काली मिर्च में पपीते के बीज।''[3] त्यागी प्रताड़ना करते हुए कहते हैं कि हम सब इस मिलावटी संस्कृति के प्रति अन्धे बन गए हैं—कुछ मिलावट कर रहे हैं, तो बाकी उसे चुपचाप बर्दाश्त कर रहे हैं। बढ़ते अन्याय, अत्याचार, भ्रष्टता तथा अनैतिकता को भाग्य की देन कह हाथ पर हाथ धरे बैठे रहते हैं। किन्तु त्यागी चुप नहीं रहते और बेईमानी व मिलावट पर वक्रोक्ति द्वारा कटु आक्षेप करते हैं। वे मिलावट और तस्करी करनेवाले इन सामाजिक डाकुओं का आत्मसमर्पण करने के लिए आह्वान करते हुए कहते हैं, ''तस्करी करनेवाले बड़े-बड़े व्यापारियो, तुम भी वक्त को पहचान लो और मेरी शरण में चले आओ। दो-चार विदेशी वस्तुओं की जरूरत मुझे भी है। पाप ही करना है तो बाँट के करो। अकेली आत्मा पर इतना भार क्यों डालते हो ? इससे दिल का दौरा पड़ता है। नकली दवाइयाँ बनानेवालो, तुम भी इस साधु-समाज में लाइन लगाकर खड़े हो जाओ। हालाँकि तुम्हारे धन्धे में दखल देने से जनसंख्या घटाने की नीति को धक्का पहुँचेगा, क्योंकि ये तुम्हारी ही दवाइयाँ हैं जो न जाने कितनी आत्माओं को समय से पूर्व ही देह के बन्धनों से मुक्त कर रही हैं।''[4]

मिलावटबाज व्यापारियों की अनैतिकता पर त्यागीजी द्वारा विडम्बना द्वारा किया गया व्यंग्य पाठक का अन्तर्मन छेदने में सक्षम है।

मध्यमवर्गीय व्यक्ति संवेदनहीन भी होता जा रहा है। दूसरों के दुःख-दर्द के प्रति उसे कोई सहानुभूति ही नहीं होती, यदि हमदर्दी की भी जाती है तो केवल

---

1. देवदार के पेड़, अन्धे लोगों का देश, पृ. 111
2. गणतन्त्र-दिवस की शोभायात्रा, आजादी के चालीस वर्ष बाद, पृ. 33
3. देवदार के पेड़, अन्धे लोगों का देश, पृ. 111
4. शोक-सभा, अ-डाकुओं का आत्मसमर्पण, पृ. 27

औपचारिकतावश। बल्कि दूसरों के दुःख से उसे मन-ही-मन एक विचित्र प्रकार के सुख की अनुभूति होती है। किसी की मृत्यु से किसी की पदोन्नति होती है, किसी का कर्ज बचता है और कुछों को छुट्टी मिलती है। विडम्बना यह है कि मृतक से अधिक मनमुटाव रखनेवाला ही मृत्यूपरान्त उसकी अधिक स्तुति गाता है। त्यागी इस दूषित मनोवृत्ति का सशक्त चित्रण करते हुए लिखते हैं, "एक कर्मचारी मर जाता है। उसकी मृत्यु पर उसका अफसर मृतक की ईमानदारी, कार्य-तत्परता और कर्तव्य-परायणता की विशद चर्चा करता है और शेष कर्मचारियों से अनुरोध करता है कि वे दिवंगत आत्मा के चरित्र का अनुकरण करें। हकीकत यह थी कि यही अफसर पिछले तीन वर्षों से उसी कर्मचारी की पदोन्नति रोके हुए था और उसकी अकाल मृत्यु का एक कारण यह निराशा भी थी।"[1] त्यागी का यह व्यंग्य चेखव के 'क्लर्क की मौत' नामक व्यंग्य की याद दिलाता है जिसमें एक क्लर्क अपने साहब के प्रति ऐसी गलती, जो असल में हुई ही नहीं थी पर जिसके बारे में क्लर्क को सन्देह है कि हो न गई हो, की ग्लानि से बार-बार साहब से मिलकर क्षमा माँगने की कोशिश करता है, पर साहब उसकी सुने बिना ही उसे झिड़ककर भगा देते हैं। छुट्टी होने पर घर आते हुए रास्ते में वह साहब की नाराजगी और उसके सम्भावित परिणामों से इतना त्रस्त हो जाता है कि घर आकर बीवी से पानी माँगकर पीते ही लुढ़ककर मर जाता है। चेखव हँसी-हँसी में उस निर्मम, कठोर नौकरशाही को नंगा कर देते हैं, जिसमें साहब को इतनी फुरसत नहीं कि वह अपने मातहत से पूछ सके कि तू माफी किस बात की माँग रहा है और मातहत में इतना साहस नहीं कि कह सके कि वह माफी किस गलती की माँगना चाहता है।

इस संवेदनहीनता और स्वार्थपरता ने रिश्तों की पवित्रता भी नष्ट कर दी है, जिस पर क्षोभ व्यक्त करते हुए त्यागी दिल्ली में पुलिस द्वारा पकड़े गए एक ऐसे 'प्रतिभाशाली' परिवार का उल्लेख करते हैं, जो वेश्यावृत्ति घरेलू उद्योग की भाँति चलाता था। माँ और बाप–दोनों अपनी सगी पुत्रियों को पाँच-सितारा होटलों में ले जाते थे, क्योंकि ऐसे शानदार होटलों में पुलिस कभी नहीं जाती। पुलिस-अधिकारी जाते हैं, मगर उनकी बात अलग है। लड़कियों का सगा भाई इस धन्धे में स्वयं दलाली करता था। वह समझता था कि कुटीर व्यवसायों की वकालत तो गांधीजी ने स्वयं की है और इस भाँति वह जो कुछ कर रहा है ठीक ही कर रहा है।[2]

आम आदमी की विवशता को त्यागी ने गहराई से महसूस किया है। एक आम आदमी को अपने जीवन-यापन और दायित्वों के निर्वाह के लिए क्या-क्या नहीं करना पड़ता। त्यागी लिखते हैं, "बाबूजी एक आम आदमी थे। ईश्वर में आस्था रखते थे और भाग्य को स्वीकार करते थे। उनके एक लड़का हुआ और एक लड़की। वे काम, क्रोध, मोह, लोभ, ईर्ष्या, द्वेष और भय–इन सब गुणों को धारण करते हुए भी नित्य पूजा करते थे, तीर्थयात्रा पर जाते थे और गरीबों पर दया करते थे। लड़के को पढ़ाने के लिए

1. शोक-सभा, इसी नाम की रचना, पृ. 47
2. देश-विदेश की कथा, इसी नाम की रचना, पृ. 140

उन्होंने अपना घर नए सेठजी के पास गिरवी रखा और लड़की की शादी के लिए ऋण लेने उन्होंने अपनी पत्नी को सेठ के यहाँ भेजा। वह सेठजी के यहाँ से ऋण भी लाई और गर्भ भी। लड़की की शादी होते ही बाबूजी की धर्मपरायणा पत्नी ने तेल में अफीम घोलकर पी ली। उसकी आत्महत्या का सच्चा पता नए सेठजी के अन्तरंग मित्रों के सिवाय कोई और कभी नहीं जान पाया।''[1]

मध्यवर्ग विवशताजन्य स्वार्थपरता, आडम्बर, मिथ्या दिखावे और छिछली व थोथी मान्यताओं से ग्रसित है, तो उच्च वर्ग की स्थिति भी कम विडम्बनात्मक नहीं है। पत्नियाँ ऊबी रहती हैं, पतियों को दौरों और सेक्रेटरियों से अवकाश नहीं है। व्यभिचार और नैतिक पतन चरम सीमा पर पहुँच गया है। त्यागी इस स्थिति पर छींटाकशी द्वारा कटाक्ष करते हैं। उन्होंने उच्च वर्ग में स्वार्थसिद्धि के साथ-साथ अपने वैभव और बड़प्पन के प्रदर्शन के लिए डिनर देने के प्रचलन को व्यंग्य का लक्ष्य बनाया है। इस डिनर में डिनर के अलावा भी बहुत कुछ होता है–प्रौढ़ नवयुवतियों के साथ और प्रौढ़ाएँ नवयुवकों के साथ उन्मुक्त नृत्य आदि कर अपनी तृप्ति करते हैं। इस डिनर में जिनके पार्टनर बाहर हों, उन्हें उधार के पार्टनर लेकर जाना अनिवार्य होता है। उसमें शराब की नदियाँ बहती हैं, जिनमें डूबते-उतराते लोग क्या-क्या नहीं करते। यह देख व्यंग्यकार क्षोभ और खीज से तिलमिला उठता है, "मैं बैठा रहा और गुलाबजामुनें खाता रहा।...बीच-बीच में उन शराब की बोतलों की ओर भी देखता रहा, जो कि डिनर-टेबल की दिशा में ले जाई जा रही थीं। उनकी संख्या और गति देखकर मैं सोचता रहा कि देश के सूखाग्रस्त क्षेत्रों में शराब से सिंचाई क्यों नहीं की जाती ? अगर शराब अफसर, समाज-सेवक और कलाकार पैदा कर सकती है तो क्या वह बाजरा और चावल पैदा नहीं कर सकती ?''[2]

उच्च वर्ग ढोंग रचता है, बड़ी-बड़ी बातें करता है, त्याग और अपरिग्रह पर भाषण देता है, धन की लिप्सा को गलत ठहराता है, आध्यात्मिकता का दिखावा करता है और जीवित रहने के लिए केवल आवश्यक आवश्यकताओं तक सीमित रहने की आकांक्षा व्यक्त करता है। लेकिन उसकी ये आवश्यक आवश्यकताएँ कैसी होती हैं? आदर्श एवं यथार्थ का वैषम्य दिखाते हुए त्यागी सूक्ष्म व्यंग्य करते हैं, "इधर हमारी धन के प्रति विरक्ति कुछ ज्यादा ही तीव्र होती जा रही है। फिलहाल तो सिर्फ इतनी तमन्ना बची है कि कर्जन रोड या मेरीन ड्राइव पर दो-चार कोठियाँ हों, फ्रिज हो, टेलीविजन हो, बैंक-बैलेंस हो और बस। अस्थि-चर्ममय इस देह के लिए और बटोरना ही क्या ? टालस्टाय के शब्दों में एक आदमी को आखिर कितनी धरती चाहिए ?''[3]

दहेज-प्रथा भारतीय समाज की बड़ी कुप्रथाओं में से एक है। दहेज-प्रतिषेध अधिनियम भी दहेज-प्रथा को समाप्त करने में तनिक भी सफल नहीं हो सका है और यह कुप्रथा अविरल रूप से विद्यमान है। दहेज-कुप्रथा पर व्यंग्यकारों ने काफी सशक्त

1. देश-विदेश की कथा, एक आदमी की मौत, पृ. 80
2. अतिथि-कक्ष, डिनर, पृ. 63-64
3. मेरी श्रेष्ठ व्यंग्य-रचनाएँ, उत्तर की प्रतीक्षा में, पृ. 116

और चुटीला व्यंग्य किया है। भारतेन्दु-युग से ही दहेज व्यंग्यकारों के व्यंग्य का लक्ष्य रहा है। समाज में दहेज का दोमुँहापन व्याप्त है। कन्या के विवाह के समय पिता समाज-सुधारक बन जाता है, जबकि पुत्र के विवाह के समय वही पिता घोर परम्परावादी बन जाता है। इसी विसंगति को लक्ष्य कर प्रत्यक्ष प्रहार द्वारा रवीन्द्रनाथ त्यागी बताते हैं कि बहुत से लोग अपनी लड़कियों के विवाह के समय तो पक्के आर्यसमाजी बने होते हैं किन्तु वही लोग जब अपने लड़कों का विवाह करते हैं तो कट्टर सनातनी हो जाते हैं और माँग-माँग कर लेते हैं। लड़के के जन्म (प्रसव) और पालन-पोषण तथा शिक्षा का पूरा खर्चा वसूल करने की कोशिश की जाती है। कभी-कभी दहेज को लेकर मनमुटाव भी हो जाता है और बारात बिना बहू के लौट जाती है। उस समय यह प्रकट हो जाता है कि वर-पक्ष के लोग दहेज लेने आए थे न कि बहू। कम दहेजवाली लड़कियाँ यदि ससुराल चली भी जाती हैं तो सास, ननदें, जिठानियाँ वगैरह उनका समुचित स्वागत करती हैं। किसी-किसी स्थिति में इतने सुख के कारण बहू अपनी आत्मा को शरीर से अलग करने की कोशिश भी करती है।[1]

भारतीय समाज में अट्ठानवे प्रतिशत विवाह अब भी प्रेम-विवाह नहीं हैं, वे माता-पिता या संरक्षक द्वारा ही निर्धारित किए जाते हैं। बेमेल विवाह तथा दहेज-समस्या का एक कारण यह भी है। बेमेल विवाह पर वाक्-चातुर्य द्वारा विडम्बनात्मक कटाक्ष करते हुए त्यागी लिखते हैं, "मेरे सामने एक नव-दम्पती बैठा था। पति की आयु लड़की के पिता के बराबर थी और वे देख भी उसे उसी भाव से रहे थे। रीतिकाल में भक्तिकाल का मजा आ रहा था। पति और पिता शब्दों में मात्रा छोड़कर वैसे भी कोई अन्तर नहीं रहा।"[2]

बरातियों द्वारा की जानेवाली अनीतियों पर भी त्यागी उपहासात्मक व्यंग्य-योजना करते हैं, "बारात सुबह (वापस) जाती है। सुबह को लोग काफी व्यस्त रहते हैं। कोई किसी की खाट की रस्सी निकालता है तो कोई किसी के पलंग की निवार। बिस्तरों की भी चोरियाँ होती हैं। एक बार तो बाराती लोग नौटंकी की एक लड़की ही ले गए थे और उसे बरामद करने के लिए पुलिस से मदद लेनी पड़ी थी।"[3]

यह है समाज की यथार्थ तस्वीर। किस प्रकार कन्या-पक्ष को सताया जाता है ! यह प्रयत्न होता है कि कन्या के पिता के रक्त की अन्तिम बूँद भी चूस ली जाए। वह मृतप्राय हो जाए या मर भी जाए तो क्या ? त्यागी दहेज के साथ जुड़ी नारी की हीनावस्था पर आक्षेपात्मक चोट करते हुए बताते हैं कि विवाह-शादी एक सौदा बन गया है। लड़कों की नीलामी लगती है। अन्याय लड़कियों के साथ होता है। उन्हें पैर की जूती समझा जाता है। एक पुरानी हो गई तो दूसरी बदल लो। फसल अच्छी होने पर एक से ज्यादा जूतियाँ भी रखी जा सकती हैं।[4]

---

1. भित्ति-चित्र, पश्चिमी उत्तर प्रदेश में शादी और विवाह, पृ. 147
2. शोक-सभा, एक छोटी सी यात्रा, पृ. 75
3. भित्ति-चित्र, पश्चिमी उत्तर प्रदेश में शादी और विवाह, पृ. 147
4. वही, पृ. 143

वास्तव में भारतीय समाज में दहेज-कुप्रथा तथा उससे जुड़ी हुई अन्य समस्याओं की जकड़ आज इतनी मजबूत है कि इससे छुटकारा पाना बहुत कठिन दिखाई देता है।

भारतीय समाज ने नारी को देवी, अर्द्धांगिनी, भार्या, सहधर्मिणी, गृहलक्ष्मी, रानी, पटरानी आदि नाना विशेषणों से सज्जित-सम्मानित किया है। वेदों, पुराणों और शास्त्रों में भारतीय नारी और पत्नी का कितना भव्य चित्र खींचा गया है। उसे कितना उच्च आसन दिया गया है। किन्तु यथार्थ यह है कि आज हिन्दू-समाज में प्रायः पत्नी का दासी-रूप और पति का स्वामी-रूप ही दिखाई देता है, गृहलक्ष्मी या गृह-साम्राज्ञी का रूप न्यूनतम है। पति आज भी परमेश्वर है, पत्नी को उसकी पूजा करनी चाहिए और आँख मूँदकर उसकी हर आज्ञा का पालन करना चाहिए। नारी के अन्य रूप खोखली आदर्शवादिता है, ढकोसला है; स्त्री को झुठलाकर, भरमाकर ठगने और ठगते रहने के बहाने हैं। हिन्दू-समाज में आदर्श और यथार्थ का यह विरोधाभास सदैव से रहा है। बकौल त्यागीजी, ''रामायण ने दुष्टा स्त्री के परित्याग की बात भी की, और मजे की बात यह है कि दुष्ट पुरुष के परित्याग की चर्चा कहीं नहीं की।''[1]

पुरुष-प्रधान समाज में एकपक्षीय धारणाओं एवं निर्णय-वृत्ति पर इससे बढ़िया शायद ही कोई व्यंग्य हो। इन दोहरे मानदंडों की शिकार भारतीय नारी प्रारम्भ से रही है। त्यागी के शब्दों में, ''लड़की नाम की चीज भी क्या अजीब चीज होती है; शादी के पहले वह विरह में जलती है और शादी के बाद मिट्टी के तेल में जलती है। जलना स्त्रियों का स्वभाव ही जो ठहरा।''[2]

त्यागीजी का यह पक्षधर चिन्तन स्वस्थ सामाजिक दृष्टि देता है। कहना न होगा कि उन्होंने अपनी व्यंग्य-दृष्टि से समाज के सर्वाधिक उपेक्षित–दलितों में भी दलित नारी-वर्ग की पीड़ा को स्वर देने का प्रयास किया है।

मानवीयता के 'धारण' के लिए बना धर्म जब ढोंग धारण करने लगता है, तो मानवीयता के हनन का ही उपकरण बन जाता है। यद्यपि आदिकाल से ही यह विकृति और तज्जन्य विक्षिप्ति मानव-समाज में कायम रही है, स्वातन्त्र्योत्तर भारत में उसका विकास नवीनतम रूपों में हुआ है। मानवीय श्रेष्ठता, आचार-शुद्धि एवं चारित्र्य, सभी कुछ आज पाखंड ओढ़े हुए हैं। मन्दिर, मस्जिद, गुरुद्वारे–जो कभी मनुष्य को जोड़ने, मनुष्यता की रक्षा के निमित्त बनाए गए थे, आज मनुष्य की समाप्ति के धाम बने हुए हैं। वे चारित्रिक उन्नयन, आचार एवं विचार-शुद्धि तथा भाईचारे के स्थान पर चरित्रहीनता, दुराचार तथा विद्वेष जैसी दुष्प्रवृत्तियाँ फैला रहे हैं। धर्म धूर्तों-लम्पटों की शरणस्थली एवं ढाल बना हुआ है। धूनी, त्रिपुंड, भस्म आदि के सहारे ये लफंगे साधु-महात्माओं का स्वाँग रच सीधे-सादे लोगों को चकमा दे धर्म के नाम पर उनका शोषण करते हैं। साधुओं के इस ढोंग को बेनकाब करते हुए त्यागी लिखते हैं, ''मन्दिर में एक महात्मा रहते हैं। भक्त लोगों का कहना था कि महात्माजी की आयु लगभग

1. इस देश के लोग, संस्कृत-साहित्य में नारी : एक शोध-प्रबन्ध, पृ. 34
2. वही, पिछला वर्ष, पृ. 51

तीन सौ पचास वर्ष की थी और यह कायाकल्प का प्रभाव था कि देखने में वे सदाबहार लगते थे। जो लोग बात का दूसरा पहलू पकड़ने के आदी थे, उनका कहना था कि छोकरे की असली उम्र पच्चीस-छब्बीस साल से एक दिन ज्यादा नहीं थी और यह जो गेरुआ वस्त्र धारण करने का समय-सिद्ध ढोंग चलाया जा रहा था, यह किसी खास वजह से था।''[1] यह खास वजह क्या हो सकती है, इसे स्पष्ट करते हुए त्यागी अन्यत्र लिखते हैं, ''मेरे पिछवाड़े एक योगीराज प्रकट हो गए जो लगभग एक पखवाड़े तक एक नितान्त समृद्ध घराने में ठहरे थे। कोई दस ही दिन में उन्होंने सेठानी से लेकर जमादारिन तक सबको पवित्र कर दिया। सन्तों में भेदभाव कहाँ ?''[2] इन सन्त-महात्माओं के कथनी-करनी के फर्क पर त्यागी खिल्ली द्वारा उपहास उड़ाते हुए सशक्त चोट करते हैं, ''एक बार शाकाहारी भोजन के बारे में एक महात्मा भाषण दे रहे थे कि भरी सभा में उनके पेट में से मुर्गा बोल उठा।''[3]

अपने-आपको ईश्वर का दूत बताने से शुरू कर किसी दिन चुपके से ईश्वर घोषित करके भोलीभाली जनता, विशेषकर धर्मभीरु महिलाओं को अपने शाप का भय अथवा जादुई चमत्कारों का प्रलोभन देकर ठगनेवाले इन दुश्चरित्र एवं दुराचारी साधुओं की पोल खोलते हुए त्यागी ने लिखा है, ''देवियो, माताओ और बहनो, इन दिनों मैं भगवान चल रहा हूँ। जो माँगना है, माँग लो और जो कुछ अर्पित करना है, कर दो।...सन्तान माँगनी है, मिलेगी। पति ने यदि नसबन्दी करा ली है, सन्तान तब भी मिलेगी।...हिम्मत रखो, मेरा पाणिग्रहण करो और स्वर्ग का सुख लूटो।''[4]

त्यागी ने अपने व्यंग्य 'यदा यदा हि धर्मस्य...' में धार्मिक विकृति को लक्ष्य बनाते हुए विडम्बनात्मक व्यंग्य किया है। पूरी रचना गहरे व्यंग्य, कटाक्ष और आक्षेपों से युक्त है। 'हे पार्थ, इस संसार में जब-जब धर्म की ग्लानि और अधर्म का अभ्युत्थान होता है, मैं तब-तब स्वयं को प्रकट करता हूँ'—गीता के इस पौराणिक उद्धरण द्वारा व्यंग्य-योजना करते हुए वे कहते हैं, ''यदि इस सीधे-सादे श्लोक पर ध्यान से विचार किया जाए तो पता लगेगा कि इसके पीछे कम-से-कम चार पते की बातें छिपी हैं—बात नम्बर एक तो यह कि पुराने जमाने में भी आर्यों के इस देश में धर्म की ग्लानि काफी मात्रा में रहती थी क्योंकि भगवान के कम-से-कम चौबीस बार तो पृथ्वी पर अवतरित होने के पुराणों में पूरी तरह प्रमाण मिलते हैं। रामायण और महाभारत का काल तो घोर अनर्थ का काल था ही, नहीं तो राम और कृष्ण क्यों प्रकट होते ? बात नम्बर दो यह है कि यदि पृथ्वी पर भगवान के कभी दर्शन करने हों तो अधर्म बढ़ाने का पूरा-पूरा प्रयास करना चाहिए। धर्म की ग्लानि जितनी अधिक होगी, भगवान के दर्शन होना उतना ही निश्चित होगा। बात नम्बर तीन यह कि यद्यपि इस देश में इस समय काफी भ्रष्टाचार

1. देवदार के पेड़, पाँच लड़कियों की कहानी, पृ. 13-14
2. वही, अन्धे लोगों का देश, पृ. 112
3. शोक-सभा, अ-डाकुओं का आत्मसमर्पण, पृ. 28
4. देवदार के पेड़, इतिश्री भगवान उवाच, पृ . 115-16

है; पक्षपात, अन्याय, प्रान्तीयता पूरे जोरों पर है और यद्यपि काफी लोगों की आत्मा भुखमरी, बीमारी इत्यादि के कारण उनके शरीर से विदा माँगती रहती है, पर फिर भी धर्म की ग्लानि अभी उतनी नहीं हुई, जितनी भगवान के दर्शन के लिए आवश्यक होती है। संक्षेप में यह काल पिछले कालों से इस दिशा में अभी पिछड़ा हुआ है और यदि भक्त लोगों ने इस दिशा में कुछ सक्रिय सहयोग नहीं दिया, तो सम्भव है कि भगवान को अगला अवतार लेने के निश्चय पर फिर से विमर्श करना पड़े। बात नम्बर चार जरा गुप्त और अन्तरंग किस्म की है कि भगवान भी वहीं जाना पसन्द करते हैं, जहाँ अधर्म और अनाचार जरा जोर पकड़े होते हैं।''[1]

इस धर्म ने आदमी-आदमी को बाँट दिया, वर्णों और जातियों में विभक्त कर दिया। मौका पाकर या बनाकर सवर्ण कथित अवर्णों का शोषण करने लगे। आत्म-व्यंग्य के माध्यम से त्यागी इस दुष्प्रवृत्ति पर चोट करते हुए लिखते हैं, ''मुर्गी मैं भी नहीं खाता। ब्राह्मण जो हूँ। सिर्फ आदमी का गोश्त खा सकता हूँ, और किसी का नहीं। और आदमी का गोश्त भी यदि जिन्दा मिल जाता है तो हर्गिज नहीं छोड़ता।...आखिर मैं ब्रह्मा के मुख से निकला हूँ, बाकी लोग ब्रह्मा के और अंगों से।''[2]

ऐसे अमानवीय और विघटनकारी धर्म की महिमा बखानने के बहाने त्यागी उसकी जोरदार भर्त्सना करते हैं, ''हमारा देश एक धार्मिक देश है। धर्म न हो तो मनुष्य और पशुओं के बीच में अन्तर ही क्या रहे ! धर्मेण हीनः पशुभिः समानाः। धर्म न हो तो दंगे कैसे हों, चुनाव कैसे लड़ा जाए और देश का विभाजन कैसे हो?''[3] देश में इस धर्म के अनवरत 'अभ्युत्थान' का कच्चा चिट्ठा पेश करते हुए त्यागी ने लिखा है, ''धर्म के क्षेत्र में तो आशातीत उन्नति हुई। चारमीनार सिगरेट के बाद जो वस्तु सबसे ज्यादा निर्यात की गई, वह हमारा अध्यात्म ही तो था। हमारा देश जो है, वह सभी धर्मों को बराबर स्थान देता है, और इसी कारण उन्हें कभी भी एक-दूसरे से लड़वाया जा सकता है।...इस धर्मनिरपेक्ष देश में चुनाव जो होते हैं, वे अलबत्ता सभी धर्म और जाति के आधार पर ही लड़े जाते हैं। बात भी ठीक है, देश की तरक्की के लिए हम अपना धर्म या जाति थोड़े ही छोड़ सकते हैं।...देश रहे या न रहे, धर्म का रहना जरूरी है।''[4]

इस परिवेश में लेखक बार-बार महसूस करता है कि अब मात्र दस सिरवाले नहीं, पचास सिरवाले रावण जिन्दा हैं, जिनका एक मुख कुछ कहता है तो दूसरा मुख कुछ और। मुखों के साथ-साथ उसके हाथ भी पचास हैं, जिनसे वह जनता को खुले आम लूट रहा है।[5]

साहित्यिक चर्चा में त्यागी का व्यंग्यकार सर्वाधिक रमा है। साहित्यिक परिवेश में पनपती

1. भित्ति-चित्र, यदा-यदा हि धर्मस्य..., पृ. 47-48
2. चम्पाकली, उदासी की बेला, पृ. 64-65
3. देश-विदेश की कथा, धर्म-चर्चा, पृ. 57
4. गणतन्त्र-दिवस की शोभायात्रा, आजादी के चालीस वर्ष बाद, पृ. 32
5. इस देश के लोग, गुलमुहर, पृ. 97

विकृतियों और विषम स्थितियों ने उनका ध्यान सबसे ज्यादा आकृष्ट किया है और उनकी लेखनी की नोक पैनी धार बनकर उन पर प्रहार करने में अधिक रत रही है।

आजादी के बाद साहित्यकारों को समाज एवं राष्ट्र के उत्थान में योगदान देना था। किन्तु हुआ यह कि साहित्यकार भी अपनी टुच्ची उपलब्धियों एवं प्रचार-प्रसार के मोह से निकल नहीं पाए। झूठी ख्याति एवं यशकामना ने उन्हें उनके वृहद् लक्ष्यों से च्युत किया। हिन्दी-कहानी का बदलता हुआ नायक भारतीयता के ह्रास एवं संक्रमण का उत्कृष्ट उदाहरण है। समाज की चतुर्दिक अवनति की चर्चा करते हुए त्यागी साहित्यकारों के ढोंग, झूठे प्रचार-प्रसार की प्रवृत्ति पर व्यंग्य करते हैं। आजाद भारत का संक्रमण आयातित संक्रमण है। उसे ऊपर से लादा गया है। भोली-भाली अशिक्षित जनता को यहाँ के शिक्षित अधिकारीगण ही पथभ्रष्ट करने लगे। सम्पूर्ण समाज अवमूल्यन की समस्या से घिर उठा। भारतीय मानस हमेशा से ही विरोधी प्रवृत्तियों और विचारधाराओं से घिरा रहा। उन्हें आत्मसात करने के प्रयत्न में कई बार मध्यमार्ग अपनाया गया। यह मध्यमार्ग देशी एवं विदेशी संस्कृतियों, प्रवृत्तियों के समन्वय एवं सामंजस्य का रहा। यही कारण है कि कतिपय सन्दर्भों में लोग भ्रमित ही रहे। इस भ्रम ने आस्था-अनास्था की प्रवृत्तियों को एक-साथ प्रश्रय दिया। स्वातन्त्र्योत्तर भारतीय मानस इसी आस्था-अनास्था के बीच पेंडुलमवत् दोलायमान रहा है। यह गहन अन्तःपीड़ा का काल रहा, साथ ही मान्यताओं एवं मानदंडों की टूटन का भी। विचित्रता एवं नवीनता का आग्रह साहित्य में इतना बढ़ा कि परम्परागत मान्यताओं एवं आदर्शों की अवहेलना ही साहित्यकारों का लक्ष्य बन गई। एक ओर वेतनभोगी साहित्यकार सरकारी व्यवस्था को बनाए रखने हेतु यथास्थितिवाद का समर्थन करने लगे, तो दूसरी ओर स्वतन्त्र चिन्तक एवं सर्जक साहित्यकारों ने स्वस्थ परम्परा के पोषण के साथ-साथ सड़ी-गली मान्यताओं के विध्वंस को स्वर दिया। इस तरह साहित्य भी खेमों में बँटकर रह गया। साहित्य में अतिवाद का मुख्य कारण यही है। पाश्चात्य साहित्य की जगमगाहट ने भारतीय साहित्यकारों को ललचाया और वह कुंठा एवं अवसाद से भर उठा। साहित्य में पलायनवाद और विद्रोह की सप्राणता का निर्माण साथ-साथ हुआ है। साहित्यकारों की मनोवृत्ति में एक विचित्र प्रकार का विकार आया है। उनमें थोथे प्रदर्शन, आत्म-स्तुति और आत्म-प्रदर्शन की भावना ने घर कर लिया है। सामाजिक उद्देश्य का स्थान निजी पीड़ा ने ले लिया है, आत्म-रुदन ही उनका ध्येय बन गया है। समाज के प्रति अपने दायित्व को भुला वे आत्मकेन्द्रित हो गए हैं। इस विकृति को लक्ष्य बनाकर रवींद्रनाथ त्यागी अपकर्षात्मक शैली में कटु आक्षेप करते हैं, "वे दिन लद गए, जब साहित्य समाज का दर्पण हुआ करता था। अब साहित्य और समाज के बीच से दर्पण हट गया है और नाई की दुकान पर चला गया है। साहित्य और समाज दोनों एक-दूसरे से अलग हैं और बखूबी जी रहे हैं। लेखक भी खुश है, पाठक भी खुश है और जहाँ तक मुझे पता है, वह नाई भी खुश है।"[1]

---

1. कृष्णवाहन की कथा, एक बदलता हुआ नायक, पृ. 32

समाज एवं राष्ट्र विषमताओं, विरूपताओं और समस्याओं से ग्रस्त है। आए-दिन दुर्घटनाएँ होती रहती हैं, किन्तु लेखकों का सरोकार इन दुर्घटनाओं से तभी तक रहता है अथवा तभी होता है, जब वे उनके स्वार्थ सिद्ध करती हैं। त्यागी उनकी इस संकीर्ण मनोवृत्ति पर आत्म-शैली में व्यंग्य करते हैं, "वाकई बड़ी दर्दनाक स्थिति है।...भयानक दंगे हो रहे हैं...खुले आम डकैती पड़ रही है...कन्या(ओं) के साथ बलात्कार किया गया है और विधानसभा में एक विधायिका ने विपक्ष पर अपना पदत्राण यानी जूता फेंककर मारा है और मैं हूँ कि कुछ लिख ही नहीं पा रहा।"[1]

साहित्य-लेखन भी अब एक धन्धा हो गया है। कुछ लोगों के यहाँ साहित्य का यह धन्धा पैतृक रूप में चलता है, कुछ इसे और धन्धों के साथ निभाते हैं और कुछ लोग इस कारण साहित्य में रुचि रखते हैं क्योंकि वे कोई दूसरा धन्धा नहीं कर सकते। बात जरूर सभी लेखक-कवि क्रान्ति की, व्यवस्था-विरोध की, आक्रोश एवं उग्रता की करते हैं, किन्तु कर्म के नाम पर वे उदरपूर्ति के तौर-तरीकों में सिमटकर रह जाते हैं। कहाँ तो गतिशील समय की धारा के समक्ष मृतप्राय हो रही मान्यताओं के विसर्जन और प्रतिस्थापन का कार्य इन बुद्धिजीवियों को करना था, कहाँ आधुनिकता द्वारा प्रदत्त तमाम सुविधाओं को उल्लास, उमंग और ललक के साथ स्वीकार करनेवाले ये ज्ञानी-ध्यानी भी परम्परा, संस्कृति एवं धर्म की ही दुहाई देते पाए जाते हैं। कलम का सिपाही अब व्यवसाय-प्रहरी बना हुआ है। क्रान्ति-चेतना या तो मखौल बन चुकी है या पाखंड। राजनीतिक पैतरेबाजी की प्रतिष्ठापना साहित्यिक मंचों एवं रचनाओं में भी हो चुकी है, जिससे साहित्यकार की रचनाधर्मिता आहत हुई है, उसका आत्मविश्वास टूटा है। परिणाम यह है कि आज की उदीयमान प्रतिभाएँ भी दोगला दर्शन एवं आचरण अपनाने को विवश हैं। त्यागीजी के शब्दों में, "रात-भर शरीर के निम्नतर स्तर पर जीने के बाद प्रातःकाल उनकी अजर और अमर आत्मा फिर उसी चिरन्तन मुक्त वेश में दिखाई देती है।"[2] इन तथाकथित बुद्धिजीवियों के दोमुँहेपन को और स्पष्ट करते हुए त्यागी ने लिखा है, "(वे) रात-भर शराब पीते हैं, वेश्यागमन करते हैं और अगले दिन दुनिया के मूलभूत प्रश्नों पर विचार करते हैं।"[3]

साहित्य में विदेशी साहित्य की नकल और चोरी की प्रवृत्ति भी पनपती दिखाई देती है, जिसे उद्घाटित करते हुए त्यागी ने लिखा है, "(गोष्ठी में) कुछ लोगों ने काव्यपाठ किया, कुछ ने सुना। सारा काम बदस्तूर चलता रहा। दो-चार कवियों ने कहा कि उन्होंने इधर कुछ लिखा ही नहीं है और जो-कुछ लिखा है, वह छप चुका है। बात उनकी ठीक थी; किसी-किसी स्थिति में तो उनकी रचनाएँ उनके लिखने से पहले ही किसी दूसरी भाषा में छप चुकी थीं। दुबारा अनुरोध करने पर ऐसे लज्जाशील कवियों ने कोई पच्चीस-पच्चीस कविताएँ सुनाईं।"[4] नकल की इस बढ़ती कुप्रवृत्ति पर त्यागी वाक्छल द्वारा प्रहार करते

1. इस देश के लोग, क्या लिखूँ, पृ. 121
2. भित्ति-चित्र, आधुनिक हिन्दी-साहित्य की नई प्रवृत्तियाँ, पृ. 13
3. इस देश के लोग, इसी नाम की रचना, पृ. 14
4. मेरी श्रेष्ठ व्यंग्य-रचनाएँ, जेम्स बांड इलाहाबाद में, पृ. 49

हैं, "लिखने की आजकल इतनी ईमानदारी चल रही है कि मैंने कुछ दिनों पूर्व अपनी एक रचना एक बंगाली साप्ताहिक में देखी और दंग रह गया। रचना मेरी थी और नाम किसी दूसरे का दिया हुआ था। गुस्सा तो बहुत आया मगर चुप रह गया। संयम का एक कारण यह भी था कि मैंने उस रचना को खुद फ्रेंच भाषा से लिया था।"[1]

साहित्यकार आज मात्र निहित स्वार्थ से साहित्य-सृजन कर रहा है, वह आत्म-प्रचार और प्रशस्ति का अत्यधिक भूखा हो गया है। इस विकृति को उजागर करते हुए त्यागी कहते हैं, "पिछले कुछ वर्षों के भीतर हिन्दी-साहित्य में एक नई गति आई। एकदम अपूर्व व आकर्षक। इस गति के दो कारण मेरी पकड़ में आए—पहला कारण तो यह कि साहित्य में अब तक जो चर्चाएँ हुआ करती थीं, उनके स्थान पर अब परिचर्चाएँ होने लगीं। दूसरा कारण यह है कि साहित्यकारों के साथ साक्षात्कार करने का और बाद में उसे छपाने का रिवाज चल पड़ा। इन दोनों विधाओं के कारण हमारा साहित्य भले ही आगे न बढ़ा हो, कुछ साहित्यकार अवश्य आगे बढ़े।[2]...एक नितान्त वरिष्ठ लेखक का स्नेहपूर्ण पत्र मिला, जिसमें उन्होंने मुझसे अपना साक्षात्कार लेने का अनुरोध किया था। उन्होंने बताया कि उन्होंने प्रश्न भी खुद ही लिख लिए हैं और उत्तर भी, मेरा तो सिर्फ नाम जाना है ताकि यह न प्रकट हो कि इतनी ऊँची विभूति अपना इंटरव्यू खुद ही ले रही है।"[3]

साहित्यकारों की सुविधाभोगी मनोवृत्ति और उसकी पूर्ति के लिए राज्याश्रय के प्रति उनकी ललक का पर्दाफाश करते हुए त्यागी लिखते हैं, "हिन्दी पहले दरबारी भाषा थी या नहीं, फिलहाल यह वैसी जरूर है। साहित्यिक गोष्ठियों में राजनीतिक नेता आमन्त्रित किए जाते हैं...और मन्त्रियों के चरण छूने और उनके जूतों पर पॉलिश करने का प्रत्येक कवि या लेखक को पूरा-पूरा अवसर दिया जाता है।"[4] भर्त्सना के स्वर में वे पूछते हैं कि "क्या कभी वह दिन भी आएगा, जबकि हिन्दी के साहित्यकार राजनीतिक नेताओं को (जिन्हें रफी अहमद किदवई 'सियासी गुंडे' कहकर पुकारा करते थे) अपने उत्सवों, गोष्ठियों और सम्मेलनों में मुख्य अतिथि के रूप में बुलाना बन्द करेंगे ? यही प्रश्न कभी शरत् बाबू ने अमृतलाल नागर से पूछा था और ठीक वही प्रश्न मैं आपसे पूछ रहा हूँ। क्या कोई उत्तर है आपके पास ? राजनीतिक नेताओं को बुलाकर अपने खर्च पर अपना जो अपमान हम लोग कराते हैं, क्या उससे वाकई छुट्टी नहीं मिलनी चाहिए? एक बार एक मुख्यमन्त्री ने मंच पर बैठे सारे कवियों को खुलेआम पिटवाने की धमकी दी थी। खेद की बात है कि ज्यादा व्यस्त रहने के कारण वह इस बीस-सूत्री कार्यक्रम को पूरा नहीं करा सके।"[5] पर त्यागी के यक्ष-प्रश्न का उत्तर मिलना मुश्किल है, क्योंकि

1. देवदार के पेड़, अन्धे लोगों का देश, पृ. 111-12
2. अतिथि-कक्ष, साक्षात्कार के नए आयाम, पृ. 81
3. वही, पृ. 84-85
4. गणतन्त्र-दिवस की शोभायात्रा, आजादी के चालीस वर्ष बाद, पृ. 32
5. चम्पाकली, साहित्यकारों का सम्मान, पृ. 130

राजनीति का भाई-भतीजावाद साहित्यकारों को पालता-पोसता भी तो है, "फलाँ साहब शिक्षा-मन्त्री हो गए तो जनाब, रातोंरात उनके साले साहब ने प्रकाशन खोल दिया और एक हफ्ता बीतते-बीतते उनके भाई हिन्दी के ख्यातिप्राप्त गद्यकार हो गए।"[1]

राजनीति से सम्बद्धता कुछ देती है, तो बहुत-कुछ लेती भी है। इस या उस राजनीतिक दल से प्रतिबद्ध लेखक कई बार अनेक प्रतिबन्धों के शिकार भी रहते हैं, जिनका उनके लेखन पर असर पड़े बिना नहीं रहता। उन्हें पार्टी-लाइन पर ही लिखना पड़ता है, चाहे जी कुछ और चाहता हो। त्यागी ने उनकी विवशता को भी अपने व्यंग्य की गिरफ्त में लिया है, "जो कार्यकर्ता देहाती क्षेत्रों की दिशा में गए थे, उन्होंने बड़े दुःख के साथ देखा कि पलाश और गुलमुहर अभी भी काफी खूबसूरत लगते हैं। कचनार अब भी उतना ही छबीला है, जितना कि छायावाद के युग में था। चाँदनी अब भी उतनी ही प्यारी लगती है, जितनी कि पद्माकर के रीतिकालीन समय में लगती थी। पनघटों पर से भरी गगरी उठाती युवतियों के वक्ष अब भी आगे की ही दिशा में उठते हैं, पीछे की ओर नहीं। अलसाई साँझों में हृदय अब भी ठीक वही हरकतें करता है, जो कि वह पन्तजी के काव्य में किया करता था। उन्होंने इन सारी चीजों पर बड़ी ईमानदारी से लिखना चाहा, पर हाईकमान के आज्ञापत्र ने उन्हें वैसा नहीं करने दिया। चाँदनी को उन्होंने आकाश का वमन कहा और वसन्त को दिशाओं का अपान। सरसों के पीले-पीले फूल उन्हें किसी साम्प्रदायिक पार्टी के झंडों जैसे लगे और कीकर के काँटे सर्वहारा के प्रतीक। धूप को उन्होंने आकाश का गोबर कहा और गाँव की पवित्र कन्या को एक ऐसा कच्चा माल, जिसका कि सार्वजनिक उपयोग अभी होना था। शादी करना एक सामन्तवादी परम्परा घोषित की गई। हाईकमान ने जो कुछ भी कहा, उन्होंने वैसे ही तीर छोड़े।"[2]

लेखक का आर्थिक आधार आज प्रकाशक है, तो उसकी आर्थिक दुरवस्था का भी वही मूलाधार है। वह लेखकों के साथ मनमानी करता है, अपनी शर्तें उन पर लादता है और बेईमानी करने से फिर भी नहीं चूकता। त्यागीजी के शब्दों में, वह अब इतना "शिष्ट व दयालु हो गया कि पहले वह लेखक के पेट पर लात मारता था जबकि अब वह लेखक की गर्दन मरोड़ता है।"[3] अपनी थैली भरने के लिए वह लेखकों को बिकाऊ माल लिखने के लिए प्रेरित करता है। साहित्यकार के साथ-साथ वह साहित्य का भी किस प्रकार गला घोटता है, प्रकाशक के एक पत्र के माध्यम से त्यागी इसका खुलासा करते हुए लिखते हैं, "तीस रुपए दस पैसे का चेक संलग्न है। रसीद भिजवाना न भूलें। हम स्वीकार करते हैं कि यह राशि आपकी प्रतिष्ठा को देखते हुए कुछ कम है, पर उन लेखकों के बारे में भी तो विचार कीजिए जिन्हें हमने तीस रुपए भी कभी नहीं दिए। एक बात और। आप इस कविता और व्यंग्य वगैरह के जाल में कब तक उलझे रहेंगे ? अपराध, सेक्स, जासूसी और अनैतिक प्रेम–इन विषयों पर क्यों नहीं कुछ लिखते ?

1. चम्पाकली, साहित्यकारों का सम्मान, पृ. 130
2. अतिथि-कक्ष, समानधर्मा, पृ. 25
3. गणतन्त्र-दिवस की शोभायात्रा, आजादी के चालीस वर्ष बाद, पृ. 33

हमारे इस सुझाव को आप गम्भीरता से लें और वक्त का फायदा उठाएँ।''[1]

प्रकाशक का मौसेरा भाई होता है सम्पादक। शेर का भाई बघेरा, वह कूदे नौ तो वह कूदे तेरा (तेरह)। लेखक के लिए पहली बाधा यही सम्पादक होता है, प्रकाशक उससे बड़ी, पर बाद में आनेवाली बाधा है। इन सम्पादकों का ही प्रताप है कि पत्र-पत्रिकाओं में भी बिना सोर्स या चमचागिरी के रचना नहीं छपती। वे जिसे चाहें उठा दें; जिसे चाहें गिरा दें, विलीन कर दें विस्मृति के अन्धकार में। इस विसंगति पर त्यागी ने विडम्बनात्मक शैली में बहुत चुटीला प्रहार किया है, ''वाकई सम्पादक काफी बड़ी चीज है। वह चाहे तो गधे को भी लेखक बना सकता है। उदाहरण के तौर पर मैं खुद अपने को पेश करता हूँ। हाँ, अलबत्ता प्रकाशक जो है, वह सम्पादक से भी बड़ी चीज है। वह चाहे तो गधे को लेखक क्या, सम्पादक तक बना सकता है। प्रकाशक की लीला अपरम्पार है। साहित्य में जो कुछ भी प्रकाश शेष है, वह इन प्रकाशकों के कारण है–खद्योत-सम आधुनिक कवियों के कारण नहीं।''[2]

इस प्रकार त्यागी साहित्यिक विकृतियों पर भरपूर व्यंग्य करते हैं। कहने की आवश्यकता नहीं कि साहित्यिक विसंगतियों के निराकरण से अन्य क्षेत्रों की विसंगतियों पर भी प्रभाव पड़ेगा ही, क्योंकि साहित्य सामाजिकों की प्रेरणा का मूल स्रोत है, परिवर्तन का महत्त्वपूर्ण औजार है। किन्तु, जैसा कि हम पीछे भी देख आए हैं, साहित्य के अलावा भी उन्होंने कमोबेश सभी विषयों पर कलम चलाई है।

त्यागी के व्यंग्य-लेखन में विभिन्न अलंकारों का सुन्दर प्रयोग मिलता है। 'ग्यारहवें राजकुमार का चरित' में तो उन्होंने उपमाओं की झड़ी-सी ही लगा दी है, जो प्रसंगानुकूल हैं। 'पवन के तुल्य वेगवाला मेरा अश्व भी थकने लगा'[3], 'राजा रूपी वृक्षों में ताड़ के तुल्य ओ राजकुमार'[4], 'संसार के राजाओं में कुतुबमीनार के समान ओ राजकुमार'[5], 'राजवंश के अन्य टिमटिमाते दीपकों के मध्य एक हजार वाट के समान प्रकाश रखनेवाले ओ राजकुमार'[6], 'चाँदी के समान शुभ्र शैया'[7], 'सन्ध्या-समय मुँदे कमल के तुल्य लोचन'[8] जैसी उपमाओं द्वारा वाग्मिता की योजना कर त्यागी ने अपने व्यंग्य को गहरा रंग दिया है। रूपक के प्रति भी उनका रुझान दृष्टिगत होता है और अनेक स्थलों पर रूपक के प्रयोग द्वारा उन्होंने लक्ष्य पर अचूक प्रहार किया है। उदाहरण के लिए, सरकारी अस्पताल में डॉक्टरों और अन्य कर्मचारियों की अमानवीयता पर व्यंग्य करते हुए उन्होंने लिखा है, ''डॉक्टर का रूप धारण कर चित्रगुप्त चला आ रहा है। मैंने उसकी

1. अतिथि-कक्ष, लेखक के नाम पाँच पत्र, प्रकाशक का पत्र, पृ. 78-79
2. मेरी श्रेष्ठ व्यंग्य-रचनाएँ, उत्तर की प्रतीक्षा में..., पृ. 115-16
3. भित्ति-चित्र, पृ. 152
4. वही, पृ. 153
5. वही, पृ. 156
6. वही, पृ. 162
7. वही, पृ. 158
8. वही

पगध्वनि पहचान ली। नर्स के रूप में उसका एक पुराना सहयोगी है। यह अस्पताल यमराज का विशिष्ट प्रिय क्षेत्र है क्योंकि यहाँ उसे हमेशा जरूरत से ज्यादा कच्चा माल प्राप्त हो जाता है।"[1]

व्यंग्य-सृजन में प्रतीक भी बहुत महत्त्वपूर्ण योगदान करते हैं। अपनी 'एक जरूरी बयान' रचना में त्यागी ने चूहे के प्रतीक द्वारा भ्रष्टाचार-निवारण के नाम पर भ्रष्टाचार को ही प्रश्रय दिए जाने की विडम्बना पर बड़ा ही सबल व्यंग्य किया है। सरकार द्वारा इस आन्दोलन को सफल बनाने के लिए दी जानेवाली छूटों या सुविधाओं, जैसे दो चूहे मारने पर इन्कम-टैक्स में विशेष छूट, बारह चूहे मारने पर 'चूहा-बहादुर' का खिताब, चूहों को मारने के अभियान में मुफ्त रेल-यात्रा का प्रबन्ध, बन्दूक रखने के लिए लाइसेंस लेने से भी छूट, चूहे मारने के लिए उन्हें शराब पिलानेवालों को नशाबन्दी-कानून के अन्तर्गत छूट[2] आदि की कल्पनाओं द्वारा व्यंग्यकार ने ऐसे कटाक्ष किए हैं, जो अन्तर तक भेदने की क्षमता रखते हैं।

त्यागी ने व्यंग्य के प्रायः सभी साधनों का प्रयोग किया है। 'सिन्दबाद की अन्तिम यात्रा' व्यंग्य-वृत्तान्त और पैरोडी, दोनों का ही उत्कृष्ट उदाहरण है, जिसमें साहित्यिक विकृतियों, विशेषकर तुक्कड़ कवियों द्वारा जिस किसी को, कभी भी और कहीं भी कविताएँ सुनाए बिना उसका पिंड न छोड़ने की प्रवृत्ति पर अच्छा व्यंग्य किया गया है। इसी प्रकार 'ग्यारहवें राजकुमार का चरित' भी महाकवि दंडी-कृत 'दशकुमारचरित' की पैरोडी है। इस सुन्दर आख्यायिका में ग्यारहवें राजकुमार की दिल्ली-यात्रा के माध्यम से महानगरीय जीवन की विकृतियाँ उजागर की गई हैं।

'मुनि-मूषक कथा : नया संस्करण' मिथक पर आधारित व्यंग्य है। 'मेघदूत के सन्देश का उत्तर' भी मिथक-आधारित व्यंग्य है, साथ ही वह पत्र-शैली का भी अच्छा उदाहरण है। इसमें कालिदास-कृत 'मेघदूतम्' में यक्ष द्वारा मेघ के माध्यम से भेजे गए सन्देश का यक्षिणी द्वारा दिया गया कल्पित उत्तर है, जो मुख्यतः स्त्री-पुरुष-सम्बन्धों में आए विकृतिपूर्ण परिवर्तन पर चोट करता है।

पत्र-शैली में लिखी गई त्यागी की अन्य रचनाएँ हैं–'तीन ऐतिहासिक पत्र', 'सरल हिन्दी के पक्ष में एक खुला पत्र', 'एक पृष्ठ की रचना का सवाल : एक पत्र', 'लेखक के नाम पाँच पत्र' आदि। इनमें से 'सरल हिन्दी के पक्ष में एक खुला पत्र' रचना सरल हिन्दी के नाम पर कृत्रिम हिन्दी का प्रयोग कर उसे जनसामान्य की भाषा न बनने देनेवालों पर बहुत बेहतरीन व्यंग्य है। त्यागी ने अपनी रचनाओं में भाषण, रेडियो-वार्ता, साक्षात्कार, यात्रा-वृत्त, संस्मरण, शास्त्रीय विवेचन, टीका आदि पद्धतियों/विधाओं का भी सहारा लिया। कोष-पद्धति पर भी उन्होंने एक व्यंग्य 'साहित्यकोश : नए अर्थ' लिखा है, जिसमें साहित्यिक शब्दों की नई, व्यंग्यात्मक व्याख्याएँ दी गई हैं।

---

1. कृष्णवाहन की कथा, मृत्युबोध के कुछ क्षण, पृ. 109
2. वही, पृ. 46-49

इस प्रकार, कथ्य एवं शिल्पगत वैविध्य से भरपूर त्यागी का व्यंग्य-साहित्य आजाद भारत की आजाद तस्वीर प्रस्तुत करता है। आजाद इस अर्थ में कि उनका व्यंग्यीय तेवर अपनी निजी पहचान रखता है। रोचकता एवं मनोरंजन-क्षमता उनके व्यंग्य की विशिष्टता है। साधारण-असाधारण सभी मसलों को वे समान जिन्दादिली से प्रस्तुत करते हैं। उनका गम्भीर-से-गम्भीर व्यंग्याक्षेप भी हास्य का आवरण ओढ़कर पाठक को गुदगुदाता रहता है। लोकगीत, सांस्कृतिक आख्यान एवं शेरो-शायरी उनके व्यंग्य की पठनीयता बढ़ाते हैं। किन्तु उनकी ये विशेषताएँ ही उनकी दुर्बलताएँ बनकर भी उभरती हैं। व्यंग्य जब शाब्दिक क्रीड़ा से और कतिपय जुमलों व उद्धरणों आदि के बल पर पैदा किया जाता है, तो कालान्तर में वह दोहराव को जन्म देता है। त्यागी में यह शब्द-कौतुक या शब्द-विलास सर्वाधिक पाया जाता है और प्रारम्भ में जो शब्द और जुमले उनकी भाषा में नगीनों से जड़े दिखते हैं, दोहराए जा-जाकर वे जड़ता पैदा करते नजर आते हैं। यही कारण है कि त्यागी में दोहराव बहुत है। उनके किसी भी व्यंग्य-संकलन में यह दोहराव देखा जा सकता है। 'इस देश के लोग' नामक व्यंग्य-संकलन में दोहराव के कुछ उदाहरण इस प्रकार हैं–

1. "अफसर नाम का जीव धर्म का वह खम्भा है जिस पर प्रशासन का आकाश टिका है।" (पृ. 11) और "बड़े साहबों के बारे में कुछ भी कह लीजिए, हकीकत यही है कि ये बड़े-बड़े शानदार दफ्तर और विभाग उनके बिना चल नहीं सकते। ये ही धर्म के वे खम्भे हैं जिनके सहारे प्रशासन का जो आकाश है...खड़ा है।" (पृष्ठ 81)
2. "आम किस्म का अफसर एकदम बन्द और फॉर्मल होता है, उसे खुलने में देर लगती है। पिन खुली, टाई खुली, कालर खुला, बकलस खुला। खुलते-खुलते डेढ़ घंटे में कहीं अफसर खुला। सच है कवि की वाणी।" (पृ. 12) और "मैं लेखक होने के साथ-साथ सरकार का एक आला अफसर भी हूँ...अफसरी के अन्दाज से लेखक के स्तर पर आने के लिए काफी समय लगता है और इस सन्दर्भ में ये पंक्तियाँ काफी सटीक प्रतीत होती हैं–पिन खुली, टाई खुली, कालर खुला, बकलस खुला, खुलते-खुलते डेढ़ घंटे में कहीं अफसर खुला।" (पृ. 116)
3. "(बाबुओं द्वारा) दफ्तर में गप्पें मारी जाती हैं, अफसरों और उनकी स्टेनोग्राफर को लेकर कथासरित्सागर पढ़ा जाता है, एक-दूसरे का गला काटा जाता है..." (पृ. 10) और "बाबू जो होता है वह...सिर्फ दफ्तर की ही बात करता है, वह अफसर के रोमांस की चर्चा करता है, स्टेनोग्राफर से दोस्ती की कोशिश करता है और बाकी वक्त में अपने साथियों का गला काटता है।" (पृ. 29)
4. "वे (बाबू) बतौर रिश्वत के जो कुछ लेते हैं, उसे दस्तूर कहकर पुकारा जाता है।" (पृष्ठ 11) और "यदि कोई गलत रकम...किसी बाबू को दी जाती है तो दस्तूर कहलाती है।" (पृष्ठ 30)

5. ''इन युवतियों ने न जाने कितने अच्छे-खासे इंसानों को नंगा बना दिया, न जाने कितनों का मुंड मुँड़वा दिया, न जाने कितनों की पाँच चोटियाँ रखवा दीं, न जाने कितनों को जटाधारी बनवा दिया और न जाने कितनों के हाथ में खप्पर देकर उनसे भीख मँगवा दी।'' (पृ. 38) और ''जो युवतियाँ गोवर्धन पर्वत उठानेवाले कृष्ण को भी अपने उरोजों से उठा सकती थीं, वे अबला कैसे कहला सकती हैं ? इन सुन्दर युवतियों ने न जाने कितने बुद्धिमान पुरुषों को कापालिक बना दिया...'' (पृ. 67)
6. ''दो-चार मजदूर मर जाते हैं जिसके बारे में दुखी होना व्यर्थ है। मरना तो शरीर का धर्म है...आत्मा तो अजर और अमर है...'' (पृष्ठ 13) और ''सूखे के कारण एक व्यक्ति ने आत्महत्या कर ली पर उस पर दुखी होना बेकार है। शरीर तो आता-जाता रहता है; बड़ी चीज तो आत्मा है जो अजर और अमर है।'' (पृष्ठ 40)
7. ''वह एक तरफ तो अपने प्रेमी से दूरभाष पर प्रेमवार्ता करती रही और दूसरी ओर उसी ने पुलिस को इत्तला देकर छेड़खानी के जुर्म में उस प्रेमी को गिरफ्तार करवा दिया। यह लोक भी ठीक और परलोक भी ठीक।'' (पृ. 38) और ''मेरी आपसे करबद्ध प्रार्थना है कि आप मेरा अपहरण कर लें। विधवा, धनी और रूपवती महिलाओं से तो मैं विशेष रूप से अपील करता हूँ कि इस पवित्र काम को अब और ज्यादा न टालें। ऐसा करने से उनका यह लोक भी सुधरेगा और अगला भी।'' (पृष्ठ 48) और ''विवाहित पत्नियों, दासियों और चेटिकाओं को छोड़कर जो स्त्रियाँ शेष रह जाती थीं, उन्हें बहन या माता या बेटी के समान समझा जाता था। यह लोक भी ठीक और परलोक भी ठीक।'' (पृ. 70)
8. ''प्रेमचन्द यदि आज जिन्दा होते तो देश की स्थिति देखकर या तो पागल हो जाते या आत्महत्या कर लेते। जब स्टीफन ज्वेग और हेमिंग्वे ने ऐसा किया था तो प्रेमचन्द जैसा संवेदनशील और सच्चा कलाकार और कर ही क्या सकता था ?'' (पृ. 88) और ''मैं असाधारण विषय पर असाधारण ढंग से कभी नहीं लिखना चाहता। वह काम तो अर्नेस्ट हेमिंग्वे और स्टीफन ज्वेग किया करते थे, जिसका अंजाम आपको मालूम ही है। दोनों लेखकों को नोबेल पुरस्कार प्राप्त हुआ और दोनों ने बाद में आत्महत्या कर ली।'' (पृ. 124)
9. ''कुछ गिने-चुने शरीफ आदमियों ने इस भक्तिकालीन दफ्तर में वीरगाथाकाल लाने की कोशिश की थी।'' (पृ. 94) और ''भगवान रजनीश के कुछ भक्तों ने फौजदारी की और पुलिस चुपचाप देखती रही। ये भक्त नए रहे होंगे और शायद इसी कारण भक्तिकाल से पहले वीरगाथाकाल से गुजरना चाहते थे।'' (पृ. 98, अर्थात् एक ही रचना में दोहराव)
10. उपर्युक्त के अलावा त्यागीजी ने भर्तृहरि की पत्नी की चरित्रहीनता और

बेवफाई का उल्लेख पृष्ठ 51 और 69 पर दो बार किया है। सेवानिवृत्ति अथवा अन्यथा फुर्सत मिलने पर अपनी (झूठी) आत्मकथा लिखने का संकल्प भी उन्होंने पृष्ठ 49 और 78 पर दो जगह व्यक्त किया है।

ये तो त्यागीजी की एक ही पुस्तक में दोहराव के कुछ नमूने हैं। इनके अलावा, उनकी विभिन्न पुस्तकों में दोहराव का भी कोई हिसाब नहीं है। कुछ उदाहरण इस प्रकार हैं–

1. ''फाइलों के निबटाने के बारे में भिन्न-भिन्न साहबों का भिन्न-भिन्न ढंग रहा। कुछ लोग थे कि हर मामले को सरकार के पास भेजने की सलाह देते थे और कुछ साहब थे जो कि सारी फाइल को दो सौ बार पढ़ते थे और फिर उसे कुछ ऐसे प्रश्नों के साथ वापस कर देते थे कि जब तक कोई हातिमताई उनके सात सवालों का जवाब न लाए तब तक फाइल रूपी वह हुस्नबानू कुमारी ही रहे।'' (इस देश के लोग, बड़े साहब, पृ. 79) और ''फाइलें तय करने के उनके अनेक ढंग थे। पहला तो यह था कि फाइल पर कुछ ऐसे सवाल लिखकर उसे वापस किया जाता था कि जिनका उत्तर हेड-क्लर्क तक कोई नहीं दे सकता था। जब तक वह हातिमताई उन प्रश्नों का उत्तर न लाए तब तक फाइल की हुस्नबानो क्वारी रहती थी।'' (देवदार के पेड़, एक अफसर के रिटायर होने पर, पृ. 49)
2. ''मैं आप सभी पढ़े-लिखे बुद्धिजीवियों, कलाकारों, अफसरों, वकीलों, जजों और सरकार के सचिवों से पूछता हूँ कि सच-सच बताइए कि अगले जन्म में आप सब कुछ पढ़-लिखकर नौरत्न बनना चाहेंगे या बेपढ़ा रहकर शहंशाह बनना पसन्द करेंगे ?'' (इस देश के लोग, बड़े साहब, पृष्ठ 82) और ''आप चाहें तो खूब पढ़-लिखकर अकबर के नौरतन बनें और चाहें तो बेपढ़ा रहकर शहंशाह अकबर बनें।'' (चम्पाकली, यक्ष-प्रश्न, पृ. 89)
3. ''आप में से कुछ जाहिल नागरिक मेरी भाँति शायद वह भी सोचेंगे कि (क्या) इसी दिन के लिए भगतसिंह और खुदीराम बोस फाँसी पर चढ़े थे ? क्या इसी प्रजातन्त्र के लिए पंडित नेहरू, सरदार पटेल और मौलाना अबुलकलाम आजाद ने अपनी युवावस्था जेल की काल-कोठरियों में गुज़ारी थी ?'' (चम्पाकली, चुनाव जो अभी-अभी हुए..., पृ. 56) और ''आप अपने दिल पर हाथ रखकर सोचिए कि जो आज का हिन्दुस्तान है, क्या उसी के लिए खुदीराम बोस व भगतसिंह फाँसी पर चढ़ गए थे ?...क्या इसी के लिए जवाहरलाल नेहरू, वल्लभभाई पटेल व अबुलकलाम आजाद ने अपनी जवानी जेल के सींखचों के पीछे गुजारी थी ?'' (देश-विदेश के लोग, इसी नाम की रचना, पृ. 148)
4. ''एक नितान्त प्रसिद्ध साहित्यकार तो कवि-सम्मेलन का सभापतित्व करने तक के लिए एक हजार मुद्रा माँगते थे। बात अपनी जगह एकदम ठीक थी। यदि कन्या का पति बनने पर दहेज मिलता है तो सभापति बनने पर क्यों

नहीं ?" (शोक-सभा, एक छोटी सी यात्रा, पृष्ठ 77) और "एक और प्रख्यात लेखक थे जो कवि-सम्मेलन का सभापति बनने की कीमत वसूल किया करते थे। पति बनने पर यदि दहेज मिलता है तो सभापति बनने पर वैसा प्रबन्ध क्यों नहीं होगा ?" (गणतन्त्र-दिवस की शोभायात्रा, चार्ली चैपलिन का हैट और हिन्दी-लेखक, पृष्ठ 25)

हास्य के प्रति अतिरिक्त रुझान त्यागी की दूसरी कमजोरी है। उनके व्यंग्य-लेखन में हास्य जहाँ-जहाँ स्वतःस्फूर्त आकर व्यंग्य को उभारने में सहायक हुआ है, वहाँ तो उसने चार चाँद लगा दिए हैं पर जहाँ उन्होंने सायास हास्य पैदा करने की कोशिश की है, वहाँ व्यंग्य की सदाशयी आकांक्षा में ग्रहण ही लगा है। उदाहरण के लिए, 'इस देश के लोग' रचना में बुद्धिजीवियों के ढोंग एवं पाखंड पर मर्मस्पर्शी व्यंग्य करते-करते "ये लोग दाढ़ी रखते हैं जिनमें बाकायदा खटमल पाले जाते हैं"[1] जैसी अनावश्यक बात कहकर वे व्यंग्य में हल्कापन ले आते हैं। 'अचरज ही अचरज' रचना भी इसी बेतुकेपन और हल्केपन का उदाहरण है। दाढ़ी द्वारा मौसम के अन्दाज की कल्पना, "अगर आपकी लम्बी दाढ़ी हिलने लगे तो समझ लीजिए कि तेज हवा चल रही है और अगर बिना किसी कारण के दाढ़ी भीगने लगे तो आप निःसंकोच होकर यह तथ्य स्वीकार कर लीजिए कि जिस क्षेत्र में आप खड़े हैं उसमें निश्चित रूप से वर्षा हो रही है"[2] अथवा ऑपरेशन के दौरान डॉक्टर के यौन-परिवर्तन की कल्पना, "वह युवती धीरे-धीरे युवक बनती जा रही थी। जिस डॉक्टर ने उसके यौन-परिवर्तन को अन्तिम रूप दिया, उसके साथ भी हादसा हो गया। ऑपरेशन करते-करते उस कम-उम्र खूबसूरत डॉक्टर का खुद भी यौन-परिवर्तन हो गया। वह लड़के से लड़की हो गया। मरीज और डॉक्टर ने शादी कर ली"[3]–लोगों के बेढंगेपन को इंगित करने की अपेक्षा लेखकीय दुर्बलता को ही उजागर करती है।

गाहे-बगाहे सेक्स का अनावश्यक स्पर्श भी त्यागी के व्यंग्य को हल्का और फॉर्मूलाबद्ध बनाता है। कुछ उदाहरण द्रष्टव्य हैं–

1. कभी-कभी मजदूर लोग अपनी माँगों के प्रति सहसा जागरूक हो जाते हैं– ठीक उसी तरह जैसे कि हाल में तिरासी वर्ष की एक डच महिला को पता लगा कि वह पिछले पचास वर्ष तक लगातार गर्भवती चल रही है।[4]
2. भरती के लिए आए प्रत्याशियों की पहले लिखित परीक्षा हुई और फिर मौखिक। हालाँकि परचे मैंने काफी सरल रखे थे पर फिर भी काफी युवक और युवतियाँ उन्हें ठीक उसी हालत में छोड़ आए जिस हालत में वे उन्हें दिए गए थे। कॉपी का शीलभंग करना उन्होंने कदाचित् उचित नहीं समझा।[5]

1. इस देश के लोग, इसी नाम की रचना, पृ. 14
2. वही, पृ. 33
3. वही, पृ. 34
4. वही, इसी नाम की रचना, पृ. 13
5. वही, भरती, पृ. 59

3. मूल प्रश्न को छोड़कर (उन्होंने) बाकी सारी चीजों को इतना कसकर पकड़ा था जैसे कि कोई साँड किसी गाय को पकड़ता है।[1]
4. महाकवि बिहारी ने भी एक ऐसी नायिका पर कटाक्ष किया है जिसके चरण गहनों के भार के कारण सीधे नहीं पड़ते थे। बात भी ठीक है। यदि पैर ही भारी करना है तो शास्त्रसम्मत विधि के अनुसार करो, उसके लिए आभूषणों की सहायता क्यों लेती हो ?''[2]
5. स्वामीजी ने कुत्ते की आत्मा की शान्ति के लिए प्रभु से प्रार्थना की। मैंने अलबत्ता कुछ नहीं किया। मैं तो उस गदराती युवती के यौवन और रूप को देखता रहा। मैं उसकी आधी नंगी देह और उदास चेहरे में ऐसा खो गया कि भूल ही गया कि असली मुद्दा क्या था। असली मुद्दा यह था कि उनका कुत्ता मर गया था।[3]
6. नृत्य में भाग लेनेवाली बालाएँ अपनी चोली कुछ इस तरह बाँधती हैं कि लगता है उनमें काफी सामान छिपा है।[4]
7. आजादी मिले पच्चीस वर्ष हो गए। देश की जगह अगर कोई लड़का होता तो अब तक उसकी शादी हो गई होती और वह लड़की होती तो दो-चार बच्चे भी हो गए होते।[5]
8. ओहियो में एक नवयुवती पैराशूट के सहारे हवाई जहाज से कूदी तो स्थिति यह रही कि पैराशूट ने खुलने से मना कर दिया और नौ हजार फिट की ऊँचाई से गिरकर भी वह युवती सही-सलामत पृथ्वी पर आ पहुँची। स्त्रियाँ कितनी भी गिरें, वे फिर भी सुरक्षित रहती हैं—यह सत्य फिर से प्रतिष्ठित हो गया।[6]
9. परसों एक अंग्रेजी-समाचारपत्र में 'विडो' के स्थान पर 'विंडो' छपा था और आज एक अखबार में 'जनरल' के स्थान पर 'फ्यूनरल' छपा है। यदि विधवा स्त्री को हम खिड़की स्वीकार कर भी लें (क्योंकि कुछ पतिव्रता विधवाएँ ऐसी होती हैं कि हम उनमें प्रवेश कर सकते हैं), तब भी एक सेनापति को हम अन्तिम संस्कार कैसे कह सकते हैं ?[7]
10. युवतियाँ हैं कि बच्चा पैदा कर लेती हैं मगर वफा नहीं। स्त्रियों को छोड़ भी दीजिए—हालांकि स्त्री को छोड़ना काफी कठिन क्रिया है, खास तौर पर तब जब वह किसी दूसरे की हो।[8]

1. इस देश के लोग, भरती, पृ. 59
2. वही, संस्कृत-साहित्य में नारी : एक शोध-प्रबन्ध, पृ. 70
3. सुन्दरकली, उनका कुत्ता मर गया था, पृ. 13
4. वही, भारत के लोकनृत्य, पृ. 21
5. शोक-सभा, अपना देश : चिन्तन के कुछ क्षण, पृ. 51
6. चम्पाकली, भेड़ियों से लेकर शेरों तक, पृ. 122
7. वही, देश की पुलिस सुधर रही है..., पृ. 37
8. ऋतुवर्णन, बौने लोग, पृ. 81

अखबारी कतरनों और शेरो-शायरी का अत्यधिक उपयोग भी उनकी रचनाओं को बोझिल बनाता है। उनकी अधिकांश रचनाओं में खबरों का प्रयोग देखने को मिलता है, कहीं अच्छा तो कहीं बुरा। कुछ रचनाओं के तो शीर्षक ही इसके सूचक हैं, जैसे 'तीन दिलचस्प खबरें, एक अपील के साथ', 'आज का अखबार', 'एक खबरदार लेख', 'अखबार पढ़ने के बाद' आदि। इसी प्रकार, उनकी अनेक रचनाओं में शेरो-शायरी का इतना अधिक उपयोग हुआ है कि यह सवाल उठने लगता है कि इनमें त्यागीजी का योगदान क्या है। 'एक दिलचस्प काव्य-चर्चा', 'लोकगीतों में प्रणय', 'इब्ने इंशा की इश्किया शायरी', 'विज्ञापन-कविता', 'प्रेमयोग की परम्परा' आदि खास तौर से ऐसी ही रचनाएँ हैं।

इन कमियों से त्यागी बाखबर भी प्रतीत होते हैं, सिवा दोहराववाली कमी के। 'दैनिक हिन्दुस्तान' में 'व्यंग्य पढ़ने के उबाऊ लम्हे' शीर्षक से छपी इस टिप्पणी– "त्यागीजी अपनी रचनाओं में अब कुछ नुस्खे अपनाने लगे हैं। वे अखबार से घटनाएँ व समाचार लेते हैं, सेक्स का टच देते हैं और विभिन्न विषयों पर छाँटकर रखे गए कवितांशों का भरपूर प्रयोग करते हैं"[1] के सन्दर्भ में उन्होंने लिखा है, "विद्वान समीक्षक ने जो कुछ लिखा है, उसमें थोड़ा-बहुत सच जरूर है। रिटायर होने के बाद मैं अखबार जरूरत से ज्यादा पढ़ने लगा हूँ और भविष्य में मुझे सतर्क रहना है कि उसका प्रभाव मेरे लेखन की मौलिकता पर न पड़े और यदि पड़े भी तो कम-से-कम पड़े।"[2] हास्य के प्रति रुझान के बावजूद उन्हें कोरे हास्य और व्यंग्य का अन्तर भी मालूम है और इसीलिए स्वयं को मात्र 'एक नफीस हास्यकार' कहे जाने का विरोध करते हुए उन्होंने लिखा है, "वे बेचारे, 'हास्य' और 'व्यंग्य' के बीच जो मौलिक अन्तर है, उसे भी नहीं जानते। पिछले पच्चीस वर्षों में लिखी मेरी कोई चार सौ हास्य-व्यंग्य रचनाओं में कम-से-कम तीन सौ रचनाएँ जरूर ऐसी हैं जो समाज, साहित्य, धर्म और प्रशासन में फैली हुई विसंगतियों, कुंठाओं और भ्रष्टाचारों का पर्दाफाश करती हैं। हाँ, यह जरूर सच है कि सरकारी कर्मचारी होने के कारण मैं राजनीति को उतना नहीं पकड़ पाया, जितना कि एक व्यंग्यकार होने के नाते मुझसे अपेक्षित था मगर इसकी काफी जिम्मेदारी उन 'टोपी शुक्ला' लोगों पर जाती है जो सरकारी कर्मचारी को 'हुकुम का गुलाम' ही समझते हैं, और कुछ नहीं। बहरहाल, अब यदि कोई वैष्णवजन मेरी उन तीन सौ व्यंग्य-रचनाओं को नकारकर मात्र उन सौ रचनाओं को ही मेरे कृतित्व का अंग मानते हैं जो कि हास्यप्रधान हैं, तो आप ही बताइए कि मैं क्या कर सकता हूँ ?"[3] 'कुछ और सरकारी संस्मरण' लिखते हुए भी वे अपनी विवशता को इन शब्दों में व्यक्त करते हैं, "बातें तो बहुत हैं मगर 'दी आफीशल सीक्रेट्स एक्ट' के कारण जुबाँ बँधी है।"[4]

1. देश-विदेश की कथा, तीन दिलचस्प खबरें; एक अपील के साथ, पृ. 96
2. वही
3. गणतन्त्र-दिवस की शोभायात्रा, मेरे अपराध, पृ. 47
4. चम्पाकली, पृ. 155

समस्त कमियों के बावजूद रवीन्द्रनाथ त्यागी को खारिज नहीं किया जा सकता। उनकी कमियों के कारण उन्हें व्यंग्यकार-त्रयी में तीसरा स्थान मिला है (पहला या दूसरा नहीं), तो उनके अधिकांश व्यंग्य-लेखन की श्रेष्ठता को देखते हुए उन्हें उस स्थान से हटाया भी नहीं जा सकता। रुदन को अपने भीतर सायास रोकते हुए संसार को उत्कृष्ट हास्य का वरदान देनेवाले त्यागी ने अपनी इस प्रवृत्ति के सम्बन्ध में लिखा है, ''आप कहेंगे कि दुःखान्त प्रसंग में भी मैं मजाक के मूड में क्यों आ जाता हूँ ? मैं जवाब में सिर्फ यही कहूँगा कि कुछ लोग ऐसे भी हैं जो हँसते हुए रोते हैं। मैं शायद उन्हीं में से एक हूँ।''[1] उनका यह 'हँसते हुए रोना' निजी दुखों पर नहीं है, यद्यपि निजी दुख भी उन्होंने कम नहीं उठाए हैं, ''मैं यह कहने के लिए भी विवश किया जा रहा हूँ कि जितना सुविधाभोगी मैं रहा हूँ, वह मैं ही जानता हूँ। आपके सामने रोकर मैं आपकी सहानुभूति जीतना नहीं चाहता, मैं तो मात्र यह चाहता हूँ कि सारी स्थितियाँ समझे बिना आप गलत फतवे देना बन्द कर दें। मेरी आत्मकथा एक उपन्यास के रूप में छप चुकी है...उसे पढ़ें और फिर बताएँ कि जितना अभाव मैंने झेला है, वह कितने लेखकों ने झेला है ? मुफलिसी और भुखमरी का जो बचपन मैंने बिताया है, वह कितने प्रगतिशील लेखकों ने बिताया है ?''[2] प्रारम्भ में झेले गए इन अभावों और दुःखों ने बाद के अपेक्षाकृत वैभवशाली जीवन में भी उन्हें जनसामान्य के दुःख-दर्द से जोड़े रखा और पीड़ित-दलित-वंचित लोगों के आर्तनाद को स्वर देने और उसके लिए जिम्मेदार तत्त्वों का विरोध करने की दृष्टि उन्हें प्रदान की। अपने स्वयं के अनुभव से प्राप्त इस वैचारिक दृष्टिकोण ने उन्हें स्वयं को कभी आम आदमी से बड़ा नहीं समझने दिया और छोटी से छोटी समस्या को छोटी नहीं मानने दिया। अपने हाथ बँधे रहने के बावजूद वे गलत व्यवस्था की ऊँची चट्टान से इसलिए टकराए क्योंकि आम आदमी की जिजीविषा में, उसके संघर्ष में उनकी आस्था निरन्तर बनी रही। उन्होंने लिखा है, ''मैं जानता हूँ कि मैं एक छोटे मुँह से एक बड़ी बात कह रहा हूँ, मगर यदि बड़े-बड़े मुँह ऐसी-ऐसी बातें कह रहे हैं जो एकदम छोटी हैं तो बड़ी-बड़ी बातों को कहने के लिए छोटे मुखों को ही खुलना पड़ेगा। इतिहास साक्षी है कि जितनी भी क्रान्तियाँ हुईं, वे छोटे-छोटे लोगों द्वारा ही की गईं क्योंकि उनकी संख्या करोड़ों में थी।''[3] अपने इस प्रयोजन की सिद्धि के लिए वे प्रयत्नरत रहे, अध्यनशील रहे क्योंकि अध्ययन आदमी को जागृत रखता है, गाफिल नहीं होने देता। त्यागी की अध्ययनशीलता कमाल की है और वह उनके लेखन में भी बखूबी झलकती है। दुनिया-भर की सूचनाएँ वे हमें अपने लेखन में देते दिखाई पड़ते हैं, जो इस अध्ययनशीलता की बदौलत ही सम्भव है। यही अध्ययनशीलता उन्हें पत्र-पत्रिकाओं के गहन अध्ययन की ओर भी उन्मुख करती है। ऐसा वे वर्तमान से जुड़ा रहने के लिए करते हैं क्योंकि ''कोई भी साहित्यकार अपने

1. चम्पाकली, ग्रेटा गार्बो और उसके अतिरिक्त, पृ. 31
2. गणतन्त्र-दिवस की शोभायात्रा, मेरे अपराध, पृ. 49
3. देश-विदेश की कथा, इसी नाम की रचना, पृ. 145

वर्तमान की उपेक्षा नहीं कर सकता और व्यंग्यकार तो कभी भी वर्तमान से टूट ही नहीं सकता।''[1] तभी तो त्यागी अखबारों की गैर-संजीदा समझी जानेवाली खबरों को भी बड़ी संजीदगी से पढ़ते और अपनी रचनाओं में उनका उपयोग करते नजर आते हैं। उनका यह शौक उनकी रचनाओं को उस स्तर पर ले जाता है, जहाँ सामयिकता भारतीय समाज की चिरन्तन शोषक प्रवृत्तियों और राजनीति के घिनौने खेल से एकाकार हो जाती है।

अपनी अनुभव-जन्य वैचारिक पक्षधरता और मूलतः काव्य-संवेदना की प्रबलता की बदौलत त्यागी अपने व्यंग्यों में एक-साथ कहानी, कविता एवं निबन्ध का आनन्द देने की क्षमता रखते हैं। इस धरा पर व्याप्त विसंगतियाँ उन्हें कचोटती हैं, मानवीय सोच-सरोकार तथा विस्मृत संवेदना की याद दिलाती है। मूल्यों के अवमूल्यन से त्यागी का अन्तस विक्षिप्त हो उठता है। अन्तर एवं बाह्य के वैषम्य से उत्पन्न पीड़ा एवं आक्रोश कहीं काव्य-रूप में बाहर निकलता है, तो कहीं व्यंग्य के रूप में। निजी जीवन का रूखापन त्यागी की रचनाशीलता को लालित्य से अनिवार्य-रूपेण जोड़ता है और वे कटाक्ष करते समय भी ललित कटाक्ष करते हैं। सतही तौर पर वे परिहास अथवा उपहास करते प्रतीत होते हैं, किन्तु गहराई में उनके व्यंग्य मर्मस्थल तक उतर जाते हैं। वास्तविकता यह है कि त्यागी का हास्य, उपहास अथवा परिहास गहन-गम्भीर समस्याओं को पठनीय बनाने का माध्यम-भर है। लक्ष्य तो उनका व्यंग्य करना ही है। सम्प्रेषण का सर्वोत्कृष्ट रूप 'स्व' को माध्यम बनाकर किया गया सम्प्रेषण होता है। अपने आप पर किया गया कटाक्ष दूसरों के लिए सर्वाधिक असरकारक उपदेश बनता है। आजादी के बाद जिस गति से विरूपताएँ पल्लवित हुई हैं; उसके कारण व्यंग्यकारों के लिए यह आवश्यक हो गया कि वे अपने को इस विकृत तथा विरूप यथार्थ का अंग बनाकर प्रस्तुत करें। परसाई और जोशी की व्यंग्य-परम्परा को आगे बढ़ानेवाले त्यागी के व्यंग्य-लेखन में आत्म-व्यंग्य का अतुलित भंडार उनकी कथ्य-प्रबलता का आधार है। त्यागी का दृष्टिकोण कोरमकोर, 'अनरोमेंटिक' और 'ऐंटीरोमेंटिक' है। वह ढेर सारी परतों, मुद्राओं और छद्मों के पीछे निहित भावना को उजागर करता है और किसी के प्रति भी भावुकता से भरा नहीं है, क्योंकि उनकी नजर में ''व्यंग्यकार किसी का आदमी नहीं होता, सिर्फ आदमी होता है।''[2] त्यागी का व्यंग्य-फलक काफी व्यापक और वैविध्यपूर्ण है और उनकी उड़ान काफी स्वच्छन्द है। उसमें जीवन की रूढ़ियों से लेकर व्यापक विसंगतियों, मध्यवर्गीय मानसिकता के पिछड़ेपन, हीनता-ग्रन्थि और दब्बूपन, राजनीतिक अवसरवादिता और आर्थिक शोषण, लालफीताशाही और नौकरशाही की हास्यास्पदताओं, तकनीकी और प्रशासनिक टुच्चेपन तथा योजनाओं और कार्यक्रमों के झूठे नारों पर तीखे और वेधक व्यंग्य हैं। युवाओं की दिशाहीनता, नेतृत्व की अधिकार-लिप्सा और साहित्यिक विद्रूपताओं पर उनकी खास नजर है। क्लासिकल युग से लेकर नवीनतम युग की साहित्यिक रूढ़ियों और छद्मों से लेकर फैशनों और प्रचलित

1. देश-विदेश की कथा, तीन दिलचस्प खबरें; एक अपील के साथ, पृ. 96
2. गणतन्त्र-दिवस की शोभायात्रा, हरिशंकर परसाई : एक ऑफिस-नोट, पृ. 52

नारेबाजी तक उनके व्यंग्य का प्रसार है। हिन्दी-कहानी में नएपन और आधुनिकता के नाम पर हुई दुकानदारी, फिकरे और फतवेबाजी, झूठी अन्तर्राष्ट्रीयता और आलोचना के स्वेच्छाचार पर उनके व्यंग्य जितना कह जाते हैं, उतना गम्भीर-से-गम्भीर प्रबन्धों से भी सम्भव नहीं है। व्यंग्य करते हुए उनका रुख जर्राह की तरह नहीं होता, उसमें एक संवेदनशीलता और सहानुभूतिपूर्ण हृदय स्पन्दित है; मजदूरों की मजबूरियों के प्रति उनमें सहानुभूति है और मध्यवर्गीय मानसिकता पर चोट करते हुए भी उनकी स्थिति के लिए उनमें एक दर्द है। वे मुद्राओं और मैनरिज्म को इस सीमा तक खींचते हैं कि उनकी विसंगतियाँ अपने-आप उजागर हो जाती हैं। त्यागी की व्यंग्य-दृष्टि मुक्त होकर विचरण करती है और किसी को नहीं बख्शती। इस तरह त्यागी का लेखन मात्र आक्षेप एवं पटापेक्ष का नहीं, बल्कि निदान का लेखन है। विषम यथार्थ के बोझ-तले दबे सामाजिकों को वे साहित्यिक लालित्य अथवा मनोरंजन का प्रसाद देते हुए जिस कुशलता से व्यंग्य करते हैं, वह अपने-आपमें अद्वितीय है। इसलिए जब वे कहते हैं तो गलत नहीं कहते कि ''एक दिन आप जागेंगे और मेरी प्रशंसा करेंगे। जब तक वह समय आएगा, तब तक के लिए एक शायर का कलाम आपकी खिदमत में पेश करता हूँ :

मैं वक्त के सीने में फड़कता हुआ दिल हूँ
लोगो, मुझे कब तक नजरअन्दाज करोगे ?''[1]

---

1. चम्पाकली; सत्यम, शिवम, सुन्दरम, पृ. 47

7

व्यंग्यकार श्रीलाल शुक्ल की व्यंग्य-दृष्टि

प्रेरणा, प्रभाव और धारणा

स्वातन्त्र्योत्तर भारत की बहुविध विसंगतियों और विद्रूपताओं को जिन व्यंग्यकारों ने अत्यन्त सशक्त ढंग से अभिव्यक्त किया है, उनमें श्रीलाल शुक्ल का नाम विशेष रूप से उल्लेखनीय है। वैसे शुक्ल ने अपने लेखन की शुरुआत 1955 से ही कर दी थी, किन्तु 1959 में 'अंगद का पाँव' के प्रकाशन के बाद ही हिन्दी-व्यंग्य-लेखन के क्षेत्र में उनकी पहचान बनी। उससे पूर्व वे छिटपुट हास्य-लेखन अथवा काव्य-सृजन करते रहे। 1970 में आकाशवाणी, लखनऊ से प्रसारित अपनी एक वार्ता में उन्होंने बताया है, "मैं हास्यकार को एक सहज आनन्द का प्रतीक मानकर चलता हूँ, पर वह आनन्दमयी स्थिति मुझे नहीं मिल पाई। शुरू-शुरू में लगा जरूर कि मैं उस स्थिति से गुजर रहा हूँ, पर उसने मुझे कब छोड़ दिया या मैंने उसे कब छोड़ दिया, इसका पता भी नहीं चला। जब पता चला तो मालूम पड़ा कि हास्यकार के मनोदेश का सहज सुख एक व्यंग्य-लेखक की कलम से घबराकर कुछ दिन मेरे आसपास रह चुकने के बाद, अजनबी रास्तों से, किसी दूसरी ओर निकल गया है। मेरे चारों ओर सिर्फ नाराजगी और खीज का माहौल बचा है। आप मेरा इशारा समझ गए होंगे। कुछ दिन हास्य की हल्की-फुल्की प्यारी-प्यारी कहानियाँ लिख चुकने के बाद मुझे अपने में एक कमी महसूस हुई। मैंने पाया कि मैं दूसरों से ज्यादा नाराज रहता हूँ और उन्हें हँसाने या खुश रखने की जिम्मेदारी मेरी नहीं है। कुछ ऐसी स्थितियाँ हैं जिनसे लोग हँसकर कतरा जाते हैं या जिन्हें सुन्दर गीतों, गजलों या रूमानी कहानियों के भीने नशे में भुला देते हैं, जबकि मेरा काम स्थितियों की तल्खी को, उनके कँटीलेपन को बराबर उभारते रहना है। इस आभारहित साहित्यिक प्रक्रिया को विद्वान आलोचक व्यंग्य-लेखन की संज्ञा देते हैं।"[1]

"हर लेखक अपना लेखन कविता से शुरू करता है," इस अनौपचारिक मान्यता के अनुसार शुक्ल ने भी कविता से ही अपने लेखन की शुरुआत की। अपनी पहली व्यंग्य-रचना,

1. कुछ जमीन पर, कुछ हवा में; मेरा दृष्टिकोण : हास्यकार के रूप में, पृ. 188-89

जो कविता के माध्यम से ही निःसृत हुई, के बारे में बताते हुए उन्होंने 1963 में 'धर्मयुग' में लिखा, ''1945 की बात है। तब तक विश्वविद्यालयों में विद्यार्थी को देखते ही उसे लफंगा मानने का चलन नहीं हुआ था। ऐसे प्रोफेसर काफी संख्या में थे जो लड़कों को 'जेंटिलमैन' कहकर सम्बोधित करते थे, यही नहीं, उन्हें ऐसा समझते भी थे।

''मैं प्रयाग विश्वविद्यालय में था। वातावरण सब प्रकार से विद्यार्थी को जेंटिलमैन बना डालनेवाला था। हमारे छात्रावासों के मीटिंग-हॉल में योग्य और विशिष्टता पानेवाले विद्यार्थियों की वार्षिक सूचियाँ टँगी हुई थीं। ये आई. सी. एस. में, पी. सी. एस. में, इसमें, उसमें–किसी भी तुक की सरकारी नौकरी की परीक्षा में सफल होनेवालों की सूचियाँ थीं। हम किसी-न-किसी दिन इन्हीं सूचियों में टँगने की उम्मीद बाँधे चुपचाप किताबें पढ़ते रहते, उससे भी ज्यादा चुप होकर खेलते और छात्रावास के पुरातनकालीन शौचालयों; गन्ध-भरे, लगभग गन्दे भोजनालयों और बिना पानी के गुसलखानों में आते-जाते हुए अपने को जेंटिलमैन बनाए रखने की कला सीखते।

''मेस और–रेलवे बोर्ड की भाषा में–संडास तो जैसे-तैसे चल जाते, क्योंकि वे जैसे-तैसे अपने उद्देश्य की पूर्ति कर देते थे, पर बिना पानी का गुसलखाना कहाँ तक सहा जाता ? शायद पानी का दबाव कम था। जो भी हो, नल से बूँद-बूँद पानी टपकता था। बूँद-बूँद से घंटे-भर में बाल्टी भरती थी और चौथाई मिनट में रीती हो जाती थी। गुसलखाने के आगे 'क्यू' लगता था, पर 'क्यू' का कोई नियम जरूरी न था। नहानेवालों की भीड़ में दंगे की स्थिति पैदा हो जाती थी। इस स्थिति ने कुछ नेता पैदा किए। नेताओं ने नहाने की व्यवस्था में सुधार करना चाहा। तब तक हम सीख गए थे कि किसी भी सुधार के लिए धुआँधार आन्दोलन करना ही एकमात्र तरीका है। हम आन्दोलन पर उतर आए।

''सिर्फ बाथरूमी चप्पल और पाजामे पहने हुए, हाथ में तौलिया और साबुन लिये नंगे बदन जवाँमर्दों का एक जत्था हमारे छात्रावास से बाहर निकला। जुलूस की शकल में हम वाइसचांसलर डॉ. अमरनाथ झा (जो विश्वविद्यालय में खलीफा के नाम से विख्यात थे) के बँगले की ओर बढ़े। आसपास के छात्रावासों के लड़के भी हमारे दुःख से दुःखित होकर जिस्म के कपड़े उतार-उतारकर, तौलिया झटकारते हुए, जुलूस में शामिल हो गए। 'इनकलाब जिन्दाबाद' का वातावरण बन गया। 'लोटे-लोटे की झनकार, सारे बाथरूम बेकार' के नारों से खुद हमारे ही दिमाग गूँज उठे।

''ऐसे मौके पर प्रयाण-गीत के लिए मैंने एक कविता लिखी थी, जिसे यहाँ दोहराना ही इस टिप्पणी का असली उद्देश्य है।

''यह कविता उस जमाने के प्रसिद्ध प्रयाण-गीत–

खिदमते हिन्द में जो कि मर जाएँगे,
नाम दुनिया में अपना भी कर जाएँगे

की तर्ज पर लिखी गई थी और इस प्रकार थी–

हम बिना बाथरूम के मर जाएँगे,
नाम दुनिया में अपना भी कर जाएँगे।
यह न पूछो कि मरकर किधर जाएँगे,
होगा पानी जिधर, बस उधर जाएँगे।
जून में हम नहाकर थे घर से चले,
अब नहाएँगे फिर जब कि घर जाएँगे।
यह हमारा वतन भी अरब हो गया,
आज हम भी खलीफा के घर जाएँगे।

...आदि-आदि।

''यह मेरी पहली व्यंग्य-रचना थी। पता नहीं, उस 'करुण-करुण मसृण-मसृण' वाले जमाने में–जबकि ज्यादातर मैं खुद उसी वृत्ति का शिकार था–मैं यह प्रयाण-गीत कैसे लिख ले गया। जो भी हो, इसका यह नतीजा जरूर निकला कि लगभग दस साल बाद मैंने जब व्यंग्य लिखना शुरू किया तो मुझमें यह आत्मविश्वास था कि मैं दस साल की सीनियारिटी का व्यंग्य-लेखक हूँ और दूसरों की तरह किसी भी पोच बात को सीनियारिटी के सहारे चला सकता हूँ।''[1]

किन्तु यह एक निजी एवं तात्कालिक प्रतिक्रिया-भर थी। सही अर्थों में उनके व्यंग्य-लेखन की शुरुआत उनकी 'स्वर्णग्राम और वर्षा' नामक रचना से हुई, जैसा कि उन्होंने स्वयं भी लिखा है, ''एक दिन आकाशवाणी के एक नाटक का रोमेंटिक धुआँधार (जो आकाशवाणी के नाटकों आदि में हमेशा बलबलाता रहता है) झेलने में अपने को बेकाबू पाकर और लगभग हिंसात्मक विद्रोह करते हुए मैंने 'स्वर्णग्राम और वर्षा' नामक लेख लिखा...मेरे व्यंग्य-लेखन की यही शुरुआत थी।''[2]

गरीबी की चरम सीमा को भोगते हुए सम्पन्नता की सीढ़ी पर चढ़नेवाले शुक्ल का साहित्यकार दोनों ही परिस्थितियों में सुकून अथवा अपनेपन से अपरिचित ही रहा है। साहित्यकार की दरिद्रता एवं विवशताओं को बिल्कुल नजदीक से पहचानने और स्वाभाविक सहानुभूति का भाव रखने के बावजूद श्रीलाल शुक्ल साहित्यकारों की गरीबी को अनावश्यक महिमा-मंडित करने के विरुद्ध हैं। अतः अपने अभावग्रस्त अतीत पर वे प्रायः मौन ही हैं। अपने साहित्य की पीठिका समझाते हुए वे इतना भर कहते हैं, ''पर मेरा एक पैर गरीबी के खेमे में है जिसे मैं जीवन के पूर्वार्द्ध में जान चुका हूँ, और दूसरा सम्पन्नता के उस खेमे में है जो मेरे पास-पड़ोस दिखाई देती है। और उन दो में से किसी भी खेमे में सुकून और अपनेपन का अनुभव नहीं कर पाता हूँ।''[3]

शुक्ल का यह वक्तव्य उनके साहित्यकार की आन्तरिक बेचैनी एवं अभावग्रस्तता का प्रमाण है। यह अभाव आर्थिक नहीं, यद्यपि, ''आर्थिक सुरक्षा क्या चीज है, इसका

1. कुछ जमीन पर, कुछ हवा में; मेरे व्यंग्य-लेखन का एक ऐतिहासिक क्षण, पृ.107-09
2. यह घर मेरा नहीं, अपने बारे में, पृ. 128
3. वही, पृ. 124-25

अनुभव मुझे आज भी नहीं है।"[1] वस्तुतः वे आज की छद्म-सम्पन्नता के विरुद्ध हैं। जीवन-जगत की विभीषिकाएँ तो उनकी अपनी थीं ही, प्रशासकीय नौकरी में आने के बाद प्रशासन का छद्म भी उनके सामने खुलने लगा।

नौकरी पाने के बाद श्रीलाल शुक्ल ने परिवार की गरीबी के साथ-साथ उसकी परम्परावादिता को तो काफी हद तक कम कर दिया, किन्तु लेखकीय संवेदना को प्रतिष्ठानपरस्ती से बचाने की एक नई चुनौती अब उनके सामने थी, "पर मेरे जैसा लेखक, जिसकी शुरुआत ही व्यंग्य और तीखे लेखन से हुई हो, इस तरह के पलायन से अपने को बहुत दिन तक फुसला नहीं सकता, क्योंकि ऐसे लेखन के पीछे सामाजिक जीवन की जिस क्वालिटी का आदर्श है, वह आसानी से मुझे छोड़नेवाला नहीं है। किसी व्यवस्था पर प्रत्यक्ष चोट करना मेरा मन्तव्य हो या न हो, पर इस एहसास से कि चाहने पर भी उस पर चोट नहीं की जा सकती, मेरे लेखन पर एक अस्पष्ट पर निश्चित क्रूर ग्रह की छाया पड़ने लगती है।"[2]

उपर्युक्त कथन में शुक्ल बाहरी प्रतिबन्ध के प्रति आन्तरिक दुविधा तथा दोनों के बीच ताल-मेल बिठाने की विवशता जताते हैं, साथ ही आन्तरिक प्रतिबद्धता का दृढ़ निश्चय व्यक्त करते हैं। सामाजिक जीवन का आदर्श उनके प्रतिबन्धों से कहीं अधिक प्रबल है। यही कारण है कि वे अपनी मानसिकता को पराजित नहीं होने देते। कतिपय प्रबुद्ध लेखकों की तरह वे आयातित अनुभवों की अभिव्यक्ति का दम्भ नहीं भरते, बल्कि चारों ओर के परिवेश से प्राप्त स्वानुभूति की ईमानदार अभिव्यक्ति करते हैं। स्वतन्त्रता-संग्राम का आदर्श और राष्ट्रीय तथा मानवीय उदात्तता स्वतन्त्रता-प्राप्ति के साथ ही एक जबर्दस्त नकलीपन एवं लाघव-ग्रन्थि की चपेट में आ गए। परिणामस्वरूप मानव की परिणति 'सामाजिक जानवर' के रूप में हुई। शुक्ल अपनी व्यंग्य-रचनाओं में इन्हीं सामाजिक जानवरों के क्रिया-कलापों का विश्लेषण करते हैं।

श्रीलाल शुक्ल को निजी परिवेश के अन्तर्विरोध के बावजूद साहित्यिक मित्रों का प्रोत्साहन और सद्भाव बराबर मिलता रहा। क्लेशपूर्ण विद्यार्थी-जीवन एवं गरीबी के बावजूद लेखकीय पहचान स्थापित करने में उन्हें विशेष संघर्ष नहीं करना पड़ा। केशवचन्द्र वर्मा की मित्रता शुक्ल को साहित्यकारों के निकट लाने में उपयोगी रही। केशवचन्द्र वर्मा के साथ शुक्ल का सम्पर्क धर्मवीर भारती, विजयदेवनारायण साही, सर्वेश्वर, गिरिधर गोपाल, जगदीश गुप्त आदि कवि-साहित्यकारों से हुआ।

आरम्भिक रचनाओं में शुक्ल तटवर्ती लेखन ही करते रहे, "पर कुछ दिन बाद ही यह नाकाफी जान पड़ने लगा। लगा, यह तट पर बालू के साथ किया गया खिलवाड़-भर है। अपर्याप्ति की इस छटपटाहट का एहसास होते ही कुछ गहराई में जाना अनिवार्य हो जाता है।"[3]

---

1. यह घर मेरा नहीं, अपने बारे में, पृ. 124
2. वही, पृ. 128
3. वही, पृ. 129

'अंगद का पाँव' के बाद ही शुक्ल की व्यंग्य-कृतियाँ, जो क्रमशः जीवन के सतहीपन से गहराई की ओर बढ़नेवाली कृतियाँ हैं और जिनमें व्यक्ति और समाज के तमाम छल, छद्‌म और ढोंग का निरावरण हुआ है, उनकी उपर्युक्त मान्यता का प्रमाण हैं। उनकी औपन्यासिक व्यंग्य-कृति 'राग-दरबारी' तो हिन्दी-व्यंग्य की विशिष्टतम उपलब्धि ही है, जिसमें एक गाँव के माध्यम से आजादी के बाद के भारत-भर के क्रूर यथार्थ का मार्मिक चित्रण हुआ है।

शुक्ल साहित्य को जीवन से गहराई से सम्बद्ध मानते हैं। आकाशवाणी, लखनऊ से 1983 में प्रसारित अपनी एक वार्ता 'साहित्य के लिए मेरी कसौटी' में उन्होंने बताया है, "साहित्य मेरे लिए जिन्दगी का एक अनिवार्य अंग है, ठीक इसी तरह जैसे जिन्दगी मेरे लिए साहित्य का एक अनिवार्य अंग है।"[1] साहित्य की कसौटी के प्रसंग में अपने विचार प्रकट करते हुए वे कहते हैं, "जब कोई साहित्य की परख के लिए कसौटी की बात उठाता है तो यह मानकर चलता है कि साहित्य को खरे सोने जैसा होना चाहिए। पर साहित्य में खरे सोने की तलाश करते हुए भी मैं हमेशा अपने को दो बातों की याद दिलाता रहता हूँ; एक यह कि जिन्दगी में खरा सोना ही सब-कुछ नहीं है, कभी लोहे की भी जरूरत होती है, और कभी-कभी मिट्‌टी की भी। और दूसरी बात इस मशहूर कहावत में पहले ही कही जा चुकी है कि हर चमकनेवाली चीज सोना नहीं होती।"[2]

यह लोहा-मिट्‌टी असल में व्यंग्य है, जो जीवन के लिए सोने से कहीं ज्यादा अनिवार्य है। श्रीलाल शुक्ल का व्यंग्य मिट्‌टी से जुड़ा है और लोहे की तरह ठोस और मारक है। वह हँसी नहीं दिलाता, मनोरंजन नहीं करता। लेकिन यह व्यंग्य की विशेषता भी नहीं है, "मेरे लिए साहित्य का रोचक या सरस होना जरूरी नहीं है। रोचकता और सरलता, एक तो पढ़नेवाले की रुचि और उसकी रस-सम्बन्धी अवधारणा का ही विस्तार है, दूसरे उत्कृष्ट साहित्य हमेशा रोचक हो, यह लाजमी नहीं है। गौतम बुद्ध और महात्मा गांधी का सम्पर्क, हो सकता है, किसी को किसी दिलकश अभिनेत्री या फिल्मी कमेडियन की सोहबत की भाँति रोचक न लगे, तब भी मानव-जाति की प्रगति में दोनों जिन्दगी के जिन मूल्यों को इंगित करते हैं, उसे शायद समझाना जरूरी नहीं है।"[3]

अपनी इस धारणा को और स्पष्ट करते हुए वे कहते हैं, "तभी जिसे उत्कृष्ट साहित्य समझा गया है, उसका एक बहुत बड़ा हिस्सा आज की रुचि के अनुसार उबाऊ, यानी 'डल' और 'बोरिंग' है। फोरसाइथ और मारियो प्यूजो के सनसनीखेज उपन्यासों को पढ़नेवाले टॉलस्टाय, दोस्तोयेव्स्की या टामस मान को बोरिंग या उबाऊ समझ सकते हैं। जिसे पुराना क्लासिकी साहित्य कहते हैं, उसे शुद्ध आनन्द के लिए पढ़ना अब अनेक साहित्य-प्रेमियों के लिए भी भारी पड़ता है। एडवर्ड एल्बी और जॉन ऑस्बर्न की 'काँय काँय काँय' शैलीवाले नाटकों के आगे शेक्सपियर को साहित्यिक आनन्द के

---

1. कुछ जमीन पर, कुछ हवा में; पृ. 201
2. वही, पृ. 200
3. वही, पृ. 201

निमित्त पढ़नेवालों की कमी हो सकती है। कालिदास के 'अभिज्ञान शाकुन्तलम्' को न पढ़कर बहुत से लोग 'आषाढ़ का एक दिन' पढ़ना ज्यादा रुचिकर समझ सकते हैं, पर इससे समय-समय पर बदलनेवाली लोक-रुचि का भले ही आभास हो जाए, क्लासिकी साहित्य ने मानवीय अनुभवों और उसकी संवेदनाओं को जिस सीमा तक और जिस स्तर पर सम्पन्न किया है, उसे आसानी से नहीं भूला जा सकता।''[1]

घटिया साहित्य की रोचकता की तुलना में उत्कृष्ट साहित्य के उबाऊ हो सकने के बावजूद व्यक्ति और समाज के लिए उसके महत्त्व की चर्चा करते हुए वे कहते हैं, ''उबाऊ साहित्य, और उसी के साथ, जिन्दगी में भी ऊब या बोरडम के मामले में मैं बर्टेंड रसेल की शागिर्दी करना चाहूँगा। अपनी प्रसिद्ध पुस्तक 'द कांक्वेस्ट ऑफ हैपीनेस' में उन्होंने समझाया है कि जिन्दगी में बोरडम या ऊब से घबराना या कतराना नहीं चाहिए, क्योंकि ऊब भी एक भरी-पूरी जिन्दगी का अनिवार्य अंग है और उसे सहज भाव से ग्रहण करना चाहिए। साहित्य का उदाहरण देते हुए उन्होंने उत्कृष्ट कोटि के क्लासिकी ग्रन्थों का हवाला दिया है, जो कई अंशों में प्रचलित लोक-रुचि में उबाऊ होते हुए भी असामान्य साहित्यिक अनुभव सृजित करने का सामर्थ्य रखते हैं। इसलिए समझ की बात यही होगी कि हम घटिया साहित्य से कभी-कभी मन-बहलाव करते हुए भी, और उसे साहित्यिक दुनिया की अनिवार्य संक्रामक स्थिति मानते हुए भी, उत्कृष्ट साहित्य के बारे में अपनी धारणा बिगड़ने न दें। यानी, किसी फिल्मी तारिका के अभिनय की प्रशंसा करने के कारण ही यह जरूरी नहीं कि हम अपनी पत्नी के प्रति अपने प्रेम और आदर में कमी कर दें।''[2]

घटिया साहित्य हमें किस रूप में हानि पहुँचाता है, इसका उल्लेख करते हुए शुक्ल ने कहा है, ''घटिया साहित्य दो किस्म का होता है। एक तो घटिया किस्म का घटिया साहित्य। उसके बारे में लगभग सभी लोग जानते हैं। दूसरा होता है बढ़िया किस्म का घटिया साहित्य। उसके बारे में पाठक को बराबर चौकन्ना रहना चाहिए। इस कोटि का साहित्य पता नहीं कब बढ़िया बनकर पाठक की रुचि बिगाड़ दे और स्वाभाविक रूप से उत्तम साहित्य में रुचि लेने से रोक दे। बढ़िया किस्म का घटिया साहित्य वह है जो हमें अनुभव की गहराइयों में जाने से रोकता है, हमारे चिरपरिचित अनुभूति-जगत में ही ऊपर की सतह खुरचकर हरी-भरी फसलें उगाने की कोशिश करता है, हमारी उदात्त संवेदनाओं को पनपने का मौका नहीं देता, बहुचर्चित आदर्शों को स्वतः सिद्ध और स्थायी मानवीय मूल्य बनाकर प्रतिष्ठित करना चाहता है और यथार्थ के विभिन्न आयामों को न उघाड़कर यथार्थ की साहित्य में जो पिटी हुई रूढ़ियाँ बन रही हैं, उन्हीं को हम पर आरोपित करता है। यह साहित्य हमारे सतही अनुभवों को बार-बार दुहराकर हमारी भावुकता का फायदा उठाता है और हमारे भावनात्मक व्यक्तित्व को एक इंच भी ऊपर नहीं खिसकने देता। इस सारे घटियापन के बावजूद इसमें भाषा और शिल्प के बढ़िया तत्त्व होते हैं। हो सकता है, उसकी भाषा नाटकीय रूप से आकर्षक हो और तथाकथित मापदंडों से अत्यन्त साहित्यिक हो, सृजनात्मक न होते

1. कुछ जमीन पर, कुछ हवा में; पृ. 201-02
2. वही, पृ. 202

हुए भी वह प्रांजल और छद्म रूप से काव्यमय हो। ऐसा साहित्य शिल्प की दृष्टि से भी सम्पन्न और प्रत्यक्षतः प्रभावशील हो सकता है और अपने पूरे तामझाम के साथ ऊपर से ऐसा दीख सकता है, जैसा कि उसका समानान्तर असली साहित्य। पर ऐसा साहित्य हमारे अनुभव-संसार में कुछ जोड़ नहीं सकता, वह सिर्फ हमें कुछ देर के लिए उत्तेजित कर सकता है। बढ़िया किस्म के घटिया साहित्य का एक अच्छा नमूना, बकौल जार्ज आर्वेल, रडयार्ड किप्लिंग की कविताएँ हैं और हिन्दी में बकौल मेरे रीतिकालीन काव्य का लगभग दो-तिहाई हिस्सा है। आधुनिक हिन्दी-साहित्य में भी कथा-साहित्य और कविताओं का एक बड़ा भारी हिस्सा ऐसा मिलेगा जो अत्यन्त शुद्ध किन्तु निष्प्राण भाषा में बड़े सजग शिल्प के साथ लिखा जा रहा है। पर वह भाषा और शिल्प की पातगोभी-भर है। ऐसे साहित्य को सौम्यता से बर्दाश्त करना तो ठीक है, पर उसका चस्का नहीं लगना चाहिए। अच्छे और बुरे में भेद किए बिना साहित्य पढ़ना उत्कृष्ट कोटि के साहित्यिक अनुभवों से अपने को वंचित कर देना है।''[1]

1984 में आकाशवाणी, लखनऊ से ही प्रसारित अपनी एक अन्य वार्ता में श्रीलाल शुक्ल ने साहित्य की प्रासंगिकता के सम्बन्ध में चर्चा करते हुए कहा है, ''दरअसल, जैसा कि निर्मल वर्मा ने एक जगह कहा है, प्रासंगिक शब्द से ही समय की बू आती है। लगता है कि कोई चीज ऐसी किसी समय के प्रसंग में आँकी जा रही है। इसीलिए, मैं सार्थक कहना ज्यादा वाजिब समझता हूँ। प्रासंगिक के साथ जो एक खास वक्त से बँधने का भ्रम होता है, उसके डर से इस शब्द को यहाँ छोड़ा भी जा सकता है। पर यह न भूलना चाहिए कि कला और साहित्य की कृतियाँ कला के ही हवाले से प्रासंगिक नहीं बनतीं और ज्यादा सही यह है कि जिसे हम प्रासंगिक साहित्य कहते हैं, वह हमारे लिए उन मूल्यों के स्तर पर प्रासंगिक बनता है जो हमारी उपलब्धियों, आकांक्षाओं, सही जिन्दगी के बारे में हमारी कल्पनाओं, हमारे सपनों और स्वप्न-भंग की स्थितियों की उपज होते हैं। उन अनुभवों को रूपायित करनेवाली या उन्हें उत्तेजित करनेवाली कृतियाँ तब तक प्रासंगिक है, जब तक हमारे पास निजी तौर से या समाजी तौर से वे अनुभव हैं, या उन अनुभवों की प्रासंगिकता है।''[2]

सार्थकता और मूल्यवत्ता को प्रासंगिकता की अनिवार्य शर्त मानते हुए वे कहते हैं, ''जहाँ तक एक ऐतिहासिक क्षण में समाज की स्थिति को पकड़ने की बात है, सारा साहित्य समाज का दर्पण है। पर इसी से सारे साहित्य को हम प्रासंगिक नहीं कह सकते। मैंने प्रासंगिकता की एक कसौटी साहित्य की सार्थकता में पाई है। दूसरी, साहित्य की उस मूल्यवत्ता में, जिसका हमारे अनुभवों से, हमारी आज की संवेदनाओं से सीधा सरोकार है। इस हिसाब से साहित्य का बहुत सा हिस्सा समाज का दर्पण होकर भी प्रासंगिक के दायरे में खारिज हो जाता है, वैसे ही जैसे फिल्मों की शूटिंग में बहुत से रशेज, फुटेज का बहुत सा हिस्सा अप्रासंगिक या निरर्थक हो जाता है।''[3]

1. कुछ जमीन पर, कुछ हवा में; पृ. 203-04
2. वही; प्रासंगिकता, उपादेयता और सार्थकता का सवाल, पृ. 197-98
3. वही, पृ. 198

साहित्य के उद्देश्य के सम्बन्ध में मत व्यक्त करते हुए श्रीलाल शुक्ल कहते हैं, "प्रासंगिकता के सवाल पर विचार करते समय हमें हमेशा याद रखना चाहिए कि साहित्य सिर्फ आज के विशेष मतवादों को प्रचारित करने का या विशेष परिस्थितियों का ब्योरा पेश करके उन पर फैसला सुनाने का मंच नहीं है; उसकी विराट सम्भावनाएँ हैं। उसमें इतनी शक्ति, सामर्थ्य और आत्मीयता भी हो सकती है जो किसी भी समय और स्थान को नीचे छोड़कर हमारी जिन्दगी के सुख-दुःख का अंग बन सकती है। और उसकी यही विशेषता उसे आदर्श कला के रूप में प्रतिष्ठित करती है। उलटकर कहा जाए तो जिस साहित्य की प्रासंगिकता अबाध रूप से महसूस होती है, वही कला और साहित्य के आदर्शों को पूरा करता है और उपादेयता की कसौटी पर भी खरा उतरता है। पर सभी तरह के साहित्यकारों को सराहनेवाले कहीं-न-कहीं निकल आते हैं। मुसीबत है, तो सिर्फ संवेदनशील साहित्यकार की है। बकौल रघुवीर सहाय : कितना अच्छा था छायावादी / एक दुख लेकर वह एक गान देता था / कितना कुशल था प्रगतिवादी / हर दुख का कारण वह पहचान लेता था / कितना महान था गीतकार / जो दुख के मारे अपनी जान लेता था / कितना अकेला हूँ मैं इस समाज में / जहाँ सदा मरता है एक और मतदाता।"[1]

यह सार्थकता या प्रासंगिकता साहित्य के सोद्देश्य होने से सम्बन्ध रखती है, जो व्यंग्य का एक अनिवार्य तत्त्व है। यही कारण है कि व्यंग्य आज सबसे ज्यादा प्रासंगिक विधा है, यहाँ तक कि यह बात उस पर एक आरोप लगाने तक के रूप में कही जाती है और माना जाता है कि वह स्थायी नहीं होता। कतिपय आलोचकों की नजर में व्यंग्य उस 'गुंचे' की तरह है, जिसकी 'जिन्दगी पे' उनका 'दिल हिलता है' क्योंकि वह 'बस एक तबस्सुम की तरह खिलता है।' लेकिन उसका जवाब खुद गुंचा दे देता है और वह यह कि 'ये तबस्सुम भी किसे मिलता है।'

आदमी की जिन्दगी के कष्टों और उसके लिए जिम्मेदार तत्त्वों की तरफ इंगित करके व्यंग्यकार तबस्सुम बिखेरने का प्रयास करता है। क्योंकि वह जानता है कि "बार-बार आम आदमी को झुठलाया गया है और ऐसा अनेक बार होता है कि आम आदमी अपनी बारी का इन्तजार करता हुआ लगातार कई दिन, महीने, बरस क्यू में खड़ा रहा है और क्यू में सबसे आगे कोई-न-कोई खास आदमी आम आदमी का चेहरा लगाकर किसी-न-किसी तरकीब से पहुँचता रहा है।"[2] और अगर आप सचमुच ही आम आदमी के लिए कुछ करना चाहें तो बकौल श्रीलाल शुक्ल "फरेब के इस माहौल को छोड़कर आपके लिए यह लाजमी हो जाएगा कि खास आदमी के मुँह पर लगे हुए आम आदमी के मुखौटे को आप एक झटके से अलग कर दें।"[3]

हास्य इसमें सहायक नहीं हो सकता। उसकी सीमा बताते हुए शुक्ल कहते हैं, "उसकी

1. कुछ जमीन पर, कुछ हवा में; प्रासंगिकता, उपादेयता और सार्थकता का सवाल, पृ. 198-99
2. वही, तलाश जारी है आम आदमी की, पृ. 180
3. वही

वजह से लेखक जीवन को उस तीव्र अनुभूति के साथ नहीं ग्रहण कर पाता, जो उच्चतर लेखक की प्रेरक शक्ति होती है। शायद इसी सीमा के कारण भरत की राय में हास्य एक पूर्ण रस भी नहीं है, बल्कि एक उपरस है। उन्होंने अपने नाट्यशास्त्र में उसे एक उपरस माना है और कहा है कि हास्य शृंगार की अनुकृति है। लगभग सभी प्राचीन आचार्य हास्य को शृंगार या राग से उत्पन्न मानते हैं। इसलिए यह स्वाभाविक ही है कि अपने परम्परागत स्वरूप में हास्य की हैसियत एक पिछलगुए जैसी है। अपने सहारे खुद अपनी जमीन पर टिके रहने की ताकत उसे नहीं दी गई है।''[1] हास्य की सीमा को और स्पष्ट करते हुए वे कहते हैं, ''हास्य मानव और समाज की कमजोरियों की भर्त्सना नहीं करता, उनको एक ऐसी रोशनी में प्रस्तुत करता है कि वे कमजोरियाँ जीवन के एक अविभाज्य, लगभग अनिवार्य अंग-जैसी दिखने लगें। वह कुछ ऐसा आभास देता है, जैसे जीवन उन कमजोरियों की ही वजह से ज्यादा आकर्षक हो गया है।''[2]

अपने व्यक्तित्व में हास्यकार के तत्त्व न होने का उल्लेख करते हुए श्रीलाल शुक्ल बताते हैं, ''मुझमें उस चिरन्तन हास्यकार के तत्त्व मौजूद नहीं हैं, जो अपने कृतित्व की सफलता मानवीय कमजोरियों के प्रति अत्यन्त प्रीतिकर ढंग से इशारे करने में मानता हो। हास्यकार का यह आकाशचारी व्यक्तित्व मेरी निगाह में एक आदर्श साहित्य का रूप नहीं है। अपनी जगह, काफी महत्त्वशील होते हुए भी, यह रूप मुझे एकांगी और अधूरा जान पड़ता है। ऐसा नहीं कि जीवन के प्रति हास्यकार के परम्परागत रवैए को मैं उसके सतहीपन के कारण स्वीकार नहीं पाता। वास्तव में यह जरूरी नहीं है कि हास्यकार की दृष्टि सतही हो। वह अत्यन्त सूक्ष्म और अन्तर्भेदी भी हो सकती है। पर उस दृष्टि का कलात्मक स्तर पर उपयोग करने में एक सम्भ्रान्ति, एक प्रकार की राजनयिक औपचारिकता–डिप्लोमेटिक प्रोटोकोल–की जरूरत मानी जाती है जो अभिव्यक्ति की सहजता और सदाशयता के खिलाफ पड़ती है। इसीलिए, आरम्भ में कई-एक हास्यपूर्ण कृतियाँ लिखने के बावजूद, और इस समय भी जीवन के प्रति काफी मात्रा में हास्यबोध–सेंस ऑफ कॉमेडी–रखने के बावजूद, हास्यकार की चिरन्तन भूमिका मुझे अपील नहीं कर पाती। बकौल एक अंग्रेजी मुहावरे के, यह टोपी मेरे सिर पर फिट नहीं हो पाती। इसीलिए, कभी-कभी दूसरों के सुख के लिए यह टोपी मैं भले ही लगा लूँ, इसे मैं अपनी पोशाक का सहज अंग नहीं बना पाया। सामाजिक असंगतियों और जीवन की विकृतियों की बिना किसी लाग-लपेट के शल्यक्रिया करना मुझे पसन्द रहा है। शायद मुझे भ्रम था–और कुछ हद तक अब भी है–कि इससे साहित्य के एक सामाजिक उद्देश्य की पूर्ति होती है।''[3]

अपनी व्यंग्य-रचनाओं की इसी उद्देश्यपरकता के प्रति आश्वस्त होने के कारण ही वे दो-टूक शब्दों में घोषित करते हैं कि ''क्षमा तब माँगनी पड़ेगी जब ये रचनाएँ

1. कुछ जमीन पर, कुछ हवा में; मेरा दृष्टिकोण : हास्यकार के रूप में, पृ. 189-90
2. वही, पृ. 190
3. वही, पृ. 191

पाठकों का केवल मनोरंजन करें और उनका या उनके साथ कुछ भी न कर सकें।"[1]

रचना-संसार

व्यंग्य-विधा में श्रीलाल शुक्ल का अब तक एक बृहद् उपन्यास, पाँच व्यंग्य-संकलन और एक उनकी प्रतिनिधि व्यंग्य-रचनाओं का संकलन प्रकाशित हो चुके हैं, जिनका ब्योरा इस प्रकार है–

1. अंगद का पाँव (व्यंग्य-संकलन, 1959)
2. राग दरबारी (व्यंग्य-उपन्यास, 1968)
3. यहाँ से वहाँ (व्यंग्य-संकलन, 1969)
4. मेरी श्रेष्ठ व्यंग्य-रचनाएँ (प्रतिनिधि व्यंग्य-रचनाओं का संकलन, 1978)
5. यह घर मेरा नहीं (व्यंग्य-संकलन, 1979)
6. उमरावनगर में कुछ दिन (वही, 1990)
7. कुछ जमीन पर, कुछ हवा में (वही, 1990)

इसके अलावा, नेशनल बुक ट्रस्ट, इंडिया के लिए उन्होंने प्रेम जनमेजय के साथ मिलकर प्रतिनिधि हिन्दी-व्यंग्यकारों का एक "हिन्दी हास्य-व्यंग्य संकलन" (1997) सम्पादित भी किया है।

प्रतिफलन और परीक्षण

आजादी के बाद भारतीय जीवन में एक अभूतपूर्व नकलीपन एवं ओछापन परिव्याप्त होने लगा था। साहित्य, संगीत, कला, इतिहास, पुराण तथा हमारे प्राचीन आदर्श–सभी पर अंग्रेजी मोहपाश हावी था। वर्षों तक शासन का दबदबा दिखाकर सुख-भोग करनेवाले अंग्रेज अभी-अभी देश से निकाले गए थे। किन्तु अँगरेजियत की छटा अभी धूमिल नहीं हुई थी। साहित्यिक क्षेत्र में रोचक अंग्रेजी-निबन्धों की परम्परा का अनुकरण जोरों पर था। आनन्ददायी विषयों को चुनकर उन पर निबन्ध लिखने की ललक अधिकांश साहित्यकारों में व्याप्त थी। अतः श्रीलाल शुक्ल ने इस प्रवृत्ति पर व्यंग्य करने के लिए देशी विषयों को चुन-चुनकर अंग्रेजी-शैली में उन्हें व्यंग्यात्मक छटा प्रदान करते हुए 'अंगद का पाँव' व्यंग्य-संग्रह प्रस्तुत किया। इस संग्रह के 'संस्कृत पाठशाला में प्रसाद', 'शीर्षक का शीर्षासन' तथा 'साहित्योद्यानसुमनगुच्छा : एक समीक्षा' नामक व्यंग्य विशुद्धरूपेण साहित्यिक अनुकरण से उत्पन्न विकृतियों पर व्यंग्य हैं। अंग्रेजी-शैली के अन्धानुकरण एवं अनुवाद की प्रवृत्ति से "हिन्दी की चिन्दी उड़ रही है"[2] और "प्रभात

1. मेरी श्रेष्ठ व्यंग्य-रचनाएँ, परिचय, पृ. 10
2. अंगद का पाँव, साहित्योद्यानसुमनगुच्छा : एक समीक्षा, पृ. 19

बेला है, छायाएँ लम्बी होकर फैली हैं, अतः वातावरण छायावादी है"[1] जैसे वाक्य बौद्धिक पतन पर व्यंग्यात्मक टिप्पणियाँ हैं। और जिस पाठशाला में गुरुजी छात्रों को उपर्युक्त ज्ञान दे रहे हैं, उसकी हालत देखिए, "संस्कृत-पाठशाला का चबूतरा टूटकर धरती के ऊपर चिन्ताभार-सा टिका है। उस पर पड़ा हुआ छप्पर देखकर लगता है कि यहाँ प्रलय की लहरें आ चुकी हैं और उस पर पालना बनाकर निकल चुकी हैं। उस छप्पर में बर्र के छत्ते शीतल ज्वाला-सी जला रहे हैं। यत्र-तत्र फैली मक्खियों का समुदाय हृदय में बसी हुई सुधियों की बस्ती-सा जान पड़ता है।"[2]

यही हालत 'राग दरबारी' के छंगामल विद्यालय इंटरमीडिएट कॉलेज की भी है, "जहाँ से इंटरमीडिएट पास करनेवाले लड़के सिर्फ इमारत के आधार पर कह सकते थे कि हम शान्तिनिकेतन से भी आगे हैं; हम असली भारतीय विद्यार्थी हैं; हम नहीं जानते कि बिजली क्या है, नल क्या है, पक्का फर्श किसको कहते हैं, सैनिटरी फिटिंग किस चिड़िया का नाम है। हमने विलायती तालीम तक देसी परम्परा में पाई है और इसीलिए हमें देखो, हम आज भी उतने ही प्राकृत हैं; हमारे इतना पढ़ लेने पर भी हमारा पेशाब पेड़ के तने पर ही उतरता है।"[3]

देश के अनेक सरकारी स्कूल-कॉलेजों की भी स्थिति खस्ताहाल ही है। उनके पास अच्छा भवन नहीं, वे तम्बुओं में लगते हैं, न्यूनतम सुविधाओं का भी वहाँ अभाव है। अध्यापक भी पर्याप्त संख्या में नियुक्त नहीं किए गए हैं और जितने नियुक्त किए भी गए हैं, वे अध्यापन के अलावा सब-कुछ करते हैं–'राग-दरबारी' के मास्टर मोतीराम की तरह, जो कक्षा में पढ़ाते कम हैं और ज्यादा समय अपनी आटे की चक्की को समर्पित करते हैं। जितने समय वे कक्षा में रहते भी हैं, उतने समय भी मानसिक रूप से वे चक्की के पास ही रहते हैं, उसी की बातें करते रहते हैं।[4]

स्कूल-कॉलेजों में आज यह प्रवृत्ति आम है। मास्टर मोतीराम हमें सभी स्कूल-कॉलेजों में दिख जाते हैं। बल्कि ज्यादातर शिक्षक मास्टर मोतीराम ही हैं, नाम उनका कुछ भी हो। वे ट्यूशन करते हैं, दुकान करते हैं, निजी धन्धे करते हैं। इन सबके बाद छात्रों को देने के लिए उनके पास समय ही कहाँ बचता है ? अलबत्ता सभी शिक्षक ऐसे नहीं होते। कुछ शिक्षक अभी भी, सारे सामाजिक-आर्थिक दबावों के बावजूद, अपने कर्तव्य के प्रति जागरूक हैं, अध्यापन के प्रति समर्पित हैं, उसमें शिथिलता नहीं बरतते और न कोई समझौता ही करते हैं। किन्तु ऐसे अध्यापकों का क्या हाल होता है, इसकी ओर भी श्रीलाल शुक्ल की दृष्टि गई है। 'एक देहाती की नजर में शहर के सौ मीटर' रचना में उन्होंने आत्मकथात्मक शैली में एक ऐसे ही अध्यापक की कठिनाइयों और विपत्तियों का मार्मिक चित्रण किया है, "सौ मीटर लम्बी इस यात्रा का विवरण देने से

1. अंगद का पाँव, संस्कृत पाठशाला में प्रसाद, पृ. 11
2. वही
3. राग दरबारी, पृ. 16
4. वही, पृ. 17-20

पहले अपना परिचय दे दूँ। यह यात्रा जितनी लम्बी है, मैं उतना ही छोटा हूँ। यानी, प्राइमरी स्कूल का एक मुअत्तल अध्यापक हूँ। कई साल से मुअत्तल हूँ और लगता है, कई साल तक रहूँगा।...अध्यापक पद पर मुझे नियुक्ति तो मिल गई, पर स्कूल नहीं मिला। दो महीने मैं अध्यक्ष के घर बैठा-बैठा मतदाताओं की सूचियाँ तैयार करता रहा, फिर सिर्फ तीन महीने उनके फार्म पर 'अधिक अन्न उपजाओ' आन्दोलन करता रहा। आखिरकार एक दिन चोरी-चोरी मैं उस गाँव पहुँचा, जहाँ के प्राइमरी स्कूल का मैं अध्यापक था। वहाँ कोई स्कूल न था, सिर्फ काँजी-हाउस खड़ा था। तब मैंने विद्रोह किया और इस बार अध्यक्ष की प्रतिष्ठा का सवाल बन गया। उसने मुझे मुअत्तल किया और भूल गया। कई बार याद दिलाने पर भी वह मुझे भूला ही रहा। तब उसके विरुद्ध एक शिकायती पत्र लिखकर मैं किसी को देने के लिए इस शहर में आया। बस, यहीं से मेरी सौ मीटर लम्बी यात्रा शुरू हो जाती है।''[1]

आगे श्रीलाल शुक्ल इस यात्रा के पड़ावों और उसमें आनेवाली बाधाओं का विस्तृत ब्योरा देते हैं और अन्ततः अध्यापक को इतना स्पष्ट हो जाता है कि ''सौ मीटर की यह यात्रा अभी खत्म नहीं हुई है।''[2]

किन्तु ऐसे अध्यापक अब बहुत कम रह गए हैं, ज्यादातर तो मास्टर मोतीराम ही दिखाई देते हैं। वस्तुतः शिक्षा एक ऐसा क्षेत्र है, जिसकी सरकार द्वारा सबसे ज्यादा उपेक्षा की गई है। पंचवर्षीय योजनाओं / वार्षिक बजटों में शिक्षा के लिए निर्धारित की जानेवाली राशि, जो प्रायः अन्य सभी मदों से कम होती है, इसका प्रमाण है। शिक्षा-प्रसार और शिक्षा-नीति के मूल में सिद्धान्त और आदर्श तो बड़े महान रखे जाते हैं, भाषणों में बातें भी बड़ी-बड़ी की जाती हैं, आश्वासन भी खूब दिए जाते हैं, पर असल में इस ओर तवज्जुह बहुत कम दी जाती है। शिक्षकों से अपेक्षाएँ बड़ी-बड़ी की जाती हैं, पर सुविधाओं के नाम पर उन्हें अक्सर ठेंगा ही मिलता है। शिक्षकों का कार्य और दायित्व आई. सी. एस. / पी. सी. एस. अधिकारियों की तुलना में गुरुतर नहीं तो कुछ कमतर भी नहीं है, पर दोनों को उपलब्ध सुविधाओं में जमीन-आसमान का अन्तर है। परिणामतः स्थिति यह हो गई है कि प्रतिभाएँ पहले आई. सी. एस., पी. सी. एस., बैंक-सेवा तथा ऐसी ही अन्य आकर्षक सेवाओं में जाना चाहती हैं, और जब इनमें से कहीं अवसर नहीं मिल पाता, तब शिक्षा-सेवा की ओर उन्मुख होती हैं। दूसरे शब्दों में 'क्रीम' तो इन सेवाओं में चली जाती है, तलछट ही प्रायः शिक्षा-सेवा के हिस्से आता है। इस प्रकार अध्यापक बने लोगों से यह अपेक्षा कैसे की जा सकती है कि वे छात्रों को कुछ बेहतर शिक्षा दे सकेंगे ?

रही-सही कसर राजनीति ने पूरी कर दी है। राजनीति की दूषित वायु ने शिक्षा के क्षेत्र को भी विषाक्त बना दिया है। शिक्षा के क्षेत्र में राजनीति का आक्रमण दोतरफा हुआ है—बाहर से अर्थात् शिक्षा-जगत में राजनीतिकों का हस्तक्षेप और भीतर से अर्थात् शिक्षक तथा शिक्षार्थियों में राजनीतिक-कूटनीतिक प्रवृत्ति का उभार। परिमाणतः

1. कुछ जमीन पर, कुछ हवा में; पृ. 162-63
2. वही, पृ. 167

शिक्षालयों में पठन-पाठन के अलावा सब-कुछ होने लगा है। विद्यालय वस्तुतः राजनीति के अखाड़े बन गए हैं। परिणाम छात्रों की अनुशासनहीनता के रूप में सामने आया है। 'राग दरबारी' के रुप्पन उनका बखूबी प्रतिनिधित्व करते हैं—सम्भवतः इसी प्रयोजन से श्रीलाल शुक्ल ने उन्हें बहुवचन में सम्बोधित किया है। उनके शब्दों में, रुप्पन, ''स्थानीय कॉलेज की दसवीं कक्षा में पढ़ते थे। पढ़ने से, और खास तौर से दसवीं कक्षा में पढ़ने से, उन्हें बहुत प्रेम था, इसलिए वे उसमें पिछले तीन साल से पढ़ रहे थे।''[1] वे एक ऐसे जन्मजात छात्र-नेता हैं, जो छात्र कम और नेता ज्यादा होता है और शिक्षालय में केवल इसलिए प्रवेश लेता है ताकि छात्र-समुदाय के बीच रहकर व्यावहारिक राजनीति की आरम्भिक शिक्षा प्राप्त कर सके। कहने की आवश्यकता नहीं है कि ये छात्र-नेता राजनीतिक उद्देश्यों से ही चालित रहते हैं और शिक्षालय उनके लिए राजनीति का स्थानीय अखाड़ा-भर होता है।

स्कूल-कॉलेजों में पठन-पाठन नहीं होता, तो छात्र परीक्षाएँ कैसे उत्तीर्ण करते हैं ? दो तरीकों से। एक तो, जैसे हत्यारे किसी की हत्या के लिए 'सुपारी' लेते हैं, वैसे ही अध्यापक नकदी या और वस्तुएँ लेकर छात्रों को उत्तीर्ण करने का 'बीड़ा' उठा लेते हैं। ये चीजें वे ट्यूशन-फी के नाम से लेते हैं और जो छात्र उनसे ट्यूशन पढ़ता है, अर्थात् पढ़े या नहीं पर फीस दे देता है, उसका उत्तीर्ण होना निश्चित होता है, और जो नहीं पढ़ता उसका अनुत्तीर्ण होना भी उतना ही निश्चित होता है। चूँकि कोई भी सच्चा अध्यापक अपने छात्रों को अनुत्तीर्ण होते नहीं देखना चाहेगा, अतः वह उन सभी को ट्यूशन पढ़ने के लिए हरसम्भव तरीके से यानी इशारों-इशारों में, सीधे कहकर, पीटकर, तिमाही-छमाही परीक्षा में फेल करके—प्रेरित करता रहता है। जो मूढ़ उसके इशारों को नहीं समझते या 'अफोर्ड' नहीं कर सकते या अपनी योग्यता और मेहनत पर भरोसा करते हैं, वे बाद में पछताते हैं। दूसरा तरीका परीक्षा में नकल का है, जिसने अब एक कला का रूप ले लिया है और जिसके अपने तौर-तरीके हैं, अपने उपकरण हैं, अपनी भाषा है। 'राग-दरबारी' में श्रीलाल शुक्ल ने एक हाईस्कूल-इंटरमीडिएट स्कूल का बहुत सनसनीखेज नकल-नजारा दिखाया है।[2]

स्कूल-कॉलेजों की ही नहीं, विश्वविद्यालयों की भी यही कहानी है। वहाँ भी अव्यवस्था और अराजकता का बोलबाला है। उनमें कोई अच्छाई ढूँढ़नी ही हो तो सिर्फ दूसरे विश्वविद्यालयों से तुलना करके ही ढूँढ़ी जा सकती है जो उनसे भी बदहाल हैं। लखनऊ विश्वविद्यालय की इसी अच्छाई का व्यंग्यात्मक उल्लेख करते हुए शुक्ल लिखते हैं, ''विश्वविद्यालय लखनऊ में भी है। आप चाहे जितना आश्चर्य करें, पर यह सही बात है। पूर्ण विकसित विश्वविद्यालय है, जिसकी सबसे बड़ी सुन्दरता यह है कि गोरखपुर विश्वविद्यालय इससे ज्यादा गया-बीता है।''[3]

---

1. राग दरबारी, पृ. 15
2. वही, पृ. 39-40
3. कुछ जमीन पर, कुछ हवा में; लखनऊ-2, पृ. 29

इस प्रकार शिक्षा-क्षेत्र की दुर्दशा को श्रीलाल शुक्ल ने बहुत बारीकी से और हर पहलू से देखा है तथा अपनी व्यंग्य-रचनाओं में उस पर निर्मम प्रहार किए हैं।

आजादी के बाद हमारे सपनों के महल जिस तरह से धराशायी हुए हैं, स्थितियों की विद्रूपता में जिस तेजी से बढ़ोतरी हुई है, उसका मूल कारण भ्रष्ट राजनीति है। मध्यकालीन समाज में जो वर्चस्व धर्म का था, वही आज राजनीति का हो गया है। आज जीवन का कोई क्षेत्र ऐसा नहीं रह गया है, जो राजनीति के प्रभाव से मुक्त हो और राजनेताओं द्वारा नैतिक मूल्यों की निर्भीक अवहेलना, तथा जैसे बन पड़े, सत्ता हासिल करने की लिप्सा ने राजनीति को ऐसा भ्रष्ट बना दिया है कि भ्रष्ट कहते ही राजनीति का ध्यान आता है और राजनीति कहने के बाद भ्रष्ट कहने की आवश्यकता नहीं रहती।

श्रीलाल शुक्ल इस राजनीति की गहराई में उतरकर इन नेताओं का मुखौटा उतारते हैं तो देखकर हैरान रह जाते हैं कि ये तो वही हैं, जो आजादी से पहले भी जमींदार, राजा आदि के रूप में जनता का शोषण करते थे, ''जमींदारी टूटने के कुछ साल पहले और बाद में जमींदारों ने अपनी जायदादें बेचनी शुरू कीं। कुछ तो अपने ऊसर-बंजर और उनका एक-एक तिनका बेचकर शहरों की ओर भागे और वहाँ एम. एल. ए., जिला-परिषद के अध्यक्ष या कुछ न हुआ तो किसी भी आँय-बाँय-शाँय पार्टी के नेता बनकर अपनी नई हैसियत बनाने लगे।''[1]

राजनीति से आज सारे आदर्श और नैतिकता तिरोहित है। आज के युग में 'नायक' जहाँ पूर्णतः गायब है, राजनीतिक नेता सबसे बड़े 'खलनायक' के रूप में उभरा है। इसीलिए नेता स्वातन्त्र्योत्तर व्यंग्य-साहित्य का सबसे प्रमुख एवं महत्त्वपूर्ण पात्र है। भाषणों में जातिवाद, वर्गवाद, क्षेत्रीयता आदि का विरोध करते हुए भी नेता व्यवहार्यतः इन सभी दुर्गुणों से चिपका हुआ है। यह हमारा दुर्भाग्य ही है कि यह जातिवाद चुनाव जीतने का भी सबसे अचूक नुस्खा बना हुआ है। श्रीलाल शुक्ल 'राग दरबारी' में 'चुनाव जीतने की नेवादावाली तरकीब'[2] के नाम से इसका उल्लेख करते हैं, जिसमें ब्राह्मणों को चमार-उम्मीदवार के विरुद्ध उकसाकर ब्राह्मण-उम्मीदवार के पक्ष में वोट डलवाए जाते हैं। उसमें एक बाबाजी इसका उपकरण बनते हैं, जिससे धर्म और राजनीति के नापाक रिश्तेवाला पहलू भी उजागर होता है।

जीतनेवाले ही नहीं, हारनेवाले नेताओं का भी जातिवाद से मोहभंग नहीं होता, 'हारिल की लकरी' की तरह वे भी उसे कसकर पकड़े ही रहते हैं। 'एक हारे हुए नेता का इटरव्यू' में हारे हुए नेता से उसकी हार का कारण पूछने पर वह कहता है, ''जातिवाद से मुझे कोई शिकायत नहीं है। उसके सहारे मैं कई बार जीत भी चुका हूँ।''[3] जाहिर है, नेता आगे भी जातिवाद के सहारे ही जीतने की उम्मीद रखता है।

राजनीति का जिस प्रकार अपराधीकरण हुआ है और जिस तरह वह अपराधियों

1. उमरावनगर में कुछ दिन, इसी नाम की रचना, पृ. 20
2. राग दरबारी, पृ. 204
3. यहाँ से वहाँ, पृ. 22

की शरणस्थली बनी है, उसे देखते हुए नेता बनने के लिए अपराधी बनने की तरह ही सिवा दुस्साहस के और किसी चीज की जरूरत नहीं रही है। शुक्ल के शब्दों में, "हत्या करने के लिए (और नेता बनने के लिए) दुस्साहस के सिवा और चाहिए ही क्या ?"[1]

हत्यारे से नेता की तुलना करके शुक्ल ने राजनीति और अपराध-जगत के घृणित सम्बन्धों पर से पर्दा उठा दिया है। जनसामान्य के सपनों, अरमानों, अपेक्षाओं की हत्या करनेवाले ही नेता नहीं होते, बल्कि उनमें से अनेक अब नरघाती भी होते हैं। प्रतिद्वन्द्वी की हत्या करवा देना तो अब राजनीतिक सिद्धान्त-जैसा ही बन गया है।

विधायकी-सांसदी-मन्त्रीगिरी आज सेवा के बजाय मेवा की पर्याय हो चुकी है। और क्यों न हो, लाखों रुपए खर्च करके और कुछ भी उठा न रखके चुनाव जीतनेवाले जन-प्रतिनिधि अपनी अगली कई पुश्तों तक का इन्तजाम भी न करें, तो फिर वे राजनीति में आते ही किसलिए हैं ? फलतः वे 'दोऊ हाथ उलीचिए' के ठीक विपरीत दोनों हाथों से लूटते हैं। इसे उजागर करने के लिए शुक्ल ने एक महिला-डकैत कुन्ती देवी का पाँच लाख रुपयों के जेवरों से भरा थैला एक गाँव के पास कहीं छूट जाने का प्रसंग उपस्थित किया है। ग्रामीणों की खस्ता माली हालत और झोला खोज निकालने की डकैतों और पुलिस की धमकियों का प्रभाव चित्रित करने के बाद उनके द्वारा अपने विधायक से सम्पर्क करने के उल्लेख द्वारा विधायक की नीयत स्पष्ट करते हुए उन्होंने लिखा है, "हुआ यह कि एम. एल. ए. सिद्धान्तवादी निकले। उन्होंने कहा कि मामला पाँच लाख रुपए के जेवरों का है। पुलिस अगर उनकी तलाश कर रही है तो ठीक ही कर रही है। अगर वे जेवर तुममें से किसी के पास हैं तो उन्हें तुरन्त थाने में जमा कर देना चाहिए। इसमें मैं तुम्हारी क्या मदद कर सकता हूँ ? चाहो तो बस इतना कि वह झोला तुम मेरे हवाले कर दो और तुम्हारी तरफ से मैं उसे थाने में जमा कर दूँगा। तुम्हें खुद थाने पर नहीं जाना पड़ेगा। पता नहीं वहाँ पर क्या बीते..."[2]

थाने पर होनेवाली दुर्दशा की प्रच्छन्न चेतावनी के माध्यम से लाखों रुपए के जेवर स्वयं हड़प कर जाने की विधायक की आकांक्षा उतनी प्रच्छन्न नहीं है। श्रीलाल शुक्ल संकेतों में ही जनप्रतिनिधियों की बदनीयती उद्घाटित कर देते हैं।

शुक्ल की व्यंग्य-रचना 'मम्मीजी का गधा' भी नेतागिरी के अनेक पहलुओं को उजागर करनेवाली सुन्दर रचना है। रचना के अन्त में नेता बन गए अपने पुत्र को गधे का प्रतीक बनाकर शुक्ल उसे किसी और द्वारा हाँके जाने से बचने के लिए प्रेरित करके व्यंग्य को अतिशय गहराई प्रदान कर देते हैं, "बेटा, यह सही है। यहाँ तक पहुँचकर तुम अपनी मम्मी के भी गधे नहीं रहे। पर वह कौन है जो इन दस सांसदों के मुँह से तुम्हें राजनीति के मैदान में दुलत्ती झाड़ने को बुला रहा है ? मत भूलो, तुम्हें पता भी नहीं है और अनजाने ही तुम किसी दूसरे के गधे बन चुके हो। अब तुम खुद पता

1. मेरी श्रेष्ठ व्यंग्य-रचनाएँ लखनऊ, पृ. 24
2. उमरावनगर में कुछ दिन, कुन्ती देवी का झोला, पृ. 52-53

लगाओ कि तुम्हें गधा बनाकर अपनानेवाले तुम्हारे नए पापा या नई मम्मी कौन हैं ?''[1]

बहरहाल, और कुछ आता हो या नहीं, सत्ता से चिपके रहना इन राजनीतिज्ञों को खूब आता है। सत्ता में पहुँचने और फिर वहाँ बने रहने के लिए वे कुछ भी कर सकते हैं। कोई इसके लिए रैली आयोजित करता है, तो कोई फाइलों के गोदाम में बरसों से धूल खा रही कोई रिपोर्ट निकालकर विरोधी पर दे मारता है। कोई स्वयं द्वारा ही रसातल में पहुँचाए गए किन्हीं मूल्यों, योजनाओं, अवधारणाओं को झाड़-पोंछ और चमका-दमकाकर अपनी ही विशिष्ट खोज के रूप में, नई बोतल में पुरानी शराब की तरह, पेश कर सकता है। पंचायती राज भी एक ऐसी अवधारणा है, जिसे लोगों का ध्यान अपनी ओर आकर्षित किए रहने और इस प्रकार सत्ता में बने रहने के लिए हमारे नेताओं ने जोर-शोर से प्रचारित-प्रसारित किया है। इस विडम्बना पर व्यथित होकर व्यंग्य करते हुए शुक्ल लिखते हैं, ''जिस सत्तायन्त्र ने पंचायती राज को जहर की छोटी-छोटी खुराकें देकर–'स्लो प्वायजनिंग' द्वारा–मौजूदा हालत में पहुँचाया है, उसी का मुखिया आज अचानक चौंककर 'आम आदमी को अधिकार' का नारा बुलन्द कर रहा है।''[2] जनता को सब्जबाग दिखाकर ठगनेवाले ये सफल राजनेता ''फावड़े को हवाई जहाज कहते हैं और फिर उस पर जनता को चढ़ाकर अन्तरिक्ष की सैर के लिए भेज देते हैं।''[3] किन्तु नेताओं के ये हथकंडे व्यंग्यकार की आशा और विश्वास को खंडित नहीं कर पाते, ''पंचायतों को हथियार बनाकर वे राज्यों के साथ जो भी करने जा रहे हों, मैं बहुत चिन्तित नहीं हूँ।...इतिहास बताता है कि कभी एक दुर्घटना हो गई, कभी किसी गलत आदमी ने कोई गलत फैसला कर लिया, कभी किसी सही आदमी ने कोई गलती कर दी, पर उसका बिल्कुल ही अप्रत्याशित नतीजा निकला। जैसे अष्टम हेनरी ने अपनी प्रेमिका को पत्नी बनाने के पीछे पोप से बिगाड़ किया और वहीं से ग्रेट ब्रिटेन में राजसत्ता पर धर्मसत्ता का शिकंजा ढीला पड़ने लगा और एक नए राजतन्त्र की शुरुआत हुई। लन्दन शहर में भयानक अग्निकांड हुआ, बरसों आग सुलगती रही और उसी में वहाँ की महामारी और गन्दगी स्वाहा हो गई, तथा एक आधुनिक नगर के विकास का रास्ता साफ हुआ। मैकाले ने अपना दास बनाने के लिए हिन्दुस्तानियों को अँगरेजी पढ़ाने की कोशिश की, पर उसी पढ़ाई ने पश्चिमी चिन्तन की खिड़कियाँ खोल दीं और दासता-विरोधी आन्दोलन का सूत्रपात कर दिया और हाल ही में, अपनी ही पार्टी के बुजुर्गों को प्रतिक्रियावादी साबित करने के फेर में इन्दिरा गाँधी ने समाजवाद का नारा ही नहीं लगाया, बैंकों का राष्ट्रीयकरण भी कर दिया।...कौन जाने सत्ता के विकेन्द्रीकरण के नाम पर केन्द्रीकरण की यह फूहड़ कोशिश भी कोई अजीब नतीजा दिखा दे। क्या पता कि पार्टी के निठल्ले देहाती बछड़ों के लिए जो चरागाह तैयार की जा रही है, वह एक ऐसे सामाजिक बदलाव का रंगमंच बन जाए जिसके नीचे सत्ताधीश और सत्ता के

1. उमरावनगर में कुछ दिन, पृ. 79
2. कुछ जमीन पर, कुछ हवा में; राजनीतिज्ञों की पंचायत, पृ. 115-16
3. वही, फावड़ा बनाम हवाई जहाज, पृ. 64

दलाल एक-दूसरे का मुँह ताकते रह जाएँ।"[1]

सामाजिक बदलाव में यह आस्था शुक्ल की उस पक्षधर वैचारिक दृष्टि की परिचायक है, जो उन्हें सत्ताधारी शोषकों और उनके दलालों के विरुद्ध संघर्ष में जनसामान्य के साथ खड़ा करती है। अपने इसी दृष्टिकोण की बदौलत वे सत्ताधारियों और सत्ताकामियों की हर चाल और हरकत पर नजर रखते हैं और सशक्त व्यंग्य द्वारा उसका भंडा फोड़कर आम आदमी के जीवन-संघर्ष को मजबूती प्रदान करते हैं, उसका हौसला बढ़ाते हैं। शुक्ल बदलाव की जरूरत महसूस करते हैं, क्योंकि उन्होंने पाया है कि यथास्थितिवाद के चलते राजनीति की सुरसा सब-कुछ लीलती जा रही है; ईमानदारी, सच्चाई, संयम, सदाचार, इंसानियत–जो कुछ भी इस पृथ्वी पर अच्छा है, सब उसके विशाल और भयंकर मुख में समाता जा रहा है; यहाँ तक कि उसने अपने विरोध को आत्मसात् कर लेने की ताकत भी अपने में पैदा कर ली है। इस प्रवृत्ति पर तीखा व्यंग्य करते हुए वे लिखते हैं, "सरकार प्राचीन काल के सन्तों का हुजूम है–जो पवित्रता की झोंक में टाट पहनकर, सिर्फ पानी पीकर, अपनी पीठ पर अपने हाथ से कोड़े मारा करते थे।...सरकार का एक खास शौक अपनी निन्दा सुनने का है, बशर्ते वह अपने ही आदमियों के मुँह से हो या कम-से-कम राजनीतिक विरोधियों के मुँह से न हो।...भ्रष्टाचार ? यह तो हम अच्छी तरह जानते हैं, आप बताएँ या न बताएँ। हरिजनों पर अत्याचार ? आप भी आवाज उठा रहे हैं ? बड़ा अच्छा है। आप तो हमारा ही काम कर रहे हैं। लीजिए, यह इनाम लीजिए और बतौर बोनस यह पद्मश्री भी; गरज यह कि जब हम अपनी तरफ से ही छत पर बेलिबास खड़े हैं, तो आपने हमें नंगा कहकर कौन सी खोज कर ली ?"[2]

और तो और, सरकार ने दूरदर्शन पर भी ऐसे भंडाफोड़वादी कार्यक्रमों को हरी झंडी दी हुई है। शुक्ल के शब्दों में, "इससे विरोध की राजनीति का गुब्बारा पिचकने लगा है। प्रतिपक्ष और बुद्धिजीवी अब भ्रष्टाचार की कहानियाँ किसे सुनाएँ ? जनता को ? उसे तो दूरदर्शन पहले ही सुना चुका है। सरकार को ? उसे तो पहले ही से सब-कुछ मालूम है और वही तो है जो जनता को यह सब सुनवा रही है।"[3]

और कोई आ जाए, पर व्यंग्यकार सत्ता के इस झाँसे में नहीं आता और वह समझ जाता है कि सरकार की यह स्वीकारोक्ति उसकी सदाशयता नहीं, नंगई है; चोरी के ऊपरी सीनाजोरी है, क्योंकि अगर यह उसकी सदाशयता होती तो वह अपनी कमियों को दूर करने का प्रयास करती। सुधार की कोशिश के अभाव में उसकी प्रशंसा, इनाम-इकराम केवल व्याध द्वारा कबूतरों को फँसाने के लिए फेंका गया चारा है, विरोधियों को उनका मुँह बन्द करने के लिए दिया गया प्रलोभन मात्र है। भ्रष्ट राजनीतिक नेतृत्व के चलते प्रशासन और उसके खेवनहार अधिकारियों-कर्मचारियों के सदाशयी, ईमानदार और कर्मठ होने की कल्पना भी नहीं की जा सकती। सच तो यह

1. कुछ जमीन पर, कुछ हवा में; राजनीतिज्ञों की पंचायत, पृ. 118-19
2. वही, जनवाणी बनाम महाजनवाणी, पृ. 134-35
3. वही, दूरदर्शन का जीवन-दर्शन, पृ. 78

है कि आजादी के बाद नेताशाही और नौकरशाही ने मिलकर जनता पर सवारी गाँठी है, उसका खून चूसा है। अपना उल्लू सीधा करने के लिए दोनों ने मिलकर जनता को उल्लू बनाया है। उनकी इस मिलीभगत के कारण आजादी के बाद आम आदमी की विवशता में हुई वृद्धि को शुक्ल प्रखरता के साथ उभारते हैं। आम आदमी चाहे गाँव में हो या शहर में, उसकी बढ़ती हुई कठिनाइयाँ शुक्ल की दृष्टि से छिपी नहीं रही हैं। गाँववालों के शहरों की ओर पलायन की मजबूरियाँ बताते हुए वे लिखते हैं, "रूखा-सूखा खाकर, ठंडा पानी पीकर घर पर सन्तोष से पड़े रहना ही वास्तव में आदर्श ग्रामीण दर्शन है। कृषि-प्रधान संस्कृति में महत्त्वाकांक्षा के पनपने की ज्यादा जगह नहीं है। घाघ की लोकोक्तियों में सुख की चरम सीमा यही है कि घर पर पत्नी ताजे घी से मिली हुई दाल को तिरछी निगाहों से देखते हुए परोस दे। ऐसी स्थिति में गाँव का आदमी जब बाहर निकलता है तो पहला कारण तो यही समझना चाहिए कि सम्भवतः वहाँ दाल-रोटी का साथ छूट चुका है, तिरछी निगाहें टेढ़ी निगाहों में बदल गई हैं।"[1]

किन्तु शहरों में पेट की चिन्ता का सम्मानित हल यानी नौकरी पाना भी कोई आसान बात नहीं। छोटी-मोटी नौकरियों के लिए भी वहाँ या तो पैसा चलता है या सिफारिश। चपरासी-क्लर्क तक के पदों के लिए मन्त्रियों तक की सिफारिशें आती हैं या फिर मोटी-मोटी थैलियों की जरूरत पड़ती है। योग्यता की कोई पूछ नहीं। इस विकृति पर प्रहार करते हुए शुक्लजी ने लिखा है, "इन दिक्कतों का अहसास मुझे एक नौजवान लड़के से बातचीत करके हुआ। वह हमारे गाँव-घर का लड़का है, एम. काम. पास है। औसत देहाती उपज होने के नाते थर्ड डिवीजन है। उसे बिजली-बोर्ड में एकाउंट्स-क्लर्क की नौकरी मिल सकती है, सिर्फ आठ हजार रुपए घूस की माँग पूरी करनी है (यह रेट 1985 का है, जब शुक्लजी ने यह व्यंग्य लिखा)। उसी के लिए वह कुछ माँगने आया था। मैंने समझाया, 'बेटा, इस तरह पचास-पचास रुपया माँगकर इतनी बड़ी रकम कैसे जोड़ पाओगे ? यह तो वैसा ही है, जैसे कोई गरीब बुढ़िया चन्दा करके अपने लड़के की हूस्टन में बाईपास सर्जरी कराने का ख्वाब देख रही हो।' वह बोला, 'चाचाजी, मैं गरीब बुढ़िया नहीं हूँ, नौजवान हूँ। आप मुझे पचास रुपए का दान नहीं, सिर्फ आठ हजार का कर्ज दे दें। अपने बाप की औलाद हूँ तो छह महीने में ही वापस कर दूँगा।' मैंने अपनी मजबूरी बताई। वह अपनी निगाह से कहता रहा कि इतने साल ऐसी नौकरी में आप क्या सिर्फ घास खोदते रहे थे। तब मैंने बात को पलटा देकर देश की एकता, अखंडता और प्रधानमन्त्री के हाथों की बहुचर्चित मजबूती का मसला उठाया (और कुछ आम सवाल किए, जिस पर) वह हँसा, बोला, 'चाचाजी, आप तो मेरा इंटरव्यू लेने लगे हैं। पर ऐसे कड़े सवाल तो सुना है, आई. ए. एस. में भी नहीं पूछे जाते।' (मैंने पूछा), 'तो बोर्ड की एकाउंट्स क्लर्की के लिए कैसे सवाल पूछे जाते हैं ?' (वह बोला,) 'वहाँ तो पहला और आखिरी सवाल यही है कि देने को तुम्हारे पास आठ हजार रुपए हैं या नहीं ?"[2]

1. कुछ जमीन पर, कुछ हवा में; गाँव से शहर की ओर क्यों; क्या महत्त्वाकांक्षा के कारण, पृ. 174
2. वही, एक वर्ष युवा वर्ग के भी नाम, पृ. 45-46

यह व्यवस्था द्वारा आम आदमी को भ्रष्ट बनाने की तरकीब है, क्योंकि हजारों रुपए देकर नौकरी पानेवाला व्यक्ति अपने सेवा-काल में हजारों नहीं लाखों रुपए की अवैध कमाई करने की कोशिश करता रहेगा। दरअसल सरकारी नियन्त्रणवाले प्रशासनिक क्षेत्र में ये गलत प्रथाएँ सरकार चलानेवालों के ही भ्रष्ट आचरण के कारण चलन में आई हैं। जब शासन ही बेईमान हैं, तो उसके कारिन्दों से ईमानदार होने की अपेक्षा कैसे की जा सकती है ? अतः स्वातन्त्र्योत्तर भारत में सरकारी और राजनीतिक क्षेत्रों में विकसित हुई विकृतियों का प्रभाव सार्वजनिक प्रशासनिक क्षेत्र पर भी पड़ा है। अधिकारियों में अधिकार-चेतना जिस अनुपात में विकसित हुई है, उसी अनुपात में दायित्व-चेतना लुप्त होती गई है। भ्रष्टाचार, भाई-भतीजावाद, अफसरशाही, गैरजिम्मेदारी निरन्तर बढ़ती गई है। कहने को इसे सार्वजनिक सेवा का क्षेत्र घोषित किया जाता है, जबकि व्यवहार में ठीक उल्टा नजर आता है। श्रीलाल शुक्ल इस विसंगति और अन्तर्विरोध का उद्घाटन करते हुए निरन्तर उस पर चोट करते चलते हैं। स्वयं प्रशासक रह चुके शुक्ल प्रशासनिक क्षेत्र के खलनायकों को बखूबी पहचानते हैं और अपने सशक्त व्यंग्य द्वारा उन्हें जलील करते हुए जनसाधारण को उनकी दूषित हरकतों के प्रति सचेत और जागृत करते जाते हैं क्योंकि वे जानते हैं कि राजनीति के खलनायक और उनका पार्टी-तन्त्र तो परिवर्तनशील होता है किन्तु प्रशासन का तन्त्र अपेक्षाकृत स्थिर रहनेवाली व्यवस्था है, जिसके कारण प्रशासनिक विकृतियों में स्थायित्व आ जाने का खतरा पैदा हो जाता है। आज यह खतरा अपने चरम पर है। प्रशासनिक क्षेत्र में प्रशासनिक नैतिकता जैसी कोई चीज नहीं रह गई है। प्रशासनिक कार्यालयों का वातावरण नितान्त कलुषित हो गया है। सिफारिश, चापलूसी, खुशामद, रिश्वत, अकर्मण्यता, लालफीताशाही पूरे तन्त्र का हिस्सा बन चुके हैं। श्रीलाल शुक्ल का व्यंग्यकार इन विकृतियों को अपने व्यंग्य का निशाना बनाता है। खास तौर से राजनीति और अफसरशाही की उस मिलीभगत को वे चुन-चुनकर बेपर्दा करते हैं, जिसके तहत प्रशासक राजनेताओं का हित साधते रहते हैं और बदले में राजनेता प्रशासकों को अभयदान दिए रहते हैं। मजबूरी में कभी सजा भी देनी पड़े, तो सजा के रैपर में लपेटकर भी वे उन्हें पुरस्कार ही देते हैं। शुक्ल के शब्दों में, "पुराने नगर-प्रशासक के बारे में मशहूर था कि वह पान ज्यादा खाता है और घूस उससे भी ज्यादा खाता है। इसलिए सजा के तौर पर उसका तबादला राज्य वित्त निगम के प्रबन्ध-निदेशक के पद पर कर दिया गया था। नया प्रशासक उससे (इस मामले में) भिन्न था (कि) वह पान नहीं खाता था।"[1] आपसी तालमेल द्वारा एक-दूसरे के हित-संवर्द्धन का एक और उदाहरण देते हुए वे लिखते हैं, "सत्तातन्त्र उधर पैसे की राजनीति का गुलाम बन चुका था। पंचायत जैसी संस्थाओं को हटाकर राष्ट्रीयकृत बैंकों के सहारे बैंक मैनेजर-सरकारी दलाल-लाभार्थी का तिगड्डा पनपने लगा था और विकास तथा 'गरीबी हटाओ' के नाम पर अफसरशाही के हाथों में नोटों की गड्डियाँ उछलने लगी थीं।"[2]

1. कुछ जमीन पर, कुछ हवा में; स्वामी से भी ज्यादा स्वामीभक्त, पृ. 58
2. वही, राजनीतिज्ञों की पंचायत, पृ. 115

प्रशासकों पर राजनेताओं का वरदहस्त होने के ही परिणामस्वरूप आज हालत यह हो गई है कि "गधा अपनी पोल खुल जाने पर भी गधेवाली स्थिति में नहीं लौटता। गुंडागर्दी, राजनीतिक धकापेल, पैसे की ताकत या हाई कोर्ट या सुप्रीम कोर्ट के स्थगन-आदेश के बूते वह जिस्म से शेर की खाल खिसक जाने पर भी शेर की ही तरह मुँह फाड़े बैठा रहता है।"[1]

शुक्ल की 'काश, मैं मोटरसाइकिल होता' रचना सरकारी कार्यालयों और उनके कर्मचारियों-अधिकारियों की कार्यपद्धति पर करारा व्यंग्य है। इसमें लेखक ने नियम-कायदों की आड़ में काम न करने या उसे लटकाए रखने की उनकी प्रवृत्ति, गैरजिम्मेदार आचरण, अमानवीय रवैया, ऊपरी पैसे की ललक–सब तार-तार कर दिया है।

सरकारी कर्मचारियों की निगाह में आम आदमी के जीवन का कोई मूल्य नहीं। मरने का भी तब होता है, जब उससे कुछ पैसा पैदा किया जा सकता हो। दरअसल जनता की सेवा के लिए नियुक्त उसके ये नौकर उसे सिर्फ पैसा कमाने का जरिया-भर समझते हैं, चाहे जैसे सम्भव हो। तरीके भिन्न-भिन्न हो सकते हैं, पर लक्ष्य समान है। पुलिस जनता को चोरों-लुटेरों-डकैतों से बचाने के लिए होती है, पर वह खुद जनता को सबसे ज्यादा लूटती-खसोटती है। प्रख्यात न्यायवेत्ता वी. एम. तारकुंडे ने पुलिस को सबसे बड़ा साम्प्रदायिक और आपराधिक संगठन बताया है।[2] श्रीलाल शुक्ल ने उसकी इस दूषित प्रवृत्ति को 'बेचारे डाकू' रचना में बड़े प्रभावी ढंग से निरावृत किया है। पुलिस की लूट-खसोटवादी प्रवृत्ति शुक्ल के व्यंग्य 'कुन्ती देवी का झोला' में भी उभरकर सामने आती है।[3]

नगर-निगम में जमीन के प्लाट आवंटित करने में किस प्रकार घपला होता है और अपनों को किस तरह लाभान्वित किया जाता है, इसे शुक्लजी ने 'मियाँ की जूती मियाँ के सिर' रचना, जो असल में उनके 'मकान' नामक उपन्यास का व्यंग्यात्मक अंश है और इसी नाते जिसे उन्होंने 'मेरी श्रेष्ठ व्यंग्य-रचनाएँ' में संकलित किया है, में प्रकट किया है। एक मकान-मालिक के मुँह से वे कहलवाते हैं, "तुमसे क्या चोरी, बारीन दा, मुझी को देखो। मेरे बाप की भी दम नहीं थी कि इतनी बड़ी कोठी बनवाता। वे तो कक्कड़ साहब थे जिन्होंने एक रात मुझे फोन किया। बोले, 'राजिन्दर, तू एक प्लाट चाहता था न ? कल से नगर-निगम के प्लॉट एलॉट होनेवाले हैं। जो पहले दरख्वास्त लगा देगा, उसी को मिलेंगे। कल सबेरे यहाँ दफ्तर में हजारों की भीड़ लग जाएगी और तू टापता रह जाएगा। देख, तू ऐसा कर, तू अपनी दरखास्त इसी वक्त मेरे पास भेज दे। तेरा नम्बर तीन या चार पर दर्ज करा दूँगा, तुझे क्यू में नहीं लगना पड़ेगा।' मैंने कहा कि 'साहब, दरखास्त के साथ दो हजार रुपए का चैक भी लगाना पड़ता है। ये रुपया मैं किसकी जेब काटकर ले आऊँ।' वे बोले कि 'हाउसिंग इंजीनियर होकर भी

1. उमरावनगर में कुछ दिन, मम्मीजी का गधा, पृ. 59
2. चम्पाकली, रवीन्द्रनाथ त्यागी, देश की पुलिस सुधर रही है..., पृ. 35
3. उमरावनगर में कुछ दिन, पृ. 47-50

एक प्लाट तेरे लिए नहीं दिला पाया तो लानत है मुझ पर। देख, तू ऐसा कर कि एक चेक मेरे पास भेज दे। बैंक में रुपया हो या न हो, तू फिक्र न कर। मैं दो-तीन महीने तेरा चेक रुकवाए रहूँगा और उसे बैंक में तभी भेजूँगा जब तू इसके लिए हरी झंडी दे देगा।' इस तरह से तो बारीन दा, प्लॉट मिला। फिर, कर्ज का झंझट। किसी तरह सरकारी कर्ज भी मिला, कुछ एल. आई. सी. वालों ने दिया और तब यह बँगला बनकर तैयार हुआ। आपकी दुआ से सरकारी दफ्तरों ने किराए पर ले लिया।''[1]

इस तरकीब को 'मियाँ की जूती मियाँ के सिर' की संज्ञा देकर शुक्ल सरकार को, और चूँकि जनतन्त्र में सरकार जनता की होती है, अतः प्रकारान्तर से जनता को बेवकूफ बनाकर दोनों हाथों से लूटनेवाले उसके नौकरों पर व्यंग्य की जूती मारते हुए आगे लिखते हैं, ''हरिजनों, सफाई-मजदूरों या छोटे आदमियों के लिए बनवाई गई दस-पाँच बड़ी बस्तियों को भूल जाओ। जैसे कुछ तान्त्रिक लोग शराब पीने के पहले माँ काली के नाम पर दो-चार बूँदें जमीन पर छिड़क देते हैं, वैसे ही हाउसिंग की पूरी-की-पूरी स्कीम गटकने के पहले चतुर लोग हरिजनों के नाम पर दस-बीस छोटे प्लाट निकाल देते हैं। और गटकते कौन हैं ? पैसेवाले लोग जो पैसेवालों के लिए बहुत पैसेवाले मकान बनवाते हैं। हर बड़े शहर में नई बस्तियाँ दूर-दूर तक फैली हुई हैं। यह ऐसा मनी-प्लांट है जिसकी जड़ पर लोगों की निगाह नहीं जाती, निगाह सिर्फ हरी-हरी पत्तियों पर है। इस मनी-प्लांट की जड़ सार्वजनिक निधियों में है और इस तरह और गहरे जाकर वह जड़ हमारी-तुम्हारी जेब में पहुँची हुई है।''[2]

रेल-विभाग जितना बड़ा है, उतना ही ज्यादा भ्रष्ट है। माल-बाबुओं द्वारा माल पैदा करने, टिकट-चेकरों द्वारा पैसा लेकर यात्रियों को बेटिकट सफर करवाने और अफसरों द्वारा भी पैसे पर चील की तरह झपट्टा मारने के कारण विभाग सदा घाटे में चलता रहता है। शुक्ल रेलवे-कर्मचारियों की इस अनीति को उजागर करते हुए लिखते हैं, ''मकान-मालिक बुजुर्ग हैं। पहले रेलवे में माल-बाबू थे। अब वे बाबू नहीं रहे, सिर्फ माल रह गया है।''[3] इन भूतपूर्व मालबाबू के अपने साहब के बारे में विचार देखिए, ''रिटायर हो जाने पर अब कौन साहब और कौन मेम ? पर तब वह बड़ी-बड़ी चीलों के कान काटता था। बहुत ऊँचा उड़ता था और फटाक से झपट्टा मारता था।''[4] इस माल-झपट-नीति से होनेवाले घाटे को विभाग वर्ष में कई-कई बार यात्री-किराया और माल-भाड़ा बढ़ाकर पूरा करने की कोशिश करता है। किराया-भाड़ा बढ़ता रहता है, घाटा फिर भी बना रहता है। यात्रियों की असुविधाएँ भी ज्यों-की-त्यों बनी रहती हैं। रात में आरक्षित डिब्बों में अनारक्षित यात्रियों की भरमार हालत खराब किए रहती है, तो दिन में एम. एस. टी. वालों यानी मन्थली सीजन टिकटवाले मुसाफिरों का आतंक रहता है। अपनी 'एम. एस. टी. और आतंकवाद' नामक

1. मेरी श्रेष्ठ व्यंग्य-रचनाएँ, पृ. 136-37
2. वही, पृ. 138-39
3. यहाँ से वहाँ, जैसी करनी वैसी भरनी : एक बोध-कथा, पृ. 83
4. वही, पृ. 87

रचना में शुक्ल एम. एस. टी. वालों के आतंक को उजागर करते हैं। किन्तु शुक्ल की विशेषता है कि वे विसंगतियों को सतह पर से देखकर और उनकी तरफ इशारा करके ही नहीं रह जाते, अपितु गहराई में पैठकर वे उनके मूल तक जाते हैं और उनके कारणों का भी पता लगाते हैं। उनकी मान्यता है कि आदमी मूलतः बुरा नहीं है, उसे परिस्थितियों ने ऐसा बना दिया है और यदि परिस्थितियाँ बदल जाएँ तो आदमी भी बदल जाएगा। इसलिए वे बुराइयों का जिक्र करते हुए भी उन परिस्थितियों और उनके लिए उत्तरदायी तत्त्वों पर आघात करते हैं। एम.एस. टी. वालों के एक प्रदर्शन का जिक्र करते हुए वे उनके दैनिक व्यवहार के लिए जिम्मेदार परिस्थितियों पर इन शब्दों में प्रहार करते हैं, "प्रदर्शन का फायदा यह हुआ कि उनके सामने पहली बार एम. एस. टी. वालों का अपना पक्ष भी प्रस्तुत हुआ। सार्वजनिक रूप से लोगों को मालूम हुआ कि यात्रा करने के लिए उन्हें भी एक सीट की जरूरत है। यह भी मालूम हुआ कि वे शौकिया यात्रा नहीं करते हैं, जीविका या व्यवसाय के कारणों से ही वे दूसरे मुसाफिरों की तरह रेलवे-यात्रा की नारकीयता से जूझने के लिए अभिशप्त हैं।"[1]

सड़क-परिवहन की स्थिति भी खराब है। शुक्ल ने बस-अड्डों की बदहाली का चित्रण करते हुए लिखा है, "हमारे न्याय-शास्त्र की किताबों में लिखा है कि जहाँ-जहाँ धुआँ होता है, वहाँ-वहाँ आग होती है। वहीं यह भी बढ़ा देना चाहिए कि जहाँ बस का अड्डा होता है, वहाँ गन्दगी होती है।"[2] बस-यात्रा की नारकीयता को उजागर करते हुए शुक्ल लिखते हैं, "बस में जहाँ मैं बैठा था, वहाँ बकरी न थी, मेरे पास बैठे आदमी की गोद में सिर्फ मुर्गी थी। बकरियाँ पीछे थीं। उस भीड़-भक्कड़ में अगर कहीं कोई बकरी का बच्चा आदमी की गोद में था या कोई बकरी आदमी के घुटने पर थी तो कुछ ऐसे आदमी भी थे जिनके पाँव बकरी के पेट के नीचे या पीठ के ऊपर थे और पीठ बस की पिछली दीवार से चिपकी थी। उनके सर कहाँ थे, कहना मुश्किल है क्योंकि उनके हाथ-दो-हाथ ऊपर भी कई सर दीख रहे थे। बस के रुकने पर समझने में देर नहीं लगी कि यहाँ उतरने में, चढ़ने के मुकाबले ज्यादा जीवट की जरूरत होगी। पर मेरा मुर्गीवाला साथी मुझसे ज्यादा उतावला था। अभिमन्यु की तरह भीड़ का चक्रव्यूह तोड़ता हुआ जब वह आगे बढ़ा तो मैं भी उसके कुर्ते से झूलता हुआ वहाँ तक पहुँच गया जहाँ दरवाजा होना चाहिए और उसके नीचे कूदते ही मैं भी उसी के साथ जमीन पर चू पड़ा। मेरे हाथ से झूलती अटैची किसी की टाँगों में फँसी होगी क्योंकि मेरे पीछे जो मुसाफिर कन्धे के बल जमीन पर आया, उसकी एक टाँग आसमान में थी और दूसरी की धोती मेरी अटैची के कुंडे से उलझी थी। मेरे मुर्गीवाले साथी का कुर्ता पीछे से चीथड़ा बन चुका था पर वह इससे बिल्कुल बेखबर था। उसे देखकर मुझे खबर हुई कि मैं भी अपनी कमीज के मामले में बेखबर हूँ, उसका कन्धा अपनी सिलन छोड़कर पीठ पर झूल गया था।"[3] सरकारी बस-सेवा की इस खस्ता

1. यहाँ से वहाँ, जैसी करनी वैसी भरनी : एक बोध-कथा, पृ. 123
2. राग दरबारी, पृ. 304-05
3. उमरावनगर में कुछ दिन, इसी नाम की रचना, पृ. 7

हालत में निजी ट्रांसपोर्टवाले और इजाफा कर देते हैं। 'उमरावनगर में कुछ दिन' रचना में शुक्ल ने इस विसंगति पर भी कटु प्रहार किए हैं।

सड़कों पर ट्रक क्या हड़कम्प मचाते हैं, यह सब जानते हैं। इस स्थिति को शुक्ल ने कई रचनाओं में उद्घाटित किया है। 'राग दरबारी' के तो प्रारम्भ में ही वे लिखते हैं, "...वहीं एक ट्रक खड़ा था। उसे देखते ही यकीन हो जाता था, इसका जन्म केवल सड़कों के साथ बलात्कार करने के लिए हुआ है। जैसे कि सत्य के होते हैं, इस ट्रक के भी कई पहलू थे। पुलिसवाले उसे एक ओर से देखकर कह सकते थे कि वह सड़क के बीच में खड़ा है, दूसरी ओर से देखकर ड्राइवर कह सकता था कि वह सड़क के किनारे पर है। चालू फैशन के हिसाब से ड्राइवर ने ट्रक का दाहिना दरवाजा डैने की तरह फैला दिया था। इससे ट्रक की खूबसूरती बढ़ गई थी; साथ ही यह खतरा मिट गया था कि उसके वहाँ होते हुए कोई दूसरी सवारी भी सड़क के ऊपर से निकल सकती है।"[1] इसी प्रकार, 'धुँधलके में समाज-सेवा' रचना में वे ट्रक को हत्याकांड के थोक-विक्रेता के रूप में निरूपित करते हैं।[2]

शुक्ल न्याय-विभाग की विकृतियों पर भी प्रहार करते हैं। 'एक मुकदमा' में वे लिखते हैं, "अभी तक इस देश के कानून में अदालत का अपमान करना ही जुर्म माना गया है, अदालत की चापलूसी करना नहीं।"[3] इसी प्रकार अदालतों में अंग्रेजों के जमाने के रंग-ढंग जारी रहना भी उन्हें उद्वेलित करता है, "हमारी इजलासों का आलम आज भी सब तरह के परिवर्तनों से अछूता है। वहाँ आज भी वही गिटपिट है, वही कटघरा है।"[4]

दूरदर्शन एक प्रभावशाली माध्यम है और अगर उसका सही उपयोग किया जाता तो वह चेतना और परिवर्तन का माध्यम भी बन सकता था, पर सरकारी नियन्त्रण ने उसे केवल सरकारी भोंपू बनाकर रख दिया है। या फिर उसने अपने कार्यक्रमों से हमारी रुचियाँ विकृत की हैं, हमें भ्रष्ट बनाया है। शुक्ल के शब्दों में, "अपने अनेक सीरियलों में दूरदर्शन रिश्वतखोरी और धाँधलेबाजी की इतनी तफसील दे चुका है और वे इतने रोचक हैं कि अब उसे (भ्रष्टाचार को) एक भयानक सामाजिक बीमारी मानने की जरूरत नहीं रह गई है। इसे हम एक सहज सामाजिक व्यवस्था मान सकते हैं। डी. डी. टी. के निरन्तर प्रयोग से जैसे मच्छर, वैसे ही इन नाट्य प्रयोगों से भ्रष्टाचार के मामले में हमारे मन निर्द्वन्द्व रहने लगे हैं। आगे चलकर उसे हम जिन्दगी की एक साहसपूर्ण पद्धति-भर मान लेंगे, जैसे कुछ नौजवान फिल्मों में बार-बार बलात्कार के दृश्य को देखकर उसे प्रेमक्रीड़ा का एक पुरजोश तरीका-भर मानने लगे हैं।"[5]

यही हाल हमारे सिनेमा का भी है। सिनेमा ने अपराध और अपराधियों को

---

1. राग दरबारी, पृ. 5
2. कुछ जमीन पर, कुछ हवा में; पृ. 32-33
3. यहाँ से वहाँ, पृ. 101
4. वही, हम वहशी नहीं हैं : एक परिसंवाद, पृ. 55
5. कुछ जमीन पर, कुछ हवा में; दूरदर्शन का जीवन-दर्शन, पृ. 77

महिमामंडित करके कितने लोगों, विशेषकर युवाओं को अपराध के रास्ते पर धकेला है, इसका कोई हिसाब नहीं। यथार्थ से दूर, काल्पनिक और कृत्रिम जगत के सपने दिखाकर वह युवाओं का जो अहित कर रहा है, वह किसी से छिपा नहीं है। 'पहली चूक' रचना में शुक्ल शहर में बी. ए. पढ़कर भी नौकरी पाने में असमर्थ होकर खेती करने के इरादे से गाँव आए एक युवक द्वारा स्वगत-कथन के माध्यम से सिनेमा के इस 'योगदान' पर करारा व्यंग्य करते हैं।[1]

श्रीलाल शुक्ल स्वातन्त्र्योत्तर भारत में उपजी-पनपी समस्त सामाजिक विकृतियों पर प्रहार करते हैं और लोगों के चेहरों पर से मुखौटे उतार फेंकते हैं। उनकी व्यंग्य-रचनाएँ सम्पूर्ण राष्ट्र में व्याप्त नकलीपन और कृत्रिमता का ऐसा कचोटनेवाला विवरण प्रस्तुत करती हैं, जो सम्पूर्ण जीवन को ग्रसनेवाले आयातित मानदंडों की निरर्थकता साबित करते हुए व्यंग्य की व्यापक सम्भावनाओं का व्यापक संकेत दे जाता है। व्यंग्य की प्रभावकता एवं सफलता अनिवार्यरूपेण लोक-धारा से जुड़े रहने में है, जिसकी पूर्ति शुक्ल की रचनाएँ बखूबी करती हैं। वे समाज और जीवन में व्याप्त विसंगतियों के लिए जिम्मेदार आभ्यन्तरिक विकृतियों का ब्योरा पेश करती हैं।

आजादी के बाद मानव-समाज को सभ्य-असभ्य के खाँचों में विभक्त करनेवाला तथाकथित सम्भ्रांतता का जो दौर शुरू हुआ, उसके चलते हम अपनी अस्मिता पर, अपने हिन्दुस्तानी होने पर शर्म से गड़े जाते हैं और विदेशियों को हर मामले में आदर्श समझते हैं। 'आह ! वे दिन' नामक रचना में शुक्ल एक ऐसे ही, रिटायरमेंट के बाद भलमनसाहत की बारिश में भीगी बिल्ली बने 'कचहरी के भूतपूर्व मगरमच्छ' के माध्यम से इस हीन-भावना पर व्यंग्य करते हैं।[2] इसी प्रकार, 'भारतीय इतिहास का एक स्वर्णिम पृष्ठ' रचना में वे खाद्य वस्तुओं के बजाय दूब उगाने को महिमान्वित करनेवाले एक 'जहाँपनाह' पर मार्मिक प्रहार करते हुए कहते हैं, "भुखमरे देशों में घास उगाना बहुत आवश्यक है ताकि लोगों की अक्ल के लिए चारे की कमी न रहे।"[3]

समाज में सम्भ्रांतता का एक अन्य प्रतीक कुत्ता-पालन है। कुत्ता कैसे बड़े लोगों के जीवन में अर्थवत्ता भरता है, इस पर कटु व्यंग्य करते हुए शुक्लजी ने लिखा है, "कुत्ता-विशेषज्ञ की हैसियत से अब उन्हें काफी बड़े पैमाने पर स्वीकार कर लिया गया। उनको कुत्ता-प्रदर्शनियों के उद्घाटन के लिए और उनकी बीवी को पुरस्कार-वितरण के लिए बुलाया जाने लगा। वे जहाँ-जहाँ तबादले पर गए, वहाँ-वहाँ उनकी अध्यक्षता में कुत्ता-कल्याण-समितियाँ बनाई गईं। सफलता की इन मंजिलों को पार करके आखिर में उन्हें यह आध्यात्मिक अनुभव हुआ कि उनके भी जीवन का एक अर्थ है और उस अर्थ का नाम कुत्ता है।"[4]

---

1. अंगद का पाँव, पहली चूक, पृ. 146-48
2. मेरी श्रेष्ठ व्यंग्य-रचनाएँ, पृ. 85-87
3. यहाँ से वहाँ, पृ. 36-37
4. वही, मृत्यु : एक दिग्दार्शनिक निबन्ध, पृ. 92

'देवता—पुराने और नए' रचना में भी शुक्ल भारतीयों की विदेशियों को देवता समझने की प्रवृत्ति पर कशाघात करते हैं। विदेशी अगर महिला हो तो हिन्दुस्तानियों को लार टपकाते देख कुत्ता भी शरमा जाए। शुक्ल कटाक्ष करते हैं, "दो-तीन ऐंग्लो-इंडियन लड़कियाँ फुटपाथ पर खड़ी होकर हनुमानजी को घूरने लगीं। जवाब में हनुमानजी के भक्त लड़कियों को घूरने लगे।"[1]

जन-जीवन में व्याप्त पाश्चात्य अनुकरण पर श्रीलाल शुक्ल 'पहली चूक', 'दुभाषिये' और 'साहब का बाबा' नामक कथात्मक व्यंग्यों का भी सृजन करते हैं। 'अंगद का पाँव' भी तथाकथित सम्भ्रान्त नगरीय सभ्यता एवं औपचारिक परिवेश पर करारा व्यंग्य है। सच तो यह है कि स्वातन्त्र्योत्तर भारत की सभी चर्चित समस्याएँ तो आज भी अछूती एवं उपेक्षित पड़ी हुई हैं। शुक्ल के व्यंग्य इसी यथार्थ-बोध के व्यंग्य हैं। 'सफेद कालर का विद्रोह' नामक उनकी रचना आज की इस व्यवस्था और लोगों की मानसिकता को खोलकर रख देती है। रचना का प्रारम्भ ही शुक्ल इस यथार्थ-विश्लेषण से करते हैं, "सफेद कालर के विद्रोह यानी मध्यवित्त लोगों की युद्धकामिता यानी मिडिल क्लास मिलिटेंसी की प्रेरक शक्ति महँगाई और मुद्रास्फीति ही नहीं। उसके पीछे सामाजिक कुरीतियाँ, व्यक्तिगत कुकर्म और हर सुविधापरक पदार्थ को खरीदने की स्पर्धा भी है—जो सफेद कालर को अन्धाधुन्ध खर्च करने और पैसे की कमी पर लगातार रोने को बाध्य करती है।"[2] यह सम्पूर्ण रचना मध्यमवर्गीय दोहरी मानसिकता, सुविधापरस्ती एवं चारित्रिक कमजोरी के प्रमाणों से भरी हुई है। लेखक स्पष्ट कहता है कि मजदूर एवं अल्पसाधन लोग जहाँ अधिकार-सत्ता को चुनौती देते हैं, सत्ता के ढाँचे को चरमराकर रख देने की दृढ़ता रखते हैं, वहीं मध्यवित्तीय वर्ग सत्ता के ढाँचे को तोड़ने के बजाय उसे खटखटाकर कुछ रियायतें-भर चाहता है। उसकी इस कमजोरी का लाभ सत्ताधारी वर्ग उठाता है। वह जानता है कि "सफेद कालर के विद्रोह को शान्त करने के लिए कोई बड़ा फैसला लेने की भी जरूरत नहीं। ओवरसियर की जगह उसे जूनियर इंजीनियर कह दो, इतना काफी है। उसके विद्रोह का उद्देश्य बहुत अदना होता है।"[3]

असामाजिक तत्त्व ही आज समाज में सबसे ज्यादा प्रतिष्ठित हैं। वे ही समाज के निर्माता हैं, नेता हैं। वे समाज को हर तरह से नुकसान पहुँचाते हैं, उसमें गड़बड़ी फैलाते हैं; पर उन्हें गिरफ्तार नहीं किया जा सकता क्योंकि उन्हें राजनयिक सुरक्षा अर्थात् डिप्लोमेटिक इम्यूनिटी मिली हुई है। शुक्लजी के शब्दों में, "वे कहते हैं कि न हम छात्र हैं, न राजनीतिक कार्यकर्ता; न हिन्दू हैं, न मुसलमान; न कोई दूसरे धार्मिक या साम्प्रदायिक वर्ग। न बिहारी, न पंजाबी; न गुजराती, न मद्रासी। आप शासन खुद ही हमें ऐसा नहीं मानते। हम सिर्फ असामाजिक तत्त्व हैं। यहाँ के सब धर्मों, वर्गों, राज्यों, जातियों से परे। हम भले ही अल्पसंख्यक हों, पर हमारी स्वतन्त्र सत्ता है। हम अपना राज्य अलग से चाहते हैं। सच तो यह है कि आप पहले ही हमारा स्वतन्त्र राज्य कायम करा चुके हैं और हमारे

1. मेरी श्रेष्ठ व्यंग्य-रचनाएँ, लखनऊ, पृ. 122
2. यह घर मेरा नहीं, पृ. 96
3. वही, पृ. 97

साथ शान्तिपूर्ण सहअस्तित्व निभा रहे हैं। अब सवाल सिर्फ रस्मी तौर पर हमसे राजनयिक सम्बन्ध बनाने और सन्धिपत्रों पर दस्तखत करने का है।"[1]

आन्तरिक मूल्यों का स्थान बाह्याडम्बरों और बदतमीजियों द्वारा ले लिए जाने का परिणाम यह हुआ कि आदमी की महत्त्वाकांक्षाएँ भी बदल गईं। शुक्लजी इस बदलाव पर कटाक्ष करते हुए लिखते हैं, "सार्वजनिक जीवन में तमीजदारों के बदतमीजी भरे चतुर वक्तव्य पढ़ते-पढ़ते उसकी पत्नी की यह महत्त्वाकांक्षा हो गई थी कि उसका बेटा सिर्फ गधा न रहे, बदतमीज बन जाए। इसलिए हम लोगों ने उसकी पढ़ाई पर अन्धाधुन्ध खर्च किया, उसे उच्च कोटि की शिक्षा दिलाई, उसे विदेश भेजकर एक ऊँची तकनीकी डिग्री लेने का बढ़ावा दिया और वहाँ से लौटकर हमारा गधा प्रदेश के बिजली-बोर्ड का एक तेजतर्रार अफसर बन गया। बदतमीज था, इसलिए उसे मशहूर होने, और उसी के साथ अपने वर्ग में लोकप्रिय बनने में देर नहीं लगी।"[2]

मूल्य-परिवर्तन के इस तकलीफदेह दौर में गनीमत यही है कि "सच बोलने को अभी तक हमारे समाज में मक्कारी नहीं माना जाता।"[3] गम्भीर और मर्मस्पर्शी व्यंग्य करते हुए शुक्ल एक कुत्ते द्वारा अपने पिल्ले को नसीहत दिलवाते हैं, "मेरे राहते-जान, हजरत इनसान कुछ भी करें, तुम अपने चलन पर अडिग रहना। बड़े-बड़े दफ्तरों, थानों और कोतवालियों में कुछ भी होता रहे, तुम चोरों के सामने अपनी आन कायम रखना और उनसे कभी समझौता मत करना। लम्बे-चौड़े फार्मों और मालगोदामों के चौकीदार और कारिन्दे भले ही हाथ-पैर फेकते रहें, पर तुम्हें जिस चीज की हिफाजत के लिए रखा गया है, उस पर कभी मुँह मत मारना।"[4] शुक्लजी के मतानुसार आदमी पशुओं से भी बहुत-कुछ सीख सकता है, "देखो तो, एक बैल काला है, एक सफेद है। पर इनमें काले-गोरे का भेदभाव नहीं है। ये दोनों एक ही जगह बैठकर खाना खाते हैं। कन्धे-से-कन्धा मिलाकर चलते हैं..."[5]

आचरण का नकलीपन और पशुओं से भी गिरा हुआ चरित्र तमाम प्रगतियों के बावजूद समाज को जहाँ का तहाँ रोके हुए है। पढ़-लिख जाने के बावजूद हम कर्म के बजाय किस्मत को प्रधानता देते हैं, अन्धविश्वासों का पालन करते हैं, रूढ़ियों से घिरे रहते हैं। वैज्ञानिक आविष्कार और अनुसन्धान के शिखरों को छूनेवाला व्यक्ति भी किसी अज्ञात आशंका के चलते भाग्यवादी बना रहता है। 'एक खानदानी नौजवान' में शुक्ल आधुनिक व्यक्ति की इस दुविधा को तीक्ष्ण व्यंग्य द्वारा उजागर करते हैं।

दहेज की प्रथा हमारी समस्त आधुनिकता पर एक बदनुमा दाग है, उसका चलन हमारी प्रगतिशीलता की पोल खोल देता है। लड़की का बाप उसकी शादी में कितना भी दहेज दे दे, लड़केवालों को वह हमेशा कम लगता है और इसलिए लड़की को अपने

1. कुछ जमीन पर, कुछ हवा में; फावड़ा बनाम हवाई जहाज, पृ. 64
2. उमरावनगर में कुछ दिन, मम्मीजी का गधा, पृ. 61
3. यहाँ से वहाँ, एक मुकदमा, पृ. 101
4. मेरी श्रेष्ठ व्यंग्य-रचनाएँ, कुत्ते की पिल्ले को नसीहत, पृ. 8
5. अंगद का पाँव, बैलगाड़ी से, पृ. 100

मायके से और-और सामान लाने के लिए कभी इशारों से तो कभी धमकियों द्वारा विवश किया जाता रहता है। ऐसा न करने पर लड़की बगावत करने में सफल हो जाती है, तो उसे उसकी 'नामाकूलता' समझा जाता है। ऐसी ही एक 'नामाकूल' बहू से त्रस्त व्यक्ति की मानसिकता का चित्रण शुक्ल ने 'किस्सा एक नामाकूल बहू का' में किया है।

पर सभी लड़कियाँ तो 'नामाकूल' होती नहीं। ज्यादातर तो बेचारी 'माकूल' ही होती हैं, और सिर्फ इसलिए कि वे लड़कियाँ हैं, अर्थात बिना किसी (अन्य) दोष के ससुरालवालों का हर जोर-जुल्म चुपचाप बर्दाश्त करती रहती हैं, यहाँ तक कि अक्सर जान तक दे देती हैं और देती नहीं तो ले ले जाती है। इसलिए जवान होती लड़कियाँ माँ-बाप की चिन्ता का कारण बनी रहती हैं। शुक्ल ने प्रेमचन्द-कृत 'गोदान' के नायक होरी को जॉर्ज आर्वेल के 1984 में पुनः जीवित कर उसके माध्यम से आजादी के बाद आम आदमी की ऐसी तमाम समस्याओं में हुई विकट बढ़ोतरी का मार्मिक चित्रण किया है।

धार्मिक विकृतियों पर भी शुक्ल ने तीखे व्यंग्य-प्रहार किए हैं। झूठी भक्ति, पुजारियों की दुश्चरित्रता, जमीन हथियाने के लिए कहीं भी मन्दिर बना लेना, धर्म के नाम पर दंगे-फसाद—कुछ भी उनकी नजर से बचा नहीं है। आज आदमी या तो किसी कामना- पूर्ति के लिए मन्दिर जाता है और कामना पूरी हो जाने पर भगवान को प्रसाद या भेंट आदि चढ़ाने का लालच देता है, या फिर कोई अपराध-बोध उसे वहाँ खींच ले जाता है और मन्दिर जाकर तथा वहाँ कुछ दान-पुण्य करके वह मानो ईश्वर से अपने कुकर्मों को जारी रखने का प्रमाणपत्र पा लेता है। इस स्वार्थपूर्ण भक्ति की पोल खोलते हुए शुक्ल लिखते हैं, "भक्तों की अटूट श्रद्धा है। वह इस मन्दिर पर टूट पड़ी है। अपने हाकिम के पैर छूने के मौके को छोड़कर जो कभी झुके नहीं, वे भी कँकरीली जमीन पर मुँह के बल गिर पड़े हैं। वे आँख मूँदे हुए अपने को विश्वास दिला रहे हैं कि रिश्वत पचाने का एक टॉनिक होता है जिसे प्रभु का ध्यान कहते हैं। उन्हीं की बगल में एक लँगोटबन्द नौजवान—सिर जमीन पर टेके हुए और जिस्म का पिछला हिस्सा आसमान को समर्पित करते हुए—न खड़ा है, न बैठा है। कुछ घरेलू औरतें मिनमिनाती हुई आवाज में गा रही हैं और पीछे खड़ी हुई चार स्कूली लड़कियाँ हँस रही हैं, पाँचवीं लड़की सिर झुकाए दाँत बन्द किए हुए खड़ी है—इसलिए नहीं कि उसने किसी बहुविज्ञापित टूथपेस्ट का इस्तेमाल नहीं किया, बल्कि इसलिए कि प्रभु से इसका सरोकार अभी खत्म नहीं हुआ है। उसका हिसाब का पर्चा अभी बाकी है..."[1]

मन्दिरों के अनधिकृत निर्माण पर व्यंग्य करते हुए शुक्लजी ने लिखा है, "वहाँ एक मन्दिर है। मुख्तसर-सा। महत्त्वपूर्ण आँकड़े : 60" × 48" × 66"। मन्दिर बहुत दिव्य है, पर उसकी दिव्यता उसकी बनावट में नहीं, हमारे दिमाग की बनावट में है। मन्दिर के इतिहास के बारे में विद्वानों में मतभेद है। विद्वान भी कोई खास नहीं, यही हाईकोर्ट के दो वकील हैं। एक कहता है, "मेरे स्वामी (मिलाडी), यह पाँच सौ साल पुराना मन्दिर है। यह जमीन एक धार्मिक स्थान है। लैंड-एक्वीजीशन की कार्रवाई चेयरमैन की

1. यहाँ से वहाँ, नसीहतें, पृ. 71

बदमाशी से हुई है। वह ऐसे स्थान पर नहीं की जा सकती।'' दूसरा कहता है, ''मेरे स्वामी, म्युनिसिपैलिटी को सिविल लाइंस में एक मूत्रालय बनवाना है। मूत्रालय के बारे में मेरे स्वामी स्वयं सब कुछ जानते हैं। सिविल लाइंस में उसका न होना हमारे नगर के लिए, राज्य के लिए–पूरे देश के लिए कलंक है। इसलिए इस जमीन को कानून द्वारा लिया जा रहा है। पर प्रार्थी ने इसे धर्मस्थान बताने के लिए रातोंरात मन्दिर बनवा दिया है। मुकदमा चल रहा है, पर मन्दिर अचल हो गया है। सौ-दो सौ साल बाद–जब तक हाईकोट फैसला देगा–मन्दिर अपने-आप में पुरातत्त्व की चीज हो जाएगा।''[1]

मन्दिर-मस्जिद के नाम पर गड़े मुर्दे उखाड़ने और जातीय गौरव के नाम पर समाज को साम्प्रदायिकता की आग में झोंक देने को शव-साधना का नाम देते हुए शुक्ल इस साधना में लगे एक साधु को व्याजनिन्दा द्वारा फटकारते हुए कहते हैं, ''तन्त्रसाधना में कुछ साधक मुर्दे की पीठ पर जप करके कुछ ऐसी सिद्धि पा लेते हैं कि मुर्दा पलटकर अपना मुँह आसमान की ओर कर लेता है। आप ऐसे ही महान साधु हैं, मथुरा में कृष्ण-जन्मभूमि की ईदगाह और काशी में बाबा विश्वनाथ की निकटवर्ती मस्जिद के लिए अभियान चलाकर आप पेट के बल पड़े इतिहास के मुर्दे को पलटकर चित करने जा रहे हैं।''[2]

निकम्मे, चरित्रहीन लोगों, यहाँ तक कि अपराधियों द्वारा पुजारी का भेष धारण कर लेने से पूजास्थलों और साथ ही धर्म की भी गरिमा घटी है। शुक्ल ने ऐसे छद्म पुजारियों के मुखौटे उतारकर उनकी असलियत दिखाई है, ''गाँजा-चरस और फिल्मी गीतों का सताया हुआ एक आदमी, जो मन्दिर का एकमात्र अधिकारी एवं पुजारी है, भीड़ को हटाने लगता है।''[3] पुलिस द्वारा वांछित अपराधी पुजारी का भेष धारण कर किस प्रकार पुलिस और जनता को चकमा देते हैं और 'जन्ता की इच्छा' के नाम पर किस प्रकार अनधिकृत रूप से जहाँ कहीं भी भगवान की मूर्तियाँ रख मन्दिर-निर्माण कर लोगों का शोषण करते हैं, इसे शुक्ल बड़ी खूबी के साथ उजागर करते हैं।[4]

साहित्यिक विकृतियाँ भी शुक्ल के व्यंग्य की जद में आने से नहीं बची हैं। आम आदमी के जीवन-संघर्ष को स्वर देने का दम भरनेवाले साहित्यकार का वस्तुतः आम आदमी से कितना अपरिचय है और साहित्य में आम आदमी की तलाश अब तक किस तरह जारी ही है, पूरी नहीं हुई; इस पर शुक्ल ने 'तलाश जारी है आम आदमी की' रचना में मार्मिक व्यंग्य किया है।[5]

इसके बावजूद साहित्यकारों पर से उनकी आस्था डिगती नहीं। उनकी मान्यता है कि ''शायर के साथ हमदर्दी दिखाना किसी का पेशा नहीं है, बल्कि औरों से हमदर्दी दिखाना शायर का ही पेशा है।''[6]

1. यहाँ से वहाँ, पृ. 93-94
2. कुछ जमीन पर, कुछ हवा में; पूड़ी-सब्जी प्रोग्राम, श्रीराम-भक्ति, आलू आदि; पृ. 66
3. यहाँ से वहाँ, देवतानए और पुराने, पृ. 96
4. कुछ जमीन पर, कुछ हवा में; दो स्थितियाँ : जनता मन्दिर, पृ. 141-42
5. वही, पृ. 180
6. यहाँ से वहाँ, लखनऊ, पृ. 25

श्रीलाल शुक्ल के व्यंग्य का फलक न केवल व्यापक है, अपितु उसमें शिल्पगत वैविध्य भी बहुत है। विसंगतियों के उद्‌घाटन और तिक्त संवेदना की अभिव्यक्ति के लिए उन्होंने कसी हुई और आक्रामक भाषा का निर्माण और प्रयोग किया है, जो नए-नए उपमानों, साम्यों, रूपकों, विशेषणों के प्रयोग से जीवन्त हो उठी है। इसी प्रकार व्यंग्य की सम्प्रेषणीयता के लिए उन्होंने विभिन्न शैलियों और विधाओं का आश्रय लिया है। 'राग दरबारी' व्यंग्य-उपन्यास वर्णनात्मक शैली में लिखा गया है, तो अधिकांश फुटकर व्यंग्य विवरणात्मक शैली में हैं। 'कुत्ते की पिल्ले को नसीहत' जैसे व्यंग्य अन्योक्ति शैली में हैं, तो 'बया और बन्दर की कहानी' शोध की शैली में लिखा गया है। 'एक मुकदमा' अदालती निर्णय की शैली में है, तो 'हम वहशी नहीं हैं' परिसंवाद-शैली में रचित है। इसी प्रकार, 'एक हारे हुए नेता का इंटरव्यू' साक्षात्कार-शैली में लिखा गया एक उत्कृष्ट व्यंग्य है, जिसमें अनेक राजनीतिक विसंगतियों पर तीखा प्रहार किया गया है। साक्षात्कार-शैली में ही शुक्ल ने 'एक जीते हुए नेता से मुलाकात' भी लिखा है। इसी प्रकार, 'एक शोक-प्रस्ताव' और 'एक शरीफ दोस्त के नाम चार पत्र' आदि व्यंग्य पत्र-शैली में रचित हैं।

किन्तु हिन्दी-व्यंग्य को ही नहीं, भारतीय व्यंग्य-साहित्य को भी शुक्ल की सबसे बड़ी देन और उनकी प्रतिष्ठा का सबसे बड़ा आधार उनका उत्कृष्ट व्यंग्य-उपन्यास 'राग दरबारी' है, जिसमें शहर से लगे एक गाँव की जिन्दगी के बहाने भारत की लँगड़ी और बदबूदार जिन्दगी को अत्यन्त तीखी-तुर्रेदार मुद्रा में प्रस्तुत किया गया है।

'राग दरबारी' अर्थात् किसी राज दरबार का विलम्बित राग या कहानी, जिसकी प्रतीकात्मक व्यंजना स्वाधीनता के बाद के सरकारी तन्त्र और उससे उत्पन्न समूची व्यवस्था के राग या कहानी से है। इस प्रकार, उपन्यास का शीर्षक लक्ष्य और कथ्य को स्पष्ट और व्यंजित करने में सहायक है। उपन्यास के आवरण-पृष्ठ पर कहा गया है कि "राग दरबारी का सम्बन्ध एक बड़े नगर से कुछ दूर बसे हुए एक गाँव की जिन्दगी से है जो पिछले बीस वर्षों की प्रगति और विकास के नारों के बावजूद निहित स्वार्थों और अनेक अवांछनीय तत्त्वों के आघातों के सामने घिसट रही है; यह उसी जिन्दगी का दस्तावेज है।" पर सच्चाई यह है कि 'राग दरबारी' का सम्बन्ध समूचे भारत की जिन्दगी से है जो आजादी मिलने के इतने वर्ष बाद भी स्वार्थी, मक्कार और भ्रष्ट रहनुमाओं के कारण पिछली जिन्दगी से भी बदतर स्थिति में है। शिवपालगंज की स्थिति भारत के किसी भी कोने में पाई जा सकती है। आजाद हिन्दुस्तान की राजनीति, इस दौर में चलते विकास-कार्यों, सरकार और उसकी नौकरशाही तथा दूसरे तन्त्रों की गतिविधियों से इस दरमियान किस तरह की औलादें पैदा हुई हैं, उनका व्यक्तित्वशास्त्र, नीतिशास्त्र और समाजशास्त्र क्या है—उपन्यास में देखा जा सकता है। छोटी-छोटी घटनाओं को भी उपन्यास पूरे भारत के हालात के साथ सम्पृक्त करता है—

(क) क्योंकि इस कालिज की स्थापना राष्ट्र के हित में हुई थी, इसलिए उसमें और

कुछ हो या नहीं, गुटबन्दी काफी थी। वैसे गुटबन्दी जिस मात्रा में थी, उसे बहुत बढ़िया नहीं कहा जा सकता था पर जितने कम समय में वह विकसित हुई, उसे देखकर लगता था कि काफी अच्छा काम हुआ है। वह दो-तीन साल में ही पड़ोस के कालिजों की गुटबन्दी की अपेक्षा ज्यादा ठोस दिखने लगी थी। बल्कि कुछ मामलों में तो वह अखिल भारतीय संस्थाओं तक का मुकाबला करने लगी थी।[1]

(ख) गयादीन ने अपनी बात समझाई, "वही हाल अपने मुल्क का है, मास्टर साहब, जो जहाँ है अपनी जगह गोह की तरह चिपका बैठा है। टस-से-मस नहीं होता। उसे चाहे जितना कोंचो, चाहे जितना दुरदुराओ, वह अपनी जगह चिपका रहेगा और जितने नाते-रिश्तेदार हैं सब उसकी दुम के सहारे सड़ासड़ चढ़ते हुए ऊपर चले जाएँगे। कालिज को क्यों बदनाम करते हो, सभी जगह यही हाल है।"[2]

(ग) जब सनीचर के प्रधान बनने की बात उठी थी या जब छोटे पहलवान जोगनाथ के खिलाफ गवाही देने गए थे तो सब-कुछ मजाक जैसा दिखता था और जब उसने देखा कि सनीचर सचमुच ही गाँव-सभा का प्रधान है और छोटे जोगनाथ को जेल से छुड़ाकर हँसते हुए वापस आ गए हैं तो उसे झटका-सा लगा था। सनीचर की विजय के दिन उसने बहुत-कुछ सोच डाला और उस दौरान उसे प्रदेशों की राजधानियों में न जाने कितने वैद्यजी और मन्त्रियों और मुख्यमन्त्रियों की कतार में न जाने कितने सनीचर घुसे हुए दीख पड़े।[3]

(घ) रंगनाथ ने उनकी बात काटते हुए बड़प्पन के साथ कहा, "तुम क्या बक रहे हो रुप्पन ?...धरती पर सिर्फ एक शिवपालगंज ही नहीं है। हमारे-तुम्हारे लिए इतना सारा मुल्क पड़ा हुआ है।" रुप्पन मुँह लटकाकर बैठे हुए थे। वे भुनभुनाए, "मुझे तो लगता है दादा, सारे मुल्क में यह शिवपालगंज ही फैला हुआ है।"[4]

उपर्युक्त उदाहरणों से स्पष्ट है कि लेखक शिवपालगंज के माध्यम से पूरी भारतीय जिन्दगी की विद्रूपता को व्यंजित और चित्रित करना चाहता है, जिसमें वह खासा सफल भी हुआ है।

उपन्यास में जितने पात्र हैं, उनसे सम्बद्ध प्रायः उतनी ही कथाएँ हैं। अर्थात् कथा-पद्धति में विभिन्न प्रसंगों एवं चित्रों की युक्ति का उपयोग किया गया है। इस युक्ति से लेखक समकालीन व्यवस्था पर अधिक व्यापक एवं गहरी चोट कर पाता है। शिवपालगंज जाते हुए ट्रक-ड्राइवर और पुलिस के साथ हुई रंगनाथ की मुठभेड़ का प्रसंग, थाना शिवपालगंज का चित्र, छंगामल विद्यालय इंटर कॉलेज की कथा, मास्टर मोतीराम के अध्यापन का चित्र, विद्यालय के वातावरण का जिक्र, वैद्यजी की बैठक यानी दरबार का चित्र, लंगड़ की कथा, शहर के रिक्शेवाले का कथा-चित्र, रामाधीन

1. राग दरबारी, पृ.. 73-74
2. वही, पृ. 99-100
3. वही, पृ. 239
4. वही, पृ. 313

भीखमखेड़वी की कथा, दुरबीन सिंह के संस्मरण, कोआपरेटिव यूनियन के चुनाव का चित्र, कुसहरप्रसाद के खानदानी झगड़े की कथा, शिवपालगंज से पाँच मील दूर मेले का प्रसंग, जोगनाथ के मुकदमे के सिलसिले में शहर की अदालत का चित्र, सनीचर का ग्राम-प्रधान बनने का किस्सा, नेताजी द्वारा दिए गए भाषण का चित्र, कॉलेज की गुटबन्दी का चित्र और रंगनाथ का शिवपालगंज से पलायन आदि विभिन्न चित्र, दृश्य, प्रसंग मिलकर उपन्यास की बृहत कथा का निर्माण करते हैं। यद्यपि इन कथाओं और प्रसंगों में कला की दृष्टि से अन्विति और संयोजन नहीं है, लेकिन लेखक पूरी भारतीय जिन्दगी और व्यवस्था को रूपायित करना चाहता है, इस रूप में विभिन्न कथाओं की केन्द्रीय दृष्टि अन्वित-सी दिखाई देती है। आज की संक्रमणकालीन स्थिति में, जब कि सभी-कुछ बिखरा-बिखरा और गड्डमड्ड चल रहा है, इस जिन्दगी के चित्रण में लेखक ने छोटी-छोटी कथाओं और घटनाओं के वर्णन में बिखरे शिल्प का सहारा लिया है, तो इसमें कोई आश्चर्य की बात नहीं, बल्कि इस युक्ति से लेखक समकालीन यथार्थ को अधिक ईमानदारी और गहराई से स्पर्श करता है।

गाँव में दो नेता हैं–एक वैद्यजी और दूसरे रामाधीन भीखमखेड़वी। इन दो नेताओं के अपने-अपने गुट हैं। इनके संघर्ष व उठापटक की राजनीति और समाजशास्त्र से कथानक का बहुत बड़ा भाग सम्बद्ध है। वैद्यजी का गुट अधिक शक्तिशाली है, इसलिए हर लड़ाई में उनकी जीत होती है। यहाँ तक कि उपन्यास के अन्त में रंगनाथ तिलमिलाकर दूसरे गुट के प्रति सहानुभूतिपूर्ण और आत्मीय हो उठता है तथा नैतिक लड़ाई लड़ने का हल्का आभास भी देता है, किन्तु फिर वह एक अजनबी पात्र की भाँति गाँव छोड़ देना अधिक श्रेयष्कर समझता है। जैसे उसने सोचा हो कि मुझे इस सबसे क्या लेना-देना है, मैं कौन सा यहाँ स्थायी रूप से रहने के लिए आया हूँ। असल में रंगनाथ निष्क्रिय बुद्धिजीवियों पर एक जीता-जागता कटाक्ष है।

उपन्यास के कथानक में संस्मरण और पंचतन्त्र की कथा-पद्धति का भी उपयोग किया गया है। रंगनाथ प्रत्येक पात्र की प्रतिक्रिया को मौन अनुभव करता है और कभी-कभी जिज्ञासा आदि दिखाकर टीका-टिप्पणी भी करता चलता है। संस्मरण सुनाने का अधिकतर कार्य सनीचर करता है, इसके अलावा वैद्यजी, रुप्पन और गयादीन भी इस युक्ति से कथा को विकसित करते हैं। रंगनाथ को कोई खास बात समझाने या किसी का परिचय देने के लिए संस्मरण सुनाया जाता है, ताकि रंगनाथ के बहाने पाठक भी उसे समझ लें। कथा की पंचतन्त्रात्मक शैली में कहानी सुनाकर एक आदर्श या शिक्षा को उजागर किया जाता है। लेकिन यहाँ प्रत्येक पात्र इस पद्धति के बहाने शिवपालगंज की जिन्दगी की कहानी कहता है। सभी पात्र रंगनाथ को कहानी सुनाते हैं या शिवपालगंज की विभिन्न मुद्राओं एवं आयामों से परिचित कराते हैं। पात्र तो 'नेरेटर' हैं ही, लेकिन लेखक स्वयं भी जगह-जगह पर अपनी ओर से टीका-टिप्पणी करता चलता है, वह भी व्यंग्य के कलेवर में। इन स्थलों पर अनेक जुमले तीखे और काट करनेवाले हैं। "वर्तमान शिक्षा-पद्धति रास्ते में पड़ी हुई कुतिया है जिसे कोई भी लात

मार सकता है,"[1] "मध्यकाल का कोई सिंहासन रहा होगा जो अब घिसकर आराम-कुर्सी बन गया। दरोगाजी उस पर बैठे भी थे, लेटे भी थे,"[2] "वैद्यजी थे, हैं और रहेंगे,"[3] "पुनर्जन्म के सिद्धान्त की ईजाद दीवानी की अदालतों में हुई है, ताकि वादी और प्रतिवादी इस अफसोस को लेकर न मरें कि उनका मुकदमा अभी अधूरा ही पड़ा रहा। इसके सहारे वे यह सोचते हुए चैन से मर सकते हैं कि मुकदमे का फैसला सुनने के लिए अभी अगला जनम तो पड़ा ही है,"[4] आदि अनेक उदाहरण इसके प्रमाण हैं।

उपन्यास के चरित्र-निर्माण में विभिन्न वर्गों के विविध पात्रों का चयन किया गया है और उन्हें जिस सच्चाई के साथ और बेहिचक पेश किया गया है, उससे मनुष्य की अस्मिता की पहचान एकदम नग्न और प्रकृत रूप में हो जाती है। वैद्यजी, बद्री पहलवान, रुप्पन, सनीचर, गयादीन, प्रिंसिपल, मास्टर मोतीराम, खन्ना मास्टर, जोगनाथ, कुसहर प्रसाद, कालिकाप्रसाद, बाबू रामाधीन भीखमखेड़वी अदि विभिन्न पात्र समाज में हर जगह बिखरे हुए मिल जाएँगे।

आलोचकों ने रंगनाथ को उपन्यास का नायक माना है।[5] लेकिन लेखक ने उसके चरित्र को एक ऐसे चौखटे में फिट किया है कि उसकी अपनी चरित्रवत्ता समाप्त-सी दिखती है। वह उपन्यास का एक दूरदर्शक यन्त्र है, जिसके माध्यम से देश की जिन्दगी को दूर-दूर तक देखा जा सकता है। शिवपालगंज के लिए अतिथि होने के कारण उसकी स्थिति अजनबी की-सी है, इसलिए वह सारी स्थितियों का मौन अनुभव करता है, कोई प्रतिक्रिया व्यक्त नहीं करता, न ही गहराई से यहाँ की जिन्दगी में हिस्सा लेता है। रंगनाथ एक कुंजी है, जिसके सहारे उपन्यास का ताला खोलने की पद्धति का इस्तेमाल किया गया है और बहुत सही तो यह है कि रंगनाथ एक पर्यटक है, जो किसी नए स्थल का भ्रमण करने आया है। सनीचर, रुप्पन तथा अन्य पात्रों से शिवपालगंज की कहानी सुनना उसकी विशेषता है। पाठक भी पर्यटक के सहारे उपन्यास का भ्रमण करता चलता है। नए स्थल पर रहते हुए जब उसे अपने घर की या जमीन की याद आती है, दूसरे शब्दों में वह शिवपालगंज से ऊब जाता है, तब उसके कानों में पलायन-संगीत गूँजने लगता है और वह यहाँ से भाग जाता है। इस प्रकार रंगनाथ को नायक का पद देना किसी भाँति संगत नहीं लगता। डॉ. लक्ष्मीसागर वार्ष्णेय ने उसे एक कमजोर एवं पंगु पात्र कहा है और उसके चरित्र में गहरी आत्मोपलब्धि का अभाव देखा है। उनके कथनानुसार, "रंगनाथ मिट्टी का एक शेर है जो अकेले में गुर्राता रहता है, मौका पड़ने पर दुम दबाकर भाग जाता है। किसी समस्या से साक्षात्कार करने की उसमें क्षमता नहीं

---

1. राग दरबारी, पृ. 10
2. वही, पृ. 11
3. वही, पृ. 29
4. वही, पृ. 31
5. उपेन्द्रनाथ अश्क, अन्वेषण की सहयात्रा, पृ. 46
6. हिन्दी-उपन्यास : उपलब्धियाँ, पृ. 139

है। न तो उसमें आत्मविश्वास है, न दृष्टि।"[6] किन्तु प्रश्न यह है कि क्या बिना नायक के उपन्यास की रचना संभव नहीं है ? या क्या मुख्य पात्र से यह आशा करना जरूरी है कि वह एक गहरी अन्तर्दृष्टि से समन्वित होगा ? क्या ऐसे चरित्र के बिना उपन्यास सशक्त नहीं कहला सकता ? कहना नहीं होगा कि 'राग दरबारी' का कथ्य इतना सशक्त एवं आकर्षक है कि उसके समक्ष पात्र फीके पड़ गए हैं।

वैद्यजी एक ऊँचे मन्त्री का प्रतिनिधित्व करते हैं और उनके माध्यम से लेखक ने पूरे राजनीतिक परिवेश की बखिया उधेड़ने की कोशिश की है। प्रिंसिपल और क्लर्क तथाकथित मन्त्री के चापलूस और पाँव सहलानेवाले व्यक्तियों के रूप में चित्रित हैं। रुप्पन, बद्री, सनीचर, छोटे, जोगनाथ आदि उसके गुरगे या चेले-चपाटे हैं। कुल मिलाकर इनका एक गुट है और उसके अधिनायक हैं वैद्यजी। जिस प्रकार एक नेता या मन्त्री अपने हथकंडों से कई-कई संस्थाओं पर अधिकार रखता है और उन संस्थाओं द्वारा दोनों हाथों से जेब भरने या लूटने का प्रयास करता है, वैद्यजी ने उपन्यास में वही किया है।

वैद्यजी और रामाधीन भीखमखेड़वी ऐसे चरित्र हैं, जो आज के समाज के पंडे अथवा ठेकेदार कहे जा सकते हैं। इनका न तो कोई नैतिक आदर्श है, न कोई आस्था। प्रत्येक सरगर्मी में इनका अधिकार होना आवश्यक है। वैद्यजी अधिक शक्तिशाली नेता और ठेकेदार हैं। वैद्य कम, राजनीति के अखाड़िया अधिक। गाँव में इनका एकछत्र साम्राज्य है, चाहे कोआपरेटिव-यूनियन हो या गाँव-सभा, छंगामल विद्यालय इंटरमीडिएट कॉलेज हो या गाँव की उन्नति का प्रश्न। उनके शासन में पट्टीदार, रिश्तेदार और मित्र, सभी पदाधिकारी की हैसियत से लाभ उठाते हुए गाँव की 'उन्नति' करते हैं।

प्रधान चरित्रों के अलावा कई छोटे-छोटे किन्तु महत्त्वपूर्ण पात्र अपने-अपने ढंग से शिवपालगंज के विशाल चित्रफलक के विभिन्न चित्रों की अभिव्यक्ति करने में सफल हैं। बद्री पहलवानी करने के साथ-साथ गुंडों के आश्रयदाता, बेला के असफल प्रेमी और पिता वैद्यजी के प्रत्येक अनैतिक कार्यों के सहायक हैं। सनीचर वैद्यजी का भानजा और चेलों का मुखिया, प्रधान सेवक और उनकी प्रत्येक परोक्ष-अपरोक्ष क्रियाओं का अनुसरणकर्ता। यह मामा की ही कृपा थी कि वह गाँव का प्रधान आसानी से बन जाता है। रुप्पन विद्यार्थी कम, विद्यालय का छात्र-नेता अधिक है। गाँव की राजनीति में युवा नेता की हैसियत से भाग लेना उसका दायित्व है। जोगनाथ गुंडा और वैद्यजी तथा बद्री पहलवान का 'पालक बालक' है। चलते मुसाफिरों से बलात् पैसा छीन लेना उसके बाएँ हाथ का खेल है, यहाँ तक कि पुलिस भी उसे पकड़ने से घबराती है। मास्टर मोतीराम और खन्ना मास्टर अध्यापक कम, विद्यालय-राजनीति के विरोधी गुट के सक्रिय कार्यकर्ता अधिक हैं। वे मैनेजर वैद्यजी के हर कार्य का विरोध करना लाजमी समझते हैं। इसके अतिरिक्त गयादीन, कुसहर प्रसाद, कालिका प्रसाद, लंगड़ आदि चरित्र भी आकर्षक तरीके से समकालीन जिन्दगी की सच्चाई को अभिव्यक्त करते हैं।

पात्रों के चरित्रांकन में, उनकी आकृति-प्रकृति और वेशभूषा के परिचय में वर्णन और व्यंग्य से काम लिया गया है। वे वर्णन भी व्यंजित होकर व्यंग्यात्मक ही अधिक

बन गए हैं। तथापि, अखबारों के 'कार्टून' या 'स्माइल-ए-डे' जैसे पात्र उन्हें नहीं कह सकते, जैसा कि डॉ. लक्ष्मीसागर वार्ष्णेय जैसे कुछ आलोचक समझते हैं; क्योंकि 'कार्टून' या 'स्माइल-ए-डे' के पात्र हँसाते-भर हैं, गहरे तक बेधते नहीं। 'राग दरबारी' के पात्र अपनी चरित्रवत्ता के माध्यम से तीखे प्रहार करते हैं, नश्तर लगाते हैं और देश की सच्चाइयों को एकदम जीवन्त रूप में प्रस्तुत करते हैं। इस प्रकार ये पात्र प्रामाणिक भी है। पात्रों के आन्तरिक द्वन्द्व का प्रश्न ही नहीं उठता, क्योंकि लेखक उन्हें लगभग कॉमिक ढंग से उपस्थित करता है। उनमें किसी प्रकार का तनाव या संघर्ष कम देखा जा सकता है। उन्हें संशय नहीं सालते। किसी लक्ष्य में सफलता-असफलता होती लगती है तो अपनी समरनीति उन्हें जरूर सोचनी पड़ती है, लेकिन असफलता का लोक-भाषा में दार्शनिक स्पष्टीकरण कह-सोचकर जिन्दगी से आसानी से समायोजन कर लिया जाता है। कहीं कुछ ढरकता जरूर है, शायद उसे भी द्वन्द्व कहा जा सकता है; पर 'राग दरबारी' की भाषा में उसे खोजने के लिए कुछ बारीक नजर की जरूरत पड़ेगी।

समाज और व्यवस्था का भ्रष्टाचार, भाई-भतीजावाद, योजनाओं को दुरुपयोग और खोखलापन, गुटबन्दी, राजनीति में गुंडों एवं लुटेरों को प्रश्रय; सरकारी कार्यालयों, न्यायालयों एवं पुलिस-विभाग की दुर्गति, शिक्षा का उत्तरोत्तर ह्रास, चुनाव के हथकंडे, विज्ञापन की बाढ़ आदि विविध दृश्य-चित्रों को विवरणात्मक ढंग पर उपस्थित किया गया है, पर उससे निकलनेवाली व्यंजना और व्यंग्य का आवेग समकालीन वातावरण और परिवेश को प्रहारात्मक ढंग से उपस्थित करता है। लेखक के सामने जो भी आया, व्यंग्य से बचकर नहीं जा सका है। वातावरण काल्पनिक नहीं, बल्कि सच्चाई और प्रामाणिकता के साथ उजागर है। घटनाओं के दृश्यों को जिस प्रकार लेखक उपस्थित करता है, उससे एक-एक स्थिति की बखिया उधड़ती चलती है। उदाहरण के लिए, उपन्यास के प्रारम्भिक अंश में रंगनाथ और ट्रक-ड्राइवर में होनेवाली बातचीत तथा बाद में पुलिस से हुई मुठभेड़ के चित्रों में पुलिस-विभाग का भ्रष्टाचार उद्घाटित होता है। इस प्रकार के दृश्य पूरे उपन्यास में भरे पड़े हैं। इसके अलावा हल्के-फुल्के चित्रों द्वारा जीवन की छोटी-छोटी स्थितियों को भी उभारा गया है, जैसे "थोड़ी देर में ही धुँधलके में सड़क की पटरी पर दोनों ओर कुछ गठरियाँ-सी रखी हुई नजर आईं। ये औरतें थीं, जो कतार बाँधकर बैठी हुई थीं। वे इत्मीनान से बातचीत करते हुए वायु-सेवन कर रही थीं और लगे हाथ मल-मूत्र का विसर्जन भी।"[1] इस चित्र से न केवल शिवपालगंज के वातावरण का बोध होता है, बल्कि भारत के किसी भी गाँव के वातावरण की व्यंजना हो जाती है।

उपन्यास की संवाद-योजना और भाषिक संरचना भी व्यंग्य से ओत-प्रोत है। लेखक किसी बात को बेलाग और दोटूक कहने में नहीं हिचकता, वह चरित्रों और कथा-दृश्यों के वर्णन में अपनी ओर से टीका देता चलता है और यह टीका-टिप्पणी उस वस्तु या स्थिति की सच्चाई उघाड़ती जाती है। इस व्यंग्यात्मक टीका को 'बैठे-ठाले' किस्म के हास-परिहास से जोड़ना सही नहीं है, क्योंकि इसमें किसी पात्र या स्थिति का मजाक-भर

1. राग दरबारी, पृ. 10

नहीं उड़ाया गया है, अपितु एक गम्भीर दृष्टि से उस पर विचार किया गया है। शुक्ल के व्यंग्य में मानवीय करुणा और सहानुभूति आद्यन्त विद्यमान है। टीका-टिप्पणी के साथ लेखक स्थिति या पात्र का विवरण तो देता ही चलता है, जैसे "वे दुबले-पतले थे, पर लोग उनके मुँह नहीं लगते थे। वे लम्बी गर्दन, लम्बे हाथ और लम्बे पैरवाले आदमी थे... ।"[1] पर वर्णन के साथ तुलना-पद्धति और व्यंजना के आधार पर वह उसकी संपृक्ति देश की समस्याओं से भी करता जाता है, जैसे, "वे पैदायशी नेता थे क्योंकि उनके बाप भी नेता थे।"[2] स्थितियों के प्रति भी लेखक की ओर से फेंके गए ऐसे जुमलों से उपन्यास भरा पड़ा है, यथा "तुम्हारा गियर तो बिल्कुल अपने देश की हुकूमत जैसा है...उसे (भी) चाहे जितनी बार टॉप गियर में डालो, दो गज चलते ही फिसल जाती है और लौटकर अपने खाँचे में आ जाती है।"[3]

'राग दरबारी' का विषय-सौष्ठव जितना परिष्कृत एवं गुरु-गम्भीर धरातल पर अवस्थित है, उतनी ही चारु गम्भीरता उसके संरचनात्मक पक्ष की है। यह कृति उस मणि के समान है, जो समीक्षक-सूर्य की बहुज्ञ विचार-रश्मियों का संस्पर्श प्राप्त करते ही बहुआयामी चेतना से चमत्कृत हो जाती है। इस कृति-मणि की चमत्कृति में चकाचौंध व्युत्पन्न करने की प्रवृत्ति के साथ-साथ जीवन के व्यापक परिदृश्य को प्रस्तुत करने तथा सहज रूप से विसंगतियों को वहन करने का सारल्य दृष्टिगोचर होता है। मन को बौद्धिक विचारोत्तेजक झटके देने की प्रवृत्ति के साथ-साथ विद्रूपताओं को अनावृत करने की चेष्टा मन-मस्तिष्क का विरेचन भी करती है। राष्ट्रीय जीवन की मौजूदा स्थिति की प्रतीक-कथा के रूप में 'राग दरबारी' का कथ्य शिल्प की तराश प्राप्त कर वरेण्य बन गया है। सम्पूर्ण रचना में पाठक शिल्प और वस्तु की श्रेष्ठता की समानान्तर अनुभूति करता है तथा निरन्तर लेखकीय कौशल की श्रद्धावनत होकर अभिशंसा करता हुआ कथा-प्रवाह की क्षिप्र धारा में अवगाहित होता रहता है। 'राग दरबारी' का रचना-कौशल और उसका गठन यथार्थवादी धरातल पर निर्मित होते हुए भी स्थूल, फूहड़ या भोंड़ा नहीं है। व्यंग्य का तेवर सम्पूर्ण उपन्यास में आद्योपान्त अनुभूत होता है। यथार्थ की अनुभूति का रस और व्यंग्य का चमत्कार पूरी रचना में आच्छादित है। लेखक की अद्भुत कल्पना-शक्ति तथा वाग्वैदग्ध्य की चमत्कृति ने अर्थ-सम्प्रेषण में अपूर्व भूमिका के निर्वहन के साथ विडम्बनाओं को उभारने में भी असाधारण कार्य किया है। गलत का हर हालत में विरोध करने और उसे किसी भी सूरत में टिकने न देने की अपनी वैचारिक क्षमता की बदौलत शुक्ल 'राग दरबारी' जैसी वृहद् औपन्यासिक कृति में भी व्यंग्य के तामझाम को लड़खड़ाने नहीं देते, अपितु उसका कुशलतापूर्वक निर्वाह करते हैं। यथार्थवादी परिवेश की विशिष्ट जटिलता 'राग दरबारी' की औपन्यासिक सर्जना के शिल्प-सौष्ठव का महत्त्वपूर्ण पक्ष है। आंचलिक सन्दर्भ-संवलित प्रतीकात्मक एवं

1. राग दरबारी, पृ. 15
2. वही
3. वही, पृ. 6

व्यंग्यात्मक भाषा उसकी प्राणवान विशेषता है। यथार्थवादी कथा एवं शिल्प-सौष्ठव शुक्ल की परिवर्तनमूलक वैचारिक दृष्टि का सम्बल पा 'राग दरबारी' के शिवपालगंज गाँव को पूरे भारत पर प्रक्षेपित कर देते हैं। 'राग दरबारी' ही नहीं, अपने पूरे व्यंग्य-साहित्य में श्रीलाल शुक्ल गहन मानवीय संवेदना से आपूरित दिखाई देते हैं। उनका व्यंग्य-लेखन उनकी इस मान्यता का जीता-जागता प्रमाण है कि "समाज की समस्याओं को समाजशास्त्री ही नहीं, कथाकार भी समझ लेते हैं, फर्क इतना है कि एक शोध और अध्ययन के माध्यम से समझता है, दूसरा संवेदना से।"[1] यही संवेदना उनकी वैचारिकता में परिवर्तित हो व्यंग्य के माध्यम से जीवन और समाज में व्याप्त आत्मघाती जड़ता और सन्नाटे को भंग करने में समर्थ है।

1. कुछ जमीन पर, कुछ हवा में; एम. एस. टी. और आतंकवाद, पृ. 124

8
व्यंग्यकार नरेन्द्र कोहली की व्यंग्य-दृष्टि

प्रेरणा, प्रभाव और धारणा

वरिष्ठ व्यंग्यकारों में डॉ. नरेन्द्र कोहली कई दृष्टियों से विशिष्ट है। एक तो वे व्यंग्यकारों की दूसरी पीढ़ी के मूर्धन्य व्यंग्यकार हैं; दूसरे, कविता को छोड़कर साहित्य की अन्य सभी विधाओं में उन्होंने समान प्रतिष्ठा पाई है; और तीसरे, अपनी विचारधारा को लेकर वे अत्यधिक विवादास्पद भी रहे हैं। 6 जनवरी 1940 को स्यालकोट में जन्मे नरेन्द्र कोहली की रुचि आरम्भ से ही साहित्यिक रही है। उनके पिता की महत्त्वाकांक्षा भी लेखक बनने की रही। उनके बड़े भाई भी कहानी और नाटक-लेखन में रुचि रखते हैं। अपने बचपन की याद करते हुए नरेन्द्र कोहली ने लिखा है, "इस व्यक्ति को, जिसका नाम नरेन्द्र कोहली है, बहुत दिनों से देख रहा हूँ और बहुत पास से देख रहा हूँ। यूँ समझिए कि मैंने इसे स्यालकोट में इसी के घर के आँगन में, ठंडे फर्श पर नंगे घिसटते देखा है। फिर लाहौर में तख्ती-बस्ता लेकर इस नन्ही-सी जान को घिसट-घिसटकर देव समाज हाई स्कूल में जाते भी देखा है। वहाँ से यह फिर स्यालकोट लौट आया था, क्योंकि इसके पिताजी को अस्वस्थता के कारण रिटायर कर दिया गया था। स्यालकोट में गंडा सिंह हाई स्कूल में थोड़े दिन पढ़ा। जी हाँ ! वही स्कूल, जिसकी दीवार जेल के साथ मिली हुई थी। उन दिनों भी यह पर्याप्त घरघुस्सू था। खेलने-वेलने का कम ही शौक था। गुस्सैल, चिड़चिड़ा और बीमार। पड़ोस के बच्चों से खेलता कम था, लड़ता अधिक था। सदा का रुआँसा और माँ के आँचल में छिपा रहनेवाला...फिर देश का विभाजन हुआ और यह अपने परिवार के साथ सीधा जमशेदपुर चला गया।...फिर वहीं बस गए। लगभग सारी पढ़ाई वहीं की। याद नहीं पड़ता कि इसने लिखना कब से आरम्भ किया। जब से देख रहा हूँ, लिखते हुए ही देख रहा हूँ। पहले टूटी-फूटी तुकबन्दियाँ ही किया करता था। छठी कक्षा में था तो उर्दू में लिखी हुई एक कविता इसकी हस्तलिखित पत्रिका में प्रकाशित हुई थी। अब इसे स्वयं भी याद नहीं होगा कि उस कविता में क्या था। तब उर्दू पढ़ा करता था, इसलिए उर्दू में ही लिखता था। सातवीं

में भी एक छोटी सी कहानी लिखी थी, पर कहीं छपी नहीं; बेचारा बड़ा निराश हुआ।''[1]

सामाजिक विसंगतियों की पकड़ भी उन्हें पहले से ही थी और जब उनका बाल-मन उन्हें स्वीकार न कर पाता तो उनका यह अस्वीकार और विरोध लेखन में उत्तर आता, ''आठवीं में पढ़ता था, तो पटरी पर की (अपनी) दुकान पर बैठे हुए इसने एक दृश्य देखा। मंडी से आई आमों की टोकरियों को अभी-अभी इसके पिताजी ने खोला था। कुछ सड़े-गले आम उठाकर सामने सड़क पर फेंक दिए थे, ताकि कोई आता-जाता पशु उनको खा जाए। पर एक गाय उन सड़े आमों को सूँघकर छोड़ गई थी, बकरी उन्हें चाटकर आगे बढ़ गई थी, एक पागल स्त्री जो सदा बाजार में घूमा करती थी, उन्हें उलट- पलटकर उपेक्षा से मुँह बिचकाकर चली गई थी; पर तभी एक छोटा सा काला-कलूटा नंग-धड़ंग बच्चा वहाँ आया। उसकी छाती के पंजर नजर आ रहे थे और पेट बेतहाशा फूला हुआ था। उस बच्चे ने इसके सामने बैठकर सड़े आमों को बड़े स्वाद से खाया था। छोटा सा था नरेन्द्र कोहली भी तब...पर यह दृश्य उसे कहीं चुभ गया था। उसने एक कहानी लिखी थी 'हिन्दुस्तां जन्नतनिशाँ'। वह उसके स्कूल की पत्रिका में प्रकाशित भी हुई थी। उसके बाद से काफी लगातार लिख-लिखकर उसने अपनी कापियाँ भरनी आरम्भ कर दी थीं।''[2]

उर्दू से हिन्दी में आना कैसे हुआ ? इसका जवाब देते हुए कोहली ने लिखा है, ''उन्हीं दिनों बहनजी कॉलेज में पहुँच गई थीं और उन्होंने 'हिन्दी-साहित्य' वैकल्पिक विषय के रूप में लिया था। वे 'पन्त' और 'प्रसाद' के काव्य-संग्रह पढ़ा करती थीं। गा-गाकर रामचरितमानस के खंड पढ़ा करती थीं। कभी 'सूरदास' और 'रत्नाकर' की गोपियों के कई प्रसंग उसे पढ़ाया करती थीं। और उसे लगता था कि उसे भी हिन्दी ही पढ़नी चाहिए...उर्दू में कुछ मजा नहीं आ रहा था।[3]...मैट्रिक में छिहत्तर प्रतिशत अंक लेकर वह पास हुआ और अनोखी जिद कर बैठा कि न वह विज्ञान पढ़ेगा...न इंजीनियर बनेगा, न डॉक्टर, न वैज्ञानिक...वह तो बी. ए. करेगा और बी. ए. में गणित न लेकर हिन्दी-साहित्य पढ़ेगा और अन्ततः हिन्दी में एम. ए. करके हिन्दी का अध्यापक बनेगा और खूब लिखेगा।''[4]

घर, स्कूल और पड़ोस के सारे शुभेच्छुकों की नाराजगी के बावजूद नरेन्द्र कोहली ने को-ऑपरेटिव कॉलेज में नाम लिखा दिया और विषय लिये–हिन्दी, मनोविज्ञान और तर्कशास्त्र, ''मनोविज्ञान और तर्कशास्त्र तो यूँ ही पढ़ रहा था, पढ़ना तो उसे केवल साहित्य था।''[5] प्रारम्भिक कठिनाइयों के बाद गाड़ी चल निकली। लेखन भी जारी रहा। अपने लेखन के विकास में डॉ. सत्यदेव ओझा के 'लेखक-मंडल' के योगदान का उल्लेख

1. नेपथ्य, अपनी नजर में, पृ. 9
2. वही, पृ. 10-11
3. वही, पृ. 12
4. वही, पृ. 13
5. वही, पृ. 13-14

करते हुए वे लिखते हैं, "कॉलेज में डॉ. सत्यदेव ओझा ने लेखक-मंडल बनाया था। उसमें कॉलेज के वे सारे लड़के-लड़कियाँ जो पढ़ने के साथ-साथ कुछ लिखते भी थे, इकट्ठे होकर अपनी रचनाएँ सुनाया करते थे; और उन पर बड़ी खुली हुई बहस होती थी। बहुत जल्दी ही नरेन्द्र कोहली उस मंडल में महत्त्वपूर्ण हो उठा था। वैसे तो कॉलेज में होनेवाली वाद-विवाद प्रतियोगिताओं, निबन्ध-प्रतियोगिताओं, नाटकों तथा दूसरे प्रकार के कार्यक्रमों में उसने खुलकर भाग लिया था। ढेर सारे पुरस्कार जीते थे। परीक्षाओं में प्रथम आकर छात्रवृत्तियाँ ली थीं...पर बहुत जल्दी ही उसके सम्मुख यह बात स्पष्ट हो गई थी उसका भविष्य और किसी भी चीज से अधिक उसकी लेखनी में है। मन धीरे-धीरे वहीं केन्द्रित हो रहा था।"[1]

शुरुआत में कोहली ने कविताएँ और कहानियाँ दोनों लिखीं, किन्तु धीरे-धीरे कविताएँ पिछड़ती गईं और गद्य-लेखन ही प्रमुखता पाता गया। उन्हीं के शब्दों में, "यह संयोग ही है कि मैंने कहानियाँ और कविताएँ प्रायः साथ-साथ ही लिखनी प्रारम्भ कीं। बीच-बीच में कुछ ऐसे काल-खंड भी आए जब दोनों में से एक विधा पीछे छूटने लगी। कॉलेज के आरम्भिक दो वर्षों में कवि-रूप कुछ अधिक मुखर हो उठा था। ठीक संख्या बता पाना कठिन है—पर सैकड़ों की संख्या में कविताएँ मैंने लिखी थीं और कॉलेज में हुए कवि-सम्मेलनों में सुनाई थीं। मैं तो काव्य-संकलन छपवाने की तैयारी में था; पर समस्त हिन्दी-पत्रिकाओं के सम्पादक मेरे कवि-रूप के विषय में एकमत थे। उनमें से किसी ने मेरी एक छोटी सी कविता भी कभी नहीं छापी; जबकि बी. ए. प्रथम वर्ष तक आते-आते मेरी कहानियाँ छिटपुट रूप से छपने लगी थीं। 1960 ई. से कहानियाँ छपने का क्रम बहुत नियमित हो उठा था; इतना कि मैंने कविताएँ लिखनी प्रायः छोड़ दीं।"[2]

रचना अनिवार्यरूपेण रचयिता के व्यक्तित्व से सम्बद्ध होती है, अतः कोई लेखक किस विधा में लिखता या लिख सकता है, यह उसके व्यक्तित्व पर निर्भर है। कविताओं के पिछड़ने का कारण अपने व्यक्तित्व में ढूँढ़ते हुए डॉ. कोहली बताते हैं, "आज सोचता हूँ तो प्रायः कविताएँ मैंने सम्भवतः अपने किशोर मन की रोमानी भावनाओं को अभिव्यक्त करने के लिए लिखी थीं। उनमें से अट्ठानवे प्रतिशत कविताएँ प्रेम-कविताएँ थीं—नारी के सौन्दर्य और पुरुष के प्रेम की कविताएँ। दो प्रतिशत कविताएँ व्यंग्य-कविताएँ थीं। मेरा व्यक्तित्व आज अपने चिन्तन और व्यवहार में खासा रोमांस-विरोधी है। कदाचित् यही कारण है कि मेरी कविताएँ चल नहीं पाईं। संगीत-तत्त्व का भी मुझमें नितान्त अभाव है, इसीलिए छन्द-ज्ञान सिद्धान्त के धरातल से व्यवहार के धरातल पर कभी नहीं उतर सका। मुझमें कवि-तत्त्व था ही नहीं। वे कविताएँ तो किशोर-मन की तरंग हो सकती हैं। मेरे कवि-रूप के लिए सम्पादकों का निर्णय निर्विवाद रूप से ठीक था।"[3]

1. नेपथ्य, अपनी नजर में, पृ. 14
2. नरेन्द्र कोहली : व्यक्तित्व और कृतित्व, सं. नर्मदा प्रसाद उपाध्याय, मैं और मेरा लेखन, नरेन्द्र कोहली, पृ. 9-10
3. वही, पृ. 10

डॉ. कोहली की पहली हिन्दी-कहानी 'दो हाथ' थी, जो 'कहानी' पत्रिका में छपी थी। फिर 'ज्ञान की पिपासा', 'बदतमीजी', 'राजा दशरथ के बेटे' आदि कहानियाँ धड़ाधड़ छपीं और फिर तो कॉलेज-पत्रिका, लेखक-मंडल का संकलन, अंचल की छोटी पत्रिकाएँ यथा 'आजाद मजदूर', 'स्वर्ण रेखा', 'शबरी' आदि बहुत पीछे छूट गईं; और जब वे राँची विश्वविद्यालय की हिन्दी-ऑनर्स की परीक्षा में प्रथम स्थान पाकर एम. ए. करने के उद्‌देश्य से दिल्ली पहुँचे, तो 'कहानी' में 'कहानी का अभाव' और 'सारिका' में 'होनेवाली पत्नी' जैसी कहानियाँ छप चुकी थीं।

कहानियों के साथ कुछ हल्के-फुल्के व्यंग्य भी वे लिखते रहे। कुछ तो आरम्भिक व्यंग्य-कविताएँ ही गद्य-व्यंग्यों में बदल गईं, कुछ परिहासात्मक निबन्ध थे। उनकी आरम्भिक कहानियों में भी व्यंग्यात्मक स्थितियाँ पर्याप्त मात्रा में देखने को मिलती हैं। व्यंग्य-लेखन में अपनी रुचि के कारणों पर प्रकाश डालते हुए एक साक्षात्कार में वे बताते हैं, ''जहाँ तक व्यंग्य-लेखन की शुरुआत का प्रश्न है, मुझे याद आता है कि मैंने एक परिहासपूर्ण निबन्ध लिखा था। वह प्रकाशित नहीं हुआ। उसकी समस्या बच्चों और अभिभावकों को लेकर थी। परन्तु सही रूप में व्यंग्य की शुरुआत तब हुई, जब मैंने अपनी कुछ कविताओं को गद्य का रूप दिया। मेरी एक कविता थी 'इतना न रोना मेरी राधे'। उसी तरह एक और कविता थी दुष्यन्त और शकुन्तला को लेकर। ये दोनों कविताएँ कभी नहीं छपीं। इनको जब मैंने गद्य का रूप दिया...मेरे विचार से वो मेरी पहली व्यंग्य-रचना थी। 'गजब ढाया है वाक्यों ने' पहले स्कूली पत्रिका में और फिर रामजस कॉलेज (दिल्ली विश्वविद्यालय) की पत्रिका में प्रकाशित हुई। इसे और 'सरिता' में प्रकाशित 'इतना मत रोना मेरी राधे' को मेरे व्यंग्य-लेखन की शुरुआत माना जा सकता है। इन रचनाओं में व्यंग्य के तत्त्व तो थे ही। परन्तु जैसे-जैसे जिन्दगी की समझ ज्यादा आई, परिस्थितियाँ विसंगतिपूर्ण होती गईं, वैसे-वैसे व्यंग्य ज्यादा प्रखर और तीखा होता गया और उसकी तरफ रुचि भी बढ़ती गई। व्यक्तिगत जीवन की परिस्थितियाँ भी कुछ ऐसी हुईं कि व्यंग्य मुखर हो उठा।''[1]

धीरे-धीरे उनके कहानीकार पर भी उनका व्यंग्यकार हावी होता गया और कहानियों की तुलना में व्यंग्य-लेखन ने ज्यादा गति पकड़ ली। अपने व्यंग्य-लेखन के इस विकास के कारणों पर कोहली ने इन शब्दों में प्रकाश डाला है, ''उन दिनों उपन्यास तो मैं कोई नहीं लिख पाया; किन्तु कहानियों के साथ-साथ व्यंग्य-लेखन की गति कुछ अधिक हो गई और क्रमशः वह कहानियों को पीछे छोड़ गई। इसमें एक रोचक तथ्य यह है कि कहानियाँ प्रकाशित होने में जितना समय लगा था, व्यंग्य प्रकाशित होने में उतना समय नहीं लगा। कहानियों के क्षेत्र में मैं छोटी-छोटी पत्रिकाओं से ऊपर उठा था। दस वर्षों के अनवरत लेखन के पश्चात् जाकर कहीं एक-आध कहानी 'साप्ताहिक हिन्दुस्तान' और फिर 'धर्मयुग' में छप पाई थी; किन्तु व्यंग्य के क्षेत्र में ऐसा नहीं हुआ। इस क्षेत्र

1. बात तो चुभेगी, सं. सुभाष नाहर, नवम्बर-दिसम्बर 1981, डॉ. नरेन्द्र कोहली से डॉ. प्रेम जनमेजय और डॉ. राजेश कुमार की बातचीत, पृ. 6

में कदाचित् प्रतिस्पर्धा अधिक नहीं थी। रचनाओं की माँग अधिक थी और रचनाएँ नहीं थी। इसलिए आरम्भिक रचनाएँ ही 'धर्मयुग' में छपीं और छपती चली गईं। हिन्दी के पत्रिका-जगत् की परम्परा है कि दो-एक बड़ी पत्रिकाओं में प्रकाशित होने पर लेखक अन्य सभी पत्रिकाओं में स्वीकार्य मान लिया जाता है। परिणामतः 1969 ई. में जब मैंने पिछले नौ वर्षों में प्रकाशित अपनी कहानियों में से चुनी हुई कुछ कहानियों का एक संकलन छपवाना चाहा तो उसके लिए न केवल सारा खर्च वरन् दस प्रतिशत पारिश्रमिक भी प्रकाशक को देना पड़ा; किन्तु व्यंग्य-संकलन प्रकाशित करने की माँग स्वयं प्रकाशक की ओर से हुई और पहले कहानी-संकलन 'परिणति' के प्रकाशन के कुछ ही समय पश्चात् पहला व्यंग्य-संकलन 'एक और लाल तिकोन' प्रकाशित हो गया। दूसरा कहानी-संकलन छपने का अवसर तो तब नहीं आया, 'परिणति' का पहला संस्करण समाप्त हो जाने पर दूसरा संस्करण भी नहीं छपा जबकि व्यंग्य-संकलन 'जगाने का अपराध', 'पाँच एब्सर्ड उपन्यास' तथा 'आधुनिक लड़की की पीड़ा' प्रकाशक ने स्वेच्छा से छापे...व्यंग्य-लेखन की प्रवृत्ति के इस विकास के कारणों को टटोलता हूँ तो लगता है कि व्यंग्य की प्रवृत्ति तो मुझमें आरम्भ से ही रही होगी–जो आरम्भिक कविताओं, निबन्धों तथा कहानियों में झलकती है; किन्तु उसका विकास व्यक्तिगत जीवन तथा राष्ट्रीय जीवन के अनेक उपादानों का ऋणी है। व्यक्तिगत जीवन की पीड़ा तथा राष्ट्रीय जीवन की तर्कशून्य विद्रूपपूर्ण स्थितियाँ कुछ इस प्रकार चुभीं कि मन का क्षोभ और आक्रोश व्यंग्य बनकर ही प्रकट हुआ।''[1]

इस प्रकार, अधिकांश व्यंग्यकारों की भाँति कोहली के व्यंग्य-लेखन के मूल में भी व्यक्तिगत जीवन की पीड़ाएँ और तज्जन्य आक्रोश ही रहा। अपनी सर्वश्रेष्ठ मानी जानेवाले व्यंग्य-रचना 'अस्पताल' एवं 'पाँच एब्सर्ड उपन्यास' में उसके साथ संकलित अन्य व्यंग्य-रचनाओं के परिप्रेक्ष्य में अपनी रचना-प्रक्रिया पर प्रकाश डालते हुए उन्होंने इसी तथ्य को रेखांकित किया है, '' 'अस्पताल' की रचना बड़ी ही पीड़ित मनःस्थिति में हुई है–अब सोचता हूँ तो लगता है कि जब तक सह सकता था सहा, पर जब सह न सका तो मैं व्यंग्य करने पर उतर आया। पीड़ा ने ही मुझे अपने से कुछ बड़ा कर दिया था और ऐसी आँख दी थी जिसने उस सारे वातावरण को एक कार्टून की दृष्टि से देखा था। और यह सब शायद इसीलिए हुआ था ताकि मैं अपना मानसिक सन्तुलन स्थिर रखकर जी सकूँ...आज सोचता हूँ तो लगता है, एक 'अस्पताल' ही क्या, ये पाँचों रचनाएँ उसी पीड़ित मनःस्थिति में लिखी गई थीं।''[2]

व्यक्तिगत पीड़ा ने कोहली को समष्टिगत पीड़ाएँ पहचानने की दृष्टि और उन्हें स्वर देने, उनके लिए जिम्मेदार तत्त्वों को पहचानने तथा उनका विरोध करने की प्रेरणा दी। एक साक्षात्कार में इस सवाल का जवाब देते हुए कि ''इसका अभिप्राय यह हुआ

1. नरेन्द्र कोहली : व्यक्तित्व और कृतित्व, सं. नर्मदा प्रसाद उपाध्याय, मैं और मेरा लेखन, नरेन्द्र कोहली, पृ. 11
2. पाँच एब्सर्ड उपन्यास, आत्मकथ्य

कि (व्यंग्य लिखने के लिए) आपको व्यक्तिगत परिस्थितियों ने प्रेरित किया, देश की राजनीतिक और सामाजिक परिस्थितियों ने नहीं ?" उन्होंने कहा है, "क्यों नहीं, निश्चित रूप से किया। व्यंग्य की तरफ आने के लिए सोचूँ तो राजनीतिक व्यंग्य जो है, वह निश्चित ही राजनीतिक परिस्थितियों के कारण आएगा और जो सामाजिक व्यंग्य है, वो आसपास के जीवन से, सामाजिक जीवन से होगा। एब्सर्ड उपन्यासों में 'अस्पताल' है, वो व्यक्तिगत इस अर्थ में है कि अस्पताल नामक जो संस्था है, उससे मेरा व्यक्तिगत रूप में साक्षात्कार हुआ। परन्तु है तो वह भी समाज की सार्वजनिक संस्था। उस संस्थान की पीड़ा मैंने व्यक्तिगत रूप से भोगी। अब कॉलेज की विसंगतियों को भुगतना कोई मेरा व्यक्तिगत मामला तो नहीं है। परन्तु विसंगतियों को देखकर 'दि कॉलेज' लिखा गया।"[1]

मानवीय जिजीविषा व्यक्तित्व के अनुरूप हर किसी को जीवन-शक्ति प्रदान करती है। मनुष्य-समाज को व्यंग्यकारों के प्रति कृतज्ञ होना चाहिए कि मारक परिस्थितियों से भी जीवन-सम्बल प्राप्त करते हुए वे मानवता को औदात्य प्रदान करने का स्तुत्य प्रयास करते हैं। कोहली के आत्मकथ्य की यह दारुण व्यथा किसी भी सहृदय व्यक्ति की चेतना के मर्म को झकझोरने में सक्षम हैं। ऐसे क्षणों में ही सहृदय पाठक लेखकीय सह-अनुभूति द्वारा सम्बल प्राप्त करता है और जीवन को नष्ट होने से बचाने का प्रयत्न करता है। व्यंग्यकारों की यह चेतना हमें परिवेशगत क्षुद्रताओं से ऊपर उठाती है और हम उन अनेक लोगों के प्रति समभाव तथा संवेदना की अनुभूति से भर उठते हैं, जो हमारी ही त्रासद विसंगतियों में दम तोड़ रहे होते हैं। करुणा की यह अजस्र धारा व्यंग्यकारों के ही सामर्थ्य की बात है। विषम परिवेश के प्रति परिहास, विनोद अथवा तिरस्कार की अपेक्षा कोहली की पीड़ित दृष्टि सामाजिक, राजनीतिक विद्रूपताओं की तह में जाती है, "पीड़ित आक्रोश की वक्रता ने जो दृष्टि दी, उसने अपने व्यक्तिगत अनुभवों से बाहर निकल राजनीतिक-सामाजिक असंगतियों को भी देखा और अपने पीड़ित आक्रोश को व्यक्त करने के लिए मैं व्यंग्य-रचनाएँ लिखता रहा।"[2]

वैयक्तिक पीड़ा के सोपानों को पार करते हुए सामाजिक दृष्टि का निर्माण करने हेतु पहले अपने ही घावों की शल्यक्रिया करनी पड़ती है, क्योंकि स्वयं को स्वस्थ बनाए बिना दूसरों का उपचार सम्भव नहीं। कोहली इसी तथ्य को स्वीकार करते हुए कहते हैं, "जीवन की अनेक विभीषिकाओं का साक्षात्कार हुआ। उसने मन को जो पीड़ा दी, उसकी असहायता ने मेरे व्यक्तित्व की वक्रता को पुनः मुखरित कर दिया और स्वयं को हल्का करने के लिए व्यक्तिगत अनुभवों पर मैंने कटाक्ष किए। अपनी पीड़ा का परिहास किया। अपने घावों को छील-छीलकर स्वयं को रुलाया।"[3]

कोहली का रुदन आत्म-कुंठा का रुदन नहीं था बल्कि परिस्थितियों की विवशता

---

1. बात तो चुभेगी, सं. सुभाष नाहर, नवम्बर-दिसम्बर 1981, डॉ. नरेन्द्र कोहली से डॉ. प्रेम जनमेजय और डॉ. राजेश कुमार की बातचीत, पृ. 6-7
2. मेरी श्रेष्ठ व्यंग्य-रचनाएँ, अपनी ओर से, पृ. (आठ)
3. वही, पृ. (सात)

एवं अपनी असहाय स्थिति की वक्रता का रुदन था। यह असहायता व्यवस्थागत असहायता थी। अतः कोहली का चेतन मन इस भ्रष्ट व्यवस्था के प्रति क्रोधित हुआ। आत्मपीड़ा के क्षणों में उनके मन ने व्यवस्था को गन्दी गालियाँ दीं, किन्तु साहित्य तो गालियों को हू-ब-हू स्वीकार नहीं करता। फलतः वे अपने आक्रोश को सात्विक, सृजनशील तथा कलात्मक बनाते हैं जो व्यंग्य के रूप में प्रस्फुटित होता है, क्योंकि "आक्रोश सात्विक और ईमानदार न हो तो रचना झूठा प्रचार हो जाती है, और सृजनात्मकता की कमी हो तो रचना गाली-गलौज बनकर रह जाती है।"[1]

इसी प्रकार 'एक और लाल तिकोन' की व्यंग्य-रचनाओं की चर्चा करते हुए कोहली कहते हैं, "वे वैयक्तिक अथवा सामाजिक परिस्थितियाँ, जिन्होंने मुझसे यह सब लिखवाया, अगम्भीर अथवा तुच्छ नहीं थीं।"[2] तात्पर्य यह कि जब कभी वैयक्तिक अथवा सामाजिक स्थितियाँ गम्भीर हुईं, जब कभी विसंगतियों ने नया रूप धारण किया, तभी कोहली ने व्यंग्य-रचनाएँ कीं। एक के बाद एक झकझोरनेवाले अनुभवों ने कोहली को वैयक्तिक धरातल पर हास्य एवं रुदन दोनों ही अनुभूतियाँ दीं। कोहली ने इन अनुभूतियों का विस्तार किया तथा सामाजिकों की अनुभूति को समझने का सामर्थ्य प्राप्त किया। अपने अनुभवों का दान समाज को दिया, समाज के अनुभवों को आत्मसात् किया और फिर उन्हें व्यंग्य के रूप में समाज-जीवन को ही अर्पित करने में कोहली लगे हुए हैं। व्यक्तिगत पीड़ाओं के इस विस्तारीकरण और उनके प्रति आक्रोश एवं विद्रोह की भावना के व्यंग्य-रचना में ढलने की प्रक्रिया का संकेत कोहली अपने 'आश्रितों का विद्रोह' नामक व्यंग्य-उपन्यास की रचना के सन्दर्भ में देते हैं।[3]

कोहली ने स्वीकार किया है कि "यदि मैं यह कहूँ कि मेरी पीढ़ी ने हरिशंकर परसाई से व्यंग्य का संस्कार ग्रहण किया, तो गलत नहीं होगा।"[4] इस संस्कार-ग्रहण या प्रभाव के स्वरूप को स्पष्ट करते हुए उन्होंने लिखा है कि "साहित्यकार जो भी ग्रहण करता है, वो बात तो अपनी कहता है, शिल्प का अनुकरण करता है। संस्कार-ग्रहण की जो बात है, वो इस रूप में कि व्यंग्य किस ढंग से किया जा सकता है, क्योंकि विचार तो अपने ही होंगे।"[5]

वरिष्ठ व्यंग्यकारों में कोहली ही ऐसे व्यंग्यकार हैं, जो बेहिचक और जोर देकर व्यंग्य को विधा मानते हैं।[6] उनकी राय में आक्रोश या क्षोभ का तत्त्व व्यंग्य को विधा का स्वरूप प्रदान करता है। उन्हीं के शब्दों में, "अगर सैद्धान्तिक न हो, तो कहूँगा कि

---

1. मेरी श्रेष्ठ व्यंग्य-रचनाएँ, अपनी ओर से, पृ. (ग्यारह)
2. एक और लाल तिकोन, भूमिका
3. नेपथ्य, मेरी रचना-प्रक्रिया, पृ. 21
4. बात तो चुभेगी, सं. सुभाष नाहर, नवम्बर-दिसम्बर 1981, डॉ. नरेन्द्र कोहली से डॉ. प्रेम जनमेजय और डॉ. राजेश कुमार की बातचीत, पृ. 7
5. वही
6. मेरी श्रेष्ठ व्यंग्य-रचनाएँ, अपनी ओर से, पृ. (नौ)

बिम्ब जिसके मन में उठता है, वह कविता लिखता है; दृश्य उभरता है तो नाटक लिखता है, विचार उठता है तो निबन्ध लिखता है। इसी तरह से जिस व्यक्तित्व (तत्त्व) के कारण व्यंग्य विधा बनती है, वो है आक्रोश जिसे नागार्जुन ने क्षोभ कहा है। न्यायसंगत आक्रोश को जब कलात्मक रूप में अभिव्यक्त किया जाता है, तो व्यंग्य बनता है।''[1] क्या यह आक्रोश व्यंग्य-रचना में उतरकर खत्म हो जाता है अथवा उस आक्रोश को अपने पाठक के मन में उतारकर व्यंग्यकार उससे मुक्त हो जाता है—इसके जवाब में कोहली कहते हैं कि ''केवल व्यंग्य ही नहीं, किसी भी रचना से पहले क्रिएटिव टेंशन पैदा होती है और कई बार बिल्कुल यह लगता है कि हम अपनी इस छटपटाहट से मुक्ति पाने के लिए इसे कागज पर उतार रहे हैं और यह भी बिल्कुल सही है कि लिख देने के बाद आदमी सन्तुलन प्राप्त करता है। (किन्तु) एक तो सन्तुलित आक्रोश है, जो सेंटीमेंट या स्थायी आक्रोश के रूप में लेखक के मन में है और दूसरा जो है, वह इतना ज्यादा सतह के ऊपर आ गया है कि वह आपको सन्तुलित नहीं होने देता, वह आपको व्याकुल किए हुए हैं। (लिख देने से) वह व्याकुलता समाप्त हो जाती है, लेकिन मन में से न्याय-अन्याय या आक्रोश की भावना (ही) समाप्त हो जाए, ऐसा तो सम्भव नहीं है।''[2]

कोहली द्वारा व्यंग्य के मूल में आक्रोश की स्वीकृति से यह स्पष्ट है कि वे व्यंग्य को निष्प्रयोजन एवं सस्ते किस्म के हास्य से अलग करके देखते हैं। किन्तु परिष्कृत हास्य एवं व्यंग्य उनकी नजर में सहयात्री हैं, क्योंकि ''व्यंग्य जो है, वह एक टेंशन का पर्याय है और उस टेंशन को आदमी का दिमाग बहुत दूर तक वहन नहीं कर पाता। इसलिए मुझे लगता है कि हास्य उसके साथ आकर उसे बर्दाश्त के काबिल बनाता है। इसलिए हम हास्य को व्यंग्य से निकाल तो नहीं सकते, लेकिन इसका यह मतलब नहीं है कि हम शुद्ध हास्य-रचनाओं को और शुद्ध व्यंग्य-रचनाओं को अलग-अलग न करें। दूसरी चीज है कि विनोद की रचनाएँ, जो केवल मनोरंजन के लिए होती हैं। अंग्रेजी में इन्हें ह्यूमर कहते हैं...उन हास्य-रचनाओं का विरोध हम जरूर करेंगे, जिनको आम तौर पर हम फूहड़ कहते हैं। अगर परिष्कृत कोटि का हास्य, व्यंग्य के साथ चलता है, तो वह एक सन्तुलन बनाए रखता है। लेकिन जिस हास्य के पीछे कोई चिन्तन-दृष्टि नहीं है, उसे निश्चित रूप से व्यंग्य से निकाल देना चाहिए।''[3]

बहुत से लोग व्यंग्य को सिर्फ चुटीली शब्दावली का चमत्कार मात्र मानकर उसे गम्भीरता से नहीं लेते। कोहली इसका विरोध करते हैं, ''मुझे लगता है कि किसी भी विधा के लिए यह कहना कि वह इस तरह की शब्दावली लेकर चलती है—यह जरा कठिन काम है। ऐसा नहीं कहना चाहिए। लेकिन जब हम विधाओं का विश्लेषण करते हैं, तो हम यह जरूर पाते हैं कि उनमें सचमुच ऐसे कुछ उपकरण आ गए हैं, जिनका

1. बात तो चुभेगी, सं. सुभाष नाहर, नवम्बर-दिसम्बर 1981, डॉ. नरेन्द्र कोहली से डॉ. प्रेम जनमेजय और डॉ. राजेश कुमार की बातचीत, पृ. 10
2. वही, पृ. 12
3. वही, पृ. 20

बार-बार प्रयोग हो रहा है। इधर जो मेरी नजर से व्यंग्य सम्बन्धी आलोचना या शोध जो भी गुजरा है, उसमें यह सब सोचने का प्रयास किया गया, तो लगा कि हाँ, जैसे सचमुच यह बात है। जैसे–व्यंग्य में फैंटेसी का प्रयोग किया गया, अतिशयोक्ति का प्रयोग किया गया, समासोक्ति का प्रयोग किया गया, अन्योक्ति का प्रयोग किया गया, व्यंजना का प्रयोग किया गया, बहुत बड़े और छोटे की अटपटी तुलना की गई। बहुत गम्भीर विषय को लेकर बहुत साधारण विषय के साथ जोड़ दिया गया और उससे कंट्रास्ट पैदा किया गया, तो इस तरह की युक्तियाँ तो होती ही हैं। जिस तरह से काव्य का अपना अलंकार-शास्त्र है, उस तरह से व्यंग्य का भी अपना एक अलंकार-शास्त्र बनेगा ही बनेगा–इसमें तो कोई सन्देह नहीं है। और भाषा में चुटीली होने की बात कही जाती है, लेकिन मुझे लगता है कि पूछा जाए, अपने-आप में चुटीली भाषा क्या होती है, तो यह तय करना बड़ी दिक्कत का काम हो जाएगा। एक शब्द जो एक प्रसंग में गम्भीर है, वह दूसरी जगह बड़ा चुटीला हो सकता है। यह तो इस बात पर निर्भर करता है कि उस शब्द का या उस वाक्य-खंड का या उस वाक्य का लेखक ने किस सन्दर्भ में किस ढंग से प्रयोग किया है। हमारे परम्परागत काव्य-शास्त्र में यह है कि ओज के गुणों के लिए ये ध्वनियाँ होंगी और मधुर के लिए ये होंगी, प्रसाद के लिए ये होंगी; उस तरह से व्यंग्य के लिए कौन से शब्द और वाक्य होंगे, यह अलग करना मेरे लिए तो बड़ा कठिन है।"[1]

परिस्थितियों की विकरालता कभी-कभी व्यंग्यकार को सपाटबयानी के लिए विवश कर देती है। बर्नार्ड शा ने एक स्थान पर कहा भी है कि व्यंग्य लिखने का सर्वोत्तम तरीका है सत्य कहना।[2] वायन की दृष्टि में भी स्पष्टवादिता श्रेष्ठ व्यंग्य का गुण है।[3] कोहली भी इसे आधुनिक व्यंग्य की एक महत्त्वपूर्ण विशेषता मानते हैं। उनके अनुसार "आधुनिक व्यंग्य तथाकथित प्राचीन व्यंग्य से इसी रूप में भिन्न है (कि)...हमारा जो आधुनिक व्यंग्य है, वह कटाक्ष है और कटाक्ष बिल्कुल अभिधा में ! यह स्थितियों की ही विसंगतियाँ हैं कि आप उन स्थितियों को सीधा-साधा लिख दें–अभिधा में, तो भी वह कटाक्ष हो जाता है क्योंकि वहाँ गलत हो रहा है। इसलिए संस्कृत-काव्यशास्त्र के लोग जहाँ व्यंग्य को व्यंजना से ही जोड़ते हैं, वहाँ हम बताते हैं कि नहीं साहब, यहाँ व्यंजना में नहीं, यहाँ तो अभिधा में भी (व्यंग्य) हो रहा है। लेखक कटाक्ष, सीधा प्रहार कर रहा है। इस रूप में, जैसे काव्य के अलंकार-शास्त्र में स्वभावोक्ति है कि कृष्ण जो कुछ कर रहे हैं, उसे सूरदास ने सीधा-सादा लिख दिया, तो भी वह इतना सुन्दर हो गया कि काव्य हो गया। इसी तरह से व्यंग्य के क्षेत्र में मुझे लगता है कि विसंगतियाँ जहाँ इतनी ज्यादा हों परिस्थितियों की कि केवल आप उनका सीधा-साधा वर्णन कर

---

1. बात तो चुभेगी, सं. सुभाष नाहर, नवम्बर-दिसम्बर 1981, डॉ. नरेन्द्र कोहली से डॉ. प्रेम जनमेजय और डॉ. राजेश कुमार की बातचीत, पृ. 21
2. कॉलियर्स एन्साइक्लोपीडिया, पृ. 363
3. वही

दें, तो भी वह व्यंग्य हो जाता है।"[1]

अभिधागत व्यंग्य कोहली की व्यंग्यविषयक धारणा का विस्तार करता है। हिन्दी-साहित्य के रीतिकाल तक व्यंग्य को वे एक शब्द-शक्ति, अन्योक्ति, वक्रोक्ति, अथवा समासोक्ति जैसे अलंकार के रूप में देखते हैं किन्तु आधुनिक सन्दर्भों से उपजे व्यंग्य के लक्षणों का निर्धारण करने हेतु शास्त्रकारों का आह्वान करते हैं। स्वातन्त्र्योत्तर हिन्दी व्यंग्य-साहित्य की चर्चा करते हुए वे कहते हैं, "हिन्दी के व्यंग्य-साहित्य को देखें तो यह बात स्पष्ट हो जाती है कि स्वतन्त्रता के बाद से सामाजिक-राजनीतिक असंगतियों के कारण भारतेन्दु-युग के बाद व्यंग्य का टूटा हुआ सूत्र न केवल फिर से पकड़ा गया, वरन् नवीनता और निखार के साथ दृढ़ किया गया। 'व्यंग्य-संकलन' के नाम से जो पुस्तकें आईं, उनमें ऐसे व्यंग्यात्मक निबन्ध थे जो न तो निबन्ध की परम्परागत परिभाषा में आते हैं, न कहानी की।"[2]

प्रारम्भ में काफी तीव्रता से और बहुत भेदक व्यंग्य लिखते-लिखते कोहली पौराणिक उपन्यास लिखने लगे, जिससे उनका व्यंग्य-लेखन क्रमशः धीमा होता गया। राम-कथा पर 'दीक्षा', 'अवसर', 'संघर्ष की ओर' तथा 'युद्ध' (दो भाग) उपन्यास लिखे जो बाद में 'अभ्युदय' के नाम से भी (दो भागों में) प्रकाशित हुए, महाभारत के आधार पर 'महासमर' नामक बृहद् उपन्यास लिखा जिसके अब तक सात खंड प्रकाशित हो चुके हैं और उनके स्वयं के अनुसार अभी दो-तीन खंड और आने हैं,[3] और स्वामी विवेकानन्द की जीवनी पर 'तोड़ो कारा तोड़ो' उपन्यास के भी दो खंड आ चुके हैं तथा अभी कुछ खंड और उनके मन में हैं।[4] अपने कुछ अन्य उपन्यासों और इन पौराणिक तथा जीवनीपरक उपन्यासों के माध्यम से भी उन्होंने यद्यपि आधुनिक जीवन की विसंगतियों पर आक्रोश व्यक्त किया है, तथापि व्यंग्य लिखते-लिखते उन्होंने अपना माध्यम कैसे बदल लिया–इसका जवाब देते हुए उन्होंने कहा है कि "मुझे लगता है कि व्यक्तित्व से ही इसका सम्बन्ध है। एक बार जब मुझसे शरद जोशी ने यह कहा था कि भाई, तुमने व्यंग्य लिखना बन्द क्यों कर दिया है, तो पहली बात तो यह है कि मैं यह नहीं मानता कि मैंने बन्द कर दिया, अभी भी लिखता ही हूँ, हाँ 'केवल व्यंग्य' नहीं लिखता। मैंने उनसे भी यही कहा था कि मेरी ऐसी कोई मजबूरी नहीं है कि मैं केवल व्यंग्यात्मक निबन्ध ही लिखूँ। मुझे बात कहने के लिए जो शिल्प आवश्यक लगेगा, मैं उसमें लिखूँगा। कहानी की जरूरत हो, व्यंग्य की हो, नाटक की हो, उपन्यास की हो, पौराणिक हो, समकालीन हो, कुछ भी हो; मेरे मन में ऐसा कोई पूर्वग्रह नहीं है कि

1. बात तो चुभेगी, सं. सुभाष नाहर, नवम्बर-दिसम्बर 1981, डॉ. नरेन्द्र कोहली से डॉ. प्रेम जनमेजय और डॉ. राजेश कुमार की बातचीत, पृ. 22
2. मेरी श्रेष्ठ व्यंग्य-रचनाएँ, अपनी ओर से, पृ. (बारह)
3. दैनिक जागरण, साप्ताहिक परिशिष्ट, 23 अक्तूबर 1994, डॉ. नरेन्द्र कोहली से उमेश चन्द्र चतुर्वेदी की बातचीत, पृ. 4
4. वही

केवल यही लिखूँगा और न मैं यह सोचता हूँ कि यह कोई महानता है मेरी, मुझे तो लगता है कि यह तो क्षमता का विकास है कि हम विभिन्न विधाओं में लिखें।''[1] इसे एक उदाहरण से समझाते हुए वे लिखते हैं, ''(रामकथा पर आधारित) 'दीक्षा' लिखते हुए, राम-कथा के अनेक प्रसंग मेरे मन में ऐसे थे, जिनके विषय में एक पौराणिक उपन्यास में कुछ नहीं कहा जा सकता था। अतः उनके लिए एक व्यंग्य-रचना की आवश्यकता थी। किन्तु, उस रचना में कथा नहीं थी—केवल व्यंग्य था और वह संवादों के माध्यम से था। अतः वह रचना 'शम्बूक की हत्या' बन गई। यह नाटक (जो पहले उपन्यास के रूप में लिखा गया था)[2] 'दीक्षा' लिखते हुए मन में उभरा था। 'दीक्षा' का लेखन रोककर बीच में ही इसे लिखना पड़ा और मन का उग्र आक्रोश निकल जाने पर ही 'दीक्षा' का लेखन पूरा हो सका।''[3] इस सन्दर्भ में प्रसिद्ध व्यंग्य-स्तम्भकार हरिशंकर परसाई से अपनी तुलना करते हुए वे कहते हैं, ''अगर हम यह कहें कि स्व. हरिशंकर परसाई का लम्बी रचनाएँ लिखने का अभ्यास नहीं बना, तो मेरे साथ यह है कि मेरा धारावाहिक कॉलम लिखने का अभ्यास नहीं बना। मैं अपने-आपको इन चीजों में बाँध नहीं सकता। वह अनुशासन मैंने नहीं सीखा, जो उन्होंने सीखा। उनका अपना ढंग है, मेरा अपना ढंग। न मैं यह कहना चाहता हूँ कि वो श्रेष्ठ हैं, इस चीज को लेकर, और न मैं यह कहना चाहता हूँ कि मैं श्रेष्ठ हूँ।''[4] फिर भी व्यंग्य-कॉलम लिखने या व्यंग्य-पत्रकारिता को वे उत्कृष्ट लेखन स्वीकार नहीं कर पाते, ''क्योंकि उसके साथ पत्रकारिता शब्द जुड़ गया है, तो वह रचना की कोटि तक तो आएगी ही नहीं। यह मैं नहीं कह रहा हूँ कि जिसके साथ पत्रकारिता शब्द नहीं जुड़ा है, वह रचना की कोटि में आएगी ही। लेकिन मैं यह मानता हूँ कि कॉलम-राइटिंग किसी नोटिस के दौरान जल्दी लिखी गई रचना है। कॉलम-राइटिंग के लिए लेखक को उतना समय और प्रेरणा नहीं मिलती कि वह सचमुच उसकी रचना-प्रक्रिया को पूरा करके तब उसे लिखे, क्योंकि वह समय के साथ बहुत ज्यादा बँधा हुआ है; आर्टिकल तो पत्रिका को देना ही है। ऐसे लेखन में हल्कापन आ ही जाता है; जो लेखक लिखते हैं, वे भी इस बात को महसूस करते हैं।''[5]

यद्यपि कॉलम लिखना भी व्यक्तित्व पर ही निर्भर है और अगर प्रतिभा हो तो कॉलम लिखते हुए भी स्तर कायम रखा जा सकता है, जैसे परसाई या शरद जोशी रख सके और विभिन्न पत्र-पत्रिकाओं में किट्टू (निठल्ला चिन्तन), गोपाल चतुर्वेदी (आर-पार), सुरेश कान्त (अर्थसत्य) तथा यज्ञ शर्मा (खाली-पीली) रखे हुए हैं। तथापि,

---

1. बात तो चुभेगी, सं. सुभाष नाहर, नवम्बर-दिसम्बर 1981, डॉ. नरेन्द्र कोहली से डॉ. प्रेम जनमेजय और डॉ. राजेश कुमार की बातचीत, पृ. 16-17
2. वही, पृ. 10
3. नेपथ्य, मैं और मेरा लेखन, पृ. 45-46
4. बात तो चुभेगी, सं. सुभाष नाहर, नवम्बर-दिसम्बर 1981, डॉ. नरेन्द्र कोहली से डॉ. प्रेम जनमेजय और डॉ. राजेश कुमार की बातचीत, पृ. 17-18
5. वही, पृ. 18

कॉलम-लेखन में चूक, फिसलन और हल्केपन की गुंजाइश बनी अवश्य रहती है। इस सम्भावित 'हल्केपन' से बचने के लिए कोहली ने कभी फरमाइशी लेखन नहीं किया। अपने लेखन की गरिमा बनाए रखने के लिए वे इस प्रलोभन से सायास बचे रहे। उन्हीं के शब्दों में, "मजे की बात है कि जब कुछ छपने की व्यवस्था हो गई तो अनेक प्रलोभन आने लगे–जीवनी लिख दो...ऐतिहासिक उपन्यास लिख दो...जासूसी लिख दो. ..रोमांचक लिख दो...रेडियो-नाटक लिख दो...दूरदर्शन-रूपान्तर कर दो...। इस प्रकार की माँग मुझे बुरी (तो) नहीं लगती, किन्तु, माँग के पश्चात् मैं अपने-आपसे प्रश्न करता हूँ–क्या मैं यह लिखना चाहता था ? क्या मैं यह लिख सकता हूँ ? यदि हाँ, तो लिखने का प्रयत्न करूँ। यदि नहीं, तो अपनी असमर्थता जता दूँ। रचनाओं के स्वरूप के विषय में दिए गए निर्देश मुझे कभी पसन्द नहीं आए। आरम्भ में अनेक प्रकार के प्रयोग किए हैं। किन्तु, अब मन में बात बड़ी साफ है–लिखूँगा वही, जो लिखना चाहता हूँ। आप चाहें, उसका नाटक बनाएँ, फिल्म बनाएँ, पेपरबैक में छापें, डीलक्स में छापें। आपकी फरमाइश पर नहीं लिखूँगा। लिखने की बात मन में होगी, (और) आप अनुरोध करेंगे तो आपके अनुरोध को प्रोत्साहन मानूँगा और लिखूँगा। पर अपनी इच्छा के विरुद्ध नहीं लिखूँगा। लिखूँगा वही जो मेरा विवेक कहेगा। विवेक के विरुद्ध किसी को प्रसन्न करने के लिए एक शब्द नहीं लिखूँगा–चाहे दूसरा कितना ही बड़ा आदमी क्यों न हो। सच नहीं बोल सकूँगा तो चुप रहूँगा। झूठ नहीं बोलूँगा। यह मेरा दम्भ नहीं है। मैं तो एक साधारण चीज हूँ। पर अपने किसी कृत्य से, लेखक के स्वाभिमान पर आघात नहीं होने दूँगा, न उसकी ईमानदारी को मलिन करूँगा। नरेन्द्र कोहली तुच्छ-सा व्यक्ति है, साधारण, सामान्य–पर 'लेखक' बहुत पवित्र शब्द है, उसे अपमानित करना मानवीय अपराध है।"[1]

रचना-संसार

नरेन्द्र कोहली की अब तक निम्नलिखित व्यंग्य-कृतियाँ प्रकाशित हो चुकी हैं–

1. एक और लाल तिकोन (व्यंग्य-संकलन, 1970)
2. पाँच एब्सर्ड उपन्यास (लघु व्यंग्य-उपन्यासों का संकलन, 1972)
3. जगाने का अपराध (व्यंग्य-संकलन, 1973)
4. आश्रितों का विद्रोह (व्यंग्य-उपन्यास, 1973)
5. शम्बूक की हत्या (व्यंग्य-नाटक, 1975)
6. मेरी श्रेष्ठ व्यंग्य-रचनाएँ (प्रतिनिधि व्यंग्य-रचनाओं का संकलन, 1977)
7. आधुनिक लड़की की पीड़ा (व्यंग्य-संकलन, 1978)
8. त्रासदियाँ (वही, 1982)

1. नेपथ्य, मेरी रचना-प्रक्रिया, पृ. 34-35

9. परेशानियाँ (वही, 1985)

'समग्र व्यंग्य' (1997) नाम से उनकी अब तक की समग्र व्यंग्य-रचनाओं का संग्रह भी तीन भागों में प्रकाशित हो चुका है।

प्रतिफलन और परीक्षण

स्वातन्त्र्योत्तर भारत में एक साथ पनप रहे मानवीय गुणों एवं अमानवीय क्षुद्रताओं, पूँजीवादी क्रूरता एवं जनवादी प्रतिबद्धता को कोहली के व्यंग्य-साहित्य में आसानी से देखा जा सकता है। कोहली की आरम्भिक रचनाएँ उनके निजी परिवेश एवं वैयक्तिक अनुभूतियों का दस्तावेज हैं, जबकि बाद की रचनाएँ व्यक्तिगत जीवन के साथ-साथ राष्ट्रीय जीवन के अनेकानेक विसंगत उपादानों से उद्भूत हुई हैं। व्यक्तिगत जीवन की पीड़ा तथा राष्ट्रीय जीवन की तर्कशून्य विद्रूपतापूर्ण स्थितियों ने कोहली को भीतर तक आन्दोलित किया है। अपनी पीड़ा के ताप में तपकर कोहली सांसारिक पीड़ा एवं मानवीय छटपटाहट की अनुभूति प्राप्त करते हैं। उनकी संवेदना विस्तृत होती है और वे 'स्व' से निकल 'सर्व' तक पहुँचते हैं। यह कोहली का आत्म-विस्तार है, जहाँ परिवार, समाज, राष्ट्र, स्वजन, सभी अपनी सीमाएँ लाँघ चुके होते हैं और सहज मानवीय संकेत अथवा अनुभूति शेष रहती है। यही वह स्थिति है, जहाँ लेखक अन्य सामान्य लोगों से हटकर विशेष की श्रेणी में आ जाता है। सम्पूर्ण विश्व की घटना उसकी अपनी घटना होती है; प्रत्येक व्यक्ति की प्रतिक्रिया और राग-द्वेष उसकी अपनी प्रतिक्रिया और राग-द्वेष होता है। कोहली के व्यंग्य इसी राग-अनुराग एवं करुणा के व्यंग्य हैं, जो जीवन को समझने की दृष्टि देते हैं। राजनीतिक एवं प्रशासनिक व्यवस्था के दोमुँहेपन का ज्ञान कराते हैं। साहित्य, समाज, धर्म, दर्शन तथा अर्थतन्त्र की गुत्थियाँ उघाड़कर सामने रख देते हैं। परिणाम यह होता है कि चेतनासम्पन्न, सजग व्यक्ति इनके प्रति शंकित हो उठता है। उसे समझ आ जाता है कि बाहर से दीखने में यह व्यवस्था जितनी ईमानदार नजर आती है, अन्दर से उतनी ही भ्रष्ट है। उसकी भ्रष्टता का कारण भी यहाँ की जनता की अज्ञानता, अशिक्षा स्वयं है। प्रजातान्त्रिक व्यवस्था प्रत्येक नागरिक से राजनीतिक सूझ-बूझ की अपेक्षा करती है, जबकि यहाँ की अधिकांश जनता आज भी आधारभूत शिक्षा से विहीन है। ज्ञान-विज्ञान के उत्कर्ष-काल में भी जनसामान्य का जीवन हृदय से संचालित है। यह हृदयगत भावनाओं की ही प्रबलता है कि शासन का छद्म उसे छद्म नहीं लगता, बल्कि वह उसके बाहरी क्रिया-कलापों, कर्मकांडों एवं पाखंडों के जाल में ही उलझकर रह जाता है। ऐसी सम्मोहित जनता को कोहली सत्य का आलोक देते हैं, "हाय ! कलियुग में राजधर्म का पालन करनेवाला कोई नहीं रहा। बनाता कोई नहीं, उजाड़ सब रहे हैं।"[1]

---

1. आधुनिक लड़की की पीड़ा, लोककथा में गतिरोध, पृ. 24

लोगों की इस संस्कारहीनता, कोरी सिद्धान्तवादिता, अव्यावहारिक आदर्श को कोहली व्यंग्यात्मक बाना पहनाते हैं। धर्म, दर्शन और संस्कृति के क्षेत्र में अपने-आपको विश्व-गुरु माननेवाला यह देश वैज्ञानिक युग के आते-आते कंगाल ही नहीं, कंकाल-शेष होकर रह गया। कारण हैं हमारे नेता, जो कर्म से हीन किन्तु भाषण में प्रवीण हैं। फलतः 'प्राण जाए पर वचन न जाई' के उद्घोषक इस देश के प्राण आज वचनों में ही समा कर रह गए हैं, "सारा देश बस वचनों-ही-वचनों पर चल रहा है। भाषणों की खेती होती है, कारखानों में भाषण बनते हैं। सारा देश भाषण खाता, भाषण पहनता-ओढ़ता है और भाषणों के मकान बनाकर रहता है। लबाड़ियों का देश है, भाषणों-वचनों-आश्वासनों से काम चल जाता है।"[1]

ये नेता जनता का ध्यान वास्तविक समस्याओं से, मूल मुद्दों से हटाने के लिए छद्म समस्याएँ खड़ी करते रहते हैं–साम्प्रदायिकता की समस्या, जातीयता की समस्या, क्षेत्रीयता की समस्या, भाषा की समस्या; और इन सबके पीछे मौजूद अपना हाथ छिपाने के लिए विदेशी हाथ की समस्या। इन कृत्रिम समस्याओं के खम्भों पर जनता को चढ़ाते-उतारते रहकर ये नेता उसका ध्यान रोटी की समस्या और उसे उपलब्ध कराने की अपनी जिम्मेदारी से हटाकर उसका उल्लू बनाते और इस प्रकार अपना उल्लू सीधा करते रहते हैं। कोहली के शब्दों में, "किसी को उसके वास्तविक काम से हटाकर अन्यत्र व्यस्त कर देने के लिए यह खम्भा बड़ी उपयोगी वस्तु है।...राजनीतिज्ञ बड़ी चतुराई से देश की जनता के लिए नए-नए खम्भे गाड़ता रहता है और जनता उन पर चढ़ती-उतरती रहती है। लोग कहते हैं कि हमें रोटी दो और राजनीतिज्ञ धर्म और सम्प्रदाय का खम्भा गाड़ देता है। जनता कहती है, 'हमें न्याय दो' और राजनीतिज्ञ राष्ट्रीयता का खम्भा गाड़ देता है। सामान्य जन रोटी और न्याय को भूलकर सम्प्रदाय के खम्भों पर चढ़ने-उतरने लगता है। जाने इन खम्भों से मानव-जाति कब मुक्त होगी।"[2]

परिणामतः नेता जनता को, देश को अशिक्षित और पिछड़ा ही रखना चाहते हैं। नेता का अर्थ है–आगे ले जानेवाला, पर व्यवहार में वे देश को पीछे ले जाते हैं क्योंकि सिर्फ इसी तरह वे स्वयं आगे बढ़ सकते हैं, उन्नति कर सकते हैं; कोठियाँ, बँगले, कारें, जमीनें, बैंक-बैलेंस बना सकते हैं। इसलिए वे पिछड़ेपन को अस्मिता की भाँति सुरक्षित रखना चाहते हैं। उनकी इस धूर्तता को उन्हीं के मुँह से उजागर करवाते हुए कोहली लिखते हैं, "(देश) 'पिछड़ा है तो पिछड़ा रहे।' वे बोले, 'अब तुम्हारी प्रगतिशीलता के चक्कर में हम अपने देश की अस्मिता मिटा दें ? ऐसा नहीं होगा।' उनका स्वर इतना ऊँचा हो गया, जैसे वे लालकिले की प्राचीर पर से भाषण दे रहे हों, 'मैं तो अपना चुनाव देश की अस्मिता के प्रश्न पर लड़नेवाला हूँ। हमारे देश की कुछ निजी विशेषताएँ हैं–साम्प्रदायिक दंगे, जहालत-अशिक्षा, निर्धनता-भुखमरी, हम इनकी रक्षा करेंगे। कुछ भी

1. आधुनिक लड़की की पीड़ा, सन्तों की बिल्लियाँ और चूजे, पृ. 15
2. त्रासदियाँ, त्रासदियाँ खम्भा-लेखन की, पृ. 105

हो जाए, हम अपने देश की अस्मिता नहीं मिटने देंगे।' "[1]

स्वार्थ-सिद्धि के लिए ये नेता कुछ भी कर सकते हैं। राजधानी में बाढ़ नहीं आती तो ये चिन्तित हो जाते हैं, क्योंकि "बाढ़ नहीं आएगी तो राहत-कार्य कैसे होगा ?"[2] और कोहली जानते हैं कि "यह राजनीतिज्ञ है, इसका सम्बन्ध बाढ़ से हो न हो, राहत-कार्य से अवश्य होगा। राहत-कार्य बिना कोश के नहीं होता और कोश बिना राजनीतिज्ञ के नहीं होता। अपने देश में विद्वानों के लिए–शब्दकोश। धन का कोश तो राजनीतिज्ञों के लिए ही है।"[3]

परिणाम यह हुआ है कि देश गुच्छों से भरी लावारिस अंगूर की बेल की तरह हो गया है, जिन्हें हर कोई झपट लेने को आतुर है। प्रतीक-योजना द्वारा भर्त्सना के स्वर में कोहली सूक्ष्म व्यंग्य करते हैं, "इस देश का वैधानिक उपभोक्ता या स्वामी कोई नहीं है। यह तो अंगूरों की बेल है। सारे मुहल्लेवालों के मन में इसने पाप जगा रखा है। जो आता है, गुच्छा तोड़कर ले जाता है। कभी-कभी मुहल्ले के बाहरवाले भी हाथ मार जाते हैं।"[4]

बात-बात में कसम खाने की भाँति नैतिकता के नाम पर गांधीजी की दुहाई देने का प्रचलन बहुत अधिक है। गांधीजी के आदर्शों और दर्शन का समाज और राजनीति ने कितना विकृत रूप बना दिया है। गांधीजी का नाम लेकर प्रत्येक उचित-अनुचित कार्य की सार्थकता की दुहाई दी जाती है। कशाघात करते हुए कोहली कहते हैं, "जनता भी भोली है, गांधीजी के नाम से बहका दी जाती है और वह है कि बहक जाती है। जहाँ कोई टोटका नहीं चलता, वहाँ गांधीजी फिट कर दिए जाते हैं। देश को लूटने के लिए ट्रंपकार्ड। गांधीजी न हुए ताश के जोकर हो गए, जहाँ चाहा फिट कर दिया और माल अपने गल्ले में।"[5]

नरेन्द्र कोहली के प्रिय कवि नागार्जुन ने भी अपनी 'स्वदेशी शासक' नामक कविता में अन्य बातों के साथ-साथ गाँधी जी के नाम को भुनाने-बेचने की भारतीय नेताओं की दूषित प्रवृत्ति पर इन शब्दों में व्यंग्य किया है, "पश्चिम के विज्ञानवाद की छौंक मारकर / वायुयान से वापस आओ / हमें सीख दो शान्ति और संयत जीवन की / अपने खातिर करो जुगाड़ अपरिमित धन की / बेच-बेचकर गांधीजी का नाम / बटोरो वोट / हिलाओ शीश / निपोरो खीस।"[6]

राजनीति को गांधीजी ने सेवा बनाया था। मगर स्वाधीनता के बाद उनके अनुयायियों ने उसे काला धन्धा बना लिया। गांधीजी ने प्रजातान्त्रिक प्रणाली का संचालन

---

1. त्रासदियाँ, त्रासदियाँ राष्ट्र-प्रेम के दुख की, पृ. 54
2. वही, पृ. 52
3. वही, पृ. 52-53
4. जगाने का अपराध, अंगूर की बेल, पृ. 97
5. वही, स्मार्टनेस का मूल्य, पृ. 113-14
6. युगधारा, पृ. 104

देश के दरिद्रतम व्यक्ति को सामने रखकर करने का आह्वान किया था, उनकी समस्त चिन्तना के मूल में मानव एवं मानव-हित था; किन्तु हमारे सुविधाभोगी नेताओं ने राजनीति का केन्द्र स्वयं को बनाया, मानव उन्होंने केवल खुद को समझा, बाकी सब उनकी नजर में जानवर थे और हैं, जिनकी एकमात्र उपयोगिता उन्हें सत्ता में पहुँचाने के लिए वोट देने-भर की है। खुद गांधीजी उनके लिए स्वाधीनता और सत्ता दिलाने के उपकरण मात्र थे, जो काम निकलते ही घूरे पर फेंक दिए गए। कोहली के शब्दों में, ''स्वतन्त्रता जब ऊपर से टपकी तो लोगों ने गांधी-टोपी फैलाकर उसे समेट लिया। महात्मा गांधी चूँकि अपने नाम की टोपी नहीं पहनते थे, इसलिए उनके हिस्से कुछ नहीं आया।''[1] मरणोपरान्त तो गांधीजी अपने अनुयाइयों के लिए मूर्ति मात्र बनकर रह गए, ''महात्मा गांधी मूर्ति में बसते थे और मूर्ति चल नहीं सकती थी, इसलिए गाधीजी जड़ हो गए। गांधीवाद चल निकला। वह चलता-चलता नगर-निगम में घुसा, विधानसभाओं में घुसा और जाकर लोकसभा में भी बैठ गया।''[2] अपने अनुयायियों की हरकतों पर गांधी आठ-आठ आँसू बहाने की विवश हैं। उनके ''तीन बन्दर हर मन्त्री की आत्मा में समा गए हैं। देश में बन्दर-वृत्ति फैली हुई है। छीनो और खाओ।''[3] गांधीजी की मूर्ति पर बैठनेवाले कबूतर उन्हें बताते हैं कि ''अंग्रेजों में फिर भी लाज-शर्म थी। तुम्हारे शिष्यों में कुछ नहीं है। वे तो देश को ऐसे चूस रहे हैं जैसे कुत्ता हड्डी को चूसता है।''[4] गांधीजी के ये राजनीतिक बन्दर ''किसी काम में हुई बुराई नहीं देखते, किसी की बुराई नहीं सुनते और किसी को बुरा नहीं कहते। सब अपने-अपने धन्धे में मस्त हैं। वे केवल बुराई करने में विश्वास रखते हैं; कहने, सुनने और देखने में नहीं।''[5]

ऐसे नेता चुनाव जीतने के लिए कुछ भी उठा नहीं रखते। जातीय विद्वेष, साम्प्रदायिक दंगे, बूथ-कैप्चरिंग, प्रतिद्वन्द्वी की हत्या–चुनाव की आम बातें हैं। युद्ध की भी नैतिकता होती है, चुनाव की कुछ नहीं। और यह सब वे जन-सेवा के नाम पर करते हैं। उनकी निगाह में ''सामान्य व्यक्ति से अधिक जनसेवा संसद-सदस्य कर सकता है और संसद-सदस्य से अधिक मन्त्री।...मन्त्री बनने के लिए जनसेवा करना पिछड़ा हुआ विचार है, मन्त्री बनकर जनसेवा करना आधुनिकता है।''[6]

दल-बदल भी नेता इसीलिए करते हैं कि उन्हें 'जन-सेवा' करते रहने का मौका मिला रहे। 'मत चूकै चौहान' के अनुयायी वे टिकट पाने, चुनाव जीतने और मन्त्री-पद हथियाने का कोई मौका नहीं चूकते, चाहे वह जिस भी दल में मिले और चाहे इसके

1. मेरी श्रेष्ठ व्यंग्य-रचनाएँ, कबूतर, पृ. 91
2. वही
3. वही, पृ. 92
4. वही
5. वही, पृ. 93
6. त्रासदियाँ, त्रासदियाँ राष्ट्र-प्रेम के दुख की, पृ. 57

लिए उन्हें कभी भी, कितने भी दल बदलने पड़ें। कटु आक्षेप करते हुए कोहली नेता से कहलवाते हैं, " 'बात टिकट की है। जो पार्टी मुझे चुनाव का टिकट देगी, मैं उसका चुनाव कर लूँगा।' लगा, जैसे कह रहे हों, 'जो कन्या मेरे गले में जयमाला डाल देगी, मैं उसी का वरण कर लूँगा।' वे आगे कह रहे थे, 'पार्टी और टिकट में टिकट बड़ा होता है। नीति और टिकट में (भी) टिकट (ही) बड़ा होता है।' "[1]

दल-बदल कानून का भी इन नेताओं पर कोई अंकुश नहीं है; ये उसे भी अपनी तिकड़मों से धता बता देते हैं। और कुछ नहीं, तो नया दल बनाने पर तो कोई रोक नहीं। परिणाम यह है कि "बड़ी कठिनाई से भगाए गए नेता, किसी-न-किसी नई पार्टी के नाम से फिर-फिर वापस लौट रहे हैं।"[2] लौटें भी क्यों न, "आत्महत्या का कारणभूत लज्जा-तत्त्व उनमें है ही नहीं।"[3]

स्वतन्त्रता-प्राप्ति के पश्चात् नेताओं और सत्ताधारियों को देश को विकास एवं प्रगति के पथ पर आगे बढ़ाना था। देश की प्रगति और विकास के लिए देश के नेताओं को तन-मन-धन अर्पित करना था। साधन जुटाने थे, उत्पादन बढ़ाना था, देश के धन का निःस्वार्थ भाव से सदुपयोग करना था। देश में व्याप्त भ्रष्टाचार, अँधेरगर्दी, धाँधली और स्वार्थलोलुपता को जड़ से मिटाना था। जन-कल्याण की नींव सुदृढ़ करनी थी। किन्तु देश और जनता के भाग्य की विडम्बना ही रही कि भाग्य-विधाता ही घोर भ्रष्ट हो गए। वे अपने स्वार्थों की सिद्धि में लिप्त हो गए और देश व जनता के हित को भूल गए। प्रशासन चलानेवाले कर्मचारियों को भी उन्होंने यही रास्ता दिखाया। वे भी सरकारी दामाद बन गए। नौकरी उनके लिए नौकरी न रहकर सुख-सुविधाओं का जरिया बन गई। कभी निषिद्ध समझी जानेवाली चाकरी अब श्रेयष्कर हो गई। ऐसे नौकरों के चलते सरकारी विभाग जन-सेवा के केन्द्र न रहकर शोषण और उत्पीड़न के अड्डे बन गए। शासन-प्रणाली में व्याप्त इन विसंगतियों, विकृतियों, अन्याय, अनाचार, अत्याचार, दुर्बलताओं और मूढ़ताओं ने सभी व्यंग्यकारों की भाँति कोहली के भी चेतन-उपचेतन को बहुत कुरेदा और झकझोरा है। उनका व्यंग्यकार इन पर तिलमिलाया और भन्नाया है और फलतः उसकी लेखनी इन पर कटु-से-कटु, तिक्त और विषाक्त आग उगलने से नहीं चूकी है। 'बाढ़ का नियन्त्रण' नामक रचना में वे बाढ़ से घिरे व्यक्तियों की दयनीय स्थिति का चित्रण करते हुए नौकरशाही की निष्क्रियता एवं अड़चनें डालने तथा पेचीदगियाँ उत्पन्न करने की प्रवृत्ति का कच्चा चिट्ठा खोलते हैं और उस पर सशक्त प्रहार करते हैं।[4] 'शम्बूक की हत्या' नाटक में जनसाधारण की इन समस्याओं के प्रति शासन के रवैये को वे उसका प्रतिनिधित्व करनेवाले एक क्लर्क के मुख से इन शब्दों में स्पष्ट करवाते हैं, "अकाल या इस प्रकार की सारी घटनाएँ सर्वथा व्यक्तिगत घटनाएँ

---

1. त्रासदियाँ, त्रासदियाँ राष्ट्र-प्रेम के दुख की, पृ. 54-55
2. वही, पृ. 55
3. वही, पृ. 51
4. जगाने का अपराध, पृ. 64

हैं। देश अथवा शासन को उससे कोई लेना-देना नहीं है।[1]...बाढ़, सूखा, अकाल, महामारी इत्यादि में मरनेवाले लोग अपनी मूर्खता से मरते हैं। उन्हें मरना ही चाहिए। उनको उनकी मूर्खता का दंड मिलना ही चाहिए। वे लोग नदी के किनारे रहते ही क्यों हैं ? उन्हें नहीं मालूम कि नदियाँ इसलिए बनी हैं कि उनमें बाढ़ आए ?''[2]

सरकारी नौकरियों में अवैध कमाई और भ्रष्टाचार अब सामाजिक प्रतिष्ठा प्राप्त कर चुका है। जिन नौकरियों के साथ ये चीजें ज्यादा जुड़ी होती हैं, वे श्रेयष्कर मानी जाती हैं और जिनमें इनकी गुंजाइश नहीं होती, उन्हें नीची निगाह से देखा जाता है। और तो और, लड़कीवाले भी वर की तलाश करते वक्त ऊपरी कमाई और नावाजिब सुख-सुविधाओं से युक्त नौकरी पर लगे लड़के को ही वरीयता देते हैं। हमारे पतन की यह पराकाष्ठा है। इस सामाजिक मान्यता का ही परिणाम है कि भारतीय व्यक्ति अगर विदेशी दूतावास में नौकरी करेगा तो वहाँ भी ऊपरी आमदनी से नहीं चूकेगा। इस विडम्बना पर मारक प्रहार करते हुए कोहली भारत-स्थित अमरीकी दूतावास में कार्यरत एक कर्मचारी के मुख से आत्मश्लाघा करवाते हैं, ''आपसे क्या छिपाना..आप अपने ही आदमी हैं। मेरे सेक्शन में छह अमरीकन हैं और हम दो हिन्दुस्तानी। पर ऊपरी आमदनी केवल हम दोनों की ही है।''[3]

कोहली ने प्रशासन में सभी स्तरों पर व्याप्त भ्रष्टाचार की पोल खोली है। आज हालत यह है कि ''चपरासी बीड़ी के पैसे लिये बिना दफ्तर में घुसने नहीं देता; क्लर्क उपहार लिये बिना कागज नहीं खिसकाता; अधिकारी हस्ताक्षर करने भर के लिए शराब की बोतल और अछूता नारी-शरीर माँगता है; मन्त्री की भूख तो करोड़ों रुपयों और सारे देश को अपना हरम बनाकर भी नहीं मिटती...।''[4] यह सब देख कोहली इस निष्कर्ष पर पहुँचते हैं कि ''अपने यहाँ ईमानदारी तो ईमानदारी, कैरेक्टर ही सिरे से गायब है।''[5] ऐसे कैरेक्टरलेस नागरिकों की भर्त्सना करते हुए वे कहते हैं, ''मैं उनके भ्रष्ट चरित्र का कैबरे देखता हूँ तो एकदम बौखला जाता हूँ।''[6]

व्यंग्यकार की बौखलाहट वाजिब है। इन भ्रष्ट चरित्रों ने ऐसा नंगा नाच किया है कि आदमी ही नहीं, शास्त्र भी लज्जित हो गए हैं; उनमें दी गई परिभाषाएँ झूठी पड़ गई हैं, बदल गई हैं। अर्थशास्त्र में आए बदलाव को नरेन्द्र कोहली इन शब्दों में रेखांकित करते हैं, ''अर्थशास्त्र का मूल सिद्धान्त है कि धन 'वस्तु' बेचकर नहीं, अपनी आत्मा

---

1. शम्बूक की हत्या, पृ. 30
2. वही, पृ. 42-43
3. आधुनिक लड़की की पीड़ा, अमरीकन जाँघिया, पृ. 4
4. शम्बूक की हत्या, पृ. 53-54
5. आधुनिक लड़की की पीड़ा, अमरीकन जाँघिया, पृ. 4
6. शम्बूक की हत्या, पृ. 32
7. मेरी श्रेष्ठ व्यंग्य-रचनाएँ, खोज गरीबी के कारणों की, पृ. 140

और अपना देश बेचकर कमाया जाता है।''[7]

इस सिद्धान्त का सहारा लेकर इस देश में लोग खूब फले-फूले हैं। उनके फलने-फूलने से उनका धन्धा फला-फूला है और धन्धे के फलने-फूलने से वे और फले-फूले हैं। कोहली सूत्र रूप में लोगों का मार्गदर्शन करते हैं, ''आप जब किसी का शरीर फैलता देखें तो उससे पूछे बिना ही तत्काल मान लें कि उसका व्यवसाय भी फैल रहा है।''[1]

कोहली आज के समाज में व्याप्त दोहरे रिवाजों, मुखौटेबाजी, अवसरवादिता, आपसी सम्बन्धों की स्वार्थकेन्द्रिकता और उनमें घर करती औपचारिकता एवं कृत्रिमता पर क्षोभ व्यक्त करते हैं। आत्मीय सम्बन्धों में भी आत्मकेन्द्रीयता की हालत यह है कि हमारे समाज में पिता अपने पुत्र को भी पुत्र के रूप में नहीं, अपनी इच्छाओं-आकांक्षाओं के रूप में ही पालता है; वह एक तरह से उसका इन्वेस्टमेंट है। कोहली भारतीयों में पाई जानेवाली पुत्र की प्रबल कामना के पीछे छिपे अर्थ-केन्द्रित स्वार्थ को इन शब्दों में उजागर करते हैं, ''अपने देश में पिता का भविष्य उसका पुत्र ही होता है। पुत्र ही पिता के बुढ़ापे का सहारा है, पेंशन है, भविष्य-निधि है, जीवन-बीमा है। इसलिए अपने देश में पुत्र की इतनी प्रबल कामना है। जिनका पुत्र न हो, उनकी गति नहीं है। कितनी सार्थक बात है।''[2] यहाँ 'सार्थक' शब्द बहुत सार्थक यानी अर्थपूर्ण है और रिश्तों की अर्थ-केन्द्रिकता को कुशलता से इंगित करता है।

विदेशियों ने वर्षों हमारी संस्कृति को ध्वस्त किया, हमसे हमारी जुबान छीनी और अपनी जुबान हमें दे दी–इस खयाल से कि नकली जुबान नकली समस्याओं को जन्म देगी। हम उस नकली को ही असली मान, अपनी असलियत भुला देंगे, अपने को भुला देंगे और उनकी जी-हुजूरी करेंगे। इतनी बड़ी साजिश में वे चन्द, मुट्ठी-भर विदेशी सफल हो गए, लेकिन हम, महान संस्कृति के वंशज, महान भारतवासी इतनी बात नहीं समझे। आज भी नासमझ बने रहने में ही गर्व की अनुभूति करते हैं। इस नासमझी से ही तो भौतिक समृद्धि मिलती है, आत्मिक ह्रास होता है तो हुआ करे। अंग्रेजी व अंग्रेजियत का भूत भारतवासियों पर इस कदर हावी है कि वे अपनी भाषा, अपने खान-पान, अपने रहन-सहन और अपनी सभ्यता व संस्कृति को हेय दृष्टि से देखते हैं। विदेशीपन के प्रति आस्था इस सीमा तक बढ़ गई है कि उसके आगे नैतिकता व सच्चरित्रता भी कोई महत्त्व नहीं रखती। 'हिन्दुस्तानी' रचना में कोहली ने इस लक्ष्य पर विडम्बनात्मक व्यंग्य किया है। भारतीय लड़कियाँ विदेशी दूतावासों में विदेशी वेशभूषा धारण कर कार्य करती हैं। वे अपनी संस्कृति से घृणा करती हैं। विदेशियों के साथ शराब पीती हैं, नृत्य करती हैं, चुहलबाजी करती हैं। उन्हें हर प्रकार की स्वतन्त्रता देती हैं। एक ऐसी ही लड़की अपने अमरीकी बॉस से गर्भवती हो जाने पर गर्व करती है और ढिठाईपूर्वक कहती है, ''मैं जानती हूँ, वह दोगला और हरामी होगा। पर उसका सम्मान मुझसे अधिक होगा, क्योंकि भारत जैसे राष्ट्र का वह अंग नहीं होगा। मैं जिन्दगी-भर अपनी राष्ट्रीयता के

1. त्रासदियाँ, त्रासदियाँ खाली हाथ की, पृ. 70
2. वही, त्रासदी उज्ज्वल भविष्य की, पृ. 59

कारण लज्जित रही, पर मैंने अपनी अगली पीढ़ी को उबार लिया है।"[1]

कितना गहरा कटाक्ष है ! व्यंग्यकार ने पूरी रचना में भारतीयों की मानसिक गुलामी पर सशक्त एवं तीखा व्यंग्य किया है। एक अन्य रचना 'अमरीकन जाँघिया' में भी उन्होंने विदेशी वस्तुओं के प्रति भारतीयों के पागलपन पर भिगो-भिगो कर कोड़े बरसाए हैं। 'संकट और संस्कृति' में भी कोहली ने प्रतीकात्मक शैली में विदेशी चलन व फैशन पर कटु आक्षेप किए हैं। 'खबरें हमारी और उनकी' में तो वे सीधे-सपाट शब्दों में इस विकृति पर चोट करते हैं। स्वतन्त्रता-प्राप्ति के इतने वर्षों बाद भी देश में अंग्रेजी भाषा का महत्त्व राष्ट्रभाषा से कहीं अधिक है। अंग्रेजी चाहे भली-भाँति लिखनी, पढ़नी, बोलनी न आती हो, पर स्मार्टनेस का प्रतीक वही है, इसे लक्ष्य कर कोहली 'स्मार्टनेस का मूल्य' रचना में विडम्बना द्वारा तिक्त व्यंग्य करते हैं, "देश मेरे बच्चे के समान अपनी बोली में छत्तीसों गीत गाता है और सरकार मेरी पत्नी के समान कहती है, 'बेटे ! यह नहीं। वह स्कूलवाला अंग्रेजी गाना–थैंक यू गॉड...।' बच्चा गूँगा हो जाता है और चुपचाप हाथ जोड़कर खड़ा हो जाता है। उसकी माँ फिर कहती है–'गाओ बेटे ! थैंक यू गॉड फॉर एवरी थिंग।' और बच्चा थूक निगलकर बड़ी कठिनाई से कह देता है...'इंग'। माँ ताली मार देती है, 'अहा ! कितना स्मार्ट है।' मैं सोचता हूँ–गांधीजी देखें तो शरमा जाएँ। स्मार्टनेस के पीछे देश को गूँगा कर दिया कमबख्तों ने।"[2]

आज भारत का सामाजिक परिवेश बहुत अधिक दूषित है। पुरानी मान्यताएँ टूट रही हैं और नई बन नहीं पा रही हैं। पुरातन और नूतन के मध्य टकराव है, संघर्ष है। आर्थिक दुरवस्था इस टूटन को और भी बढ़ावा दे रही है। नैतिकता को झुठला दिया गया है और चरित्रहीनता तथा व्यभिचार बढ़ रहा है। नैतिकता की आड़ में आदर्शों की दुहाई देकर घोर अनैतिक और निकृष्ट कार्य किए जा रहे हैं। ईमानदारी और सच्चरित्रता आज निरर्थक शब्द हो गए हैं। साथ ही, चारों ओर एक विचित्र-सी ऊब, उदासीनता और तटस्थता का वातावरण बन गया है। एक आत्मघाती संवेदनहीनता और सुषुप्ति घर करती जा रही है, जिससे ऐसा प्रतीत होता है कि "सोना ही हमारी संस्कृति है।"[3] व्यंग्यकार लोगों को सोते से जगाने का काम करता है, यह जानते हुए भी कि सुषुप्ति के आदी हो चुके, उसे अपनी नियति मान बैठे समाज को जगाना उसकी निगाह में अपराध है, पर यह अपराध वह लगातार करता है। नरेन्द्र कोहली ने भी यह 'जगाने का अपराध' बखूबी किया है।

धर्म मूलतः व्यक्ति को सत्पथ पर चलते रहने की प्रेरणा देने का साधन है, किन्तु हमारी कुटिलता और स्वार्थपरता ने धर्म को भी अधर्म का मूल बना लिया। यही कारण है कि धर्म के नाम पर जितने अनाचार, अत्याचार और अमानुषिक कृत्य इस देश में ही नहीं, विश्व-भर में हुए हैं; उनका कोई हिसाब नहीं। अलबत्ता अपने देश में धर्म की

1. मेरी श्रेष्ठ व्यंग्य-रचनाएँ, पृ. 117
2. जगाने का अपराध, पृ. 114-15
3. एक और लाल तिकोन, संस्कृति से बिछुड़ने का रोग, पृ. 4

आड़ में ये सब कुकृत्य कुछ ज्यादा ही हुए। धर्म का यह इस्तेमाल अब भी बदस्तूर जारी है, जिस पर व्यंग्य करते हुए कोहली लिखते हैं, "जैसे धर्म के नाम पर लोगों को नंगे रहने, सशस्त्र रहने और एक से अधिक पत्नियाँ रखने का अधिकार था, वैसे ही शर्माजी को धर्म के नाम पर साहब के पास चुगली करने का भी पूरा अधिकार था। धर्म तो इस देश में 'वीटो' है–उसके सामने न कोई तर्क चलता है, न नियम, न कानून।"[1]

धर्म ने लोगों के सोच को कुन्द किया है; उन्हें भाग्यवादी और अकर्मण्य बनाया है। भगवान की मूर्ति के आगे हाथ जोड़कर वे समझ लेते हैं कि हमारा कर्तव्य पूरा हो गया। विडम्बना द्वारा कटु आक्षेप करते हुए कोहली ने लिखा है, "ब्रह्म से चिपकना भक्ति कहलाता है और बिल्कुल ही चिपक जाना शरणागति कहलाता है। ब्रह्म ने संसार में कुछ ऐसी गलतफहमी फैला दी है कि जनता मान बैठी है कि उसके लिए ब्रह्म की शरण में जाना ही सर्वश्रेष्ठ मार्ग है–स्वयं कुछ करने को तैयार नहीं है। लोग कहते हैं कि ब्रह्म इससे प्रसन्न होता है। पता नहीं ब्रह्म किस धातु का बना हुआ है, मैं तो ऐसे शरणागतों से बोर हो जाता हूँ।"[2]

भाग्य और भगवान के प्रति हमारी इस अन्ध आस्था को समाज का एक वर्ग अरसे से भुनाता आया है। समाज को सवर्ण-अवर्ण, ऊँच-नीच, छोटे-बड़े के अमानवीय खाँचों में विभक्त करने के लिए यही आस्था जिम्मेदार रही है। कुछ लोग इसी के चलते देवता बन गए, तो कुछ सीधे भगवान बनकर पुजने लगे। कोहली अपनी व्यंग्य-रचनाओं में इन कलियुगी भगवानों की पोल खोलते हैं। आज देश और समाज में धर्म की आड़ में सबसे अधिक विकार, व्यभिचार और अनैतिकता इन तथाकथित भगवानों, प्रभुओं, मठाधीशों, स्वामियों, योगियों, साधु-बाबाओं, पंडे-पुजारियों आदि के कारण ही फैली हुई है। ये लोग भेड़ की खाल ओढ़े भेड़िये, रँगे सियार और बगुला भगत हैं। इनका ध्येय तन, मन, धन से स्वार्थपूर्ति करना होता है, जिसके लिए ये जनता को चमत्कार, पाखंड और ढोंग द्वारा ठगते हैं। विडम्बना यह है कि अशिक्षित जनता तो इनके कुचक्र में फँस ही जाती है, किन्तु शिक्षित और बुद्धिजीवी वर्ग भी स्वयं को इनके चक्कर से नहीं बचा पाता। ये सन्त-महात्मा-भगवान तो समाज को प्रतिगामी बना उसे पतन के गर्त में धकेलते-ही-धकेलते हैं, किन्तु इनके चेले-चपाटे अपने कुकर्मों से समाज को और भी हानि पहुँचाते हैं। कोहली इस स्थिति पर रूपकात्मक शैली में अपकर्ष द्वारा व्यंग्य की संयोजना करते हैं, "इस देश में बहुत सारे सन्त पैदा हुए हैं, और हर सन्त अपने पीछे बिल्लियों का एक बहुत बड़ा समूह छोड़ गया है। ये बिल्लियाँ उन सन्तों के वचनों का कवच ओढ़े, मजे से देश-भर के चूजे खाती फिरती हैं और उन्हें कोई कुछ नहीं कह पाता। जब कोई नाराज होने का प्रयत्न करता है, तो वे बिल्लियाँ अपने परिचय-पत्र दिखा देती हैं। किसी ने गले में कुछ पहन रखा है, किसी ने हाथ में–देखो, हम उस

1. जगाने का अपराध, कर्तव्यनिष्ठ पड़ोसी, पृ. 79-80
2. त्रासदियाँ, त्रासदियाँ चिपकने की, पृ. 88

सन्त की बिल्लियाँ हैं, हमें मारोगे तो तुम्हें पाप लगेगा।"[1]

स्वतन्त्रता-प्राप्ति से पूर्व मैकाले द्वारा भारत में जिस प्रकार की शिक्षा-प्रणाली की स्थापना की गई थी, उसका मूल उद्देश्य अंग्रेजी शासन-व्यवस्था को चलाने के लिए राज्य-कर्मचारी अर्थात् क्लर्क सप्लाई करना था। विडम्बना यह रही कि अंग्रेजी शासन में प्रचलित शिक्षा-पद्धति आज तक चली आ रही है, जबकि आज देश की स्थिति, देश की आवश्यकताएँ नितान्त भिन्न हैं। आज देश विकास के पथ पर खड़ा है। अपना ही शासन है, अपने ही शासक हैं और अपने ही शासित हैं। आज देश को कलम-घिसाऊ बाबुओं की ही आवश्यकता नहीं रह गई है, बल्कि समस्त क्षेत्रों में कार्यनिपुण लोगों की आवश्यकता है। इसके लिए शिक्षा-प्रणाली में आमूल परिवर्तन आवश्यक है। किन्तु देश व जनता का दुर्भाग्य है कि इस ओर ध्यान नहीं दिया जा रहा है। शिक्षा के प्रसार के भागीरथ प्रयत्न किए जा रहे हैं, किन्तु शिक्षा के उद्धार के प्रति उदासीनता है जिसका परिणाम बहुत भयंकर निकल रहा है। आगरा विश्वविद्यालय के भूतपूर्व कुलपति पी. डी. गुप्त के शब्दों में परिणाम यह हुआ है कि "पहले शिक्षा का उद्देश्य क्लर्क बनाना था, परन्तु आज तो कोई उद्देश्य ही सामने नहीं रह गया है। अशिक्षित व्यक्ति भी अब शिक्षा के मामले में परामर्श देने लगे हैं। देश के नेता पदवी और पदों की दौड़ में लगे हैं, इसलिए नवयुवकों को इन नेताओं पर विश्वास नहीं करना चाहिए।"[2]

स्वतन्त्र भारत में शिक्षा-प्रणाली का पुराने ढर्रेवाला विकृत रूप आज भी ज्यों-का-त्यों बना हुआ है। विकृतियों, विसंगतियों एवं अनीतियों से परिपूर्ण शिक्षा का कोई उद्देश्य नहीं है। शिक्षा के प्रसार के प्रति सरकार बहुत अधिक सक्रिय है। एक ओर सरकार सोचती है कि देश में कोई भी अशिक्षित न रहे, किन्तु दूसरी ओर शिक्षा का रूप सुधारने का विशेष प्रयास नहीं किया जा रहा है। अनावश्यक विषय, बढ़ता हुआ पाठ्यक्रम, विद्यार्थियों के फूलते हुए बस्ते, विदेशी नमूनों पर आधारित पाठ्य पुस्तकें, 'पब्लिक' के नाम पर नित नए-नए महँगे अंग्रेजी स्कूलों का खुलना, दिन-प्रतिदिन गिरता हुआ शिक्षा का स्तर, शिक्षा के क्षेत्र में भी सत्ताधारियों एवं असामाजिक तत्त्वों का अनुचित हस्तक्षेप आदि कुछ ऐसी विकृतियाँ हैं, जिन्होंने शिक्षा के रूप को विरूप कर दिया है। नरेन्द्र कोहली ने इन विद्रूपताओं को भी लक्ष्य बनाकर सशक्त प्रहार किए हैं। स्कूल-कॉलेजों में दिन-प्रतिदिन पनपती विकृतियों पर उन्होंने बहुत करारे व्यंग्य किए हैं। एब्सर्ड-उपन्यास 'दि कॉलेज' में व्याजोक्ति, विडम्बना और वैषम्य द्वारा आज के तथाकथित शिक्षा- संस्थानों का यथार्थ खाका खींचने में व्यंग्यकार बहुत सफल हुआ है।

साहित्यिक परिवेश में पनपती हुई विकृतियों एवं विषम स्थितियों ने भी व्यंग्यकार नरेन्द्र कोहली का ध्यान आकर्षित किया है। एक ओर वे लोगों में साहित्य के प्रति रुझान न होने और उनकी तत्सम्बन्धी अनभिज्ञता या अल्पज्ञता पर खेद प्रकट करते हैं, "वे न तो साहित्य से परिचित थे, न हिन्दी से। पर तुलसीदासजी से वे फिर भी परिचित

1. आधुनिक लड़की की पीड़ा, सन्तों की बिल्लियाँ और चूजे, पृ. 14
2. ज्ञानोदय, अप्रैल 1965, सहचिन्तन, कन्हैयालाल मिश्र प्रभाकर, पृ. 123

थे। उन्होंने डाक-टिकट पर तुलसीदास का चित्र देखा था और 'मानस-चतुःशती समिति' को पचास रुपए चन्दा दिया था।"[1] और साथ ही लेखन से ज्यादा सांसारिक सुख-सुविधाएँ जुटाने के लिए जुटने को श्रेयष्कर समझनेवालों पर कटाक्ष करते हैं, "वे लोग अधिक समझदार होते हैं जो घर से पहले मकान बनाते हैं–और प्लाट पर उपन्यास लिखने के स्थान पर ईंट-गारे का भवन खड़ा करते हैं।"[2] वहीं वे लेखकों-साहित्यकारों की लक्ष्यभ्रष्टता की खिल्ली उड़ाए बिना भी नहीं रहते, "लेखक लोग अपने लक्ष्य भूल गए हैं। सारे बुद्धिजीवी भूल गए हैं। हमारे देश का यही दुर्भाग्य है। देश के पिछड़े होने का कारण यह भी है कि हमारे लेखक अपना खून जलाने से कतराने लगे हैं। अब वे अपने स्थान पर दूसरों का खून जलाते हैं।"[3] साहित्यकारों में आती जा रही मक्कारी और सुविधापरस्ती भी कोहली के व्यंग्य का लक्ष्य बनी है, "वह लेखक मामूली आदमी नहीं बनना चाहता। मामूली आदमी उसकी सहानुभूति का पात्र हो सकता है; उसके साहित्यिक आन्दोलन का आधार हो सकता है, उसके जीवन का लक्ष्य नहीं। लक्ष्य तो उसका विशिष्ट आदमी ही है। राजनीति का विशिष्ट आदमी हो या आलोचना का विशिष्ट आदमी या व्यापार और उद्योग का विशिष्ट आदमी।"[4] इस लक्ष्य की पूर्ति के लिए वह हर तरह की तिकड़में भिड़ाता है। कभी राजनीति की शरण गहता है, तो कभी फिल्म-इंडस्ट्री की। फिल्मों में घुसपैठ से बड़ी कामना ऐसे लेखक की दूसरी नहीं होती। 'मेरो तो फिल्म-इंडस्ट्री दूसरो न कोई' मार्का इस लेखकीय आकांक्षा की भर्त्सना करते हुए कोहली लिखते हैं, "एक बार एक महान आत्मनिर्भर सज्जन मेरे पास आए थे। कहने लगे कि वे कोई फिल्म बना रहे हैं और चाहते हैं कि मैं उनकी फिल्म के डायलॉग लिख दूँ। मैं समझ गया कि मुहावरेवाले भगवान ने मेरा भी छप्पर फाड़ दिया है। लेखक तो फिल्म में जाने का वरदान वैसे ही माँगता है, जैसे भक्त मोक्ष का।"[5]

यह तो तब है, जब फिल्मकार व्यावसायिक अथवा अन्य कारणों से साहित्यिक रचनाओं के साथ न्याय नहीं करते। इतना ही नहीं, वे लेखकों का शोषण भी करते हैं, उन्हें अपनी उँगलियों पर नचाते हैं। पारिश्रमिक ही नहीं, कई बार तो वे उनकी कथा, पटकथा, संवादों आदि के लिए उन्हें श्रेय भी नहीं देते, अपने नाम से ही उन्हें प्रस्तुत कर देते हैं। 'त्रासदियाँ चिपकने की' व्यंग्य में कोहली इस विडम्बना पर कटु कटाक्ष करते हैं।[6]

हिन्दी-जगत में लेखक का शोषण सम्पादक और प्रकाशक भी कम नहीं करते। नरेन्द्र कोहली अपने व्यंग्य 'साहित्य के मुजाविर' में सम्पादकों के पक्षपात और भ्रष्टाचार

---

1. त्रासदियाँ, त्रासदी एक घर की, पृ. 9
2. वही, पृ. 10
3. वही, त्रासदियाँ राष्ट्र-प्रेम के दुख की, पृ. 57
4. वही, त्रासदियाँ खम्भा-लेखन की, पृ. 103-04
5. वही, त्रासदियाँ चिपकने की, पृ. 91
6. वही, पृ. 93-94

पर चोट करते हैं। यह साहित्यकार के भाग्य की विडम्बना ही है कि पत्र-पत्रिकाओं में बिना सोर्स, खुशामद के रचना प्रकाशित नहीं हो पाती, "जी, छपेगा कैसे। चारों ओर तो लोगों ने भ्रष्टाचार फैला रखा है और बिना मित्रता और रिश्तेदारी के कोई सम्पादक रचना छापता ही नहीं। इसलिए वह रचना कहीं नहीं छपी। मैंने सोचा था, आपसे ही पूछूँगा कि इस देश में रिसर्च करने का क्या लाभ है ? ऐसा बढ़िया मैंने रिसर्च-पेपर लिखा और वह कहीं छपता ही नहीं। बताइए उस रिसर्च-पेपर का मैं क्या करूँ ?"[1]

पत्र-पत्रिका-जगत में सम्पादक एक ऐसी महाशक्ति है; जो जब, जिसे चाहे, उसे महान लेखक बना दे; और जिसे न चाहे, उसकी हस्ती मिटा दे। व्याजनिन्दा द्वारा सम्पादक की महिमा का बखान करते हुए कोहली लिखते हैं, "सम्पादक लेखकों के संयुक्त-संघ की महाशक्ति है, वीटो-अधिकार से सम्पन्न।...लेखकों के संसार में सम्पादक किसी भी प्रकार अमरीका से कम नहीं है। बड़े-से-बड़े लेखक की ओर से आँखें मूँद लेना और किसी भी केंचुए को बार-बार छापकर महान लेखक बना देना।"

उधर प्रकाशक का दृष्टिकोण नितान्त व्यावसायिक रहता है। वह अच्छे साहित्य के बजाय अच्छी तरह बिकनेवाले 'साहित्य' को प्राथमिकता देता है। इसी प्रयोजन से वह ऐसे लेखकों की कृतियों पर ज्यादा मेहरबान रहता है, जो लेखक होने के साथ-साथ आला अफसर भी हों और अपने प्रभाव से सरकारी विभागों / पुस्तकालयों में थोक के भाव पुस्तकें बिकवा सकते हों। पुस्तकें बेचने के लिए प्रकाशकों द्वारा और भी कई तरह के हथकंडे अपनाए जाते हैं। छपास के मारे लेखक भी प्रकाशकों की आदतें खराब करते हैं। वे पुस्तक छपवाने के लिए प्रकाशक को पैसा तक देने के लिए तैयार रहते हैं। इन सब बातों से अच्छे लेखक प्रभावित होते हैं और अक्सर मौलिक तथा उत्कृष्ट कृतियाँ प्रकाशन से वंचित रह जाती हैं। लेखकों की रॉयल्टी दबाने या उन्हें तरसा-तरसाकर नगण्य राशि देने में भारी एहसान जताने के लिए तो प्रकाशक-गण कुख्यात हैं ही। प्रकाशकों की इस अँधेरगर्दी की खिल्ली उड़ाते हुए प्रभाकर माचवे ने लिखा है, "हिन्दी में प्रकाशक की / चाँदी-ही-चाँदी है / जब चाहे गांधी / तो गांधी-ही-गांधी है / जब चाहे आँधी / तो आँधी-ही-आँधी है / हर एक प्रतिभा / यहाँ दस्तबस्ता बाँदी है।"[2]

डॉ. कोहली साहित्यकार और साहित्य के साथ प्रकाशकों द्वारा किए जानेवाले इस दुर्व्यवहार के भुक्तभोगी रहे हैं। उनका 'एक पांडुलिपि की यात्रा' लेख उनके और उन जैसे सभी जेनुइन लेखकों के कटु अनुभव की दास्तान है। अन्यत्र भी उन्होंने इस प्रकाशकीय आतंकवाद के परखचे उड़ाए हैं।[3]

किन्तु अपना शोषण करवाने के लिए लेखक स्वयं भी कम जिम्मेदार नहीं। छपने और जल्दी-से-जल्दी महान बन जाने की उनकी ललक उन्हें अनेक प्रकार की बुराइयों की ओर धकेल देती है। वे अच्छा लिखने पर कम, सम्पादकों-प्रकाशकों-राजनीतिज्ञों की

1. आधुनिक लड़की की पीड़ा, पृ. 9
2. धर्मयुग, 8 अप्रैल 1965, पृ. 26
3. त्रासदियाँ, त्रासदियाँ खम्भा-लेखन की, पृ. 98-99 और त्रासदियाँ चिपकने की, पृ. 91-92

चाटुकारिता पर ज्यादा विश्वास करने लगते हैं। आत्म-प्रचार की भूख उन्हें पाखंडों और आडम्बरों में उलझा देती है। लेखकों द्वारा लेखन से ज्यादा इन प्रपंचों पर ध्यान देने, पाठकों को सही दिशा देने के स्थान पर उनकी कथित अभिरुचि से स्वयं ही दिशा प्राप्त कर उनके मनोनुकूल अर्थात् 'बिकाऊ' किस्म का साहित्य रचने और अश्लीलता को 'बोल्डनेस' समझने का परिणाम यह हुआ है कि साहित्य में आज सस्ती और उथली रचनाएँ भी बहुत रची जा रही हैं, जिनमें घूम-फिरकर बात यौन सम्बन्धों और वह भी अनैतिक यौन सम्बन्धों पर आ जाती है। 'आधुनिक लड़की की पीड़ा' में कोहली ने इस तथाकथित आधुनिक साहित्य का स्पष्ट एवं सपाट रूप में दिग्दर्शन कराया है। दहेज की रूढ़ि से ग्रस्त अपनी जाति के पिछड़ेपन का साहित्यिक धरातल पर मुकाबला करने की इच्छा व्यक्त करनेवाली लड़की के प्रति वे करुणा से भर उठते हैं, ''मुझे उसके भोलेपन पर दया आई। कितनी सीधी लड़की है। सोचा, उसे चेता दूँ, 'मुश्किल में पड़ जाएँगी। साहित्य में आधुनिक होना है तो संस्कृति के संकट की बात कीजिए। शब्दों के अर्थहीन हो जाने का नारा लगाइए। बहन-भाइयों के अवैध सम्बन्धों की बात कीजिए। साहित्य में दहेज की बात उठाएँगी तो लोग आपको आधुनिक नहीं मानेंगे।' ''[1] साहित्य में असली मुद्दे उठाने के बजाय ऐसी घटिया और फूहड़ बातों में ही रमने-रमानेवाले लेखक ही अपने यहाँ बुद्धिजीवी कहे-समझे जाते हैं। ऐसे बुद्धिजीवियों पर प्रच्छन्न वैपरीत्य द्वारा तीक्ष्ण प्रहार करते हुए कोहली लिखते हैं, ''आप ठहरे इस देश के बड़े-बड़े बुद्धिजीवी। और बुद्धिजीवी सदैव ही देश-काल से परे रहता है। जो अपनी वास्तविक समस्या की बात करे, वह तो ठहरा बोर और आप जाँघों, नितम्बों और गालों की चर्चा करनेवाले–बुद्धिजीवी !''[2]

साहित्य में गाली-गलौज और अश्लीलता के चित्रण को कोहली ने कठोरतापूर्वक खारिज किया है और 'त्रासदियाँ चिपकने की' रचना में उसकी अत्यन्त कटु शब्दों में भर्त्सना की है। ऐसे लेखन की सूअर के गन्दगी में मुँह मारने से तुलना कर वे अपनी नाराजगी जाहिर करते हैं।[3]

कवियों की लिजलिजी भावुकता, आत्म-रुदन और कल्पना-लोक की उड़ानें भी कोहली के व्यंग्य का विषय बनी हैं। अपने जीवन की त्रासदियों के स्मरण के बहाने वे इस लक्ष्य पर प्रहार करते हुए लिखते हैं, ''इतनी सारी त्रासदियाँ याद कर क्या करूँ–जिनके आँकड़ों से लगने लगे कि मेरा जीवन अपने-आप में एक त्रासदी है; जबकि मैं जानता हूँ कि सत्य यह नहीं है। यदि ऐसा होता तो मैं भी कवियों के समान नारा लगाता–'मैं अपने कन्धों पर अपना सलीब ढो रहा हूँ' या 'मैं अपने कन्धों पर अपनी लाश ढो रहा हूँ'–ढोने को चाहे अपना थैला न ढोया हो।''[4]

---

1. आधुनिक लड़की की पीड़ा, पृ. 126
2. मेरी श्रेष्ठ व्यंग्य-रचनाएँ, हिन्दुस्तानी, पृ. 111
3. त्रासदियाँ, पृ. 80-81
4. वही, मेरे जीवन की नाटकीय त्रासदियाँ, पृ. 27

भाषिक क्लिष्टता और असम्प्रेषणीयता को बड़प्पन की निशानी समझने की प्रवृत्ति पर भी कोहली व्यंग्य-प्रहार करते हैं, "साधारण-सी बात को दुर्बोध भाषा में प्रस्तुत करना अपने-आप ही साहित्य हो जाता है और जो भाषा आपको समझ न आए, वह साहित्यिक भाषा हो जाती है।"[1]

इस प्रकार, साहित्यिक परिवेश की सभी विसंगतियों, विकृतियों और विषमताओं पर कोहली ने प्रखर व्यंग्य किया है। सच तो यह है कि जीवन और जगत की शायद ही कोई व्यंग्यास्पद स्थिति हो, जो उनकी व्यंग्य-दृष्टि से छूट गई हो। आसपास की विसंगतियों और विषमताओं को देखकर झींकने और अपना खून जलाने को व्यंग्यकार के जीवन का लक्ष्य मानते हुए[2] वे उनके कारण बहकने अर्थात् वक्र होने अर्थात् व्यंग्य लिखने को विवश हुए हैं, "बिना बहके व्यंग्य लिखा ही नहीं जाता। बहककर लिखी गई चीज ही व्यंग्य हो पाती है। पर इसका यह मतलब नहीं कि व्यंग्यकार पाठक को बहका देता है। स्वयं चाहे कितना बहक जाए पर पाठक को सीधी लीक पर रखता है।"[3] निस्सन्देह कोहली अपने जीवन के इस लक्ष्य में अत्यन्त सफल हुए हैं। उनके अनुसार, "व्यंग्यकार अधिक बोले-न बोले, दूसरे को छीलना अवश्य आरम्भ कर देता है।"[4] कोहली ने भी विसंगतियों, विकृतियों, विरूपताओं, अन्याय, अत्याचार, वैषम्य, शोषण तथा उनके लिए जिम्मेदार तत्त्वों को इतना छीला है कि, उन्हीं के शब्दों में, उन सबके "कपड़े ढीले हो गए हैं।"[5]

कोहली ने व्यंग्य के लिए सभी प्रकार के साधनों का प्रयोग किया है। उनका शिल्पगत वैविध्य तो देखते ही बनता है। कोहली इस शिल्प-वैविध्य को व्यंग्य के लिए आवश्यक समझते हैं और उसके प्रति सजग नजर आते हैं। इसका कारण बताते हुए वे लिखते हैं, "किसी व्यंग्यकार की कुछ रचनाएँ पढ़कर पाठक उससे पुनरावृत्ति की शिकायत करने लगता है। इस पुनरावृत्ति से बचने के लिए ही लेखक को विधाओं तथा तकनीकों के वैविध्य का सहारा लेना पड़ता है।"[6] अपने इस सोच के चलते कोहली ने व्यंग्य लिखने के लिए निबन्ध, कहानी, एब्सर्ड उपन्यास, फन्तासीय उपन्यास तथा नाटक की विधाओं का सहारा लिया है तो वार्तालाप-शैली, साक्षात्कार-शैली, स्वप्न-शैली, पत्र-शैली आदि विभिन्न शैलियों के अलावा एक ही रचना में समन्वित शैली का प्रयोग भी किया है।

'पाँच एब्सर्ड उपन्यास' कोहली की विशिष्टतम व्यंग्य-कृति है, जिसमें सबसे पहले इसके नाम में प्रयुक्त 'एब्सर्ड' शब्द पर ध्यान जाता है और फिर इसमें संकलित उपन्यासों के रूप-आकार पर, क्योंकि कोई भी उपन्यास बीस पृष्ठों जितना बड़ा भी

1. त्रासदियाँ, मेरे बचपन की त्रासदियाँ, पृ. 41
2. वही, त्रासदियाँ राष्ट्र-प्रेम के दुख की, पृ. 56
3. वही, त्रासदियाँ खम्भा-लेखन की, पृ. 95
4. वही, पृ. 97
5. वही
6. मेरी श्रेष्ठ व्यंग्य-रचनाएँ, अपनी ओर से, पृ. (ग्यारह)

नहीं है। लेकिन उपन्यास बड़ा पृष्ठों की संख्या से नहीं, गठन और चित्रण की समग्रता से बनता है। स्थितियों की एब्सर्डिटी यानी अनर्गलता अथवा बेतुकेपन से प्रकाश में आई और उसे प्रकाश में भी लानेवाली इन कृतियों में व्यंग्य का अनूठा तुक इन्हें वैशिष्ट्य प्रदान करता है और विधा तो यह ऐसी है कि स्वयं कोहली इन पाँच कृतियों के अलावा कोई अन्य कृति इस विधा में अब तक नहीं लिख पाए हैं। इस दृष्टि से यदि कोहली को उपन्यास और व्यंग्य, दोनों ही क्षेत्रों में विकास की एक और कड़ी प्रस्तुत करने का श्रेय दिया जाए तो अनुचित न होगा।

इन सभी ('दि कॉलेज', 'अस्पताल', 'दि लाइफ', 'शफा देनेवाले' और 'मुहल्ला') उपन्यासों को एक-साथ पढ़ने से जो एक सामान्य बात उभरकर आती है, वह है–समाज के विभिन्न क्षेत्रों में, बल्कि सभी क्षेत्रों में बढ़ती हुई अनुत्तरदायित्व की भावना। इन सभी उपन्यासों को एक-साथ रखकर पढ़ने की सार्थकता भी शायद इसी रूप में है, क्योंकि लेखक ने सभी क्षेत्रों में छिपी 'गड्डमड्डता' के मूल में कारण-रूप छिपी इसी भावना को ढूँढ़ निकाला है और हर उपन्यास इस बात का साक्षी है। लेखक की सूक्ष्म दृष्टि समाज के प्रत्येक प्रमुख क्षेत्र के सतही 'हो-हल्ले' में घुसती चली गई है और उसने पूरी ईमानदारी के साथ न केवल बड़े अफसर, प्रोफेसर, डॉक्टर आदि की अपने कर्तव्यों के प्रति फैलती हुई लापरवाही की भावना को चित्रित किया है, बल्कि इसी ईमानदारी के साथ विद्यार्थियों, घर के नौकरों, कंडक्टरों, चपरासियों, क्लर्कों और यहाँ तक कि घर पर रहनेवाली औरतों में जहर की तरह फैली हुई कर्तव्यों के प्रति उदासीनता एवं व्यवहार में अशिष्टता को पूरी तरह उसके सही रूप में प्रस्तुत किया है। और फिर इस 'गड्डमड्डता' को लेखक ने मात्र पर्यवेक्षक के रूप में ही प्रस्तुत नहीं किया है, अपितु उसे स्वयं भी जीकर देखा है। तभी तो वह तड़पकर करारे व्यंग्य करने पर मजबूर हुआ है, ''बच्चा एक बार खूँ करता है और दवा सारी-की-सारी उलट देता है–क्रिमिनल। गरीब देश के बच्चे को क्या अधिकार है कि वह दवा नष्ट करे, जो दूसरे देशों से भीख के रूप में उसके देश को दी गई हो।''[1] इस प्रकार का व्यंग्याधार ही वस्तुतः इन रचनाओं का प्राण भी है। अतः जहाँ-जहाँ लेखक व्यंग्य से उतरकर 'वर्णनकर्ता' रह गया है, वहीं-वहीं रचनाओं के अंश कमजोर पड़ गए हैं। वास्तव में 'एब्सर्ड' आर्ट में शिल्प की दृष्टि से बाह्य 'सुव्यवस्था' खटकती है, इसलिए सपाट वर्णन भी दोष बन जाता है। इसमें एक पूरे परिवेश को उसकी 'अस्तव्यस्तता' में ही उभारना होता है–यद्यपि उसकी नींव व्यंग्य के मजबूत आधार पर टिकी रहती है और वही सर्जक का मौलिक पक्ष होता है। लेखक द्वारा अप्रस्तुत-विधान का आश्रय लिया गया है, लेकिन ऊलजलूल बातों के लिए ऊलजलूल अप्रस्तुत-विधान का अतिशय भी उसकी गरिमा का ह्रास ही करता है। यह दोष कहीं-कहीं इन रचनाओं में झलकता है जो कथ्य को बोझिल बनाकर पचाने में बाधक सिद्ध होता है, यानी ऐसी रचनाओं में सपाटता और ऊलजलूल अप्रस्तुत-विधान की अतिशयता, दोनों ही से लेखक का बचना अपेक्षित होता है। नरेन्द्र

1. पाँच एब्सर्ड उपन्यास, अस्पताल, पृ. 33

कोहली दूसरे दोष के मोह से अधिक ग्रसित प्रतीत होते हैं, तथापि उनका कुल प्रभाव प्रवाह में बहुत अधिक नहीं खलता।

'दि कॉलेज' में लेखक ने विद्यार्थियों के पहनावे से लेकर विचारों के धरातल तक पर उनकी अपरिपक्वता का सफल चित्रण किया है। किस प्रकार प्राध्यापकों के हाथों वे स्वार्थ-सिद्धि का साधन बनते हैं, किस प्रकार प्रेम के सही रूप को न समझे बिना वे–विशेष रूप से छात्र–हास्यास्पद बनते हैं और किस प्रकार वे कर्तव्यों से विमुख हो नाना अनपेक्षित कार्य कर डालते हैं–शिक्षा-क्षेत्र के इस परिवेश का ऐसा जीवन्त चित्रण साहित्य में बहुत कम मिलता है। सबसे जोरदार चित्रण है कॉलेज के प्राध्यापक-वर्ग का और उसमें भी उस वर्ग का, जिसके लिए सही विशेषण 'स्नॉब' ही है। इस प्रसंग को पढ़ते ही विद्यार्थियों के अध्ययन-स्तर के गिरने का कारण समझ में आ जाता है। और यही चीज नजर आती है 'अस्पताल' के परिवेश में, जहाँ के नियम ऐसे हैं, जिन्हें बनानेवाला जरूर कोई दैत्य रहा होगा, जिसे तड़पती, छटपटाती, विवश आत्माओं को देख बेरहमी से अटूट अट्टहास करने में ही मजा आता है। ऊदबिलाव की तरह बैठे चौकीदार के चेहरे पर यही तो नजर आता है। मरते हुए बच्चों के माँ-बाप अन्दर इसलिए नहीं जा सकते क्योंकि उनके पास 'पास' नहीं है और 'पास' अन्दर से ही उपलब्ध हो सकता है। और फिर अन्दर जाने के बाद की समस्याएँ, एप्रोच-भागदौड़, डॉक्टरों-नर्सों की लापरवाही, यहाँ तक कि इनसान के लिए 'दर्द का हद से गुजरना है दवा हो जाना'। सचमुच इस रचना में कथ्य और शिल्प, दोनों दृष्टियों से लेखक की सफलता चरम बिन्दु पर है। इसका एक-एक वाक्य ऊपर से बहुत सरल दिखते हुए भी कहीं गहरे में जाकर इतनी गहरी चुप्पी साध देता है कि अगले ही क्षण तूफान की सम्भावना हो जाती है। यही कारण है कि बच्चों का बाप, डॉक्टर के यह बताने पर कि उसका एक बच्चा मर गया है, खूब हँसता है, "एक मर गया।...दूसरा कब मार रहे हो डॉक्टर?"[1]

आगे अफसरों की 'दि लाइफ' देखने को मिलती है, जहाँ खन्ना साहब और उनकी पत्नी चूँकि खुद काम नहीं कर सकते, अतः नौकर पर निर्भर हैं–बनाम नौकर से परेशान हैं–लेकिन नौकर को 'चन्न उठ बेटे, उठ जा' की आरती गाकर उससे दूध ले आने की प्रार्थना करते हैं। उसके हर आदेश का पालन करते हैं। उसके लिए बिस्तर बिछाते हैं और जाने क्या-क्या, भले ही पीठ-पीछे मिसेज खन्ना उसे गालियों से सुशोभित करती हों। लेकिन कौन परवाह करता है। नौकर उस समय 'आया' से रोमांस की घड़ियाँ माँग रहा होता है। वह उससे इतना प्यार करता है कि मालिक का दूध उसे पिलाता है; यही नहीं, दूधवाले से पानी-मिला दूध देने पर भी इसीलिए झगड़ा करता है; उसे आइसक्रीम खिलाता है; सैर कराता है और प्रेमिका कंडक्टर के खुले मजाक पर खुलकर खिलखिलाती है–आधुनिक मुग्धा। उधर खन्ना साहब दफ्तर से परेशान हैं। डिप्टी सेक्रेटरी एक अजीब-सा केस ले आया है, यद्यपि उसके पास भी वह एक लम्बी यात्रा करने के बाद

1. पाँच एब्सर्ड उपन्यास, अस्पताल, पृ. 26

आया था। खन्ना साहब को कुछ भी न आता-जाता हो, पर इसका मतलब यह तो नहीं कि उनके जूनियर्स उनके समक्ष अजीब-अजीब समस्याएँ रखें। वे खुद सुलझाएँ, चाहे बेतुकेपन से ही क्यों न सुलझाएँ। यह एक ऐसी स्थिति है जो समाज के लिए अत्यन्त घातक है। लेकिन ऐसी लापरवाही को जैसी लापरवाही से इस देश में देखा जाता है, वैसा शायद ही कहीं देखा जाता हो।

अगले उपन्यास 'शफा देनेवाले' में डॉक्टरों, कम्पाउंडरों, दवा बनाने व बेचनेवालों आदि की धाँधलेबाजियों का सफल चित्रण किया गया है। पैसे का मोह किस कदर हमें हमारे नैतिक मूल्यों से गिराता जा रहा है, इसका पर्दाफश इस उपन्यास में हुआ है। एम. बी. बी. एस. डॉक्टर एक बी. एस. सी. पास नवयुवक से इसलिए प्रेम एवं विवाह करना चाहती है, क्योंकि उसका वेतन 'डॉक्टर' से कहीं ज्यादा है।

पृष्ठ-संख्या की दृष्टि से सबसे बड़ा होते हुए भी 'मुहल्ला' ('अस्पताल' के बाद) एक बार फिर पाठक को पूरी तरह रमाने में सफल है। इसमें एक टिपिकल मुहल्ले (जिनकी संख्या इस देश में काफी है) की टिपिकल पत्नियों का मनोविज्ञान प्रस्तुत किया गया है। हमेशा दूसरों के चरित्रों की फिक्र में रहनेवाली ऐसी औरतों के बीच एक बेचारा सीधा-सादा दम्पती किराएदार के रूप में फँस जाता है। खुद एक-दूसरे की मदद करना तो दूर, यदि कोई पुरुष किसी महिला के पास, मदद करने के लिहाज से खड़ा भी नजर आ जाए तो इनका 'कामसूत्र' पढ़ते ही बनता है। भद्दे मजाकों के सिवा इस मुहल्ले में जैसे और कुछ भी नहीं है। सन्देह करने में तो शायद औरंगजेब भी इनसे मात खा जाता।

कुल मिलाकर ये उपन्यास पाठक को निश्चित रूप से प्रभावित करते हैं। ये एक ओर जहाँ शिल्प की दृष्टि से हिन्दी उपन्यास-जगत् को विधा-विकास के रूप में सर्वथा नया वैभव देते हैं, वहीं ऐसे जटिल (ऊपर से सरल लगनेवाले) विषयों की गहराइयों से सबको अवगत कराने में भी सफल हैं।

सोद्देश्य होने में ही व्यंग्य की सार्थकता है और इस दृष्टि से नरेन्द्र कोहली का व्यंग्य-उपन्यास 'आश्रितों का विद्रोह' बहुत महत्त्वपूर्ण है। इसमें कथाकार विचार-क्रान्ति से जुड़ी उस विधायक और सांकेतिक कल्पना को प्रस्तुत करता है, जो आगे चलकर गम्भीर सामाजिक-राजनीतिक क्रान्ति का रूप लेकर निरन्तर गिरते मनोबल की नारकीय स्थिति से जनता का उद्धार करा सकती है। व्यवस्था के नाम पर यहाँ अव्यवस्था का साम्राज्य है और जनता अपने को विवश तथा जड़ महसूस करती स्वराज्य के 'मीठे' फलों को भोगती चली जाती है। सेवकगण संघ बनाकर शक्ति-प्रदर्शन कर रहे हैं। जब चाहे रेल बन्द, बिजली बन्द, डाक बन्द, बस बन्द। और चलें भी तो अपनी मनमानी चाल से। जिन अस्त्रों का प्रयोग कर जनता के सेवक उसकी छाती पर मूँग दल रहे हैं—क्या उन्हीं का प्रयोग उनके विरुद्ध कर जनता उनके कान नहीं ऐंठ सकती ?

कथाकार नरेन्द्र कोहली ने दिल्ली जैसी, महान देश की एक महान राजधानी के नागरिकों की स्वाधीनता की चेतना को पहली बार कथा-माध्यम से जगाया है और

'बहिष्कार' का अस्त्र देकर कतिपय मनमानियों की जोरदार खबर ली है। किसी कम्युनिस्ट, भाजपाई या कांग्रेसी आदि की नहीं, सबसे भिन्न यह एक व्यंग्यकार की योजना है। इसकी आग सर्वथा भिन्न है। बाहर से नहीं, इसकी लपट भीतर से उठती है। उपन्यास पढ़कर लगता है कि अब समय आ गया है कि साहित्यकार का 'तेज' इस रूप में अभिव्यक्त हो। जिस देश के समस्त राजनीतिज्ञ खोखले, नपुंसक और अवसरवादी सिद्ध होकर जनतन्त्र को ले डूबने जैसी स्थिति में दृष्टिगोचर होते हैं, उस देश में साहित्यकार ही कुछ सोचे। जाहिर है कि इस मँजी हुई घाघ राजनीतिज्ञों की जमात के मुकाबले चुनाव के मैदान में उतरकर साहित्यकार कुछ नहीं कर सकता। उनके विरुद्ध आक्रोश, क्षोभ और गालियों की जलती शब्दावलियों की बाण-वर्षा करके भी वह उनका बाल बाँका नहीं कर सकता। कविता में तो जैसे-जैसे भारत का साहित्यकार अपनी अग्नि-जिह्वा से छटपटा-छटपटाकर विशिष्ट लपटें झाड़ता जा रहा है, वैसे-वैसे लगता है, सत्ताधारियों की कुर्सियाँ और पुख्ता होती जा रही हैं। ऐसी स्थिति में निरीह-निष्क्रिय पड़ी जनता की ओर साहित्यकारों का ध्यान जाना चाहिए। उनके बेबस हाथों में कोई कारगर अस्त्र थमाना है। कभी गांधीजी ने बहिष्कार का हथियार उन्हें अंग्रेजी सत्ता के विरुद्ध दिया था और स्वराज्य के बाद मनमानी और भ्रष्टाचार में उसे भी मात कर देनेवाली 'व्यवस्था' के विरुद्ध भी उसी हथियार को प्रतीकात्मक रूप से कोहली ने सामने रखा है। इस डाक, बस, डेयरी और राशनिंग के बहिष्कार को भले ही तर्क द्वारा आत्मसात् नहीं किया जा सकता, पर उसकी अनुभूति में एक विधायक ऊर्जा अवश्य है, जिसका भीतर से विस्फोट अप्रत्याशित प्रभाव सामने ला सकता है। क्रान्तिकारी परिवर्तनों में साहित्यकार की ऐसी रचनात्मक भूमिकाएँ ही अपेक्षित हुआ करती हैं।

उपन्यास की कहानी एक सामान्य दृश्य से शुरू होती है। राजधानी के बस-स्टॉप पर जनता, जिसमें कॉलेज के लड़के-लड़कियाँ भी हैं, बस की लम्बी प्रतीक्षा में घंटों से प्रतीक्षाबद्ध खड़े हैं और कोई सूरत नजर नहीं आती। हँसी-हँसी में कुछ लड़के-लड़कियाँ पैदल चल देते हैं और कॉलेज तक पहुँचते-पहुँचते यह विधिवत् 'बस-बहिष्कार' का जुलूस बन जाता है और प्रबल आन्दोलन के रूप में कॉलेज से फैलकर विश्वविद्यालय और सम्पूर्ण महानगर में फैल जाता है। उन्नीस अध्याय के इस उपन्यास के पूरे चार अध्यायों में विस्तृत उक्त संक्षिप्त घटना की व्यंग्य-बुनावट बहुत पैनी, विदग्ध, कसी, ताजी, मार्मिक, कवित्वमय, धारदार, गम्भीर और सहज है। बसें खाली-खाली दौड़ने लगती हैं और स्वावलम्बी होकर जनता राहत महसूस करती है। बस-बहिष्कार की चिनगारी राशन-व्यवस्था-बहिष्कार, दुग्ध-व्यवस्था-बहिष्कार और डाक-व्यवस्था-बहिष्कार की आग भड़का देती है। संसद में सनसनी फैल जाती है। बस के कंडक्टर-ड्राइवर बैठे झख मार रहे हैं और अपनी मनमानी पर पछता रहे हैं। सबको अब अपनी नौकरी की चिन्ता है। डाकखानेवाले घर-घर पोस्टकार्ड-लिफाफे पहुँचाने लगे हैं। देश के प्रधानमन्त्री का आसन डोल जाता है। यदि सचमुच देश स्वावलम्बी हो गया तो 'सरकार' का क्या होगा ? और शिक्षा-मन्त्री चटपट

प्राइमरी-कक्षा से पाठ्यक्रम में इसी नीति को चालू करा देता है कि "आत्मनिर्भरता सामाजिक दृष्टि से पिछड़ेपन का चिह्न है।...सभ्य वे लोग हैं जो सरकारी सेवाओं पर आश्रित रहते हैं, क्योंकि सरकारी सेवाएँ केवल सभ्य देशों में ही उपलब्ध होती हैं।"[1] दुर्भाग्य से यह सरकारी प्रयोग सफल हो जाता है और कुछ दिनों बाद यथास्थिति हो जाती है।

इस कृति के सन्दर्भ में नरेन्द्र कोहली के व्यंग्य-शिल्प का निखार सरलता से रेखांकित किया जा सकता है। सर्वप्रथम दृष्टि इस तथ्य पर जा टिकती है कि कथाकार ने इस व्यंग्य-कृति में एक दृष्टान्त-पात्र के रूप में हास्य-योजना की है। उपन्यास में आठवें अध्याय में रामलुभाया नामक एक स्वतन्त्र पात्र आया है, जिसके माध्यम से बीच-बीच में वे चुटकुलों की भाँति प्रासंगिक स्वतन्त्र हास्य-कथा-योजना करते गए हैं। इससे उपन्यास पढ़ने में भारी नहीं पड़ता, यद्यपि व्यंग्य में हल्कापन जरूर आ गया है। शिल्प-सम्बन्धी जो दूसरी विशेषता दिखाई पड़ती है, वह है–सघन स्वतन्त्र व्यंग्य-योजना। मुख्य कथा से कुछ हटकर व्यंग्य-निबन्ध का-सा स्वाद उत्पन्न करता कथाकार कुछ मनोरंजक विषय-विस्तार करता है। कृति में अतिरिक्त रोचकता उत्पन्न करनेवाले ये प्रयोग हैं–प्रिंसिपल का थर्मामीटर, पेट्रोनाइज की राजनीति, सापेक्ष दर्शन, बोर होना, कालिदास का विरही पथ, हँसने की कला, धरना-विज्ञान आदि।

कोष्ठक-प्रयोग भी यत्र-तत्र हुआ है, जिससे दुहरे व्यंग्य-प्रभाव की निष्पत्ति होती दिखाई पड़ती है। जैसे "महात्मा गाँधी ने देश के लोगों से ईमानदारी, त्याग और राष्ट्र-प्रेम की माँग की थी (कितना गलत काम किया था) और फलस्वरूप ईमानदारी, त्याग और राष्ट्र-प्रेम देश के बाजारों से गायब हो गया।"[2] ऐसा कोष्ठक-प्रयोग पूरी पुस्तक में स्थान-स्थान पर है। मगर उत्कृष्ट व्यंग्य-कला-कसौटी रूपवादी शिल्प की सफलता में है। कथाकार ने इस कृति में वैज्ञानिक अथवा तकनीकी विषय-सम्बन्धी अप्रस्तुतों की योजना भी की है। इससे मौलिकता और ताजगी का आना तब सम्भव होता है, जब कथाकार पूरी क्षमता से संगति का निर्वाह कर ले जाता है। मोटरकार-संचालन, मोटर-बस का परिवेश, गैस-गुब्बारा और दफ्तर-कार्य से जुड़ी उपमाओं में कोहली की इस सफलता का आस्वादन किया जा सकता है। आलंकारिकता से पृथक् जहाँ संक्षिप्त किन्तु स्पष्ट रेखांकन-प्रवृत्ति है, वहाँ कोहली कम-से-कम शब्दों का प्रयोग करते हैं, जैसे "रेवा चुप रही। वह हर बात पर अपने देश की जनता के समान चुप रहती है : वह भारत-माता है। रम्भा मुस्कुराई-भर : वह एक्सप्रेशनिस्ट है।"[3] इस प्रकार के रेखांकन चेतन, तरुण और कालिया नामक पात्रों के सन्दर्भ में भी दृष्टिगोचर होते हैं।

स्थिति-सूचक मौलिक और विदग्ध आरम्भ जैसे "दूसरे दिन शहर-भर की घड़ियाँ

1. आश्रितों का विद्रोह, पृ. 167
2. वही, पृ. 43
3. वही, पृ. 16

दोपहर के ढाई बजा रही थीं। घड़ियों में गुटबन्दी की बड़ी गन्दी आदत है।"[1] भी कृति में कम नहीं है और इनका शिल्प-सौन्दर्य सर्वथा पृथक है। जहाँ तक एक निर्वाह का प्रश्न है–उपमा, रूपक और सांगरूपक का निर्वाह भली-भाँति हुआ है, यथा "चेतन अपने दफ्तर से ऐसी हालत में लौटा है जैसे रस निकालने की मशीन में पेरे जाने के बाद गन्ना बाहर निकलता है। उसने चाय पी, जैसे कुप्पी से टंकी में पेट्रोल डाला हो; और टाइपराइटर लेकर सन्तों की सहज समाधि में चला गया, उसकी उँगलियाँ की-बोर्ड की माला के मनके फेरती जा रही थीं।"[2] जिन बिम्बों का सृजन कथाकार ने किया है, वे बहुत स्पष्ट हैं। 'एक वृहदाकार डिक्शनरी जैसी महिला' और 'जंगली सूअर के समान सिर झुकाए भागती बस' जैसे प्रयोगों में नूतनता झलकती है और प्रतीकात्मकता, विधायकता, तटस्थता, समग्र प्रभाव, समसामयिक समस्यात्मकता और संयम कोहली के व्यंग्य-विधान में प्रभावक तत्त्व के रूप में विद्यमान दृष्टिगोचर होते हैं। कुल मिलाकर 'आश्रित का विद्रोह' एक श्रेष्ठ व्यंग्य-कृति बन पड़ी है।

'शम्बूक की हत्या' नरेन्द्र कोहली का प्रयोगधर्मी व्यंग्य-नाटक है। व्यंग्य-नाटकों का लेखा-जोखा किया जाए तो एक पूर्णांकी के रूप में 'शम्बूक की हत्या' एक ऐसी रचना है, जिसे खेलकर रंगकर्मी पूर्ण सुख की प्राप्ति कर सकता है बशर्ते व्यंग्य के नाम पर नाटक में फूहड़ हास्यजन्य मनोरंजन की तलाश न की जाए। अन्यथा नाटक में वह सब कुछ है, जिसे देख दर्शक हँस सकता है–एक खिसियाई हँसी; क्योंकि इस हत्या में उसका भी पूरा हाथ है...एक लाश है भविष्य की, जिसे वह भी ढो रहा है, चाहे अनजाने में ही...और इसी नियति को नरेन्द्र कोहली ने नाटक में उजागर किया है।

नरेन्द्र कोहली ने आज की ऐसी अनेक ज्वलन्त समस्याओं, को जिनमें हम घिसटते-घुटते साँस ले रहे हैं, इस नाटक के माध्यम से बहुत बेबाकी से उठाया है। हर ईमानदार भारतीय की परेशानियाँ इसमें समाहित हैं कि कैसे हमारे जीवन को घुन लगता जा रहा है और कैसे कुछ तत्त्व अपने स्वार्थों की पूर्ति हेतु पूरे के पूरे माहौल को गँदला कर रहे हैं। नाटक में व्यंग्यकार ने जहाँ राजनीतिज्ञों पर खूब करारी चोट की है, वहीं समाज के विभिन्न आधारभूत अंगों, जैसे–पुलिस, कर्मचारी, अफसर व अन्य प्रकार के सेवा-कार्यों में लगे लोगों को भी अपना निशाना बनाया है, जो कि अपना उल्लू साधने के उद्देश्य से सत्ताधारी नेताओं और अफसरशाही को खुश रखने के लिए जनसामान्य को एक नई ऊलजलूल परिभाषा देकर जीवन में सत्यं-शिवं-सुन्दरम् को ऐसे आयाम दे रहे हैं कि संस्कृति की महानता मात्र शब्दों में प्रयोग करने की चीज रह गई है।

राम-कथा के एक पात्र को लेकर कोहली ने इस उत्कृष्ट व्यंग्य-नाटक द्वारा आज की सामाजिक, आर्थिक, राजनीतिक और शैक्षिक जगत् की विसंगतियों को उघाड़कर हमारे सामने रख दिया है। रामायण के कुछ अन्य पात्रों की भी आज के सन्दर्भ में बात कराई गई है। नरेन्द्र कोहली के ये प्रयोग नाटक में नाटकोचित नाटकीयता का समावेश

1. आश्रितों का विद्रोह, पृ. 60
2. वही, पृ. 86

करते हैं। प्रसंग दशरथ-विश्वामित्र का हो या राम-परशुराम का–इन पौराणिक पात्रों के मुँह से भी कोहली ने व्यंग्य का सम्यक् निर्वाह कराया है। आधुनिक सन्दर्भों पर आधारित होने के कारण बात दर्शकों-पाठकों के गले भी उतरती है। उदाहरण के लिए पहले प्रसंग में राक्षसों के अन्त के लिए विश्वामित्र महाराजा दशरथ से राम और लक्ष्मण को माँगने आते हैं। दशरथ उनके छोटे होने का बहाना कर भेजना नहीं चाहते, तब विश्वामित्र कहते हैं, 'रहने दे, दशरथ ! तू किसी काम का नहीं ! तू केवल मीठी बातें करता है। वोट ले सकता है और नारे दे सकता है। कर्म तेरे वश का नहीं। तू राक्षसों से नहीं लड़ सकता। अयोध्या में किसी सभा का उद्घाटन कर और भाषण दे कि अगली पंचवर्षीय योजना में दशमलव शून्य-शून्य-एक राक्षस अवश्य मार दिए जाएँगे। लोग आँकड़ों को देखते ही तेरा विश्वास कर लेंगे और लालकिले में तेरा अभिनन्दन करेंगे।''[1]

'शम्बूक की हत्या' लिखकर नरेन्द्र कोहली ने एक नया व्यंग्य-बम ही रंगकर्मियों के सामने रख दिया है, जिसका विस्फोट वे नाटक का मंचन कर सुन कहते हैं। चिनगारियों का अनुभव तो इसे पढ़कर भी किया जा सकता है।

कोहली के वैविध्यपूर्ण व्यंग्य-साहित्य के इस विवेचन-विश्लेषण के आधार पर उनकी वैचारिकता को भली-भाँति हृदयंगम किया जा सकता है। उनका व्यंग्य सामाजिक सच का आईना है, जन-जन की व्यथा-वेदना का दर्पण है। अपने चारों ओर के यथार्थ को कोहली सहज एवं सरल लोक-शैली में व्यक्त करते हुए जन-भाषा की सम्भावनाओं को कुशल अभिव्यक्ति देते हैं। राजनीति-संचालित व्यवस्था की पोल खोलते हुए अवाम के सन्त्रास को वाणी प्रदान करते हैं। राजनीति, धर्म, संस्कृति और सनातन भारतीय दर्शन को आजादी के तथाकथित ठेकेदारों ने किस सीमा तक विकृत किया है, इसका सही रूप कोहली के व्यंग्य में देखा जा सकता है। उनका व्यंग्य मानवता में उनकी अटूट आस्था का परिचायक है। उनकी अटल मान्यता है कि ''मानवता में आस्था के बिना साहित्यकार कैसा ?''[2] मनुष्य उनकी सबसे बड़ी प्राथमिकता है। वे स्पष्ट घोषित करते हैं कि ''इस सृष्टि की सबसे बड़ी ऊर्जा मनुष्य ही है।''[3] मनुष्यों में भी जो दबाए-कुचले और सताए हुए लोग हैं, वे उनकी ममता और सहानुभूति के पात्र पहले हैं। ऐसे लोगों के प्रति अपनी पक्षधरता स्पष्ट करते हुए वे कहते हैं कि ''एक विसंगति बच्चे के व्यवहार में भी होती है और बड़े के व्यवहार में भी। परन्तु हम बच्चे को लक्ष्य नहीं बनाएँगे। उसी प्रकार...जो दलित और शोषित वर्ग है, सर्वहारा है, उनकी विसंगतियों के प्रति करुणा अधिक होती है, क्योंकि वे समर्थ नहीं हैं। ऐसे में कटाक्ष करने के पहले हम सोचेंगे कि क्या वह दोषी है ? यह देखेंगे कि मूल कारण कहाँ हैं ?''[4] उनकी यह मान्यता उन्हें वामपन्थी विचारधारा का पोषक साबित करती

1. आश्रितों का विद्रोह, पृ. 27
2. नेपथ्य, मेरी रचना-प्रक्रिया, पृ. 34
3. त्रासदियाँ, त्रासदियाँ खम्भा-लेखन की, पृ. 96
4. बात तो चुभेगी, सं. सुभाष नाहर, नवम्बर-दिसम्बर 1981, डॉ. नरेन्द्र कोहली से डॉ. प्रेम जनमेजय और डॉ. राजेश कुमार की बातचीत, पृ. 8

है। उनकी दृष्टि में व्यंग्य-लेखक ही नहीं, "हर लेखक को वामपन्थी ही होना चाहिए, क्योंकि जो वर्तमान में है, उससे वह सन्तुष्ट होना नहीं चाहता और वह समाज को आगे बढ़ाना चाहता है। साम्यवाद क्योंकि वर्तमान व्यवस्था को तोड़कर उससे आगे की स्थिति लाना चाहता है, इसलिए वह वामपन्थ हो जाता है यानी वर्तमान से असन्तुष्ट, पुरातन की ओर नहीं लौटना, आगे की तरफ बढ़ना, वामपन्थ यही हो जाता है।"[1] अलबत्ता वे पार्टी-लेखन को, अर्थात् अपनी पार्टी की ओर से विरोधी दलों पर पूर्वाग्रहयुक्त प्रहारक लेखन को इसलिए श्रेयष्कर नहीं समझते क्योंकि उससे रचनात्मकता प्रभावित होती है। उन्हीं के शब्दों में, "जब पूर्वाग्रहयुक्त दृष्टिकोण होता है कि हमको अपने पक्ष की रचना करनी ही है—अच्छा हो या बुरा; जब इस दृष्टि से लिखा जाएगा, तो वह प्रचारात्मक लेखन ही होगा। और अगर आप सचमुच लेखक की तरह यानी राग-द्वेष से मुक्त होकर न्याय-अन्याय की बात सोचनेवाले लेखक की तरह लिख रहे हैं...वह लेखन ही श्रेष्ठ होता है।...पूर्वाग्रहों से मुक्त होकर ही लेखक ठीक से लिखता है। और मैं साम्यवाद की बात यदि बहुत पुरानी शताब्दी में 'बहुजन हिताय बहुजन सुखाय' कहूँ या जिस समय हमारे यहाँ मार्क्सवाद नहीं था, महात्मा बुद्ध का साम्यवाद था। तो लेखक की दृष्टि यह है कि वह अधिक-से-अधिक लोगों के लिए हो। और (चूँकि) मार्क्सवाद भी यही कहता है, अतः वह मानवतावाद का पर्याय हो जाता है। जनवादी का अर्थ ही है कि अधिक जनों के लिए हो।"[2]

फिर भी नरेन्द्र कोहली को साहित्यिक क्षेत्र में विवादास्पद क्यों समझा जाता है ? इतने स्पष्ट शब्दों में मानवतावाद, जनवाद, यहाँ तक कि मार्क्सवाद का भी पक्ष लेनेवाले कोहली दक्षिणपन्थी क्यों समझे जाते हैं ? जो भी पुरस्कार या सम्मान उन्हें मिला है, क्यों उसके पीछे लोगों को किसी-न-किसी रूप में एक प्रतिगामी और दक्षिणपन्थी समझने जानेवाले राजनीतिक दल-विशेष का हाथ दिखाई देता है ?[3] क्यों बहुत से लेखक यह समझते हैं कि कोहली की कोई भी नई कृति छपते ही दल-विशेष द्वारा अपने समर्थकों-अनुयायियों-कार्यकर्ताओं को परिपत्र भेजकर उस पुस्तक को खरीदने का निर्देश जारी कर दिया जाता है ?[4] क्यों उनका इंटरव्यू लेनेवाला हर पत्रकार या लेखक उनसे यह पूछना नहीं भूलता कि आपको दल-विशेष का अनुयायी क्यों समझा जाता है ?[5] क्यों हर बातचीत में उनकी विचारधारा के प्रति आशंका जताई जाती है ?[6]

दरअसल यह आलोचना की उस ठप्पावादी प्रवृत्ति का परिणाम है, जिसके अनुसार

1. बात तो चुभेगी, सं. सुभाष नाहर, नवम्बर-दिसम्बर 1981, डॉ. नरेन्द्र कोहली से डॉ. प्रेम जनमेजय और डॉ. राजेश कुमार की बातचीत, पृ. 19
2. वही, पृ. 19-20
3. वही, अगस्त-सितम्बर 1981, नरेन्द्र कोहली क्यों ? (सम्पादकीय), पृ. 6
4. प्रसिद्ध कथाकार गिरिराज किशोर ने 15 दिसम्बर 1994 को एक मुलाकात में शोधकर्ता से यह बात कही।
5. दैनिक जागरण, 23 अक्तूबर 1994, साप्ताहिक परिशिष्ट, डॉ. नरेन्द्र कोहली से उमेशचन्द्र चतुर्वेदी की बातचीत, पृ. 4
6. वही / बात तो चुभेगी, सं. सुभाष नाहर, नवम्बर-दिसम्बर 1981, डॉ. नरेन्द्र कोहली से डॉ. प्रेम जनमेजय और डॉ. राजेश कुमार की बातचीत, पृ. 18-19

बिना पढ़े भी या बिना पढ़े ही किसी भी लेखक और उसके लेखन पर कोई ठप्पा लगा दिया जाता है और पीछे आनेवाले भी उस ठप्पे को देखकर अपने विचार बनाते हैं, कृतियाँ पढ़कर नहीं। जीवन की विसंगतियों पर व्यंग्य करनेवाले नरेन्द्र कोहली को स्वयं अपने जीवन में ऐसी किसी विसंगति का सामना करना पड़ेगा, उन्होंने कभी सोचा भी न होगा।

कोहली द्वारा राम-कथा पर लिखे गए उपन्यासों (दीक्षा, अवसर, संघर्ष की ओर, युद्ध-1 और युद्ध-2) ने उन्हें और ज्यादा विवादास्पद बनाया। जनसंघियों-भाजपाइयों ने उनके बारे में ऐतराज किया कि "इसने तो हमारी संस्कृति को भ्रष्ट कर दिया है। सीता माता का अपमान किया है। राम को मार्क्सवादी बना दिया है, वह पूँजीवादी रावण से जन-सेना का निर्माण कर संघर्ष करते हैं।"[1] तो मार्क्सवादियों ने आरोप लगाया कि कोहली ने "राम को आर. एस. एस. का सरसंघचालक बना दिया है, जो शाखाएँ लगाता है। उन्होंने राम को जनसंघी बना दिया है।"[2]

इन उपन्यासों की आधार-भूमि में कोहली ने लिखा है कि राम को उन्होंने सामन्ती और पूँजीवादी चेतनाओं के विरुद्ध जनवादी नैतिकता का ध्वजवाहक देखा है। उनके मन के राम ने उन्हें सदा एक जनवादी, समता तथा न्याय पर आधृत चेतना दी है। उपन्यास-शृंखला का अवगाहन करने पर उनका कथन सत्य सिद्ध होता है। नरेन्द्र कोहली के राम संघर्षशील विषमताओं से निर्मित हैं। उनकी रचना आर्थिक और राजनीतिक सम्बन्धों को निर्धारित करनेवाले कारणों से हुई है। उनके चरित्र-निर्माण की परिस्थितियों में इतिहास को अर्थशास्त्र से अलग नहीं रखा गया है। वे लोगों को बताते हैं कि भूमि उन्हीं की होती है, जो उसे जोतते-बोते हैं।[3] खान उन सबकी है, जो उसमें अपना पसीना बहा, खनिज-पदार्थ उत्पन्न करते हैं।[4] वे बार-बार घोषित करते हैं कि धनवानों का संचित धन उनका स्वार्जित नहीं है।[5] धन-संचय पाप से ही सम्भव है।[6] सैकड़ों वानरों के तन से वस्त्र छिनते हैं, तब कहीं एक राक्षस का स्वर्णिम उत्तरीय बनता है। सैकड़ों बच्चों को निराहार रहना पड़ता है, तब कहीं राक्षसों को पकवान उपलब्ध होते हैं। प्रत्येक ग्राम का मुर्तू अपहृत होता है, तब कहीं राक्षसों के बेड़े चलते हैं।[7] बड़े देशों की सम्पन्नता के पीछे कितने ही छोटे देशों की वंचना छिपी होती है।[8] राम जनसामान्य में चेतना भरते हैं और उनका एक-एक कृत्य यह प्रमाणित कर देता है कि जब जनसामान्य का विश्वास जाग उठता है, तो राक्षस उनके समक्ष ठहर नहीं पाते, शत्रुओं की सैनिक टुकड़ियाँ उनके निकट नहीं फटकतीं तथा बड़े-बड़े महारथी सेनापतियों में इतना साहस नहीं होता कि

1. बात तो चुभेगी, सं. सुभाष नाहर, अगस्त-सितम्बर 1981, पृ. 9
2. वही
3. संघर्ष की ओर, पृ. 217
4. वही, पृ. 91
5. वही
6. युद्ध, भाग-2, पृ. 321
7. संघर्ष की ओर, पृ. 131
8. युद्ध, भाग-2, पृ. 90

अपनी सेनाओं को जागरूक जनसामान्य के समक्ष खड़ा कर दें।[1] शोषित और दलित होते हुए भी प्रजा मूलतः कभी कायर या आलसी नहीं होती। हाँ, उचित नेतृत्व का निरन्तर अभाव अवश्य उसे कायर और आलसी ही नहीं, अत्याचार और अन्याय के प्रति सहिष्णु भी बना देता है। उचित नेतृत्व के मिलते ही गीले, ठंडे पड़े पदार्थ में आग लग जाती है, उसका तेज जागृत हो उठता है।[2] राम अपना ऐसा ही नेतृत्व जनसामान्य को देते चलते हैं। उनकी मान्यता है कि जन-क्रान्ति जन-जागृति से ही होती है और उसकी आकांक्षा जनता के भीतर से उत्पन्न होती है। सेना विजय दिला सकती है, क्रान्ति नहीं ला सकती।[3] जन-शक्ति में अटूट आस्था रखनेवाले राम सारे जनपद में घास-फूस के समान चरी जा रही प्रजा के हाथ में शस्त्र देकर उन्हें सैनिक बनाने में सफल होते हैं। रावण की तरह उन्हें घर-घर से बलात् घसीट-घसीटकर लोगों को सैनिक बनाने की जरूरत नहीं पड़ती,[4] वरन् दूर-दूर से आकर लोग स्वेच्छा से उनकी सेना में भर्ती होते हैं। जहाँ-जहाँ सूचना पहुँचती है कि किष्किन्धा में रावण से लड़ने के लिए सेना तैयार हो रही है, वहीं के युवक उठकर किष्किन्धा की ओर चल पड़ते हैं।[5] जागरूकता तथा चैतन्य, भ्रष्ट व्यवस्था के दोष समझनेवाली, अपने श्रम से आजीविका अर्जित करनेवाली यही जनता राम द्वारा दीक्षित होकर अन्ततः रावण के सम्मुख डट जाती है, उसे समाप्त कर समतावादी जन-व्यवस्था की नींव डालती है।

मार्क्स के अनुसार, कला सामाजिक चेतना का विशिष्ट रूप है। कलाकार नए सिरे से संस्कृति का संस्कार करने की कोशिश करता है और उसका यह कार्य यथार्थ को समग्रता में प्रस्तुत करने की प्रक्रिया से होता है।[6] नरेन्द्र कोहली ने राम-कथा को पौराणिक अवधारणा से भिन्न नए तरीके से सुग्राह्य रूप में प्रस्तुत किया है। उनके राम आम आदमी की परिकल्पना से बाहर की चीज नहीं लगते। समस्त चामत्कारिक अन्तर्कथाओं को उन्होंने प्याज की तरह छील-छीलकर पृथक् करते हुए मानवीय अनुभव-जगत् के भीतर की वस्तु बना दिया है। साहित्य में सामाजिक यथार्थ और सामाजिक सम्बन्धों की समग्रता, जनता के सामाजिक संघर्ष और इतिहास-प्रक्रिया की दिशा का चित्रण कर रचनाकार जनता का यथार्थ-बोध विकसित करता है, जिससे जनता की चेतना तीव्र और जागरित होती है। चेतना के जागरण का अर्थ है अपनी सामाजिकता और मानवीयता का बोध, और जागृत सामाजिक चेतना ही आगामी परिवर्तनकारी चेतना बनती है। इस दृष्टि से नरेन्द्र कोहली के ये उपन्यास प्रगतिशील नीतियों का जनाजा नहीं निकालते, जैसा कि कुछ लोगों का विचार है, वरन् उनकी सार्थकता और उपयोगिता सिद्ध कर उनमें आस्था ही जगाते हैं। उनके व्यंग्य-साहित्य के सम्बन्ध में भी यही सत्य है।

1. संघर्ष की ओर, पृ. 242
2. दीक्षा, पृ. 78
3. अवसर, पृ. 78
4. युद्ध, भाग-2, पृ. 343
5. वही, पृ. 126
6. मार्क्स और एंगेल्स के सौन्दर्यशास्त्रीय विचार, डॉ. स्तेफान मोरावसकी, आलोचना, नवांक 15, पृ. 5

9
अन्य व्यंग्यकारों की व्यंग्य-दृष्टि

पाँच प्रतिनिधि व्यंग्यकारों के व्यंग्य-लेखन के विस्तृत विवेचन-विश्लेषण के बाद यहाँ अन्य व्यंग्यकारों के व्यंग्य-कर्म का संक्षिप्त जायजा लेना विषय को पूरी तरह हृदयंगम करने में सहायक सिद्ध होगा। इस दृष्टि से सबसे पहला नाम **राधाकृष्ण** का आता है, जिन्होंने पाँच सौ से अधिक हास्य-कथाएँ और एक सौ से अधिक व्यंग्य-रचनाएँ लिखीं, जिनमें से कुछ 'रामलीला', 'फुटपाथ', 'बोगस' आदि संकलनों में संकलित हुईं। उनका एक व्यंग्य-उपन्यास 'सनसनाते सपने' भी देखने में आता है, जिसमें काल्पनिक यात्रा के बहाने साहित्य और समाज के विविध विद्रूपों पर प्रहार किया गया है।

1930 से ही हास्य-लेखन के क्षेत्र में सक्रिय राधाकृष्ण ने 'घोस-बोस-बनर्जी-चटर्जी' के नाम से विपुल सृजन किया था। 1969 से वे व्यंग्यकार की भूमिका में आ गए और अपने अन्तिम दिन, 3 फरवरी 1979 तक इसी भूमिका में रहे। यह हिन्दी-व्यंग्य-साहित्य का दुर्भाग्य है कि विभिन्न पत्र-पत्रिकाओं में बिखरे उनके व्यंग्य-लेखन का अब तक पूर्णतया समाकलन नहीं हो सका है। लेकिन, उनकी व्यंग्य-सम्पदा से गुजरने पर लगातार अनुभव होता है कि रस और कला की दृष्टि से स्तरीय हास्य प्रस्तुत करनेवाली उनकी लेखनी जब व्यंग्य की तलवार बनी है, तो पूरी धारदार आन-बान के साथ। आलोचकों ने राधाकृष्ण की लेखनी की तुलना टेलर-मास्टर की कैंची से की है, जो बिना रुके छट-छट चलती जाती है और एक तराश में पूरा डिजाइन निकाल लेती है। व्यंग्यकार के रूप में उनकी प्रतिभा अनुभव की धूप में पकी हुई थी और बेधक क्षमता से सम्पन्न थी। इसी कारण उनकी रचनाएँ वर्तमान का प्राणवान चित्र उपस्थित करती हैं, साधारण से साधारण वर्णन में भी कलात्मक उत्कर्ष उभारती हैं। राधाकृष्ण के सामने अपने पाठकों के समक्ष परिवेश के उन स्खलनों की वास्तविकता उभारने का संकल्प था, जिनकी वजह से विसंगतियाँ प्रगाढ़तर होती जाती हैं। इस लक्ष्य की सिद्धि के लिए उन्होंने एक ओर यथार्थ का यथातथ्य आलेखन किया है, तो दूसरी ओर प्रतीकों के माध्यम से अपनी चिन्ता को अभिव्यक्ति दी है। लालफीताशाही, उठती हुई कीमतों,

मामूली लोगों के टूटते सपनों और शोषक शक्तियों के दम्भों को निकट से परखनेवाले इस व्यंग्यकार ने मुर्गियों और लोमड़ियों की फैंटेसी द्वारा भी अपनी बात कही है। लेकिन, जहाँ राधाकृष्ण पुराकल्पना को वर्तमान के साथ जोड़ देते हैं, वहाँ व्यंग्य की प्रखर योजना पूरे सामर्थ्य के साथ प्रकट हुई है। 'अनुत्तर योगक्षेम की पर्येषणा', 'कुम्भकर्ण की गोलियाँ', 'क्षेपक' जैसी उनकी रचनाएँ पुरानी कथाओं को नवीन व्यंग्य-सन्दर्भ प्रदान करती हैं। उनका सिद्धार्थ सोई हुई पत्नी को छोड़कर वहाँ चला जाता है, जहाँ आलाकमान बैठकर अपने प्रियजनों के बीच टिकट-वितरण करता है। उनका कुम्भकर्ण उन्हीं गोलियों का अभ्यासी है, जिन्हें खाकर आजकल होनहारगण नशे में मदमस्त सोए रहते हैं। उनके राम का चिन्तन एकदम गांधीवादी है, "इतनी खून-खराबी और शोर-शराबे की जरूरत क्या है ? रावण का हृदय-परिवर्तन कर दिया जाए तो सब-कुछ ठीक हो जाएगा। हृदय-परिवर्तन होने पर वह आप ही समझ जाएगा कि उसने बुरा काम किया है। तब उसे पश्चात्ताप होगा और वह आप ही सीता को लेकर पहुँच जाएगा और क्षमा माँग लेगा।"[1]

इसी तरह राधाकृष्ण ने यक्ष के नाम अलकापुरी की विरहाकुल यक्षिणी का सन्देश भी नए अन्दाज में पेश किया है।

पुरातन का नवीन व्यंग्य-गर्भ संस्करण प्रस्तुत करनेवाले राधाकृष्ण ने साहित्य और समाज में मौजूद होने और दिखने के अन्तर को पहचाना है। राधाकृष्ण ने अपने आसपास व्याप्त अभावों को, समस्याओं को व्यंग्यकार की निगाह से देखा है। उनकी 'एक सड़ी हुई बिल्ली' रचना लालफीताशाही पर तीखा व्यंग्य है। 'एक गांधीवादी बैल की कथा' में उनकी करुण व्यंग्य-दृष्टि मनुष्यों द्वारा पशुओं पर किए जानेवाले अत्याचार और उनके शोषण पर केन्द्रित हुई है।

व्यंग्य-विधा को राधाकृष्ण का अवदान एक प्रौढ़ लेखनी का सहारा है, व्यंग्य-भाषा को उनकी रचनाधर्मिता एक अनुभवी दिशा देती है। राधाकृष्ण का कथ्य आक्रोश एवं ईमानदार ठिठोली का सुघड़ समन्वय है। उनका व्यंग्य-लेखन परिवर्तन और प्रहार की विभिन्न मुद्राओं का अलबम है। अफसोस यही है कि उस अलबम में राधाकृष्ण का कैमरा अब कोई नई तस्वीर नहीं जोड़ सकेगा।

राधाकृष्ण के बाद **केशवचन्द्र वर्मा** एक ऐसे व्यंग्य-लेखक के रूप में चर्चित रहे हैं, जिनकी किस्सागोई और वातावरण की परख का मिश्रण अत्यन्त सुसंगठित है। अपने व्यंग्य-लेखन द्वारा केशवचन्द्र वर्मा ने सामाजिक एवं साहित्यिक चुनौतियों का सामना किया है। परिवेश की पड़ताल का सूक्ष्म विवेक व्यंग्यकार में है, तभी वह भारतीय संस्कृति में लातों की परम्परा से लेकर पलाश के फूल और खजुराहो तक में युग-सत्य को प्रस्तुत करने में समर्थ है। व्यंग्य की जिस झागदार धारा का उपस्थापन केशवचन्द्र वर्मा ने किया है, वह कहीं दफ्तरों में स्थापित काले डिब्बों की चरखी को छूती है तो कहीं साहित्य के मन्दराचल को आप्लावित करती है। 'लोमड़ी का मांस', 'प्यासा और

1. सारिका, फरवरी 1970, पृ. 26

बेपानी के लोग', 'मुर्ग-छाप हीरो', 'अफलातूनों का शहर', 'वृहन्नला का वक्तव्य', 'हड़ताली बाबू' जैसे व्यंग्य-संकलनों में व्यंग्यकार केशवचन्द्र वर्मा की कथासम्भवता पूरे सौष्ठव के साथ उभरी है। कतिपय विदेशी व्यंग्य-रचनाओं का भावानुवाद भी उन्होंने 'गधे की बात' में किया है और समकालीन हास्य-व्यंग्य-लेखन का एक समर्थ संकलन 'आधुनिक हिन्दी हास्य-व्यंग्य' भी सम्पादित किया है। 'काठ का उल्लू और कबूतर' और 'आँसू की मशीन' नामक दो व्यंग्य-उपन्यास भी उन्होंने लिखे हैं। इनमें से पहला उपन्यास प्राचीन लोककथात्मक शैली में लिखा गया है। कबूतर और काठ का उल्लू आराम से रात काटने के लिए एक-दूसरे को देखी-सुनी आठ कहानियाँ सुनाते हैं, जिनमें चुनाव, मौखिक देशभक्ति, अनैतिकता, व्यभिचार आदि पर यथावसर कटाक्ष किए गए हैं। दूसरा उपन्यास भी शोषित समाज की बेबसी का विनोदी चित्र है।

व्यंग्य के क्षेत्र को सम्भावनाओं से बोझिल माननेवाले इस व्यंग्यकार को धीरे-धीरे ऐसा अनुभव होने लगा कि यह शास्त्रचर्या प्रभावहीन है। वातावरण इतना विसंगत हो गया है कि अब इस पर व्यंग्य कोई असर नहीं कर रहा है। केशवचन्द्र वर्मा की चिन्ता यह है कि विद्रूपताओं की ईमानदार प्रस्तुति के लिए यत्नशील व्यंग्यकार के रचना-संघर्ष के समानान्तर उसके प्रहारों को निर्मूल कर डालने की सुनियोजित साजिशें विद्यमान हैं। 'वृहन्नला का वक्तव्य' की भूमिका में उनकी यह चिन्ता सामने आई है, "शब्दों के कुम्भ-मेले में इतने तीर्थयात्री शब्द और निरर्थकता की महिमा से मंडित इस भीड़ का तामझाम रचने के लिए उसे नियोजित रूप से एक रास्ते से घुसाने और दूसरे से साफ बचाकर निकाल ले जाने के लिए चारों ओर 'सुप्रबन्ध' कितना तत्पर !"[1]

इस सच्चाई के बावजूद केशवचन्द्र वर्मा की धारणा है कि मौजूदा परिवेश में यदि कोई व्यंग्य न करें तो पागलखाने में नजर आएगा या सारी जिन्दगी एंग्रीमैन बनकर घूमता रह जाएगा।[2] इसी वैचारिकता के तहत उनका व्यंग्य-साहित्य नव्य विकृतियों का सजग अभिव्यंजक है, कालकूट से बोझिल परिवेश का दर्पण है। प्रेम और राजनीति, साहित्य और रिश्वतखोरी, खोखली नैतिकता और लुप्त होती संस्कृति के विविध उपांगों को केशवचन्द्र वर्मा ने आलम्बन बनाया है। डॉ. शेरजंग गर्ग के अनुसार, "केशवचन्द्र वर्मा की व्यंग्य-कथाओं में विसंगतियों को चुटकियों में उड़ाने का भाव नहीं है, अपितु विसंगतियों को छीलकर सार्थक और सही संगतियों की दिशा में कुछ करना ही उनका अभीष्ट है।"[3] जिस सावधानता के साथ व्यंग्यकार ने स्वाधीनता के बाद की राजनीतिक-सामाजिक तिकड़म को व्यंग्य का लक्ष्य बनाया है, उससे भी अधिक सतर्कतापूर्वक साहित्यिक परिवेश की खामियों का मूल्यांकन किया है। इस इलाके के तमाम छलों को केशवचन्द्र वर्मा ने निकट से देखा है, तभी बारामासी पढ़नेवाली उनकी

1. वृहन्नला का वक्तव्य, एक परेड और
2. वही
3. व्यंग्य के मूलभूत प्रश्न, पृ. 152

नायिका कहती है, "देखो, अप्रैल से नया माली साल शुरू हो गया। सब अपनी-अपनी संस्थाओं के लिए अनुदान लेकर भागे जा रहे हैं। पिया, तुम्हारी जेब में भी तो न जाने कितनी संस्थाएँ रहा करती थीं।"[1]

व्यंग्यकार ने कालिदास को भूगोलशास्त्री और मीरा को प्रगतिशील ही नहीं सिद्ध किया है, बल्कि साहित्य की चर्चा धन्धे की रूप में की है। उसकी अवधारणा है, "भारतवर्ष कृषि और साहित्य-प्रधान देश है। यही दो चीजें यहाँ की खास उपज रही हैं। कृषि में मेड़बन्दी और डौलबन्दी का जो स्थान है, साहित्य में दलबन्दी का भी वही स्थान है। अनेक कवियों की तुलना भी इसीलिए किसान से की गई है।"[2]

साहित्यिक व्यंग्यों के परिसर में व्यापक चहलकदमी करने के कारण केशवचन्द्र वर्मा ने कलात्मक सौष्ठव से अपने लेखन को सँवारा है। नवीन शब्दों के सृजन से लेकर लोकोक्तियों और विशेषणों के नव्य विन्यास तक में रुचि लेनेवाली व्यंग्य-भाषा का स्वीकार उनके व्यंग्यों में है। जटिल जीवन-सन्दर्भों को साहित्य और समाज के धरातल पर नया अर्थबोध देनेवाला व्यंग्य केशवचन्द्र वर्मा ने रचा है। जीवन की सारी कुरूपताओं को पहचानने का दावा तो ये रचनाएँ नहीं करतीं, लेकिन परम्पराओं और रूढ़ियों से उबरती नई जिन्दगी के निर्माण का संकल्प इनमें अवश्य है। अनकही को कहनेवाले रचनात्मक उद्देश्य के साथ केशवचन्द्र वर्मा ने कथनी और करनी के अन्तराल को पाटने की रसात्मक कोशिश अपने व्यंग्य-लेखन द्वारा की है।

बुजुर्ग व्यंग्यकारों में **डॉ. बरसानेलाल चतुर्वेदी** की चर्चा इसलिए भी समीचीन है कि वे हिन्दी में हास्य और व्यंग्य के पहले 'डॉक्टर' रहे हैं। प्रारम्भ में उन्होंने हास्य-निबन्धों और हास्य-कथाओं के क्षेत्र में ही अपनी प्रतिभा का उपयोग किया, किन्तु अनुभव की तल्खियों ने उन्हें व्यंग्य की ओर प्रवृत्त किया। हास्य का दामन अलबत्ता उन्होंने फिर भी नहीं छोड़ा। 'भोला पंडित की बैठक', 'नेता और अभिनेता', 'टालू मिक्सचर', 'मेरी श्रेष्ठ व्यंग्य-रचनाएँ', 'चमचागिरी', 'मुसीबत है', 'नेताओं की नुमाइश', 'हँसी के इंजेक्शन' जैसे संकलनों और 'मन्त्रीजी के निजी सचिव की डायरी' नामक व्यंग्य-उपन्यास में एकत्र उनकी व्यंग्य-चेतना सूचना देती है कि किस तेजी के साथ उनकी व्यंग्य-दृष्टि में निखार आया है। डॉ. हरीश नवल के अनुसार "अपनी इन व्यंग्य-रचनाओं के द्वारा चतुर्वेदीजी ने समाज के विविध पक्षों पर मार्मिक चोट कर मार्मिक सत्य उद्घाटित किए हैं। शायद ही कोई ऐसा कोना हो, जहाँ चतुर्वेदीजी की नजर न गई हो।"[3]

राजनीति और समाज, साहित्य और शिक्षा, सभी क्षेत्रों की असंगतियों पर डॉ. बरसानेलाल चतुर्वेदी ने सोद्देश्य व्यंग्य किया है। उन्होंने इंगित किया है कि चरित्र नाम की वस्तु लापता है और तस्करी-कला का भविष्य बहुत भास्वर है। परीक्षा के

1. अफलातूनों का शहर, एक परिदुमवाला बारामासा, पृ. 20
2. वही, केशवचन्द्र वर्मा से एक भेंट (भेंटकर्ता केशवचन्द्र वर्मा), पृ. 126-27
3. डॉ. बरसानेलाल चतुर्वेदी अभिनन्दन ग्रन्थ, सं. डॉ. प्रकाश चतुर्वेदी, पृ. 152

आधुनिक मौसम का व्यंग्यात्मक चित्रण करते हुए उन्होंने लिखा है, "निरीक्षकों के पिटने का मौसम आ गया है। चिटें चलाने की बहार आ रही है। नकल कराने तथा करने की घड़ियाँ आ रही हैं। प्रेमिकाओं की परीक्षा में मदद करके उनके हृदय पर सीमेंट का प्लास्टर करने के सुनहरे मौके आ रहे हैं। माइक्रोफोन से उत्तर लिखाकर सर्वोदयी भावना की अभिव्यक्ति करने की शुभ घड़ी आ गई है।"[1]

डॉ. बरसानेलाल चतुर्वेदी का व्यंग्य-लेखन हँसाता है और विसंगतियों के प्रति सचेत भी करता है। इसके विपरीत **डॉ. इन्द्रनाथ मदान** की व्यंग्य-रचनाएँ निबन्धात्मक छवि के परिपार्श्व से सजग आत्मीयता का परिचय देती हैं। 'सुगम और शास्त्रीय संगीत', 'कुछ उथले कुछ गहरे', 'रानी और कानी', 'बहानेबाजी', 'भानुमती का पिटारा' जैसे संकलनों में डॉ. मदान की ऐसी ही व्यंग्य-रचनाएँ एकत्र हैं, जिनमें वैयक्तिक अनुभवों के आधार पर परिवेश की पर्तों का उद्घाटन किया गया है। उन पर मोहन राकेश की कुछ रचनाओं की नकल करने का आरोप अलबत्ता लगा है।

इसी पीढ़ी के **डॉ. संसारचन्द्र** को व्यंग्यकारों की जमात में शामिल करने में उनकी तमाम रचनाओं की निबन्धमय कौंध बाधक बनती है। डॉ. संसारचन्द्र ने निबन्ध के शिल्प का सुगठित विकास उन सारी व्यंग्य-रचनाओं में किया है, जिनका संग्रह 'सटक सीताराम', 'सोने के दाँत, 'अपनी डाली के काँटे', 'बातें ये झूठी हैं' और 'गंगा जब उल्टी बहे' में हुआ है। डॉ. चन्द्रशेखर ने डॉ. संसारचन्द्र के लेखन में व्यंग्य के रूपों में वैविध्य लक्षित किया है, "उनका व्यंग्य-विधान अपने महत्त्वपूर्ण अधिकांश में विशुद्ध सृजन- प्रक्रिया की अनुस्यूति है, उसमें अपेक्षित एवं सन्तुलित आवेश की चेतना है।"[2] डॉ. संसारचन्द्र का व्यंग्य अनिर्मम होते हुए भी घातक है और अनीतियों पर पैना प्रहार करता है।

पुरानी पीढ़ी के व्यंग्यकारों में **अमृतराय** की लेखनी का स्वाद ऐसा है कि जिसे एक बार लग गया तो लग गया। व्यंग्य के धरातल पर अचूक भाषा और स्वाभाविक सर्वेक्षण की क्षमता का परिचय अमृतराय ने 'रम्या', 'आनन्दम्', 'मेरी श्रेष्ठ व्यंग्य-रचनाएँ', 'विजिट इंडिया' आदि में एकत्र अपने व्यंग्य-लेखन में दिया है। व्यंग्यकार ने ऐसे व्यंग्य का सृजन किया है, जो क्षोभ या क्रोध को जगाकर संघर्ष करने का समाजधर्मी वैभव प्रदान करता है। रेलवे-प्लेटफॉर्म का चित्रण करते हुए अमृतराय ने लिखा है, "हिन्दुस्तान का सच्चा इमोनेशन इंटीग्रेशन यहीं रेलवई के प्लेटफार्म पर होता है जहाँ सही मानों में हिन्दू, मुस्लिम, सिख, ईसाई हैं सब भाई-भाई—सब एक ही नाव के यात्री, सब एक-से हारे-थके झुंझलाए हुए और परेशान। मगर खुश। और ऐसे खुश कि क्या कहना। किसी के माथे पर शिकन नहीं। यही हमारी भारतीय प्रतिभा का चमत्कार है, जिसके चलते अब तक दुनिया में हमारा नाम-ओ-निशाँ बाकी है।"[3]

1. भोला पंडित की बैठक, पृ. 31
2. डॉ. संसारचन्द्र के हास्यव्यंग्यात्मक निबन्ध, पृ. 115
3. विजिट इंडिया, पृ. 14

शुद्ध व्यंग्य की सामग्री के रूप में कथ्य का ऐसा ही इस्तेमाल **रामनारायण उपाध्याय** ने भी किया है। मीठी मार करने में सक्षम उनकी व्यंग्य-रचनाएँ कई संकलनों में एकत्र हैं, यथा 'अमीर और गरीब पुस्तकें', 'धुँधले काँच की दीवार', 'सुख के नाम पाती', 'बख्शीशनामा' और 'नाक का सवाल'। सामयिक प्रवृत्तियों और स्खलनों पर निर्व्याज व्यंग्य रामनारायण उपाध्याय ने किया है।

वरिष्ठ पीढ़ी के व्यंग्यकारों में **श्रीबाल पांडेय** को भी गिनना पड़ेगा, क्योंकि एक लम्बे अरसे से पत्रकारिता के फलक पर व्यंग्य का विस्तार वे करते रहे हैं। 'जब मैंने मूँछ रखी', 'जुम्मन मियाँ का कहना है', 'तीसरा कोना', 'माफ कीजिए हुजूर', 'साहब का अर्दली' आदि उनके संकलनों में व्यंग्य का स्तम्भ-चरित्र उभरा है। श्रीबाल पांडेय का स्तम्भ-लेखन परसाई जैसा धारदार नहीं है, अपितु उसमें रवीन्द्रनाथ त्यागी की पर्यटन-प्रतिभा और के.पी. सक्सेना की चुटीली भाषा की झलक है। जैसे, "हम भी मर्माहत हैं, तो हमारे मर्माहत होने का भी कारण है। कारण न भी होता तो भी हम मर्माहत होते। वैसे आहत कई प्रकार के होते हैं मसलन कीर्तिआहत, प्रेमाहत, हताहत, अर्थाहत आदि।"[1]

श्रीबाल पांडेय की ही तरह **डॉ. सुदर्शन मजीठिया** ने भी हास्य-निबन्धों की जमीन पर व्यंग्य-लेखन का प्रारम्भ किया। 'इंडीकेट बनाम सिंडीकेट', 'मुख्यमन्त्री का डंडा', 'कुछ इधर की कुछ उधर की', 'टेलीफोन की घंटी से', 'मेरी श्रेष्ठ व्यंग्य-रचनाएँ', 'डिस्को कल्चर' आदि व्यंग्य-संकलनों और 'कागजी सुल्तान' नामक उपन्यास में डॉ. मजीठिया ने शिक्षा और संस्कृति, समाज और राजनीति के क्षेत्र में फैली अराजकता का उद्घाटन किया है।

जनता के लिए भ्रष्ट और अकर्मण्य साबित होनेवाली नौकरशाही का पाला जब सत्ताधारियों से पड़ता है, तो उसकी सूझ-बूझ, कार्यकुशलता, सरगर्मी और तत्परता किस प्रकार अपनी चरम सीमा पर पहुँच जाती है, मजीठिया ने अपने व्यंग्य-वृत्तान्त 'मुख्यमन्त्री का डंडा' में इसका अति रोचक शैली में चित्रण किया है। मुख्यमन्त्री का डंडा जो चन्दन की लकड़ी का बना था और जिसमें चाँदी की मूठ लगी हुई थी, उनके व्यक्तित्व का अभिन्न अंग था। वही डंडा जब वे अपने चुनाव-क्षेत्र में भाषण दे रहे थे, तो चोरी हो गया। मजीठिया के शब्दों में, "डंडा क्या चोरी हुआ मानो मन्त्रीजी का भव्य व्यक्तित्व ही चोरी हो गया।"[2] मुख्यमन्त्री के डंडे की खोज का अभियान जोर-शोर से आरम्भ होता है। नौकरशाही की रातों की नींद और दिन का चैन हराम हो जाता है। किन्तु डंडे का कहीं अता-पता नहीं मिलता। एक ही प्रश्न बार-बार उभरता है, क्या किया जाए ? अब नौकरशाही की कार्यकुशलता और बुद्धि-चातुर्य का अध्याय आरम्भ होता है। व्यंग्यकार चुटकियाँ भरते हुए उसकी धूर्तता का चित्रण करता है, "मन्त्रीजी की पार्टी के सेक्रेटरी ने डी. एस. पी. से मिलकर एक प्लान बनाया। पार्टी के मन्त्रीजी ने सुझाया, क्यों न

1. तीसरा कोना, पृ. 146
2. मुख्यमन्त्री का डंडा, पृ. 84

अपनी ओर से एक डंडा तैयार कर भिजवा दिया जाए ? प्रश्न उठा खर्च का, तो यह तय कर लिया कि अभी अपनी जेब से खर्च कर लिया जाए। बाद को किसी-न-किसी सरकारी योजना में एडजस्ट कर लिया जाएगा।"[1]

बम्बई से 522 रुपए 60 नए पैसे में (उस जमाने में) डंडा बनकर आया। आई. जी. ने डंडा मुख्यमन्त्री को दे दिया, साथ ही चोर को गिरफ्तार करने की सूचना भी दे दी। मुख्यमन्त्री जान गए कि डंडा उनका नहीं है, किन्तु कीमती और सुन्दर होने के कारण उन्होंने उसे रख लिया। खोजियों को मैडल बँटे। तथाकथित डंडाचोर को जेल में रहने के लिए पाँच रुपए रोज का भत्ता मिला। सब प्रसन्न थे। डंडे के खोजी प्रसन्न थे कि उन्होंने मुख्यमन्त्री को चराया, मुख्यमन्त्री प्रसन्न थे कि उन्होंने डंडे के खोजियों को चराया। डंडे की खोज पर सरकारी तौर से 2,765 रुपए आठ आने और गैर-सरकारी तौर से 2,345 रुपए आठ पैसे खर्च दिखाए गए।[2] व्यंग्यकार ने सम्पूर्ण भ्रष्ट राजनीतिक तन्त्र की कुरूपता को उजागर करते हुए सशक्त एवं साकार व्यंग्य-योजना की है।

भारतीय राजकीय सेवाओं में भ्रष्टाचार का बोलबाला है। सुदर्शन मजीठिया ने शहरों से गाँवों तक में फैले भ्रष्टाचार का यथार्थ खाका खींचते हुए 'कुआँ डूब गया' में बड़ा सशक्त व्यंग्य किया है। धनी किसान कुआँ खोदने के लिए सरकार से कर्ज लेता है। इन लक्ष्मीपतियों को कर्ज मिल जाता है और कुआँ सरकारी कर्मचारियों की कृपा-दृष्टि से कागज पर खुद जाता है और साथ ही डूब भी जाता है, "ये किसान अब सरकारी पैसा हजम करना सीख गए हैं। पुलिस और पटवारी इनकी माँ हैं। प्रजातन्त्र ने इन सबकी गरदन को मोटा कर दिया है। इन्कम टैक्स से बचने के लिए कितने ही लक्ष्मीपतियों को गाँव से प्रेम उत्पन्न हुआ है। इन लक्ष्मीपतियों के कुएँ नहीं डूबते क्योंकि पहले से ही इन्हें इतना लोन मिलता है कि कुआँ भी खुद जाता है और सरकारी देवताओं को घूस भी दी जा सकती है। कितनों के कुएँ डूबे। कितनों की किस्मत डूबी। समय तेजी से बदल रहा है, अब जमाना मॉडर्न है।"[3]

धार्मिक विकृतियों पर भी मजीठिया ने आलोचना द्वारा व्यंग्य की संरचना करते हुए गहरा कटाक्ष किया है। बड़े-बड़े सन्त, महात्मा, मठाधीश व बाबा लोग अपने प्रचार के लिए एजेंटों को पालते हैं। ये एजेंट उनका प्रचार एवं प्रोपेगेंडा करते हैं। मजीठिया इस पर प्रहार करते हुए लिखते हैं, "भगवान के जितने एजेंट हमारे देश में हैं, उतने किसी भी देश में नहीं। उनकी साधना का आर्थिक महत्त्व है। यदि संसार से राम नाम को हटा दिया जाए, तो ये सब राम की बहुरिया बननेवाले एम्प्लायमेंट-एक्सचेंज में नाम लिखवाएँगे। भगवान के नाम से ही कितने लोगों को नौकरी मिली हुई है। भारत में भगवान के नाम का आर्थिक महत्त्व है।"[4]

1. मुख्यमन्त्री का डंडा, पृ. 95
2. वही
3. कुछ इधर की कुछ उधर की, पृ. 51
4. वही, भारत की प्रगति पर एक व्याख्यान, पृ. 46

शंकर पुणताम्बेकर इस दौर के एक अन्य उल्लेखनीय व्यंग्यकार हैं। हिन्दी-व्यंग्य-लेखन के क्षेत्र में डॉ. पुणताम्बेकर का प्रवेश 'सरिता' के मई 1957 के अंक में प्रकाशित रचना 'तमाचा' से हुआ। चार दशक से भी ज्यादा की इस अवधि में व्यंग्य उनकी कलम से बराबर बहा है। 'रेडीमेड कपड़े', 'श्रेष्ठ लघु कथाएँ', 'कैक्टस के काँटे', 'प्रेम-विवाह', 'विजिट यमराज की', 'अंगूर खट्टे नहीं हैं', 'गुलेल', 'बदनामचा', 'व्यंग्य अमरकोश' आदि व्यंग्य-संकलनों और 'एक मन्त्री स्वर्गलोक में' नामक व्यंग्य-उपन्यास में पुणताम्बेकर ने घर और परिवार, समाज और राजनीति, शिक्षा और प्रेम, व्यवस्था और न्याय, धर्म और प्रचार, कला और संस्कृति जैसे विविध विषयों पर बेधड़क व्यंग्य किए हैं। कल्पना और सत्य, विनोद और व्यंग्य, अध्ययन और आस्वाद, अनुभूति और अभिव्यक्ति सभी का अद्‌भुत समन्वय इनकी व्यंग्य-रचनाओं में देखने को मिलता है। भारत का नागरिक चरित्र और जीवन स्वतन्त्रता के बाद किस निम्नतम सीमा तक विगलित हो चुका है, उसे पुणताम्बेकर ने चिन्तक एवं साहित्यकार की दृष्टि से परखा है। प्राचीन कथानकों में नवीन अभिव्यंजना भरी है, तो नवीन तथ्यों को लुप्तप्राय किन्तु काम्य प्राचीन ध्वनि भी दी है।

डॉ. पुणताम्बेकर के अनुसार व्यंग्य युग की विसंगतियों की वैदग्ध्यपूर्ण तीखी अभिव्यक्ति है। युग की विसंगतियाँ हमारे चारों ओर के यथार्थ जगत से, वैदग्ध्य इन विसंगतियों को वहन करनेवाले शैली-सौष्ठव से तथा तीखापन विसंगति एवं वैदग्ध्य के चेतना पर पड़नेवाले मिले-जुले प्रभाव से सम्बन्धित है। विसंगतियाँ जहाँ यथार्थ की मुखापेक्षी हैं, वहाँ इस बात की भी कि वे कितनी व्यापक, अनुपेक्षणीय और गम्भीर हैं। वैदग्ध्य का सौष्ठव भी मात्र शब्दों का सर्कस या रचनात्मक जादूगरी में नहीं है, वरन् इस बात में है कि वह विसंगति को कितने तीखेपन से प्रस्तुत करती है।...मामूली शब्दों में वह हमारी चेतना को झकझोर दे। यह तीखापन जितना गहरा, व्यापक और दूरान्वयी होगा, व्यंग्य उतना ही श्रेष्ठ और सार्थक होगा।[1]

व्यंग्य के इस खोजी चरित्र और उसकी सजग दृष्टि को देखते हुए कुछ लोग उसे अनास्थावादी नकारात्मक लेखन की संज्ञा देते हैं। किन्तु पुणताम्बेकर अपनी अध्यापकीय शैली में इस प्रकार की भ्रान्तियाँ दूर करते हुए कहते हैं, "अनास्थावादी समाज के अच्छे-बुरे सभी को नकारता है, जबकि व्यंग्यकार केवल बुरे को। अनास्थावादी की चोट घातक होती है, जबकि व्यंग्यकार की नहीं। व्यंग्यकार की चोट विचार-प्रवर्तक होती है।"[2]

हास्य और व्यंग्य का पार्थक्य व्यंग्य ने अपनी वैचारिकता को रेखांकित करते हुए स्वतः ही साबित कर दिया है। हास्य और व्यंग्य सम्बन्धी समस्त भ्रान्तियों का निवारण करते हुए पुणताम्बेकर व्यंग्य की स्थापना एक रस के रूप में करते हैं; एक ऐसा रस,

---

1. कैक्टस के काँटे, दो शब्द
2. एक व्यंग्य-यात्रा, पृ. 39

जिसका स्थायी भाव विचार या बुद्धि होता है। उनके अनुसार आज के इस विज्ञान-युग में एक शिक्षित व्यक्ति निश्चित ही भावात्मक अनुभूति की अपेक्षा विचारात्मक अनुभूति में विशेष रस का अनुभव करता है। हास्य की प्रवृत्ति बहिर्मुखी होती है, जबकि व्यंग्य की अन्तर्मुखी, "हास्य दर्द भूलने का नशा जगाता है तो व्यंग्य नशा भूलने का दर्द जगाता है।"[1]

पुणताम्बेकर के उपलब्ध व्यंग्य-साहित्य को उनके 'नशा भूलने के दर्द' का प्रतिफलन माना जा सकता है। उनके 'प्रिये वह देखो बॉस !', 'राज-परिवारी', 'राजा काफेचुआ और बुनकर', 'पहली रात के संवाद', 'गोपी दही बेचने को चली', 'कालूराम की टाल पर' जैसे अति सामान्य, लुभावने और रूमानी प्रतीत होनेवाले शीर्षकों में मनुष्य का चारित्रिक पतन, उनकी मानवी अवनति, नैतिक अवमूल्यन, भौतिक प्रलोभन, राजकीय मोह जैसे गम्भीरतम विषयों का गहन चिन्तन पुणताम्बेकर के शैली-सौष्ठव और मानव-मनोविज्ञान के आधिपत्य को सूचित करता है। लेखक जानता है कि शिष्ट हास्य के आवरण में मधुवेष्टित व्यंग्य सामान्य-से-सामान्य व्यक्ति को भी ग्राह्य है और यान्त्रिक युग की आपाधापी में पिसते प्रबुद्ध वर्ग की तो यह मानसिक खुराक है। अतः रूमानी शीर्षक-जाल के अन्तर्गत वह कीचड़-प्रदेश का प्रवक्ता बनकर उभरता है। रूमानियत की मानवीय ललक और कीचड़-जगत की अवांछित बजबजाहट के बीच दम तोड़ती मानवता के सिंचन हेतु कलम उठाता है। 'प्रिये, वह देखो चाँद !' कहने का मादक अवसर न पानेवालों को वह बॉस के शोषक चरित्र से परिचित करा देना चाहता है, "चलता है तो नित्य इसकी गर्दन ऊपर उठी रहती है। फिर भी इस बात की परवाह नहीं करता कि नीचे ठोकर भी लग सकती है।...कुछ लोग इसे जानवर कहते हैं।...कभी-कभी कुत्ते की तरह भौंकता या शेर की तरह गुर्राता जरूर है। कहते हैं दिमाग है ही नहीं। मुखड़ा जैसे तमतमाने के लिए ही हो, खिलखिलाने के लिए नहीं।...अपने केबिन में वह खिलखिलाता भी है।...बेचारा बॉस ही दुनिया में एक ऐसा प्राणी है जिसे पीठ पीछे खूब गालियाँ सुनाई जाती हैं।"[2]

पुणताम्बेकर के व्यंग्य-साहित्य में गुरु-शैली में वर्णित व्यवस्थागत जर्जरता को उनकी लघु व्यंग्य-कथाओं में देखा जा सकता है। लोक-जीवन और लोक-शैली के क्रूर सत्य का दर्शन 'प्यासी बुढ़िया', 'चक्र', 'गोली बिलख पड़ी', 'नेताजी और उनका गधा', 'दो बल्बों की कहानी', 'गन्ना और मिर्च' व्यक्त करती हैं। यहाँ बेईमानी द्वारा निर्ममता से खींचे गए गरीबी के चीथड़ों के नीचे मानवता झाँकती मिलती है, साधु से चरित्र-याचना करनेवाला चोर साधु को गाय न पालने की सलाह देता है क्योंकि गाय-पालन के मोह ने ही उसे चोर बना दिया, सुन्दर-सलोने बच्चे के असामयिक निधन पर गोली बिलख कर अपने को कोसने लगती है कि वह डाकू की गोली क्यों नहीं बनी, पुलिस की क्यों बनी; नेताजी के गधे की मृत्यु पर श्मशान की ओर उमड़नेवाली भीड़ स्वयं नेताजी की

1. एक व्यंग्य-यात्रा, पृ. 40
2. कैक्टस के काँटे; प्रिये, वह देखो बॉस, पृ. 22

मृत्यु पर श्मशान के बजाय नए नेता के बँगले की ओर उमड़ती है, तो यहाँ का पादरी आज के विज्ञान-युग को भी मात्र इस आधार पर धर्म-युग कहता है कि आज का धर्म ही विज्ञान है। छोटी, मरियल और लटकती तीखी मिर्च मीठे, ऊँचे, तगड़े और तनकर खड़े गन्ने को झूठ का प्रतिनिधि कहती है, तो स्वयं को 'दुनिया का ठुकराया सत्य'। खम्भे का बल्ब टेबल-लैम्प के बल्ब को उसकी गुलामी का एहसास कराता है कि उसका जलना, बुझना उसके मालिक की मर्जी पर और मात्र मालिक के लिए है, जबकि वह सबके लिए है।

आज की विकृतियों के शायद ही कोई अंग हों, जो शंकर पुणताम्बेकर की पैनी दृष्टि से छूटे हों। राजनीतिक-सामाजिक-धार्मिक विकृतियों के साथ चारित्रिक कमजोरियों पर भी लेखक ने गहन चिन्ता व्यक्त की है। आज के जीवन-सन्दर्भों की व्याख्या वह पौराणिक सूत्र-वाक्यों के समानान्तर युगीन सूक्तियों में करता है। अपने सूक्ति-व्यंग्यों को पुणताम्बेकर टुकड़े और मुखड़े की संज्ञा देते हैं। 'अंगूर खट्टे नहीं हैं' की भूमिका में उन्होंने स्वयं स्वीकार किया है कि एक-एक टुकड़ा घनीभूत व्यंग्य है, जो गुलेल-सा चोट करता है।

कहा जा सकता है कि पुणताम्बेकर का व्यंग्य अखबारी कम, बौद्धिक अधिक है। उनका विचार-प्रवण व्यंग्य पाठक के मर्म को सीधे छूता है। प्रचार-प्रसार का युगीन रुझान भी उनके विचार-कणों को कुंठित नहीं कर पाता और वे सीधे लोक-जीवन से जुड़ लोक-शैली की वाचकता अपने व्यंग्यों में ले आते हैं। परिणाम यह होता है कि पुणताम्बेकर का व्यंग्य-साहित्य पढ़ते हुए पाठक महसूस भी नहीं कर पाता कि कब और किस तरह उसका मानस-परिवर्तन हो चुका है। युगीन विसंगतियाँ, शैली का बाँकपन और मस्तिष्क पर पड़नेवाली करारी चोट पाठक को विसंगत यथार्थ से जूझने की शक्ति देते हैं। इसी अर्थ में वे पीड़ित लोगों के प्रति सच्ची सहानुभूति रखते हैं। उनकी घुटन और तज्जनित अनास्था को झंकृत कर स्वस्थ जीवन-दृष्टि का सन्तोष प्रदान करते हैं। समकालीनता को खँगालते हुए पाठकीय मानस को जागृत और परिष्कृत करते हैं।

खालिस लखनवी अन्दाज में चटखारे लेती हुई व्यंग्य-भाषा का व्यापक विस्तार **के. पी. सक्सेना** ने अपनी व्यंग्य-रचनाओं में किया है। 'नया गिरगिट', 'कोई पत्थर से', 'मूँछ-मूँछ की बात', 'रहिमन की रेल-यात्रा', 'रमइया तोर दुल्हन लुटे बाजार', 'लखनवी ढंग से', 'बाजूबन्द खुल-खुल जाए', 'तलाश फिर एक कोलम्बस की' आदि संग्रहों में ही के. पी. सक्सेना का व्यंग्य-कर्म नहीं पसरा हुआ है, बल्कि फिल्मी और बालोपयोगी स्तर की ऐसी पत्रिकाओं तक यह व्यंग्यकार छाया रहा है, जिनमें छपने के लिए शायद कोई शरीफ व्यंग्यकार तैयार न हो। लेकिन इस विपुल फैलाव से के. पी. सक्सेना की व्यंग्य-शराफत पर सन्देह नहीं किया जा सकता, क्योंकि उनका खट्टा-मीठा व्यंग्य हर स्तर पर सराहा गया है। व्यंग्यकार ने स्वयं स्वीकार किया है, "समाज के हर वर्ग को अपने ढंग से उघाड़ा है मैंने।...कहीं-कहीं परत-दर-परत दर्द की तहें हैं, तो

कहीं-कहीं सैलाब-ए-तबस्सुम।''[1]

के. पी. सक्सेना के व्यंग्य-लेखन से गुजरना क्रिकेट और सिनेमा, पड़ोस और विदेश, साहित्य और तस्करी, देश और आँगन की विभिन्न वास्तविकताओं से साक्षात्कार करना है। आदमी के बदलते हुए मिजाज और टूटते हुए मूल्यों को व्यंग्यकार ने सूक्ष्मता से परखा है। तभी उन्होंने इंगित किया है, ''इन तीस वर्षों (अब तो चालीस वर्ष होने को हैं) में कितना कुछ बदल गया है। जिनके बापों की शादी यतीमखाने से ढूँढ़कर हुई, उन लड़कों तक ने चार-चार इश्क पैरलल चला रखे हैं। जिनके दादा-परदादा अंग्रेजों के टाइम में अंग्रेजी सीखने को तरस गए, वे आज इत्मीनान से हिज मास्टर्स वायस के कुकुर जैसे ट्रांजिस्टर के सामने बैठे अंग्रेजी कमेंटरी सुनते हैं।''[2]

अपने सभी व्यंग्यों में के. पी. सक्सेना में बल खाती हुई सरिता-जैसी लोचदार भाषा और नए परिवेश में गुम होती हुई पुरानी अर्थ-छवियों की प्रस्तुति है। उनके लचकदार व्यंग्य का एक प्रसंग है, ''जब न रहा गया तो हमारे एक दोस्त की नानी दोस्त के नाना से पूछ बैठी–क्यों जी, बड़कन के नाना, क्या पच्छत्तर ओवर में पुरानी गेंद बदल दी जावे है ? दोस्त की नानी चौहत्तर की थीं। नाना ने मुस्कुराकर सफेद मूँछ कुछ यों ऐंठी गोया अम्पायर उन्हें नई गेंद दिए ही दे रहा है।''[3]

दरअसल अपने समकालीनों से के. पी. सक्सेना इसी दृष्टि से अलग हैं कि उनके व्यंग्य-लेखन में मनोरंजन की एक अनिवार्य संगति है। डॉ. प्रेम जनमेजय ने लिखा है कि ''के. पी. सक्सेना के व्यंग्य-लेखन में सतही हास्य अधिक है, परन्तु जहाँ वह पत्रकारिता और व्यावसायिकता के मोह से हटकर लिखते हैं, वहाँ महत्त्वपूर्ण प्रभाव डालते हैं।''[4] डॉ. जनमेजय के इस कथन से के. पी. की सीमा और शक्ति दोनों स्पष्ट हैं। वैचारिकता और सजगता के आलम में व्यंग्यकार ने राष्ट्रीय चिन्ता और परिवेश की विद्रूपताओं को अपना निशाना बनाया है। देश को कुतरनेवाले चूहों और संस्कृति के शिखर से फिसली हुई बिल्लियों की गहरी जानकारी के. पी. सक्सेना को है। बिगड़ती हुई व्यवस्था और हतप्रभ तन्त्र की विसंगतियों पर सीधा प्रहार उन्होंने किया है, 'चाभियाँ हैंड टू हैंड ट्रांसफर होती रहती हैं। ताले कोई नहीं खोलता। खुशकिस्मती बस इतनी है कि बन्द तालों के बावजूद देश तरक्की कर रहा है, फॉरेन से ताल्लुकात मजबूत हो रहे हैं और मजबूरन सब खैरियत है।''[5]

अन्दर की टीस को बाहर निकालनेवाले विशालकाय रोशनदान के रूप में व्यंग्य का प्रयोग के. पी. सक्सेना ने किया है, विभिन्न अनुपातों में अलग-अलग स्तरों पर उसकी क्षमता का साक्षात्कार किया है। उनका व्यंग्य-लेखन हास्य की फुहारों से भीगता हुआ

1. कोई पत्थर से, भूमिका, पृ. 5
2. धर्मयुग, 17 जुलाई 1980, पृ. 34
3. नया गिरगिट, पृ. 90
4. आजकल, सितम्बर 1981, पृ. 9
5. हिन्दी एक्सप्रेस, 15 मार्च 1981, पृ. 11

विकसित हुआ है, वह अपने आसपास की विसंगतियों पर हँसते हुए प्रहार करता है। गद्य-व्यंग्य को मंच पर लोकप्रिय बनाने में भी के. पी. ने खासा योगदान किया है। इस मामले में तो शरद जोशी के अलावा के. पी. ही ऐसे व्यंग्यकार हैं, जो कवियों से भी ज्यादा प्रशंसा हासिल कर सके हैं।

लतीफ घोंघी का जिक्र एक ऐसे व्यंग्यकार के रूप में किया जा सकता है, जिनकी रचनाएँ प्रतिबद्ध किस्म की आक्रामकता और विपुल शैलीय विपथन की अनुपस्थिति के बावजूद विसंगतियों के साथ अर्थपूर्ण सलूक करती हैं। 'तिकोने चेहरे', 'उड़ते उल्लू के पंख', 'मृतक से क्षमायाचना सहित', 'बीमार न होने का दुःख', 'संकटलाल जिन्दाबाद', 'बब्बूमियाँ कब्रिस्तान में', 'खबरदार व्यंग्य', 'जूते का दर्द', 'किस्सा दाढ़ी का', 'कुत्ते से साक्षात्कार', सोने का अंडा', 'चोरी न होने का दुःख', 'मुर्दानामा', 'मेरी मौत के बाद', 'बुद्धिजीवी की चप्पलें', 'बधाइयों के देश में', 'लाटरी का टिकट', 'क्षमा करना हम दुखी हैं', 'सड़े हुए दाँत' आदि व्यंग्य-संकलनों में लतीफे घोंघी का व्यंग्य-कर्म संकलित है। ईश्वर शर्मा के साथ उन्होंने व्यंग्य की सार्थक 'जुगलबन्दी' भी पेश की।

इन सारी रचनाओं से प्रमाणित होता है कि लतीफ घोंघी ने मौजूदा सामाजिक, साहित्यिक, राजनीतिक जीवन में उत्पन्न विद्रूपताओं का सहज और निश्छल अंकन किया है। सरकारी तन्त्र में फैले भ्रष्टाचार से लेकर साहित्यिक क्षेत्र में व्याप्त गुटबाजी तक व्यंग्यकार की निगाह गई है। उनके व्यंग्य-लेखन में कथात्मक कौंध का बाहुल्य है, लेकिन जहाँ कहीं व्यंग्य-विषय की सीधी पकड़ है–लतीफ घोंघी ने लचीली जीवन्तता का अनूठा परिचय दिया है। अन्धविश्वास और प्रशासन, कवि और शिक्षा, पुलिस और क्रिकेट, डॉक्टर और कला-जगत, ज्ञान और परिवार, नौकरशाही और संस्कार आदि सभी विषयों पर व्यंग्यकार ने सहज बातचीत की है। यह बातचीत अधिकतर कथात्मक है और संवादों-अनुभवों के माध्यम से विश्वसनीय बनी है। इन सारे व्यंग्यों द्वारा परिवेश की गन्दगी साफ करने का संकल्प मूर्त किया गया है। लतीफ घोंघी की मौलिकता यह है कि अपने कथ्य की प्रस्तुति के लिए न उन्होंने हरिशंकर परसाई की तरह वैचारिक प्रतिबद्धता का सहारा लिया है और न शरद जोशी की तरह शैली के नए-नए अवयवों का विनियोग किया है। रवीन्द्रनाथ त्यागी की तरह घोंघी का व्यंग्य-साहित्य अध्ययन और पर्यटन की उद्धरणी भी नहीं है। मुस्लिम परिवेश की विविध वास्तविकताओं को उजागर करने के बावजूद लतीफ घोंघी ने के. पी. सक्सेना की तरह भाषिक चटखारे नहीं पेश किए हैं। उन्होंने बिना किसी लाग-लपेट के स्थितियों और अनुभवों का प्रस्तावन किया है। इसलिए उनके व्यंग्यों में घटनाओं और पात्रों, पीड़ाओं और सुखों का साक्षात्कार दुश्वार नहीं लगता। इन व्यंग्य-रचनाओं में परम्परागत रूढ़ियों और नई अनास्थाओं के खिलाफ जो संघर्ष किया गया है, उसका सारा सम्प्रेषण हास्य और व्यंग्य की सम्मिलित जमीन पर हुआ है। इसके बावजूद व्यंग्यकार ने अपने व्यंग्य-लेखन में यथावसर वर्णना का चित्रात्मक वैभव उपस्थित किया है। जैसे–''आपने ताजमहल देखा है ! नहीं देखा तो भारतीजी की साइकिल देख लीजिए। साइकिल क्या है, मुमताज महल की यादगार

है। एक-एक पुर्जा ताजमहल का पीस है। सीट क्या है, गुलाब का पौधा–बैठे नहीं कि काँटा चुभा। टायर इतने चिकने कि ताजमहल का संगमरमर भी शरमा जाए।[1]''

'क्या हुक्म है मेरे आका' नामक लघु व्यंग्य-कथा में घोंघी ने जनता को आकाओं की इच्छाएँ पूरी करनेवाले जिन्न के रूप में चित्रित किया है, ''हम तो चिराग के जिन्न हैं।...आका आप हों या और कोई। जिन्न तो आकाओं की सेवाओं के लिए पैदा होते हैं। चिराग ही उनकी नियति है। क्या हुआ रगड़नेवाले बदल गए। हमारा काम तो नहीं बदला।''[2]

इसी प्रकार 'तीसरे बन्दर की कथा' में घोंघी ने नेताओं की पदलिप्सा को व्यंग्य का विषय बनाया है। गांधीजी के तीन बन्दरों में से तीसरा बन्दर कांग्रेस में कोई पद न मिलने के कारण उस पार्टी को छोड़कर एक नई पार्टी की स्थापना करता है। वह विरोधी पार्टी से हाथ मिलाकर दंगे करवाना शुरू कर देता है। बाकी दोनों बन्दर किसी प्रकार तीसरे बन्दर को चुप कराना चाहते हैं। आखिर सरकारी नौकरी के लोभ से तीसरा बन्दर अपना मुँह बन्द कर लेता है।[3] यहाँ तीसरा बन्दर उस स्वार्थी नेता का प्रतीक है, जो किसी भी मूल्य पर पद या पैसा कमाना चाहता है। 'सरकस का शेर' में लतीफ ने नेता को उस साँड़ के रूप में चित्रित किया है, जो शेर की खाल ओढ़कर शेर बना है।[4]

साहित्य और कला के क्षेत्र में पाई जानेवाली विडम्बनाएँ भी घोंघी के व्यंग्य का शिकार बनी हैं। 'जूते का दर्द' में वे आम आदमी के दर्द के नाम पर फायदा उठानेवाले तथाकथित प्रगतिवादी बुद्धिजीवियों पर प्रहार करते हैं, तो 'लेखक का पुतला' में उन्होंने लेखकों की प्रचारप्रियता को निशाना बनाया है। प्रतिष्ठा पाने के लिए चौराहे पर अपनी मूर्ति रखवाने का मोह रखनेवालों की खिल्ली उड़ाते हुए उन्होंने लिखा है, ''मैंने विरोध किया–मैं इस प्रस्ताव से असहमत हूँ। फिजूलखर्ची के खिलाफ हूँ। पुतला बनाने में जो खर्च होगा, मुझे दे दिया जाए। मैं चौक पर रोज दो घंटा खड़ा हो जाया करूँगा।''[5]

लतीफ घोंघी की रचनाओं में शैल्पिक आग्रह सीमित है, फिर भी कुछ करवटें प्रभावित करती हैं। व्यंग्यकार ने संवादों का इतना विपुल विनियोग अपने सम्पूर्ण सृजन में किया है कि उनके व्यंग्य-कर्म को संवाद-बहुल कहा जा सकता है। उन्हें यह श्रेय भी दिया जा सकता है कि उन्होंने हिन्दी में पहली बार मुसलिम-समाज की रूढ़ियों और स्खलनों को अभीक और विपुल स्वर दिया है। ये विसंगतियाँ इतनी बारीकी और विस्तार से पहले कभी उजागर नहीं हुई थीं। लतीफ व्यंग्य में आक्रामकता को गैरजरूरी समझते हैं। व्यंग्य के सम्बन्ध में उन्होंने जो अवधारणाएँ व्यक्त की हैं, उनसे भी उनका लक्ष्य स्पष्ट हो जाता है, ''मैं व्यंग्य में आक्रामकता से कोई प्रभाव पैदा करने में कम विश्वास

---

1. चोरी न होने का दुख, पृ. 36
2. संकटलाल जिन्दाबाद, पृ. 94
3. तीसरे बन्दर की कथा, पृ. 56
4. संकटलाल जिन्दाबाद, पृ. 90
5. तीसरे बन्दर की कथा, पृ. 47

रखता हूँ और लेखन में आक्रामक होकर तेज धारदार हथियार से वार करने के बदले गैर-आक्रामक ढंग से इन्हीं विसंगतियों और विद्रूपताओं के व्यंग्य-स्नैप लेकर आपके सामने रखता हूँ।''[1] व्यंग्यकार ने खुद स्वीकार किया है, और उसके कृतित्व से भी जाहिर होता है, कि वह मीठी मार करता है और 'निगेटिव प्रोसेस' पर लिखना पसन्द करता है। वास्तव में यही लतीफ घोंघी के व्यंग्य-सृजन की खूबी है, और यही खामी भी।

1965 से शुरू करके 1989 में अपने ही हाथों अपने आकस्मिक एवं असामयिक देहावसान तक निरन्तर सार्थक-सोद्देश्य व्यंग्य लिखते रहनेवाले **लक्ष्मीकान्त वैष्णव** का ध्यान अपने लेखन को पुस्तक-रूप में संकलित-प्रकाशित करवाने पर ज्यादा नहीं रहा। उनके कुल तीन व्यंग्य-संकलन प्रकाश में आए, जिनमें से पहला उनकी प्रतिनिधि व्यंग्य-रचनाओं का संकलन 'मेरी श्रेष्ठ व्यंग्य-रचनाएँ' था, दूसरा व्यंग्य-एकांकियों का संकलन 'नाटक नहीं।' उनका तीसरा व्यंग्य-संकलन 'अश्वमेध' उस दुखद वर्ष में छपकर आया, जिसने उन्हें हमसे छीन लिया। लेकिन उनके ये तीन ही संकलन उनकी प्रखर व्यंग्य-प्रतिभा के अच्छे परिचायक हैं। 'कल्लू की चिट्ठी' उनका पत्र-शैली में लिखा गया बेहतरीन व्यंग्य है, जिसमें गँवार कल्लू गाँव में रह रही अपनी जीजी को चिट्ठी लिखकर बताता है कि शहर में नेता और मन्त्री बन जाने के बाद उसके लबाड़ जीजा के साथ में उसके खुद के भी कैसे ठाठ हो गए हैं, ''पहले हमें लगता था कि हमने अपनी जिज्जी लबाड़ खों ब्या दई है। कक्का सोई ऐंसी ही सोचत थे। साँची कह रए हैं। हमें का पता हतो कि जा लबाड़ की सोई किस्मत चेत जे हे। सच्ची कहत हतो सनीचर पंडत कि आदमी को भाग कब चेत जाए कछू नई कह सकत।''[2] समूची रचना इस बात पर गहरा व्यंग्य है कि अनपढ़, अँगूठाछाप, नासमझ, नाकारा लोग किस प्रकार पूरे देश के नियति-निर्धारक बन जाते हैं और जनता की गाढ़ी कमाई पर ऐश करते हैं। चपरासी बनने के लिए भी कुछ योग्यता और शिक्षा अपेक्षित होती है, नेता और मन्त्री बनने के लिए नहीं। न उन्हें किसी परीक्षा या साक्षात्कार की प्रक्रिया से ही गुजरना पड़ता है; उल्टे वे खुद पढ़े-लिखे और परीक्षा-साक्षात्कार देकर आए सरकारी कर्मचारियों-अधिकारियों के मालिक बन बैठते हैं और उन्हें मनमाने ढंग से नचाते हैं। अपनी गलतियों का ठीकरा भी उन्हीं पर फोड़ते हैं। अपनी नादानी, बेवकूफी और मनमानी से ये नेता देश को किस तरह पतन के गर्त में ले गए हैं और निरन्तर ले जा रहे हैं, इसका विस्फोटक ढंग से उद्घाटन करता है वैष्णव का यह व्यंग्य।

पंचतन्त्र के करकट और दमनक पात्रों का प्रतीकात्मक उपयोग करते हुए 'तीक्ष्णडंक मच्छर की कथा' नामक व्यंग्य में वैष्णव ने सरकारी कर्मचारियों की मनोवृत्ति उजागर की है। सरकारी क्वार्टर का कब्जा न छोड़ना, नौकरी पर भी अपने बाद अपने बेटे को लगवाकर कब्जा बरकरार करना और काम न करके भी वेतन पाना आदि सरकारी नौकरी की तमाम विसंगतियों को वैष्णव ने इस व्यंग्य में निशाना बनाया है,

1. सोने का अंडा, पृ. 6
2. अश्वमेध, पृ. 80

''करकट ने दमनक से कहा कि हे दमनक, सरकारी क्वार्टर नम्बर तेरह सौ पचास के बाथरूम की एक नम दरार में तीक्ष्णडंक नामक मच्छर अपनी पत्नी तथा बच्चों के साथ रहता था। इस पर दमनक ने करकट से पूछा कि हे करकट, वह तीक्ष्णडंक मच्छर सरकारी क्वार्टर में ही क्यों रहता था? तब करकट ने कहा कि हे दमनक, वह सरकारी क्वार्टर में ही पैदा हुआ था। उस मच्छर का बाप भदन्तडंक भी उसी क्वार्टर की उसी दरार में रहता था तथा वहीं उसका निधन हुआ था। सरकारी क्वार्टर का यह गुण है दमनक, कि एक बार कोई उसमें घुसता है तो फिर बाहर नहीं निकलना चाहता। यही हाल सरकारी नौकरी का है। लोग पीढ़ी-दर-पीढ़ी सरकारी नौकरी करते रहते हैं। बाप रिटायर होने से पहले अपने बेटों को चिपका देता है अपनी जगह पर, या अपने विभाग में। फिर बेटा तीस साल नौकरी करने के बाद रिटायर होने से पहले अपने बेटे को चिपका देता है, और यह क्रम पुश्त-दर-पुश्त चलता रहता है। 'कारण क्या है ?' दमनक ने पूछा। / 'सुरक्षित जीवन, तथा काम करने या न करने की स्थिति में भी नियमित रूप से मिलनेवाला वेतन तथा भत्ता'। / 'काम न करने पर भी वेतन मिलता है ?' / 'हाँ दमनक, यह सुविधा केवल सरकारी नौकरी में ही प्राप्त है। प्राइवेट नौकरियों में काम न करनेवाले को तत्काल लात मारकर निकाल देते हैं। यदि लात नहीं भी मारते तो निकाल तो देते ही हैं। फिर लातें वह अपने-आप खाता रहता है।''[1]

'बीमारी' और 'पथ और महाजन लोग' रचनाओं में वैष्णव ने डॉक्टरों द्वारा मरीजों के जीवन के साथ खिलवाड़ और फीस के रूप में की जानेवाली लूट-खसोट पर प्रहार किया है। 'तीन अदद मास्टर : तीन अदद झलकियाँ' में शिक्षक की दयनीय स्थिति स्पष्ट की है, तो 'साइकिल-युग' और 'बसन्त : घोंघा-बसन्त' में शिक्षकों की लापरवाही। 'कवियों के बारे में', 'दाढ़ी', 'बरगद और बोन्साई', 'रामायण : अगर आज लिखी जाती' आदि रचनाओं में साहित्यिक क्षेत्र में व्याप्त विसंगतियों पर व्यंग्य किया गया है।

सामाजिक जीवन की विडम्बनाओं पर भी वैष्णव ने अपनी व्यंग्य-रचनाओं में तीखे प्रहार किए हैं। ''महत्त्व मंच का है...जीवन के जिस भी क्षेत्र में आदमी मंच पर पहुँच जाता है, पुजने लगता है,''[2] ''काबिलियत एक मुगालता है जो जीवन की आरम्भिक अवस्था में आदमी को होता है,''[3] छोटी जगह का आदमी अक्सर छोटा रह जाता है, ठीक वैसे ही, जैसे गमले में रोपा गया बरगद बौना रह जाता है,''[4] ''बसन्त के साथ यही विडम्बना है कि जब तक आदमी उसे समझता-समझाता है, उसका अपना बसन्त गुजर चुका होता है''[5], आदि अभिव्यक्तियाँ उनके सूक्ष्म पर्यवेक्षण और प्रखर व्यंग्य-प्रतिभा की परिचायक हैं।

1. अश्वमेध, पृ. 7-8
2. वही, कवियों के बारे में, पृ. 25-26
3. वही, कतार-कथा, पृ. 52
4. वही, बरगद और बोन्साई, पृ. 96
5. वही, बसन्त : घोंघा-बसन्त, पृ. 109

लक्ष्मीकान्त वैष्णव के व्यंग्य-लेखन में नाटकीयता का तत्त्व प्रमुख है और उनके अनेक व्यंग्य या तो पूरे-के-पूरे एकांकी-रूप में लिखे गए हैं या अन्ततः एकांकी में बदल गए हैं। 'नाटक नहीं', 'काँवर', 'खुलना कॉलेज का', 'सरकारी दफ्तर का एक दिन', 'वे जम्बूद्वीप से चले थे', 'तीन अदद मास्टर : तीन अदद झलकियाँ', 'नुक्कड़-नाटक', 'चन्द तस्वीरें बुताँ' आदि रचनाएँ पूर्णतया एकांकी हैं तो 'उनके मकान पर', 'वस्तुस्थिति : चम्पू-शैली' आदि अन्ततः एकांकी का रूप धारण कर लेती हैं। नाटकीयता का यह तत्त्व उनके व्यंग्य-लेखन में पठनीयता का समावेश करता है। लक्ष्मीकान्त वैष्णव पेशे से अध्यापक थे और अपने तबादले को लेकर परेशान थे। व्यवस्था की जड़ता और हृदयहीनता ने उन्हें आत्मघात के लिए विवश न कर दिया होता, तो उनसे हिन्दी-व्यंग्य को अभी और उत्कृष्ट रचनाएँ प्राप्त होतीं—इसमें सन्देह नहीं है।

बुजुर्ग व्यंग्यकारों में कथाकार **अमृतलाल नागर** का स्मरण अप्रासंगिक न होगा, जिन्होंने अपनी हास्य-कथाओं के माध्यम से व्यंग्य की खुरदरी जमीन तैयार की। 'भारतपुत्र नौरंगीलाल', 'कालदंड की चोरी', 'कृपया दाएँ चलिए', 'चकल्लस', 'मेरी श्रेष्ठ व्यंग्य-रचनाएँ' जैसे संकलनों ने नागर के व्यंग्य-कर्म को एक सुनिश्चित छवि दी। इसी प्रकार **सन्तोषनारायण नौटियाल, डॉ. सत्यप्रकाश संगर, डॉ. आत्मानन्द मित्र, डॉ. जयनाथ नलिन** प्रभृति वरिष्ठ लेखकों ने व्यंग्य-लेखन को यथावसर सहारा दिया है। **रामावतार चेतन** ने भी 'भैंस के आगे बीन' में एकत्र अपनी व्यंग्य-रचनाओं द्वारा साहित्य और समाज की तीखी समीक्षा की। इन सारे ज्येष्ठ व्यंग्य-कर्मियों का लेखन कहीं कहानी, तो कहीं निबन्ध के तटबन्धों को छूता है, फिर भी अपनी व्यंग्यधर्मिता के कारण आकर्षित करता है।

यह साधारण सन्तोष का विषय नहीं है कि हिन्दी के व्यंग्य-लेखन को व्यंग्यकारों की एक वरिष्ठ पीढ़ी का सहयोग रहा है। किन्तु हिन्दी-व्यंग्य-लेखन का सम्पूर्ण वैभव उन व्यंग्यकारों पर आधृत है, जिन्होंने प्रधानतया 1970 के बाद व्यंग्य की तलवार पर दौड़ना प्रारम्भ किया है। इस जमात ने अपनी व्यंग्य-सर्जना में हरिशंकर परसाई, शरद जोशी और रवीन्द्रनाथ त्यागी की रचनात्मक विशेषताओं को तो पूरे कौशल के साथ अपनाया ही है, उनमें से कुछ ने उसे नए आयाम भी दिए हैं। इस दौर के प्रौढ़, युवा और युवतर व्यंग्यकारों ने अपनी व्यंग्य-रचना के लिए नए विषयों और नए शिल्पों का आश्रय ग्रहण किया है। व्यंग्य-लेखक की सीमाओं और सम्भावनाओं का साक्षात्कार इधर की रचनाओं में पूरी समर्थता के साथ होता है।

हिन्दी के व्यंग्यकारों का जो साम्प्रत समुदाय सच्चाइयों से जुड़ी, आक्रामक अथवा अहिंसक व्यंग्य-रचनाएँ लिखने में व्यस्त है, उसमें अनेक रचनात्मक स्तरों के लेखकों की भागीदारी है। जीवन के विभिन्न क्षेत्रों में व्याप्त विसंगतियों की चीरफाड़ **गोपाल चतुर्वेदी** ने 'अफसर की मौत', 'खम्भों के खेल', 'फाइल पढ़ि-पढ़ि', 'आजाद भारत में कालू', 'दाँत में फँसी कुरसी' और 'गंगा से गटर तक' नामक अपने व्यंग्य-संकलनों में की है। आजादी के बाद के दौर में देश में आए पतनोन्मुख बदलाव को व्याजनिन्दा के माध्यम

से रेखांकित करते हुए वे लिखते हैं, ''देश का वर्तमान दौर तरक्की का है। पहले शरीफ लोग एक-दूसरे का चरित्र-हनन करते डरते थे, अब हनन करते नहीं हिचकते। लड़ाई-दंगों में कभी लोग लाठी भाँजते थे। बहुत हुआ तो पत्थर फेंक पुलिस को मुँह बिरा लिया। इधर आतंकवादी दीवाली के पटाखों की तरह कभी बमों से खेलते हैं और कभी स्वचालित हथियारों की फुलझड़ी से। एक जमाना था कि ऊँची मूँछवाले लड़कियों का गला जन्म के बाद घोंटते थे। अब विज्ञान की कृपा से पैदा नहीं होने देते...''[1]

चतुर्वेदी के अनुसार इस विषम स्थिति के लिए वे 'खम्भे' जिम्मेदार हैं, जो जीवन के हर क्षेत्र में गड़े हैं–सरकार से लेकर व्यापार तक और साधु-सन्त से लेकर सियासत तक।[2] पेड़ और खम्भे के प्रतीकों के माध्यम से आजादी के बाद राजनीतिक मूल्यों में आए ह्रास को चतुर्वेदी ने इन शब्दों में वाणी दी है, ''हमें लगता है कि आजादी के पहले मुल्क में पेड़-नेतृत्व था। जनसेवा के आदर्श और आजादी की आकांक्षा से नेतृत्व का बीज बिरवा बनता। विदेशियों के विरुद्ध संघर्ष की आँच में तपकर वह शक्तिशाली वृक्ष हो जाता। फिर भी उसकी जड़ जमीन में रहती। उसे अपनी माटी का एहसास और अपनी हवा-पानी से लगाव रहता। स्वतन्त्रता के कुछ साल बाद तक पेड़-नेतृत्व की यही दकियानूसी परम्परा चालू रही। फिर उसका स्थान खम्भा-नेतृत्व ने ले लिया। इसके अन्तर्गत पारिवारिक खम्भों को उसूलों का रंग-रोगन चढ़ाकर, सार्वजनिक रूप से सुदर्शन व्यक्तित्व का खोल चढ़ाकर, सत्ता की जमीन में गाड़ दिया जाता है। जाहिर है कि जनतन्त्र पर खम्भों के हावी होने से जनता का तन्त्र सिर्फ खम्भातन्त्र रह जाए जो खम्भों द्वारा खम्भों के लिए होता है। इसका स्वाभाविक नतीजा है कि राजनीति में जनसेवा के स्थान पर खम्भा-सम्पर्क को अहमियत मिले। योग्यता का स्थान चाटुकारिता ले ले और प्रजातन्त्र की प्रजा को खम्भों की रिआया माना जाए... ।''[3] लेकिन साथ ही वे पेड़ों की तुलना में खम्भों के हश्र की ओर संकेत करना भी नहीं भूलते, ''पेड़ों को पूजते हैं, जबकि वफादार कुत्ते भी मौका मिलते ही खम्भे पर टाँग उठाने लगते हैं।''[4] इस हश्र के बावजूद, जनतन्त्र को खम्भातन्त्र में तब्दील कर देनेवाले इन खम्भों रूपी नेताओं का इतना भारी असर है कि ''अधिकतर भारतीय पूर्णकालिक रोजगार के अभाव में अपने को अंशकालिक राजनीतिक कार्यकर्ता मानते हैं।''[5]

गोपाल चतुर्वेदी ने सरकारी अधिकारियों-कर्मचारियों में व्याप्त विकृतियों को विशेष रूप से व्यंग्य का विषय बनाया है। उनके सभी व्यंग्य-संकलनों में सरकारी दफ्तरों की विसंगतियों को उद्घाटित करनेवाले व्यंग्य हैं, और 'फाइल पढ़ि-पढ़ि' संकलन तो पूरा-का-पूरा इसी विषय को समर्पित है। सरकारी मुलाजिमों के फाइलों पर जल्दी निर्णय

---

1. खम्भों के खेल; हुक्का, हम और राजनीति, पृ. 11
2. वही, खम्भातन्त्र बनाम प्रजातन्त्र, पृ. 197
3. वही
4. वही, पृ. 196-97
5. वही, पृ. 198

न लेने और मामले निपटाने में देरी करने के दूषित रवैये पर उनके द्वारा बहुत कम शब्दों में किया गया तीखा प्रहार देखिए, "कभी-कभी जीवन में ऐसे क्षण आते हैं कि मनुष्य को कोई-न-कोई निर्णय लेना ही पड़ता है—भले ही वह मनुष्य सरकारी मुलाजिम ही क्यों न हो।"[1]

विभिन्न सामाजिक समस्याओं पर भी चतुर्वेदी की व्यंग्य-दृष्टि गई है। मौजूदा स्थिति में आम आदमी का जीना दूभर है। उसे आसान बनाने के लिए चतुर्वेदी जीवन में खेल-भावना की जरूरत पर बल देते हैं। उन्हीं के शब्दों में, "खेल-भावना का प्रचार रोजमर्रा की जिन्दगी के लिए भी जरूरी हो गया है।...इसी भावना से इंसान भूख-प्यास की शारीरिक कमजोरियों पर विजय पाकर संन्यासी हो सकता है। पढ़ाई खत्म कर, रोजगार-दफ्तर के चक्कर काट सकता है, रोज नई नौकरी के लिए आवेदन कर सकता है।"[2] लेकिन यह खेल-भावना अपनाना इतना आसान तो है नहीं। आम आदमी कोशिश करता है, पर तभी जीवन की कटु वास्तविकताएँ सामने आकर उसके मुख से मुसकान नोच जाती हैं, "विद्वानों का कहना है कि मुस्कराना अच्छी सेहत के लिए जरूरी है। हम बहुत दिनों से यही कोशिश कर रहे हैं कि एक बार मुस्कराना शुरू करें और फिर मुसल्सल मुस्कराते ही रहें। पर हम जब भी मुस्कराने का उपक्रम करते हैं तो किराने का लाला का उधार, घर-खर्च का जंजाल, दफ्तर के साहब का 'तत्काल' याद आ जाते हैं और हमारे होंठ किसी सार्वजनिक घोटाले की जाँच-से सिल जाते हैं।"[3]

गोपाल चतुर्वेदी की शैली आकर्षक एवं पठनीय है, पर कहीं-कहीं उनका वाक्य-विन्यास रचना को बोझिल भी बना देता है। उनके विचारों को पकड़ने में भी कहीं-कहीं कसरत करनी पड़ती है। भावों और विचारों को विस्तार देने की उनकी प्रवृत्ति भी एक ओर व्यंग्य को भोथरा बनाती है तो दूसरी ओर दोहराव पैदा कर देती है, जिससे ऊब होने लगती है।

यशवन्त कोठारी में व्यंग्य की सतर्क मीनाकारी अधिक भास्वर है। 'कुर्सी-सूत्र', 'चमचा-सूत्र', 'हिन्दी की आखिरी किताब', 'यश का शिकंजा' आदि में संगृहीत कोठारी का व्यंग्य-लेखन चर्चित रहा है। 'फिल्म-सूत्र' का यह सूक्त कोठारी की व्यंग्य-दृष्टि का परिचायक है—

सर्वोपनिषदो सर्वो जगत ज्ञानम गावो दोग्धा।
दर्शको नत्सः सुधीर्भोक्ता दुग्ध फिल्मोमृतं महत॥

टीका—सभी उपनिषदों, सम्पूर्ण सांसारिक ज्ञान का मन्थन करने के पश्चात् फिल्म रूपी अमृत का पान दर्शकों को कराया जाता है।

शंका—फिल्म को अमृत क्यों कहा गया है ?

---

1. अफसर की मौत, घूमने अकेले, पृ. 9
2. वही, हारे को हरिनाम, पृ. 19
3. खम्भों के खेल, वह मुस्कराते क्यों हैं, पृ. 115

निवारण–तुम बड़े भोले हो वत्स ! फिल्म का नाम सुनकर मुर्दा भी एक बार जी उठता है। इसलिए इसे अमृत कहा गया है।[1]

निश्चय ही यशवन्त कोठारी ने व्यंग्य-लेखन के फलक पर अनुभवी आलोचनात्मक दृष्टि का उपस्थापन किया है और शैली के नए झटके दिए हैं। ठीक यही अनुभव **अशोक शुक्ल** की व्यंग्य-कृतियाँ पढ़कर होता है। एक ऐसी प्रभावपूर्ण व्यंग्य-सृष्टि की रचना शुक्ल ने की है, जिसमें पुरातन का नवीन संस्करण और नवीन का वास्तविक चित्र साकार हुआ है। जितने बड़े पैमाने पर व्यंग्यकार ने नई जातक-कथाएँ लिखी हैं, उतने ही व्यापक स्तर पर उसने शिक्षा, साहित्य, समाज और राजनीति में उपलब्ध छिद्रों का अन्वेषण किया है। 'प्रोफेसर-पुराण', 'हड़ताल-हरिकथा', 'सेवामीटर' आदि उपन्यासों और 'मेरा पैंतालीसवाँ जन्मदिन' व्यंग्य-संकलन में लेखक ने कथ्य के गहरे प्रहारात्मक संकल्प को शैली की श्रेष्ठ पॉलिश द्वारा चमकाया है। उदाहरण के लिए नेताजी का यह चित्र द्रष्टव्य है, "उनके खान-पान, उठने-बैठने, काम-धन्धे–हर बात में कूट-कूटकर भरी थी नेतागिरी। वे लघुशंका भी निबटाते तो नेतागिरी ही टपकती। नियमों के पक्के, मुस्कुराते तो जब तक फोटो न खिंच जाती, मुस्कुराते ही रहते। बिना फीता काटकर उद्घाटन किए शौचालय में न जाते।"[2] वस्तुतः अशोक शुक्ल ने व्यंग्य-लेखन को भाषा के चमत्कार का विलक्षण संव्यान दिया है। शैली की ऐसी तराश **सुबोधकुमार श्रीवास्तव** के पास अलबत्ता नहीं है। वे अपने व्यंग्यों द्वारा चुभन का अनुभव तो कराते हैं, लेकिन विषय और शिल्प का कोई नयापन इंगित नहीं करते। 'शहर बन्द क्यों है' और 'बचिए भभूत गिर रही है', इन दोनों ही व्यंग्य-संकलनों में श्रीवास्तव ने सामाजिक रूढ़ियों, साहित्यिक कदाचरणों और राजनीतिक भ्रष्टाचार पर व्यंग्य किया है। उन्होंने खोखली क्रान्ति और व्यावहारिक छलों पर प्रहार किया है, बढ़ते हुए भ्रष्टाचार और पनपती हुई विसंगतियों को निशाना बनाया है। सांस्कृतिक मूल्यों के विघटन के सन्दर्भ में उनकी ये पंक्तियाँ देखिए, "भारतीय संस्कृति गरीब की लुगाई की तरह है, जिसे हर कोई अपनी भौजाई बना लेता है। बात करने को कोई विषय नहीं है तो लोग भारतीय संस्कृति पर टूट पड़ते हैं।"[3]

व्यंग्य-लेखन को आलम्बन की नव्यता और प्रस्तुति की प्रहारक भंगिमा देने में **सुरेश कान्त** का अवदान उल्लेखनीय है। डॉ. विश्वम्भरनाथ उपाध्याय ने उन्हें व्यंग्यकारों की नई पीढ़ी का अग्रणी लेखक माना है।[4] प्रायः सभी विधाओं में अधिकारपूर्वक कलम चलानेवाले युवा लेखक सुरेश कान्त ने 'अफसर गए विदेश', 'पड़ोसियों का दर्द', 'बलिहारी गुरु' जैसे पुरस्कृत व्यंग्य-संकलनों, 'ब' से बैंक' और 'मैनेजमेंटनामा' जैसे क्रान्तिकारी व्यंग्य-उपन्यासों और 'विदेशी आया' तथा 'बेचारा हिन्दुस्तान' जैसे बहुमंचित

---

1. चमचा-सूत्र, पृ. 14
2. सारिका, 1 मार्च 1979, पृ. 48
3. धर्मयुग, 25 मार्च 1973, पृ. 21
4. बलिहारी गुरु, फ्लैप

व्यंग्य-नाटकों के साथ-साथ दैनिक 'अमर उजाला कारोबार' में वर्षों से जारी साप्ताहिक व्यंग्य-कॉलम 'अर्थसत्य' के माध्यम से निरन्तर नए विषयों की तलाश और उनके प्रभावी प्रस्तुतीकरण द्वारा हिन्दी-व्यंग्य को नए आयाम और सार्थक विस्तार दिए हैं। अपनी विशिष्ट अन्तर्वस्तु के अनुरूप उन्होंने पुराने रूपों का परिष्कार और नए रूपों का आविष्कार किया है। सुरेश कान्त का 'ब' से बैंक' औपन्यासिक स्तर की हिन्दी-व्यंग्य-विकृतियों में अपना विशिष्ट स्थान रखता है। व्यंग्य और हास्य में स्पष्ट सीमांकन (डिमार्केशन) स्थापित करनेवाला यह व्यंग्य-उपन्यास किसी बैंक-विशेष की व्यंग्यात्मक गतिविधियों की रोचक, विचारणीय कहानी मात्र नहीं, वरन् आजादी के बाद के हमारे सभी कार्यालयों के भ्रष्ट, दयनीय और निवार्य कार्यकलापों, स्थितियों-परिस्थितियों का बृहद् खुलासा है। उपन्यास में वर्णित बैंक-परिवेश से पाठक के समक्ष सभी सरकारी-गैरसरकारी कार्यालय साकार हो उठते हैं। वर्णित बैंक सभी कार्यालयों का प्रतिनिधित्व करता है, बैंक-मैनेजर किसी भी कार्यालयाध्यक्ष को मूर्तिमान करता है, बैंक-स्टाफ सामान्य स्टाफ का और कस्टमर सार्वभौम कस्टमर का साक्षात्कार कराता है।

'ब' से बैंक' में बैंकीय व्यवहार व कार्यकलापों के व्यंग्यात्मक निरूपण में व्यंग्यकार का आत्मविश्वास और दक्षता देखते ही बनती है। लेखक के पास पूरे परिवेश को समग्रता में ग्रहण करने के लिए सूक्ष्म पर्यवेक्षण-शक्ति और पक्षधर वैचारिक दृष्टि है, तो गृहीत विषय को कारगर ढंग से अभिव्यक्त करने हेतु अद्वितीय शैली-शिल्प भी। बैंक की परिवेशगत विसंगतियों का सूक्ष्मता से अध्ययन कर उनका ऐसा सटीक और मार्मिक विश्लेषण लेखक ने किया है कि उसे पढ़कर एक ओर जहाँ मन में वर्णित व्यवस्था के विरुद्ध आक्रोश संचित होता है, वहीं नए कथ्य और भंगिमा के प्रति आश्चर्यमिश्रित प्रसन्नता का भाव भी जागृत होता है। यह उपन्यास वस्तुतः भारतीय बैंकिंग-उद्योग की विस्तृत एवं प्रभावशाली बैलेंस-शीट यानी कच्चा चिट्ठा है। व्यंग्यकार का बैंक-विषयक समीक्षा-कार्य बैंक-बिल्डिंग से प्रारम्भ होकर प्रायः सभी सम्भावित बिन्दुओं तक विस्तृत है। बिल्डिंग के विषय में लेखक का यह व्यंग्य कि ''यह लोगों की भलमनसाहत ही कही जाएगी कि वे कतिपय दीवारों से घिरे उस स्थान-विशेष को, जिसमें कि बैंक की वह शाखा-विशेष शोभा को प्राप्त होती थी, बिल्डिंग कह देते थे। पाठकों को भी उसे—चाहे वर्णन से न भी लगे—बिल्डिंग ही मान लेना चाहिए और इस प्रकार अपनी पाठकोचित विनम्रता का परिचय देना चाहिए। यों मुहम्मद तुगलक के जमाने में वह निश्चित रूप से बिल्डिंग ही रही होगी, इसका मैं विश्वास दिलाता हूँ,''[1] ऐसी बिल्डिंग की ओर संकेत करता है, जिसकी जर्जरता दूर करने हेतु कागजों में पैसा तो आया दिखाया होता है, पर वह बिल्डिंग तक यथार्थतः पहुँच नहीं पाता।

बैंक में अफसर-क्लर्कों के सम्बन्ध, लेजरों की व्यवस्था, यूनियन के क्रिया-कलाप, बैंकीय अव्यवस्था, बैंकीय भ्रष्टाचार, खातों एवं खातेदारों की स्थिति आदि का

1. 'ब' से बैंक, पृ. 9-10

सुरेश कान्त ने विश्वसनीय चित्रण किया है। प्रोबेशन के समय सम्बन्धित व्यक्ति को जिस प्रकार से तंग किया जाता है, वह उसके लिए असहनीय है। मैनेजमेंट द्वारा उसे गुलाम समझकर काम लिया जाता है, जिसके कारण उसकी कार्य के विरुद्ध तीव्र प्रतिक्रिया होती है। बैंकों में कार्य-शिथिलता का यही कारण है। सुरेश कान्त ने प्रोबेशन के समय और उसके बाद कर्मचारी की 'कार्यकुशलता' का उल्लेख करते हुए लिखा है, "स्थिति यह थी कि प्रोबेशन मैनेजमेंट ने एक कैद की तरह बनाया हुआ था। इस दौरान क्लर्क या अफसर से गधे के समान काम लिया जाता था और शायद इसीलिए, प्रोबेशन के बाद क्लर्क-लोग दुलत्तियाँ झाड़कर बदला चुका लिया करते थे।"[1] व्यापक दृष्टिकोण के कारण सुरेश कान्त की कलम बैंक के परिवेश में ही बँधी नहीं रहती, अपितु प्रत्यक्ष एवं अप्रत्यक्ष रूप से राजनीति, समाज, शिक्षा, पुलिस, शासन-तन्त्र, धर्म आदि की विसंगतियों की भी चीरफाड़ करती है। मानवीय सम्बन्धों के आधार को परखने की लेखक के पास पूर्वग्रहमुक्त, व्यंग्यात्मक, संवेदनात्मक–सभी आवश्यक दृष्टियाँ हैं, "नवीन ने मेरे साथ बहुत अच्छा व्यवहार किया, कदाचित् इसलिए कि उसके साथ वहाँ किसी ने कभी अच्छा व्यवहार नहीं किया था।"[2]

आर्थिक रूप से पिछड़े कामगार और मजदूर वर्ग की कारुणिक अवस्था, शहर को सुन्दर बनाने के नाम पर उन पर हो रहे अत्याचारों की झलक भी इस उपन्यास में मिलती है। निर्धन लोगों की अवस्था का वर्णन करने में सुरेश कान्त ने जिस व्यंग्य-शैली का प्रयोग किया है, वह लेखक के वर्तमान व्यवस्था के विरुद्ध संचित आक्रोश को अभिव्यक्ति देती है, "मैदान पहले मैदान नहीं था। तब वहाँ निर्धन लोग झुग्गियाँ डालकर रहते थे। यह उनका सौभाग्य ही था कि उनके जीवन का स्तर ही कोई नहीं था, अन्यथा यदि वह होता, तो बहुत नीचा होता। कारण, वे इतने कंजूस थे कि कभी भरपेट नहीं खाते थे और इतने टुच्चे थे कि हमेशा फटे-पुराने कपड़े पहनते थे। कुल मिलाकर वे उस दीन-हीन दशा में रहते थे कि बड़े मजे से एक सभ्य आदमी की घृणा के पात्र हो सकते थे। सभ्य आदमियों को घृणा करने का शौक होता है।"[3] सुरेश कान्त ने इस वर्ग को उनकी कमजोरियों के साथ प्यार किया है। वह उनकी कमजोरियों को नजरअन्दाज नहीं करता, उनका चित्रण करता है; परन्तु उनके विरुद्ध हो रहे हर शोषण और अत्याचार के विरुद्ध उसके मन में आक्रोश है और मौका मिलते ही, बल्कि मौका निकाल-निकालकर वह उसे अभिव्यक्त करने से नहीं चूकता। उदाहरण के लिए, "मजदूर लोग उजड़ गए, राजधानी सुन्दर हो गई"[4] और "मजदूरों की लाशों पर टाकीज धूमधाम से खड़ा हो गया।"[5]

---

1. 'ब' से बैंक, पृ. 14
2. वही
3. वही, पृ. 41
4. वही, पृ. 42
5. वही, पृ. 43

विसंगतियों, विकृतियों, पाखंडों के उद्‌घाटन के लिए व्यंग्यकार ने मिथकों, ऐतिहासिक पात्रों-प्रसंगों तथा काव्योक्तियों का इतना कलात्मक उपयोग किया है कि उनसे कथ्य बहुत प्रभावशाली और व्यंग्य बहुत आक्रामक बन गया है। 'चालू खाते में स्टेटमेंट' नामक अध्याय का यह प्रसंग देखिए, ''कहा जाता है कि एक बार बैंक में एक पंखा खरीदकर लाया गया। उसने बहुत अच्छी तरह से काम दिया और इस बीच जरा भी खराब नहीं हुआ। पर एक दिन अचानक ही वह रुक गया और कुशल-से-कुशल मिस्त्री के प्रयत्नों के बावजूद नहीं चला। / 'हे राजन !' बेताल ने कहा, 'इसका क्या कारण था ? जानते हुए भी उत्तर नहीं दोगे, तो तुम्हारे सिर के टुकड़े-टुकड़े हो जाएँगे।' / 'वस्तुतः स्थिति यह थी', राजा ने उत्तर दिया, 'कि उस पंखे को बैंक में आए छह महीने हो चुके थे। दूसरे शब्दों में, उसका प्रोबेशन-काल समाप्त हो गया था और अब वह अपनी मर्जी से ही चल सकता था।' / राजा का मौन भंग होते देख बेताल शव के साथ अदृश्य हो गया और पेड़ से जा लटका।''[1]

ऐसे ही 'कुर्सी-महिमा : 2' में व्यंग्यकार ने लिखा है, ''सर्वसाधारण को सूचित किया जाता है कि कुछ दिवस पूर्व एक आदमी बाजार से कुर्सी खरीदकर चला, तो घर लाए जाते ही उसमें से आवाज आई—ऐ भक्त, मैं कुर्सी-माता हूँ, और इस संसार के प्राणियों के कष्टों को समाप्त करने के लिए मैंने अवतार धारण कर लिया है। अब तुम्हें चाहिए कि तुम मेरा एक मन्दिर बनवा दो। मेरा आशीर्वाद है कि तुम कुछ ही दिनों में लखपति हो जाओगे। उसने ऐसा ही किया। मन्दिर में इतना चढ़ावा चढ़ने लगा कि आज वही आदमी लखपति है और उसके बाद उसने पाँच-छह मन्दिर और खोल लिए हैं। अतः श्रद्धालु भक्तगण से प्रार्थना है कि जिस किसी को यह पर्चा प्राप्त हो, वह कुर्सी-माता के प्रचारार्थ कम-से-कम एक हजार पर्चे छपवाकर बाँटे। एक डाकू ने कुर्सी-माता के पर्चे छपवाकर बाँटे, तो वह विधानसभा के चुनाव में खड़ा होकर जीत गया और एक मजदूर ने पर्चे छपवाने में अपनी असमर्थता प्रकट की, तो सत्ताधारी दल ने उसे विरोधी दल का नेता घोषित कर मीसा में बन्द कर दिया। एक अन्य आदमी, जिसकी सात लड़कियाँ थीं और जो उनकी शादी को लेकर हमेशा चिन्तित रहा करता था, ने पर्चे छपवाकर बँटवाए तो उसकी सभी लड़कियाँ मुहल्ले के लड़कों के साथ भाग गईं और एक आदमी ने पर्चे छपवाने में अनाकानी की, तो उसके लड़कों का लिंग-परिवर्तन हो गया...''[2]

'ब' से बैंक' ने उपन्यास के शिल्प को कई जगह पर तोड़ा है। वस्तुतः उपन्यास किसी एक कथा-सूत्र को लेकर आगे नहीं चला है—वह जैसे सूत्रों को पकड़ता है, सूत्र-रूप में उनकी रचना करता है और फिर उनके इर्द-गिर्द घटनाओं का निर्माण करता है। इन सभी सूत्रों में एकसूत्रता यही है कि सभी सूत्र बैंक के परिवेश से सन्दर्भित हैं। उपन्यास की भाषा, चरित्र-चित्रण की पद्धति, वाक्यों का विन्यास, उपन्यास का कथ्य

1. 'ब' से बैंक, पृ. 14-15
2. वही, पृ. 64-65

आदि इस बात की आवश्यकता महसूस कराते हैं कि इस उपन्यास की आलोचना करने के लिए, इसे समझने के लिए एक नई आलोचना-दृष्टि की जरूरत है। लेखक ने डायरी-शैली, पत्र-शैली, पौराणिक कथा-रूढ़ियों आदि के मिश्रण से एक सर्वथा नई शैली का निर्माण किया है। उपन्यास परम्परागत अध्यायों में बँटा हुआ नहीं है। छोटे-छोटे अध्याय हैं, जिनका नामकरण लेखक ने किया है। उपन्यास व्यंग्य-आलोचना सम्बन्धी अनेक पूर्वग्रहपूर्ण धारणाओं को तोड़ता है। कथ्य और शिल्प के धरातल पर किए गए नवीन प्रयोग 'ब' से बैंक' को हिन्दी-व्यंग्य-उपन्यासों में विशिष्ट स्थान प्रदान करते हैं।

'अफसर गए बिदेश', 'पड़ोसियों का दर्द', 'बलिहारी गुरु' आदि व्यंग्य-संकलनों का अनुशीलन सुरेश कान्त के विषय में अनायास ही एक सशक्त और सहज व्यंग्य-लेखक की धारणा उत्पन्न कर देता है। प्रौढ़ एवं सार्थक व्यंग्य से आप्लावित ये संग्रह लेखक के व्यंग्यकार रूपी व्यक्तित्व को पूर्ण रूप से उजागर करने में समर्थ है। मौजूदा व्यंग्य-कर्म की सारी करवटें इनमें मौजूद हैं। 'पड़ोसियों का दर्द' की 'बकलम खुद' शीर्षक भूमिका में सुरेश कान्त ने व्यंग्य-विधा की स्थापना के समर्थन में सबल तर्क प्रस्तुत किए हैं, जिनकी चर्चा पहले अध्याय में की जा चुकी है। 'विदेशी आया' और 'बेचारा हिन्दुस्तान' नामक उनके नाटक भी हिन्दी-व्यंग्य को नया आयाम देते हैं। डॉ. विजयेन्द्र स्नातक के शब्दों में, "सुरेश कान्त ने व्यंग्य को सचेतन कहानी की तरह सचेतन व्यंग्य बनाया है, इसमें दो मत नहीं। उनका व्यंग्य पाठक को झकझोरता है, उसके सोच को जगाता है और भीतर समाज में व्याप्त पाखंड और मिथ्याचार के पर्दे उठाकर दिखाता है। इसलिए वह पूर्णतः सार्थक है। उसमें दंश के साथ-साथ विघटन का दर्द भी मौजूद है। मूल्यहीनता से उत्पन्न सामाजिक बिखराव की ओर पाठक का ध्यान आकृष्ट करने की शैली उन्हें अन्य व्यंग्यकारों से भिन्न, एक सर्वथा अलग व्यक्तित्व प्रदान कर देती है। मुखौटों के भीतर आँख डालकर उनकी असलियत देख पाना और उतनी ही खूबी से उसे पाठकों को दिखा देना सुरेश कान्त की निजी विशेषता है। व्यंग्य जब जीवन के कुत्सित और कदर्थित को बेनकाब करता है, तो उसे बेरहम तो होना ही पड़ता है। फिर भी सुरेश कान्त के लेखन में संवेदनशीलता के कारण करुणा और दया आद्यन्त बनी रहती है। उन्होंने शब्द से कशाघात का काम लेने के साथ-साथ उद्‌बोधन कर सचेत करने का भी काम लिया है, और मैं समझता हूँ कि शब्द का यही सार्थक प्रयोग है।"[1]

ऐसे ही तीखे तेवर **ज्ञान चतुर्वेदी** के व्यंग्य-लेखन में दिखाई देते हैं। 'प्रेतकथा' नामक व्यंग्य-संकलन और 'नरक-यात्रा' नामक व्यंग्य-उपन्यास में चतुर्वेदी ने भी व्यंग्य-संरचना को प्रयोग और नवीनता की आकर्षक ऊँचाई दी है। शिक्षा और साहित्य, तन्त्र और मूल्य, राजनीति और समाज के विभिन्न चिन्ताकारी सन्दर्भों पर व्यंग्यकार ने अपनी चिन्ता व्यक्त की है। अद्‌भुत-रस का उदाहरण बन गई शिक्षा-पद्धति पर चतुर्वेदी

1. पड़ोसियों का दर्द, फ्लैप

का कटाक्ष देखिए, ''प्रत्येक कस्बे में दो प्रकार के कॉलेज पाए जाते हैं। प्रथम कॉलेज के दरवाजे पर ढेर सारे लड़के खड़े रहते हैं। अन्दर लड़कियों को बकरियों की तरह बन्द रखा जाता है। यह लड़कियों का कॉलेज होता है। प्रायः हनुमानजी या शंकरजी का मन्दिर भी पास ही होता है। इससे सुविधा हो जाती है और किसी लड़की-विशेष के लिए ईश्वर से लगे हाथों प्रार्थना भी की जा सकती है। द्वितीय कॉलेज लड़कों का होता है। इसमें न गेट पर कोई होता है और न कोई अन्दर, क्योंकि समस्त छात्र प्रथम कॉलेज के गेट पर एकत्रित रहते हैं।''[1]

चतुर्वेदी का 'नरक-यात्रा' एक उत्कृष्ट व्यंग्य-उपन्यास है। सुरेश कान्त ने 'ब' से बैंक' में जैसे बैंकों में व्याप्त विसंगतियों को निशाना बनाया है, ज्ञान चतुर्वेदी ने वैसे ही 'नरक-यात्रा' में सरकारी अस्पतालों की विकृतियों की शल्य-चिकित्सा की है। इस उपन्यास में वर्णित अस्पताल आम मरीजों के लिए सरकार द्वारा तैयार किया गया 'लाक्षागृह' जैसा है, जो चतुर्वेदी के ही शब्दों में, ''महाभारत में उल्लिखित 'लाक्षागृह' से इस मायने में अलग था कि इस अस्पताल में ऐसी कोई सुरंग नहीं थी, जहाँ से आम-जन भाग पाता।''[2]

अस्पताल का कोई अंग ऐसा नहीं होगा, जो इस उपन्यास में चतुर्वेदी की व्यंग्य-दृष्टि से छूट गया हो। इसमें नालायक सर्जन हैं, डिग्री पाने के लिए प्रोफेसर की हाँ-में-हाँ मिलानेवाले और इस प्रयास में मेडिकल-साइंस को चापलूसी का आर्ट बना देनेवाले व्यक्तित्वहीन जूनियर डॉक्टर हैं, मरीज को पैसे की बोरी, पर्स या गुल्लक मानकर देखनेवाले स्पेशलिस्ट हैं, अपस्ताल के मरीजों के लिए खरीदी जानेवाली चीजों को खुद हड़प कर लेनेवाले किचन-इंचार्ज हैं, बात-बात पर मरीजों से पैसे ऐंठने की फिराक में रहनेवाले कर्मचारी हैं, पद और प्रभुत्व के लिए चलनेवाले दन्द-फन्द हैं, मरीजों की जिन्दगी के साथ किए जानेवाले खिलवाड़ हैं। यह उपन्यास भी अस्पताल के माध्यम से समूचे देश की लालफीताशाही और भ्रष्टाचार को प्रतिबिम्बित करता है। यह पाठक को ऐसे नरक की यात्रा करवाता है, जो अस्पताल ही नहीं, देश के कोने-कोने में व्याप्त है। डॉ. ज्ञान चतुर्वेदी ने इस उपन्यास के माध्यम से अपनी प्रखर व्यंग्यकारिता का परिचय दिया है।

प्रेम जनमेजय ने भी देश की व्यवस्था में रच-बस गई विसंगतियों का उद्घाटन अपने 'राजधानी में गँवार', 'बेशर्ममेव जयते', 'पुलिस-पुलिस', 'आत्मा महाठगिनी', 'शर्म मुझको मगर आती क्यों' आदि व्यंग्य-संग्रहों के माध्यम से किया है। उनका व्यंग्य-लेखन सोचने और कुछ करने को विवश करता है। कुरुक्षेत्र में भगवान कृष्ण द्वारा अर्जुन को दिए गए गीतोपदेश के मिथकीय प्रसंग को आधुनिक सन्दर्भ प्रदान करते हुए 'मन्त्रीक्षेत्रे कुरुक्षेत्रे' व्यंग्य में वे राजनीतिक विसंगतियों को उजागर करते हुए लिखते हैं–

1. धर्मयुग, 2 मार्च 1980, पृ. 27
2. नरक-यात्रा, पृ. 3

लेखक उवाच

हे पाठक ! महाभारत का युद्ध आरम्भ होने से पूर्व कुरुक्षेत्र की पावन भूमि में जिस प्रकार अर्जुन को मोह हुआ था, उसी प्रकार शासकीय दल के एक मन्त्री को, जिसका नाम अर्जुन है, संसद के पवित्र क्षेत्र में पहुँचकर मोह हुआ। संसद में पहुँचते ही वह समस्त दृश्य देखकर घबरा गया और उसने बाहर जाने का पूर्ण निश्चय ले लिया। जिस उद्देश्य से वह मन्त्री बना था, वह उसे असम्भव जान पड़ा। ऐसे समय में एक घिसे हुए मन्त्री ने, जिसका नाम कृष्ण है, किस प्रकार अर्जुन का मोहभंग किया, वह समस्त दृश्यावली हम नीचे संवाद-शैली में कहते हैं।

अर्जुन उवाच

हे प्रभु, आपने संसद में लाकर मुझे दुविधा में डाल दिया है। संसद के अन्दर देखता हूँ तो सब विरोधी अपने जैसे दिखाई देते हैं और यदि संसद के बाहर दृष्टिपात करता हूँ तो समस्त जनता अपनी ही लगती है। न जाने किस व्यक्ति ने मुझे वोट दिया है और किसने नहीं ! अतः हे भगवान ! अब आप ही कृपा करके मेरा मार्ग निर्दिष्ट करें कि किसे अपना कृपापात्र बनाऊँ तथा किस पर अपने हथकंडों का प्रयोग करूँ?

कृष्ण उवाच

हे अर्जुन ! इस महत्त्वपूर्ण समय में इस प्रकार की भावना ने तुम्हें कैसे ग्रस्त कर लिया है, मुझे आश्चर्य है। यह समय खोने का नहीं, कुछ करने का है। यदि अब तुमने अपने लिए तथा अपने परिवार के लिए कुछ नहीं किया तो तुम इसके पश्चात् उसी प्रकार भटकोगे जिस प्रकार पार्टी का टिकट न मिलने पर कोई व्यक्ति (कार्यकर्ता ?) भटकता है। तुम्हें न तो प्रसिद्धि ही मिलेगी और न ही स्वर्गिक सुख प्राप्त होगा...

अर्जुन उवाच

हे भगवन्, अच्छे व्यक्ति की पहचान क्या है ?

कृष्ण उवाच

...वोट देनेवाले के अतिरिक्त इस विश्व में कोई अन्य व्यक्ति अच्छा नहीं है, यह समझकर समस्त कार्य करना चाहिए। वैसे जो भी व्यक्ति मन्त्री की अर्थव्यवस्था को सुदृढ़ करने में अपनी सहायता दे, वही अधिक अच्छा व्यक्ति कहलाता है। इस दृष्टि से पूँजीपति नामक जीव बहुत अच्छा है। वह मन्त्री को चुनाव के लिए धन देता है

और परिवार के लिए जीविका।"[1]

प्रेम जनमेजय ने 'बीसवीं शताब्दी—उत्कृष्ट साहित्य—व्यंग्य रचनाएँ' जैसे अनेक व्यंग्य-ग्रन्थ सम्पादित करके हिन्दी-व्यंग्य के वैभव को प्रकाश में लाने का महती कार्य भी किया है।

हरि जोशी ने भी अपनी 'अखाड़ों का देश', 'रिहर्सल जारी है', 'व्यंग्य के रंग', 'भेड़ की नियति', 'पगडंडियाँ' आदि व्यंग्य-कृतियों द्वारा हिन्दी-व्यंग्य को समृद्ध किया है। **डॉ. शिव वर्मा** की कतिपय व्यंग्य-रचनाएँ 'जब ईश्वर नंगा हो गया' में संगृहीत हैं, जिनके द्वारा उन्होंने व्यवस्था और समाज की विकृतियाँ उजागर की हैं। यही कार्य अपने ढंग से **यज्ञ शर्मा** ने किया है, जिनका यद्यपि एक भी व्यंग्य-संकलन अभी तक प्रकाशित नहीं हुआ है, पर जिन्होंने पत्र-पत्रिकाओं में विपुल व्यंग्य-सृजन किया है। शर्मा ने राजनीति का चित्रण ऐसे प्याज के रूप में किया है, जिसकी सारी परतों के भीतर से अन्ततः राजनीति ही निकलती है। व्यंग्यकार ने उस वातावरण पर जोरदार प्रहार किया है, जिसमें बहुसंख्यक होते हुए भी जनता के विचार अल्पमत होते हैं और सांस्कृतिक लोप की महादशा में सारे मूल्य ध्वस्त हो गए हैं। शर्मा ने उस विश्वासहीन आदमी का दुख व्यक्त किया है, जो सच्चाइयों पर आरोपित असत्य की चमक पर विश्वास नहीं जमा पाता, "चौपाटी की सभा में नेता आग उगलते रहते हैं। बार-बार दोहराते हैं कि वे दुनिया बदल देंगे। सारी बुराइयाँ खाक कर देने का ताप होता है उनकी भाषा में। अविश्वास का कोई कारण न होते हुए भी उसे नहीं लगता कि ये लोग दुनिया बदलेंगे।"[2]

सहज व्यंग्य का यही आलोक **कृष्ण चराटे** की व्यंग्य-रचनाओं में भी है। 'मेरे मुहल्ले का सूर्योदय' और 'साहब का टेलीफोन', इन दोनों ही संकलनों में चराटे ने पड़ोस और परिवेश से जुड़ी असंगतियों पर बेबाक चोट की है। **सुरेश सेठ** ने भी इधर व्यंग्य-लेखन के क्षेत्र में जगह बनाई है। 'तीसरी आजादी का इन्तजार' और 'सिरहाने मीर के' में सेठ की प्रहारात्मक क्षमता की बानगियाँ एकत्र हैं। **हरीश नवल** ने कम लिखा है, पर अच्छा लिखा है। 'बागपत के खरबूजे', 'पीली छत पर काला निशान', 'पुलिस-मैथड' आदि संकलनों में उनकी व्यंग्य-रचनाएँ संकलित हैं। इन रचनाओं में शैक्षिक, सामाजिक, राजनीतिक विसंगतियों को पैनेपन के साथ उधेड़ा और उघाड़ा गया है। 'विक्रमार्क, बुढ़िया और सराय रोहिल्ला' में बदलते पारिवारिक सम्बन्ध उजागर हुए हैं तो 'मिलना डिग्री का चिमनलाल बंसल को', 'अथ प्रकरण इनवीजिलेटर' और 'रंगमंच पर शोध' रचनाएँ शिक्षा-जगत में व्याप्त अँधेरगर्दी का पर्दाफाश करती है। 'खेलों के खेल ये संसदीय खेल', 'भाजपा, जपा और अजपा, एक तुलनात्मक अध्ययन' और 'बागपत के खरबूजे' राजनीतिक विकृतियों पर व्यंग्य हैं। नवल ने मुख्यतः पैरोडी-शैली अपनाई है और इसमें वे खासे सफल भी हुए हैं। **अज्ञातशत्रु** ने भी अपने व्यंग्य-संकलन 'आधी वैतरणी' में चिन्तन और अनुभव से व्यंग्य के ऐसे बीजों का वपन किया है, जिनसे संघर्ष

1. राजनीतिक परिवेश पर व्यंग्य, सं. गिरिराजशरण अग्रवाल, पृ. 65-66
2. धर्मयुग, 22 मार्च 1981, पृ. 49

और परिवर्तन का वटवृक्ष पनपे।

'अजगर करे न चाकरी' में संकलित **सूर्यबाला** के व्यंग्य परिवार और पड़ोस, साहित्य और राजनीति के विद्रूपों से परिचय कराते हैं। उनकी व्यंग्य-शक्ति की एक बानगी द्रष्टव्य है, "जिस कॉलोनी में जितने ज्यादा सभ्य, सुसंस्कृत और सम्पन्न लोग रहते हैं, उसमें कुत्तों की संख्या उतनी ही ज्यादा होगी। यों भी संस्कृति, सभ्यता, स्वभाव और आदतों की दृष्टि से मनुष्य इस जीव का जितना ऋणी है, और किसी जीव का नहीं।"[1]

उषा बाला के दो व्यंग्य-संकलन प्रकाशित हुए हैं–'कफनचोर का बेटा' और 'युधिष्ठिर के कुत्ते', पर उनकी व्यंग्य-रचनाओं पर कथा का बोझ ज्यादा है। **पूरन सरमा** ने 'आत्महत्या से पहले', 'स्वयंवर आधुनिक सीता का' आदि संकलनों में एकत्र अपने व्यंग्यों के माध्यम से नवीनतर व्यंग्य-क्षेत्रों की ओर इशारा किया है। **शिवानन्द कामड़े** के दो व्यंग्य-संकलनों 'इंटरव्यू के चोंचले' और 'विधवा सहानुभूति' में युवा व्यंग्य की ताजगी है और तदनुरूप व्यंग्य के कथ्य की व्यापकता भी है। आज की व्यंग्य-सर्जना को **बालेन्दु शेखर तिवारी** ने एक रोचक शैलीय विस्तार दिया है। 'रिसर्चगाथा', 'बिन यात्रा की यात्रा', 'किराएदार साक्षात्कार' आदि में उनका व्यंग्य-सृजन एकत्र है। शिक्षा और संस्कृति, साहित्य और समाज के विविध पक्षों का जायजा व्यंग्यकार ने लिया है। पुलिस की उपयोगिता के सन्दर्भ में व्यंग्यकार ने लिखा है, "जब-जब धर्म की हानि होने लगती है, पुलिस स्थिति में सही सन्तुलन पैदा करने के लिए सीन पर हाजिर हो जाती है। किसी गाँव में महीने में एक बार चोरी या डकैती की वारदात न हो तो यह उस इलाके की पुलिस के लिए लज्जा की बात होती है।"[2]

हिन्दी के समसामयिक व्यंग्य-सर्जकों की इस सूची में श्यामसुन्दर घोष (एक उलूक कथा), मालीराम शर्मा (आमने-सामने, कैप्सूल नहीं टूटता), धर्मस्वरूप (लघु व्यंग्य-कथाएँ), मानिक बच्छावत (आदम सवार), सनत मिश्र (एक और अभिमन्यु), श्याम गोइन्का (नसबन्दी), रमेश सैनी (मेरे आसपास), शशिकान्त (कुछ महाभारत और), दिलीप पटेल (मैं मुन्ने को नहीं सँभालूँगा), मधुसूदन पाटिल (अथ व्यंग्यम्), डॉ. रमाशंकर श्रीवास्तव (नमः प्रोफेसराय, हल्ला मचाओ गर्दन बचाओ), कुन्दनसिंह परिहार (अन्तरात्मा का उपद्रव), डॉ. धनराज चौधरी (गौतमबुद्ध और एक दुःखी आत्मा), पार्थसारथी डबराल (नानी मरी दादी युग की), डॉ. पूर्णसिंह डबास (जब जुल्फों पर रिसर्च होगी), डॉ. रत्नलाल शर्मा (इधर से उधर), प्रेमेन्द्र श्रीवास्तव (लीक से हटकर), सुशील कालरा (चमचे का ढक्कन), रवीन्द्र कुमार (पुरुष होने का दुःख), विभूतिनारायण राय (एक छात्र-नेता का रोजनामचा), जुगमिन्दर तायल (किस्सा पाँचवें दरवेश का), डॉ. शेरजंग गर्ग (बाजार से गुजरा हूँ), वीरेन्द्र कुमार जैन (रावण की राख, एक लुहार की), हरि मेहता (मारे गए शराफत में), शेरजंग जांगली (नेताजी का चमचा), प्रदीप पन्त (महामहिम, प्राइवेट सेक्टर का व्यंग्यकार, मैं गुटनिरपेक्ष हूँ), हरीशचन्द्र वर्मा (चमचा-पुराण, व्यंग्य

1. अजगर करे न चाकरी, पृ. 130
2. किराएदार साक्षात्कार, पृ. 91

के रंग) रासबिहारी पांडेय (उधार का भाषण, स्पीकर-क्रान्ति), श्रीराम ठाकुर दादा (ऐसा भी होता है, अभिमन्यु का सत्ताव्यूह), विष्णुदेव पांडेय (नेताजी, चौराहे पर), मनोहर प्रभाकर (अति सर्वत्र वर्जयेत), बिहारी दुबे (आँकड़ेबाजी), एम. उपेन्द्र (राजधानी में हनुमान), हरिकृष्ण तैलंग (कुत्तापालक कॉलोनी), बलवीर त्यागी (पैंट कन्धे पर), हनुमन्त मनगटे (शोकचिह्न), शर्देन्दु (हम हड़ताली जनम के), श्रीकृष्ण मायूस (भ्रष्टाचार और हम), डॉ. राजेश कुमार (पद के दावेदार, इमर्जेंसीवार्ड), विश्वमोहन ठाकुर (मेरा इक्कीसवाँ मकान), धर्मपाल महेन्द्र जैन (सर क्यों दाँत फाड़ रहा है ?), श्रीराम आयंगार (एक बीमार सौ अनार), रामस्वरूप (प्रभु का पसीना), दिलीप गुप्ते (एक फाइल का पोस्टमार्टम), राजेन्द्र निःशेष, (दीवारों के कान), राजेन्द्र शर्मा (नेताजी का सफेद चूहा), डॉ. चन्द्रशेखर (बयान एक गधे का, बीवी के जन्मदिन पर), हरमन चौहान (पूत के पाँव), नन्दकिशोर यादव (शुभ लाभ), स्वयं प्रकाश (स्वतः सुखाय), ओमशर्मा (बात करामात), रमेश गुप्त (गिरगिट), महेन्द्र वशिष्ठ ('अ' बने अफसर, कुत्ता-कल्चर), अश्विनी कुमार दुबे (घूँघट के पट खोल) आदि शामिल हैं। इन सभी व्यंग्यकारों ने अपनी कृतियों में आदि से अन्त तक विसंगतियों और स्खलनों का व्यापक पर्यटन कराया है। लेकिन हिन्दी-व्यंग्य का एक बृहत्तर संसार तो पत्र-पत्रिकाओं में पसरा हुआ है। अनेक प्रखर व्यंग्यकारों का अभी कोई संकलन नहीं छपा है, लेकिन उनकी व्यंग्य-दृष्टि बहुचर्चित हुई है। डॉ. विलास गुप्ते, श्रीकान्त चौधरी, निशिकान्त, डॉ. विनोद गोदरे, बटुक चतुर्वेदी, महेश अनघ, रवीन्द्र शर्मा, अंजनी चौहान, रमेश शर्मा निशिकर, महेशकुमार शुक्ल, कैलाश चन्द्र, रोमेश जोशी, प्रदीप मेहता, दिनेश रस्तोगी, विनोदशंकर शुक्ल, प्रकाश पुरोहित, इकराम राजस्थानी, श्यामलाल कौशिक, दामोदर अग्रवाल, प्रदीप चौबे, श्याम बिल्लौरे, सुरेन्द्र सुकुमार, अरुण रंजन, अवतार सिंह, देवेन्द्र मोहन, योगेश कुमार दवे, समर मुकर्जी, निरंजन जमींदार, बृजेश परसाई, चन्द्रकुमार असाटी, नरेन्द्र तिवारी, जीवनदास, अरुण मिश्र, राजेश जैन, कुलदीप तलवार, कमल गुप्त, श्याम व्यास, जगदीश कौशिक, सतीश दुबे, रमेश मालवीय, रामेश्वर वैष्णव, अनिल चौरसिया, आलोक मेहरोत्रा, जगदीश किंजल्क, नवीन नौटियाल, निदेश पालीवाल आदि बहुत से व्यंग्यकार इस कतार में शामिल हैं।

व्यंग्य-विधा की सप्राणता और वैविध्यपूर्ण संकल्पना ने न केवल विशुद्ध व्यंग्यकारों को इस जोखिम-भरे क्षेत्र में अग्रसर होने के लिए आकर्षित किया है, बल्कि इतर विधाओं में स्थापित रचनात्मक प्रतिभाओं को भी तलवार की इस धार पर चलने के लिए विवश किया है। कविता और उपन्यास, कहानी और समीक्षा के राजमार्ग पर चलनेवाले रचनाकारों को व्यंग्य की ईमानदारी और सम्प्रेषणात्मक पूर्णता ने ही इस ऊबड़-खाबड़ पथरीले-चमकीले रास्ते पर चलने के लिए बाध्य किया है। डॉ. धर्मवीर, डॉ. भारतभूषण अग्रवाल, मनोहर श्याम जोशी, सुरेन्द्र वर्मा, मणि मधुकर, मनहर चौहान, राबिन शॉ पुष्प, राजेन्द्र अवस्थी, रवीन्द्र कालिया, रमेश बक्षी, रमेश उपाध्याय जैसे अनेक समर्थ लेखकों ने व्यंग्य के दरवाजे पर दस्तकें दी हैं। डॉ. धर्मवीर भारती ने 'गुलीवर की तीसरी यात्रा'

के बहाने छायावादी और प्रगतिवादी काव्य-आचरणों पर प्रहार किया और यथावसर 'धर्मयुग' के पन्नों पर भी 'तीरभा' के नाम से व्यंग्य की वेगवती धारा को प्रवाहित किया, यथा "भँगेड़ी को जैसे हरी गोली भाती है, नेता को जैसे गुपचुप चन्दे की झोली भाती है, रसिकजनों को जैसे नायिका मुग्धा भोली भाती है, तैसे ही हुरिहारों को मस्ती की होली भाती है।...होली आते ही नकाब उलटने लगते हैं, रंग पलटने लगते हैं। हिन्दी-प्रदेशों के सम्पूर्ण समर्थन से जो नई सरकार आती है, वह अफसरों की घुड़की खाकर अंग्रेजी के गुन गाती है।"[1] लेकिन सर्वाधिक आश्चर्यकारी तो उन रचनाकारों की व्यंग्यकारी है, जिनके व्यंग्य-संकलन तक इधर प्रकाशित हो गए हैं। श्रीनारायण चतुर्वेदी ने विनोद शर्मा के नाम से अनेक मारक एवं प्रभावक व्यंग्य लिखे हैं, जिनका संकलन 'राजभवन की सिगरेटदानी' में हुआ है। उमाकान्त मालवीय का 'साहित्य महोदधि का चयन' भी व्यंग्य-कृति है। सीतेश आलोक के संकलन 'परनिन्दा परमं सुखम्', रामेश्वर शुक्ल अंचल के संग्रह 'गणतन्त्र की देन', बलराम के संकलन 'नेताजी की वापसी', और रमेश बक्षी के संकलनों 'गुस्ताखी मुआफ' और 'ललित क्रोध' की चर्चा भी इसी क्रम में की जा सकती है। इनमें रमेश बक्षी के व्यंग्य-लेखन में शैली की करवटें अधिक तीव्र परिलक्षित होती हैं। यथा, "जिस तरह पंचभूतों से विश्व बना है क्षिति-जल-पावक-गगन-समीरा। उसी तरह गैस के भी पंचभूत होते हैं—सिलिंडर-नलिका-नारी-चुल्ह-अग्निशलाकामंजूषा। यदि प्रयत्न करें कि वेद-पुराण में गैस का स्रोत खोजें तो किसी भी चुल्ह-पिटक का पारायण पर्याप्त होगा। उसमें एक न एक गैसोपयोगी उद्धरण मिल ही जाएगा।"[2] यह एक निर्विवाद सत्य है कि व्यंग्य-सृजन ने हिन्दी में विभिन्न विधाओं के लेखकों को आकर्षित किया है। कहानीकार से. रा. यात्री ने 'किस्सा एक खरगोश का' और डॉ. गौरीशंकर राजहंस ने 'आना एक वी. आई. पी. का' के माध्यम से व्यंग्य के क्षेत्र में प्रवेश किया। मुद्राराक्षस ने व्यंग्य की शक्ति को पहचानकर ही 'सुनो भाई साधो' और 'प्रपंचतन्त्र' से व्यंग्य को साहित्यिक आक्रोश और संरक्षण का माध्यम बनाया है। मनोहरश्याम जोशी ने 'नेताजी कहिन' की प्रस्तुति द्वारा व्यंग्य-भाषा की घुमावदार भंगिमा के माध्यम से समाज और राजनीति की सूक्ष्म पड़ताल की है। उनके 'कुरु-कुरु स्वाहा', 'कसप' और 'हरिया हरक्यूलिस की कहानी' उपन्यास यद्यपि व्यंग्य-उपन्यास नहीं हैं, पर उनमें भी उनकी व्यंग्य-प्रतिभा के दर्शन होते हैं। रेडियो-नाटक लिखते-लिखते डॉ. सिद्धनाथ कुमार व्यंग्य की ओर मुड़ गए, यह उनके 'कमाल कुर्सी का' और 'चमचे वही रहे' व्यंग्य-संकलनों से जाहिर है।

इन सारे सन्दर्भों से स्पष्ट है कि व्यंग्य-कर्म की ईमानदारी, सजीवता और वैचारिकता ने विभिन्न रचनाकारों को आकर्षित किया है। निर्विवाद तौर पर इतना स्वीकार लेने में आपत्ति नहीं होनी चाहिए कि हिन्दी-व्यंग्य-लेखन को उन रचनाकारों का भी महनीय सहारा मिला है, जो मूलतः व्यंग्यकर्मी नहीं हैं।

1. धर्मयुग, 3 दिसम्बर 1978, पृ. 40
2. गुस्ताखी मुआफ, पृ. 46

आज व्यंग्य-विधा अपने चरमोत्कर्ष पर है। वास्तविकता यह है कि व्यंग्य-लेखन एक जरूरी माध्यम के रूप में उभरा है और रचनात्मक-संवेदनात्मक स्तर पर उसका बहुआयामी विस्तार हुआ है। साम्प्रत व्यंग्य-लेखन अत्यधिक संघर्षशील हुआ है तो शैलीय धरातल पर प्रामाणिक भी बना है। व्यंग्य के प्रहारक अन्दाज के साथ-ही-साथ शिल्प के नए-नए क्षितिजों का स्पर्श करने की ललक भी व्यंग्यकारों में है। निश्चय ही हिन्दी-व्यंग्य-लेखन हथियार और जादू की छड़ी के रूप में एक साथ विकसित हुआ है। तभी एक ओर जहाँ व्यंग्य की प्रहारक-परिवर्तनोन्मुख छवि निखरी है, तो दूसरी ओर उसमें सम्प्रेषण के नव्यतर साधनों का विकास भी हुआ है।

व्यंग्य की लोकप्रियता भी आज अपने चरम पर है। आज कोई पत्र-पत्रिका ऐसी नहीं, जिसमें व्यंग्य के नियमित कॉलम न हों। कोई रचनाकार ऐसा नहीं, जो व्यंग्य लिखने की ललक न रखता हो। यह स्थिति जहाँ व्यंग्य की प्रभुता और लोकप्रियता को सूचित करती है, वहीं एक चेतावनी भी इसमें निहित है। अधिकाधिक मात्रा में और अल्प सूचना पर लिखे जाने के कारण आज व्यंग्य की गुणवत्ता प्रभावित होने का भारी खतरा उपस्थित है। उत्कृष्ट व्यंग्य-लेखन के साथ-साथ भर्ती का व्यंग्य-लेखन भी आज बहुतायत से जारी है। व्यंग्य के नाम पर फूहड़ और दिग्भ्रमित करनेवाला हास्य भी कम नहीं परोसा जा रहा है। व्यंग्य चूँकि एक हथियार है, अतः उसका विवेकसंगत प्रयोग नितान्त आवश्यक है। हर किसी पर इस अस्त्र का प्रयोग किया जाना अपेक्षित नहीं है। इसे किसी के पक्ष में प्रयुक्त करना है तो किसी के विरुद्ध। यह विवेक विचारधारा से प्राप्त होता है। विचाराधारा, जिसके केन्द्र में मनुष्य हो और जिसका लक्ष्य मानवता का कल्याण हो। इस विचारधारा से दिशा प्राप्त कर मानवता के हित में व्यंग्य का उत्तरोत्तर उत्कर्ष सुनिश्चित करना आज व्यंग्यकारों का सबसे बड़ा कर्तव्य भी है और उनके समक्ष गम्भीरतम चुनौती भी।

10
उपसंहार

हिन्दी-व्यंग्यकारों की व्यंग्य-दृष्टि का विवेचन-विश्लेषण करते हुए प्रस्तुत शोध में जिन बातों को रेखांकित किया गया है, उन्हें यहाँ निष्कर्ष-रूप में प्रस्तुत करना सर्वथा समीचीन होगा।

विचार बनाम विचारधारा

विषय पर विचार करते हुए हमने यह देखा कि चिन्तन-प्रक्रिया द्वारा उपलब्ध तत्त्व विचार कहलाता है। 'चिन्तन' से सम्बन्धित होने के कारण मूलतः यह दर्शन-शास्त्र का एक पारिभाषिक शब्द था, किन्तु शनैः-शनैः इसका प्रयोग मनोविज्ञान एवं अन्य शास्त्रों के साथ-साथ साहित्य में भी होने लगा। विचार भाव का समानार्थी नहीं है, किन्तु भाव शनैः-शनैः परिपक्व होकर विचार बन जाते हैं। अतः विचारों के लिए भावों का होना अनिवार्य है। मन, तथ्य, चिन्तन, निर्धारण, अवधारणा, अनुभूति, प्रतीक, अस्तित्व और सिद्धान्त विचार के निर्णायक तत्त्व हैं। विचार अनेक प्रकार के होते हैं, यथा–दार्शनिक एवं मनोवैज्ञानिक विचार, धार्मिक एवं पौराणिक विचार, सामाजिक विचार, राजनीतिक एवं ऐतिहासिक विचार, आर्थिक विचार और साहित्यिक विचार। विचार से वैचारिकता प्रसूत होती है, जो विचारधारा से सम्बन्ध रखती है जिसका शाब्दिक अर्थ है किसी जाति या सम्प्रदाय-विशेष की विचार-शैली, किसी राजनीतिक या आर्थिक सिद्धान्त-परम्परा के मूल में रहनेवाली विचार-सरणी। आंग्ल भाषा में इसे आइडियोलॉजी कहा जाता है।

रचना-प्रक्रिया में विचारधारा की भूमिका

सृजन-प्रक्रिया में यह वैचारिकता अथवा विचारधारा एक महत्त्वपूर्ण भूमिका निभाती है। रचनात्मक क्षणों के आवेश में रचनाकार का सम्पूर्ण व्यक्तित्व–अर्थात् उसका दृष्टिकोण, उसका जीवन-अनुभव, उसके विश्वास, उसकी आस्थाएँ आदि–निहित होता है। रचना में संवेदना से जीवन-मूल्य तक पहुँचने की क्रिया जीवन की स्थितियों के प्रति रचनाकार

की क्षणिक या सतही प्रतिक्रिया न होकर उसकी परिपक्व अनुभूति की कलात्मक अभिव्यक्ति होती है। चूँकि रचना-कर्म एक प्रयोजनशील कर्म है, अतः रचना करते समय अथवा उससे पूर्व ही रचनाकार कुछ प्रयोजन तय कर लेता है, यथा मनुष्य को मानवोचित जीवन प्राप्त हो अर्थात् मनुष्य उन सभी दुष्चक्रों से मुक्त हो, जो उसकी स्वतन्त्रता तथा सत्ता का अपहरण करते हैं; वह उस व्यवस्था के चंगुल से आजाद हो जिसके मूल में आर्थिक उत्पीड़न और शोषण विद्यमान है; समाज से सामाजिक और आर्थिक असमानता मिटे; आदमी स्वयं इतना सामर्थ्यवान बने कि अपने संगठित प्रयासों से समस्त प्रकार के शोषण और उत्पीड़न को समाप्त कर सके और अपने पिछड़ेपन को दूर कर एक नए समाज की रचना कर सके। इन प्रयोजनों को तय करने की प्रक्रिया ही विचारधारा है। प्रसंगवश, इस नजरिये को मार्क्सवाद से जोड़कर देखा जाता है, किन्तु मार्क्स से भी हजारों वर्ष पूर्व से हमारे यहाँ यह विचारधारा प्रचलित है। बुद्ध से बढ़कर समतावादी कोई नहीं हुआ—यह बात मार्क्सवादी भी स्वीकार करते हैं।

विचारधारा एक ऐसा प्रत्यय है, जिसे रचनाकार अपने अध्ययन, अनुभव तथा जगत के प्रभावों से ग्रहण करता है। विचारधारा रचनाकार को वह जीवन-दृष्टि प्रदान करती है, जिससे वह जीवन-जगत के सम्बन्धों को समझता है तथा इन सम्बन्धों के बीच पनपते गलत-सही के बीच भेद करता है। विचारधारा से ही उसे यह स्पष्ट होता है कि वे कौन सी शक्तियाँ हैं, जो अनन्त काल से आदमी का शोषण करती चली आ रही हैं, तथा इन शक्तियों से उसे किस प्रकार निजात दिलाई जा सकती है।

विचारधारा और संवेदना

रचनाकार को मुख्यतः तीन स्तरों पर संघर्ष करना होता है—रचना के प्रतिपाद्य के लिए संघर्ष, प्रतिपाद्य को प्रभावी ढंग से व्यक्त करनेवाले अभिव्यक्ति-माध्यमों से सम्बन्धित संघर्ष तथा एक ऐसी जीवन-दृष्टि विकसित करने का संघर्ष, जो उसके रचनाकार को जीवन की वास्तविकताओं की व्याख्या आदमी को केन्द्र में रखकर करने का सामर्थ्य दे सके। निश्चय ही तीसरे स्तर का संघर्ष वैचारिकता से ही सम्बन्ध रखता है।

तथापि रचनाकार का पहला संघर्ष रचना के प्रतिपाद्य और उसकी सक्षम अभिव्यक्ति के साधनों के लिए ही होता है, क्योंकि कोई रचना पाठक को तभी प्रभावित कर सकती है जब वर्ण्य विषय के प्रति रचनाकार का रागात्मक सम्बन्ध हो। जब यह रागात्मकता अभिव्यक्ति के स्तर पर रचना बनती है, तो उसी प्रक्रिया में कहीं विचारधारा भी आ जाती है। किन्तु कुछ लोग हैं जो कोरी विचारधारात्मक अभिव्यक्ति को ही रचनात्मक कर्म मानते हैं। ऐसे में अनेक वैचारिक विकल्प उभरकर सामने आते हैं, यथा—संवेदना सहित विचारधारा, संवेदना रहित विचारधारा और विचारधारा रहित संवेदना। इनमें से पहला विकल्प ही स्वीकार्य है, क्योंकि बिना संवेदना के कोरी विचारधारा के बल पर किसी कलात्मक रचना की कल्पना निरर्थक है। जो लोग विचारधारा की अभिव्यक्ति के लिए रचना के कलात्मक मूल्यों का बलिदान करने को

तत्पर रहते हैं, वे रचना के बुनियादी स्वरूप का ही विरोध करते हैं क्योंकि रचनाकार जब तक अपनी विचारधारा को कलात्मक रूप प्रदान नहीं करता, तब तक अपनी रचना का अपेक्षित प्रभाव जनता पर डालने की आशा नहीं रख सकता।

कुछ लेखक रचना के कलात्मक मूल्यों को ही कला का अन्तिम लक्ष्य मानते हैं, तो कुछ लेखक विचारधारात्मक अभिव्यक्ति को। किन्तु जीवन-मूल्यों से रहित कोरी कलात्मकता भी कोई अर्थ नहीं रखती और न कलात्मकता के बिना कोई विचारधारा ही। इसलिए रचनाकार का प्रमुख कर्म रचना की कलात्मकता को गहराई से विचार के ठोस तथा ईमानदार धरातल पर लाना है। आरोपित कथ्य तथा आरोपित कलात्मकता दोनों ही रचना के लिए घातक है।

वस्तुतः विचारधारात्मक और कलात्मक उपक्रमों की सार्थकता जिन्दगी के सवालों के हल खोजने में है। अतः आवश्यक है कि रचनाकार को अपनी सांस्कृतिक विरासत का गहरा ज्ञान हो, वास्तविक जिन्दगी से उसकी जड़ें गहरी जुड़ी हों। इसके अभाव में कोई भी विचारधारा मदद नहीं कर सकती। विचारधारा जब तक रचनाकार की अनुभूति का जरूरी अंग नहीं बनती, तब तक प्रभावशाली और ईमानदार रचनाकार का जन्म नहीं हो सकता।

क्या राजनीतिक प्रतिबद्धता अनिवार्य है?

विचारधारा के साथ-साथ एक और महत्त्वपूर्ण सवाल जुड़ा है राजनीतिक प्रतिबन्धन (प्रतिबद्धता) का। यदि कोई रचनाकार किसी विचारधारा-विशेष से जुड़ता है तो उस विचारधारा से सम्बद्ध दल उससे अपेक्षा करता है कि वह उस दल से जुड़े और उसके कार्यक्रम का अनुमोदन कर उसे रचनात्मक सहयोग प्रदान करे। किन्तु राजनीतिक दलों के अपने अन्तर्विरोध होते हैं। रचनाकार के लिए किसी दल-विशेष से प्रतिबन्धन आवश्यक नहीं है। वैसे भी समय साक्षी है कि राजनीतिक दलों से जुड़े लेखकों को किस प्रकार गलत और मानव-विरोधी निर्णयों का साझीदार बनना पड़ता है।

इस प्रकार, कहा जा सकता है कि, रचनाकार के लिए विचारधारा का होना आवश्यक है, बशर्ते वह उसकी रचनात्मक ऊर्जा को उद्दीप्त करती हुई उसकी रचनाओं को व्यापक सन्दर्भों से जोड़ती हो और जीवन-जगत की स्थितियों तथा अपनी सांस्कृतिक विरासत को समझने में उसकी सहायता करती हो। गलत-सही का विवेक देनेवाली यह विचारधारा व्यंग्य के लिए विशेष रूप से आवश्यक है।

व्यंग्य-क्या और क्यों?

जैसा कि 'व्यंग्य' शब्द के अर्थ से ही स्पष्ट है, व्यंग्य वह है, जो विकलांगता, विरूपता या विकृति को उजागर करे। समाज और व्यवस्था में आई विकलांगता को व्यंग्य, उसके निराकरण के निहित प्रयोजन से, उसके कटुतम और वास्तविक रूप में सामने रखता

है। 'व्यंग' और 'व्यंग्य' की अर्थाभिव्यक्ति में अन्तर है। 'व्यंग' विकृति या दोष है तो 'व्यंग्य' इस विकृति पर कठोर आघात करने की प्रवृत्ति या चेष्टा का उत्कर्ष। अतः इस सन्दर्भ में 'व्यंग्य' शब्द का ही प्रयोग समीचीन है।

संस्कृत-साहित्य में 'व्यंग्य' शब्द का प्रयोग मिलता तो है, पर आधुनिक 'व्यंग्य' के अर्थ में नहीं। समूचे परम्परागत संस्कृत-साहित्य में समाहित काव्य-शक्तियों की त्रयी में से 'व्यंग्यार्थ' तथा वक्रोक्ति के विवेचन में ही व्यंग्य के अस्तित्व की यत्किंचित् स्थिति स्वीकार की जा सकती है। स्पष्ट है कि ये उस व्यापक परिवेश में गृहीत नहीं, जिस पर व्यंग्य का आधुनिक स्वरूप अवस्थित है। आधुनिक व्यंग्य-लेखन इनकी परिधि के बाहर पड़ता है, उसमें संस्कृत की 'व्यंजना' के साथ अंग्रेजी 'सटायर' का अर्थ एवं उद्‌देश्य समाविष्ट है। आज का व्यंग्य पारम्परिक चुहल अथवा परिहास मात्र न होकर एक गम्भीर एवं साहित्यिक कर्म है। वह एक व्यापक अर्थ-बोध लिये है। समाज के विकृत एवं गलित अंगों पर प्रहार कर उनके प्रति पाठक एवं श्रोता को सचेत करना उसका मूलभूत प्रयोजन है। इसीलिए उसमें एक प्रहारात्मक त्वरा और गहराई होती है। फलतः वह संस्कृति की 'व्यंजना' से निःसृत होकर भी उसके उतना निकट नहीं, जितना अंग्रेजी के 'सटायर' के निकट है। कारण यह है कि हिन्दी-साहित्य में व्यंग्य-लेखन का सुगठित रूप भारतेन्दु-युग से ही देखने को मिलता है। उससे पूर्व वह बहुत छिटपुट और अनुल्लेखनीय रूप में ही उपलब्ध है। इसलिए उचित होगा कि हिन्दी में 'व्यंग्य' शब्द का प्रयोग संस्कृत से चले आ रहे परम्परागत अर्थ की अभिव्यक्ति के बजाय 'सटायर' शब्द के अर्थ-बोध के लिए किया जाए। मानविकी पारिभाषिक कोश में 'सटायर' का 'व्यंग्य' अर्थ देते हुए कहा गया है कि उसका लक्ष्य मानवीय दुर्बलताओं पर प्रहार करके उन्हें उभारना और सुधारना होता है। प्रकारान्तर से कहा जा सकता है कि संस्कृत का 'व्यंग्य' ही अपनी व्यापकता में 'सटायर' का पर्याय धारण किए है।

समस्त पाश्चात्य और पौर्वात्य समीक्षकों-लेखकों के मन्तव्यों पर विचार करने से स्पष्ट होता है कि व्यंग्य का जन्म हमारे चारों ओर व्याप्त विकृतियों से होता है, जो निरन्तर व्यक्ति को कचोटती रहती हैं। इन विकृतियों अथवा विसंगतियों का विरोध करना ही व्यंग्य का लक्ष्य है। जीवन की समस्त विकृतियों, विरूपताओं और नकारात्मक, निन्दनीय व उपहासास्पद अवस्थाओं का कलात्मक निषेध एवं सोद्‌देश्य खंडन ही व्यंग्य है। इस प्रकार निषेधात्मक होते हुए भी व्यंग्य का स्वरूप सृजनात्मक होता है। इसके मूल में सड़ी-गली मान्यताओं और रूढ़ियों के सुधार तथा नव-निर्माण की कामना निहित होती है। अपने इस स्वरूप के कारण व्यंग्य की सबसे बड़ी उपादेयता उसकी सामाजिक परिष्कार की क्षमता है। व्यंग्य की यह कलात्मकता, सोद्‌देश्यता तथा आक्रामकता उसे उपदेश, हास्य, उपहास, वक्रोक्ति आदि समान प्रतीत होनेवाली प्रवृत्तियों से अलग कर देती है।

आक्षेपात्मक प्रहार (इन्वैक्टिव), भड़ौवा (लैम्पून), गाली-गलौज की प्रतियोगिता (फ्लाइटिंग), कॉमेडी और प्रहसन व्यंग्य की परम्परा में आते हैं। स्वगत-कथन, पैरोडी, वृत्तान्त आदि व्यंग्य के विभिन्न प्रकार हैं। व्यंग्य-लेखन के लिए एक विशेष प्रतिभा,

सृजन-शक्ति या चित्तवृत्ति अपेक्षित होती है, तथापि कुछ मनोवैज्ञानिक तत्त्व भी लेखक की व्यंग्यात्मक चित्तवृत्ति को सृजनोन्मुख बना देते हैं। मनोवैज्ञानिकों की राय में कुछ लेखक हीन-भावना से व्यंग्य-लेखन में प्रवृत्त होते हैं, तो कुछ श्रेष्ठता-बोध से। किन्तु व्यंग्य के लिए सही अर्थों में उत्प्रेरक का काम करनेवाले तत्त्व हैं–विकृति-सन्त्रास, दृष्टि-संचेतना, तिक्त परिहास, उद्दाम साहस, आलोचना एवं प्रहार, बुद्धि-वैचित्र्य बनाम कल्पना-वैचित्र्य, लक्ष्य का ताप, अतिरंजना, अपकर्ष और विशिष्ट सौन्दर्यानुभूति। ये सम्पूर्ण तत्त्व अपनी समन्वित स्थिति में व्यंग्य-भावना की सृष्टि करते हैं।

व्यंग्य–विधा या शैली?

इस शोध में व्यंग्य की संरचना को सम्भवतः पहली बार विस्तार से विवेचित-निरूपित किया गया है, जिससे मूर्धन्य व्यंग्यकार स्व. हरिशंकर परसाई की यह शिकायत दूर हो जाती है कि व्यंग्य का कोई 'स्ट्रक्चर' नहीं है। उसके आधार पर यह भी सिद्ध किया गया है कि व्यंग्य अपने-आप में एक स्वतन्त्र और सशक्त विधा है। साथ ही इस सम्बन्ध में व्याप्त भ्रम का निवारण करते हुए यह स्थापना की गई है कि व्यंग्य जब रचना में प्राण-रूप में विद्यमान होता है तो वह विधा होता है; और जब वह रचना में बीज-रूप में होता है या जुगनू की तरह यहाँ-वहाँ चमकता है, तब वह शैली या स्पिरिट होता है। अन्य विधाओं में लिखा जाना भी उसके विधा होने में बाधक नहीं है, क्योंकि जब वह अपनी अभिव्यक्ति के लिए अन्य विधाएँ भी अपनाता है, तो उन विधाओं को वही विधाएँ नहीं रहने देता। उदाहरणार्थ, जब वह कहानी का चोला पहनता है, तो उसे कहानी नहीं रहने देता। वह जिस किसी साहित्यिक विधा के माध्यम से व्यक्त होता है, उस पर सुगमतापूर्वक आधिपत्य जमा लेता है और उसके निजी रूप को बेढंगे रूप (फॉर्म ऑफ नॉन्सेंस) में बदल देता है, जिससे उसका अभिप्रेत अर्थ सम्प्रेषित हो उठता है। व्यंग्य बहुत-कुछ कोयल जैसा व्यवहार करता है। कोयल परभूत होती है, कौए के घोंसले में पलकर भी एक दिन उसे छोड़ देती है। व्यंग्य भी अन्य विधाओं में पलकर भी धीरे-धीरे उन विधाओं को छोड़ देता है। कोयल का पहला रूप कौए से मिलता-जुलता होता है, पर अन्तर अवयवों के पूर्ण प्रस्फुटन पर आता है। व्यंग्य भी प्रथमतः जिस विधा को अख्तियार करता है, उसी के समान रहकर अपने को विकसित करता है और पूर्ण विकसित होते ही उसे छोड़ देता है, स्व-रूप पा लेता है। कोयल का अंडा कौए के घोंसले में पलता है, उसमें से बच्चा भी वहीं निकलता है, पर इस कारण वह कौआ नहीं हो जाता। व्यंग्य के सम्बन्ध में भी यही सत्य है।

यद्यपि व्यंग्य की प्रारम्भिक यात्रा पद्य की रही है और कतिपय कवियों ने भी अपनी कविताओं में अच्छा व्यंग्य किया है, तथापि व्यंग्य की भावना मूलतः गद्यात्मक है, पद्यात्मक नहीं। कारण यह है कि एक तो पद्य में कोमलता एवं मधुरता के तत्त्वों की प्रमुखता होती है जो व्यंग्य की भावना के विपरीत हैं, दूसरे व्यंग्यात्मक अभिव्यक्ति के लिए जो स्वतन्त्रता गद्य में मिल जाती है, वह पद्य में सम्भव नहीं है।

विचार और व्यंग्य

यद्यपि प्रत्येक साहित्यिक रचना किसी-न-किसी रूप में विचार से प्रेरित रहती है, किन्तु व्यंग्य का तो वह प्राण ही है। कारण, एक तो व्यंग्य मुख्यतः एक बौद्धिक कर्म है और दूसरे वह सामाजिक अभिप्राय से युक्त होता है। किसी भी साहित्य में यदि हम सामाजिक चेतना के स्पष्ट दर्शन करना चाहें, तो वे हमें उसकी व्यंग्य-रचनाओं में मिलेंगे। व्यंग्य की चेतना का सम्बन्ध सामाजिक व्यवहार और वस्तु के प्रति रचनाकार की संवेदनशील और विचारपूर्ण प्रतिक्रिया से है। व्यंग्यकार द्वारा अपने समय की समस्त समस्याओं को भोगना एवं उनसे वैचारिक स्तर पर जूझना ही व्यंग्य के महत्त्व का मूलभूत कारण है। वह इन स्थितियों को अपनी रचना-प्रक्रिया में भोगकर रचनागत ताप की ऐसी संयोजना करता है, जिससे जनसाधारण को वैचारिक मार्गों पर प्रशस्त होने का बल मिलता है, उसके व्यवहार में तदनुकूल परिवर्तन को आधार प्राप्त होता है एवं इन सबसे महत्त्वपूर्ण तथ्य यह है कि वह निर्णय करने की शक्ति से संवलित हो एक विचार-ज्योति से प्रज्वलित हो उठता है। सच्चे एवं सही व्यंग्य की सफलता इस विचार-स्फुलिंग को उत्पन्न करना ही है। शेष समस्त कार्य यह विचार-स्फुलिंग स्वतः सिद्ध कर देता है।

व्यंग्य का प्रयोजन

व्यंग्यकार के इन समस्त प्रयासों एवं सत्यापेक्षित रचनात्मक अभिव्यक्ति की अन्तिम परिणति का प्रतिफलन जनसामान्य की रुचि के परिष्कार के रूप में होता है। इस रुचि-परिष्कार का अन्तिम या सापेक्ष बिन्दु होता है—सामाजिक-मानसिक विकास। वस्तुतः यह सामाजिक-मानसिक विकास ही है, जिसके लिए व्यंग्यकार कटिबद्ध हो कुछ भी उठा नहीं रखता। वह इसके लिए तत्पर होकर समाज-विरोधी शक्तियों से लोहा लेता है, जिसके बदले में उसे स्वार्थी शक्तियों की शत्रुता भी मिलती है जो उसे हानि पहुँचाने में कोई कसर उठा नहीं रखती। व्यंग्यकार इन भयानकताओं के बावजूद दोहरे साहस एवं चिन्तन से अपने उपलक्षित मन्तव्य की ओर अग्रसर होता है, दृढ़तापूर्ण प्रहार करता है और निश्चय ही सफलता का वरण करता है। मूल रूप से यह सफलता व्यंग्यकार की कम (केवल यश तक ही सीमित होती है) एवं समाज की या समाज के अधिकांश व्यक्तियों की अधिक होती है, और विकसित दृष्टि के आधार पर समाज को नए मानदंड प्रदान करने में सहायक होती है। यही कारण है कि व्यंग्य-रचना के प्रणेता—व्यंग्यकार—का महत्त्व सामाजिक प्रहरी एवं दिशा-निर्देशक से भी आगे एक क्रान्तिकारी के रूप में होता है। उसकी शक्ति से दुश्मन हताश, मित्र गौरवान्वित एवं जनसाधारण प्रसन्नता एवं सुख का अनुभव करता है। इसीलिए उसकी विजय उसकी न होकर समस्त समाज की होती है।

इस प्रकार यह स्पष्ट है कि व्यंग्य के लिए लेखक की मनुष्य और समाज के प्रति स्पष्ट प्रतिबद्धता जरूरी है; उसके बिना हास्य लिखा जा सकता है, व्यंग्य नहीं। यह प्रतिबद्धता एक गहरी चीज है जो इस बात से तय होती है कि समाज में जो द्वन्द्व हैं, उनमें लेखक किस तरफ खड़ा है—पीड़ितों के साथ या पीड़कों के साथ। यह दृष्टि लेखक को विचारधारा देती है, किन्तु विचारधारा कोई साँचा नहीं है, जिसमें रचना ढाली जाए। विचारधारा का रचना में योगदान वास्तविकता और यथार्थ से टकराकर होता है। विचारधारा विचारों और दृष्टियों का वह पूर्ण योग है, जिसमें लोगों की भौतिक परिस्थितियों, जीवन और सामाजिक चेतना को तर्कपूर्ण आधार मिलता हो। प्रत्येक लेखक को जीवन की गहरी संलग्नता के साथ, जीवन के वास्तविक अनुभवों के साथ विचारधारा को अपने लिए अर्जित करना पड़ता है। विचार अत्यन्त आत्मीय रूप में वास्तविक जीवनानुभवों के साथ जब तक हमारी संवेदना का ही जरूरी हिस्सा नहीं बन जाते, तब तक विचारधारा लेखक के लिए पराई चीज रहती है।

विचारधारा मानवीय होती है, मानव-द्रोह और अपराध के विरुद्ध खड़ा करती है। वह फासिस्टवाद के विरुद्ध आचरणवाली होती है और व्यक्ति को सामाजिक मनुष्य में बदलती है। इस प्रकार विचारधारा मानवीय शोषण के विरुद्ध संघर्ष का कारगर हथियार बनती है। लेकिन यहाँ यह भी उल्लेखनीय है कि कोई भी विचारधारा खुद मनुष्य से बड़ी नहीं है, सारे विचार और सिद्धान्त मनुष्य के लिए हैं। इस मानवीय विवेक के बिना लोगों और चीजों का मजाक तो उड़ाया जा सकता है, व्यंग्य नहीं किया जा सकता। सामाजिक आलोचना का लक्ष्य व्यंग्य में तब तक प्राप्त नहीं किया जा सकता, जब तक पक्ष-विपक्ष का आलोचनात्मक विवेक व्यंग्यकार के पास न हो। इसके बिना कोई मार्मिक आलोचना सम्भव ही नहीं होती, केवल गैर-जिम्मेदार हास्य और हिंसापूर्ण निर्दय मजाक ही किया जा सकता है। इसके अभाव में व्यंग्य के माध्यम से कोई क्रान्तिकारी अन्तर्वस्तु सम्प्रेषित नहीं हो पाती, उलटे व्यंग्यकार मानव-द्रोही और कटु हो जाता है। व्यंग्यकार की प्रतिबद्धता इसीलिए व्यंग्य के सौन्दर्य-शास्त्र का बहुत महत्त्वपूर्ण हिस्सा है।

निष्कर्षतः कहा जा सकता है कि आधुनिक व्यंग्य एक स्वतन्त्र गद्य-विद्या है, किन्तु वह शैली या भाव (स्पिरिट) के रूप में अन्य विधाओं में व्याप्त होने का सामर्थ्य भी रखता है। उसके इन दोनों ही रूपों में जीवन-चेतना अपने यथार्थ एवं वैचारिक रूप में अभिव्यक्त होती है। और वैचारिकता आज के जागृत समाज की अनिवार्यतम आवश्यकता है। इस वैचारिकता की बदौलत व्यंग्य जीवन के असद् और अस्वच्छ पक्ष का निरावरण करता है। वह विचार से पैदा होता है और विचार को पैदा भी करता है। अपनी बेलाग अभिव्यक्ति से वह सोचने-समझने को मजबूर कर परिवर्तनकामिता को जन्म देता है। दिनोंदिन विकृत होते आधुनिक समाज में व्यंग्य की महत्ता और उपयोगिता इसीलिए इतनी अधिक है।

हिन्दी व्यंग्य की पृष्ठभूमि

यों तो हिन्दी-व्यंग्य की पृष्ठभूमि का विश्लेषण करनेवालों ने इसे प्राकृत और अपभ्रंश तक के साहित्य में ढूँढ़ने का प्रयास किया है, किन्तु जहाँ तक आधुनिक अर्थों में स्वीकृत विधागत व्यंग्य का प्रश्न है, इसकी परम्परा भारतेन्दु-युग से ही प्रारम्भ होती है। व्यंग्य के कारण तत्त्व के रूप में युगीन परिवेश में व्याप्त विसंगतियाँ, विरोधाभास आदि होते हैं। भारतेन्दु-युग में भी राजनीतिक, सामाजिक एवं आर्थिक परिस्थितियों ने विकराल रूप धारण कर लिया था, इसलिए भारतेन्दु-युग के निबन्ध और नाटक-साहित्य में यथार्थ जीवन की अभिव्यक्तियाँ बड़े तीखे व्यंग्यात्मक रूप में सामने आईं। इस तरह हिन्दी-व्यंग्य की परम्परा लगभग एक शती पुरानी ही मानी जाएगी।

हिन्दी-साहित्य का इतिहास विभिन्न वादों एवं विवादों का इतिहास रहा है। व्यंग्य-साहित्य भी इससे अछूता न रह सका। पुनर्जागरण-काल अर्थात् भारतेन्दु-युग की जिन सामयिक परिस्थितियों ने व्यंग्य की पैनी धार का निर्माण किया, जागरण-सुधार-काल अर्थात् द्विवेदी-युग के आते-आते वे नैतिक आदर्श ओढ़ लेती हैं। शुक्ल-युग वैचारिक प्रौढ़ता का युग होते हुए भी कविता के क्षेत्र में छायावादी इतिवृत्तात्मकता एवं रूमानी रुझान का युग रहा है। अतः हिन्दी-व्यंग्य का जो तीव्र रूप भारतेन्दु-युग एवं कुछ हद तक द्विवेद्वी-युग में पाया जाता है, वह परवर्ती साहित्य में शिथिल-सा हो गया।

व्यंग्यकार हरिशंकर परसाई की व्यंग्य-दृष्टि

1947 में स्वतन्त्रता-प्राप्ति के रूप में राष्ट्र पुनः करवट लेता है। एक बार फिर व्यंग्य-साहित्य हेतु प्रचुर एवं प्रबुद्ध सामग्री एकत्र होती है। राष्ट्र पुनः उन्हीं विसंगतियों एवं विरूपताओं से आबद्ध हो उठता है। अब अपने ही नेताओं, कर्ता-धर्ताओं द्वारा उत्पन्न की गई ये विसंगतियाँ और विरूपताएँ कीचड़ द्वारा कमल की भाँति, हिन्दी-व्यंग्य-साहित्याकाश के उज्ज्वल नक्षत्र स्व. हरिशंकर परसाई के व्यंग्यकार को जन्म देती है। परसाई से पूर्व, जबकि देश को मार्क ट्वेन, दाशेक और चेखव के जैसे व्यंग्य की दरकार थी, हमारे रचनाकार समय की विद्रूपता को नकारकर, जरूरी सवालों को टालकर बेशर्मी और फूहड़ता के साथ जीजा-साली, पत्नी और भाभी जैसे रिश्तों को केन्द्र में रख उद्‌देश्यहीन हास्य लिख रहे थे। किन्तु अपनी सामाजिक यथार्थ की गहरी समझ और आम आदमी की पक्षधरता से निर्मित वैचारिक दृष्टि की बदौलत परसाई इस परम्परा को बिल्कुल सिरे से उलट देते हैं। मार्क्सवादी विचारधारा से सम्बद्ध होते हुए भी वे प्रतिबद्ध लेखन को पार्टी-लेखन माने जाने का विरोध करते हैं। प्रतिबद्धता को वे कहीं गहरी चीज समझते हैं, जो सामाजिक द्वन्द्व में शोषितों की ओर खड़े होने, उनकी ओर से लड़ने, उनकी पीड़ा को स्वर देने से ताल्लुक रखती है। अपनी इस प्रतिबद्धता के सहारे वे अकेले दम व्यंग्य को साहित्य में प्रतिष्ठित करते हैं, अपने ही शब्दों में उसे 'शूद्र से क्षत्रिय' बनाते हैं और एक नया ही चरित्र हिन्दी-व्यंग्य को प्रदान करते हैं।

व्यंग्यकार शरद जोशी की व्यंग्य-दृष्टि

आगे चलकर इस महत्त्वपूर्ण प्रयोजन को अपनी सबल लेखनी का सशक्त सम्बल प्रदान करते हैं–स्व. शरद जोशी। आधुनिक हिन्दी-व्यंग्य को सार्थक विस्तार, विशिष्ट आयाम और व्यापक लोकप्रियता प्रदान करने में जोशी का विशेष योगदान है। हल्की-फुल्की विकृतियों से लेकर गहन-गम्भीर विद्रूप की विकरालता को भी वे सहज ढंग से निरावृत करते हैं। यह सच है कि परसाई की तरह, जोशी की प्रारम्भ में कोई स्पष्ट विचारधारा नहीं थी। इसके कारण प्रारम्भ में जहाँ उनमें एक बिखराव और भटकाव मिलता है, वहीं एक खुलापन और बहाव भी मिलता है। लेकिन बाद में तो वे अपना एक स्पष्ट जीवन-दर्शन भी प्राप्त कर लेते हैं–हर सामाजिक और मानवीय विसंगति से टकराना, हर गलत बात का विरोध, हर बेढंगी-बेडौल स्थिति से मुठभेड़, उसके बारे में अपनी स्पष्ट राय कायम करना और उसे जीवन्त शैली में लोगों तक पहुँचाना–बिना इस बात की परवाह किए कि उसके क्या परिणाम होते हैं। इस प्रकार शरद जोशी में निरन्तर वैचारिकता का विकास होता चलता है; एक ऐसी वैचारिकता का, जो किसी विचारधारा की कोख से जन्म नहीं लेती, वरन् अनुभव से प्राप्त होती है। इसलिए जोशी में एक तरह की सरलता, सहजता और निजता है, उसकी बदौलत वे अपने व्यंग्य को अधिक सार्थक, प्रभावकारी और व्यापक बना पाते हैं।

व्यंग्यकार रवीन्द्रनाथ त्यागी की व्यंग्य-दृष्टि

स्वातन्त्र्योत्तर हिन्दी-व्यंग्यकार-त्रयी में परसाई और जोशी के बाद रवीन्द्रनाथ त्यागी को प्रतिष्ठित किया गया है। त्यागी ने हिन्दी-व्यंग्य को न केवल विस्तार और घनत्व प्रदान किया, बल्कि कलात्मक दृष्टि से नए शिखरों तक भी पहुँचाया। अपने दुःखों से जन-जन के दुःखों को समझने की अनुभवजन्य वैचारिक पक्षधरता और मूलतः काव्य-संवेदना की प्रबलता की बदौलत त्यागी हिन्दी-व्यंग्य को एक विशेष लालित्य प्रदान करते हैं। कतिपय व्यंग्यात्मक जुमलों के अतिशय दोहराव, हास्य के प्रति अतिरिक्त रुझान, गाहे-बगाहे सेक्स के अनावश्यक छौंक और अखबारी कतरनों व शेरो-शायरी के अत्यधिक प्रयोग जैसी कमियों के बावजूद त्यागी को खारिज नहीं किया जा सकता। उनका व्यंग्य-फलक काफी व्यापक और वैविध्यपूर्ण है। उसमें जीवन की रूढ़ियों से लेकर व्यापक विसंगतियों, मध्यवर्गीय मानसिकता के पिछड़ेपन, हीनता-ग्रन्थि और दब्बूपन, राजनीतिक अवसरवादिता और आर्थिक शोषण, लालफीताशाही और नौकरशाही की हास्यास्पदताओं, तकनीकी और प्रशासनिक टुच्चेपन तथा योजनाओं और कार्यक्रमों के झूठे नारों पर तीखे और वेधक व्यंग्य हैं। युवाओं की दिशाहीनता, नेतृत्व की अधिकार-लिप्सा और साहित्यिक विद्रूपताओं पर उनकी खास नजर है। त्यागी की व्यंग्य-दृष्टि मुक्त होकर विचरण करती है और किसी को नहीं बख्शती। इस तरह त्यागी का लेखन मात्र आक्षेप एवं पटाक्षेप का नहीं, निदान का लेखन है। विषम यथार्थ के बोझ तले दबे सामाजिकों को वे

साहित्यिक लालित्य अथवा मनोरंजन का प्रसाद देते हुए जिस कुशलता से व्यंग्य करते हैं, वह अनुपम है।

व्यंग्यकार श्रीलाल शुक्ल की व्यंग्य-दृष्टि

स्वातन्त्र्योत्तर भारत की बहुविध विसंगतियों और विद्रूपताओं को अत्यन्त सशक्त ढंग से अभिव्यक्त करने का श्रेय श्रीलाल शुक्ल को जाता है। उनका व्यंग्य मिट्टी से जुड़ा है और लोहे की तरह ठोस और मारक है। उनका व्यंग्य-उपन्यास 'राग दरबारी' हिन्दी-व्यंग्य को ही नहीं, पूरे भारतीय व्यंग्य-साहित्य को उनकी एक महत्त्वपूर्ण देन है। व्यंग्य को एक सोद्देश्य लेखन मानने और फलस्वरूप गलत का हर हालत में विरोध करने तथा उसे किसी भी सूरत में टिकने न देने की अपनी वैचारिक क्षमता की बदौलत शुक्ल 'राग दरबारी' में व्यंग्य के तामझाम को कहीं लड़खड़ाने नहीं देते, अपितु उसका कुशलतापूर्वक निर्वाह करते हैं। उसका यथार्थवादी कथा एवं शिल्प-सौष्ठव शुक्ल की परिवर्तनमूलक वैचारिक दृष्टि का सम्बल पा 'राग दरबारी' के शिवपालगंज गाँव को पूरे भारत पर प्रक्षेपित कर देता है। 'राग दरबारी' ही नहीं, अपने पूरे व्यंग्य-साहित्य में श्रीलाल शुक्ल गहन मानवीय संवेदना से आपूरित दिखाई देते हैं। यही संवेदना उनकी वैचारिकता में परिवर्तित हो व्यंग्य के माध्यम से जीवन और समाज में व्याप्त आत्मघाती जड़ता और सन्नाटे को भंग करने में समर्थ है।

व्यंग्यकार नरेन्द्र कोहली की व्यंग्य-दृष्टि

वरिष्ठ व्यंग्यकारों में डॉ. नरेन्द्र कोहली कई दृष्टियों से विशिष्ट हैं। एक तो वे व्यंग्यकारों की दूसरी पीढ़ी के मूर्धन्य व्यंग्यकार हैं; दूसरे, कविता को छोड़कर साहित्य की अन्य सभी विधाओं में उन्होंने समान प्रतिष्ठा पाई है; और तीसरे, अपनी विचारधारा को लेकर वे अत्यधिक विवादास्पद भी रहे हैं।

हिन्दी-आलोचना की उस ठप्पावादी प्रवृत्ति के परिणामस्वरूप कोहली की विचारधारा पर सन्देह की उँगली उठाई जाती रही है, जिसके अनुसार बिना पढ़े भी या बिना पढ़े ही किसी भी लेखक और उसके लेखन पर कोई ठप्पा लगा दिया जाता है और पीछे आनेवाले भी उस ठप्पे को देखकर ही अपने विचार बनाते हैं, कृतियाँ पढ़कर नहीं। किन्तु जैसा कि हमने व्यंग्य के स्वरूप का अध्ययन करते हुए देखा है, बिना सामाजिक प्रतिबद्धता के, बिना आम आदमी की पक्षधरता के व्यंग्य लिखा ही नहीं जा सकता। नरेन्द्र कोहली भी अपने व्यंग्य-साहित्य में जनसामान्य के पक्ष में खड़े पाए जाते हैं। स्वातन्त्र्योत्तर भारत में पनप रही अमानवीय क्षुद्रताओं और पूँजीवादी क्रूरताओं का सामना करती जनवादी प्रतिबद्धता कोहली के व्यंग्य-साहित्य में आसानी से देखी जा सकती है। अपनी पीड़ा के ताप में तपकर कोहली सांसारिक पीड़ा एवं मानवीय छटपटाहट की अनुभूति प्राप्त करते हैं। उनकी संवेदना विस्तृत होती है और वे 'स्व'

से निकल 'सर्व' तक पहुँचते हैं। यह कोहली का आत्म-विस्तार है, जहाँ परिवार, समाज, राष्ट्र, स्वजन, सभी अपनी सीमाएँ लाँघ चुके होते हैं और महज मानवीय संकेत अथवा अनुभूति शेष रहती है। यही वह स्थिति है, जहाँ लेखक अन्य सामान्य लोगों से हटकर विशेष की श्रेणी में आ जाता है। सम्पूर्ण विश्व की घटना उसकी अपनी घटना होती है; प्रत्येक व्यक्ति की प्रतिक्रिया और राग-द्वेष उसकी अपनी प्रतिक्रिया और राग-द्वेष होता है। कोहली के व्यंग्य इसी राग-अनुराग एवं करुणा के व्यंग्य हैं, जो जीवन को समझने की दृष्टि देते हैं। राम-कथा एवं महाभारत-कथा पर आधारित अपने उपन्यासों में भी वे प्रगतिशील नीतियों की सार्थकता एवं उपयोगिता सिद्ध कर उनमें आस्था ही जगाते हैं।

अन्य व्यंग्यकारों की व्यंग्य-दृष्टि

इन पाँच अग्रणी हिन्दी-व्यंग्यकारों से पूर्ववर्ती एवं परवर्ती अन्य व्यंग्यकारों ने भी अपने-अपने तरीके से विचार और व्यंग्य की इस अन्योन्याश्रित विकास-यात्रा को समृद्ध किया है। इनमें राधाकृष्ण से लेकर केशवचन्द्र वर्मा, बरसानेलाल चतुर्वेदी, इन्द्रनाथ मदान, संसारचन्द्र, अमृत राय, रामनारायण उपाध्याय, श्रीबाल पांडेय, के. पी. सक्सेना, सुदर्शन मजीठिया, शंकर पुणताम्बेकर, लतीफ घोंघी, लक्ष्मीकान्त वैष्णव तक शामिल हैं। बुजुर्ग लेखकों में से अमृतलाल नागर, सन्तोषनारायण नौटियाल, सत्यप्रकाश संगर, आत्मानन्द मिश्र, जयनाथ नलिन, रामावतार चेतन आदि ने भी यथावसर व्यंग्य को सहारा दिया है। किन्तु हिन्दी-व्यंग्य-लेखन का अतुलित वैभव अस्सी के दशक से व्यंग्य की तलवार की धार पर दौड़नेवाले उन व्यंग्यकारों पर आधृत है, जिन्होंने अपनी व्यंग्य-सर्जना में परसाई, जोशी और त्यागी की रचनात्मक विशेषताओं को तो पूरे कौशल के साथ अपनाया ही है, उनमें से कुछ ने उसे नए आयाम भी दिए हैं। इनमें गोपाल चतुर्वेदी, यशवन्त कोठारी, अशोक शुक्ल, सुबोधकुमार श्रीवास्तव, यज्ञ शर्मा, सुरेश कान्त, ज्ञान चतुर्वेदी, प्रेम जनमेजय, अजातशत्रु, हरि जोशी, कृष्ण चराटे, सुरेश सेठ, हरीश नवल, सूर्यबाला, उषा बाला, शिवानंद कामड़े, बालेंदुशेखर तिवारी, श्यामसुन्दर घोष, धनराज चौधरी, शेरजंग गर्ग, प्रदीप पंत, अंजनी चौहान, ओम शर्मा, पूरन सरमा, राजेश कुमार आदि कितने ही नाम शामिल हैं। व्यंग्य-विधा की जीवन्तता और वैविध्यपूर्ण संकल्पना ने इतर विधाओं में स्थापित रचनाकारों को भी इस विधा में जौहर दिखाने को प्रेरित किया है। धर्मवीर भारती, भारतभूषण अग्रवाल, मनोहरश्याम जोशी, सुरेन्द्र वर्मा, मणि मधुकर, मनहर चौहान, राबिन शॉ पुष्प, राजेन्द्र अवस्थी, रवीन्द्र कालिया, रमेश बक्षी, रमेश उपाध्याय, मुद्राराक्षस आदि अनेक समर्थ लेखकों ने व्यंग्य के दरवाजे पर दस्तकें दी हैं।

समन्वित मूल्यांकन

हिन्दी का यह समग्र व्यंग्य-साहित्य समकालीन जीवन का एक सजीव दस्तावेज है, जिसमें

लाखों-करोड़ों साधारणजनों की आशा, आकांक्षा, जीवन-संघर्ष एवं सम्भावनाओं का विस्तृत ब्योरा है। इस साहित्य के मूल में मनुष्य और उसका कल्याण निहित है, जो समस्त व्यंग्यकारों के चिन्तन और वैचारिकता का केन्द्र-बिन्दु है। विभिन्न विचारधाराओं के अनुयायी होते हुए भी इन सभी व्यंग्यकारों की वैचारिक पृष्ठभूमि, इस प्रकार, अन्ततः मानवतावाद पर आधृत मिलती है।

वर्तमान हिन्दी-व्यंग्य–दशा और दिशा

आज व्यंग्य-विधा अपने चरमोत्कर्ष पर है। वास्तविकता यह है कि व्यंग्य-लेखन एक जरूरी माध्यम के रूप में उभरा है और रचनात्मक-संवेदनात्मक स्तर पर उसका बहुआयामी विस्तार हुआ है। साम्प्रत व्यंग्य-लेखन अत्यधिक संघर्षशील हुआ है तो शैलीय धरातल पर प्रामाणिक भी बना है। व्यंग्य के प्रहारक अन्दाज के साथ-ही-साथ शिल्प के नए-नए क्षितिजों का स्पर्श करने की ललक भी व्यंग्यकारों में है। निश्चय ही हिन्दी-व्यंग्य-लेखन हथियार और जादू की छड़ी के रूप में एक साथ विकसित हुआ है। तभी एक ओर जहाँ व्यंग्य की प्रहारक-परिवर्तनोन्मुख छवि निखरी है, तो दूसरी ओर उसमें सम्प्रेषण के नव्यतर साधनों का विकास भी हुआ है।

व्यंग्य की लोकप्रियता भी आज अपने चरम पर है। आज कोई पत्र-पत्रिका ऐसी नहीं, जिसमें व्यंग्य के नियमित कॉलम न हों। कोई रचनाकार ऐसा नहीं, जो व्यंग्य लिखने की ललक न रखता हो। यह स्थिति जहाँ व्यंग्य की प्रभुता और लोकप्रियता को सूचित करती है, वहीं एक चेतावनी भी इसमें निहित है। अधिकाधिक मात्रा में और अल्पसूचना पर लिखे जाने के कारण आज व्यंग्य की गुणवत्ता प्रभावित होने का भारी खतरा उपस्थित है। उत्कृष्ट व्यंग्य-लेखन के साथ-साथ भर्ती का व्यंग्य-लेखन भी आज बहुतायत से जारी है। व्यंग्य के नाम पर फूहड़ और दिग्भ्रमित करनेवाला हास्य भी कम नहीं परोसा जा रहा है। व्यंग्य चूँकि एक हथियार है, अतः उसका विवेकसंगत प्रयोग नितान्त आवश्यक है। हर किसी पर इस अस्त्र का प्रयोग किया जाना अपेक्षित नहीं है। इसे किसी के पक्ष में प्रयुक्त करना है तो किसी के विरुद्ध। यह विवेक विचारधारा से प्राप्त होता है। विचारधारा, जिसके केन्द्र में मनुष्य हो और जिसका लक्ष्य मानवता का कल्याण हो। इस विचारधारा से दिशा प्राप्त कर मानवता के हित में व्यंग्य का उत्तरोत्तर उत्कर्ष सुनिश्चित करना आज व्यंग्यकारों का सबसे बड़ा कर्तव्य भी है और उनके समक्ष गम्भीरतम चुनौती भी।

●●●